作者简介

王林清

烟台大学法学学士
北京大学民法学硕士
中国政法大学商法学博士
中国社会科学院金融学博士后
中国人民大学经济学博士后
系新中国成立以来全国政法系统第一位双博士后
现任最高人民法院二级法官
兼任北京大学硕士研究生导师
2007年获中国博士后科学基金资助
2009年获中国博士后科学基金特别资助（第二批）
2010年为中国法学会部级研究重点课题主持人

主要学术成果

《中华人民共和国银行业监督管理法释义》
中国法制出版社2004年版
《证券法理论与司法适用：新证券法实施以来热点问题研究》
法律出版社2008年版
《新公司法实施以来热点问题适用研究》
人民法院出版社2009年版
《新保险法裁判百例精析》
人民法院出版社2009年版
《劳动争议热点问题司法实务指引》
人民法院出版社2010年版
《劳动争议裁诉标准与规范》
人民出版社2011年版

公司诉讼
裁判标准与规范

The Judging Criteria and Regulation of Corporation Litigation

王林清・著

人民出版社

图书在版编目（CIP）数据

公司诉讼裁判标准与规范/王林清著. —北京：人民
出版社，2012
ISBN 978-7-01-011052-3

Ⅰ.①公… Ⅱ.①王… Ⅲ.①公司—经济纠纷—民事
诉讼—判决—研究—中国 Ⅳ.①D925.118.24

中国版本图书馆 CIP 数据核字（2012）第 159188 号

公司诉讼裁判标准与规范

GONGSI SUSONG CAIPAN BIAOZHUN YU GUIFAN

王林清 著

策划编辑：刘智宏
责任编辑：陈晓燕 李 葳 卢 典
封面设计：孙 宇
出版发行：人民出版社
地　　址：北京市朝阳门内大街 166 号
邮　　编：100706
邮购电话：（010）65250042/65289539
印　　刷：三河市国新印装有限公司
经　　销：新华书店
版　　次：2012 年 7 月第 1 版 2012 年 7 月北京第 1 次印刷
开　　本：787 毫米×1092 毫米 1/16
印　　张：48.25
字　　数：912 千字
书　　号：ISBN 978-7-01-011052-3
定　　价：288.00 元

序一

作为现代市场经济重要基础性法律规则的公司法，在加快经济发展、推动科技进步、促进投资创业、维护社会稳定等各个方面，无疑发挥着并将继续发挥无可替代的作用。凡属市场经济国家，无论是大陆法系抑或英美法系，无不以拥有一部日臻完善的公司法而自豪。《中华人民共和国公司法》（以下简称《公司法》）在2005年作了重大修订，借鉴了国外先进的公司立法经验，吸收了成熟的理论研究成果，采纳了社会各界的有益意见，实现了对原有理念和制度的突破创新，得到了社会各界的高度赞誉和充分肯定，成为我国公司立法史上的一个重要丰碑。

修订后的《公司法》增强了保护民事权益的可诉性，如关于公司设立、股东出资、股权确认、股权转让、股东权益直接诉讼、股东代表诉讼、关联交易以及公司法人人格否认等，在发生争议或者相关人员认为权益被侵害时，均可以行使诉权。这些有着重要改革创新意义的立法成果将在今后的实践中获得更深层次的检验和校正。

不可否认，由于立法技术、法律传统和法制习惯等方面的原因，修订后的《公司法》对一些问题的规定仍然过于原则，遗留了许多惯常性的缺陷和不足。此外，无论是作为经济生活的财富创造主体还是作为社会生活中的资源控制主体，公司的实践内容越来越丰富，新的矛盾与问题层出不穷，这在一定程度上导致了修订后的《公司法》面对社会经济生活的急速变迁多少显得有些苍白无力。反映在司法层面，近些年来，人民法院受理的公司诉讼争议无论是纠纷类型还是案件数量都呈逐年递增趋势，而许许多多的实践问题却很难从法条中找到依据和答案。因此，在现行法律框架下，如何准确理解集行为法、组织法和程序法于一身的《公司法》立法原意，进一步统一案件裁判尺度，成为摆在人民法院和商事法官面前亟待解决的重大课题。从2006年至今，最高人民法院连续颁布实施了三个司法解释（即《最高人民法院关于适用〈中华人民共和国公司法〉若干问题的规定》，以下简称《公司法解释》），其中《公司法解释（一）》对新旧法的衔接问题作了规定；《公司法解释（二）》涉及了公司清算等程序问题；《公司法解释（三）》则涉及了股东出资、发起人资格、股东资格、隐名股东等《公司法》中的核心实体问题。这一系列司法解释对2005年《公司法》相关制度的缺失进行了补充，并对原本规定得较为抽象的制度进行了司法细化，增强了其操作性。

与此同时，学界也没有停止对公司法理论的研究与探讨。《公司法》修订后，各种学术讨论空前繁荣，许多学者纷纷著书立说，或针对公司立法所涉理论的不足，或针对较为抽象的司法制度的完善，先后出现了很多精品与经典之作，极大地提升了我国公司法的理论研究水平。可以说，正是学者们孜孜不倦的学术探讨，才造就了我国现有的公司立法的较高水平并推动其不断发展与前进。

此外，司法实践者也是一支推动公司法发展不可或缺的重要力量。层出不穷的公司争端、丰富多彩的法务实践、千奇百怪的诉讼争议、纷繁浩杂的审判难题，充分表明学术研究必须密切结合司法实务，对现实生活中的实践争议进行归纳与总结，对相关的法律制度进行深度理解与剖析，才能更好地准确理解和适用《公司法》，并为公司法律制度的逐步完善提供有益的经验积累和可行的路径选择。

本书正是一部公司法理论与司法实践有机结合的佳作。作者王林清博士具有较为宽广的知识结构、深厚的法学理论功底和丰富的审判实践经验。作者通过对公司法疑难问题的翔实收集、对研究成果的逻辑归纳和对解决问题思路的缜密分析，总结、提炼和抽象出相关争点、疑点和难点，及时作出了积极而有深度的反映，同时又对部分前瞻性理论浓墨重彩，作了颇有价值的分析与评价，使得本书不仅适合作为解决实践争议的很有分量的重要参考资料，而且也是一部很好的公司法理论研究精品。

本书作者身处审判岗位，业务工作繁忙，闲暇时间较少，能够高质量地完成此作，可见其付出的辛勤与汗水。但不可避免，本书尚存在一些不足与缺陷，其中有的观点我不尽赞同，有些结论尚需作进一步的研究探讨。但此种不足在某种程度上也是现阶段我国公司法理论研究与实践操作层面显性瑕疵的别样体现。对于实践问题，要在合理合法、利益平衡、价值选择、社会效果等基础上进行多维考量，在司法层面尤其要注重统一裁判标准，定位解决途径。这也是中国特色社会主义法律体系形成后，司法机关面临的新任务、新要求，它有赖于所有公司法学者以及司法实践工作者的共同努力。我看到了这种努力，并为之欣赏，是以为序。

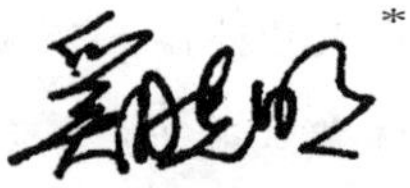*

2012 年 7 月

---

* 奚晓明：法学博士，最高人民法院党组成员、副院长，二级大法官，中国法学会商法学研究会副会长，中国审判理论研究会副会长。

序二

2005年,《中华人民共和国公司法》(以下简称《公司法》)进行了重大修订。修订后的《公司法》在许多重要规则和基本制度上都作了突破性改革和实质性创新,成为我国公司立法最璀灿、最辉煌的华章。2005年《公司法》实施六年多来,公司法的理论与司法实践发生了巨大的变化,取得了众所瞩目的成就。公司法理念早已全面渗透到商业生活和法律实务的每一个角落,并成为现代市场经济中最重要的生产化领路者和交易性带头人,成为推动投资者利益最大化和社会财富迅速增长的普适性工具。公司、股东、债权人等市场主体纷纷通过《公司法》维护自己的经济利益;法官、律师、学者等法律界人士也在通过《公司法》实现他们对法律正义和社会效率的信仰与追求。

2005年《公司法》在对公司设立标准、公司治理结构、股东权利义务等实体内容规定作了较大改进的同时,还对公司参与者权利义务的落实机制和手段进行了一定程度的完善,使得这部法律的可操作性和可诉性大大增强。一方面,《公司法》对社会经济的推动作用得以更加积极地发挥;另一方面,《公司法》适用中的重点、难点和热点也逐渐反映到公司实践中,进而使得公司参与者之间形成的大量诉讼可以通过司法程序得以裁判。

然而,由于立法技术、法律传统和治法习惯等多方面的原因,这部法律还是遗留了许多缺陷和不足:一些制度虽经引入,但操作性不强;一些规则虽经制定,但适用性不大;一些理念虽经确立,但权威性不高。这就使得人民法院在审理公司诉讼案件时常常陷入被动,只能依照一般的民商法规则对公司诉讼进行处理。为弥补这些欠缺,自2006年以来,最高人民法院开展了大量的公司诉讼调研及审判指导工作,先后制定了三个《公司法》司法解释。在此期间,我和我的研究团队与最高人民法院司法解释起草小组的同志们共同切磋、相互交流、优势互补、资源共享,一起从实务和理论等多个角度对司法解释条文和相关疑难问题进行了深入的探讨,从而使审判实务和理论研究更加有效地结合起来。上述三个司法解释的颁布实施,对于统一裁判标准、依法规范公司内外关系、激发投资者创业热情、维护公司稳定经营和平衡公司参与者利益,具有重要意义。

尽管作为现代市场经济法律体系中最重要、最基本的商事法律,《公司法》得到了立法机构、理论学者和司法机关前所未有的关注和重视,然而不可否认的是,当前公司诉讼遇到的疑难复杂问题依然繁多,处理难度依然很大,相关法律依据依然缺乏。上述三个司法解释只是部分解决了公司实务中的问题,大量实践问题仍然无据可依。因此,重视《公司法》、研究《公司法》、推广《公司法》乃至完善《公司法》,依然成为当前和今后学术界与实务界面临的共同任务和孜孜追求的目标。

司法实务中,因一些具体制度的适用缺乏细则性规定导致同一类纠纷案件有许多不同裁判观点的事例不胜枚举。如何相对准确地找到处理标准,确定裁判规范,让裁判结果更多地趋同而非特立独行,从而提升司法的可预见性和相对理性,是司法工作者应当深入思考的问题。林清博士撰写的《公司诉讼裁判标准与规范》一书,正是对此作出的有益探索。该书说理而不说教,通俗而不媚俗,创新而不求新,认真而不较真。仔细阅读全书,可以感受到作者站在裁判者的立场,公平解决当事人难题的"苦心";可以感受到作者追求自由真实,保护公司真正意志的"良心";可以感受到作者试图统一裁判标准,倒逼立法进程的"野心";可以感受到作者立足当前经济发展,放眼未来公司走向的"雄心"。该书的显著特色在于以公司法理论为经纬,以公司法实践为脉络,通过对纷繁复杂的公司诉讼中大量疑难问题进行高度凝炼和归纳演绎,富有创意地剖析明理,富有新意地解惑释疑,从而清晰地展现理论框架,系统地刻画实践纹理,以严谨的态度和分明的逻辑,将本书打造成极具参考借鉴和研究价值的力作,并成为可以很好指导司法实践的难得读本。

林清博士是我指导过的优秀博士之一。多年来,他在审判工作岗位上不断进取,坚持理论研究与实践创新相结合,出版和发表了许多科研成果,付出了辛勤汗水与非凡努力。对此,我十分赞赏与欣慰。这部著作的问世,必将引导《公司法》实践可操作性和可裁判性进一步提高,为我国公司法律制度的进一步完善和发展提供宝贵经验。

是为序。

赵旭东*

2012 年 7 月

---

* 赵旭东:中国政法大学教授、博士生和博士后导师,中国政法大学民商经济法学院副院长,中国法学会商法学研究会副会长,《公司法》修改专家小组成员。

目　　录

第一编　公司法总则热点问题裁判标准与规范

第二编　有限责任公司的设立和组织机构热点问题裁判标准与规范

第三编 有限责任公司的股权转让热点问题裁判标准与规范

第七编　公司债券热点问题裁判标准与规范

第八编　公司财务、会计热点问题裁判标准与规范

第九编　公司财务、公司合并、分立、增资、减资热点问题裁判标准与规范

第十一编　外国公司分支机构热点问题裁判标准与规范

第十二编　公司法中法律责任热点问题裁判标准与规范

第十三编　公司法附则热点问题裁判标准与规范

第一编 01

公司法总则热点问题裁判标准与规范

第一章

公司设立热点问题
裁判标准与规范

本章导读

公司设立原则是公司设立的基本依据与准则，是国家对公司设立所采取的态度。从罗马社会到近代工业社会，公司的设立先后经历了自由设立、特许设立、核准设立、单纯准则设立和严格准则设立等原则。不同国家或地区在不同历史阶段由于社会政治经济条件、文化传统、法律传统等要素的差异，奉行了不同的设立原则。2005 年《中华人民共和国公司法》（以下简称《公司法》）对公司设立原则进行了改革。解决由于改革而产生的诸多理论与实践问题，正是推动我们继续研究该问题的目的。

理论研究

一、公司的设立原则

公司设立原则大致有五种，即自由设立主义、特许设立主义、核准设立主义、准则设立主义和严格准则设立主义。自由设立主义又称为放任设立主义，是指公司的设立按公司设立人的自由意思为之，法律对之不加任何干涉。① 特许设立主义是指公司的设立须经过国家元首颁布命令或根据立法机关的特许。核准设立主义也称为许可设立主义，是指公司除须具备法律规定的条件之外，尚需经相应行政机关的核准方可设立。准

① 车辉主编：《公司法理论与实务》，中国政法大学出版社 2009 年版，第 3 页。

则设立主义是指以法律规定设立公司的要件作为公司设立的准则，只要公司的设立满足这些要件，公司便可成立，无须行政机关或立法机关事先批准。准则设立主义的推行是与资本主义自由竞争的发展过程相适应的，设立条件的放宽促进了公司的迅速发展。起初法律规定公司设立的准则设立主义过于简单，故称之为“单纯准则设立主义”。单纯准则设立主义因规定简单而易生流弊。因此，法律通过规定严格的设立程序，并加重设立人的责任，从而形成了“严格准则设立主义”。严格准则设立主义即在准则设立主义之上再加上核准原则的成分。它的推行与公司社会责任理论密切相关。如公司要向社会公开发行股票，在证券交易所上市交易，涉及社会公众的切身利益，国家必须加强对股份有限公司尤其是上市公司的监管。严格准则设立原则在国家监管和公司自由发展之间找到了平衡点，较好地实现了效率与安全的有机统一，适应了现代公司制度发展的要求，因而被当今大多数国家的公司法所采用。①

我国 1993 年《公司法》对有限责任公司与股份有限公司采取了不同的设立原则。2005 年《公司法》所确立的公司设立原则是在考虑当今世界各国普遍的立法取向、听取各方意见并尊重我国现有经济发展水平的基础上确立的。经过十多年社会主义市场经济建设和公司法律制度的实践，我国的经济环境与法律环境较 20 世纪 90 年代中期已经发生了巨大变化，同时在公司法律制度的实践中也积累了大量的经验。在考虑以上诸种因素的情况下，2005 年《公司法》对股份有限公司和有限责任公司统一确立了以严格准则设立主义为基本设立原则，以核准设立主义为例外的设立原则。

总之，2005 年《公司法》对公司设立原则作出了进一步修改，取消了设立股份有限公司必须由国务院授权的部门或者省级人民政府批准的前置程序。从内容上看，2005 年《公司法》对前置审批只保留了两个方面的规定：一是对股份有限公司和有限责任公司两种公司设立均适用的原则性规定，即《公司法》第六条第二款：“法律、行政法规规定设立公司必须报经批准的，应当在公司登记前依法办理批准手续。”二是对募集设立的股份有限公司设立的有关规定，即需要经国务院证券管理部门的批准后才能进行工商设立登记。可见，在公司设立原则上，有限责任公司与发起设立的股份有限公司已没有差异，区别主要是在募集设立股份有限公司这一方面。

二、公司设立行为性质分析

关于公司设立行为性质的学说主要有四种：契约行为说、共同行为说、单独行为说、合并行为说。

---

① 吴莲凤：《公司设立及公司设立原则历史演变》，载《工会论坛》2009 年第 3 期。

契约行为说将公司的设立等同于契约，与公司设立行为的实质不符。因为公司的设立行为属于新的权利主体的创设行为，并非仅如合伙契约属于成立债权债务关系的行为。单独行为说虽然强调了发起人的设立行为，但既然是每个设立人行为的集合，自然就应是共同行为，而非单独行为。合并行为说的不妥之处主要有二：一是合并行为本身并非严格意义的法律概念；二是该说所谓"混合性质"的定性实际上并没有明确设立行为的实质。而共同行为说提示了设立行为的实质，因为事实上设立行为无论是一人代表为之，还是发起人或股东共同为之，都是发起人以创立具有独立主体资格的公司为目的的共同一致的意思表示。

理论界多认为共同行为说为通说。公司的设立行为是一个复杂的行为，所含之具体行为繁多，共同行为说仅能从大体上阐明其性质。要想窥设立行为之全貌，尚须进行进一步的透析。

(1)从设立行为的总体来看，其既包含法律行为，又包含公法行为。以上关于公司设立行为的三种学说均基于同一个前提——公司的设立行为是法律行为。诚然，公司设立过程中的大部分行为是法律行为[①]，如订立章程的行为、认购股份的行为等。但在公司设立过程中，设立人也会向相关行政机关申请审批（若法律规定应当审批时）和申请公司登记设立，那么这些行为应如何进行定性呢？有的学者把这些行为直接定性为行政法律行为。[②] 笔者认为把这种行为定义为行政行为并不贴切，因为行政行为乃是指行政机关所为的行为，并不包括行政相对人所为的行为。我国台湾学者武忆舟对公司设立人这种向行政机关申请审批或申请登记行为的表述较为贴切，他认为申请登记的行为主体"处于受动的行政主体当事人之地位，该项申请属受动的行政主体之公法行为"。[③] 笔者认为把公司设立人的申请行为定性为"受动的行政主体的公法行为"是较为适当的。因此，公司的设立行为中既包含有法律行为并且构成公司设立行为的主要部分，也包含有公法行为。

(2)从设立行为中法律行为的构成来看，其既包含有共同行为，也包含有契约行为。在公司设立过程中最明显地反映出共同行为特性的就是公司章程的制订。公司章程的制订并非要在公司发起人之间确立具体的权利义务关系，而是发起人方向一致的意思表示。因此公司章程的制订不属于一种契约行为，而属于一种共同行为。

① 依民法学通说，法律行为是民法专有的概念，相当于我国《民法通则》中所称的"民事法律行为"，其余所谓"行政法律行为"、"刑事法律行为"在民法中均不能称为法律行为。

② 冯果：《公司法要论》，武汉大学出版社 2003 年版，第 30 页；童兆洪：《公司法法理与实证》，人民法院出版社 2003 年版，第 14 页。

③ 武忆舟：《公司法论》，三民书局有限公司 1998 年版，第 74 页。

在公司设立过程中也存在着契约行为，这些行为包括公司发起人之间签订发起协议的行为，也包括公司发起人为设立公司与第三人的契约行为。与公司章程的签订不同，发起人协议的本质是一种合伙契约，发起人在签订发起人协议时，其意思表示是交错的而非一致的，发起人协议签订的结果使发起人之间互负权利义务（如发起人之间互负足额及时缴纳出资的义务）。因而发起人协议与公司章程的订立是有本质区别的。

(3)从公司设立行为的法律属性看，其既包括实体法上的行为，也包含有程序法上的行为。从《公司法》所规定的公司设立行为的整体来看，公司设立行为是由一系列的程序组成的，因此从客观的角度观之，公司设立行为是程序法上的行为。同时，若从微观的角度看，公司设立行为包含着众多实体法上的行为，如在公司设立过程中所发生的众多契约行为。

三、公司设立登记的法律效力

一般认为，公司设立申请经公司登记机关核准并登记注册后，即发生以下法律效力：

(1)公司取得从事经营活动的合法凭证。《公司法》（指现行《公司法》，即2005年《公司法》，下同）第七条规定："依法设立的公司，由公司登记机关发给公司营业执照。公司营业执照签发日期为公司成立日期。""公司营业执照应当载明公司的名称、住所、注册资本、实收资本、经营范围、法定代表人姓名等事项。""公司营业执照记载的事项发生变更的，公司应当依法办理变更登记，由公司登记机关换发营业执照。"公司凭据此执照刻制印章、开立银行账户、申请纳税登记。公司在登记注册的范围内从事经营活动，受国家法律的保护。

(2)公司取得法人资格。公司设立申请经公司登记机关核准登记，领取企业法人营业执照后，公司即具有企业法人资格。

(3)公司取得名称专用权。申请设立登记的公司，其名称经公司登记机关核准登记后，公司可以使用该名称并以其名义从事经营活动，享有权利，承担义务。公司对登记的名称享有名称专用权并受法律保护。

实务探讨

一、公司设立与公司成立有何区别

公司设立是一系列法律行为的总称，是指设立人依照《公司法》的规定在公司成立之前为组建公司进行的、目的在于取得法律主体资格的活动。公司的成立是指已经具备了法律规定的实质要件，完成设立程序，由主管机关发给营业执照而取得公司主体资格的一种法律事实，表现为一种法律状态。[①] 由此可以看出，公司设立是公司成立的必经程序，而公司成立则是公司设立的法律后果或直接目的。[②] 公司成立与公司设立的区别主要有：

（1）发生阶段不同。公司的设立和成立是取得公司法人主体资格过程中一系列连续行为的两个不同阶段：设立行为发生于被依法核准登记、营业执照颁发之前；成立行为则发生于被依法核准登记、签发营业执照之时。实质上，公司的成立是设立行为被法律认可后依法存在的一种法律后果。值得注意的是，设立行为并不必然导致公司的成立。设立行为如果不符合法定条件和程序，就不可能为法律所承认，公司也就无法成立。

（2）行为性质不同。设立行为以发起人的意思表示为要素，主要是法律行为，受平等、自愿、诚实信用等民商法基本原则的指导。而公司的成立必须向政府有关部门办理注册登记，成立行为以主管机关颁发营业执照为要素，发生在发起人与主管登记机关之间，属于行政行为。这一行政行为导致的是民法上的效果，即设立的组织取得独立的法人主体资格。

（3）法律效力不同。公司设立是其成立的前提条件。公司在被核准登记之前，被称为设立中的公司，此时的公司尚不具备独立的主体资格，其内外部关系一般被视为合伙关系。即使设立行为已完成，但未取得营业执照，仍不能以公司的名义对外开展经营活动。因此，如果公司最终未被核准登记，其在设立阶段的行为后果类推适用有关合伙

① 赵旭东主编：《公司法学》（第二版），高等教育出版社 2006 年版，第 110 页。

② 我国《公司法》对设立和成立的概念，原则上也作了区分。如该法第九十五条规定，股份有限公司的发起人在公司不能成立时，应对其设立行为所产生的债务和费用负连带责任，并对设立过程中因其过失而致使公司利益受到的损害承担赔偿责任。当然，法律条文并未在措辞上对二者作严格区分，在某些场合，“成立”也用“依照本法设立”等措辞来表达（如《公司法》第八条的规定）。

的规定,由设立人对设立行为负连带责任;如果公司被核准登记,发起人为设立所实施的法律行为,其后果原则上归属于公司。公司的成立则使公司成为独立的主体,公司成立后所实施行为的后果原则上由公司承担。

(4)行为人不同。公司设立的行为人主要是发起人和认股人,而公司成立的行为人主要是申请人和有权批准申请的主管机关。

(5)解决争议的法律依据不同。由上述两种行为的行为主体可以看出,在公司设立过程中,发起人之间、发起人与认股人之间发生的争议属于民事争议,可以依双方之间的协议,根据合同法等相关民事法律,按民事诉讼程序予以解决。但如果就是否应当为公司颁发营业执照而发生争议,依据《中华人民共和国行政诉讼法》第十一条第四项规定,即“认为符合法定条件申请行政机关颁发许可证和执照,行政机关拒绝颁发或者不予答复的”,公司发起人可以提起行政诉讼。即关于公司是否成立的争议,一般依据有关行政法规来解决。

二、如何界定公司的成立之日

公司成立日是具有法律意义的时间,不仅标志着公司自此取得法人资格,作为法人存在,而且还在于可以准确地划定公司设立与公司成立的界限。从国外公司法规定来看,一般认为只要设立人提交的设立公司的章程经政府主管部门核准并由其颁发了设立证书后,公司即告成立。从我国现行《公司法》的规定来看,公司成立日应当是设立人向工商行政管理机关报送了设立必需的有关文件,经工商行政管理机关核准登记后,公司营业执照签发之日;亦即公司成立,正式取得法人资格之日。《公司法》第七条规定:“依法设立的公司,由公司登记机关发给公司营业执照。公司营业执照签发日期为公司成立日期。”

三、司法实践中如何确认公司的住所

《中华人民共和国公司登记管理条例》(以下简称《公司登记管理条例》)第十二条规定,公司住所是公司主要办事机构所在地。但由于种种原因,在实践中,有时公司实际主要办事机构与公司章程所记载的住所并不一致,我们认为此时应当认定经公司登记机关认可的公司章程所记载的地址为公司的住所。理由是,公司住所是公司章程的绝对必要记载事项,公司成立也就意味着公司登记机关对记载有公司住所事项的公司章程的认可,公司登记机关作为国家机关,对公司章程的认可具有较强的公信力,也意味着这是一相对客观的标准。如果公司变更住所,但未变更在工商登记机关备案的公司章程,不得以其变更后的住所对抗第三人,即公司法律意义上的住所仍以在工商登记机关备案的章程中记载的原住所为准,第三人仍可在其原住所地对公司提起诉讼。法院向该住所寄发诉讼文书,如果没有退回,即可视为送达。

四、公开募集与定向募集有何区别

按照《公司法》第七十八条规定,募集设立是指由发起人认购公司应发行股份的一部分,其余股份向社会公开募集或者向特定对象募集而设立公司。可见,募集包括了公开募集和定向募集两种方式。无论采取募集设立的哪一种方式,发起人认购的股份都不得少于公司股份总数的35%。

我国1993年《公司法》仅规定了一种募集设立方式,即向社会不特定的对象募集股份的公开募集方式。在《公司法》修改过程中,一些部门提出,为避免公开募集的风险和弊端,建议删除这一设立方式,采用向特定机构投资者等对投资风险具有较强的识别、抵御能力的特定对象募集股份的定向募集设立方式。立法机关研究后认为,允许股份有限公司采用公开募集和定向募集的方式设立,有利于适应投资者选择不同的投资方式的需求并鼓励投资创业;同时,应当加强监管,防范风险。2005年《公司法》在保留股份有限公司公开募集设立方式的同时,增加了定向募集的设立方式。

公开募集与定向募集的区别主要有两点:

一是,公开募集的特点是点对面,即特定的发起人面对不特定的社会公众提供劝诱资料;而定向募集的特点是点对点,即特定的发起人面对特定的投资者提供劝诱资料。根据《中华人民共和国证券法》(以下简称《证券法》)第十条第三款之规定,非公开发行证券,不得采用广告、公开劝诱和变相公开方式。

二是,公开募集股份的认购人往往是一般的公众投资者,包括财力殷实的亿万富豪,也包括普通的工薪阶层;而定向募集股份的认购人往往是财力殷实且投资风险抵御能力较强的特定投资者。发起人在网站上公开路演或者在街头使用扬声器广播劝诱资料,故属公开劝诱;一对一的当面拜访属定向劝诱。

当然,在操作层面上,判断某一公司募集设立方式是面向社会公开募集还是面向特定对象募集,在法律适用中尚存在许多灰色地带,亟待通过司法解释予以解决。例如,发起人通过其委托的商业银行或证券公司营业部的展示架备置其拟定向募集公司的劝诱资料(宣传册或广告)的行为是否构成公开劝诱就值得研究。将商业银行或证券公司营业部向客户备置劝诱资料的行为解释为定向劝诱的理由是:劝诱人足不出户,仅在自己营业场所内备置劝诱资料;将其解释为公开劝诱的理由是:进入劝诱人营业场所的被劝诱人是不特定的。其实,在信托公司定向发行不超过200份的信托计划的情况下,亦存在这一问题。鉴于前往发起人营业部的客户均为与发起人具有某种商业往来的特定人群，笔者认为应当将其解释为定向募集。但倘若发起人委托一家商业银行或证券公司在各个营业部的展示架上备置拟定向募集公司的劝诱资料，就应被推定为公开劝诱、公开募集；倘若劝诱人认为其劝诱对象具有特定性，应当对此承担举证责任。

当然，公开募集与定向募集的区别在定向募集人数高达一定临界点时，两者的区别在监管者的视野中开始消失。根据《证券法》第十条第二款之规定，向特定对象发行证券累计超过 200 人的，视为公开发行，进而接受《证券法》对公开发行证券行为的法律规制。可见，《公司法》与《证券法》在私募制度方面相互实现了无缝对接。此外，无论是公开募集股份还是定向募集股份，都面临着保护认股人合法权益、预防发起人道德风险的重责大任。例如，《公司法》第八十一条第一款在谈及股份有限公司的发起设立方式时，禁止公司全体发起人在其首次出资额缴足前向他人募集股份。可见，立法者试图遏制发起人的道德风险，预防发起人在缴足出资前就大肆募集大批投资者，从而损害投资者权益，甚而制造新的欠缴出资者。①

五、组成股份有限公司创立大会的认股人中是否包括发起人

《公司法》第九十条规定："发起人应当自股款缴足之日起三十日内主持召开公司创立大会。创立大会由发起人、认股人组成……发起人在三十日内未召开创立大会的，认股人可以按照所缴股款并加算银行同期存款利息，要求发起人返还。"按照这样的规定，发起人与认股人是两个不同的概念。认股人仅指依据设立中公司公告的招股说明书认购股份的投资者，似乎不应当将发起人包括在内。如果这一认识成立，那么发起人就必然会被排除在创立大会的组成人员之外。这显然是与公司股份平等原则相违背的。创立大会作为决议设立中公司重大事宜的机关，与每一个购买股份的人都休戚相关，如果把购买股份总数至少 35% 的发起人排除在外，必然显得很不公平，与发起人对发起设立承担的义务与责任也不相称。

此外，《公司法》第九十一条还规定："创立大会应有代表股份总数过半数的发起人、认股人出席，方可举行。"有些股份有限公司的创立，发起人认购股份总数不但达到了法定最低比例 35%，而且还远远超出这一比例。如许多国有企业改制为股份有限公司，国家股东无疑为股份有限公司设立中的发起人，其在公司中的持股比例平均高达 2/3 左右。如将其排除在创立大会之外，不仅可能直接损害国家利益，而且创立大会根本就无法召开。因此，组成创立大会的认股人应当包括发起人。

① 刘俊海：《新公司法的制度创新：立法争点与解释难点》，法律出版社 2006 年版，第 30—31 页。

六、公司诉讼中如何处理司法权与行政权的关系

在公司诉讼中,经常存在着司法权与行政权的交织与冲突问题,因为公司作为一个涉及多方主体利益的经营主体,常常受到行政管理机关行政管理与司法机关司法介入的双重规制。公司诉讼中某些行为的效力认定或者事实认定均可能与公司的审批或者登记等行政管理行为有着不同程度的关联。在公司法领域,有较多行为在纠纷发生之前就是一种兼有民事行为与行政行为双重性质的法律行为。在公司诉讼中,司法权与行政权的关系体现为交织与冲突两个方面:交织主要体现为司法权对行政权的尊重或者是对行政权的认同,而冲突则是法院在审理相关公司诉讼案件时对行政行为的一种直接否定。在公司法领域,行政权的作用主要体现为对公司主体设立的许可以及对公司设立许可后变更事项的确认。在公司诉讼中,处理司法权与行政权的关系应当遵照以下原则:(1)按纠纷所涉及的法律关系性质划分司法权与行政权的界限。如果当事人之间争议的法律关系性质是行政法律关系,且当事人的诉讼请求直接是请求确认有关行政机关的登记或者审批行为非法或者申请撤销该具体行政行为的,则不宜通过公司诉讼这样一种民事诉讼的程序来解决。但是对于纠纷性质纯粹是属于公司纠纷即民商事纠纷范畴的,或者纠纷的主要方面是属于民商事范畴的,从节约诉讼成本并实现商事法的基本原则要求出发,对其中涉及的有关行政机关审批或者行政登记行为可以直接进行审查与判断。(2)按相关行政行为的性质划分司法权与行政权的界限。公司诉讼中的大量争议因民事争议而起,本质上应当定性为民事争议案件,行政争议只是作为附属问题而出现,只不过解决公司民事争议的后果可能决定或者影响着行政争议的解决和处理。由于当事人在公司诉讼中没有直接请求撤销行政机关的行政行为,所以应当通过公司诉讼程序来解决这些争议。实践中对于行政许可行为,除非法律有特别规定,一般不应对其进行审查。如关于公司设立以后相关事项的变更登记行为,一般认为是属于行政确认行为,法院可以对该行政确认行为所涉及的纠纷进行审查,但不应对该行政确认行为本身进行审查。当然,公司诉讼中对涉及行政权的纠纷进行审查要遵循维护交易便捷和交易安全的原则。交易便捷原则主要体现在三个方面,即交易简便、短期时效以及定型化交易规则。维护交易安全要遵循公示主义和外观主义相结合的原则。商法的公示主义与外观主义的适用主要是对公司外部诉讼而言,只要求公司相对人对公司登记事项依公示而产生合理信赖,即对公司的审批与登记事项直接予以确认,

而不论其是否符合公司的实质。①

七、在不实登记未被登记机关责令改正或撤销登记之前，是否可以其登记事项不实而对抗善意的第三人

国外多数国家和地区的公司立法对公司的设立采取登记要件主义，即不登记不能成立，如德国就作此规定。但法国、日本等国则采取登记对抗主义。日本《民法》第四十五条第2款规定，公司未经登记从事活动的，不得以未登记作为抗辩，对抗他人。我国《公司登记管理条例》第三条规定："公司经公司登记机关依法核准登记，领取《企业法人营业执照》，方取得企业法人资格。……未经公司登记机关登记的，不得以公司名义从事经营活动。"可见，在我国，公司设立登记是公司成立的必要条件。依我国《公司法》的有关规定，为不实登记或以虚报或欺骗手段获得公司登记的，公司和有关行为人应承担行政责任甚至刑事责任。但在不实登记未被登记机关责令改正或撤销登记之前，是否可以其登记事项不实而对抗善意的第三人？对此，我国公司立法未作明确规定。笔者认为，我国应明确登记管理的权威性和公信力。依该原则，在公司设立实践中，必须注意下列三个问题：

(1)必须登记的事项在未履行登记或已经履行登记但尚未公告的情况下，要注意对第三人的保护。对此，多数国家和地区的法律规定，只要必须登记的事项还未履行登记或已经履行登记但未予以公告，必须登记事项的参与人不可用该事项来对抗不知情的第三人。但第三人的不知情必须是善意的，没有重大过失，并且第三人由于不知情而产生的对原有事实的信任是导致其法律行为的直接原因。这一原则直接导致两个结果：一是未经登记的事项在法律上所导致的直接后果不能有利于负有登记义务的参与人；二是未经登记的事项在法律适用上必须有利于第三人。

(2)登记错误的事项在得到正确登记和公告之后的一定期限内，要注意对第三人的保护。对此，一些国家和地区的法律规定，如果登记事项已经登记并已公布，该事项应对第三人发生效力。但是，如果在登记事项公布后的一定时间内，第三人既不知道也无责任必须知道该事项，那么该登记事项对其法律行为不生效力。对于这种不生效力的有效期限，在时间上各国或地区的法律多作严格限定。如德国《商法典》规定的有效期为15天。

(3)已登记事项在公布发生差错的情况下，要注意对第三人的保护。对此，一些国家或地区的法律规定，如果登记事项公布有误，除非第三人已经知道公布事实有误，否

① 俞宏雷：《公司诉讼中司法权与行政权的关系——以当事人的权利保护为中心展开》，载《人民司法·应用》2007年第19期。

则第三人可以针对负有登记义务的登记人，根据已公布的事实为法律行为。在此，第三人必须是善意的，必须是该事项的局外人；同时，第三人对公布内容的信任必须是导致其法律行为的直接原因。①

八、如何界定认股行为的法律性质

关于认股行为的法律性质，理论上大致可分为“契约说”和“共同行为说”。

“契约说”可分为以下四种：(1)合伙契约。该说认为股份有限公司的设立行为属于合伙契约，而认股是合伙契约的构成要件，因而认股的结果不仅在认股人与发起人间产生法律关系，在认股人之间也产生法律关系。这实际上是将认股人之间的关系等同于发起人之间的关系，故此说不妥。(2)买卖契约。该说认为认股属于买卖契约，即认股是买受股份的意思。然而，认股在认股人方面，是以设立公司而取得股东权为目的，而在发起人方面，则以募集资本成立公司为目的，并非如买卖合同仅以一方移转财产他方支付价金为目的的情形。故此说也欠妥。(3)委任契约。该说认为认股是认股人与发起人之间的一种委任契约，即发起人为受任人，认股人为委任人，其委任事务为设立公司。然而，依委任契约处理委任事务所需的费用由委任人负担，而认股后公司如不能成立，其设立费用由发起人负担。这显然与委任契约不符，故此说也欠妥。(4)为第三人契约。该说认为认股是认股人与发起人之间所成立的一种为第三人契约，第三人即将来成立的公司。为第三人契约，只能使第三人受利益而不能使第三人负义务，且第三人的受益因其为受益的表示始确定。如果表示不愿受益，则视为自始未取得权利。然而公司成立时，不仅所有的权利义务均移归公司，而且公司也不得为不受益的表示。这些特点均与为第三人契约不合，故此说也欠妥。

“共同行为说”。该说认为认股是各认股人以设立公司为目的所为的共同行为。但是，公司设立行为虽然是共同行为，却也各有其独立性质，各有其当事人及独立的内容，不可与共同行为混为一谈。

笔者主张入股契约说。所谓入股行为，是以成为公司股东为目的的行为，亦即以设立股权法律关系为内容的行为。以此股权法律关系的设定为目的的入股行为属于财产权行为，是认股人的认股意思表示与公司容许其入股的意思表示相结合的契约。因为股东与公司间将因此而发生股权法律关系的种种权利与义务，双方均应受其拘束。这与公司设立行为是以创造新的法律人格为目的的身份性质的行为大不相同。所以，认

---

① 赵旭东主编：《公司法学》(第二版)，高等教育出版社2006年版，第128—129页。

股行为是以取得股权为目的的一种财产法上的行为，应属于一种契约。①

根据认股协议的性质，认股人违反缴纳股款义务时应承担违约责任；若认股人成为公司的股东，还应承担股东违反出资义务的责任。

九、股份公司认股人未按期缴纳所认购股份时，公司发起人可否另行募集

我国《公司法》第八十六条规定认股人应按所认购股数缴纳股款，但《公司法》对股东经催缴仍未缴纳股款时公司是否可以另行募集未作明文规定。从实际情况看，如果公司不能另行募集，将不利于促使资本尽快到位和资本充实。而其他一些国家的公司法则明确规定认股人逾期缴纳所认股款时，发起人应指定缴纳的合理期限，到期仍未缴纳的，认购人丧失认购股份的权利，股份可以另行募集；如有损害，公司可向认股人请求赔偿。这一制度既能保证公司的顺利设立，又能保证公司和发起人利益。

公司设立方式分为发起设立和募集设立。发起设立又称共同设立或单纯设立，是指由发起人认购公司应发行的全部股份而设立公司。原则上发起设立可以适合于任何公司的设立。不过，因有限责任公司的人合性强，资本具有封闭性，所以其设立方式只能为发起设立。募集设立也称为渐次设立或者复杂设立，是指由发起人认购公司应发行股份的一部分，其余股份向社会公开募集或者向特定对象募集而设立公司。在我国，只有股份有限公司可以采用这种设立方式。在广泛地募集社会资金方面，募集设立具有发起设立所无可比拟的优越性。它可以通过发行股份的方式充分吸收社会闲散资金，在短期内筹集设立公司所需的巨额资本，缓解发起人的出资压力，便于公司的成立。但采取这种设立方式也有弊端，特别是由于股权高度分散，不利于实现发起人对公司的控制权，同时由于认购人的相对不确定，给公司资本的募集带来许多不稳定的因素，因此需要对认股人的认股和股款缴纳行为予以规制。

鉴于上述理论基础和外国立法经验，《最高人民法院关于适用〈中华人民共和国公司法〉若干问题的规定（三）》（以下简称《公司法解释（三）》）第六条规定，股份有限公司的认股人未按期缴纳所认股份的股款，经公司发起人催缴后在合理期间内仍未缴纳，公司发起人对该股份另行募集的，人民法院应当认定该募集行为有效。可见，股份有限公司通过募集方式发行股份，认股人认购股份，应当按照股份发行时确定的期限缴纳其所认购的全部股款，期限届满仍未缴纳的，构成违约。公司发起人通知该认股人在合理期限内缴纳股款，该认股人于催告期满仍未缴纳的，视为其放弃认股权，认股合同解除。发起人可以就该认股人于催告期满仍未缴纳股款的股份，另行进行募集。

① 赵旭东主编：《公司法学》（第二版），高等教育出版社2006年版，第154页。

十、公司可否请求延期缴纳股款的认股人承担赔偿责任，承担责任的范围是否限于认股人未按期缴纳股款的范围

认股人未按期缴纳其所认购股份的股款，包括未缴纳和延期缴纳两种情形，认股人未缴纳或者延期缴纳股款，既违反认股合同约定的义务，也违反法定出资义务，给公司造成损失的，无论基于违约责任还是侵权责任，公司均有权请求该认股人承担损害赔偿责任。此外，认股人未缴纳或延期缴纳股款给公司造成的损失，应当界定为公司因此造成的实际损失，如公司因另行募集发生的额外费用、因设立延误造成的损失等，而不应限于认定认股人未按期缴纳的股款范围。①《公司法解释（三）》第六条也明确了认股人延期缴纳股款给公司造成损失，公司请求该认股人承担赔偿责任的，人民法院应予支持。

十一、分期缴纳制是否适用于股份有限公司的认股人

我国1993年《公司法》对于出资缴纳采取的是"实缴制"。很显然，这种要求过于苛刻。针对这一情况，现行《公司法》对出资缴纳制度进行了一定程度的改革。其中最大的改革就是改变了原《公司法》实缴制的做法，改而采用分期缴纳制。现行《公司法》第二十六条规定，有限责任公司全体股东的首次出资额不得低于注册资本的20%，也不得低于法定的注册资本最低限额，其余部分由股东自公司成立之日起2年内缴足；其中，投资公司可以在5年内缴足。《公司法》第八十一条规定，股份有限公司采取发起设立方式设立的，注册资本为在公司登记机关登记的全体发起人认购的股本总额。公司全体发起人的首次出资额不得低于注册资本的20%，其余部分由发起人自公司成立之日起2年内缴足；其中，投资公司可以在5年内缴足。在缴足前，不得向他人募集股份。

由此可见，分期缴纳只适用于有限责任公司的股东和股份有限公司的发起人，不适用于股份有限公司的认股人。因为认股人在认购股份时可以根据自己的实际能力决定认购股份的数额。另一方面，如果公众认股人也可以分期缴纳，势必造成许多实际困难，影响公司的运作效率。譬如，在公司按照实缴资本分配股利或者发行新股确定优先权时，就需要对众多的分期缴纳的股东及其实缴的数额进行统计和计算，徒增成本。②

① 奚晓明主编：《最高人民法院关于公司法解释（三）、清算纪要理解与适用》，人民法院出版社2011年版，第99页。

② 施天涛：《公司法论》（第二版），法律出版社2006年版，第174页。

法条索引

《中华人民共和国公司法》

第六条 设立公司,应当依法向公司登记机关申请设立登记。符合本法规定的设立条件的,由公司登记机关分别登记为有限责任公司或者股份有限公司;不符合本法规定的设立条件的,不得登记为有限责任公司或者股份有限公司。

法律、行政法规规定设立公司必须报经批准的,应当在公司登记前依法办理批准手续。

公众可以向公司登记机关申请查询公司登记事项,公司登记机关应当提供查询服务。

第二章

公司法人财产权热点问题裁判标准与规范

本章导读

公司财产是公司赖以存在的物质基础，公司对其财产享有何种权利直接关系到公司的运营和发展。对此，我国公司法采用了法人财产权的概念，但法人财产权到底是一种什么权利，理论界存在较大争议，出现了多种学说，如经营权说、结合权说、所有权说、双重所有权说、准物权说、综合性民事权利说。明晰公司法人财产权的性质，对于强化公司独立人格、优化公司治理、保护相关当事人的利益具有诸多裨益。

理论研究

一、法人财产权的性质

法人财产权性质的传统学说主要有经营权说、结合权说、所有权说、双重所有权说、准物权说等。

经营权说是根据我国经济改革早期国有企业“国家所有，企业经营”的原则提出的。该学说认为，在国有企业中作为出资者的国家享有所有权，企业对占有的国家财产享有依法进行经营的权利。经营权说是为适应我国国有企业的早期改革而提出的，当时无论是我们的经济改革还是法学理论均处于起步阶段，因此该种学说不可避免地具有天生的缺陷。随着我国 2005 年修订的《公司法》删除了“公司中的国有资产所有权属于国家所有”这项规定，“经营权”作为历史的产物正式退出历史舞台，经营权说亦不复存在。

结合权说认为公司法人财产权是经营权与法人制度的结合。结合权说虽然试图与经营权说有所区分,但实际上仍然是以经营权说为内核,无法克服经营权说的诸多弊端,最终与经营权说一样被历史尘封。

所有权说认为公司法人财产权的内容与所有权的内容相同,都包括占有、使用、收益和处分,法人财产权即法人所有权。所有权说比经营权说有重大进步,有利于公司独立人格的确立和维护,但是仍然具有无法克服的内在缺陷。从内涵看,所有权是独占性的支配权,具有直接支配性和排他性,对此,《中华人民共和国物权法》(以下简称《物权法》)第二条第三款明文规定"本法所称物权,是指权利人依法对特定的物享有直接支配和排他的权利,……"。根据上述定义,所有权人行使物权时只需根据自己的意思即可,无须考虑或借助任何第三人的意思,而公司虽然享有独立的人格和独立的意思,但是该种人格和意思是法律所拟制的,公司各项行为包括财产权的行使必须借助股东或管理层的意思表示,显然不同于所有权的直接支配性和排他性。从外延看,公司的财产权利极其广泛,绝不仅限于所有权,还包括对他人之物的用益物权、担保物权、债权以及知识产权等,而这些权利无论如何也不可能归入所有权。

双重所有权说认为公司的财产归公司享有,体现对公司的所有权,而公司本身又为股东享有。双重所有权说一方面肯定了公司的法人财产权仍然是所有权,也就无法克服所有权说一样的内在缺陷。另一方面,双重所有权认为股权是股东对公司的所有权,显然背离了股权的性质:所有权作为一种物权,其客体是有体物,而股权的客体是具有独立人格的公司;所有权作为一种物权,具有直接支配性和绝对性,所有权人可以完全根据自己的意思自由而圆满地实现所有权的各项权能,而股权的实现不仅取决于股东自身的意思,还依赖于其他股东的意思表示。

准物权说认为公司法人财产权既不是经营权,也不是所有权,而是由民法之特别法——公司法所规定的一种特殊物权类型,可称为准物权。准物权说不但具有与所有权说一样的缺陷,而且违反了物权法定的基本原则,因此亦不可取。

二、公司法人财产权为一种独立的综合性民事权利

关于公司法人财产权性质的传统学说显然背离了法律逻辑,也无法满足公司实践提出的需求,所以越来越多的学者抛弃了上述学说,而主张公司法人财产权应为一种新型的综合性民事权利。"……财产权是人身权的对称,包括所有权、他物权、知识产权、债权等所有民事财产权利,法人财产权并不是某个单一的权利,而是诸种民事权利的综

合或统称。法人所有权只是法人财产权的一个重要组成部分。”①

对公司财产权为综合性民事权利说的最大非议是认为其背离了传统的法律体系，盖因传统的民法学说认为财产权依其性质和行使方式、效力应当一分为二为物权和债权，并无其他财产权容身之处。该种批评看似周延，实则有教条主义之嫌。正如列宁所言，理论是灰色的，而生活之树是常青的。社会现实永远是变动发展的，当既有理论与社会现实发生冲突时，应当反思和发展理论，而不是要求现实必须符合既有理论的逻辑和体系，毕竟理论是来源于实践并服务于实践的，而不是相反。公司的财产形态具有多样性和复杂性，绝不仅限于不动产和动产，比如公司的名称、商标、专利、著作乃至域名、商誉都是公司的财产，公司对其他公司的债权和股权亦是公司的财产，因此公司的财产权是一种综合性民事权利；同时公司财产虽然最初来源于股东的出资，但是公司一旦成立，则无论是公司的经营所得还是公司的注册资本皆归属公司所有，独立于股东和管理层的财产，这是公司具备独立人格的基本前提和应有之义。是故，公司法人财产权的正确定性应为一种独立的综合性民事权利。

实务探讨

一、如何正确理解公司法人财产权和股东的股权

我们认为，法人财产权并不属于大陆法系物权制度中一种具体的权利类型，而应当是众多具有财产内容的民事具体权利的总称，具体应当包括物权、债权、知识产权等，而“法人财产权”这一名词只是表明这诸多物权、债权、知识产权应当是归属于法人所享有。

承认与确立公司法人财产权，使得公司对其全部财产可享有独立支配的权利，使法人摆脱了对出资者意志的直接依附，成为具备独立人格的法律主体。与法人财产权的确立过程相伴的另一产权运动过程是股东股权的确立。公司投资者对其投资于公司中的资本拥有原始产权，随着公司的成立，其投入公司的资本由公司享有法人财产权，作为其产权的交换，投资者获得了价值形态的股权而丧失了实物形态的资本所有权及原始所有权。股权的产权，即是对虚拟资本——股票的占有、处分权，以及凭借持有的股份对公司运营大政方针享有的相应的表决权、监督权、按期索取剩余权等。② 这样一

① 苏梁：《法人财产权的性质问题研究》，载《法制与社会》2009年第6期。

② 梅慎实：《现代公司治理结构规范运作论》，中国法制出版社2002年版，第183页。

来,原始产权分裂为股权与法人财产权,二者处于对立统一状态。一方面,法人财产权意味着公司生产经营所得首先属于公司所有,而公司利润的提高会使得股东受益增加,股东利益与公司利益是共同的,这使得公司权力机关与股东以公司财产增值作为共同目标,形成以公司为中心的向心力。另一方面,股权与法人财产权又存在对立的关系。股东利益与公司利益并不总是一致的,尤其是在股权分散的上市公司中,股东更多地不是关注公司的经营管理而是将股票作为单纯的投资工具,为了获得较高的股价,股东的行为就可能短期化。而在中国公司实践中,大股东掏空上市公司,使上市公司资产空心化的现象较容易出现,这些都损害着公司的利益。可见,随着投资者对其出资的转让,出资者的原始产权分裂为股权与公司法人财产权,二者是对立与统一的关系,而这种关系构成了公司治理的基础,是公司权力分化与制衡的基础。实践中,有的公司股东尤其是掌握公司管理权的大股东,将公司的财产当作自己的财产任意占用或调配;民事司法活动中,司法机关将公司的财产强制执行用于股东债务的清偿,或强制执行子公司甚至孙公司的财产用于母公司债务的清偿,这些都是对公司财产权与股东股权性质的严重误解。

二、可否执行公司财产清偿股东债务

公司作为独立的法人,享有独立的人格,对公司财产享有独立的法人财产权,已为我国理论学界所公认,公司法对此亦有明文规定,现行《公司法》第三条第一款规定"公司是企业法人,有独立的法人财产,享有法人财产权。"然而我国公司实践中却多次出现为执行股东债务而侵犯公司财产的情形,严重侵犯公司的法人财产权,甚至最高人民法院有关司法解释亦出现了类似规定。《最高人民法院关于审理与企业改制相关的民事纠纷案件若干问题的规定》第七条规定:"企业以其优质财产与他人组建新公司,而将债务留在原企业,债权人以新设公司和原企业作为共同被告提起诉讼主张债权的,新设公司应当在所接收的财产范围内与原企业共同承担连带责任。"①

公司对其财产享有独立的法人财产权,股东出资后,相应的财产权利即归属公司享有,股东享有的只是股权。公司的法人财产权和股东股权虽然存在关联,但是有着本质的不同,公司的就是公司的,股东的就是股东的,债务既然是股东的,就应当执行股东的财产,即其对公司享有的股权,而绝对不能执行公司的财产,否则就构成对公司法人财产权的侵犯,既侵害公司的合法利益,也侵犯公司其他股东和债权人的利益。或许有人认为,如果不能执行公司相应的财产,就是对原企业债权人保护不周。然而股东的股权

① 该规定第六条存在同样的问题,在这里一并论述。

也是财产权，具有很强的经济价值，强制执行股东的股权一般能够满足债权人的利益诉求；即使有时不能满足，也没有任何理由将股东债权人的利益保护置于公司其他股东和债权人利益之上，因为即使公司是出资人的全资子公司，也有自己的独立经济活动，有自己的交易相对人和债权人，执行了公司财产必然损害其正当信赖和经济利益。

尽管支持上述规定第七条的观点强调企业借公司制改造逃避债务与企业出资设立公司的本质区别，认为“债务人企业借公司制改造逃废债务，是一种假借改制之名，行转移优质财产、逃废企业债务之实的违法行为；而企业出资设立公司是一种合法的出资行为，并以企业在新设公司中的股权形式表现出来”①。然而，股东是否恶意并不影响法律关系的性质和内容，因此，为清偿股东债务而执行公司财产，严重背离了公司法规定，侵害了公司和利益相关者利益，应当予以改正。②

三、如何准确理解企业集团财产权

我国法律层面和理论界对企业集团的法律性质一直存在不同认识。③ 1987 年国家体改委、经委的《关于组建和发展企业集团的几点意见》认为企业集团具有多层次的组织结构，一般由紧密联合的核心层、半紧密联合层以及松散联合层组成；核心层、半紧密联合层的企业共同享受利益并承担责任，松散联合层的企业独立经营，各自承担民事责任。可见该意见对企业集团的法律性质倾向于独立法人。1998 年国家工商行政管理局发布的《企业集团登记管理暂行规定》规定，企业集团是以资本为主要联结纽带的企业法人联合体，企业集团不具有企业法人资格。然而该文件同时规定，企业集团不但要满足注册资本、子公司数量等要求，而且必须具备统一的企业集团章程；组建企业集团，应当办理登记，未经登记不得以企业集团名义从事活动。可见，《企业集团登记管理暂行规定》虽然明确企业集团不具有企业法人资格，但是对企业集团却是按照企业法人进行管理的。理论界观点亦不相同，有人认为企业集团与联营企业相同，故在法人型联营情况下，具有法人资格；也有人认为企业集团并非联营，而是一种新型的企业组织形

① 《最高人民法院副院长奚晓明在 2007 年 5 月 30—31 日召开的全国民商事审判工作会议上讲话》，载《法律适用》2007 年第 7 期。

② 其实，最高人民法院已经注意到了这个问题，奚晓明先生在指出上述区别的同时，强调“若该企业发生偿债问题时，可以通过执行出资企业在新设公司中的股权的方式解决，而不能适用企业改制司法解释第七条的规定”。不过，该种表述并不彻底，因为即使通过执行出资企业在新设公司中的股权的方式不能满足改制企业债权人的利益，仍然不应执行公司财产，更何况领导的讲话并非法律渊源，因此最高人民法院及时修改相关规定甚有必要。

③ 这里的“法律”采纳的是广义概念，实际上我国既有的关于企业集团的立法规范只限于部门规章层面。

式，在法律上不具有独立人格。①

实际上，企业集团是对关联企业的一种描述，本质上是企业联合体，只不过这些关联企业借助股权关系或合同关系置于控制企业的统一管理下，以取得协同的经济效益，然而经济集团本身没有独立的财产，亦没有独立的机构，根本就不是独立的法人。企业集团法律地位引起争议的原因或许在于控制企业对企业集团即所有关联企业的控制，然而并不能因为该种控制关系而推导出企业集团的整体人格，简单地说，母公司和其诸多子公司虽然存在控制关系和资本联结，但其存在的只是股权关系，而不能说母公司和子公司具有整体人格，具有法人地位。所谓企业集团其实就是指控制公司和子公司、参股公司、从属公司以及其他关联公司的经济联合体，法律之所以将该关联企业进行整体规制，是为了防范它们通过不正当的关联交易或一致行动危害公司股东特别是中小股东、债权人利益，或者逃避税收、操纵市场等。是故，企业集团并非一个严格的法律术语，境外公司法上鲜有使用概念的立法例，而是使用"母子公司"、"控制企业"、"从属企业"、"关联企业"等。

综上所述，我国的企业集团没有独立的财产，没有独立的机构，并不具备独立的法律人格，当然也就不享有独立的法人财产权。

四、股东尚未缴纳的出资是否构成公司财产

公司对公司财产享有法人财产权，股东交付的出资在实际交付或办理登记后即转移给公司，公司可以之开展经营活动并对外承担民事责任。然而，股东尚未交付的出资是否构成公司财产可能引发争议。股东未缴纳出资有两种情形：一是公司章程规定股东分期缴纳出资情形下股东的缴纳期限尚未届至；二是瑕疵出资，即根据公司法和章程规定股东应当缴纳出资而未缴纳，具体包括出资不及时和出资不足额。无论上述何种情形，根据公司法和公司章程规定，公司均有权请求股东完全缴纳出资，即公司对尚未缴纳出资的股东享有债权，虽然在章程规定的缴纳期限尚未届至的情形下，公司尚不能即时请求股东缴付出资，但这是债权的履行问题，并不影响债权的成立。因此，股东尚未缴付的出资虽然财产权利并未转移，但是公司享有对股东的债权请求权，该种请求权构成公司财产的一部分，也正是在这个意义上，我们强调公司法人财产权的性质是一种综合性权利而非法人所有权。现行《公司法》第三条规定股东以其认缴的出资或认购的股份为限对公司债务承担责任，而并未将股东的责任仅限于股东缴纳的出资。此外，虽然在缴纳期限尚未届至的情形下，公司对股东享有的债权尚未届履行期，但是由于公

① 沈乐平：《论企业集团的法律地位及构成条件》，载《南方经济》2001 年第 10 期。

司解散后必须了结各种法律关系并最终终止存在，因此公司解散事由的出现视为期限届至。对此，最高人民法院 2006 年公布的《关于适用〈中华人民共和国公司法〉若干问题的规定（二）》（征求意见稿）第二十二条第一款规定："公司解散时，股东尚未缴纳的出资，包括应缴未缴的出资，以及依照《公司法》第二十六条和第八十一条的规定分期缴纳尚未届满缴纳期限的出资，均应作为清算财产进行清算。"①

法条索引

《中华人民共和国公司法》

第三条　公司是企业法人，有独立的法人财产，享有法人财产权。公司以其全部财产对公司的债务承担责任。

有限责任公司的股东以其认缴的出资额为限对公司承担责任；股份有限公司的股东以其认购的股份为限对公司承担责任。

① 2005 年《公司法》生效后，最高人民法院在 2006 年 4 月 28 日发布了《关于适用〈中华人民共和国公司法〉若干问题的规定（一）》（以下简称《公司法解释（一）》），但是该解释比较简单，主要规定了新旧《公司法》的适用问题。此后，最高人民法院计划制定一个系统的公司法解释，并公布了《关于适用〈中华人民共和国公司法〉若干问题的规定（二）》（征求意见稿），但是后来出于谨慎和全面的考虑，改为分批制定公司法专题解释，并在 2008 年 5 月 5 日发布了《关于适用〈中华人民共和国公司法〉若干问题的规定（二）》，该解释只是关于公司解散和清算的规定。因此，本书中引用的最高人民法院 2006 年公布的《关于适用〈中华人民共和国公司法〉若干问题的规定（二）》（征求意见稿）和《关于适用〈中华人民共和国公司法〉若干问题的规定（二）》（以下简称《公司法解释（二）》）并非同一个文件，本书后文不再另行注明。最高人民法院 2006 年公布的《关于适用〈中华人民共和国公司法〉若干问题的规定（二）》（征求意见稿）虽然未能生效，但是基本上反映了我国审判实务界对相关问题的主流意见。

第三章

股东权利热点问题裁判标准与规范

本章导读

股东作为公司投资者和终极控制者，其权利的行使直接关涉公司的顺畅运作乃至生死存亡，毕竟公司本质上正是股东谋利的工具，公司的价值就在于实现股东利益最大化，而股东利益的实现需要法律工具——权利的保障。因此，强化股东权利保护成为我国2005年《公司法》的一条鲜明主线。与1993年《公司法》相比，2005年《公司法》对股东权利保护制度的设计大为改观。然而，很多问题仍然需要理论的进一步解释和指导，比如公司章程可否限制股东权利、股东可否请求法院强制分配利润、关联股东在股东（大）会上是否必须回避等。深入研究股东权利制度，对于强化股东利益保护，充分发挥公司推动社会财富的积极功能，具有重要价值。

理论研究

一、股权应为独立的综合性民事权利

分析股权性质必须首先定位一个基本前提，即股权是针对股东个体而言的，而并非针对股东整体，唯有如此，方能发挥股权性质对股权行使的制约和保护的指导意义。

股权不是所有权。所有权作为一种物权，其客体是有体物；股权的客体是具有独立人格的公司。所有权作为物权，具有直接支配性和绝对性，所有权人可以完全根据自己的意思自由而圆满地实现所有权的各项权能；股权的实现不仅取决于股东自身的意思，

还依赖于其他股东的意思表示。所有权作为物权，是一种支配权；股权的许多权能比如股利分配请求权、股份收买请求权、知情权等根本就不是支配权，更不可能成为所有权。

股权不是债权。（1）所谓债权，是指特定人（债权人）对其他特定人（债务人）的以请求为一定行为（给付）内容的权利。[①] 债权本质上是一种请求权，而股权包括出席股东大会权、表决权、建议和质询权、股东大会召集和主持权、提案权等绝非请求权。（2）股东的地位和利益诉求与公司债权人的地位和利益诉求也存在天壤之别：前者是公司的控制者，追求公司利润的最大化；后者是公司的交易相对人，追求公司的风险最小化。

社员权以社团人数的复数为基本特征，而股权则不是。在传统民法上，社团法人区分为公益社团法人和营利社团法人，但不论何种社团法人，均须由二人以上以合同行为设立，并以二个以上的社员为存在基础，以此强调其人合性。传统公司作为营利性社团，必须至少由二人以上成员组成，此时，将股权依照公司社员权解释，与其他社团的社员权无异。但是，随着我国法律上“一人公司”的出现，股东一人即可形成公司意思和参与公司事务，传统的公司社团观念受到冲击，对一个股东的公司仍按传统社团观念认定已显得极为牵强。但此时股权依然是股权，股权性质并未改变，这就要求对股权的性质作出新的说明。社员权以社团的人合性为前提，且不得随意转让，而公司股权具有高度的资本性与流动性。公益社团的社员地位一律平等，社员权基于社员身份并按人头享有，而且社员权的取得须首先通过入社取得社员资格，不能随意让与，因而这种社员权没有资本性和流转性。合作社社股是取得社员资格的必要条件，但合作社通常不以社股作为主要经营资本，社股往往更具有象征意义，而且，取得社员资格后社员的地位与出资额即无关联。表决权实行一人一票制，盈余按交易额分配，其社员权没有资本性。同时，合作社高度的人合性使其对社股的转让严格加以限制，甚至只准退股不准转让。而公司一股一票，且股东可随时转让出资（虽然有限制），显然与一般社团法人不同。[②]

股东地位说虽然力图避免社员说的缺陷，但是陷入了自我论证的境地，并未指出股权的本质，亦无任何实义。

股权的合同预期权利说从公司本质是当事人的关系合同出发，提出了独到的视角，但是该学说的前提似乎并不成立。公司合同理论认为公司是诸多当事人订立的合同的联结，然而考虑到参与者的广泛性——既有股东，又有管理人员还有债权人；既有初始

① 王卫国主编：《民法》，中国政法大学出版社2007年版，第313页。

② 奚晓明主编：《最高人民法院关于公司法解释（三）、清算纪要理解与适用》，人民法院出版社2011年版，第258页。

股东，亦有不断加入的后续股东——当事人之间的合意根本不可能达成，因此公司合同理论不得将大量的默示合同作为理论的基础。然而如此一来则混淆了经济学的合同与法学上的合同的本质区别：“对法学家来说，默示合同是指事实上并不存在，但基于公平原则在司法上可以强制执行的合同。对于经济学家，默示合同则是指由诸如声誉制约之类的市场机制而非司法机制实现的合同，这种实现的方式不会给受损害的当事人带来救济，但从长远来看却会对食言者施以惩罚。”①更重要的是，公司合同理论无法圆满解说公司的独立人格和股东有限责任的形成过程，因此公司合同理论只是给传统的公司法带来了强烈的批判和反思，但其本身并不成立，股权的合同预期权利说亦成了无源之水、无本之木。

“法不仅仅是思想，而是活的力量”。② 开放性的私法权利体系应不断地调整，适应新的社会现实，承认新的权利。股权包含的内容非常广泛，既有非财产权性质的表决权、提案权等，亦有财产权性质的股利分配请求权、剩余财产分配权，这决定了股权既无法纳入传统的支配权，亦不能纳入传统的债权，因此股权应为一种独立的综合性民事权利。

二、股权的内容

探讨股权的内容，首先必须界定股权是仅包含股东和公司之间的法律关系，还是亦包括股东和股东之间的法律关系。尽管公司法学者在股权性质上有很大的分歧，但是在这一点上保持了高度一致，认为股权仅指股东和公司之间的法律关系。“股权是股东基于股东身份在法律上对公司享有的权利总称。”③“股权是指股东基于向公司出资而享有的对公司的各种权利。”④

股东对公司享有的权利具有多样性，无法一一列举，否则必定挂一漏万。不过，最常见和最主要的包括表决权、知情权、股利分配请求权、剩余财产分配请求权、新股认购优先权、建议和质询权、提案权、股东大会召集和主持权、解散公司诉权、代位诉讼权、宣告公司决议无效、撤销公司决议诉权等。

三、股权的行使

股东实现其投资收益，不仅依赖于股权的享有，更依赖于股权的行使，特别是表决

① 邓辉：《论公司法中的国家强制》，中国政法大学出版社 2004 年版，第 83 页。

② 耶林：《为权利而斗争》，载梁慧星主编《民商法论丛》（第 2 卷），法律出版社 1994 年版，第 12 页。

③ 李建伟：《公司法学》，中国人民大学出版社 2008 年版，第 292 页。

④ 奚晓明、金剑锋：《公司诉讼的理论与实务问题研究》，人民法院出版社 2008 年版，第 202 页。

权的行使。关于股东表决权，各国公司法普遍规定了两种重要的制度——关联股东表决权例外排除制度和表决权代理制度，这里仅讨论关联股东表决权例外排除制度，表决权代理制度在后文专题论述。

股东表决权例外排除制度，对利害关系股东而言，亦称股东表决权回避制度，是指当某一或某些股东（特别是控股股东）与股东（大）会表决的决议事项存在特别利害关系时，这些股东或其代理人不能以其所持表决权参与表决的一种公司法律制度。[①] 关联股东表决权回避制度主要系针对公司控股股东而设，因为非控股股东对公司股东大会决议通过与否并无足够的影响力和支配力，并不存在滥用空间，是故并无排除之必要。实践中控制股东往往独自经营公司，或者霸占董事会或经理的全部席位，或者封锁少数股东获悉公司信息的渠道。控制股东通过此类方式排挤少数股东参与公司的经营决策，使得少数股东根本无法知悉公司的实际经营情况，更谈不上适用表决权回避程序了。[②] 每个股东都是自利的经济人，其投资目的都是为了自己经济利益最大化，控股股东既可能正当行使其控制权以实现公司利益最大化从而实现自己投资收益最大化，亦可能滥用控制权，因为不正当的利益输送有时比公司经济效益的提高更能带来丰厚的经济收益。股东大会决议事项皆是对公司利益影响重大之事项，控股股东有可能滥用表决权掠夺公司和中小股东，因此该项制度的价值即在于防止控股股东滥用表决权从而保护公司和中小股东的正当利益。不过，关联股东表决权回避制度亦具有诸多弊害：有违反股东平等原则之嫌，股东平等原则要求同股同权，而该项制度却剥夺了关联股东的表决权；有违资本多数决原则之嫌，如前所述，该项制度实际上系针对公司控股股东所设，制约了控股股东充分发挥对公司的影响力和支配力；可能导致公司经营效率低下，因为关联交易通常可以节约交易双方搜寻相对人、进行协商和谈判以及履行协议等多方面的费用和成本，而关联股东表决权回避制度往往阻碍关联交易的迅速进行；关联股东和关联事项判断标准不易确定。

我国 1993 年《公司法》未规定该项制度，2005 年修订《公司法》时面临的一个重大问题即是公司的控股股东通过关联担保掏空上市公司，尽管监管层为了解决该问题掀起了清欠风暴，但是缺乏制度的长远支撑。2005 年《公司法》及时回应了社会的强烈需求，该法第十六条规定："公司为公司股东或者实际控制人提供担保的，必须经股东会或者股东大会决议。前款规定的股东或者受前款规定的实际控制人支配的股东，不得参加前款规定事项的表决。该项表决由出席会议的其他股东所持表决权的过半数通

---

① 危兆宾：《论公司表决权例外排除制度的制度功能与具体运行》，载《时代法学》2009 年第 1 期。

② 孙箫：《表决权回避与程序效力的重塑》，载《国家检察官学院学报》2011 年第 1 期。

过。”至此，我国公司法法典正式确立了关联股东表决权排除制度，而且仅在关联担保事项上排除关联股东的表决权。2005 年《公司法》的该项规定并未全面肯定该项制度，甚值赞同，有利于防范该项制度的诸多潜在弊害，符合世界各国公司法的立法潮流。不过，从平衡公司、控股股东和中小股东利益出发，该项制度的适用范围应当稍微扩展，效法德国《股份公司法》的规定，涵盖决议是否免除股东的责任或债务和决议是否对股东提起或终止诉讼的情形，毕竟这两种情形对公司通常并无积极的经济价值而且控股股东存在着滥用表决权的强烈冲动。

实务探讨

一、如何理解股东是公司的终极所有者

股权的客体是具有独立人格的公司；股权的实现不仅取决于股东自身的意思，还依赖于其他股东的意思表示；股权的许多权能比如股利分配请求权、股份收买请求权、知情权等根本就不是支配权，因此股权的性质不是所有权，而应为一种独立的综合性民事权利。然而，无论在实践中还是学术著作中经常看到股东被称为公司的终极所有者，两者是否矛盾？其实，两者并不存在冲突，两者的差异源于描述角度的不同：股权不是所有权针对的是股东个体，是从法学意义上而言；股东是公司的终极所有者针对的是股东整体，是从经济学意义上而言。股东是公司的终极所有者并非严格的法律表述，因为私法体系中并无所谓终极所有权、初级所有权，私法体系中存在的只有所有权。股东是公司的终极所有者具体包括如下含义：股东投资成立了公司，没有股东就没有公司；股东有权分配公司的营业利润，多则多分，无则不分，其他公司当事方只能根据与公司的约定取得固定数额或比例；股东有权接受公司清算完毕后的剩余财产；股东全体掌握和行使着对公司的控制权，公司的运营体现股东的意志。因此，股东是公司的终极所有者是经济学而非法学的描述，当然，该种描述对法学同样具有重要的意义，它为法律规范公司的控制权和强化公司治理提供了经济学的基础。

二、未完全履行出资义务的股东是否享有股权

未完全履行出资义务的股东是否享有股权，在实践中颇有争议。有的认为，股东即使瑕疵出资，但是仍然具备股东资格，理当享有股东权利。有的认为，根据权利义务一致原则，股东未完全履行出资义务，不应当享有相应的股东权利。要圆满解决这个问题，首先必须正确认识股东资格与股东权利、义务之间的法律关系。股东资格是指股东

与公司之间存在权利义务关系，或者从股东角度而言是指股东对公司享有权利、承担义务，但是权利义务的享有或承担并不等同于权利义务的实际行使或履行，比如当事人双方签订了一个有先后履行顺序的双务合同，后履行一方当事人对先履行一方当事人享有债权，但是在其履行义务之前，他无权请求对方当事人履行义务，即其不得实际行使其权利，因为此时其权利的行使蕴涵一定的前提条件。股东与公司之间的法律关系亦是如此，股东与公司互享权利、互负义务，而且显然股东的出资义务应当履行在前，否则公司虽然成立但是根本无法运行，甚至可能被否定法人人格。因此，从公司成立之时起，股东即享有股东资格但是并不必然有权请求公司履行义务，就好比快餐店的消费者有权请求店方提供食物，但是前提是其必须先支付价款，否则其虽然享有基于双无合同的请求权但无权实际行使，同理，股东履行出资义务前，无权实际行使其权利、请求公司履行义务。此外，从法的价值出发，公司运营活动是以公司资本作为最基本的物质条件，而资本的来源正是股东的出资，公司的经营收益实际上是股东的出资带来的，其结果理当归属实际出资的股东，如此方符合法的公平正义。也正因为如此，2005 年《公司法》第三十五条规定除全体股东另有约定外，公司按照股东实缴的而非认缴的出资分取红利。

可见，无论从法理逻辑还是从法的价值看，未完全履行出资义务的股东的股权应当受到一定限制。不过，该种限制应当是部分限制而非完全限制，因为有的股东权利并非分享公司的发展收益，不应以股东出资义务的履行为前置条件。如出席股东大会的权利、提案权、派生诉讼权、宣告公司决议无效或撤销公司决议诉讼权等，该种权利多为程序性权利，股东即使未完全履行出资义务仍然有权行使；至于实体性权利如股利分配请求权、剩余财产分配请求权、表决权、新股认购优先权等。对此，《公司法解释（三）》有了明确规范，其第十七条规定，股东未履行或者未全面履行出资义务或者抽逃出资，公司根据公司章程或者股东会决议对其利润分配请求权、新股优先认购权、剩余财产分配请求权等股东权利作出相应的合理限制，该股东请求认定该限制无效的，人民法院不予支持。

三、如何理解和把握股东的固有权利

实践中公司在章程中限制股东权利行使的现象极为普遍，当事人争议很大。对此，我国公司法理论将股东权利分为固有权和非固有权，认为前者不得由公司章程限制，而后者则可以由公司章程予以限制。该种划分对实践具有重要的指导意义，但是传统理论过于粗糙，具有诸多缺陷。首先，传统理论认为共益权多属于固有权，自益权多属于非固有权。实际上，共益权与固有权、自益权与非固有权并非严格对应关系，如股利分配请求权、异议股份收买请求权、解散公司诉权皆属自益权,然而若由章程加以限制或剥夺,显属不当,表决权虽为共益权,但是公司可以不按出资或股份比例行使。其次,传统理论没有回答某种权利归为固有权或非固有权的依据或者说正当性何在。最后,任何权利皆具有处分性,传统理论未能清晰地说明股东自身是否可以放弃其享有的固有权。

本书认为规定股东知情权、建议和质询权、提议召开临时股东大会的权利、股东大会的召集和主持权、临时提案权、异议股东股份收买请求权、特殊情形下请求解散公司权、起诉权的公司法规范是强制性规范,上述股东权利是股东的固有权。所谓强制性规范是这样一种规范:其权利义务的规定具有绝对肯定和确定的表述,不允许法律关系双方以协议方式变更。[①] 法律对有关法律权利和义务的科学规定的真正价值不在于这些规定本身,而在于通过法律规范达到社会资源的最佳配置,促进社会经济的发展和社会财富的增加。[②] 公司法领域尤其如此。公司法作为商法的一个分支,其首要价值即在于提高社会经济效率,促进社会财富最大化。“促进和刺激投资、减少投资成本,最大限度的实现资本增值,推动社会经济发展,是公司法的根本任务和目的。”[③]由于公司参与方都是自利的经济人,从事各种行为包括制定和修改公司章程都是从自身利益最大化出发,因此可能出现一方当事人利用经济优势剥夺其他参与方的经济利益的情况,如此一来社会资源的配置得到扭曲,妨碍了公司法推动社会财富最大化这一目标,理当为公司法所禁止。上述股东权利是股东参与公司治理的基本保障,比如,知情权、建议和质询权、召集和主持股东大会权、临时提案权能够保证股东有效地对抗管理层的机会主义和掠夺行为。异议股东股份收买请求权、公司决议无效、可撤销以及代位诉讼权、解散公司请求权能够强化公司中小股东对抗控股股东的压迫和掠夺行为。如果没有了上述权利,公司管理层或(和)控股股东将肆意横行,侵吞公司和中小股东利益,最终掏空公司,导致公司破产,并且导致股东特别是中小股东对公司充满恐惧,宁可将资金存入银行也不敢投入市场,严重阻碍公司效率的提高和社会经济效益的最大化。是故,为了防阻公司控制者对中小股东的掠夺,优化公司治理,实现经济效益最大化,法律规定上述股东权为固有权。

四、股东可否拒绝接受在其加入公司时已经存在的章程条款

如果公司章程限制股东权利的条款产生于股东取得股权前,则该条款原则上有效。股东加入公司之前公司章程已经存在,则等于公司已经告诉当事人它是以章程的规定

① 刘作翔主编:《法理学》,社会科学文献出版社 2005 年版,第 75 页。
② 时显群:《西方法理学研究》,人民出版社 2007 年版,第 456 页。
③ 冯果:《公司法要论》,武汉大学出版社 2003 年版,第 22 页。

为存在和运营规则的,并且相关当事人加入公司后也要受章程条款的约束,同时《公司法》也明文规定了公司章程对公司股东具有约束力,这种情况下股东仍然自愿加入公司取得股权,表示他已经明示或默示同意了章程的规定。股东加入公司时的公司章程是客观而确定的,股东也是基于自由意志决定加入公司。“自由要求行使自由权利的人服从自由的结果,自由要求行使自由权利的人将来的行动必须接受现在的自由的结果的限制,这并不违背行使自由权利的人的自由意志,相反,这正是他们使用意志自由的结果。”[①]“就章程所规范之内容,一般人得据此自由决定是否成为股东;惟一旦成为股东,当然应受章程之拘束。”[②]虽然股东加入公司表示他已经同意并接受有关公司法及公司章程中的所有条款而且还会接受未来公司法及公司章程的各种修正案[③],还是仅仅同意了章程的既有内容尚有争议。但是股东加入公司至少意味着对既有章程内容的承认,这是毫无疑问的。如果股东加入公司而不承认既存的章程规定,其不但违反了自由的本意而且导致公司根本无法有效运转,因为公司章程是确定公司权利义务的基本法律文件,是公司实行内部管理和对外经济交往的基本法律依据,公司章程对公司的成立及运营具有十分重要的意义,它既是公司成立的基础,也是公司赖以存在的灵魂。[④]

在实际经济生活中股东在受让股权前未必阅读公司章程,但是市场经济本身就具有风险性,他本该保持必要的谨慎,通过自己的行为去阅读章程获得相关信息而自己竟然不行为,则责任自负,法律推定其已经默示同意。这种推定符合效率原则并且不违背公平和正义。在有限责任公司和封闭的股份有限公司中,查阅公司章程是相当容易的;在公众持股的股份有限公司中,大股东向公司投资前应该查阅章程并且其完全具备这种条件和实力,中小股东特别是上市公司的中小股东查阅章程有一定难度,但这是他们投机行为的天然伴生物,他们应该予以接受,况且他们可以用脚投票逃离公司以摆脱不公平条款的限制。

需要强调的是,股东对其加入公司时已经存在的公司章程规定的内容不得主张显示公平。因为章程的既定内容在其加入公司时是清楚确定的,他如果认为不公平,完全可以不加入公司从而不受他认为不公平的条款的约束。有的人主张这种情形下的公司章程类似于格式合同,因为当事人当时要么接受章程要么走开,不存在讨价还价的可

---

① 邓辉:《论公司法中的国家强制》,中国政法大学出版社 2004 年版,第 48 页。

② 王文宇:《公司法论》,中国政法大学出版社 2004 年版,第 77 页。

③ 〔美〕阿道夫·A. 伯利、加德纳·C. 米恩斯:《现代公司与私有财产》,商务印书馆 2005 年版,第 197 页。

④ 冯果:《公司法要论》,武汉大学出版社 2003 年版,第 49—50 页。

能,所以公司章程应该类推适用格式合同的相关规则。上述理由不能成立。格式合同之所以受到特殊规制是因为提供方在经济上处于优势地位,而这种优势地位又来源于其在法律或事实上的垄断。[①] 对于后来加入公司的股东而言,其当时有大量的公司可以选择,即便是上市公司截至现在也高达1417家可以选择,而且加入某个公司并非其生活所必需,因此在其决定是否加入某家公司时不存在公司对其的支配。禁止股东对其加入公司时已经存在的公司章程规定的内容主张显示公平,并不违反法律规定。因为《中华人民共和国民法通则》(以下简称《民法通则》)规定的显失公平是指"一方当事人利用优势或者利用对方没有经验,致使双方的权利与义务明显违反公平等价有偿原则"[②]。在某个股东取得公司股权时,公司章程内容具体、确定,不存在公司利用自身优势或对方缺乏经验使欲加入公司的人无法正确、全面地理解公司章程的情形。

不过,股东接受明示或默示标准的约束,并不意味股东加入公司前章程中的任何条款都对股东有效,因为股东仍然受上述强制性规范标准的保护。

五、如何认识公司修改章程限制或取消股东的原有权利

股东加入公司是否表示他已经同意并接受有关公司法及公司章程中的所有条款而且还会接受未来公司法及公司章程的各种修正案,还是仅仅同意了章程的既有内容,这个问题颇有争议。的确,股东加入公司时已经知道公司章程可依公司法和章程的规定被修改,然而这并不代表他也同意了以后的各项修正案,因为如此一来他的所有利益将置于他自己完全无法预测和掌控的风险之中,任何一个理性人都不会有这种意愿、做出这种意思表示。但是"由于社会环境和公司本身的情况并并非恒定不变,一旦这些客观条件发生变化,公司的经营战略、经营方式、管理手段、经营规模以及资本构成等都会作相应的调整,修改章程就成为必然"[③]。股东加入公司时必然已经知道公司章程可依公司法和章程的规定被修改,而且无论章程的性质是关系契约还是自治法规,其修改均无须经全体股东一致通过(尽管对于公司章程的性质有人认为是自治法规有人认为是契约,但是如果说章程是契约,它也是关系契约而不是合同法上规范的一般的民商事契约,有其自身的性质与特点——主体的广泛性、内容的复杂性、存续的长期性,其修改不需要全体当事方的同意;确切地说,修改公司章程的决议是个团体行为,而不是一般的多方法律行为),公司在某个股东加入后会根据变化了的外部环境和内部情况对章程作出修改,也是在任何一个理性人的认识和预期范围内的。因此,公司章程在某个股东

---

① 李永军:《合同法》,法律出版社2005年版,第208页。

② 《最高人民法院关于贯彻执行〈中华人民共和国民法通则〉若干问题的意见》第七十二条。

③ 冯果:《公司法要论》,武汉大学出版社2003年版,第53页。

加入后进行的修改即使限制了某些股东权利，只要没有超过一个理性人的重大预期，便视为该股东加入公司时已经默示同意，该股东必须无条件遵守和执行相关条款；如果这种修改超过了一个理性人的重大预期，则视为这种修改没有取得他的同意，原则上该股东可以主张该条款无效（存在后文的一种例外）。事实上，重大预期标准在我国现行《公司法》已有体现，比如有限公司连续五年符合公司法的利润分配条件而不分配公司利润时，异议股东享有股权回购请求权。

其某个经过修改而产生的限制股东权利的章程条款，其是否超出了股东的重大预期，关键是看这种限制是否对股东股权带来重大而明显的实质损害。从股权性质看，虽然关于股权的性质一直颇有争议，出现了所有权说、债权说、社员权说、股东地位说、独立民事权利说、合同预期民事权利说，然而，无论如何，股权绝对不是所有权：所有权作为物权，其客体是有体物而股权的客体是具有独立人格的公司；所有权作为物权，具有直接支配性和绝对性，所有权人可以完全根据自己的意思自由而圆满地实现所有权的各项权能，而股权的实现不仅取决于股东自身的意思，还依赖于其他股东的意思表示；所有权作为物权，是一种支配权，股权的许多权能比如股利分配请求权、股份收买请求权、知情权等根本就不是支配权，更不可能成为所有权。因此，股东在加入公司时应该清楚地认识到他对其股权不具有完全支配力，以及其后其股权可能还会受到现在并未产生的某些限制。如果章程对股权的某些限制并没有实质损害他有权期待得到的财产利益，即使章程的该种限制产生于其加入公司后，也是在或者应当在他的预期范围内，并未超出其重大预期。比如甲股东加入某有限公司时，公司章程未限制股东权的转让，后来公司修改了公司章程，规定股权只能在公司股东内部转让，甲无权主张该种修改无效，因为该种修改并没有给其股东权造成实质损害。当然，甲无权主张章程修改，并不意味甲不得寻求其他救济，此时甲有权请求公司以公正价格回购其所持股权，台湾有关企业并购的规定第 11 条，日本《公司法》第 116 条皆有此种规定。在大港收购爱使一案中，在大港已经取得了爱使的大量股份、成为爱使的股东后，爱使章程规定董事会的分期轮换制显然对爱使股权造成了重大而明显的实质损害，因而该规定应当被认定无效（当然，如果爱使的这一规定发生在大港发动收购之前，则依据上文的股东明示或默示同意标准，其章程相关规定是合法有效的）。

某个经过修改而产生的限制股东权利的章程条款，判断其是否超出了股东的重大预期，另一个重要的标准是该种限制是否是为了公司的利益而非特定股东的利益。在 Sidebottom v kershow, lee & Co. Ltd. 一案中，公司的一个小股东在与公司业务相竞争的企业中也拥有股份，公司于是规定与公司利益相冲突的股东的股权应转让给董事指定的人，英国上诉法院后来支持了公司的主张，认为这显然是符合公司利益的。在 Daphen Tinplate Co v Llanelly Steel Co 一案中，公司规定大股东有权购买小股东的股份，法院判决规定无效，因为其显然超出了为了公司的必要利益这个范围①。股权应该受到限制是因为股东加入公司后即成为公司的一员，从而获得了自己单独支配相应数额的资产不可能得到的收益，因此他也应该承担一定的义务，这也是在他预期之中的，但是任何一个股东在加入公司时都不会希望以后仅仅为了另外某个股东的利益而限制自己的权利。如果公司法认可公司章程为了特定股东（通常是大股东）利益而限制其他股东利益，不但违反了正义的基本要求，而且会使一般投资者因为对投资公司充满恐惧而选择逃离，无法实现社会资本的集中，严重阻碍社会资源的高效配置，背离了社会财富最大化这一公司法的基本目标。

如上所述，当公司修改章程增加对股东权利的限制时，如果这种修改超过股东的重大预期，原则上该种修改无效，但是存在一种例外情况，即该种修改是为了适应变化的社会现实而为维护公司利益所必需的。公司法的价值在于促进社会资源合理配置、实现社会财富的最大化，公司的本质则在于其是股东的营利工具，当公司外部环境或者自身条件发生剧烈变动，以至于公司如果继续按原章程运行不利于其利润最大化时，公司章程自然应该做相应调整，即使该种调整背离了股东的重大预期，股权是股东与公司及股东与股东之间的相互关系，当公司与股东、股东与股东的不同利益诉求皆具正当性时，哪一方的利益诉求更符合公司利益、更有利于提高公司运营效率，哪一方的利益即应该得到优先保护。比如某股份公司章程原先规定公司利润分配按股东持股的比例进行，但是后来公司资金缺乏乃至资不抵债，决定引进新的投资者，但是对方表示投资的前提是其享有两倍于持股比例的利润分配，此时公司可以修改原先章程规定的利润分配比例，相关股东不得主张无效；当然，异议股东可以请求公司回购股份。

六、股东能否请求强制公司分配利润

实际经济生活中，股东围绕公司分配股利发生争议的现象屡见不鲜，股东往往最后求助于法院。对于股东大会已经决议分配利润而公司未予执行，或者公司章程规定了具体的分配条件和分配数额或比例的情形，法院容易处理。然而，对于公司虽然符合公司法规定的分配利润条件但是股东大会并未决议、公司章程亦未有明文规定的情形如何处理，理论学界和审判实务界都存在截然对立的观点，有的认为应当保护中小股东，强制公司分配，有的认为应当尊重公司自治，法院不宜直接裁判。

---

① Gower and Davies, *Principles of Modern Company Law*, London: Sweet & Maxwell, 2003, p. 488.

公司股东围绕利润分配发生争议，主要表现为两种情形：一是公司股东的投资偏好不同，在追求长期利益和短期利益时存在分歧；二是公司的控股股东压迫小股东，自己通过职务薪酬或关联交易从公司获利而使小股东分文不得。上述第一种情形，不同股东的诉求皆具有正当性，法院不宜强制干预，毕竟资本多数决是公司运行的基本原则，在不涉及公平的情形下，公司自治更为符合公司经济效益的提高，也更为符合私法自治的基本原则。然而在第二种情形下，公司异化为控股股东压迫中小股东的工具，法律应当积极干预以实现公平正义和社会的整体经济效益，关键是该种情形如何认定和法律如何干预。对此，我国现行《公司法》第七十五条规定公司连续五年不向股东分配利润，而公司该五年连续盈利，并且符合公司法规定的分配利润条件的，对股东会该项决议投反对票的股东可以请求公司按照合理的价格收购其股权。既然我国《公司法》已经为受压迫股东提供了救济途径，法院不应当再超越法律，强制公司分配利润。毕竟，公司何时分配利润、分配多少、以什么形式分配，作为一种商业活动，法院并无全面干预之能力。同时需要注意的是，应当对《公司法》第七十五条做实质理解而非形而上学的机械理解，比如公司连续五年符合公司法规定的利润分配条件，但是前四年皆未分配而在第五年突然分配了极少利润（极端情形下可能只分配一块钱），或者公司虽然每年都分配利润，但全部是象征性的，数额极少、比例极低，应当认定公司符合《公司法》第七十五条规定的条件，支持异议股东的股权收买请求权。

七、针对控股股东滥用股东权现象是否应当限制其表决权

我国控股股东滥用股东权侵害公司利益和中小股东利益的现象比较普遍，对此，各界致力于探讨如何规范控股股东正当行使控制权，提出的措施不一而足，其中有的学者提出应当限制控股股东的表决权。然而，这是个错误而危险的理论。对于限制控股股东表决权的法理依据，学界通常称为为了平衡控股股东和中小股东的利益，实现实质正义。实际上，公司作为股东谋求股东利益最大化的投资工具，实行资本多数决方是真正的实质正义，所谓正义就是给予每个人依据自然法他所应得之物①，公司法表决事项上的正义就是要求同股同权，比例平等，多股多权，少股少权，股东根据股份数来分享收益、承当风险，自然亦应根据股份数分配控制权。控股股东投入了更多的资本、期望更多的收益、承担更大的风险，自然应当获得更多的表决权，限制其表决权是借正义之名而行背离正义之实。此外，从实践角度看，倡导限制控股股东表决权的学者所借鉴的立

① 〔美〕列奥·施特劳斯：《自然权利与历史》，彭刚译，生活·读书·新知三联书店 2006 年版，第 147 页。

法例是美国宾夕法尼亚州 1989 年《公司法》和我国台湾地区关于公司的相关规定①。然而罗培新先生在其《公司法的合同解释》一书中证明美国宾州其实并无该种限制，上述学者的表述实为误解；至于我国台湾地区关于公司的相关规定，经笔者检索也并无该种规定。② 是故，公司法应当规范控股股东正当行使表决权，但是并不应借机限制控股股东的表决权。

八、股东自愿对公司债务承担连带责任的承诺是否有效

股东仅以其出资为限对公司债务承担有限责任，虽非股权的内容，但毫无疑问这是股东最基本的一项权利，失去了该项权利，公司法人制度的基础将被动摇，股东的具体股权亦失去存在之前提。是故，我国现行《公司法》明文规定："有限责任公司的股东以其认缴的出资额为限对公司承担责任；股份有限公司的股东以其认购的股份为限对公司承担责任。"然而，在实际经济生活中，股东可能出于各种原因而自愿承诺对公司债务承担连带责任，该种承诺的效力可能发生争议。

股东作出的上述承诺只要是自愿的，皆应认定有效，股东不得在事后借口有限责任而对抗相对人。虽然公司法规定股东只以其出资为限对公司债务承担有限责任，但这只是赋予了股东一项权利，而权利本身就具有可处分性和放弃性，股东自愿放弃，又无害于社会公共利益或第三人合法利益，法律自然予以认可，就好比任何人皆有权拒绝为他人提供担保，但是只要其自愿做出了担保承诺，就必须履行其承诺。此外，从法律行为的效力看，公司股东自愿对公司债务承担连带责任的承诺完全符合《民法通则》第五十五条的有效要件，而不具备《民法通则》和中华人民共和国《合同法》（以下简称《合同法》）规定的无效、可撤销情形，是故，该法律行为有效，公司债权人有权据此主张做出承诺的股东对公司债务承担连带责任。

九、股权的增值在继承时能否作为自然人股东的遗产

公司的财产与公司成员的财产是严格分开的，公司的财产权利是法人财产权，其具有独立的人格。股东享有股权是以其对公司的出资为表现，但股东对其出资不具有直接支配权，只是根据出资比例享有分红和参与公司事务等权利。不论股东出资如何增值，均不能作为股东个人的收入，出资人在公司的出资及增值只有在公司清算时，才能

---

① 徐燕：《公司法原理》，法律出版社 1997 年版，第 234 页；郭鹰：《小股东权益保护》，浙江大学 2003 年博士学位论文，第 125 页。

② 我国台湾地区 2001 年对有关公司的规定进行了修订，笔者检索的是现行的规定，至于修订前台湾地区是否有该种规定不敢断言。

对剩余财产按出资比例分配。这从根本上是源于股权是一种特殊的权利束，具有特殊的权利和内容，不宜按照传统的财产进行认识和分割处理。①

十、如何理解股权与法人财产权的关系

股权是一种财产权，是以一定数量的份额来度量的权利，是独立于公司财产的一种财产权。从成立之日起，公司即成为独立权利能力和行为能力的民事主体，公司对法人财产拥有占有、使用、收益、支配和处分的权利，股东则对自己的股权拥有使用、收益、支配、处分的权利。股权来源于出资，但与股东出资有着本质的区别。股权是一种份额而非具体的资金形态，在公司运营状态良好、资产增值及公司拥有借贷资本的情况下，股权所代表的资金量便会超过股东的原始出资。

法人财产权，从静态上说，指公司所拥有的各类有形财产和无形财产的综合。从动态上说，法人财产初始由全体股东出资形成，在公司成立后的经营中增值的财产及向外举债也构成法人财产。公司拥有独立的法人财产，是公司股东承担有限责任的前提，是公司成为市场交易主体的前提，是公司维持统一意志、从事经营活动的前提。股东在公司破产清算中拥有剩余财产分配权是公司对法人财产享有所有权的明证。

综上，股东享有股权和公司享有法人财产权是彼此独立的。1993 年《公司法》并未承认股权的概念，而是相应地以出资来代替，因此，其第三十五条、第三十六条规定“股东之间可以相互转让其全部出资或者部分出资”等，这种以出资转让代替股权转让的规定，造成了长期以来司法实践中的混乱和错误认识。2005 年《公司法》将出资转让修改为股权转让，明确了股权转让合同的标的物是股权而非股东出资或出自汇集而成的公司财产。同时，将 1993 年《公司法》第四条、第五条合并修改为：“公司是企业法人，有独立的法人财产，享有法人财产权。公司以其全部资产对公司的债务承担责任。”因此，股东作为股权转让合同的主体，只能让渡股权，不能转移公司财产的所有权。②

十一、如何认定有限责任公司股权转让合同中对公司资金、实物、无形资产及债权债务约定处分的效力

股权转让合同中对公司资金、实物、无形资产及债权约定归属合同某一方所有的，属于股东非法转移公司财产、侵害公司利益的行为。如果允许这一行为存在，就会侵害公司的法人财产，影响公司的对外偿债能力，动摇公司的独立法人地位，造成债权人及其他股东的损失。同时这种行为也属于违反社会基本的商业道德、破坏市场公平秩序

---

① 陶海荣：《公司的股权继承和收益分割》，载《人民司法·案例》2007 年第 18 期。

② 林广海、张学军：《股东转让股权不得处分公司财产》，载《人民司法·案例》2007 年第 14 期。

的行为。这样的约定违反了公司中的强制性规范,根据《合同法》第五十二条第(五)项之规定,应属无效。[①] 如果股权转让合同并没有规定公司资金、实物、无形资产及债权的归属,只是对其作了一种安排,表面上看公司财产的所有权并没有发生变更,然而事实上,这样的安排会使公司的财产属于不稳定状态,双方当事人最终得以共同分配公司的财产,此举也损害了公司法人的独立性,仍然属于侵害公司利益的行为,应属无效。

十二、如何理解和把握职工股

我国在探索国企改制的途径时,借鉴了国外的职工股制度。具体而言,职工股是由企业职工个人自愿以货币出资与企业用历年工资结余派给职工的股份相结合而成的,所以它具有深刻的财产关系和人身关系相交融的特征。针对这一特点,国务院一些部委和很多地方政府在制定职工股持股试点暂行办法或职工股持股会试点暂行办法时,强化了职工股的人身性,规定当持股职工脱离公司、死亡或其他特殊情况下,公司可以或应收购其股份。据此,很多公司在改制后,对于因种种原因离开公司且持有公司股份的职工,均动用公司资产收购他们所持有的职工股,导致公司总资本和净资产减少,注册资本与股东实际认缴的出资额总量不符。目前这已经成为一种普遍现象。[②] 然而公司收购职工股,许多暂行办法中的规定既明显违背 1993 年《公司法》的基本原则,又和 2005 年《公司法》所规定的法定退股事由相冲突。在出现冲突时,依据《中华人民共和国立法法》(以下简称《立法法》)第七十九条的规定,我国公司法是由国家最高权力机关全国人大常委会制定和颁布的行政法规、地方性法规、规章,因此公司法的效力明显高于地方的暂行办法。在暂行办法和公司法相冲突的时候,应当依照公司法进行审理。

职工股是具有人身关系的财产权,一旦职工与公司解除了劳动关系或双方劳动关系终止,这个财产权也就失去了存在的基础。那么此时应如何解决职工所持股份的归属,使职工与公司的利益都能得到合法保障呢?目前很多企业在各类暂行办法的要求下建立的职工持股会能起到有效保障和化解冲突的作用。职工持股会相对公司来说是一个大股东,职工要求退股,可视为要求退出职工持股会,其股份可以转让给其他会员,这样股份收购只涉及职工会员与持股会之间的内部关系,对企业的资本基础不会产生任何削弱,从而也不会产生任何公司法禁止的后果。[③]

---

① 林广海、张学军:《股东转让股权不得处分公司财产》,载《人民司法·案例》2007 年第 14 期。
② 方再非:《公司职工退回职工股的效力认定》,载《人民司法·案例》2007 年第 24 期。
③ 同上。

十三、司法应否介入公司利润分配

股东投资开办公司的主要目的在于获取回报，对于有限责任公司的小股东而言，公司的人合性因素使得股权转让受到诸多限制甚至被章程禁止，加上缺乏公开的股权交易市场，小股东获取回报的主要方式就是分配股利。然而，现实生活中公司多年有利不分的情形较为常见，大股东往往通过担任公司董事、高级管理人员获得高额报酬，或者通过关联交易从公司获取收益等方式变相分取公司利润，但小股东分享不到公司的任何好处，其投资目的无法实现。受压榨的小股东若向法院提起强制分配股利诉讼，法院应否受理？关于此问题有两种学说。一种是否定说。该说认为法院不应介入公司利润分配。主要理由有二：其一，股利分配请求权有抽象与具体之分，股东投资于公司即享有抽象的股利分配请求权，而具体的股利分配请求权指股东依据股东会依法作出的分配股利的决议而享有请求公司支付特定数额股利的权利，只有具体的股利分配请求权才可诉；其二，《公司法》第七十五条规定公司连续五年盈利但没有分配利润的情况下，小股东可以选择向第三人转让股权或者请求公司收购股份，可见小股东的救济渠道是显而易见的。另一种是肯定说。其主要理由为：其一，抽象的股利分配请求权并非完全不可诉，否则，只要股东会不对分配股利作出决议，股东就无法形成具体意义上的股利分配请求权；其二，我国《公司法》第七十五条只是给小股东一个选择退出的权利，并非限制小股东只能选择退出。本书赞同肯定说。司法介入是公司治理的特殊部分，如果不介入，小股东的投资目的无法得到实现，当然司法介入不一定非得通过判决的方式，可以通过调解来促使双方和解。司法介入应当遵循公司自治优先，兼顾小股东利益保护，平衡保护公司内外各相关利益主体，强调对公司的利益保护，有效审慎介入的原则。

在公司章程就公司分配利润的时间和方法有明确规定时，法院应当应小股东的请求介入公司利润分配。此司法介入是依据章程而为，体现了尊重公司自治与保护小股东利益的统一。在公司章程就公司分配利润的时间和方法无明确规定时，法院应满足以下五项条件作为司法介入的前提：(1)大股东滥用股东权利，使小股东事实上受到了压榨；(2)公司连续多年盈利，符合《公司法》规定的利润分配条件，但公司未分配利润；(3)小股东按约定履行了出资义务；(4)小股东已经穷尽内部救济程序；(5)公司未能就不分配利润作出合理解释。

司法介入后应当尊重公司自治，将通过股东会决议安排利润分配事宜作为启动强制分配具体利润的前置程序。公司拒不执行法院关于召开股东会讨论并作出股利分配决议命令的,法院应当代替公司意志,作出强制分配股利的判决。[①]

十四、股东会是否有权作出暂缓向某些股东分配红利的决议

第一种观点认为,根据《公司法》规定,股东会有权审议批准公司利润分配方案,股东按照实缴的出资比例分取红利,全体股东约定不按照出资比例分取红利的除外。故股东会决议暂缓向某些股东分配红利并无不妥,股东应当服从决议内容。第二种观点认为,公司作出暂缓向某些股东进行分红的决议,侵犯了股东按照出资比例分取红利的权利,公司应当给这些股东支付分红。笔者同意第二种意见。

公司股东又系公司劳动者的情形十分常见,实践中往往存在公司与劳动者产生争议后,公司利润分配方案为又系劳动者的股东设立义务的情形。实际上,我国 1993 年《公司法》规定,“公司股东作为出资者按投入公司的资本……享有所有者的资产权益”。公司利润系所有者资产权益的重要内容,而用于分红的利润又是公司存续期间所有者资产权益中唯一脱离于公司经营资产之外,归于股东个人的财产权益。因此,股东投入公司的资本系股东分红权的根本基础和唯一基础。鉴于此,对《公司法》关于“股东按照实缴的出资比例分取红利……全体股东约定不按照出资比例分取红利……的除外”的理解应当是:一旦股东身份得以确认,那么分红权则系股东的固有权利,任何个人或组织不得以任何形式加以剥夺、损害或者限制。尽管股东会具有审批公司利润分配方案的权利,但其作出以股东义务为分红前置的利润分配方案,实际上否定了所有者资产权益以股东实缴资本为前提,系限制所有者资产权益、损害股东分红权之行为,则该前置性条件对股东不发生效力,股东仍可按照公司利润分配方案分红。

十五、在公司不召开股东会议对股利分配问题进行表决的情形下,是否应当运用司法手段对股东进行救济

对此,首先面临的问题是:不分配股利是企业正常的商业判断行为还是侵害股东权利的行为?公司合理的商业判断是公司作为独立的法人意思自治的应有内涵。在判断是否属于合理的商业判断时,通常要考虑以下标准:(1)判断者与所进行的商业决策事项不存在利害关系;(2)他对所进行的商业决策是了解的,并合理地相信在该种情况下是适当的;(3)他理性地相信其商业决策符合公司的最佳利益。在公司不召开会议就股利分配作出决议的情况下,如果董事会不拟定利润分配方案或者不将方案提交股东会会议讨论是为了公司的最佳利益,而且其董事与不分配股利不存在利害关系,董事会

① 刘振:《有限责任公司股东强制分配股利诉讼的司法应对》,载《人民司法·应用》2008 年第 9 期。

也有合理的理由信赖不分配股利的决策本身是适当的，公司不分配股利的做法应属于合理的商业判断，法院不应进行司法干预。如，为了公司长远发展的考虑，公司从税后利润中提取法定公积金后，经股东会或股东大会决议，提取适当的任意公积金，结果导致公司不分配股利。此种情况下，虽然可能在一定程度上影响到股东的分配利益，但是由于不分配股利本身有利于公司更好地运营，法院一般不宜进行司法干预，强制要求公司分配股利。

而在公司不分配股利不属于合理的商业判断，并且严重侵害股东的股利分配权时，对股东的权利进行司法救济就是必要的了。尤其是在公司不分配股利本身成为大股东压榨小股东的手段或者攫取和侵占公司利润的工具时，更需要引入一定的司法干预。与小股东往往将股权的实现系于从公司中分取红利不同，大股东通过行使其控制权，往往会有更多获取利益的渠道。在实践中，除了股利、资本利得外，还包括股东通过与公司进行关联交易而获利，也包括公司对购买自己的股票者给予财务资助。其中，股东与公司之间的关联交易包括股东从公司取得贷款、无偿获得公司的担保、从公司赊购商品和服务、以低价从公司购得产品、免费使用公司的销售网络和信息技术等资源、获得在公司任职的机会及相应的报酬等方式，以此从公司中牟取利益。如在公司不召开股东会议情形下，董事会不制订或不提交利润分配方案并非正常的商业判断，而是为了实现具有控制权的股东的利益，将会造成股东之间利益的严重失衡，有违股东平等的基本原则，司法机关应当为受到损害的股东维护利益提供合理的渠道。[①]

十六、在公司不分配股利不属于合理的商业判断时，股东提起股利分配之诉，是否需要以长期不分配股利为条件

笔者认为，应主要看其是否对股东的利润分配权造成了严重侵害。期限较长，通常可以作为认定严重侵害股东利益的考量因素。但是，严重侵害股东利益并不一定以期限较长为必备要素，即使不分配股利的期限不长，但是对股东利益侵害非常严重，也应允许股东提起股利分配请求权之诉。

十七、在公司不召开股东会议就股利分配作出决议的情形下，应当如何处理股东提起股利分配之诉的案件

对此有不同观点。有的认为，应当准许股东提起股利分配的诉讼，并直接判决向股东分配股利。有的则认为，法院无权不经股东会会议而直接处理股利分配的问题。笔

① 郝磊：《公司股东股利分配请求权的司法救济》，载《人民司法·应用》2011 年第 1 期。

者认为，一刀切的做法未尽妥当，应针对不同的情形分别进行处理。(1)虽然公司不分配股利违背了商业判断的一般要求，但是并不存在大股东压制小股东、利用其控制地位攫取和侵占公司利润的情况。在此情形下，股东应当通过行使临时股东会议召集的提起权或者依法行使有关股利分配的提案权来维护自己的权利，而不应由法院直接判决如何分配股利。(2)公司不分配股利违背商业判断规则，同时成为大股东压制小股东的手段。在此情形下，大股东运用其对公司的控制权不当攫取和占有公司的利润，已严重侵害了未分配股东利益的合法权益。股东如果向人民法院提起股利分配的请求，则法院应当就如何为该股东分配股利进行判决。其原因是：在此种情形下，公司不分红本身就是大股东操纵公司的结果，已经直接、严重地损害了小股东的合法权益。如果人民法院判决由公司通过自治解决，不仅对受到损害的小股东不公平，而且公司也很难通过公司自治作出合理的决议。唯有由法院依据公司的盈利状况作出向股东分配股利的判决，才是公正的、可行的。

在公司不召开会议就股利分配进行决议的情形下，法院受理股东提起股利分配的诉讼后，应如何判决向股东分配股利呢？

应该说，各法院在具体操作上未尽一致。有的法院以委托会计师事务所进行审计确定的税后利润为基础，在扣除法定公积金和一定比例的任意公积金之后，将剩余的额度乘以股东在公司所占的股权比例，算出股东应当分配的额度。有的法院则采用酌定方式，推算出应向原告分配的数额。如北京市通州区法院审理的毛某与北京海德斯尔科技发展有限公司盈余分配权利纠纷案件中，法院参照相关行业利润水平酌情确定被告所签订的合同的经营利润率为30%，以此为基础扣除20%的法定公积金、10%的任意公积金后，将剩余的额度乘以股东在公司所占的股权比例，作为利润分配给原告。笔者以为，在司法实践中，人民法院为了保证所分配利润的合理性，委托会计师事务所对拟分配股利期间的利润进行审计，进而确定应分配数额的做法比较科学。法院在审计机关无法出具审计意见的情形下采取酌定的方法直接推算出分配数额，这种做法值得商榷，其分配额度的确定缺乏充足的法律依据。但是，以审计确定利润额度进行分配的做法也存在着这样的问题：把提取一定比例的法定公积金和任意公积金之后的利润均计算在分配利润的数额内是否合理呢？笔者认为，在确定分配额度时，应当考虑公司自主经营和自身发展的需要，适当扣除公司运营需要从税后利润中支出的合理部分(如公司经营过程中的合理开支、为维护企业良好形象或者社会公益履行社会责任的合理支出，等等)。至于何为需要从税后利润支出的合理部分，则应由公司进行举证。如果公司不能进行合理的举证，则相关支出不能从应分配数额中进行扣除，而应作为股利分配给股东。[①]

十八、在公司决议不分配股利的情形下，如何对股东股利分配请求权进行救济

对此，笔者认为，同样要合理平衡公司自治与司法干预二者的关系，但应当区分不同的情况采取不同的救济方式：（1）公司决议存在程序上的瑕疵，如果股东通过确认决议无效或者撤销决议的同时，通过矫正程序上的不足，可以重新作出分配股利的决议，则不予受理股东所提起的强制分配股利之诉。（2）公司决议存在程序上的瑕疵，但是由于大股东通过控制公司攫取和占有公司的利润，很难与中小股东重新形成分配股利的决议，则此时应当受理股东提起的强制分配股利之诉。（3）程序上不存在瑕疵的情形，如果公司大股东利用其控制地位作出不分配股利的决定违反法律或者章程的规定时，此时即使确认决议无效或撤销决议，也很难形成新的分配红利的决议，应准许股东提起股利分配的诉讼请求，并依法判决向股东直接分配股利。对于前两种情形下，是否可以矫正程序、形成新的决议，应当由原告方进行举证。原告如果无充分的证据证明其与控制股东不可能通过启动新的决议程序作出新的决议，则对其提起的股利分配之诉不予受理。这样的制度安排，既能保证司法机关不过度地介入公司的治理，又能够在最大限度上维护受损害股东的合法权益。

十九、公司无可分配利润而通过决议把分配给股东的利润份额以借据的形式载明，其是否由盈余分配关系转化为债权债务关系

对此，笔者认为：（1）公司的意思自治不得违反法律和行政法规，损害公司债权人的利益。为了保证公司正常运转、维护公司债权人利益，《公司法》在坚持公司意思自治原则时，对公司和股东的行为进行了强行性规范。首先，公司必须以符合《公司法》规定的、依法经过会计师事务所审计的财务会计报告作为利润分配的依据，不能仅凭公司股东意思表示一致就分配公司资产。其次，公司作出分配利润决议时，必须坚持资本维持原则，保护公司债权人的利益。公司分配的利润必须是在弥补了上年度亏损、扣除税款、提取法定公积金或提取任意公积金之后的利润。（2）公司股东行使股东权不得损害公司或其他股东、公司债权人的利益。股东行使股东权应当遵守法律、行政法规和公司章程，依法行使股东权利，不得滥用股东权利损害公司的利益。在公司无可供分配利润时，股东要求分配，其实质是分配公司资本、非法向股东返还出资或股东抽回出资。如此则会导致公司资本减少，影响公司的正常运行，而公

① 郝磊：《公司股东股利分配请求权的司法救济》，载《人民司法·应用》2011年第1期。

司债权人基于对公司的信赖而发生了与其资本实力相应的交易量,现在公司资本发生不利于债权人的变化,一旦其遭遇商业风险,必然影响到债权人的利益实现。(3)公司向股东出具的借据无合法性基础,应属无效。公司无可供分配利润而通过决议把分配给股东的利润份额以借据的形式载明,看似形成普通的债权债务关系,其实不然。依据《合同法》第五十二条之规定,这种借款合同违反了公司资本维持原则,损害了公司和公司债权人的利益,违法了法律和行政法规的强制性规定,应属无效。

二十、司法实践中,公司股东能否对公司章程条款的效力提出审查请求

对此,首先应当从公司法规定中来寻求实体法上的诉讼依据。2005 年《公司法》对此未作明确规定,公司章程如果存在欠缺或是瑕疵,则可以由当事人协议补充或根据法律规定予以补救,而不是导致公司章程无效或解散公司。值得注意的是,民事案件案由是人民法院将诉讼争议所包含的法律关系进行的概括,这说明民事案件案由的确定是以对应实体法的规定为前提条件,诉权的存在不能脱离实体法上权利义务的规定。在这个意义上,"公司章程或章程条款撤销纠纷"案由的规定超越了公司法的规定。司法解释的规定赋予了公司股东对公司章程条款的效力提出审查请求的权利。如果章程的规定存在违反法律强制性规定的情形,或者章程的制定过程存在瑕疵,章程就存在被撤销的情形,则该条款也可能被撤销;或者,章程中的某些条款若存在违反法律强制性规定的情形,则该条款也可能被撤销。公司章程或章程的某些条款存在撤销情形的,股东可依法提起公司章程或者章程条款撤销之诉。①

公司章程的作用主要是补充或者排除公司法的适用,尊重公司当事人根据公司特征、经营需要确定公司章程的具体条款。商事审判特别是公司纠纷审判,强调公司的团体性和稳定性。股东签署公司章程的行为不同于传统意义上的单一性合同订立行为,公司章程的签订是否有违反程序或者股东意思表示不真实、不自愿的情形,并不能简单地依据合同法规则来判断其效力。因为公司章程或者章程条款的效力被否定,不仅会使业已进行的公司行为变得更为复杂,并加重股东责任;而且有损于债权人利益,影响社会经济的稳定。商事审判特别是公司纠纷审判,强调遵循内部救济穷尽原则。公司章程的签订本身就是公司全体股东的一种商业判断,人民法院在介入公司内部法律关系判断公司章程条款效力时,应当审慎而为,给公司自治留有足够的空间。总之,当股东提出对公司章程及章程条款效力审查的诉求时,人民法院应当受理。

① 曹建明主编:《最高人民法院民事案件案由规定理解与适用》,人民法院出版社 2008 年版,第 302—303 页。

二十一、公司部分股东在增资扩股中承诺放弃认缴新增出资份额，其他股东对此是否享有优先认购权

首先，增资扩股不同于股权转让。增资扩股是指企业向社会募集股份、发行股票、新股东投资入股或原股东增加投资扩大股权，从而增加企业的资本金。对于有限责任公司来说，增资扩股一般指企业增加注册资本增加的部分由新股东认购或新股东与老股东共同认购，企业的经济实力增强，并可以用增加的注册资本投资于必要的项目。股权转让是指公司股东依法将自己的股份让渡给他人，使他人成为公司股东的民事法律行为。股权转让是股东行使股权经常而普遍的方式，我国《公司法》规定股东有权通过法定方式转让其全部出资或者部分出资。二者的区别主要在于：(1)股权转让和增资扩股的合同当事人虽然都含有公司的原股东及出资人，但从协议价金受领的情况看，股权转让和增资扩股中出资人资金的受让方是截然不同的。股权转让中的资金由被转让股权公司的股东受领，资金的性质属于股权转让的对价；而增资扩股中的资金受让方为标的公司，而非该公司的股东，资金的性质属于标的公司的资本金。(2)从出资后，标的公司的注册资本的变化看，股权转让后，出资人履行义务完成时标的公司的注册资本是保持不变的，仍然为原数额；而增资扩股后，标的公司的注册资本发生了变化。这是两者最明显的区别。(3)股权转让和增资扩股支付价金一方的当事人对于标的公司的权利义务不同。股权转让中，支付价金的一方在支付价金取得了公司股东地位的同时，不但继承了原股东在公司中的权利，也应当承担原股东对公司从成立之时到终止之日的所有义务，其承担义务是无条件的；而增资扩股中支付价金一方的投资人是否与标的公司的原始股东一样，对于其投资之前标的公司的义务是否承担，可以由协议各方进行约定，支付价金的一方对其加入该公司前的义务的承担是可以选择的。(4)二者表决程序采取的规则不同。股权具有财产权利的性质，具有价值并可转让。股权对外转让系股东处分其个人的财产权，因此《公司法》第七十二条规定"股东对外转让股权须经其他股东过半数同意"，适用的是"股东多数决"(即以股东人数为标准)，而非"资本多数决"(即股份多数决，是指以股东所代表的表决权多少为标准，股东会依持有多数股份的股东的意志作出决议)，并且欲转让股权的股东只需书面通知其他股东，而无须召开股东会表决。增资扩股是公司资本运营过程中的内部重大决策问题，因此，《公司法》第三十八条明确规定，增资扩股必须经股东会作出决议，《公司法》第四十四条进一步规定，股东会作出增加注册资本的决议，必须经代表三分之二以上表决权的股东通过，采用的是"资本多数决"而非"股东多数决"，并且召开股东会进行表决是增资扩股的必经程序。(5)对公司的影响不同。股权转让导致股东变化，但公司的注册资本并没有增加或减少，故对公司的发展壮大不会产生太大影响，《公司法》对股权对外转让

的限制规定注重保护的是公司的人合性。而公司增资扩股往往不仅导致新股东的加入，更是为公司增加了注册资本，带来了新鲜血液，使公司的经济实力增强，从而可以扩大生产规模、拓展业务，故增资扩股主要涉及公司的发展规划及运营决策，注重保护的是公司的资合性。

其次，对股东承诺放弃认缴的新增出资份额，公司其他股东不享有优先认购权。我国《公司法》第三十五条和第七十二条的规范对象不同，前者是对公司增资行为进行规范，后者是对股权转让行为进行规范。通过条文规范内容不难看出，第三十五条规定的"公司新增资本时，股东有权优先按照实缴的出资比例认缴出资"，出发点在于保护公司原有股东的股权不因新增资本而被稀释，有效地处理了公司资本多数决原则与少数股东权保护之间的关系，平衡了个别股东的权益和公司整体利益的关系；而第七十二条规定的"股东向股东以外的人转让股权，应当经其他股东过半数同意……经股东同意转让的股权，在同等条件下，其他股东有优先购买权……"，出发点在于通过赋予股东优先购买权维护有限责任公司的人合性。但优先购买权作为一种排斥第三人竞争效力的权利，对其相对人权利影响重大，必须基于法律明确规定才能享有，其发生要件及行使范围须以法律的明确规定为根据。我国《公司法》第三十五条明确规定了全体股东无约定的情况下，有限责任公司新增资本时股东优先认缴出资的权利以及该权利的行使范围以"实缴的出资比例"为限，超出该法定的范围，则无所谓权利的存在。如果不考虑公司增资扩股与股东对外转让股权行为之间的区别，认为《公司法》第七十二条可适用于股东认缴公司新增资本的情况，则必然导致个别股东权益与公司整体利益之间失去平衡，公司股东因担心公司控制力在股东之间发生变化而不愿作出增资决定，影响公司的经营发展。

当然，有限责任公司的股东会完全可以有权决定将此类事情及可能引起争议的决断方式交由公司章程规定，从而依据公司章程规定方式作出决议，当然也可以包括股东对其他股东放弃的认缴出资有无优先认购的问题。总之，有限责任公司新增资本时，部分股东欲将其认缴出资份额让与外来投资者，在我国《公司法》无明确规定其他股东有优先认购权的情况下，公司其他股东不能依据与增资扩股不同的股权转让制度行使《公司法》第七十二条所规定的股权转让过程中的优先购买权。

二十二、被冻结的股权是否享有股东大会的召集权、投票权、新股认购权

股东基于出资享有股权，股权是一个集合了多种权利的权利束，由自益权和共益权构成。当股东的股权因权属纠纷而被法院冻结时，股东是否丧失所有的股权权能呢？

笔者认为，股权的冻结主要是限制股东从公司获取收益以及处分股权，从而防止股

权收益的不当流失，以达到财产保全的目的。因此，股权冻结的效力主要及于收取股息或红利以及股权处分（转让或设定质押）权。而股权冻结并没有否认股东资格，也没有必要限制股东对于共益权的行使。股东基于股东身份可以正常行使共益权。并且，只有股东对共益权积极有效地行使，才能更好地推动公司经营的良性发展，创造更多的物质财富。公司效益的提高有助于股东通过自益权获得更丰厚的回报，人民法院通过冻结股权所能保全的财产价值也才更有保障。因此，作为共益权的临时股东大会召集权、投票权、参加权、选举和被选举权、知情权、股东代表诉讼权等均不会因股权被冻结而不能行使。值得一提的是，自益权中的新股认购权并不属于被冻结的范围。新股认购权属于公司经营过程中对增发、配售股份的优先购买权，是股东基于股东资格优先于非股东而享有的一种权利，该权利并非为获取收益，而是一种优先于非股东向公司投资的权利。股权冻结主要是对股权收益、转让的限制，因此，其效力不应当包括自益权中的新股认购权。同时，对股权的司法冻结是对现存股权的冻结，股东认购新股而新取得的股权及其单息不在原冻结的范围之内。

二十三、如何把握执行出资不实股权中的责任承担问题

《最高人民法院关于人民法院执行工作若干问题的规定（试行）》中规定：对被执行人在有限责任公司中被冻结的投资权益或股权，人民法院可以依据《公司法》第三十五条、第三十六条的规定，征得全体股东过半数同意后，予以拍卖、变卖或以其他方式转让。不同意转让的股东，应当购买该转让的投资权益或股权，不购买的，视为同意转让，不影响执行。人民法院也可允许并监督被执行人自行转让其投资权益或股权，将转让所得收益用于清偿对申请执行人的债务。上述规定使法院执行股权具有操作性，笔者认为，在债权人申请执行股东出资不实的股权时，程序操作不当可能使新、老股东之间就谁来承担补齐出资责任问题产生争议。第一，含有出资不实股权的中止执行。由于法院在执行程序中不处理公司及其他股东对执行标的物实体权利异议的主张，公司及其他股东就被执行股权未出资到位事宜提起限制股权及补齐出资诉讼时，依据《中华人民共和国民事诉讼法》（以下简称《民事诉讼法》）第二百三十二条第二款及《最高人民法院关于人民法院执行工作若干问题的规定（试行）》第一百零二条，执行法院适当的做法是裁定中止股权的执行。第二，出资不实股权的合并执行。债权人申请执行股东的股权与公司及其他股东申请限制股权及要求补齐出资的执行法院可能不同，股权查封、冻结的交叉以及公司资本充实与股东债务之间谁先谁后等问题的存在，将使两个案件的执行变得异常复杂，两案的合并执行非常必要。第三，出资不实股权的评估。出资不到位股东名义上仍持有出资未到位的股权，但是，由于其丧失财产收益权，与出资

到位的股权是同股不同权的,两者的价差为需补齐的出资款;在司法评估过程中,首先,应对公司的资产价值进行评估,其中应包含需补齐的出资款;其次,以扣除需补缴的出资款为基础认定含有出资不到位股权的价值,避免未出资到位的股东因受限股权与未受限股权无价差而成为执行的受益人。第四,出资不实股权司法评估的特别事项说明及拍卖机构的瑕疵告知。评估机构在评估报告特别事项说明中,应详尽地载明被评估股权出资不到位及出资款扣除等事项。拍卖机构在拍卖过程中也应依法履行瑕疵告知义务。

二十四、股东能否以股利分配权请求权受侵犯提起诉讼

我国公司法学者蒋大兴提出利润分配请求权是一种具有层次型的权利结构,因而将利润分配请求权划分为抽象的利润分配请求权和具体的利润分配请求权。[①]

所谓抽象意义上的股权分配请求权是指股东基于其公司股东的资格和地位而享有的一种股东权权能,获得股利是股东投资的主要目的,也是公司作为营利性法人的本质要求。在股东自益权中,对股东最有价值的莫过于股利分配请求权,因为其可满足股东的经济需要。不以取得投资利益为目的的股东,本来就不必成为股东,而可以成为非营利性社团的社员,或者成为其他非营利性组织的捐款者;不以向股东分配股利为宗旨的公司也不可能设立。因此,抽象意义上的股利分配请求权是股东所享有的一种固有权,不允许通过公司章程或者公司治理机构予以剥夺。但是此种权利的内容并不是必然相同的,各个公司可以通过章程的规定确定不同的股利分配方法,而且由于公司经营是存在风险的,公司是否实际盈利并不是确定的,所以股东分得的股利是不固定的。所以,抽象意义上的股利分配请求权实际上是一种期待权。

具体的股利分配请求权则是指当公司存有可分配利润时,股东根据股东会分配利润的决议而享有的请求公司按其持股类别和比例向其支付特定利润金额的权利,故又称利润分配给付请求权。据此,有学者认为,利润分配请求权的自益性和固有性仅仅是对抽象的利润分配请求权而言,而具体的利润分配请求权则具有债权性质,并且是一种既得权。

目前,司法实践中普遍认为,只有具有债权性质的具体的利润分配请求权才具有可诉性,即只有在公司股东会已经形成利润分配决议的情况下,股东享有的利润分配给付请求权遭到侵害时,股东方可提起利润分配请求权之诉。而抽象的利润分配请求权不具有可诉性。

---

① 蒋大兴:《公司法的展开与评判》,法律出版社 2001 年版,第 327—328 页。

二十五、已经转让股权的当事人是否能够要求分配股利

要回答这个问题，首先应当区别抽象意义上的股利分配请求权与具体意义上的股利分配请求权。一般认为，抽象的股利分配请求权是股东权的一种，当股东将其股份转让给其他人时，该种抽象意义上的股利分配请求权也应当一并转让；而具体意义上的股利分配请求权，则是一种现实性的权利，具有债权的性质，可以不随股份转让而一并移转。

因此，股东转让其股权以后，则不得再主张抽象意义上的股利分配请求权，而对于具体意义上的股利分配请求权的主张，则应当视具体情况作出处理。[①] 司法实践中，在审理此类案件时，重点在于审查原告在签订股权转让协议时，公司股东会或者股东大会是否已经就股利分配形成决议，即股利分配的比例是否已经确定，同时还要审查该种具体意义上的股利分配请求权是否已经由转让方随同股权转让协议一并转让给受让人。如果股利分配比例已经由公司股东会或者股东大会决议明确，转让方在股权转让合同中并未将此权利一并转让给受让人，且在合同签订的过程中转让人对受让人并无欺诈行为，同时转让方对于该种股利分配请求权的行使尚未超过诉讼时效期间的，则已经转让股权的当事人要求分配股利的，对其请求应当予以支持。如果股东在转让股份以前，股东会或者股东大会尚未对股利分配作出决议，则该种权利在股权转让时还未形成现实性的权利，应当与股份一并转让，所以此时原告主张分配股权转让合同签订前的利润不应当得到法院的支持，无论在股权转让以前公司是否已经实际存在可供分配的利润。[②]

二十六、出资存在瑕疵的股东能否提起强制分配股利之诉

根据公司法理论以及《公司法解释（三）》的相关规定，当股东存在出资瑕疵时，其归属于自益权的权利应当在出资瑕疵范围内受到相应的限制。股东的股利分配数额应当依据其实际出资数额，这表明出资瑕疵限制了其股利取得，但是这能否解读为出资瑕疵完全剥夺了出资瑕疵股东强制股利分配之诉，成为实践中相关问题争论的核心。

关于出资存在瑕疵的股东能否提起强制分配股利之诉，实践中颇多争议。一种观点认为，强制分配股利之诉是基于股利分配而来，如果不能在公司股利分配中具有相应的权利则不能提起该诉，而出资瑕疵股东的股利分配请求权在出资瑕疵范围内受到限

---

① 褚红军主编：《公司诉讼原理与实务》，人民法院出版社2007年版，第397页。

② 吴庆宝主编：《公司纠纷裁判标准规范》，人民法院出版社2009年版，第146页。

制，股东必须履行法定的出资义务才可享有此诉权；另一种观点认为，强制股利分配之诉的提起不应以出资是否存在瑕疵为判断标准，只要具备股东资格即可提起强制分配股利之诉。该诉的原告原则上可以为任何股东，即只要在起诉时具备股东资格，认为自身权益受损的股东均可提起强制分配股利之诉。

本书认为，出资存在瑕疵的股东应具备提起强制分配股利之诉的原告资格。股利分配请求权是股东的固有权利，非因法定事由不得剥夺。依据我国现行《公司法》，股东出资存在瑕疵并不必然导致股东资格的丧失，只会引发相应的责任，但责任的承担不应成为否认股东固有权利的理由。

二十七、股东抛弃股利分配请求后能否再次主张股利分配请求权

按照权利属性，权利既可以抛弃也可以行使，而具体的股利分配请求权是一种民事权利，股东可以行使，当然也可以抛弃。股东放弃其股利分配请求权应当以明示方式作出。如果股东在股东会或者股东大会决议分配股利之前明示放弃其鼓励分配请求权，则公司可以作出不向该股东分配股利的决议，并可以将该股东应该分配的股利按照其他股东的持股类别与持股比例分配给其他股东。如果股东是在股东会或者股东大会决议分配股利之后放弃其股利分配请求权，则该股东本来按股东会或者股东大会决议计算可以分得的股利所有权应当归属于公司，股东抛弃其股利分配请求权的行为可以视为是一种对公司的赠与行为，公司此时应当按照《公司法》第一百六十九条的规定，将该股利分配资金计入公司的资本公积金。

二十八、能否以其他股东为被告提起股利分配请求权之诉

当股东提起股利分配请求权之诉时，应当以公司为被告，这在审判实践中已经形成共识。股利分配请求权是股东对公司享有的一项重要财产权利，根据法律和公司章程的规定，公司是进行利润分配的义务主体，因此，在单纯的股利分配请求权诉讼中，公司是被告，而且在一般情况下是唯一的被告。

但是当公司违反章程规定的股利分配份额，向一部分股东少分股利而向另一部分股东如董事或控股股东多分股利时，能否以受益股东为被告提起股利分配请求权。

在公司违法多分配利润纠纷案件中，应当以谁为被告存在不同看法，有的观点认为应以多分配利润的股东为被告，有的认为应以公司股东会为被告，有的认为应以公司为被告，有的认为应以公司和多分配利润的股东为共同被告。笔者认为，按资本多数决原则，多数股东的意志通过股东会被拟制为公司的意志，既然股东会决议体现了公司的意志，自然应当将公司列为多分配利润纠纷之诉的被告。当公司违法分配利润时，多分配

利润的股东应承担向公司返还该部分利润的义务，在多分配利润股东拒绝返还时，权利人可以提起诉讼，诉权的行使只能由作为权利人的公司进行，只有在公司怠于起诉时，权利受到侵害的股东才能依股东代表诉讼制度代表公司利益行使诉权，而不能为自己的利益直接起诉多分配利润的股东。

至于董事能否作为诉讼中的被告，美国绝大多数法院对此持否定态度。本书认为，无论董事还是控制股东均不适宜作为强制分配股利之诉的被告。原因在于：其一，董事和控制股东的意思已经被拟制为公司的意思，在公司决议中不具有独立于公司机关的意思；其二，董事或控制股东在股利分配法律关系中并非法定的决策主体，因而不适宜做诉讼当事人。

法条索引

《中华人民共和国公司法》

第四条　公司股东依法享有资产收益、参与重大决策和选择管理者等权利。

第四章

公司社会责任热点问题裁判标准与规范

本章导读

公司社会责任理论是公司法学界和经济学界近年来广为倡导的理论，并且为2005年《公司法》第五条明文确认。公司承担社会责任确实有利于推动社会文明的进步，然而这是否就意味公司应当承担法律上的社会责任？公司社会责任入法化对公司和社会究竟是福还是祸？追问公司社会责任的本质，并引导公司社会责任回归其本源的路径，正是本部分宗旨所在。

理论研究

一、公司社会责任的界定

尽管公司社会责任为学者们津津乐道，然而关于公司的社会责任的定义和内涵一直莫衷一是。关于公司社会责任的定义，有的学者将其定义为：公司按照社会的目标和价值向有关政策靠拢、作出相应的决策、采取理想的具体行动的义务。从广义角度讲，公司的社会责任是指公司应对股东这一利益群体以外的与公司发生各种联系的其他利益相关群体的利益和政府代表的公共利益负有一定的责任，即维护公司债权人、雇员、供应商、用户、消费者、当地住民的利益以及政府代表的税收利益、环保利益等。[①] 总部

① 朱明月：《公司社会责任之反思》，载《甘肃政法学院学报》2011年第1期。

设在美国的社会责任国际(SAI)对企业社会责任概念的表述为:企业社会责任区别于商业责任,它是指企业除了对股东负责,即创造财富之外,还必须对全体社会承担责任,一般包括遵守商业道德、保护劳工权利、保护环境、发展慈善事业、捐赠公益事业、保护弱势群体等。①

关于公司社会责任的内涵,有的认为其包括经济责任、法律责任和道德责任②;有的认为其包括经济的、法律的、伦理的和慈善的责任;③有的认为公司的社会责任依次包含:(1)具有法律约束力的社会责任,例如消费者保护、劳动者保护、环境保护等法律责任;④(2)以软法的形式出现的社会责任,例如各种示范性质的公司治理准则、行业标准与自律规范等;(3)企业自发承担的更高层次的社会责任,它主要体现为慈善责任等公益性质的责任。⑤ 还有的认为按照公司社会责任的规范来源为准,公司社会责任可以分为法律意义上的社会责任(如及时足额地履行债务、纳税、支付劳动者工资、保护环境)与伦理意义上的社会责任。⑥

可见,关于公司社会责任从来未有清晰的界定,但大体上认为公司的社会责任意味着公司不但应当对股东负责,更应当对利益相关者和社会公共利益负责;至于其具体内涵,大多赞同其既包括法律责任亦包括伦理等非法律责任。

二、对我国《公司法》确立的公司社会责任的评述

对于我国《公司法》明确规定公司应当承担社会责任,公司法学界存在截然对立的观点。有的认为"这是我国社会主义公司法的一大特色,也是我国立法者对世界公司法的一大贡献"⑦。也有人指出"《公司法》第五条规定所规定的社会责任是何种责任呢? 如果是指法律义务(如确保产品质量、保证生产安全、保护环境、节约能源),由于已有其他法律(如《产品质量法》、《环境保护法》等)作出规定,公司法再作规定纯属多此一举,甚至使用'社会责任'这一新名词都显得多余。反之,如果这里的'社会责任'是指道德义务,如参加社区公益活动、支持社会公益事业等,那么该条规定更是严重不

① 王玲:《论企业社会责任的含义、性质、特征和内容》,载《法学家》2006 年第 1 期。
② 刘萍:《公司社会责任的重新界定》,载《法学》2011 年第 7 期。
③ A. Carrol, *l Business and Society: Ethics and Stakeholder Management*, 2nd edition, 1993, p. 32.
④ 石守斌:《国内公司社会责任基本问题研究述论》,载《广东青年干部学院学报》2011 年第 85 期。
⑤ 吴越:《公司人格本质与社会责任的三种维度》,载《政法论坛》2007 年第 6 期。
⑥ 石纪虎:《公司社会责任:以功能为视角的概念分析》,载《湖南工业大学学报(社会科学版)》2011 年第 4 期。
⑦ 刘俊海:《新公司法的制度创新:立法争点与解释难点》,法律出版社 2006 年版,第 553 页。

当，因为道德义务只能由公司自愿为之，而不能强求公司必须承担。”“尤其是在‘社会责任’的内涵与外延都不明确、人们对社会责任似懂非懂的情况下，公司必须承担社会责任的规定很可能成为一些部门、一些人向公司变相摊派的合法借口，……所以，这样的规定虽然‘先进’，却很可能是公司法的悲哀。”①

我国《公司法》明文规定公司的社会责任，虽然是我国《公司法》的一大特色，但是很难说它是对世界公司法的一大贡献。首先，法律是以权利、义务为调整机制并由国家强制力保证实施的社会规范，即法律规定的内容应当是社会主体的权利、义务，并且这种权利、义务得到国家强制保障或强迫。对于公司社会责任的内涵尽管莫衷一是，但是全部强调既包括法律责任也包括伦理等非法律责任。即使暂不考虑该种观点对法律责任与法律义务的混淆，单是其对法律与道德的混淆就具有致命的缺陷。法律与道德虽然具有内在联系，但是二者在产生方式、表现形式、调整范围、内容结构以及实施方式等方面存在着本质区别。其次，在不考虑道德责任的情形下，公司确实应当承担法律上的社会责任，公司作为社会成员消耗社会资源，承担社会责任天经地义，然而公司应当承担社会责任并不意味《公司法》上的责任更不意味《公司法》应当赋予其他利益主体参与公司控制。以消费者权益保护为例，产品质量法、行政许可法、侵权行为法和公正的刑法足以为消费者提供充足的保护，而完全不必像有的学者所言应当纳入消费者董事；以劳动者保护而言，强大的工会、完善的劳动合同法、严格的安全生产法足以为劳动者提供有力的保护。公司法不是宪法，根本不必全面调整社会的各个方面，各个法律各司其职才更有利于法律效用的充分发挥。当然，有的公司当事方的利益通过其他法律尚不足以得到完全保护，比如公司债权人，公司法确有必要为其提供进一步保护，比如资本维持、公司法人人格否认、强制清算等，但是绝不意味必须导入债权人董事。再次，公司法不但无须要求公司运转体现社会利益，反而应当要求公司最大限度地体现股东利益：其他利益主体在公司财产分配上优先于股东，公司股东承担着公司运行的最大风险，获得最大控制权方符合法律的公平正义；其他利益主体在公司中的利益皆是固定的，唯有股东享有全部剩余索取权，赋予股东最大控制权方能提高公司运营效益实现公司法追求的效率。此外，社会是个有机整体，每个主体都在扮演不同的角色，资本市场发达的今天，股东、职工、债权人、消费者等角色往往是交错在一起的，一个人购买公司产品时自然希望物美价廉，他购买公司股票时期望公司实现最大利润，它借款给公司时却又希望公司运营安全。社会主体不同角色的不同期望应当由不同的法律规范予以满足，如果强制公司法

① 毛卫民：《是“先进”还是“激进”——关于新公司法的几点质疑》，载赵旭东主编：《公司法评论》2006 年第 2 期。

满足其所有的期望，只能导致社会的紊乱。

综上所述，公司确实应当承担社会责任，但是将之导入公司法，则过于激进。我国在改革开放前，企业承担全面的社会责任，结果导致产品质量低下、职工收入微薄，政府作为投资人亏损严重，不但影响了社会经济效率的提高，而且导致了严重的社会问题，足以作为前车之鉴。是故，理解我国《公司法》第五条规定的公司社会责任时，应当将之理解为一种倡导性规范，而非强制性规范，这也符合我国法律的立法特点，因为我国法律习惯将一些倡导性规范导入法律以引导人们的行为。比如，《民法通则》第三条规定：当事人在民事活动中的地位平等。《中华人民共和国婚姻法》第四条规定：夫妻应当互相忠实，互相尊重；家庭成员间应当敬老爱幼，互相帮助，维护平等、和睦、文明的婚姻家庭关系。

可见，公司无须承担《公司法》规定的社会责任。那么公司可否主动承担社会责任，比如公司在控制者支配下为了其他利益主体或社会公共利益而牺牲公司和股东利益。对此应予否定。中小股东正是基于盈利的目的才跟随控股股东一同运营公司；公司股东也正是基于盈利目的才委托董事管理公司，公司控制者支配公司追求其他利益，显然违反了其他股东的合理预期，侵犯了其正当利益。不过，例外的是公司可以进行合理的公益捐赠。前文所述的社会责任大多可以通过市场的自我调整和法律的强制干预顺利实现，唯有对社会弱势群体的人道关怀，既不能通过市场无形的手予以调整，亦不宜进行强制的法律干预，而政府自身又总是力不从心，是以，应当对各种社会主体关怀弱势群体的行为予以认可和鼓励。具体到公司，只要股东未明确以章程或股东大会决议等形式禁止公司对外捐赠，《公司法》即应认可公司捐赠行为，该种认可体现了法律的价值引导，而又不违反股东的意志和利益。当然，公司本质上是股东营利的工具，《公司法》的默示解释不应当损害公司和股东根本利益。

实务探讨

一、公司可否对外捐赠

公司可否对外捐赠直接关涉公司社会责任和股东利益，在西方国家经历了由禁止到相对允许再到许可的演变进程。股东是公司的终极所有者，公司应当尽力追求股东利益最大化的认识在西方早期广为盛行，在英国 1883 年的 Hutto V West Cork Railway 一案中，法官指出，"慈善机构无须坐在董事会中，因为在我看来，慈善与董事会没什么关联"①。美国早期法律亦持同样的观点,在1905年的Worthington V Worthington一案中,被告Worthington公司制造水压设备,捐赠价值1.2万美元的设备给哥伦比亚大学的一个工程实验室,少数股东起诉声称董事长的捐赠行为违反了其对股东的信义义务,法院认为公司董事长取走了公司财产却没有带给公司任何回报,违反了对股东的信义义务,判决解除公司的捐赠。② 不过,随着公司经济力量的增长和社会经济生活的演变,人们的观点也开始发生变化,1917年得德克萨斯州《公司法》开始允许公司进行慈善捐赠,此后,美国其他一些州《公司法》开始效仿,公司捐赠被逐步认可,但是这种变化仍然比较缓慢并充满争议,直到1953年的A. P. Smith Manufactureing Co. V. Barlow一案,公司捐赠问题发生重大转机。该案中,A. P. Smith公司董事会认为公司捐赠是个合理的投资工具,能够为公司营运创造有利的外部环境,于是向普林斯顿大学捐赠1500美元,然而该行为引起了部分股东的不满,公司提起诉讼请求确认捐赠的合法性。该案一直上诉到美国联邦最高法院,法院认为判定公司的捐赠行为是否合理,只要看该行为能否为公司带来直接利益即可,史密斯公司的捐赠行为有利于公司利益的增加,因而判决予以支持。该案的判决奠定了美国公司捐赠合法化的基础,此后公司捐赠行为的合法性得到广泛认同。公司捐赠标准进一步随着时代的变化而放松,先是只要有利于公司长期发展即可,而不再要求能为公司带来直接利益,其后进一步放宽为即使与公司利益最大化无关,只要数额合理即被允许。如1994年美国法学会通过的《公司治理准则》第2.01条规定即使公司和股东并未受益,公司仍然可以为了公共福利、人道主义、教育和慈善目的而进行合理数额的捐赠。③

我国目前尚未有明确的法律规定公司可否对外捐赠,但是从整个法律体系看,公司捐赠行为为法律所许可。1999年9月1日开始施行的《中华人民共和国公益事业捐赠法》(以下简称《公益事业捐赠法》)第二条规定:"自然人、法人或者其他组织自愿无偿向依法成立的公益性社会团体和公益性非营利的事业单位捐赠财产,用于公益事业的,适用本法。"2008年1月1日起施行的《中华人民共和国企业所得税法》(以下简称《企业所得税法》)第九条规定:"企业发生的公益性捐赠支出,在年度利润总额12%以内的部分,准予在计算应纳税所得额时扣除。"公司显然既属于《公益事业捐赠法》所规定的法人,又属于《企业所得税法》所规范的企业,因此上述两个法律实际上间接认可了公司的捐赠行为。此外,我国《公司法》第五条规定公司应当承担社会责任,如前所述,尽管该条规定主要是一种倡导性规范,但是可以作为公司对外捐赠的法律依据。当然,公

① Eilis Ferran, Company Law and Corporation Finance , Oxsford University Press, 1999, pp. 363 – 369.

② 李领臣:《公司捐赠能力的法律分析》,载赵旭东主编:《公司法评论》2006年第3辑。

③ Choper Coffee Gilson, *Cases and materials on corporations*, Aspen Law & Business, 2000, p. 39.

司对外捐赠必须遵守前文的限制，不得损害公司和股东根本利益。因此，公司捐赠行为必须接受下列规制：(1)公司的捐赠行为不得违反公司章程限制。公司章程是股东意志的体现，是公司存在和运营的根本准则，如果公司章程规定了公司可否对外捐赠、捐赠的决策权限、捐赠的对象、数额或比例等，公司股东(大)会和董事会必须遵守，否则，公司股东可以依据《公司法》第二十二条请求法院撤销股东大会或董事会决议，并请求违法的公司董事承担赔偿责任。(2)在公司已经亏损或可能因捐赠而亏损情形下，公司不得对外捐赠，毕竟公司的本质是股东谋利的工具，股东才是公司最需要关怀的对象，对其他主体的人文关怀不能超越股东本身。(3)公司捐赠数额不得超过公司盈利和股东红利的合理比例，法律之所以认可公司的捐赠行为是为了倡导公司承担一定社会责任，但绝对不是要改变公司的本质和损害股东的利益。(4)公司控股股东和公司董事不得以合法形式掩盖非法目的，借公司捐赠行为追求个人利益。

二、公司可否撤销对外捐赠合同

公司可以对外捐赠，但是应当符合公司章程的明示或默示条款的规定。公司董事或经理违反这些规定进行的对外捐赠，对公司负有赔偿责任。但是，该种对外捐赠合同的效力如何，可否由公司新的决议或者法院判决予以撤销，对此应当根据赠与财产是否已经转移以及捐赠合同的不同性质而分别界定。

1. 赠与财产尚未转移的捐赠合同

如果是普通捐赠合同，根据《合同法》第一百八十六条第一款规定，赠与人享有任意撤销权，因此该种合同可以被撤销。如果捐赠合同具有救灾、扶贫等社会公益、道德义务性质或者经过公证，根据《合同法》第一百八十六条第二款规定，赠与人不得撤销。需要注意的是，公司不享有任意撤销权的赠与合同并不绝对有效。首先，如果赠与合同具备《合同法》第五十二条规定的情形，应被认定无效。其次，如果代表(或代理)公司订立赠与合同的董事或经理超越权限，并且赠与人明知或应知该种越权，该种赠与合同无效。再次，如果赠与合同具备《合同法》第五十四条规定的情形，可以被依法撤销，而不受《合同法》第一百八十六条第二款规定的约束。最后，如果对外捐赠的股东(大)会或董事会决议被人民法院根据《公司法》第二十二条规定予以撤销，人民法院可以根据案件具体情况决定是否撤销公司的对外捐赠合同。

2. 赠与财产已经转移的合同

该种合同由于已经履行完毕，因此不再适用《合同法》第一百八十六条。至于该种合同效力的认定，如前所述，应当根据《合同法》第五十二条、第五十四条、第四十九条、第五十条以及《公司法》第二十二条确定。

三、如何认定公司与职工事先约定公司奖励给职工的股份在职工由于死亡、辞职、退休等原因与公司解除劳动合同关系时，公司可以无偿取回职工持股的效力

世上没有无缘无故的爱，公司之所以将股份奖励给本公司职工，主要是基于职工以往对公司贡献的褒奖以及对其日后报效公司的利益激励。换言之，职工取得公司奖励的股份不是无缘无故的赠与关系，而是建立在劳动合同的基础之上，以职工的品德、能力与贡献为前提。在这个意义上说，职工取得公司奖励股份之时实际上已经付出了对价。公司要严格区分劳动合同关系与股权投资关系，劳动合同终止了，并不意味着股权关系的终止，劳动者身份丧失了，股东身份犹在。在股份有限公司尤其是上市公司尤为如此。倘若公司执意将劳动合同关系与股权投资关系挂钩，从而将职工持股计划仅限定为在职劳动者的激励机制，也应在事先的公司章程或者公司与职工的股权奖励协议中一一叙明，倘若缺乏此类约定，人民法院和仲裁机构原则上应当尊重职工的股东资格与地位。实际上，由终止劳动合同关系的职工或其继承人继续持有本公司股份，有助于培育广大职工包括在岗职工对公司的归属感和忠诚度。如果算总账、大账，公司和全体股东都不吃亏。即使公司章程或者公司与职工的股权奖励协议约定，职工由于死亡、辞职、退休等原因与公司解除劳动合同关系时，公司可以取回职工持股，公司也要按照公司取回股份之时的公司净资产以及该职工的持股比例向职工支付合理的股权转让价款。要禁止公司在劳动合同终止时无偿取得职工持有的股份。只有如此，才能充分贯彻以人为本的精神，对于构建和谐的公司文化、改善劳资关系、增强公司职工的凝聚力亦大有裨益。

四、股份有限公司职工代表大会作出清退职工股份的决议是否有效

我们认为，股份有限公司职工代表大会（以下简称“职代会”）作出清退职工股份的决议无效。理由在于，公司员工以其合法收入投资入股后就取得了股东资格。职工依法取得的股东资格受法律保护。未经股东自身同意，任何机构和个人均不得非法剥夺股东的股东资格。无论是股东会，还是职代会均无权清退股东资格。值得注意的是，股东资格、股东权利的主体是股东，而非公司。股权是股东个人依法享有的民事权利和财产权利，而不是公司的民事权利和财产权利。职代会的职责在于捍卫和增进职工利益，而非损害和削弱职工利益。职工持股不仅有利于调动广大职工的劳动积极性，而且有利于提升公司的竞争力。职代会作为维护职工合法权益的机构本应在保护职工股东的合法权益方面有所作为，而不应作出伤害职工股东利益的决议；否则，就违背了职代会制度的设计本意，不利于建立和谐的劳资关系。对于作出清退职工股份的职代会决议，任何职工股东均有权请求人民法院确认其无效。[①]

五、如果公司收购自身股票的行为无效，而职工已经按不同购买年份分别从公司领取了退股现金，那么职工该如何恢复股东身份

公司资本不仅是公司赖以存在的物质基础，也是维护公司交易安全的信用基础。为了维护公司资本的信用根基，现代公司法对于公司回购自己股份采取原则禁止、例外允许的态度。我国1993年《公司法》第一百四十九条就旗帜鲜明地原则禁止公司收购本公司的股票。我国2005年《公司法》第一百四十三条虽然原则禁止公司回购自己股份，但例外允许公司为了将股份奖励给本公司职工而回购不超过本公司已发行股份总额的百分之五的股份。可见，2005年《公司法》一方面追求巩固公司资本、保护债权人的价值目标；另一方面追求推行职工持股计划、保护劳动者的价值目标。这一立法态度代表了现代公司法的发展主流。值得注意的是，职工持股计划是兼顾公司利益、股东利益与职工利益的有效利益激励机制，应予鼓励和支持，而不应予以阻挠和限制。倘若公司擅自收购本公司的股票，则与《公司法》的价值取向背道而驰。这种行为既无法律和行政法规作为依据，又削弱了公司对债权人的偿债能力，还损害了职工股东的切身利益，应当认定无效。问题是，如果公司收购自身股票的行为无效，而职工已经按不同购买年份分别从公司领取了退股现金，那么职工该如何恢复股东身份？对此，我们认为，倘若职工股东被强行剥夺了股东资格，则有权以公司为被告，向人民法院提起诉讼，请求人民法院确认公司收购自身股份的行为无效，并责令公司返还职工的股权，恢复职工的股东资格。当然，职工股东有义务向公司返还其从公司受领的退股现金。这样不仅有助于恢复职工的股东资格，激发职工股东作为劳动者与股东双重身份的积极性、主动性与创造性，而且有助于造福公司的债权人。

六、公司社会责任的实现有何司法保障机制

公司对其社会责任的自律和认知并不仅仅是伦理道德层面的自我约束，当这种社会责任的内容以外部化的形式表现出来的时候，在法律上已经具有了承诺和公示的效力。按照合同法的理论，承诺作为合同缔结的一个阶段，应是以订立合同为目的，针对特定主体的要约作出的。公司对其社会责任自律内容具体化并加以共识，在客观上会起到提升公司商业信用和社会认知度的实际效果，并使社会公众对其产生信赖利益，成为影响某一特定民事主体与其缔约的因素之一。在这种情况下，《合同法》的规则也可

① 刘俊海：《新公司法的制度创新：立法争点与解释难点》，法律出版社2006年版，第588页。

以适用。如某一消费者信赖某一跨国连锁快餐公司关于健康均衡饮食理念的宣传而将该公司所提供的食品作为其主要食物来源,经年累月之后发现由于营养不均衡而影响身体健康,随即诉至法院请求赔偿损失。如果能够将该公司关于其社会责任的宣示认定为消费者与其缔约的决定性因素,上述特定化的关于社会责任的表述就会成为要约的组成部分,消费者自可以根据该公司对其合同义务的违反而追究其违约责任。[①]

公司的社会责任有时也会和侵权法上的一些原则、制度相联系,潜移默化地影响着侵权法规则的重构。如无过错责任原则在高度危险作业、环境污染等侵权案件中作为归责原则,市场份额理论在产品责任案件中作为责任承担依据等,无一不是突破了侵权行为法的原有框架,将公司社会责任的理念渗透其中,借侵权法的外壳实现公司社会责任的制度价值。此外还可以通过公益诉讼的引入以及法院通过司法裁判等途径,来实现公司的社会责任。通过司法裁判实现公司社会责任的方式一般体现为禁令和强制令。司法机关通过司法裁量界定和确认公司是否应承担该项社会责任,然后在此基础上对被诉公司作出责令其作为某种义务的强制令或是不作为某种义务的禁令,以确保其社会责任真正得到实现。

法条索引

《中华人民共和国公司法》

第五条 公司从事经营活动,必须遵守法律、行政法规,遵守社会公德、商业道德,诚实守信,接受政府和社会公众的监督,承担社会责任。

公司的合法权益受法律保护,不受侵犯。

① 刘韶华:《公司社会责任的司法化》,载《人民司法·应用》2007 年第 21 期,第 84 页。

第五章

公司章程热点问题裁判标准与规范

本章导读

毫无疑问，公司章程在公司内具有“宪章”的地位和作用。“社团之章程为社团之宪章，系社团组织与实现其目的之准则。”[①]章程是公司的纲领性文件，在公司内具有最高行为准则的效力。然而，尽管以“私权神圣”和“私法自由”为理论基石的传统公司法理论将公司章程的影响力限定在公司内部，但是，公司章程的制定和通过很可能是大股东意志操纵的结果，中小股东、社会公众投资者的利益和社会公共利益很难在公司章程中加以体现和维护。哈耶克指出：只有那些影响到他人的个人行动，或者一如习惯上所描述的那样，只有“涉他人的行动”，才会引发对法律规则的阐释或制定。[②] 因此，公司章程的内容、制定和修改的程序纳入了法律规制的范围，反映和体现了国家的干预，体现了法律对公司内外关系的强制性要求。有关公司章程性质的探讨自然而然也就超脱出“自治”的范畴了。

---

① 刘清波：《民法概论》，台北开明书店1979年修订版，第58页。

② 〔英〕弗里德利希·冯·哈耶克：《法律、立法与自由》（第1卷），邓正来等译，中国大百科全书出版社2000年版，第161页。

理论研究

一、公司章程性质解读

关于公司章程的性质,国内外主要有三种学说:自治法说、契约说和宪章说。

关于自治法说。本书不赞成这一学说,理由如下:从公司章程的性质而言,其的确是一种自治性规则。从形式意义上看,公司章程是关于公司组织和公司行为的基本规则的书面文件;从实质意义上看,公司章程是对公司及其成员具有拘束力的关于公司组织和行为的自治性规则。作为一种自治性规则,公司章程是依照公司成员的法律行为而成立的规则,是对公司内部关系进行规范的规则。但是如本章开头所述,公司章程的制定和通过很可能是大股东意志操纵的结果,中小股东、社会公众投资者的利益和社会公共利益很难在公司章程中加以体现和维护。因此,法律对于公司章程这一"自治法"进行了强有力的干预,从其内容、制定到修改的程序,无不渗入了国家干预的影子,体现了法律对公司内外关系的强制性要求。此外在我国,学者普遍认同的法律体系中,并不包括自治法规这一立法层次,因而"自治法"这一学说并不能很好地解释我国公司章程的性质。所以,公司章程尽管有"自治法"的特点,然而它只能在强行法规的范围内发生效力,违反了强行法规的公司章程则不具有拘束力。这样,其"自治法"的色彩也就大大地稀释了。

契约说虽然能够概括出契约与公司章程之间存在着密切联系,并且两者的目标高度一致,其内容也有许多相似之处,但是两者毕竟在性质和功能等方面不同,契约说无法解决公司章程的外部性与涉他性问题,具有"外部性"、"涉他性"的行为总是易于受到法律的管制。① 契约说忽视了契约与章程之间的差异,因而也不能解释和说明公司章程的性质。

本书同意宪章说,理由如下:

(1)从内容上看,公司章程具有宪章的性质。公司章程是对公司内部相关者权利、义务规范的宪章性书面文件。② 所谓公司"宪章",即在公司内部具有最高行为准则的效力,公司的基本管理制度、具体规章和内部细则等规范性文件都必须以章程为蓝本来制定,公司各组织机构作出的决定、决议都不得违反章程,否则就可能导致行

① 张尧:《试论公司章程的性质》,载《知识经济》2011 年第 4 期。

② 毛瑞:《再议公司章程之性质》,载《北方经贸》2010 年第 11 期。

为的无效。

(2)从效力上看,公司章程具有宪章的性质。首先,公司章程对公司、股东、董事、监事和高级管理人员具有约束力;其次,我国《公司法》规定,董事、监事、高级管理人员执行公司职务时违反法律、行政法规或者公司章程的规定,给公司造成损失的,应当承担赔偿责任。这些法律的明文规定,说明了公司章程不同于一般的自治法,也不同于可以任意约定的契约,而是公司的宪章,并且还要遵循法律的强制性规定。

二、公司章程与设立协议的关系

公司设立协议又称为发起人协议,是在公司设立过程中,由发起人订立的关于公司设立事项的协议。设立协议的作用在于确定所设公司的基本性质和结构,协调发起人之间的关系及其权利和义务。而公司章程是公司存在和活动的基本依据,是公司行为的根本准则。

设立协议与公司章程之间存在着密切联系,两者成立的基础都在于公司投资人的意志,都是公司股东的共同意志的体现,都对公司的股东具有约束力。[①] 两者的内容也有许多相同之处,例如,公司名称、注册资本、经营范围、股东构成、出资形式等事项,不仅是公司章程的绝对必要记载事项,而且也是设立协议的主要内容。有的设立协议不仅通过约定上述内容调整协议各方在设立过程中的权利义务、协调各发起人的设立行为,甚至还约定有诸如未来公司的组织机构、股份转让、增资、减资、合并、分立、终止等事项。而且,在实务中,在订立有设立协议的场合,往往是以设立协议为基础制定公司章程,设立协议的基本内容通常都为公司章程所吸收。

公司章程与公司设立协议尽管目标一致、关系密切,但是两者毕竟在性质和功能等方面不同,主要表现出以下几个方面的差异:

(1)在我国,除采取有限责任公司形态的外商投资企业之外,我国公司法并没有将公司的设立协议规定为公司设立环节必备的法律文件。因此,对于通常的有限责任公司来说,公司设立协议是任意性文件;而公司章程则是必备性文件,任何公司成立都必须以提交章程为法定要件。

(2)设立协议是不要式法律文件,作为当事人之间的合同,主要根据当事人的意思表示形成,其内容更多地体现了当事人的意志和要求,需要遵守《合同法》的一般规则;而公司章程则是要式法律文件,公司章程自治是以不违反法律、行政法规为前提的。公司章程必须依据《公司法》制定,是公司登记必须报送的文件之一,要经过

① 车辉主编:《公司法理论与实务》,中国政法大学出版社2009年版,第45页。

有关政府部门必要的形式审查甚至实质审查，因此，公司章程的自治性是相对的。

(3)公司设立协议与公司章程的效力也不同。从效力的范围来看，由合同或协议的相对性决定，设立协议由全体发起人订立，调整的是发起人之间的关系，因而只在发起人之间具有法律约束力；而公司章程调整的则是所有股东之间、股东与公司之间、公司的管理机构与公司之间的法律关系，其中包括制定章程时的原始股东和章程制定后加入公司的新股东，都受章程的约束。从效力的期间来看，设立协议调整的是公司设立过程的法律关系和法律行为，因而它的效力期间是从设立行为开始到设立过程终止，公司的成立即意味着协议的终止；而公司章程的效力及于公司成立后整个存续过程，直至公司终止。

(4)公司设立协议与公司章程的通过和修改条件不同。按照《公司法》的规定，公司章程的通过和修改，并不要求全体股东一致同意。有限责任公司的章程，即使在设立时的通过需要全体设立人同意，但公司成立后的修改只需要“三分之二”表决权的股东同意即可。至于股份有限公司的章程，公司设立时的通过和公司成立后的修改都不需要全体股东的同意。而按照《合同法》的规定，合同无论是订立时的通过还是订立后的修改，都需要“协商一致”。如果任何一方当事人不同意，设立协议就不能成立或协议生效后就不能修改变更。在这个意义上，我们说章程是依“少数服从多数”的原则来订立和修改的，而设立协议是依“当事人意思表示一致”的原则来订立和修改的。章程规范和约束的股东中，包括不赞成章程内容的股东，或者说不赞成章程内容的股东仍然要受章程的约束；设立协议规范和约束的当事人中，均为同意设立协议内容的当事人。如果任何一方当事人不同意设立协议的内容，该设立协议就可能不会成立。

实务探讨

一、公司章程何时开始生效

公司章程的生效时间因公司的性质和设立的方式不同而有所不同。具体而言，在有限责任公司和以发起设立的股份有限公司，公司章程应当自全体股东或者发起人签名、盖章时生效；在募集设立股份有限公司，则应当在创立大会上通过时生效。[①] 理由如下：公司章程的生效时间取决于章程的效力范围。公司章程是股东或者发起人制定的，当然其效力范围局限于公司的股东，包括发起人股东和认股人股东。因此，只要股东或者发起人在公司章程上签字、盖章，或者认股人在创立大会上对公司章程表示同意，就表明股东愿意接受公司章程的约束，章程自此时对其发生效力，自无疑问。

那么，如何解释章程对公司和公司的管理者以及后来的股东发生效力呢？这又是由公司章程的自治性规则的性质所决定的。就公司章程对公司的效力而言，由于在公司章程生效时，公司尚未成立，此时自然无所谓对公司的效力。在公司成立后，依法理，对公司设立过程中所发生的行为后果通过继受而为公司接受。所以实际上，公司章程之所以对公司发生效力，是因为公司的继受行为导致设立中公司所制定的章程成为公司的章程。就公司章程对公司管理者（如董事、监事和高级管理人员以及后来的投资者）的效力而言，他们基于对已经发生效力的公司章程的认同而加入公司章程，这种加入是管理者和后来投资者取得管理地位和股东地位的前提条件。事实上，公司的管理者对公司章程的认同往往发生在公司成立之前，因为，《公司法》要求在公司成立之前，公司就必须建立公司的组织机构。这在募集设立的股份有限公司最为明显，因为，法律要求在创立大会上要选举公司的董事、监事。其实，在有限责任公司和以发起设立的股份有限公司中，同样需要在公司成立前建立公司的组织机构，只不过法律没有强制要求要采取创立大会的形式。还有一个问题，根据我国《公司法》的规定，创立大会上只要代表股份总数过半数的发起人、认股人出席即可，并须经出席会议的认股人所持表决权的过半数通过章程。那么，没有出席会议或者持反对意见的认股人应认为其自动接受公司章程对其发生效力，如果其愿意继续保持其股东地位的话；否则，没有出席创立大会或者没有同意的认股人就只能退出公司。这种并不需要所有认股人出席和同意的规则也表明公司章程是一种团体性规则，即后来加入者须少数服从多数。

明确公司章程自股东或者发起人签字、盖章，或者自创立大会上通过时起生效的意

---

① 关于公司章程的生效时间，理论上有三种不同的主张：一是认为公司章程自股东签字时生效；二是认为公司章程应当自获得登记注册时起生效；三是认为应当区别对待公司章程生效的时间。第一种观点认为，公司章程是股东或者发起人之间的契约，根据契约法规则，公司章程当然应当自当事人全体同意并签字时生效。第二种观点认为，公司章程是约束包括公司在内的当事人之间的协议，公司尚未成立，何以约束公司和后来加入的投资者以及公司的管理者？第三种观点认为，公司章程中调整发起设立公司的投资者之间的关系的内容，相当于公司设立协议，可以适用合同法的一般规则，自签字盖章时成立并生效。发起设立公司的投资者均自章程成立时受其约束。章程中调整尚未成立的公司，尚未产生的董事、监事、经理以及未来可能加入公司的其他股东的那些内容，则自公司成立时生效。关于第三种观点请参见赵旭东主编：《公司法学》（第二版），高等教育出版社 2006 年版，第 184—185 页。

义在于,公司章程自股东或者发起人签字、盖章,或者自创立大会上通过时起就对股东和发起人、认股人发生拘束力,享有章程所确定的权利和承担章程所规定的义务。否则,如果章程制定后须等待公司成立时才发生效力,在此之前,章程不发生效力,当事人的权利义务处于不确定状态,不仅于当事人不利,而且对于公司的成立也将产生不利。譬如,我国《公司法》规定在公司章程中须记载公司发行的股份以及股东或者发起人或者认股人认购的股份等内容,如果章程不发生效力,可能导致这些义务不能落实,从而影响到公司的成立。

二、公司设立协议是否因公司成立从而被公司章程取代而完全无效

公司设立协议,又称发起人协议,在有限责任公司中还称为股东协议,是指在公司设立过程中,由发起人订立的关于公司设立事项的协议。其作用主要在于确定所设公司的基本性质和结构,协调发起人之间的关系及其权利和义务。从理论上讲,发起人协议仅应规定公司设立事项;公司成立后股东之间的权利义务关系及公司本身的治理结构安排等内容,均应由公司章程规定。因此,理论界不少人认为,发起人协议的效力始于发起人签订协议之时,止于公司成立之日。但事实上因各种原因,发起人协议中仍存在大量调整公司成立后股东之间、公司与股东之间权利义务关系的内容,以及公司治理结构的内容,而其中许多内容并未被纳入公司章程之中。这就引起实践中关于发起人协议的失效时间的争论。

公司章程有时确实不便载入某些发起人协议中的内容,在我国往往还因为工商行政管理部门要求按照其公司章程统一样本起草,许多个性化的安排无法载入公司章程之中。在此情形下,发起人协议就承担了公司章程补充文件的功能,类似于英美法系国家(地区)公司法中的章程细则。因此,在公司成立后,以成立后的公司法律关系为调整对象的发起人协议,就不应被简单地认定为已失效。其理论依据类似于公司章程适用于设立中公司的原因。因为发起人协议既然是发起人之间对其权利、义务的安排,只要未违反法律的强制性规定以及公司章程的规定,就应认可其法律效力。也就是说,发起人协议在公司成立后虽继续有效,但不得与公司章程相冲突。为使发起人协议的内容被确保获得承认,有学者提出,最好的办法就是让公司明示承认发起人协议,或者由公司与股东签订单独的协议,就发起人协议中的有关问题进行规定。① 这固然有利于解决发起人协议的时间效力问题,但这本身已超越了发起人协议的效力,且不能解决所有发起人协议的效力问题。例如,发起人协议中关于公司成立后原发起人之间权利义

① 施天涛:《公司法论》(第二版),法律出版社 2006 年版,第 116 页。

务关系的规定，就无法通过公司予以确认。因此，治本之计还在于明确规定发起人协议在公司成立后的法律效力。事实上，我国《公司法》也表现出了这种立法精神。该法第八十四条第二款规定："发起人不依照前款规定缴纳出资的，应当按照发起人协议承担违约责任。"虽然该规定并不意味着公司法肯定了发起人协议关于股东之间及公司治理结构等方面内容的法律效力，但至少表明在公司成立后发起人协议的法律效力仍被确认。

总之，如果对于相同的法律事项，设立协议与公司章程有不同的规定，无疑设立协议应该让位于公司章程，自然失效。如果设立协议中有公司章程未涉及但又属于公司存续或解散之后可能会遇到的事项，相应的条款可继续有效，但效力只应限于签约的发起人。①

三、公司章程一经公示，与公司交易的第三人是否负有对公司章程的审查义务

公司章程具有公示性，其首要表现就是公司章程必须经工商行政机关登记。公司章程的公示使得与公司交易的第三人在法律上有确定的途径来知悉公司章程的相关内容，从而对即将进行的交易产生合理的预期。但是，这是否意味着公司章程一经公示，与公司交易的第三人就负有对公司章程的审查义务呢？

对此，学者有着不同的理解。一种观点认为：公司章程一经工商行政管理机关登记，章程规定的事项即得对抗第三人，即此时章程具有对世效力。这种观点隐含着这样一种假设：公司章程一经公布，与公司交易的第三人就被推定知道公司章程的内容并理解其适当的含义，即"推定通知理论"。另一种观点认为：公司章程仅是公司内部的规则，因此它只对公司自身、股东、董事、监事、高级管理人员等公司内部当事人具有效力，对公司以外的第三人则不具有效力，即使章程经工商行政机关登记也是如此。因此，与公司交易的第三人并不负有对公司章程进行审查的义务。

我们认为，以上两种观点都是不全面的。按理而言，公司章程一经公示，第三人均可以以一定途径获知公司章程的相关内容。然而，这种认识仅具有理论或逻辑上的合理性，而不具有实践上或操作上的合理性。在实务中，与公司交易的第三人并不都可以从工商行政管理机关轻而易举地查询到公司章程的相关内容。即使可以，第三人也要花费一定的时间与费用，这就会产生经济学中所称的"交易成本"，在交易规模较小的情况下，这种"交易成本"会极大地抵消第三人与公司交易所得的利益。因此，抽象地使第三人负有审查公司章程的义务是不合理的。而且，公司章程虽然只能规定公司内

---

① 奚晓明主编：《最高人民法院关于公司法解释（三）、清算纪要理解与适用》，人民法院出版社2011年版，第34页。

部当事人的权利与义务而不能直接涉及第三人，但是，对公司内部当事人权利义务的规定却会影响与公司交易的第三人的利益。如果与公司交易的第三人能够事前获知公司章程的相关内容，就会对交易有合理预期，从而降低公司违约的风险。综上，我们认为，公司章程并不具有普遍的对世效力，在一般情况下，它仅作为公司内部当事人的规则。但是，在某些情况下，给第三人分配对公司章程的审查义务却可以提高交易的公平与效率。在这种情况下，公司章程对第三人就有了一定的对抗效力。根据我国《公司法》规定，公司为他人提供担保，依据公司章程规定，由公司董事会或股东会、股东大会决议，公司章程对担保总额及单项担保的数额有限额规定的，不得超过规定的限额。公司对外担保是直接涉及第三人利益的事项，而《公司法》又明确授权公司章程对公司担保事项作出规定，此时章程就成为决定公司对外担保能力的唯一规范。法律的规定是所有当事人都应知晓的，它产生当事人知道或应当知道的法律效果。因而，在公司对外担保的情况下，第三人就有审查公司章程的义务，从而了解公司董事会、股东会的担保决定以及担保的数额等。如果担保决定的作出以及担保的数额违反了公司章程的规定，则担保无效。此时，第三人就不得以没有审查公司章程为由进行抗辩。

四、公司能否以其对法定代表人的任命不符合公司章程规定为由，对抗善意第三人

公司章程是作为社团的公司的自治性法规。依我国《公司法》第十一条的规定，设立公司必须依照该法制定公司章程。公司章程对公司、股东、董事、监事、高级管理人员具有约束力。也就是说，一般而言，公司章程只对公司内部人员具有约束力，而不能对抗善意第三人。由于公司是一个高度集中的巨额资本的集合体，涉及社会的许多行业和国家的重要经济命脉，政府对于公司的发展不再采取放任主义的态度，而是加强了国家的经济干预，这体现为《公司法》上保护社会利益、国家利益和善意第三人合法权益的原则。善意第三人是指与公司进行正常业务交往的个人和经济组织。保护善意第三人的合法权益，是为了防止犯罪分子利用公司制度进行欺诈、胁迫活动，维护社会正常商业交往的安全。对于恶意的第三人，对于没有合法正常的业务交往的违法者，则要予以严惩，这样才能保障整个社会经济秩序的稳定。

公司不能以其对法定代表人或者其他负责人的任命不符合公司章程规定的程序和条件为由对抗善意第三人，这也是世界各国的普遍做法。如在英国，只要代表公司进行交易的人是实际上有权或者应当有权的公司机关或负责人任命的，则无论该职员的任

命是否符合公司章程规定的条件和程序，善意第三人有权要求公司对该职员的行为负责。[①] 法律之所以这样规定，主要是为了增进交易的速度，如果不作这样规定，岂不意味着第三人在与公司进行交易时，必须调查代理公司进行交易的人是否是经过正常手续任命了。这种调查一方面很困难，另一方面也影响了交易的速度，不利于交易的迅速进行。

此外，即使该法定代表人的任命违背了公司章程的规定，则其与第三人的交易属于越权代表。我国《合同法》第五十条规定，法人或者其他组织的法定代表人、负责人超越权限订立的合同，除相对人知道或者应当知道其超越权限的以外，该代表行为有效。根据本条规定，因代表行为超越法律或者章程的规定而订立的合同原则上为有效合同。同样，由于法定代表人产生办法不符合公司章程的规定，但相对人如果是善意的，其无从得知这一事实，由此与法定代表人进行的交易，也应当认定为有效。这也是为保护善意第三人所应规定的法中之义。

五、公司章程与《公司法》的任意性规范相冲突时，此时公司章程的规定是否任何情况下都有效

公司章程与《公司法》的任意性规范相冲突时，公司章程的约束力要大于《公司法》的约束力，当事人应当按照公司章程的规定进行活动。但是，当《公司法》规定公司章程可以按意思自治来决定公司事务时，此时公司章程的规定是否任何情况下都有效？或者说公司章程自治的事项是否应该有界限？

对此，我们以公司章程对股权转让的规定来看，公司章程可以排除《公司法》关于股权转让条款的适用。那么，公司章程可否规定有限责任公司股东不得向股东以外的人转让股权？依《公司法》第七十二条第四款规定："公司章程对股权转让另有规定的，从其规定。""另有规定"是否包括"股东不得向股东以外的人转让股权"？让我们对公司设置股权转让条款的目的进行分析。首先，有限责任公司股东转让其股权是股东退出公司的一个法律途径，当某股东既不能抽回出资，也不属于异议股东股权收买请求权行使的情形，又未落入公司僵局的地步，只可通过转让股权退出。所以，2005 年《公司法》修订的精神之一就是平衡各种利益，健全股权转让机制，虽对股东向外转让股权规定较严，但也使股权转让成为可能。而如允许公司章程规定股东不得向股东以外的人转让股权，则直接违反这一精神。再者，一般认为股东的自益权多为非固有权，可以章程予以剥夺或限制，但是股份转让、股份收买请求权为固有权，不得以公司章程剥夺或

① 江平、李国光主编：《最新公司法案例评析》，人民法院出版社 2006 年版，第 97 页。

限制。因此,公司章程与任意性规范发生冲突时,公司章程的效力高于《公司法》的效力。但是对公司章程的效力有所限制:第一,公司章程的规定必须符合《公司法》的基本精神和立法目的;在实践中,要结合《公司法》的规定来加以分析。第二,公司章程的规定,不得剥夺或限制股东的固有权。按各国公司法及学者通说,股权(或称股东权)可分为固有权和非固有权。固有权又称不可剥夺权,是公司法应该直接赋予股东的,不得以章程等公司内部制度或股东会决议等形式予以剥夺或限制的,能体现其本质的那部分权利。

六、如何把握与《公司法》规定不一致的章程条款的效力

公司章程具有法定性,《公司法》规定了章程绝对必要记载事项,制定、修改公司章程有着严格的法定程序并经登记取得公示的效力;公司章程具有自治性,它赋予制定者以一定的意志自由,不仅规范公司的内部事务,还关系到整个公司的治理结构以及相关的外部利益相关者。公司章程是国家公权和市民私权的交接地带,公司章程的法定性与自治性,取决于公司法的强行性与任意性,并决定着违反公司章程的行为效力问题和公司章程与公司法条款规定不一致时的法律适用。

关于《公司法》强制性和任意性的性质一直是有争论的问题。首先,《公司法》的性质是什么?《公司法》主要调整平等主体之间的法律关系,尽管《公司法》中有很多公法性质的规范,但它在整体上还是私法性质的,起着调和经济自由与社会安全的作用,是私法和公法融合的结果,《公司法》中的各项制度都体现了股东、公司、社会三者的利益平衡。在现实生活中,由于完全的私法自治可能导致极不公平的后果,尤其是股份有限公司涉及众多人的利益,为了确保资本流通和交易安全,保护各种利益,国家对经济生活的介入和干预的力度不断加大,所以说《公司法》已不是纯粹意义上的私法。那么《公司法》的性质属于强制性还是任意性的呢?

强制法说考察公司形成初期的特许制以及后期仍然存在的严格准则主义,认为《公司法》是强行法,它的着眼点在于强调市场机制是有缺陷的,因此,为了维护公共利益,政府必须要进行一定的干预,确保公司制度的良性运行,《公司法》中大量存在的罚则正好说明了这一点。

任意法说认为公司就是一套合同规则,基于理性人的假设,必须保障当事人的缔约自由,所以《公司法》应是合同性的任意法,是自治法。因为公司规则是公共物品,具有非竞争性和非排他性,由市场提供示范合同规则是没有效率的,只能由国家提供。所以,《公司法》存在的价值在于提供示范合同规则和行动指南,从而有利于节约谈判成本。

综合说认为《公司法》中既有强制性规则也有任意性规则，是二者的综合。赞成此种学说的学者占大多数。

学界引用较多的是美国学者 M. V. 爱森伯格的理论，他将公司法的规则分为结构性规则、分配性规则和信义性规则。结构性规则是指有关决策权在公司机关的配置、行使决策权的条件以及对机关控制权配置的规则；分配性规则是关于对股东资产进行分配的规则；信义性规则是指调整经理和控制股东义务的规则。在此基础上，爱森伯格将上述规则与公司类型结合起来，对于公司法的性质作了进一步的探讨。他认为，在闭锁公司（即通常所说的有限责任公司）中，股东人数较少，应允许股东自己决定其自治规则，所以，除了信义性规则为强制性规则外，《公司法》的其他规则多为任意性规则。而在股份有限公司中，股东人数过多，无法在制定公司章程时讨价还价，此时应由法律对其内部事务进行较详细的安排，所以，此时信义性规则和结构性规则都应属于强制性规则。

我国也有学者对《公司法》的性质进行探讨时，将《公司法》的规则分为普通规则和基本规则两大类。普通规则为调整公司组织、权利分配和运作、公司资产和利润分配的规则；基本规则是指有关公司内部关系（如大股东与小股东之间的关系、管理层与股东之间的关系）的规则。同时在不同公司类型的前提下研究公司法的性质，在有限责任公司中，应更强调自治性，所以只把那些亟须保护的公司内部关系的规则（基本规则）视为强制性规则，而将普通规则视为任意性规则，当然也不排除个别情形的例外。股份有限公司的情况则有所不同，由于股东和经理人员之间必然存在的利益冲突，所以除了普通规则中有关利润分配的规则为任意性规则外，普通规则中的权利分配规则和基本规则都应该是强制性的。还有学者认为，私法领域中的强制性必须区分不同的法域，并强调自治与强制始终是互相结合的。但是，要在理论上对于《公司法》的强制性和任意性作类型化划分还存在一定的难度，应该在具体的情况下判断。

在肯定《公司法》为强行性规则和任意性规则有机结合的基础上，除了上述学者进行的类型化尝试以外，我们主张还应区分《公司法》所规范的公司行为是否具有涉他性而加以分析。由于《公司法》本质上是团体法，因此其规范的行为如果涉及他人利益，则有必要权衡各种利益，此时《公司法》相关条文的性质应为强制性规范。

因此，当公司章程规定不同于《公司法》规定时，其法律效力要具体问题具体分析，不能一概而论。如我国《公司法》第四十二、四十三、四十四、四十五、四十七、四十九、五十、五十一、五十四、七十二、七十六条等都规定了“章程另有规定的除外”或者“由公司章程规定”。可见，就以上条款提到的股东会会议召开通知、股东会会议表决权的行使、股东会的议事方式和表决程序、有限公司董事长的产生办法、董事会的议事方式与表决程序、经理与执行董事的职权、监事会的职权及议事方式与表决程序、有限责任公司股权转让、股东资格的继承等，都可以由章程做出不同于公司法的特别规定。①

此外，我国《公司法》第四十五条第一款规定，有限责任公司董事会成员为 3 至 13 人。如果公司的股东人数很多，公司章程规定组成一个 15 人的董事会，能否因为其不符合上述法律规定而认定公司章程的这一内容无效？再比如，第四十九条第三款规定，董事会决议的表决，实行一人一票。如果因为股东人数和出资比例及其他因素的考量，公司章程规定董事会组成人员为双数，董事长的投票权为一人两票，其效力如何？这类法条可以解释为任意性法条，不损害公众利益，亦不违背区分强制性规范与任意性规范之立法宗旨，这与《公司法》强调意思自治原则、坚持尊重当事人自己的安排设计的理念相契合。因此，公司章程根据公司的特殊情况作出的规定虽与上述法条不符，亦应认定有效。②

但是，这一问题仅限于在有限责任公司的范围内，如果是在股份公司，由于《公司法》对股份有限公司的规定多数为强行性规定，因此，就股份有限公司而言，应当根据具体的问题进行具体分析，并以倾向于强行性规定为主。

七、公司章程可否规定公司重大决策须经全体股东一致通过

对于这一问题，现行《公司法》并没有作出具体规定。当法律没有明文规定时，我们需要探求立法者的意图，即所谓的立法精神。通过对立法精神的理解，去寻求现实问题的答案。所谓立法精神，是指立法性质、宗旨、根本任务和价值追求的总体体现，具有统领性的作用，它对所有法条都有指导意义，因而具有原则性的功能。同时，在出现具体法律法条文无规定或规定不明确的情况时，也可直接依据立法精神作出解释和判决。

我们首先需要讨论《公司法》有多大的强制性与任意性。强制性规范应当是谨慎的，因为强制性规范不大可能在所有情况下都合乎于各方的意志；任意性的法律存在于没有全面安排自己的权利义务的人之间，为他们解决纠纷提供令人满意的基础，并且当事人还可以排除其适用。商法的重点在于效率和降低成本，商法比民法更应当具有自治性，应当将大量的交易规则留给市场主体自由安排。目前过多地强调强制性规范，将使市场主体刚刚脱离传统的政府管理，又陷入另一种强制性的管理。公司是营利性的私法主体，它应当面向市场，通过竞争谋取生存。法律应当为公司提供指引，帮助其制造条件促成交易、降低成本，政府不必为投资者和相关当事人过分担忧。除当事人不能

---

① 赵旭东主编：《新公司法实务精答》，人民法院出版社 2005 年版，第 26—30 页。

② 张勇健：《新公司法的先进理念与公司诉讼》，载《法律适用》2006 年第 1—2 期。

自行解决和对其不得不进行必要的管理外，政府不要也不应当插足。

公司章程作为一种特定的合同，具有契约性、自治性等属性，在当事人自愿订立的前提下，应该得到保护。尤其是有限责任公司，人合性较强，股东基于彼此的信赖进行合作、组建公司、制定章程。在制定章程时，发起人有机会进行反复的磋商，以更能实现其利益最大化。当公司章程并不违反《公司法》的规定，即使原告在签订章程的过程中对自己的权利有所放弃，也非为法律所禁止，如果处处以法定性来限制契约性，那么当事人自愿平等的意愿就很难得到保证和实现，也不符合公司运行的经济效率原则。

法官在处理与《公司法》存在冲突的公司章程应采取尊重的态度。《公司法》规范主要是任意性规范，法院不应当对公司内部的决策采取过度干预的方法。法律应当是指导性的、以提供救济为主的规范。法官需要尊重市场主体依据商业考虑决定的自己的事务，不可替代公司重新制定一份章程，并强加于公司。

就本问题，我们应该看到，公司章程是股东合意的结果，是在设立公司时考虑到诸多因素制定的、需要经过全体股东一致同意才能进行重大决策的决议，应当为当事人的真实意思表示。这一规定不存在其他股东意思表示不真实的情形。我国《公司法》规定修改公司章程必须经代表2/3以上表决权的股东通过，而本问题中所提到的比例并不违反公司法不得低于2/3资本多数决的原则。

当然，在坚持公司自治的同时，任何公司也不能因为契约性的规定来对抗法定的义务性规范。契约不得违反《公司法》有关程序上和实体上的最低要求。但如果公司章程的规定比《公司法》规定的更为严苛，不应当就此认定为无效。

八、如何认定有限责任公司章程中除名条款的效力

有限责任公司股东能否基于章程被除名，我国《公司法》没有规定，在现实生活中这是一个需要解决的问题，特别是一些中小型的有限责任公司。整个公司有可能因某一个“离心股东”陷入困境甚至走向解散、破产，这无疑将对其他股东、公司、社会都极为不利，大大增加了营运成本，最终导致整个社会财富的浪费和积累缓慢。

有限责任公司中人合性色彩比较重，如果一个人仅有资金可出，而与其他出资人不存在任何信任关系，也不可能共同组建有限责任公司。共同出资人具有良好的合作关系，才有可能树立起公司的良好商业形象，进而才有可能成为人们可信赖的从事交易活动的对象。资金的联合和股东间的信任是有限责任公司两个不可或缺的信用基础。现实中，有限责任公司的股东多为志同道合的朋友，各有所长，在高新技术领域中小企业这一点尤其突出。公司股东一般是公司管理层，公司的组建、稳定发展依赖于股东间的相互信任，依赖于全体股东的共同劳动，任何一个股东的懈怠、违反竞业禁止义务，都可

能使公司走向倒闭和破产。

有限责任公司设立简便，正因为股东人数少、规模小，股东往往积极参加公司的管理，公司的决定权往往掌握在股东手里，执行事务的董事、高级管理层，都是股东基于相互信任推选的，这一点和合伙有些相似。在具有人合因素和封闭性的有限责任公司中，股东之间的关系更多地依靠内部契约来调节，资金的筹集、出资的转让对社会公共利益影响较小，政府干预相对较少。所以章程作为自治规则，起着重要的内部调节作用。很多不具有"涉他性"的事项都可以由章程作出约定，并上升为公司必须遵守的具有法律意义的规范。所以，章程起着重要的维护内部信任的作用。有限责任公司章程的契约性更强，私法自治色彩更重。

据以上对有限公司特点及对有限公司章程的分析，关于本问题，笔者认为，只要公司章程对此予以规定，且这一规定不违反诚实信用原则，除名条款是合法有效的。

所以，股东之所以成为股东是基于其同意公司章程的加入行为而产生的，其股东身份保留取决于是否遵守公司章程，"违约"则应承担相应的"违约责任"。如果有限责任股东不履行出资义务，有不正当行为并且已经或即将妨害公司利益、违反竞业禁止义务，经制止无效，公司章程可以规定，为了维护公司相互的信任，该股东必须转让出资。当然，如果股东觉得自身利益受到损害，无意再继续合作下去，也可以提出辞职，并要求转让其出资。

九、公司章程排除股权继承限制在法律上有无效力

所谓排除股权继承，就是指公司章程规定在自然人股东死亡时，其股权不得由死亡股东的合法继承人予以继承，或者规定继承人继承股权须经过一定比例（如人数过半或者出资比例过半等）的其他股东的同意。公司章程排除股权继承限制在法律上有无效力，就是指这种限制是否会因为违反对死亡股东及其继承人利益的保护而无效，这涉及到保护继承人利益的《中华人民共和国继承法》（以下简称《继承法》）原则与维护公司和其他股东利益的《公司法》原则的冲突。我国《公司法》对此未作规定，在《继承法》上也找不到答案。

我们认为，在我国的公司法实践中，应该认可公司章程这种限制性规定的效力。首先，公司章程这一自治性文件是各股东共同意志的体现，各股东在以表决方式通过这一限制性章程条款时，实际上已经对自己的股权预先作了处分，在效果上类似于股东就其股权生前以遗嘱方式进行了合法处分，因此只要公司章程的制定合法、合程序，该章程条款的效力也就不应有所怀疑。其次，有限责任公司一般规模较小，人数有限（不得超

过50人)，因此在公司法理论上有限责任公司具有较强的人合性特征，强调在有限责任公司内部各股东之间存在一种特别的信任关系。为了维护这种公司内部的人合性与股东彼此间的信任关系，公司原有股东一般都不希望外来的第三人(包括股东的继承人)随意加入公司，甚至对此采取抵制态度。因为这种信任关系一旦受到破坏或者威胁，就会妨碍股东之间的合作，公司正常运行的基础也就行将丧失。总之，肯定公司章程这一限制性条款的效力，从实际效果上看，不仅是对其他股东利益的保护，更是对公司整体利益甚至是对公司所担负的社会利益的保护。

十、公司章程限定股权由某一特定继承人来继承有无效力？在所指定的某特定继承人先于被继承股东死亡时，若符合代位继承的条件，则继承人的晚辈直系血亲能否对股权主张代位继承

我们认为，既然公司章程可以完全排除股权继承，那么公司章程限定股权由某一特定继承人来继承的规定，在效力上更不应该有疑问。因此在股东死亡时，其所指定的继承人就取得了死亡股东的股东资格。对其他不能继承股东资格的继承人是否应该给予补偿，在法定继承(也就是没有遗嘱)时应为肯定回答，而在被继承人有遗嘱时则应该依照遗嘱的规定。但这是《继承法》上的问题，与公司章程无关。

另外，在所指定的继承人先于被继承股东死亡时，若符合《继承法》第十一条所规定的代位继承的条件，则继承人的晚辈直系血亲能否对股权主张代位继承呢？从实际情况看，如果在被继承股东死亡前已通过股东大会进行了修改，那么也就无所谓代位继承问题。如果未来得及修改章程被继承股东就已死亡，此时能否适用代位继承制度，我们倾向于否定意见，理由在于：公司章程将股东资格的继承权仅赋予某一特定的继承人，在一般情况下也是基于对该继承人的信任，该继承人一旦事先死亡，那么这种信任关系也就随之结束，不会再扩及到该继承人的晚辈直系血亲，因此根据有限责任公司的人合性理论，应该对代位继承的适用采取严格解释的态度。

十一、司法裁判中适用公司章程规定时的审查标准如何确定

公司章程规定的司法适用审查是指在公司纠纷案件的审理中，法院在查明案件事实的基础上，依据法律的明文规定，需要适用公司章程的规定作为案件裁判的直接依据时，法院必须先对拟适用的公司章程规定的合法性予以审查。公司章程的规定只有经过审查并被认定为不违反法律的强制性规定之后，才能适用于具体案件的裁判。如果公司章程的规定违反了法律的强制性规定，就不能在具体案件的审理中作为裁判的直接依据。公司章程规定作为案件裁判的直接依据，即作为裁判的法源时，具有了与法律

相当的地位和作用,与法律适用产生的效力是一样的,但究其本质,公司章程是一种自治性规则,其特点是只能在强行性法规的范围内发生效力,违反了强行性法规的章程不具有拘束力。[①] 因此,当公司章程与法律、行政法规一样,在具体案件的审理中作为裁判的法源予以适用时,国家意志必须要得到体现,体现的方式就是法院具有对公司章程规定是否合法进行审查的权力,只有合法的公司章程规定,才能在司法中得到适用。

公司章程规定的司法适用审查是法院基于案件裁判的需要而主动进行的司法活动,不以案件当事人的申请为前提,其审查效果也仅限于案件的裁判范围之内。对于经审查违反法律强制性规定的公司章程规定,法院只是不认同其在具体案件的审理中具有法律拘束力,不以其作为裁判的直接依据,并不直接判决该章程规定无效或者可撤销。如果当事人请求判决该章程规定无效或者可撤销,需当事人另行提起诉讼。这是因为,一方面,对公司章程规定的司法适用审查是一种个案行为,在此案件中经审查不能适用的公司章程规定,并不意味着在其他案件中经审查后也不能适用。即公司章程规定的司法适用审查结论只在个案中具有效力,并不具有普遍的效力,也即在其他案件的审理中,不能直接引用在此案件中的审查结论。因为每个案件的具体情形是不一样的,而公司章程规定的司法适用审查必须在具体案件事实的基础上进行。另一方面,公司章程本质上属于公司自治规则,关系到公司的正常运营,对于按照法定程序制定的公司章程规定,司法应给予尊重,以维护公司运营的秩序。法院在具体案件的审理中不予适用并说明理由,但不宜直接判定其无效或可撤销。这也是不告不理民事诉讼原则的要求。

在对公司章程规定的司法适用审查中应当采用何种标准,主要有两种观点。一种是形式审查标准,即只要章程规定在形式上不违反《公司法》的强制性规定,就属于合法,可以在案件裁判中予以适用。另一种是实质审查标准,即不只是在形式上审查公司章程规定的内容与《公司法》的强制性规定是否相违背,更要审查公司章程的规定是否规避了《公司法》的强制性规定,即是否利用了公司章程自由、以迂回手段的方式达成法律所禁止的效果。笔者赞同实质审查标准。在我国民法上,影响合同效力的行为,不仅指合同的内容违反法律的强制性规定,也指合同的目的违法。[②] 因此,公司章程的规定作为公司内部的一种契约性规则,对其效力的认定可以借鉴合同效力的认定方法。实质审查标准的法理基础在于利益衡量。所谓利益衡量是指法官在审理案件时,在查明案件事实后,综合把握案件的实质,结合社会环境、经济状况、价值观念等,对双方当

① 施天涛:《公司法论》(第2版),法律出版社2006年版,第116页。

② 韩世远:《合同法总论》,法律出版社2004年版,第198页。

事人的利害关系作比较衡量,作出案件当事人哪一方应当受保护的判断,在此判断的基础上,寻找适用法律依据。[①]

十二、公司章程瑕疵的法律后果探讨

公司章程的效力瑕疵是公司章程理论中的一个重大问题,同时也在《公司法》司法实务中占有很大的比重,由于公司章程效力争议而产生的案件,最近几年来也不断地在全国各地的司法机关中出现。假如某公司制企业旧章程被新章程取代,新章程已经适用了很长一段时间,且当时也为登记机关所认可,但是若干年后,发现新章程存在严重的效力瑕疵,那么在这若干年时间内,公司行为是否有效呢?是否这若干年内公司的一些决议和行为都归属无效?这就涉及公司章程效力瑕疵救济制度的问题。这个问题其实已经不是简单的法律问题。而是公共利益考量问题,这是因为,公司成立后,其不仅仅是一个简单的商事组织,也同样关乎社会利益。因此,公司章程存在重大瑕疵的,其后果究竟如何,有两种做法:

第一,公司章程存在重大瑕疵的,并不影响所设立的公司的有效性。"公司作为商事组织的基础和核心,对社会经济的发展和商事事业的繁荣具有重大影响,对于社会经济秩序的维护有重大意义。当某一个公司尤其是公共持股公司经过一系列的复杂程序和过程而最终成立时,该种公司已经不再是一个简单的法律上的实体,它实际上已经同社会的公共利益有很大的关系。"[②]"如果公司仅仅因为其发起人在发起和设立公司时存在某些问题而允许少数人对该公司提起无效之诉,则这些人的所有期待都将落空。在这种情况下,法律不顾少数人的利益,不允许他们借口公司设立存在瑕疵而要求法庭宣告公司设立无效,而认为公司设立即便存在瑕疵,所设立的公司也应当持续存在,其出发点是为了牺牲少数人的利益而维护大多数人的利益,否则,宣告公司设立无效就会给社会、家庭和个人造成毁灭性的灾难。"[③]按照这种理论,由于公司设立关系到社会利益,因此如果公司章程存在重大瑕疵,因该允许其补正,使公司章程的效力瑕疵得到救济。

第二,公司章程存在重大瑕疵的,公司行为一概否认,且溯及既往。"某些人在公司设立过程中受到损害,如果法律不对这些人的利益加以保护,则违反了法律所实行的利益保护原则;同时,从公共政策的角度来讲,如果法律容忍公司设立人的非法行为,对他们在设立公司过程中所存在的非法行为不予以严厉的打击,则法律势必成为怂恿他

① 梁慧星:《裁判的方法》,法律出版社2003年版,第186页。

② 张民安:《公司设立制度研究》,载《吉林大学社会科学学报》,2003年第1期。

③ 黎学文:《我国公司瑕疵设立法律救济制度研究》,西南政法大学2007年硕士论文。

人违法的工具,公司法关于公司设立的强制性规定也就形同虚设。”[①]据此,如果公司章程存在重大的效力瑕疵,公司的设立就存在瑕疵,为了维护公司设立法律制度的尊严,应该否定公司的存在效力,在公司存续期间的行为也应当归于无效。本书认为,将存在公司章程瑕疵的公司视作非法公司,其公司行为的效力也一概加以否认的做法是不现实的,因为这必将导致股权关系、债权关系混乱,如果按照这种理论,某公司因为公司章程存在瑕疵,其行为均被视作事实行为,而非法律行为,那么公司登记的公信力也将荡然无存,因为没有人绝对相信经过公司登记机关审核的公司章程不存在任何瑕疵,交易对方时时担心与其交易的公司是否存在瑕疵,是否一夜之间被解散,这显然会对交易带来极大的不安,不利于贸易的发展。因此,任何人只要获得了公司登记机构颁发的营业执照,则即便公司在设立过程中存在违法的地方,即便公司的章程存在重大的效力瑕疵,或者存在不符合《公司法》或其他制定法所规定的设立条件,违反了《公司法》或其他制定法所规定的设立程序,公司仍然有效,公司债权人、公司股东或其他利害关系人均不得起诉,不得要求法院宣告所设立的公司无效。

十三、公司章程能否对公司法规定的股东会和董事会的职权进行修改

由于商业的发展以及对效率的追求,现代公司管理理念已逐步由“股东会中心主义”转让“董事会中心主义”,董事会日益侵占股东会的权力范围。而这其中较常出现的问题就是公司通过公司章程将股东会的部分权力赋予董事会,这涉及公司章程能否改变《公司法》关于股东会和董事会的职权划分。

我国《公司法》第三十八条规定:“股东会行使下列职权:……(二)选举和更换董事,决定有关董事的报酬事项;……”,第100条规定,股份有限公司股东大会行使类似于第38条有限责任公司股东会职权,可见,董事人选的确定属于股东(大)会的职权之一,章程能否授权董事会在股东大会闭会期间变动董事人选,属于章程能否将公司法上明确规定的股东(大)会的职权授权给董事会的问题,根本上仍然是能否通过公司章程来改变公司法律规定的问题。

探讨这一问题,正如前面论述一样,首先,如何理解公司章程的性质问题,日本、韩国的公司立法认为公司章程是公司内部的自治法规,英美法系则把章程视为公司与股东之间的契约。总之,无论其性质如何,公司章程是规范公司的组织和活动的基本规则,是股东和发起人就公司的重要事务所作出的规范性和长期性安排。章程作为公司

---

① 蔚玲玲:《浅析我国公司瑕疵设立制度的立法缺陷及其完善》,载《贵州师范学院学报》,2010年第4期。

的自治规范，由股东大会表决通过，反映着全体股东的共同意志，是公司行为的准则，处事的基本依据，对全体股东都具有约束力。但是，由全体股东同意的也并非一概至高无上，它同样不能违反法律，不能凌驾于法律之上，应由公司依法自行制定。第二，公司法关于股东会和董事会职权规定的性质究竟如何？如果公司法关于股东会和董事会职权的规定为强制性规定的话，自无以章程改变公司法规定的可能；反之，如果上述规定为任意性规定的话，则可以章程改变公司法规定的股东会和董事会的职权。

对于这个问题，我们主张应区分公司法所规范的公司行为是否具有涉他性而加以分析。由于公司法本质上是团体法，因此其规范的行为如果涉及他人利益，则有必要权衡各种利益，此时公司法相关条文的性质应为强制性规范。就股东会和董事会的职权而言，应当属于公司治理方面的内容，公司法对这部分内容的规定，应属于强制性的规定，不得授权董事会行使。

但是，实践中也常常可以见到通过这种途径扩张公司董事会权限，以使公司的决策更加富有效率，这种情况更多地发生在有限责任公司。这是因为，它建立在这样一个逻辑前提下，即：章程是经过公司全体股东的协商通过的，体现了全体股东意志的统一。同时，不能忽视的一点是，随着股份有限公司尤其是上市公司的大量增加，公司的股东数量日益增多，相当一部分股东，尤其是中小股东对于公司章程的制定和修改是没有发言权的。在这种情况下，公司章程往往只体现大股东的意志和利益，而这部分人又往往具有公司董事的第二重身份。此时，公司章程对于股东会和董事会职权的修改常常会损害到公司中小股东的利益。在这种情况下，效率归效率，效率还是要让位于安全，不能允许公司章程对股东会和董事会的职权进行修改。

英美法系对于公司机关职权的规定，比较松散，即使是股份有限公司人数众多的情况下，仍然认可授权以确保效率。这需要对具体授权的职权加以分析，即章程修改的具体职权是否为排他性权利，如果是，自然也不能通过章程加以改变；如果不是，则可以从授权对象、方式、范围等方面具体考量，判断此项职权究竟能否由董事会行使，同时可以赋予股东会事后监督的权利——例如，通过股东会的最终否决权或追认权等来进行控制。

法条索引

《中华人民共和国公司法》

第十一条　设立公司必须依法制定公司章程。公司章程对公司、股东、董事、监事、高级管理人员具有约束力。

第六章

公司法定代表人热点问题裁判标准与规范

本章导读

公司代表权问题是一个理论性和实践性都很强的问题。谁来代表公司，对内涉及公司的权力配置和如何实现投资人利益的最大化，对外涉及对善意第三人的保护问题。《公司法》的制度设计应谋求这三者之间的最佳平衡。对于该问题，各个国家由于不同的历史传统和文化理念作出了不同的规定。我国现行《公司法》规定公司法定代表人根据公司章程规定由董事长、执行董事或者经理担任，并依法登记。现行《公司法》的该项规定比原有制度有多大创新，实践中的应用如何，是否满足了经济生活的需要，这些都需要系统地总结和反思。

理论研究

一、我国的法定代表人制度

对于公司如何实现其意思，英美法系奉行代理说，而大陆法系多采纳代表说。我国采纳的同样是代表说，不过与境外公司代表制不同，我国采纳的是法定唯一制。

境外关于公司代表人制度主要有共同制和单一制。所谓共同代表制是指公司董事共同代表公司表达意思。所谓单一制是指公司各个董事均有权代表公司。此外，境外虽有公司代表人的概念，但是并无公司法定代表人的概念，后者为我国法律所特有。与境外公司代表人制度不同的是，我国的法定代表人制度将公司的代表人严格限定于非常狭窄的范围并且仅限于一人,而且公司章程不得作出另外规定。我国1993年《公司法》规定,有限责任公司不设董事会的,执行董事为公司的法定代表人,设董事会的有限公司和股份公司的董事长为公司法定代表人。2005年《公司法》略有放宽,该法第十三条规定:公司法定代表人依照公司章程的规定,由董事长、执行董事或者经理担任,并依法登记。不过2005年《公司法》的规定与1993年《公司法》并无本质不同,采纳的仍然是法定唯一制,公司法定代表人仅限于一个,公司章程无权作出另外规定。

我国《公司法》规定的法定代表制,无论在《公司法》修改前抑或修改后,一直饱受学者非议。公司法作为商法的一个分支,其最大的价值追求就是保障经济活动的效率与安全。从公司角度而言,现代市场经济条件下,公司事务纷繁复杂并且要求公司迅速反应,否则商机稍纵即逝,法定唯一制的代表制度却将全面代表公司的权力仅赋予公司董事长一人,严重妨碍了公司的反应速度和反应能力。虽然该项制度减少了防止公司代表人滥用代表权力侵害公司利益的机会,但是如何权衡安全和效率,在不存在负外部性和负内部性情形下应当委任公司自治,法律的强制干预并不具有正当性与合理性。为了减少法定代表制给公司带来的效率损失,公司不得不借助传统的印章文化,然而公司印章始终不具备明确的法律地位并且容易被伪造,结果又影响了公司运营的安全。从交易相对人角度而言,法定代表人制度下的公司代表人唯一而稳定,有助于维护其交易的安全;但是交易相对人作为一个商主体,与公司一样对交易效率有着强烈的渴望与追求,为了实现该种交易效率,相对人往往接受只有公司印章而无法定代表人前述的公司文件,但是对此公司可以未经法定代表人同意而抗辩,威胁了交易的安全。

综上,我国的法定代表制虽然体现了立法者保障经济活动安全性的良苦用心,但是由于牺牲了经济活动的效率要求,反而既未达到保障安全的目的,又影响了经济活动的效率。因此有必要予以修正,赋予公司更多的意思自治空间,当然,同时应该辅以相应的制度设计确保交易的安全。

二、任免公司法定代表人探讨

2005年《公司法》第十三条规定:公司法定代表人依照公司章程的规定,由董事长、执行董事或者经理担任,并依法登记。公司法定代表人变更,应当办理变更登记。结合公司法的其他规定,《公司法》定代表人的任免主要有三个途径:股东会任免、董事会任免和公司章程规定的其他方式。公司章程规定公司法定代表人由执行董事担任的情形下,由于公司执行董事由公司股东会选举产生,此时公司法定代表人由股东会任免。在公司章程规定公司法定代表人由董事长担任的情形下,对于有限责任公司而言,由于《公司法》规定有限责任公司董事长的产生办法由公司章程规定,此时公司法定代表人可能由股东会任免，亦可能采用其他方式，比如根据公司章程规定由出资最多的股东指定；对于股份公司而言，董事长由董事会以全体董事的过半数选举产生，此时公司法定代表人由董事会任免。公司章程规定公司法定代表人由公司经理担任的情形下，不设董事会的有限公司的执行董事可以兼任公司经理，公司法定代表人可能由股东会任免，亦可能采用其他方式；设董事会的有限公司和股份公司的经理由董事会聘任或者解聘，此时公司法定代表人由公司董事会任免。

公司法定代表人由董事长或执行董事担任的情形下，公司任免法定代表人争议不大。然而，在公司法定代表人由经理担任的情形下，公司任免法定代表人可能发生较大争议。有学者认为："(《公司法》规定)经理由董事会聘任或者解聘，具体到实践，聘任经理需要由某个可以代表公司、代表董事会的人与受聘担任经理的人签订聘任合同。如果公司章程规定由经理担任法定代表人，也就意味包括董事长在内的董事会成员都不可能代表公司、代表董事会，于是就没有谁能代表公司、代表董事会去签订聘任经理的合同；聘任合同签订不了，又怎么能聘任经理呢？聘任不了经理，岂不就没有法定表人？……如果作为公司法定代表人的经理不肯签署解聘文件和变更登记申请书，董事会将无法解聘经理，也就无法办理变更登记。"①虽然在公司第一任法定代表人由公司董事长担任的情形下，公司董事长可以代表公司签订聘任经理的合同，但是其后公司变更经理将遇到巨大的困难：如果现任经理拒绝解聘自己、聘任新经理，则公司变更经理和法定代表人将遇到无法克服的法律障碍；即使现任经理同意解聘自己、聘任新经理，很难防止其借机敲诈公司，索要高额的离职费。虽然《公司法》规定公司董事会有权解聘经理，但是董事会的解聘决议欲对经理生效，还必须由法定代表人代表公司签署解聘文件，这一点不同于公司仅凭董事会决议即可变更董事长的情形，因为董事会变更董事长的决议并未变更公司与担任董事长的董事之间的聘任关系，故仅需内部决议即可，而公司与经理之间的关系是外部法律关系。尽管德国《股份法》第七十八条亦规定公司经理可以担任公司代表人，但是公司经理只能与公司董事一同担任代表人而不能单独担任。是故，我国《公司法》在并未改变法定代表人的唯一制前提下规定公司经理可以担任法定代表人确实有失周全。公司章程应当谨慎规定公司法定代表人由经理担任。

三、法定代表人代表行为分析

公司法定表人既是公司代表人，又是自然人，其既可能为了公司利益而根据公司意

---

① 毛卫民：《是先进还是激进——关于新公司法的几点质疑》，载赵旭东主编：《公司法评论》2007 年第 6 辑。

志实施行为，又可能为了个人利益而实施个人行为，如何区分公司法定代表人的代表行为和个人行为直接关涉公司利益和交易安全。对此，学界通说认为公司法定代表人的行为构成代表行为，必须具备以下三个要件：(1)具有代表人身份；(2)以法人的名义；(3)在授权范围内。笔者认为代表人身份和法人名义可以作为认定代表人行为构成代表行为的初步证据，是否在授权范围内则是构成代表行为的核心因素。因为代表人代表行为的本意和价值就在于代表公司表达意思，在法人授权范围内个人意思与法人意思是重合的，只要在授权范围内代表人的意思就是法人的意思，代表人的行为就是法人的行为。也正因如此，最高人民法院发布的《关于适用〈中华人民共和国民事诉讼法〉若干问题的意见》第四十二条规定：法人或者其他组织的工作人员因职务行为或者授权行为发生的诉讼，该法人或其组织为当事人。

法定代表人以公司名义实施的行为通常构成代表行为，但是如果相对人知道或者应当知道其行为超越法人授权范围的，则构成个人行为而非代表行为，此为我国《合同法》第五十条规定所确认。比如，相对人明知公司章程规定公司不得提供对外担保而与法定代表人签署对外担保合同。法定代表人以个人名义实施的行为，如果在授权范围内，只要符合我国《合同法》第四百零二条和第四百零三条规定，仍然可能构成代表行为。比如公司与供应商签订供货合同，但是合同书上仅有法定代表人个人签名，而未标明公司法定代表人名义，此时公司仍然可以主张合同权利，因为合同书记载的当事人名称并不具有决定意义，只具有证明效力而不具有设定效力。举轻以明重，比如名为孙芳的当事人签订合同时落款其名为孙方，但是承担合同权利义务的当事人显然应当是孙芳而非孙方。

需要注意的是法定代表人实施的代表行为并不仅限于法律行为，尚包括事实行为、违法行为等非法律行为，因为代表行为的本质就是代替公司表达意思，至于公司的意思是否合法并不影响代表行为本身的构成。

实务探讨

一、公司文件是否必须加盖公司印章

公司印章在我国经济生活中使用得非常普遍，对此，学界有褒有贬。有的认为在现代社会中，公司的印章比法定代表人的签名更容易伪造，而且我国独特的印章商业文化

和国际惯例不符,容易在国际商业往来中造成不便。[①] 有的认为公司印章与物权的公示制度有异曲同工之妙,免去了交易相对人的调查成本,有利于促进交易发生,并且与法定代表人同时作用于公司意思表示,可以产生相互制约的效果,防止法定代表人滥用其法律地位进行有损于公司的意思表示。[②] 对于公司印章的褒贬功过,这里暂不讨论。不过,面对经济生活中的印章崇拜,有一点必须澄清:公司文件是否必须加盖公司印章?

我国《公司法》中共有六条规定涉及公司印章,分别是第二十五、三十二、三十八、八十六、一百二十九、一百五十六条。《公司登记管理条例》第二十五、四十八、四十九条对公司印章亦有规范。此外,《合同法》第三十二条规定,当事人采用合同书形式订立合同的,自双方当事人签字或者盖章时合同成立。而关于公司印章规定最为明确的莫过于《中华人民共和国票据法》(以下简称《票据法》),该法第四条规定:"票据出票人制作票据,应当按照法定条件在票据上签章,并按照所记载事项承担票据责任。"第七条第一款进而规定:"票据上的签章,为签名、盖章或者签名加盖章。"第七条第二款规定:"法人和其他使用票据的单位在票据上的签章,为该法人或者该单位的盖章加其法定代表人或者其授权的代理人的签章。"

从法律基本原理和我国整个法律体系看,公司印章基本上是公司法定代表人表达意思的一种方式,与公司法定代表人的签字并无二致。但是,我国有的法律规范对公司印章作了强制规定,此时公司印章就不再是公司法定代表人表达意思的一种选择方式,而是公司表达意思的必备形式和必备条件,比如《公司法》第二十五、三十二、三十八、八十六、一百二十九、一百五十六条,《公司登记管理条例》第四十八、四十九条,《票据法》第七条。

因此,通常加盖公司印章不是公司文件生效的必要条件,但是如果法律作出了特别的强制规定,则未加盖公司印章的公司文件不能发生法律效力。我国经济生活中,很多行政机关乃至法院要求公司文件必须加盖公司印章显然是对公司印章本质的误解,且并无法律规定,应当予以纠正。

二、法定代表人之外的其他人是否可以代表公司

尽管对于代表与代理的区分学界探讨较多,然而对于何为代表,学界鲜有精确定义。笔者认为,所谓代表行为,系指法人的法定代表人以法人的名义所实施的行为。我国的法律体系采纳了法定代表人的唯一制,一个法人只能有一个法定代表人,因此法定

① 杨继:《中国股份公司法定代表人制度的存废》,载《现代法学》2004年第6期。

② 王倩雯:《公司印章法律问题研究》,中国政法大学2005年硕士毕业论文。

代表人之外的其他人不可能代表公司。

不过,法定代表人之外的其他人不能代表公司,并不意味其他人的行为必然不能由公司承受代表后果,因为无权代表公司的人实施的行为可能构成表见代表。所谓表见代表是指行为人没有代表权、超越代表权或者代表权终止后以被代表人名义实施法律行为,相对人有理由相信行为人有代表权的,行为人实施的法律效果归"被代表人"承受的法律制度。尽管我国民商法体系只明文确认了越权代表情形下的表见代表制度,而尚未明文确认其他两种表见代表情形,但是《合同法》第四十九条系统规定了表见代理制度,因此可以类推适用《合同法》第四十九条规定的表见代理制度。所谓类推适用,乃比附援引,即将法律于某案例类型A所明定的法律效果,转移适用于法律未设规定的案例类型B上。此项转移适用,乃是基于一种认识,即基于其类似性,A类型的法律效果,应适用于B案例类型,盖相类似者,应做相同处理,系基于平等原则,乃正义的要求[①]。代表制度与代理制度的主要区别在于代理限于法律行为,而代表包括事实行为和侵权行为。然而,二者皆是一方以另一方的名义对外行为、其法律效果由他方承受的法律制度,本无实质区别,在合法行为上更是如此。因此对于代表行为,法律未作规定的,得以类推适用代理制度的相关规则,此亦为承认代表制度的大陆诸法系之通例。当然,在表见代表情形下,行为人的行为本质上仍非代表行为,只是由公司承受与代表行为一样的法律后果。"法律体系是由法理逻辑判断方法与价值判断方法构成的,在两者发生冲突时,逻辑判断就要让位于价值判断。"[②]表见代表情形下,虽然行为人并无代表权,但是由于相对人基于合理理由产生了正当信赖,法律应当维护该种正当信赖以保护交易安全。

三、公司意志是否只能由法定代表人表达

法定代表人的价值就在于全面表达公司意志,然而法定代表人并非公司意志的唯一表达人。公司意志不但可以通过代表制度表达,亦可以通过代理制度表达。所谓代理,是指一人在法定或者约定的权限内,以他人的名义为法律行为,而法律行为的法律后果归属该他人的行为。[③] 现代社会经济条件下,代理行为最普遍的表现是职务代理行为,即法人(或者其他组织,下同)的员工基于其职务而享有职务范围的代理权,其实施的相关行为法律效果归属其所在的法人承受。现代社会经济早已告别了传统的手工作坊,经济主体的规模巨大、交易频繁,不可能所有交易活动都由法定代表人代表法人

① 王泽鉴:《法律思维与民法实例》,中国政法大学出版社2001年版,第253页。

② 李永军:《民法总论》,法律出版社2006年版,第705页。

③ 同上书,第667页。

来实施，于是职务代理制度应运而生。法人的员工只要被委任工作，除非另有规定，其自然享有相应的代理权，而无须法人再次单独授权。因此，采购员可以代表公司采购、销售员可以代表公司销售、信贷员可以代表公司贷款，只要在职务范围内，公司员工即可以代理公司行为，而无须再由法定代表人签字同意。

四、变更法定代表人是否以工商登记为生效要件

法定代表人姓名作为营业执照的必要记载事项，必须在公司登记机关进行登记。然而，该种登记是法定代表人的公示效力抑或生效要件，公司变更法定代表人是否以工商登记为生效要件。对此的相关规定主要是国家工商行政管理局发布的《企业法人法定代表人登记管理规定》第三条，该条规定企业法人的法定代表人经企业登记机关核准登记，取得法定代表人资格。基于该条规定，很多人认为工商登记是公司变更法定代表人的生效要件。该种理解有误，工商登记只是公司变更法定代表人的公示方式，只是对抗要件而非生效要件。

从法律原理看，公司变更法定代表人纯属公司自治事项，与社会公共利益无关，法律干预缺乏必要性与正当性。此外，法不禁止即许可，法律、行政法规只要未明文规定登记为民事行为的生效要件，该民事行为的生效就不受是否已经登记影响，对此，最高人民法院发布的《最高人民法院关于适用〈中华人民共和国合同法〉若干问题的解释（一）》（以下简称《合同法解释（一）》）第九条明文规定法律、行政法规规定合同应当办理登记手续，但未规定登记后生效的，当事人未办理登记手续不影响合同的效力。

从法律体系看，公司章程记载事项发生变更的，公司都应当办理变更登记，比如股东名称、经营范围等。对于股东名称变更，《公司法》第三十三条已经明文规定工商登记是对抗要件而非生效要件；对于经营范围，《合同法解释（一）》第十条明文规定，当事人超越经营范围订立合同的，除违反国家限制经营、特许经营以及法律。行政法规禁止经营规定的外，合同效力不受影响。可见，公司章程记载事项进行工商登记只是对抗要件而非生效要件。

从司法角度看，根据行政许可法，部门规章无权设定行政许可，国家工商行政管理局无权规定工商登记是公司变更法定代表人的生效要件。

因此，公司章程记载事项进行工商登记只是对抗要件而非生效要件。

五、变更法定代表人是否需要提交修改后的公司章程

国家工商行政管理局发布的《企业法人法定代表人登记管理规定》第六条规定：

"企业法人申请办理法定代表人变更登记,应当向原企业登记机关提交下列文件:(一)对企业原法定代表人的免职文件;(二)对企业新任法定代表人的任职文件;(三)由原法定代表人或者拟任法定代表人签署的变更登记申请书。"该条规定并未要求公司办理法定代表人变更登记时必须提交修改后的公司章程,但是结合《公司法》和《公司登记管理条例》的相关规定,修改后的公司章程为公司申请办理法定代表人变更登记所必需的材料。

《公司法》第二十五条和第八十二条规定法定代表人为公司章程的必要记载事项,公司法定代表人无论是由公司董事长还是经理担任,法定代表人的变更必然导致公司章程的变更。[①]《公司登记管理条例》第二十七条第二款规定公司变更登记事项涉及修改公司章程的,应当提交由公司法定代表人签署的修改后的公司章程或者公司章程修正案。因此,公司申请变更法定代表人登记时必须提交修改后的公司章程(或公司章程修正案)。

六、公司超过《公司登记管理条例》第三十条规定期限申请办理变更登记,是否需要重新确认

《公司登记管理条例》第三十条规定:公司变更法定代表人的,应当自变更决议或者决定作出之日起30日内申请变更登记。法律的规定在社会生活中永远不可能得到完美实现,实际生活中必然会出现公司变更法定代表人后未在变更决议或者决定作出之日起30日内申请变更登记的情形,此时如何处理?有的地方的公司登记机关要求此时公司必须重新确认变更法定代表人的决议,此种做法是对《公司登记管理条例》的误解,应当予以纠正。

根据《中华人民共和国行政许可法》(以下简称《行政许可法》)第三十二条和《公司登记管理条例》第五十二条规定,公司登记机关决定是否受理当事人登记申请的依据是当事人的申请材料是否齐全、是否符合法定形式以及申请事项是否属于本机关管辖,只要符合上述三个要件,登记机关必须受理当事人的申请。因此《公司登记管理条例》第三十条只是督促当事人履行义务的法定期间,当事人如果违反了该法定期间,可能承担公法责任,但是其民事行为的效力并不受影响。这一点,从《公司登记管理条

① 我国《公司法》规定公司章程变更必须由公司股东(大)会作出决议,然而同时规定有限公司董事长产生办法由公司章程规定,并不必然需要股东会决议;股份有限公司董事长由董事会以全体董事的过半数选举产生;公司经理由董事会决定聘任或者解聘。根据《公司法》规定的董事长和经理产生办法,董事长和经理的任免原则上不需要股东(大)会决议,然而公司法定代表人又由董事长或经理担任(未设董事会的有限公司除外),公司法定代表人的变更又必然导致公司章程的变更。我国关于公司章程修改程序的规定显然有失周延。

例》第七十三条规定可以得到印证，该条规定："公司变更登记事项未按照规定办理有关变更登记的，由公司登记机关责令限期办理，逾期未变理的，处以 1 万元以上 10 万元以下的罚款。"因此，公司超过《公司登记管理条例》第三十条规定期限申请办理变更登记，不需要公司重新确认相关决议，公司登记机关应当受理当事人的登记申请。

七、公司是否可以选举两人以上作为代表人共同代表公司

代表人的人数通常为一人，但也可以是数人，甚至可以是全体董事（通常发生在当董事会成员较少的情形）。法律不限制其人数，故公司也可以选举两人以上作为代表人共同代表公司。两人以上共同代表公司的代表人为共同代表人。但从我国《公司法》规定来看，因法律将代表人选限定在董事长、执行董事或者经理，公司代表人只能是一人。因此，我国《公司法》不承认共同代表人。唯因为实践中出现共同代表人的情形仍有可能，所以这里仍有讨论的必要。

公司设置共同代表人的好处是：可以事先预防违法或者不适当的代表行为，并可以事后纠正。这是因为，共同代表人在以公司名义实施代表行为时必先形成内部共同意思，相对于单独代表人而言，共同代表人可以相互牵制，从而得以避免决定的任意性。共同代表人比较适合规模较大的公众公司，但在封闭公司中也属常见。共同代表人行使代表权时应共同为之。共同代表人中部分代表人不能将其代表权全权委任其他代表人行使，因为这样做有悖于共同代理的本质。但是否可以将特定事项予以委任呢？应当允许，但是需要全体共同董事形成内部共同意思。这样做的好处是有利于灵活处理事务。共同代表人中一名代表人单独代表公司时，其行为无效。也就是说，如果是一人单独进行代表行为时，无论相对方是善意或者恶意，均属无效。这是因为公司采用共同代表人的，应进行登记，登记即公示，也就不存在善意与恶意相对人问题。一人代表行为无效意味着行为后果由行为人自己负责，公司不承担责任。但是，公司采用共同代表人如未予登记，则不得对抗善意第三人。于此情形下，该代表行为对公司有效，公司应承担责任。当然，公司承担责任后，可追究行为人的内部责任。虽然共同代表人中一人单独所实施的代表行为无效，但是，该种行为可以被追认。如果该种行为得到其他代表人追认，其行为则为有效行为。追认的意思可以直接向相对方表示，也可以向实施行为的代表人表示。应当说明的是，当公司向第三人作出意思表示时，即所谓的主动代表，只有代表人共同进行，才能代表公司；但是，如果是交易对方向公司所作出的意思表示，即所谓的被动代表，只对共同代表人中的一人作出也是有效的。因为共同代表人制度是以防止代表人的权力滥用为目的的，而在意思表示的受领上不会存在权力滥用的可能性。

八、法定代表人代表公司从事非法活动时如何认定代表行为的效力

如果公司法定代表人的行为得到了董事会或股东会的授权，那么，是否可以说法定代表人的行为就不可能构成越权？代表行为就必然成立？这里需要区分两种情形进行分析：(1)如果所授的权力合法，则法定代表人的行为在权限范围内，其代表行为当然有效。(2)如果所授的权力违反法律法规，如法定代表人在董事会甚至股东会的授权下以公司的名义签订有关走私的合同，代表行为是否构成？一般推理如下：授权违反法律法规则无效，所以法定代表人不具有签订走私合同的权力，其签订走私合同的行为构成越权。因为法定代表人的行为直接违反法律法规，则相对人必然应当知道，所以代表行为无效。但是，这种推理的结果与司法实践中的判断标准是不同的。一般认为，只要法定代表人的行为得到董事会或股东会的授权，法定代表人的代表行为必然成立，无论这种授权的内容是否违法，因为代表关系的构成与代表人所获得的权力的合法性没有直接关系，前者是事实问题，后者是法律效力问题，两者不可混同。

九、法定代表人代表公司的赠与行为是否有效

法定代表人的权力受法律法规、公司章程、董事会和股东会决议的限制，但是如果法律法规、公司章程、董事会股东会决议对某一特定的权力没有作出限制，那么法定代表人行使这一权力是否就不构成超越权限，如赠与行为。

一般认为，公司是企业法人，以营利为目的，法定代表人的行为应以企业资产增值为目的，而不能像基金会那样从事公益活动，除非得到股东会的特别授权。所以，即使法律法规、公司章程、董事会股东会决议对法定代表人代表公司的赠与行为没有限制，法定代表人也不具有擅自决定代表公司赠与的权力，其赠与行为必须得到股东会的授权。但是，对于法定代表人的赠与是否与公司的经营相关，是否违背经营所需，理论上和实践中都有不同的理解和掌握。有人主张，法定代表人的一切赠与行为都需得到股东会的授权。但有人认为，一些赠与行为具有改善公司社会形象、开拓公司经营资源、调动员工积极性、增强公司市场竞争优势和提高公司商誉的目的和效果，表面上是无偿的赠与，实质上有无形的收益。这种赠与行为当属公司正常的经管事务，不应笼统地视为法定代表人权限范围之外的行为，但可以予以一定的赠与数额的限制。对于此类赠与行为，如果公司章程、股东会决议对此没有特别的限制，法定代表人应具有这种权力。从以上分析可以看出，法定代表人的权力除法律法规、公司章程、董事会股东会决议的明确限制外，还应受《公司法》的基本原则——公司的营利性原则的限制，也就是说，即使法律法规、公司章程、董事会股东会决议对法定代表人的某一特别的权力没有限制，

法定代表人行使这一权力仍应受公司营利性原则的限制,违背公司营利性原则的行为仍为越权,除非其得到了股东会的特别授权。那么,法定代表人未经股东会同意代表公司进行赠与,相对人是否应当知道?一般认为,公司的营利性是公司的基本属性,赠与不是公司日常经营的当然内容,相对人应当明了法定代表人不具有赠与的权力。

十、债务人内部变更法定代表人,银行对不知变更的事实并无过错的情形下,向原法定代表人主张权利,能否认定银行向债务人主张权利

首先,法定代表人签收的法律效力如何?在对债务人逾期贷款催收工作中,银行有时会根据情况,选择向债务人的法定代表人进行催收。对于这一催收方式,根据2008年9月1日施行的《关于审理民事案件适用诉讼时效制度若干问题的规定》第十条规定,在当事人一方提出要求时,"对方当事人为法人或者其他组织的,签收人可以是其法定代表人、主要负责人,负责收发信件的部门或者被授权主体"。据此,银行向法定代表人主张权利的行为应认定"银行主张权利的意思表示到达债务人",具有诉讼时效中断的效力。司法实践中,对于银行向法定代表人催收的证据提供,法院在审理时也均能得到认可。

其次,法定代表人已经发生变更,但银行对不知变更的事实并无过错的情形下,向原法定代表人主张权利,能否认定银行向债务人主张权利呢?由于种种原因,公司法定代表人可能发生变更。根据《公司法》第十三条规定:"公司法定代表人变更,应当办理变更登记。"但在办理变更登记之前,都会有一段时间导致法定代表人事实变更与登记变更之间存在偏差。那么,在上述情形中,原法定代表人是否还有权代表公司签字?其对善意第三人的签字效力如何?这一问题的实质涉及如何认定在不同法律关系中"法定代表人"的行为效力问题。一般而言,法定代表人发生变更后,在原法定代表人与公司之间存在着内部法律关系,在原法定代表人与公司的债权人之间存在着外部法律关系。在原法定代表人与公司之间的内部法律关系中,由于任免决定系由公司内部作出,公司对于原法定代表人不再享有法定代表人职权的事实明知,故原法定代表人在被免职后从事的法定代表人职权范围内的行为,对公司不发生法律效力。但在原法定代表人与公司债权人间的外部法律关系中,债务人应将其变更法定代表人的事实以合法的方式告知债权人。该合法的方式主要包括公司采取口头、书面文件或者其他方式,告知债权人其法定代表人已经变更。由于企业内部关于法定代表人变更的决议系企业的内部文件,故权利人不易获知其内容,因此,公司内部文件的规定不能对外对抗善意债权人。一般而言,企业法定代表人变更的外部公示要件为工商登记文件中法定代表人事项的变更,经登记的法定代表人,其行使职权才具有法律效力,同时具有公示力,签收催

收通知方可有效。如义务人未在工商登记中对其进行变更的，权利人有理由相信原法定代表人为债务人的合法法定代表人。

因此，综合上述理由，笔者认为，银行在对其不知债务人法定代表人变更的事实无过错的情形下，基于其对原法定代表人应为合法法定代表人的合理信赖，其对变更前的法定代表人主张权利的，应视为银行向债务人主张了权利。

十一、在出售公司主要资产时，仅由法定代表人签字的处分行为效力如何

股东出资成立公司后，股东即丧失财产所有权。尽管公司享有名义上和法律上的所有权，但公司对财产享有的控制、管理与处分权，宗旨是为全体股东利益及安全服务，即以股东的利益为终极目标。然而，公司作为法人的客观实在，它本身不能像自然人一样实际管理财产，它的管理能力通过管理机构获得，公司管理机构是指公司机关。公司机关是形成公司意志并代表公司进行对内对外活动的机构。它的行为就是公司的行为，法律后果亦由公司承担，该法定代表在西方国家公司法的立法和理论中被称之为公司机关，是法人的意思机关和代表机关。当然这种公司机关的内涵与我国公司法人企业的法人代表的内涵是有区别的，公司机关的涵盖面更广。在我国现行民事立法中，无论是《民法通则》还是《公司法》仅规定法人的法定代表人而未规定法人机关，在司法实践中造成这两个概念的混淆和相互代替。严格来讲，法人的机关和法人的法定代表人是两个不同范畴的概念，虽然在我国有时合二为一（如全民所有制企业中的厂长、经理）。法人的意思机关是法人内部的表意方式，法定代表人是以法人名义对外活动时的具体实施者，前者通常是一个机构，后者必须是特定的自然人。法定代表人代表法人实施的行为不能超出法人机关的意志范围，超出这个范围就属越权行为，由其本人负责。英美等国公司法均规定了董事会或董事是公司的领导机关，为公司的对外代表机构。我国《公司法》并未明确董事会是公司的代表机关，仅规定了董事长、执行董事或者经理可以成为公司的法定代表人。但根据《公司法》的立法精神，只要公司章程确定董事长、执行董事或经理中一人担任公司的法定代表人，就可以公司名义对外代表公司，除法律明确赋予股东会议或董事会权力外，法定代表人即可以拥有在任何情况下以公司名义进行活动的最广泛的权力。然而，依据《公司法》的规定，公司的行为有常规交易行为和非常规的重大行为之区别，与公司发生交易的相对人应该具有判断交易行为属性的能力。无论是 1993 年《公司法》中对董事长仅一人能担任法定代表人的规定，还是 2005 年《公司法》中授权公司通过章程选择董事长、执行董事或者经理担任公司的法定代表人的安排，都是就公司常规的活动范围作出的设计。《公司法》规定了对不同的问题在公司内部的决策权的分配，属于公司常规经营中的问题，由公司的法定代

表人代表公司处理。而对于公司中的重大交易行为，如公司作出与其他企业合并的决定、公司出售重要资产的决定、公司向外捐赠数额较大的捐款的决定等，这些事项在公司制度的框架下应当属于公司股东会的决议范畴。交易对方有义务审查公司是否召集了股东会，决议成立的条件是否符合《公司法》和章程的决定，股东会决议通过的记录是否由全体股东签字。交易对方不能仅仅根据法定代表人的认可或者仅凭公司公章就确信其效力，也就是说，交易对方对此交易负谨慎调查的义务，包括阅读公司章程，要求公司的代表人、代理人出示相关的决议记录，否则可能会承担交易无效的法律后果。换言之，交易的规模和数量决定了参与者的谨慎程度，这是市场交易过程中市场主体应具有的理性。

法条索引

《中华人民共和国公司法》

第十三条　公司法定代表人依照公司章程的规定，由董事长、执行董事或者经理担任，并依法登记。公司法定代表人变更，应当办理变更登记。

第七章

公司担保热点问题裁判标准与规范

本章导读

公司担保，无论是为自身债务提供抑或为第三人提供皆是经济生活之常态，亦为经济生活和交易安全之必须，然而公司为第三人提供担保(即对外担保)，往往并未给公司带来明显收益反而给公司带来巨大的风险，可能成为公司控制者掠夺公司中小股东和债权人的非法手段。在我国股权结构集中和公司治理尚未完善的条件下，公司对外担保更是造成了严重的问题。2005 年《公司法》针对实践的需要，及时作出了回应，既肯定了公司的担保能力，又规定了完善的担保程序。然而，如何理解和适用新《公司法》的规定在实践中有很大争议，本章即针对这些争议，对公司担保制度进行系统分析，以更好的指导公司实践。

理论研究

一、现行《公司法》下的公司担保制度

为保护公司、债权人和中小股东的利益，现行《公司法》第十六条、第一百零五条和第一百二十二条对公司提供担保的决定程序、决定主体和决定权限作出了规定。[①]《公司法》第十六条规定："公司向其他企业投资或者为他人提供担保，依照公司章程的规

① 华德波:《论公司法第十六条的理解与适用——以公司担保债权人的审查义务为中心》，载《法律适用》，2011 年第 3 期。

定，由董事会或者股东会、股东大会决议；公司章程对投资或者担保的总额及单项投资或者担保的数额有限额规定的，不得超过规定的限额。公司为公司股东或者实际控制人提供担保的，必须经股东会或者股东大会决议。前款规定的股东或者受前款规定的实际控制人支配的股东，不得参加前款规定事项的表决。该项表决由出席会议的其他股东所持表决权的过半数通过。"与 1993 年公司法相比，2005 年《公司法》规定的公司担保制度系统而科学。首先，明确了公司的担保能力①，公司作为商事主体享有充分的自治权，既可以为自己债务提供担保，亦可以为他人的债务提供担保。其次，完善了公司对外担保决定机关。根据公司章程规定，公司对外担保可以由董事会决定，亦可以由股东(大)会决定，委任公司自治，但是这种自治必须限于法律范围内，公司董事、经理以及分支机构负责人等均无权决定对外担保。至于公司为自身债务提供担保，由于并未增加公司的经营风险，《公司法》不予干预。再次，完善了公司对外担保的决策程序。实践中，公司对外担保的最大问题是公司沦为公司控制者掠夺公司中小股东和债权人利益的手段，而在我国的股权结构下，公司的控制者往往是公司的控股股东以及公司的实际控制人，他们操纵了公司董事会的选举和股东(大)会的决策。有鉴于此，《公司法》明确规定公司为公司股东或者实际控制人提供担保的，必须经股东(大)会决议批准，公司董事会无权决定，并且关联股东必须回避，不得行使表决权。最后，明确了公司对外担保不得超过公司章程规定的限额。虽然该项规定的运转完全依赖于公司自治，但是其至少为公司股东提供了一个标准文本，起到了提醒和警示作用。

此外，针对上市公司频频发生的恶意担保，《公司法》第一百二十二条特别规定："上市公司在一年内购买、出售重大资产或者担保金额超过公司资产总额百分之三十的，应当由股东大会作出决议，并经出席会议的股东所持表决权的三分之二以上通过。"

可以看出，2005 年《公司法》对公司对外担保制度的规定与原来的规定相比，科学性和操作性大为增强。不过，新法规定亦有缺憾，即忽略了关联公司之间的担保，对其未设程序上的强制性规定。在实际经济生活中，股东利用公司担保掏空公司时，直接要求公司为自己提供担保固然十分普遍，但是通过关联公司关联担保的手段更为常见。

二、现行《公司法》下公司违规担保的效力

2005 年《公司法》对公司对外担保制度的规定比原公司法科学而系统，但是仍然在理论界和实务界引起了很大争议，最大的争议即是相对人的审查义务和公司违规担保

① 李培华：《公司违规担保及其对担保合同效力的影响》，载《法学论丛》2010 年第 11 期。

的效力[1]，即当公司股东大会或者董事会作出有关公司担保的决议违反本条规定而与他人订立担保合同时，该担保合同是否具有法律效力。[2]

有人认为公司违规提供的担保一律无效。[3] 该种观点认为根据《合同法》第五十二条第五项规定，合同有“违反法律、行政法规的强制性规定”的情形，应为无效。这里的规定没有明确是订立合同的程序还是合同的内容本身“违反法律、行政法规的强制性规定”。从法理来看，无论是订立合同的形式、程序抑或内容，只要法律或行政法规对此有强制性规定，而合同存在违反的情形，就应该认定合同无效。从《公司法》第十六条和第一百二十二条的规定来看，都是对公司担保的强制性规定。因此，公司违规担保行为应当认定无效。有人认为《公司法》第十六条和第一百二十二条的规定虽然是强制性规定，但该种强制系针对公司董事、股东、实际控制人等内部人士而言，公司违规提供担保的，担保仍然有效，但是公司可以向有关责任人追偿。最高人民法院2006年公布的《关于适用〈中华人民共和国公司法〉若干问题的规定（二）》（征求意见稿）第十四条规定：“公司以《公司法》第十六条、第一百零五条、第一百二十二之规定为依据，主张担保合同或者投资合同无效的，应不予支持，但被担保人为公司股东、实际控制人、董事、监事或者高级管理人员的除外。”

毫无疑问，《公司法》第十六条和第一百二十二条属于强制性规定[4]，但是并不能由此简单地认为公司违规提供的担保无效，根据《最高人民法院关于适用 < 中华人民共和国合同法 > 若干问题的解释（二）》（征求意见稿）第十四条的规定，取决于这种强制性规定是不是效力性强制性规范。[5]

从我国立法体系看，禁止当事人实施但是并不否定当事人违法实施的法律行为效力的规定比比皆是。比如《合同法》第二百一十五条规定租赁期限六个月以上的，应当采用书面形式。然而，当事人即使未采用书面形式，其订立的合同并非归于无效，只是根据该条后句规定被认定为不定期租赁合同。《合同法》第一百九十七条规定除自然人之间另有约定外，借款合同应当采用书面形式，但是根据同法第三十六条规定，即使当事人未采用书面形式，合同仍然有效。再如《合同法》第四百一十八条第三款规定，

---

① 宁金成：《公司违反章程规定对外提供担保的效力研究——以公司法第16条第1款的适用为分析背景》，载《郑州大学学报》2011年第4期。

② 刘康复：《论公司对外担保行为的效力认定》，载《江西金融职工大学学报》2009年第3期。

③ 征国忠：《试论公司对外担保》，载《温州大学学报》2009年第4期。

④ 华德波：《论公司法第16条的理解与适用——以公司担保债权人的审查义务为中心》，载《法律适用》2011年第3期。

⑤ 宁金成：《公司违反章程规定对外提供担保的效力研究——以公司法第16条第1款的适用为分析背景》，载《郑州大学学报》2011年第4期。

行纪合同中委托人对价格有特别指示的,行纪人不得违背该指示卖出或者买入,但是如果行纪人违反委托人特别指示的,行纪人实施的法律行为仍然有效。再如《物权法》第四条规定:国家、集体、私人的物权和其他权利人的物权受法律保护,任何单位和个人不得侵犯,但是如果行为人无权处分他人之物,根据《合同法》第五十一条规定和《物权法》第一百零六条规定,其行为仍然可能有效。《证券法》禁止发行人有虚假陈述行为,但是即使发行人发行证券时有虚假陈述的,也并不导致其与投资者签订的认购协议无效。《公司法》规定股份公司董事会的决议应当经全体董事的过半数通过,但是即使公司董事会决议违反了上述规定,公司对外签订的合同仍然可能有效。《公司法》和《公司登记管理条例》规定公司章程发生变更的,公司必须在法定期限内办理登记,然而即使公司未在法定期限内办理变更登记,也只是根据《公司登记管理条例》第七十三条接受行政处罚,而并不影响其公司章程的效力。

从司法实践看,审判实务界也认为对违反法律强制性规定的行为应当区别对待,比如最高人民法院副院长奚晓明先生在全国民商事审判工作会议上发言指出,强制性规定又包括管理性规范和效力性规范。管理性规范是指法律及行政法规未明确规定违反此类规范将导致合同无效的规范。此类规范旨在管理和处罚违反规定的行为,但并不否认该行为在民商法上的效力。例如《商业银行法》第三十九条即属于管理性的强制规范。效力性规范是指法律及行政法规明确规定违反该类规定将导致合同无效的规范,或者虽未明确规定违反之后将导致合同无效,但若使合同继续有效将损害国家利益和社会公共利益的规范。此类规范不仅旨在处罚违反之行为,而且意在否定其在民商法上的效力。因此,只有违反了效力性的强制规范的,才应当认定合同无效。①

我国《公司法》第十六条和第一百二十二条规定的是公司内部决策程序,规定公司董事、股东、实际控制人的特殊义务,但是并不直接约束公司相对人。② 正如《中华人民共和国政府采购法》(以下简称《政府采购法》)规定了政府采购的众多强制性规则,然而根据该法第八章规定,只有违反特定强制性规则并且合同尚未履行的,才可以撤销合同③,否则只是相关当事人接受公法处罚,但是并不影响合同的效力。虽然社会是普遍联系的,但是不同的法律关系有不同的主体,不同的主体承担不同的义务,各个法律主体各司其责,违反者应当承担法律上的不利后果,但是并不能将该种法律后果任意扩展到法律关系的相对人。正因为如此,《公司法》第一百二十五条规定了上市公司关联董事的回避义务,但是无论理论界抑或实务界从未争议关联董事未予回避时公司对外行

① 奚晓明:《当前民商事审判工作应注意的几个法律适用问题》,载《法律适用》2007 年第 7 期。

② 张迪忠:《有限责任公司对外担保的效力认定》,载《法律适用》2009 年第 10 期。

③ 需要注意的是,该法规定在上述情形下撤销合同而非认定合同无效。

为的效力。同理,《公司法》第十六条和第一百二十二条的强制性实际上是对公司法定代表人行使权限的限制,认定公司违规提供的担保是否有效应当适用《合同法》第五十条而非第五十二条。因此,公司违规提供担保的,只要担保债权人不知道也不应当知道公司担保违规的,该担保行为即为有效。

三、现行《公司法》下相对人的审查义务

如前所述,公司违规提供担保的,只要担保债权人不知道也不应当知道公司担保违规的,该担保行为即为有效。然而,担保债权人应当承担何种审查义务?如何认定担保债权人不知道也不应当知道公司担保违规?

首先,担保债权人必须审查公司对外担保是否经过董事会或股东(大)会决议,因为《公司法》明文规定公司对外担保必须由公司董事会或股东(大)会决议,法律的规定任何人都应当知道。[①] 其次,担保债权人必须要求公司提供公司章程以审查公司对外担保的决定机关是否符合公司章程规定,公司法规定公司对外担保必须经董事会或股东(大)会决议,公司章程规定的对外担保机关可能是股东(大)会而非公司董事会,担保债权人对此应当知道。再次,债权人应当审查公司对外担保的数额是否超过了公司章程的限额,但是该种审查仅限于合理范围内,即仅审查公司对自己提供的担保以及自己已知的公司担保是否超出了公司章程限额。不过,担保债权人无需审查关联股东是否在公司作出对外担保决议时依法进行了回避,因为债权人根本不具备该审查能力,责令债权人承担该种义务既违反了效率又有失公平,不具可行性。

担保债权人审查公司决议是否经公司董事会或股东(大)会作出时,只要公司提供了董事会或股东(大)会的对外担保决议并且加盖了公司印章和公司法定代表人签名即可。[②] 公司审查公司对外担保决议是否符合公司章程时,必须到公司登记机关核实公司提供的章程是否与公司登记机关登记的公司章程内容一致。尽管对于公司交易相对人是否应当知晓公司登记内容,理论界尚有争议,境外亦有不同的立法例,但是反对公司登记约束第三人的理由主要是认为其有碍效率和在我国查询公司登记面临实际困难。不过,上述理由在公司对外担保事项上并不成立。首先,第三人接受公司的对外担保并非持续的交易行为,赋予第三人审查义务虽然在一定程度上增加了第三人的交易成本,但是从社会整体经济活动看,对交易效率并无大碍。其次,第三人接受公司的对

① 汪满生:《论公司的担保能力及担保效力——对新公司法第 16 条的解读》,载《合肥师范学院学报》2009 年第 4 期。

② 华德波:《论公司法第 16 条的理解与适用——以公司担保债权人的审查义务为中心》,载《法律适用》2011 年第 3 期。

外担保往往处于主动地位,可以要求公司配合查阅工商登记内容,否则第三人可以拒绝向债务人提供担保,因此担保债权人查询公司章程登记的内容并不存在实际困难。最后,与维护交易第三人利益相比,公司法更加注重公司股东利益的维护,公司对外担保给公司股东权益带来了巨大的风险,在增加交易第三人一定交易成本和公司被掏空、公司股东血本无归之间,选择前者显然更加符合公司法的整体效率和公平正义。

实务探讨

一、公司章程未规定对外担保决策机关时,对外担保决议由谁作出

《公司法》第十六条规定公司为他人提供担保,依照公司章程的规定,由董事会或者股东会、股东大会决议。然而,实践中可能有的公司并未在公司章程中规定对外担保的决策机关,此时公司董事会作出的对外担保决议的效力或有争议。有人认为此时只有公司股东会方有权作出对外担保决议,因为我国《公司法》采纳的公司治理结构是股东会中心主义。笔者认为,此时应当认定公司董事会为公司对外担保决策机关。首先,股东会中心主义并不意味只要公司章程未授予给董事会的权力皆由股东会保留,比如公司为自己的债务提供担保,公司章程往往并无规定,可是理论界和实务界一致认为公司董事会完全有权作出该种担保决议。公司对外担保虽然不具有持续性,但亦是经济生活之常态,一个公司在一年内对外担保数次乃至十几此实属正常,并无理由动辄即召开股东会,否则反而降低公司效率、增加公司运营成本。其次,认定公司董事会为公司对外担保决策机关虽然给公司带来一定额外风险,但是在《公司法》明文提示股东应当在公司章程中规定公司对外担保决策机关的情形下,公司股东竟然无所作为,风险自负。当然,公司为股东或者实际控制人提供担保的,必须经股东会决议,因为这是《公司法》的强制性规定,与公司章程是否规定无关。

二、债权人审查担保人公司的担保决议时应当遵循形式审查标准抑或实质审查标准

缺乏股东会或者董事会决议时的担保合同效力是无效、有效抑或效力待定,值得研究。有人主张,银行债权人只要对担保人公司的公章、法定代表人和代理人的签名进行了审查,则其在担保公司缺乏股东会或者董事会决议的情况下所签订的担保协议有效。此种观点值得商榷。

任何人均不得以其不知公开的法律规则为由而主张抗辩。笔者认为,既然2005年

《公司法》要求公司为他人提供担保,依照公司章程的规定,由董事会或者股东会、股东大会决议,就应推定债权人知道或者应当知道自己与担保公司签订担保合同时应当要求担保公司出具股东会或者董事会决议。倘若债权人置若罔闻,拒绝或者怠于要求担保公司出具相应的决议,就不能享受表见代表制度或者表见代理制度的保护。《合同法》第五十条规定了表见代表人制度:"法人或者其他组织的法定代表人、负责人超越权限订立的合同,除相对人知道或者应当知道其超越权限的以外,该代表行为有效。"既然银行债权人应当知道第十六条第一款的规定,则担保公司的法定代表人(董事长、执行董事或者总经理)的代表行为就不再对担保公司产生拘束力。《合同法》第四十九条规定了表见代理制度:"行为人没有代理权、超越代理权或者代理权终止后以被代理人名义订立合同,相对人有理由相信行为人有代理权的,该代理行为有效。"既然银行债权人应当知道第十六条第一款的规定,则银行很难举证证明自己有理由信赖担保公司的代理人(总经理、部门经理或者其他雇员)其有代理权限。为了实现妥当的自我保护,建议债权人在与担保公司签订担保合同时认真审查担保公司的章程以及相关决议。倘若公司章程规定了对外担保限额或者决策程序,债权人只要审查一下公司章程和相关决议,即可真相大白。当然,债权人审查债务人的公司章程时,应当要求债务人公司提供最新的公司章程,并要求其承诺所提交的公司章程的真实性与合法性。

问题在于,债权人履行审查义务时应当遵循形式审查标准还是实质审查标准？笔者持形式审查说。换言之,债权人在审查股东会或董事会决议的真实性与合法性时,仅对决议文件的真实性与合法性进行合理审慎的审查即可,而不需超越具有普通伦理观念和智商的商人在同等或者近似情况下应当具备的审慎和技能。当然,形式审查不是不审查,更不能只审查担保决议中的公司章程或法定代表人个人名章之真伪,而要审查公司章程和相关的公司担保决议的真实性与合法性。审查对象不仅包括决议内容的合法性、决议条款的逻辑性与真实性、决议的表决情况(如赞同、否决、弃权),还包括股东或者董事签名的真实性等方面。

倘若债权人对决议文件进行了必要而合理的审查,但未发现决议文件虚假或者无效的事实,则债权人据此与担保公司签订的担保合同应当解释为有效。即使担保合同签订后,股东会或者董事会决议被人民法院依据2005年《公司法》第二十二条之规定予以撤销或者确认无效,也不影响作为善意第三人的债权人与担保公司签订的担保合同的效力。理由很简单:善意第三人应当受到礼遇。要预防担保公司随心所欲、出尔反尔地践踏担保合同的效力。当然,倘若债权人明知提供担保的股东会或者董事会决议在内容或程序上存在违法,却一意孤行地与担保人公司签订担保合同,则担保合同对担保人公司不具有拘束力。在担保合同有效的前提下,担保公司可以在其与公司高管之间的内部关系中，追究法定代表人或者代理人越权签约的民事赔偿责任。这样既追求了维护交易安全和担保秩序的价值目标，也强化了公司高管对公司的诚信义务，可谓公平与效率兼顾。

三、公司章程规定的担保决策机关可否转授权

公司章程规定的对外担保决策机关可否将决策权转授予其他机关，比如由股东会转授予董事会或者由董事会转授予董事或经理。该种转授权应当认定无效。首先，公司股东会或者董事会的权力皆来源于全体股东的委托，委托者不得自行转委托为法律之基本原理，无论我国民法或行政法均有体现。盖委托关系包含当事人之间的信任关系，委托人之所以将一定事项委托给受托人正是看中了受托人处理该项事物的能力，是基于对该特定受托人的信赖，而转委托显然违背了委托人的正当信赖。其次，该种转授权违反了《公司法》。比如，《公司法》规定的公司对外担保决策机关只有股东会和董事会，如果董事会转授权于公司董事或者经理，将导致《公司法》规定流为虚文。此外，该种转授权同时违反了公司章程，因为公司章程将该项权力授予了该特定机关而非其他机关或个人，行使该项权力既是该机关的权力亦是该机关的义务，否则任何被授权者皆可转授权，将导致公司对外担保可能由一个普通员工乃至公司之外的人作出，股东意志被严重践踏。

四、母公司为子公司提供担保是否需要股东会决议

根据 2005 年《公司法》的规定，公司为公司股东或者实际控制人提供担保的，必须经股东会或者股东大会决议，董事会不能拍板。立法理念是立法者担心控制股东遥控董事会的“舞台表演”活动。[①] 此外，有利害关系的股东不得参加表决，只能由出席会议的无利害关系股东所持表决权的过半数通过才能作出股东会决议。可见，立法者秉于对无利害关系股东尤其是中小股东自治能力的信任，将公司可否为其股东提供担保、何时提供担保、担保金额几何、担保形式若何、如何提供担保、如何要求被担保股东提供反担保等问题的决策权交给与担保决议事项并无私利和瓜葛的理性股东。故子公司为母公司提供担保需要股东会作出决议。

问题是母公司为子公司提供担保是否需要股东会决议呢？回答是否定的。鉴于母公司为子公司提供担保惠及子公司及其债权人，立法者并未苛求母公司的股东会决议。但为了避免母公司经营层随意以母公司资产为子公司作保的行为危及母公司小股东和

① 刘俊海：《新公司法的制度创新：立法争点与解释难点》，法律出版社 2006 年版，第 108 页。

债权人的合法权益，建议母公司章程就其内部决策程序作出明确规定。在章程规定不明时，可以将其解释为董事会的决策权。之所以不再苛求股东会决议，一是出于提高公司决策效率的考量，二是鉴于母公司董事会具有足够的控制资源，通过控制子公司的股东会、董事会乃至经理层维护自身的合法利益，避免子公司的资产恶化和母公司担保风险的爆发。

五、如何认定超过公司章程限额担保的效力

公司对外担保数额超过公司章程规定限额的是否有效。该问题与担保债权人的审查义务密切相关。如果担保债权人单次或累计接受的公司担保数额超过了公司章程限额，该种担保无效，因为担保债权人负有审查公司章程的义务，而且担保债权人知道公司提供给自己的单次或累计担保数额。如果担保债权人单次或累计接受的公司担保数额在公司章程规定的限额内，但是公司对外担保数额超过了公司章程限制，则该种担保有效。实际经济生活中，担保债权人不可能全面审查公司一共对多少人提供了担保、担保数额累计是多少，对其担保债权人不能推定债权人应当知道，是故应当根据《合同法》第五十条认定担保合同有效。当然，公司一方提出证据证明担保债权人实际知道或者应当知道其对外担保数额超过公司章程限额的，担保无效。

六、股东均享受担保利益时，如何适用《公司法》第十六条第三款

司法实践中的一个解释难点是，倘若一家公司只有三名股东，每位股东均请求公司为各自的债务提供担保。根据2005年《公司法》第十六条第二款和第三款之规定，似乎所有股东均为利害关系股东，都要回避表决。而回避表决的结果是在股东会表决时并无适格股东参与表决。那么，如何处理这一棘手问题？是一概否定公司为全体股东提供担保行为的效力？还是一概承认公司为全体股东提供担保行为的效力？

笔者认为，一概否定公司为全体股东提供担保行为的效力，并不符合股东自治的本意。而将股东会决议弃于一隅，一概承认公司为全体股东提供担保行为的效力，亦不符合公司章程交由股东会决议的本意。2005年《公司法》第十六条第二款和第三款的立法本意主要是保护公司和无利害关系股东免遭公司作保的风险。既然一家公司适用利害关系股东回避表决的结果是全体股东都有利害关系，全体股东都从公司担保行为中受益，并不存在无利害关系股东，则可以推定新《公司法》第十六条第二款和第三款并不适用于此种情况。在全体股东都与公司担保行为存在利害关系的情况下，就没有必要排除全体股东的表决权。换言之，所有从公司设保行为中受益的股东均可行使表决权，而无需回避。退一步说，即使第十六条第二款和第三款被解释为在任何情况下均应

适用的条款，也应允许当事人以法律智慧采取相应的灵活变通措施。试举例说明如下：假定某公司有甲、乙、丙三股东，三股东均需要公司为自己的债务提供担保，在这种情况下，可先由债务人甲股东回避，由乙、丙两股东参加股东会表决程序，并作出是否以及如何为甲股东提供担保的决议。这一决议作出后，再由债务人乙股东回避，由甲、丙两股东参加股东会表决程序，并作出是否以及如何为乙股东提供担保的决议。最后，由债务人丙股东回避，由甲、乙两股东参加股东会表决程序，并作出是否以及如何为丙股东提供担保的决议。

七、公司违规担保的决议被撤销后，担保合同是否有效

公司担保合同的效力不受公司决议是否被撤销的影响。如果担保债权人知道或者应当知道公司担保违规，根据《合同法》第五十条，该种担保合同无效；如果担保债权人不知道也不应当知道公司担保违规，根据《合同法》第五十条，该种担保合同有效。从法律逻辑看，公司决议被撤销是公司的内部行为，不影响公司与外部第三人法律行为的效力，内部行为不得对抗善意第三人为法律的基本原则。此外，合同属于当事人意思自治的产物，只要不存在法律规定的无效或可撤销情形皆为有效，而无论《合同法》抑或《公司法》均未规定公司担保合同效力受公司决议是否被撤销的影响。从法律价值看，公司违规担保情形下，公司的少数股东与担保债权人利益皆可能面临一定风险，在选人不当的股东与毫无过错的善意第三人之间，将该种风险分配给少数股东更符合法律正义。或许有人认为该种认定将影响撤销公司决议之诉的贯彻，然而任何制度皆有适用的局限，此为法律的基本常识，也正因为如此，法律体系才包含了一系列相关制度而非某个单一制度。此外，《最高人民法院关于适用〈中华人民共和国担保法〉若干问题的解释》（以下简称《担保法解释》）第七条规定"主合同有效而担保合同无效，债权人无过错的，担保人与债务人对主合同债权人的经济损失，承担连带赔偿责任"，即使认定公司对外担保合同效力因公司违规担保决议被撤销而无效，对公司并无积极价值。

八、上市公司对外担保有何特殊决议程序

虽然从法理上看，上市公司有权为其股东债务提供担保。但倘若控制股东滥用权利，违法违规责令上市公司为控制股东债务提供巨额担保，就容易酿生侵害上市公司中小股东及其债权人的严重问题。在现实生活中，有的母公司明目张胆要求子公司（上市公司）为母公司提供担保。这就把上市公司变成了自己的"担保器"，而上市公司的广大小股东和债权人在多数情况下被蒙在鼓里，或者虽知情却无能为力。有些上市公司不仅给母公司提供担保，还要为姊妹公司甚至是母公司的姊妹公司提供担保，形成盘

根错节的“担保圈”或“担保链”。一旦担保链条中的某个公司出现违约，就很容易把其他担保人的公司资本拖向危险的边缘，这对债权人利益的保护非常不利。

为规范上市公司（金融类上市公司除外）对外担保行为和银行业金融机构审批由上市公司提供担保的贷款行为，有效防范上市公司对外担保风险和金融机构信贷风险，中国证监会与中国银监会根据2005年《公司法》、2005年修订的《证券法》、《中华人民共和国银行业监督管理法》和《中华人民共和国担保法》（以下简称《担保法》）等法律、法规的规定，于2005年12月联合发布了《关于规范上市公司对外担保行为的通知》。由于上市公司担保的法律风险主要源于上市公司的内部决策程序，《关于规范上市公司对外担保行为的通知》要求规范上市公司对外担保行为，严格控制上市公司对外担保风险。第一，上市公司对外担保必须经董事会或股东大会审议。因此，董事会或股东大会不能通过转授权的方式把自己的决策权让渡给其他决策机构。第二，上市公司的公司章程应当明确股东大会、董事会审批对外担保的权限及违反审批权限、审议程序的责任追究制度。第三，应由股东大会审批的对外担保，必须经董事会审议通过后，方可提交股东大会审批。须经股东大会审批的对外担保包括但不限于下列情形：(1)上市公司及其控股子公司的对外担保总额（包括上市公司对控股子公司担保在内的上市公司对外担保总额与上市公司控股子公司对外担保总额之和）超过最近一期经审计净资产50%以后提供的任何担保；(2)为资产负债率超过70%的担保对象提供的担保；(3)单笔担保额超过最近一期经审计净资产10%的担保；(4)对股东、实际控制人及其关联方提供的担保。股东大会在审议为股东、实际控制人及其关联方提供的担保议案时，该股东或受该实际控制人支配的股东，不得参与该项表决，该项表决由出席股东大会的其他股东所持表决权的半数以上通过。第四，应由董事会审批的对外担保，必须经出席董事会的三分之二以上董事审议同意并作出决议。第五，上市公司董事会或股东大会审议批准的对外担保，必须在中国证监会指定的信息披露报刊上及时披露，披露的内容包括董事会或股东大会决议、截至信息披露日上市公司及其控股子公司对外担保总额、上市公司对控股子公司提供担保的总额。第六，上市公司在办理贷款担保业务时，应向银行业金融机构提交公司章程、有关该担保事项董事会决议或股东大会决议原件、刊登该担保事项信息的指定报刊等材料。

可见，该通知对上市公司对外担保行为作出了比《公司法》更为严格的规制，比如将股东大会表决关联担保事项的股东表决权排除制度扩大到了公司股东、实际控制人的关联方。尽管根据《合同法》规定，合同并不因违反规章的强制性规定而无效，但是该项通知对公司是具有约束力的，如果上市公司违反该通知的规定而提供担保，担保债权人应当知道公司法定代表人的行为超越了其代表权限，公司一方得以主张该项担保无效。是故，担保债权人审查上市公司提供的担保行为时，不但要审查公司的担保行为是否符合《公司法》规定而且要审核其是否符合上述通知的规定。

九、上市公司的关联担保是否必须经独立董事批准

根据公司法和证监会发布的《关于在上市公司建立独立董事制度的指导意见》规定，上市公司必须设独立董事，其中后者对独立董事制度进行了全面规定。证监会在该意见第五条第一款第一项规定上市公司重大关联交易（指上市公司拟与关联人达成的总额高于300万元或高于上市公司最近经审计净资产值的5%的关联交易）必须经独立董事认可；该意见第六条第一款第四项规定上市公司的股东、实际控制人及其关联企业对上市公司现有或新发生的总额高于300万元或高于上市公司最近经审计净资产值的5%的借款或资金往来应当经独立董事独立发表意见，但是并不要求必须经独立董事认可。上市公司的关联担保应当适用上述哪条规范？对此，结合证监会第56号通知第二条规定“上市公司独立董事应当在年度报告中，对上市公司累计和当期对外担保情况、执行上述规定情况进行专项说明，并发表独立意见”，可以判断证监会认为其属于第六条第一款第四项规定的“其他资金往来”行为，独立董事仅有发表意见的权利。

十、董事会表决关联担保事项时关联董事是否必须回避

《公司法》第十六条明文规定，公司股东会表决外担保事项，关联股东必须回避，但是对董事会表决对外担保事项时关联董事是否必须回避未设强制规定。根据法不禁止即许可的一般法理，除公司章程另有规定外，董事会表决关联担保事项时关联董事可以参与表决。不过，对于上市公司而言，《公司法》第一百二十五条规定“上市公司董事与董事会会议决议事项所涉及的企业有关联关系的，不得对该项决议行使表决权，也不得代理其他董事行使表决权”，因此关联董事不得参与关联担保事项的表决。

十一、如何认定公司脱法担保行为的效力

《公司法》对公司为公司股东或者实际控制人提供担保进行了强行规制，要求其不但必须经股东会决议，而且关联股东不得参加该项表决。公司股东或者实际控制人为了掠夺公司可能通过各种手段规避该项规定，最常见的是第三人为公司股东或者实际控制人提供担保，然后公司为该第三人提供担保。此时，公司为第三人提的担保合同实际上是帮助公司逃避《公司法》第十六条强制规定的非法手段，根据《合同法》第五十二

条规定，以合法形式掩盖非法目的的合同无效。然而担保债权人可能抗辩其并不知晓公司股东与第三人之间的担保合同因而并无非法目的，毕竟《合同法》第五十二条第三项规定的适用前提是合同双方当事人皆具有非法目的。对此，不宜设统一的认定标准，只能根据具体案情和当事人提供的证据材料进行综合认定。

十二、如何把握2005年《公司法》生效前公司经董事会决议为公司股东或者个人债务提供担保的效力

1993年《公司法》第六十条第三款规定："董事、经理不得以公司资产为本公司的股东或者其他个人债务提供担保。"该款规定曾在实践中屡屡引发争议，特别是公司经董事会决议对外提供担保效力的认定。尽管2005年《公司法》早已生效，但是该法的生效日期为2006年1月1日，发生在2005年《公司法》生效前的公司担保行为仍然构成公司担保行为的主要部分，因此探讨1993年《公司法》第六十条第三款规定的内涵仍然具有重要的实践意义。

关于1993年《公司法》第六十条第三款的适用，最高人民法院作出了两个著名判决，一是2001年的中福实业公司担保案，一是2006年的光彩集团担保案。在中福实业公司担保案中，最高人民法院判决认为：《公司法》第六十条第三款对公司董事、经理以本公司资产为股东提供担保作了禁止性规定。中福实业公司的公司章程也规定公司董事非经公司章程或股东大会批准不得以本公司资产为公司股东提供担保。董事会作为公司董事集体行使权利的法人机关，在法律对董事担保有禁止性规定、公司章程和股东大会对董事会在此项担保上无授权时，董事会也必然因法律对各个董事的禁止性规定而无权作出以公司资产为股东提供担保的决定。因此，中福实业公司董事会决议为公司大股东中福公司提供连带责任保证的行为，因同时违反法律的强制性规定和中福实业公司章程的授权限制而无效，所签订的保证合同也无效。在光彩集团担保案中，最高人民法院认为：1993年《公司法》第六十条第三款是对公司董事、高管人员未经公司批准，擅自为公司股东及其他个人债务提供担保的禁止性规定，该款规定的本意是为了防止大股东、控股股东操纵公司与自己进行关联交易，损害中小股东利益。该规定也并非一概禁止公司为股东提供担保。就有限责任公司而言，当公司债权人与公司股东的利益发生冲突时，应当优先保护公司债权人的利益，对于符合公司章程、经公司股东会和董事会批准、以公司资产为本公司股东或其他个人债务提供担保的，可以认定有效。在光彩集团担保案中，最高人民法院实际上已经变更了中福实业公司的裁判思路：在中福实业公司一案中，最高人民法院认为1993年《公司法》第六十条第三款系针对公司董事而言，但是公司董事会由全体董事组成，所

以上述禁止性规定同样适用于公司董事会;在光彩集团担保案中,最高人民法院认为1993年《公司法》第六十条第三款系针对公司董事而言,并不约束公司董事会,董事会经公司章程授权可以为公司股东或者其他个人债务提供担保。从法律基本原理看,最高人民法院在光彩集团担保案中的裁判思路更为可取。公司董事与董事会的性质截然不同,前者可以参与公司管理,但是只能以参加董事会的方式,自己无权直接决定公司事务;公司董事会则是公司的日常事务决策机关,对公司事务享有当然的决策权。董事擅自决定为公司股东或其他个人债务提供担保的,超越了董事的权限所以无效。公司董事会决定为公司股东或其他个人债务提供担保,则在公司董事会权限范围内,因为董事会作为公司的日常决策机关,有权决定公司章程和股东大会未予禁止的所有公司事项。因此,2005年《公司法》生效前公司经董事会决议为公司股东或者个人债务提供担保的,决议有效,担保合同也有效。

十三、公司在票据上进行背书或书写保证的行为是否属于《公司法》第十六条所指的担保,是否需要形成决议

我们认为,《公司法》第十六条所指的担保限指《担保法》上的保证和《物权法》上的意定担保,不包括票据法上背书和保证。固然公司在他人出具的票据上背书或书写保证,都会导致公司因此对外承担《票据法》上的民事责任。但票据是流通证券,票据也是公司最主要的支付手段,如公司的票据行为均要求公司决策层进行决议,势必影响公司正常经营。

而且要求票据权利人对票据上的背书和保证均进行是否符合《公司法》第十六条的审查,也势必影响票据的流通性。所以,对于票据上的背书和保证,不适用《公司法》第十六条的规定。

十四、公司能否为自己的唯一股东担保

一人有限责任公司能否为其股东提供担保,其担保的效力如何,由于《公司法》规定不够明确,导致理论及司法实务界存在不同认识。在银行业务经营当中,为维护银行资产安全,有时会要求追加一人有限责任公司为股东提供保证担保,为此,有必要对一人有限责任公司为股东提供担保的效力进行探讨。

我们认为,一人有限责任公司为股东提供担保为有效。理由如下:第一,一人有限责任公司为股东提供担保不适用《公司法》第十六条规定。《公司法》第十六条规定,公司向其他企业投资或者为他人提供担保,按照公司章程的规定,由董事会或者股东会、股东大会决议;公司章程对投资或者担保的总额及单项投资或者担保的数额

有限额规定的，不得超过规定的限额。公司为公司股东或者实际控制人提供担保的，必须经股东会或者股东大会决议。依据该条规定，在公司为无投资关系和无实际控制关系的其他法人、经济组织和个人提供一般担保时，应依据章程的授权由公司经营决策机构董事会或者公司所有者决策机构股东会行使；在公司为投资关系的股东或者有实际控制力的其他主体提供特殊担保时，其决策权只能由公司所有者决策机构股东会行使。对于不设董事会或者股东会的一人公司而言，《公司法》第十六条关于担保能力的规定无适用的必要，因为不设董事会或者股东会的一人公司在公司所有权和经营权上未分离，均由公司所有者即唯一的股东行使，而公司为他人担保的决策权属于公司的所有者的权利。因此，该规定应仅适用由多个股东投资构成的公司。第二，一人有限责任公司为股东提供担保与《公司法》第十六条的立法本意和目的不相抵触。该条规定的特殊担保下股东回避表决，旨在防止大股东（利害关系股东）滥用股东权利，保护公司和小股东（无利害关系股东）免遭公司作保的风险，确保公司更加客观、公正地决定是否为其股东进行担保，而并非禁止或限制该类特殊担保。实践中，一人公司不存在大股东和小股东之分，也不存在利害关系股东和无利害关系股东之分，唯一的股东同意提供担保，不仅体现股东意志，也体现公司意志，在没有其他利害关系股东存在的情形下，也就谈不上损害其他股东的利益。因此，一人公司的股东可以自行作出由一人有限责任公司为自己债务提供担保的决定。至于是否损害公司债权人利益，则属于民法中撤销权的范畴，不属于《公司法》调整范围。如果股东借公司担保损害资本维持原则，甚至抽逃出资，则可以援引《公司法》关于股东抽逃出资或者股东滥用公司法人地位等法律规定，追究股东的法律责任。第三，一人有限责任公司为其股东提供担保符合“法无禁止即自由”的理念。既然《公司法》总则第十六条作为一般规范而言对一人公司无适用的必要，而且《公司法》分则的特殊规范中亦未对一人公司为其股东提供担保作相应规定，根据私法中“法无禁止即自由”的理念，以及从适应市场主体的融资需求、尊重交易效率和减少交易成本出发，在章程没有禁止性规定的前提下，应当允许一人有限责任公司为其股东提供担保。因此，从合法性角度分析，由一人公司为股东提供担保的效力应可以确定。

法条索引

《中华人民共和国公司法》

第十六条　公司向其他企业投资或者为他人提供担保，依照公司章程的规定，由董事会或者股东会、股东大会决议；公司章程对投资或者担保的总额及单项投资或者担保的数额有限额规定的，不得超过规定的限额。

公司为公司股东或者实际控制人提供担保的，必须经股东会或者股东大会决议。

前款规定的股东或者受前款规定的实际控制人支配的股东，不得参加前款规定事项的表决。该项表决由出席会议的其他股东所持表决权的过半数通过。

第八章

公司法人人格否认热点问题裁判标准与规范

本章导读

公司法人人格由于赋予了公司股东以有限责任,限制了股东的投资风险,因而提高了投资者的投资信心和投资能力,推动了社会经济的发展。然而,股东有限责任制度并未彻底消除交易风险,而只是将该种风险转嫁给了公司债权人。该种转嫁由于从整体上推动了社会财富的增长,因而具有合理性。然而,任何制度的合理性都具有一定的边界。公司股东滥用公司法人地位和股东有限责任时,其行为便已经超出了该种制度合理性的边界。此时,应当否认公司的独立人格,责令公司股东对公司债权人承担连带责任。该种否认不是对公司人格的全面否认,而仅适用于具体个案;其不是对公司法人人格的颠覆,而是对公司法人人格的补充和完善。

理论研究

一、公司法人人格否认制度概述

公司法人人格否认是《公司法》上的一项重要制度,这一制度源于英美法系。一般认为,公司法人人格否认是为阻止公司法人人格的滥用和保护公司债权人利益以及社会公共利益,就具体法律关系中的特定事实,否认公司与其背后的股东各自独立的人格和股东的有限责任,责令公司的股东(包括自然人股东和法人股东)对公司债权人或公共利益直接负责,以实现公平、正义之要求而设置的一项法律措施。①

公司法人人格否认制度在各国有不同的称谓,如英国称为揭开公司面纱(lifting the Veil of the company),美国称为刺破公司面纱(piercing the Veil of the corporation),德国称直索责任,日本称为透视理论。② 尽管其具体称谓有所不同,但内在精神基本一致,即在具体个案中责令股东对公司债务承担连带责任,以防止有限责任的异化,实现公司股东与公司债权人的利益平衡。公司人格否认规则的适用,表现为无视公司的独立人格,对滥用公司人格独立和股东有限责任的个人直索责任,作为对公司法人人格和股东有限责任制度的补充,是用法律的权力来制衡权利的滥用。③

公司法人人格否认制度不是对公司法人人格的整体否认、彻底否认,而只是在具体个案中针对具体的法律关系否认股东的有限责任,其效力并不涉及公司的其他法律关系,不影响公司作为一个独立的实体存在。④ 此外,否定股东有限责任的效力仅仅及于滥用公司法人人格的股东个人,而不及于公司其他未滥用法人人格的股东,正如学者所言,该项制度是在"由公司形式所树立起来的有限责任之墙上钻一个孔,但对被钻之孔以外的所有目的而言,这堵墙依然矗立着"⑤。因此,公司法人人格否认制度不是对股东有限责任和公司独立人格的颠覆,相反,其矫正了股东有限责任异化导致的法律关系的失衡,弥补了单纯的公司人格确认制度的固有缺陷,有效地防范了不法分子利用公司法人的合法形式和有限责任的特性逃避承担法定或约定的义务,保护了社会公共利益和债权人的利益,使法律从形式上的公平合理走向了实质上的公平合理,极大地丰富了法人理论,使法人制度更加丰富完善。⑥

二、公司法人人格否认制度的适用

公司法人人格否认制度一方面矫正了有限责任制度异化带来的公司股东和公司债权人之间的利益失衡;另一方面,该项制度如果被滥用,可能颠覆公司法人制度。因此,对于该项制度,既要勇于运用,以激浊扬清,又要谨慎运用,防止伤及无辜。根据《公司

---

① 王枫:《论公司法人人格否认在我国司法实践中的规范》,载《人民司法》2009 年第 17 期。

② 我国有学者认为公司法人人格否认制度在英国的称为"piercing the Veil of the corporation",此应为误解,如英国公司法学家 Andrew Hicks & S. h. Goo 和 Dower and Davies 在其著作中均使用"lifting the Veil of the company"。

③ 黄惠萍:《关于公司法人人格否认制度司法适用的思考》,载《福建论坛》2009 年第 2 期。

④ 王新新:《论我国公司法法人人格否认制度》,载《东南学术》2009 年第 3 期。

⑤ 刘敏:《"法人人格否认制度"在个案中的慎重适用》,载中国民商法律网,http://www.civillaw.com.cn/article/default.asp?id=29016,2012 年 1 月 12 日访问。

⑥ 苗婷:《公司法人人格否认与公司债权人利益保护》,载《中外企业家》2009 年第 8 期。

法》的规定和公司法原理，运用公司法人人格否认制度必须严格遵守前提条件、主体要件和客观要件。

1. 前提条件

公司法人人格否认制度适用的前提条件即是公司具备法人人格。公司法人人格否认制度是在个案中针对具体法律关系，责令公司股东对公司债务承担连带责任的制度，因此该项制度的运用以公司具备独立人格为前提，如果公司根本不具有独立人格，则该项制度根本不具有适用空间。具体到我国公司法体系，如果公司股东出资未达到法定资本最低限额，则根据最高人民法院1994年3月30日作出的《关于企业开办的企业被撤销或者歇业后民事责任承担问题的批复》的精神，则该种公司不具备法人资格，公司股东应当对公司承担连带责任。此时，追求公司股东责任的依据是最高法院的该项批复而非《公司法》第二十条规定的公司法人人格否认制度。

2. 主体要件

根据《公司法》第二十条第三款规定，公司法人人格否认的请求权利主体仅限于公司债权人。虽然境外立法例中，亦有规定特定的政府机构有权请求否认公司法人人格，但是我国《公司法》采取了严格的立法态度，因此只有公司债权人有权请求否认公司法人人格。公司债权人既包括自愿债权人，如交易相对人，亦包括非自愿债权人，如侵权之债的债权人、无因管理之债的债权人等。公司债权人之外的其他主体即使因公司股东的不当行为受到了损害，亦无权请求否认公司法人人格，但是其可以通过其他制度寻求救济，比如其他股东可以提起派生诉讼等。不过，如果该主体同时是公司的债权人，则可以以公司债权人身份行使该项权利。

公司法人人格否认的责任主体限于公司股东，但并非每个股东都存在滥用公司法人人格的可能性。一般而言，在公司经营过程中，只有直接或间接持股达到掌握公司控制权的股东才可能利用其优势地位滥用公司人格为自己谋取非法利益。要求那些无辜的股东承担由于控制股东的过错而给债权人造成的损失，显然违背了法律对正义的追求。因此，公司法人人格的滥用者一般应为控制股东，但在股东出资不足的情况下，滥用公司人格的主体则可以是任意的股东。①

公司法人人格否认的责任主体不包括公司实际控制人、董事、监事、高级管理人员等。如果公司实际控制人、董事、监事、高级管理人员等滥用权利损害了公司债权人的正当利益，则公司债权人可以借助撤销权诉讼、侵权行为诉讼等手段实现权利保护，但

① 王枫:《论公司法人人格否认在我国司法实践中的规范》，载《人民司法·应用》2009年第17期。

是无权主张否认公司法人人格。《公司法解释(二)》第十八、二十、二十一条规定了公司实际控制人怠于履行清算义务或者违法清算时对公司债权人的赔偿责任,但是其责任基础是其行为构成对公司债权人债权的侵权行为,而非公司法人人格否认制度。

3. 客观要件

与前提条件和主体条件相比,公司法人人格否认制度的客观条件构成最为复杂,认定亦最为困难。适用公司人格否认制度,必须具备一定的客观条件,具体包括:具有滥用公司人格的行为、滥用公司人格的行为造成实际损害的结果以及两者之间存在因果关系三个方面。[①] 该项制度的行为要件,是指存在公司股东滥用公司法人独立地位和股东有限责任的行为。对此,我国学者的主流意见将之总结为公司资本显著不足、利用公司回避合同义务、利用公司规避法律义务以及公司法人人格的形骸化。笔者认为公司资本只要满足了法定资本最低限额即可,公司资本与经营风险不相称并不代表股东有限责任的滥用,因此不应成为公司法人人格否认制度的客观要件;至于利用公司回避合同义务和利用公司规避法律义务的情形,由于回避、规避的含义本身即模糊不清,其合法与否在法学界更是始终存在争议,亦不应成为公司法人人格否认制度的客观要件。因此只有公司法人人格的形骸化构成公司法人人格否认制度的客观要件。所谓公司法人人格的形骸化是指公司股东与公司之间存在人格的高度混同,即公司的核心人格特征,如人员、机构、业务、财务、财产与股东的混淆,而不包括公司外围人格特征如电话号码、传真号码、电子邮件地址、网址等的混淆。需要注意的是,不论是哪种混同,仅仅是为某些股东滥用法人人格提供了方便,至于其是否滥用了法人人格,必须进一步考查公司股东在具体法律关系中是否利用混同之方便,侵犯了公司债权人相对于股东的优先受偿权。公司法人人格否认制度的结果要件是指公司股东滥用公司法人独立地位和股东有限责任的行为给债权人造成了实际损失,造成公司债权人的债权无法正常受偿(正常并不意味全部),如果股东的行为虽然违反公司法人独立地位和股东有限责任的宗旨,但客观上并未逃废债务,没有影响公司债权人债权的正常实现,则无公司法人人格否认制度适用的空间。此外,公司股东滥用公司法人独立地位和股东有限责任的行为与债权人损失之间必须存在因果关系。

适用公司法人人格否认制度时,必须特别注意只有在证据充分的情况下才可适用该制度。正如最高人民法院刘敏法官所言:“在法人制度和法人人格否认制度二者权衡中,法人制度当仁不让是首位的,不能以保护债权人利益为名而随意地否认股东的有限责任。这应当是当前司法实践中所应特别注意的,也就是说不能‘滥用’法

① 张晓明:《论公司法人人格否认制度》,载《法制与社会》2010 年 5 月。

人人格否认制度。”①

实务探讨

一、我国司法实践运用法人人格否认理论主要有哪些情形

目前我国司法实践中运用法人人格否认理论否认子公司人格主要集中在以下情形：(1)子公司法人人格的形骸化。主要表现在财产、人员与业务的混同，如子公司与母公司营业场所、办公设施同一，董事或高管完全相同，母子公司之间的业务活动完全相同，具体交易行为也不单独进行。(2)过度控制。主要表现在子公司的决策权掌握在母公司手中，母子公司之间的合同更有利于母公司，子公司长期以无利润的方式经营。(3)子公司成立瑕疵。主要表现在子公司成立程序不合法或母公司对子公司出资不实。(4)母子公司之间关联交易。母公司任意占用子公司资金，以不利于子公司利益的方式与子公司进行交易，达到转移子公司资产的目的。现实生活中，关联交易大多发生在上市公司与母公司之间，母公司在于上市公司进行关联交易时，可以利用其在上市公司中的优势地位影响关联交易正常进行，以不合理的高价将其产品或劣质资产出售或置换给上市公司，换取上市公司的现金或优良资产；或者以不合理的低价从上市公司购买产品或资产，甚至不支付价款，致使上市公司资金被长期占用，严重影响上市公司的正常生产经营，进而损害中小股东和债权人的合法权益。②

二、公司法人人格形骸化具体表现在哪些方面

公司法人人格否认制度适用的主要情形之一为公司法人人格形骸化。公司法人人格完全形骸化的情形是指公司实际上是完全由一个股东控制的公司，公司已变成一个空壳，成为股东的另一个自我或成为代理机构和工具，双方无法区分，以至于形成股东即公司、公司即股东的情况。这在一人公司中尤为常见。公司人格形骸化一般从以下几个方面来认定：(1)财产混同。财产混同是指公司的财产不能与该公司的成员及其他公司的财产作清楚的区分，或公司的盈利与股东的受益之间没有区别，公司的盈利可以随意转化为公司成员的个人财产，或者转化为另一个公司的财产。财产混同主要表现在：公司营业场所与其股东的营业场所相同；公司账簿与股东账簿部分；股东与公司

① 刘敏：《“法人人格否认制度”在个案中的慎重适用》，载中国民商法律网，http://www.civillaw.com.cn/article/default.asp? id=29016，2012年1月12日访问。

② 宋建立：《法人人格否认理论的实际应用》，载《人民司法·案例》2008年第16期。

之间相互转移财产等。(2)机构与人员混同。主要表现为母子公司、姐妹公司的董事会成员的相互兼任,总经理及高级管理人员的统一任命,甚至连雇员都基本相同。"一套人马、几块牌子"就是我国存在的一种典型的公司机构人员混同的情形。人员的高度一致性,致使各个公司之间很难真正形成独立的决策。(3)业务混同。公司业务经营常以股东个人名义进行,以至于与之进行交易的相对方根本无法分清到底是与公司还是股东进行交易活动。①

三、公司人格否认是一种对公司法人人格的个案否定还是对公司人格的彻底否定

对法人人格的否定不是对公司人格彻底的、终极性的否定,不是对公司人格全面的永久的剥夺,而是在特定的法律关系中对公司人格暂时的否定。公司的独立人格在某些方面被否认,并不影响承认公司在其他方面还是独立的法人。这种法律关系如果没有法律规定的取消公司人格的情形出现,公司人格将继续存在。

四、公司债权人请求否认公司法人人格是否受诉讼时效期间限制

公司债权人请求否认公司法人人格的实质是请求滥用公司独立人格的股东对公司债务承担连带责任,本质上仍然是一种债权请求权,因此应当受诉讼时效期间的限制。不过,该期间的起算点不是股东实施滥用行为时,而是自债权人知道或者应当知道股东的滥用行为对其债权构成侵害时。

五、如何确定因公司法人人格否认纠纷引起诉讼的管辖法院

对于地域管辖的确定,实践中有不同的认识。有的认为,按照一般原则,民事诉讼案件由被告所在地的人民法院管辖,如果原告直接将公司股东作为被告,就应当由股东所在地人民法院管辖;如有多个被告时,应当由控股股东所在地法院进行管辖或赋予原告选择权,由其从诸多被告所在地中选择其一作为管辖地。和股东相比,公司在公司法人人格否认制度中处于次要的地位,即使将公司列为第二被告,从有利于案件审理和执行的角度来看,仍应依控股股东所在地确定案件的管辖。② 相反,有的则认为不应以控股股东所在地确定管辖法院。其理由是:在公司法人人格否认诉讼的司法实践中,原告单纯以公司法人人格否认为诉由提起诉讼的情形较少,一般情况下都是在原告主张一般民商事实体权利过程中,同时提起公司法人人格否认之诉。所以相关的诉讼案件管

---

① 宋建立:《法人人格否认理论的实际应用》,载《人民司法·案例》2008 年第 16 期。

② 赵旭东主编:《新公司实务精答》,人民法院出版社 2005 年版,第 335 页。

辖法院的确定仍然应当以基础法律关系之诉的管辖法院为依据，即如果债权人与公司之间是买卖合同关系，则应当由被告所在地即公司所在地或者买卖合同履行地法院管辖，此时的公司是第一被告而不是第二被告，公司处于主要地位而不是次要地位，不应当以控股股东所在地确定管辖法院。①

笔者认为，在地域管辖上，可以确定因公司法人人格否认纠纷引起的诉讼由公司所在地法院专属管辖。首先，在存在多个股东为被告的情形下，按照"原告就被告"的管辖原则，股东所在地的法院均有管辖权，原告选择管辖法院的权利比较大，这样可能会导致审理案件的法院实际与案件没有多少关联，从而不利于案件的审理。其次，债权人提起公司法人人格否认之诉的原因和结果均与公司有关，股东滥用公司人格的行为一般发生在公司所在地，根据管辖的最密切联系原则以及从方便当事人和诉讼经济的角度考虑，公司所在地是当然的诉讼管辖地。对于级别管辖的确定，也存在不同的认识，但大多数意见倾向于中级以上人民法院管辖。笔者也赞同这种观点。这是因为，我国公司法人人格否认制度的实践经验还不够丰富，与其他民商事案件相比，法官在该类案件中的自由裁量权相对较大一些，从审判力量以及审判素质方面考虑，确立由中级以上人民法院更能有效地发挥该制度的效用。正如有学者指出的，鉴于我国不少地方法官的公司法业务素质良莠不齐，为取信广大股东和债权人，建议借鉴最高人民法院《关于审理证券因虚假陈述引发的民事赔偿案件的若干规定》的做法，对债权人请求人民法院否定公司法人资格的案件实行专属管辖，由债务人公司所在地的中级人民法院作为一审法院，由高级人民法院作为二审法院，以收统一裁判结果之效。②

六、注册资本显著不足可否作为公司法人人格否认的事由

公司资本显著不足包括两种情形，一是股东应缴而实缴的资本未达法定资本最低限额；二是公司股东实缴的资本虽然达到了法定资本最低限额，但是与公司的经营规模与经营性质极不相称。对于第一种情形，根据最高人民法院 1994 年 3 月 30 日作出的《关于企业开办的企业被撤销或者歇业后民事责任承担问题的批复》的精神，该种公司根本不具有法人人格，自无公司法人人格否认制度的适用空间。对于第二种情形，我国学者多将之归结为否认公司法人人格事由，此种见解违反了《公司法》规定和公司法法理。

首先，法人人格的独立性表现为独立的财产、独立的意思和独立的责任。法人财产

① 褚红军主编：《公司诉讼原理与实务》，人民法院出版社 2007 年版，第 251—252 页。

② 刘俊海：《新公司法的制度创新：立法争点与解释难点》，法律出版社 2006 年版，第 98 页。

独立性是指法人的财产独立于其出资人和经营管理人员以及其他社会主体。从法理上看,团体的财产只要是独立的,并且其意思具备独立性,而又根据法定程序设立,团体即具备独立的法人人格,应当独立地承担责任。至于团体财产的多少并不重要,这也正是很多国家并不要求公司设立的法定最低资本限额的重要原因。在我国规定了法定资本最低限额的情形下,股东已然投入了法律要求的最低资本,更应认可其独立人格。借口公司资本与公司的经营规模与经营性质不相称而否认公司法人人格,既缺乏法律依据,又违反法人人格独立性原理。其次,有学者认为公司资本与公司的经营规模、经营性质不相称的情形下,应毫不犹豫地揭开骨瘦如柴的公司的面纱,责令背后大腹便便的控制股东对公司债务承担连带责任。[①] 然而,尽管该种论述看似理直气壮,但是并未给出任何法律逻辑和法律原理,只是说该种情形是小马拉大车。有限责任对公司股东只有一个要求,即劣后于公司债权人分配公司财产(该种分配泛指一切从公司获得利益的行为,而不仅仅指分配公司利润)。有限责任制度并不反对小马拉大车。对于公司的自愿债权人而言,其自愿与资产负债率极高的公司进行交易,当然应该承担交易风险。对于公司的非自愿债权人,股东投入多少资本方为合适本身就是一种毫不确定的事情。虽然在公司资本显著不足的情形下,公司的债权人特别是公司的非自愿债权人面临债权落空的风险,可是这种风险本来就是有限责任制度的题中之义,而非股东的滥用行为导致。因此,资本显著不足不构成否认公司法人人格的事由。

七、股东之间的共有关系可否作为否认公司法人人格的事由

无论是在学界抑或审判实务界,常常否认股东之间存在财产共有关系的公司的法人人格,对于夫妻公司更是毫不留情。此种认识,实为对《公司法》的误解。

首先,如上文所述,法人人格的独立性表现为独立的财产、独立的意思和独立的责任。法人财产独立性是指法人的财产独立于其出资人和经营管理人员以及其他社会主体。法人财产独立性并不包括出资人之间财产的相互独立。公司出资人之间是否存在共有关系并不影响公司法人人格的独立。其次,否认公司法人人格必须具备各个要件,最主要的是必须存在股东滥用公司法人独立地位和股东有限责任的行为。股东之间的共有关系只是提供了这种滥用的可能,绝不等用于滥用行为本身。再次,对于一人公司我国法律都予以认可而不盲目否定其独立人格,举轻以明重,对共有人之间的公司更无理由仅因为股东之间存在共有关系而否认其法人人格。

---

① 刘俊海:《论新公司法中的揭开公司面纱制度》,载赵旭东主编:《公司法评论》2006 年第 2 辑。

八、我国公司法体系下能否逆向否认公司法人人格

公司法人人格否认的典型表现是要求滥用公司独立人格的股东对公司债务承担连带责任，然而除此之外，国外公司法中还存在另外一种公司法人人格否认的表现形式，即逆向揭开公司面纱。所谓逆向揭开公司面纱具体包括两种情形：一是内部人反向刺破（insider reverse pierce），即公司股东主动要求刺破公司面纱，以使公司股东有资格直接起诉第三人或者使公司财产免于对第三方承担责任；二是外部人反向刺破（outsider reverse pierce），即公司股东的债权人要求公司对股东债务承担责任。内部人反向刺破实际上赋予了公司股东优先于公司债权人分配公司财产的权利，导致公司股东可以享有有限责任制度的庇护却无须支付对价，违反了公司法人制度和股东有限责任制度的最基本法理，并且与公司法人人格否认的制度价值相冲突；外部人反向刺破侵犯了公司的独立法人财产权，违反了法律逻辑并侵犯了公司债权人和其他股东的正当利益。此外，我国《公司法》第二十条第三款对公司法人人格否认制度的权利主体和责任主体作了明确规定，反向刺破公司面纱制度与该条规定相冲突，因此在我国《公司法》体系下，不得逆向否认公司法人人格。①

九、司法实践中能否轻易否认实质一人公司的法人人格

所谓实质上的一人公司，是指一个股东持有公司几乎所有股份，而其他股东只是象征性地持有公司股份的公司。实质上的一人公司的出现，主要是投资者规避一人公司严格规定的产物。对此，我国理论界和审判实务界倾向于否定该种公司的法人人格。实际上，一个股东持有公司几乎所有股份不足以构成否定公司法人人格的事由。

首先，公司法人人格否认制度适用的客观要件要求必须存在公司股东滥用公司法人独立地位和股东有限责任的行为，该种滥用行为的本质是侵害了公司债权人对于股东而言有限分配公司财产的权利。一个股东持有公司几乎所有股份事实本身并不表明股东存在滥用公司法人独立地位和股东有限责任的行为。其次，对于形式上的一人公司我国法律都予以认可，而不盲目否定其独立人格，举轻以明重，对实质上的公司更无理由仅因为股东持有公司几乎全部股份而否认其法人人格。最后，在《公司法》的经典案例——萨洛蒙一案中，萨洛蒙持有公司的20001股股份，而萨洛蒙的妻子和5个子女各拥有1股，最后英国上议院毫不犹豫地肯定了公司的独立人格，在《公司法》高度发

① 廖凡博士的《美国反向刺破公司面纱的理论与实践》一文对反向刺破公司法面纱有详细的介绍，载《北大法律评论》第8卷第2辑，北京大学出版社2007年版。

达的今天,更无理由仅因公司的股份几乎被一个股东持有,而肆意地否认其法人人格。

十、公司保证人是否有权主张否认公司法人人格

公司保证人承担保证责任后,享有对公司进行追偿的权利,该种追偿权本质上仍然是一种债权,因此承担了保证责任的公司保证人可以依据《公司法》第二十条第三款规定请求否认公司法人人格。不过,根据《担保法》规定,即使保证人尚未承担保证责任,在债务人进入破产程序后,债权人未申报债权的,保证人可以参加破产财产分配,预先行使追偿权。此时,公司保证人是否可以主张否认公司法人人格或有争议。笔者认为,此时的公司保证人应当享有该种权利,因为此时的公司保证人是公司的或有债权人。虽然公司的或有债权人原则上不得在债权确定之前对债务人主张权利,但是债务人进入破产程序构成该原则的例外,无论是《中华人民共和国企业破产法》(以下简称《企业破产法》)第四十七条抑或《担保法》第三十二条均体现了该种精神。因此,公司保证人预先行使追偿权时有权主张否认公司法人人格。

十一、公司法人人格否认中是否应当考虑股东的过错因素

法院在决定适用人格否认法理时,是否需要考虑股东滥用公司法人人格的行为,在主观上是否存在过错,一直存在争议。德国及澳大利亚的民法均要求以"对他人施加损害为目的";日本从举证责任的角度出发,自 20 世纪 50 年代末期司法判例中不再强调主观故意,如日本学者我妻荣主张,要从客观的角度出发,而不应拘泥于权利滥用者的主观态度。德国在司法判例中也开始转变观念,形成了客观滥用学说占主导的局面。①

我国法院适用公司法人人格否认制度时,应当坚持客观滥用说,无须考虑公司股东是否具有主观过错。首先,我国《公司法》第二十条第三款规定:"公司股东滥用公司法人独立地位和股东有限责任,逃避债务,严重损害公司债权人利益的,应当对公司债务承担连带责任。"该条并未要求股东须具有主观过错,与《民法通则》第一百零六条第二款规定侵权行为的过错要件形成鲜明对比,法律既无要求,法院自然不宜强加。其次,侵权责任以过错为构成要件,目的是为了调和个人自由与社会安全之间的紧张和冲突,也是伦理道德和公平正义的要求。公司制度下股东滥用公司法人独立地位和股东有限责任的行为本身就是对权利的滥用,侵害了交易安全,侵犯了债权人的优先受偿权,违

---

① 吴剑平:《完善法人人格否认制度之我见》,源于中国民商法律网,http://www.civillaw.com.cn/article/default.asp? id=10367,访问时间 2012 年 1 月 12 日。

反了公平正义，因此无须再另外要求行为人的主观过错。

十二、如何界定公司人格否认引起的股东连带责任性质

我国理论界和实务界对公司人格否认引起的连带责任性质，存在不同的学说，主要是无限连带责任说、无限责任说和补充责任说。无限连带责任说认为，股东对公司债务承担无限连带责任，因为这样理解符合《公司法》第二十条第三款的文义解释。该条明确使用了“连带责任”的提法，对公司人格予以否认，股东承担责任自然不限于其出资，因此应当认定为“无限责任”。无限责任说认为，我国《公司法》规定的连带责任是错误的，在公司人格否认的场合，是股东独自承担无限责任，公司不应当被连带进来。因为是股东滥用公司的独立人格和股东的有限责任，应当由股东承担无限责任。补充责任说认为，各国均在特定条件下追究股东对公司债权人的债务责任，这种责任并非是连带责任，而是有所限制，即仅要求股东在对公司造成损失的限度内承担补充责任。在有些情形下，股东滥用公司人格的行为对公司实施控制造成的损害或者不利可能不大，却要求其对由于公司本身经营不善而产生的巨额债务承担连带责任，不符合公平原则。因此，应当认定为补充责任，且限于由于股东不当行为给公司造成的损害范围之内。[①]

我们认为，从解释论角度。由于《公司法》明确规定了连带责任，因此“无限连带责任说”符合《公司法》的本意和第二十条第三款的文义。根据《公司法》第二十条第三款规定，公司股东滥用公司法人独立地位和股东有限责任，逃避债务，严重损害公司债权人利益的，应当对公司债务承担连带责任，这一点已为公司法明确规定，诚无疑义。但是，股东的连带责任是共同连带责任抑或补充连带责任尚有争议。实际上，该问题在《公司法》制定过程中即有争议。全国人大法工委副主任安建主编的《中华人民共和国公司法释义》明确否定了补充连带责任说，认为基于公司已经失去法人人格的现实，应当追究股东和公司的共同责任。该种观点符合公司法人人格否认制度的本质，应当采纳。主要理由如下：第一，补充连带责任说不利于提高效率，操作中必将违背立法本意。具体而言，如果赋予股东先诉抗辩权，意味着债权人在提起法人人格否认之诉之前增加了一个前置程序，即必须先起诉公司，只有对公司不能清偿的部分才可以起诉股东主张连带责任，大大增加了债权人起诉的成本。事实上，等到第一个终审判决作出之日，股东如果真想恶意讨债，早已将资产转移殆尽，即使后面的法人人格否认之诉债权人能够胜诉，也无法得到执行。第二，共同连带责任说有充足的理论根据。补充连带责任说的一个重要理由在于《公司法》规定的法人人格否认要件之一在于严重侵害债权人利益，

① 奚晓明、金剑锋：《公司诉讼的理论与实务问题研究》，人民法院出版社2008年版，第565页。

如果公司尚有清偿能力，自然谈不上对债权人利益的侵害，更谈不上严重侵害，因此提起法人人格否认之诉必须以公司不能清偿为前提。实际上，上述观点混淆了法院受理案件的标准与证明标准两个不同的概念。根据诉讼法的基本原理，在某类案件的起诉是否需要前置程序问题上，如果需要前置程序，如复议、行政处罚、诉讼、执行不能等，必须有法律明文规定，否则按照《民事诉讼法》的一般规定处理。《公司法》中所谓严重侵害债权人利益是诉讼中证明标准的问题，即如果原告无法证明其权益受侵害的严重性，需要承担败诉风险。这显然是裁判环节中的问题，而非为此类诉讼设置前置程序，否则《公司法》的表述应当是"司股东滥用公司法人独立地位和股东有限责任，逃避债务，严重损害公司债权人利益的，应当对于公司不能清偿的那部分债务承担连带责任"①。

综上，《公司法》第二十条第三款规定的"连带责任"系为无限连带责任中的共同连带，法院不应为债权人起诉设置前置程序，在执行程序也不应有先后执行之分。

十三、关联企业人格混同时可否适用法人人格否认制度

关联企业是指企业之间未达到特定经济目的通过特定手段而形成的企业之间的联合。关联企业之间存在着较一般企业更为紧密的联系，所以也就更容易滋生人格混同等弊端。关联企业的人格混同模糊了独立企业法人之间的界限。本来关联企业只是一定规模的企业联合，是单体企业组成的企业群体，尽管关联关系可能会使企业在经济生活中丧失一定的自主性，但它们在法律上的地位却依然各自保持独立。对于关联企业的债权人而言，企业本应以其各自所有的全部财产对外承担责任，但由于人格的混同，几无从辨别关联企业各自所有的财产。法人财产不再泾渭分明，在关联企业之间随意移转，于是很容易导致债权人的权益落空，故而需要法律予以规制。只要人格混同的关联企业满足法人人格否认适用的三个要件，就可以适用法人人格否认制度来规制关联企业。对于人格混同的关联企业适用法人人格否认制度来说，需满足以下三个条件：(1)主体要件，唯有债权人可得诉请对关联企业进行人格否认；(2)行为要件，关联企业之股东假借人格混同滥用法人独立地位；(3)结果要件，唯有否认关联企业的法人人格方能保护债权人的利益。在满足前述三个条件的情况下，方能够对关联企业的人格混同适用法人人格否认。②

十四、司法实践中能否在执行程序中适用公司人格否认制度

司法实践中，经常发生在执行程序中直接追加股东为被执行人，追究股东的连带责

① 朱庆：《公司股东逃避债务的连带责任性质辨析》，载《人民司法·应用》2008 年第 9 期。

② 裴莹硕、李晓云：《关联企业人格混同的法人人格否认》，载《人民司法·应用》2009 年第 2 期。

任这种情况。对此做法如何评价，是更有效率、值得提倡，还是侵害了股东的诉权、应予禁止，存有不同意见。

我们认为，不应允许在执行程序中适用公司人格否认制度。在民事诉讼中，应当平衡原告、被告双方的利益。在执行程序中直接追加股东为被执行人并强制执行，意味着股东未经审判程序便沦为被执行人，这无疑侵害了股东的诉权，显然有失公正。进入执行程序后，债权人发现股东出资不足或有抽逃出资、转移资产等行为时，究竟应当依据最高人民法院《关于人民法院执行工作若干问题的规定》（以下简称《执行规定》）第八十条的规定申请追加该股东为被执行人，还是依据《公司法》第二十条的规定，主张揭开公司面纱？我们认为，《执行规定》第八十条的原理在于出资不足或者抽逃出资、转移资产的股东对公司违反出资义务或者构成侵权从而产生的债务并无履行期限的限制，属于到期债务。公司债权人对股东主张在此债务范围内承担清偿责任，是基于代位权制度原理，代公司之位向股东主张债权。而《公司法》第二十条的原理在于股东出资不足的状态或者抽逃出资、转移资产的行为严重侵害了公司债权人的利益，从而有必要揭开公司面纱，追究股东与公司的连带责任。因此，这是两个不同的制度，各自的依据与功能、适用的法律效果、对债权人的救济并不相同。最高人民法院的司法解释规定股东仍然承担有限责任，而公司法的规定股东承担无限责任。因此，在执行程序中不能适用公司人格否认制度。①

十五、破产案件中，债权人主张公司人格否认的诉讼请求是合并在破产程序中审理还是另案审理？公司人格否认与股东债权的衡平居次规则如何协调

公司进入破产程序，债权人无法获得完全清偿。如果债权人发现股东有滥用公司人格的行为，对股东提起公司人格否认之诉，以谋得更高比例的债权清偿，人民法院应予支持。但有必要对相关制度加以明确，以实现各方主体之间的利益平衡。我们认为，债权人对于已经进入破产程序的公司的股东提起公司人格否认之诉的，应当另案起诉，法院应当另案审理。

破产程序中的衡平居次规则，又称为“深石原则”，是控制公司对从属公司的债权，在从属公司支付不能或者破产受理时不能与其他债权人共同参加分配，或者分配的顺序应次于其他债权人。如果控制公司和从属公司同时发生支付不能或者破产受理时，由控制公司和从属公司合并组成破产财团，按照比例清偿控制公司和从属公司的债权人的债权。我国法律对衡平居次原则未作规定，但是，我们仍然可以通过法律解释的方

① 奚晓明、金剑锋：《公司诉讼的理论与实务问题研究》，人民法院出版社2008年版，第567页。

法为其在司法实践中创造适用的空间。因为法官既然可以对公司人格进行否认，让股东承担连带责任，自然也可以将通过股东的债权实现顺位后置，从而实现不揭开公司面纱也能有效保护债权人利益的效果。①

十六、司法实践中，在原告没有提起否认公司法人人格的诉讼主张的情况下，法院能否主动适用该制度

从实践层面来看，公司法人人格否认的案件在诉讼类型上通常可以分为提起之诉和认定之诉。前者是指原告在向法院提起诉讼时即明确主张涉诉的案件为公司法人人格否认之诉，直接将公司股东或者控制人拉到诉讼中与公司一起作为共同被告，要求法院认定公司在涉诉案件中不具有独立的人格，判令公司股东或控制人与公司承担连带责任。这种是典型的、彻头彻尾的公司法人人格否认诉讼。而后者是相对于提起之诉而言的，一般是指原告在立案时并没有主张涉诉案件为公司法人人格否认诉讼，仍然按照普通民事纠纷进行，只是法院经过审理后认为涉诉案件中公司的独立人格被公司股东所滥用，应当在此个案中否认公司的独立人格，由公司股东或者控制人承担相应责任。此时股东如果不是诉讼当事人，由法院追加其为被告。这种可以说是转化的公司法人人格否认诉讼。

有的学者认为，我国司法实践中既可以有提起之诉，又可以有认定之诉。② 对此，笔者认为，在我国目前的司法实践中，在原告没有提起否认公司法人人格的诉讼主张的情况下，审判人员应采取谨慎的态度，不应主动适用该制度。理由如下：

第一，该制度设立的初衷是为了加强对受到损害的债权人的保护，是否选择适用该制度，应该是法律赋予受到损害的债权人的权利，对于是否要求滥用公司法人人格的股东承担责任，也应该由债权人作出选择。既然这是一种赋予债权人的权利，审判人员在债权人没有主张的情况下就不应该主动适用，除非其损害了国家或社会的公共利益。在实践中，确实存在债权人虽然明知公司股东存在滥用公司人格的行为，但是出于诸多因素的考虑而不愿意“揭开公司面纱”，仍希望判令公司承担责任的情况。

第二，按照我国诉讼法的基本理论，审判人员应在原告诉讼请求范围内进行审查，而不应作出超出原告诉讼请求范围的判决。如果原告并未提出否认公司法人人格的诉讼请求，法院则不应主动审查并作出判决，否则就违背了诉讼法的相关规定。

第三，尽管 2005 年《公司法》规定了公司法人人格否认制度，但是应当认识到，在

① 甘培忠、刘兰芳主编：《新类型公司诉讼疑难问题研究》，北京大学出版社 2009 年版，第 98 页。
② 钱卫清：《公司诉讼司法救济方式》，人民法院出版社 2006 年版，第 131—133 页。

公司人格独立制度和公司法人人格否认制度的关系上，前者始终属于本位的主导原则，而后者仅为适用于特定场合和特定事由的例外性规定，是一种补充的救济手段。① 所以审判人员应当审慎适用该制度，否则不仅将导致整个公司法人制度处于不稳定状态，而且也违背了立法创立该制度的本来意义，从而减损公司人格独立制度的价值，影响社会经济的稳定和发展。

基于上述原因，笔者认为，对于公司法人人格否认诉讼，应当仅在债权人提起否认公司人格的主张时，审判人员才进行审查，不鼓励审判人员主动适用该制度，即“不告不理”，除非损害了国家和社会的公共利益。不过在司法实践中，也有很多债权人对于该制度的相关法律规定并不知情，在这种情况下，笔者认为审判人员应当对其进行释明，防止其权利受到损害。另外，对于债权人在立案时并未主张否认公司人格，但是在审判过程中随着案情的进一步查清，债权人提出变更诉讼请求，要求追加滥用公司法人人格的股东为共同被告、与公司承担连带责任的情况，只要符合《民事诉讼法》对于变更诉讼请求的规定，审判人员应予准许。

十七、司法实践中如何把握适用法人人格否认制度的价值取向

法人人格否认制度是法人制度具体运用发生异化时应运而生的一种新的法律制度。法人人格否认制度和法人制度从反正两个方面确保了法人的人格独立性和股东的有限责任。即当法人具备独立性人格特征时，适用法人制度，股东享受有限责任的庇护；当因某些股东滥用法人人格造成法人缺乏独立性人格特征时，则适用法人人格否认制度，否认滥用者的有限责任，直接追究其对法人债务的无限责任。法人人格否认制度是对法人制度必要的、有益的补充，是对法人制度的严格遵守，是以维护法人人格独立为使命的。该制度的设计理念是为个案中债权人权利的实现提供司法救济，以对失衡的公司利益关系进行的事后规制，实现法律公正、公平的价值目标，而不是为了对公司法人人格作出是否合法的评价。目的是通过对事实上已经丧失独立人格特征的法人状态的揭示来凸显隐藏于公司背后的人格滥用者，借此突破股东有限责任的局限，以使滥用者的责任由有限责任向无限责任复归，实现股东与公司之间责任的再分配。该法理的适用是在承认公司具备独立法人人格的前提下针对特定法律关系对法人人格暂时的、个案的否认，而不是从根本上、全面地否认其法人人格。且个案中对法人人格否认的效力不及于公司其他法律关系，也不影响该公司作为独立法人继续存在。即法人人格否认的效力是对人的，而非对世的，是基于特定原因，而非普遍适用。因滥用法人人

① 朱海溶：《浅谈揭开公司面纱制度的司法适用》，载《南京广播电视大学学报》2007 年第 1 期。

格，以法人作为损害他人利益工具的行为是违背法人制度的，亦违背了民事法律规范的诚实信用原则和权利不得滥用原则。故在适用法人人格否认制度时一定要慎重，以防对法人制度的破坏。

慎重适用法人人格否认制度，就是要严格法人人格否认制度适用的条件，尤其要注意滥用行为的认定以及滥用行为和债权人损失之间的因果关系这两个要件。法人人格否认制度的适用首先是存在滥用者对法人人格的滥用行为。由于滥用法人人格行为本身是规避法律的行为，一般情况下手段都极为隐蔽，所以很难概括什么是具体的滥用行为，这给我们在司法实践中认定滥用行为带来了一定难度。但无论何种形式的滥用行为，均应表现为忽略法人制度的本质和目的、将法人人格作为其牟取私利的工具和手段、无视法人利益、将自身意志强加于法人意志之上这些基本特征。理论界现在存在一种倾向，即简单地将财产混同、业务混同和人员混同（组织机构的混同）视为滥用法人人格的行为，并在出现几种混同情形时不加任何条件地要求股东承担无限责任。笔者认为，不论是哪种混同，仅仅是为某些股东滥用法人人格提供了方便，或者说是一种表象；至于其是否滥用了法人人格，不能简单地以混同来认定，而应视其在具体法律关系中是否利用混同之方便，以牺牲法人利益为代价，将法人作为其牟取个人利益的工具。只有股东确实实施了滥用法人人格的行为，才可适用法人人格否认制度追究其责任。这里还特别要强调，滥用法人人格行为还必须给债权人造成了实际损失，如果股东的行为虽然有悖于法人人格独立和股东有限责任的宗旨，但客观上并未造成任何第三人利益的损害，没有影响到平衡的利益关系，则无须适用法人人格否认制度去矫正并未失衡的利益体系。同时，滥用行为与债权人损失之间必须存在因果关系。如果滥用行为与债权人的损失之间并不存在因果关系，因无法确定滥用行为者的法律责任，故不能在具体法律关系中通过适用法人人格否认制度直接追究股东的民事责任。法人人格否认制度一定要在条件严格成就前提下谨慎适用。毕竟该制度的精髓是对法人制度的维护，其建立的目的在于完善法人制度，而不是为了否定它。在引进和适用该制度时绝不能任意扩大其适用范围，否则会颠覆我们刚刚构筑起来的法人制度之“大厦”，同时也背离了法人人格否认制度设立的初衷。

十八、公司人格否认之诉中举证责任如何分配

一般情况下，根据谁主张谁举证的原则，应由原告对股东是否滥用了公司法人人格进行举证。根据我国2005年《公司法》第二十条第三款的立法精神，公司的债权人要主张揭开公司面纱，请求股东承担连带责任，必须就以下内容承担举证责

任：(1)股东实施了滥用公司法人独立地位和股东有限责任的行为，而且构成了逃避债务的目的。其中的"公司法人独立地位"和"股东有限责任"乃一体两面，法律并不苛求被告股东既滥用公司法人独立地位，又滥用股东有限责任。实际上，滥用公司法人独立地位的同时就滥用了股东有限责任；滥用了股东有限责任，就等于滥用了公司法人独立地位。(2)债权人利益受到严重损害，而非一般损害。此处的"严重损害"，是指公司不能及时足额清偿全部或者大部分债务，不能简单地因为债务人公司暂时不能清偿债务，就视为债权人利益受到了严重损害。造成严重损害的原因不仅在于债务人公司拒绝或者怠于清偿债务，更在于债务人公司被公司股东滥用公司法人资格而无力偿还债务。为便于实际操作，笔者认为在认定"严重"损害的标准时，应当考虑三个因素：第一，行为人的主观恶意；第二，公司的现实偿债能力；第三，债权人受损的程度等。(3)股东的滥权行为与债权人的损失之间存在合理的因果关系。

但是，显而易见的是，滥用公司人格的公司控股股东对公司的债权人利益的损害是间接的，是以公司作为中间主体完成的，也就是说股东既没有直接侵害公司债权人的利益，也不是公司与债权人之间基础债权债务关系的担保人，因此，隔着公司独立人格这道屏障，债权人根本无法掌握股东对公司控制的详细证据。而且，与公司的股东相比，债权人处于公司外部当事人的地位，被诉股东则处于公司内部，不仅控制着公司的经营，而且掌握着公司的相关信息，所以公司债权人与公司的股东相比，在相应证据的掌握方面处于弱势地位，如果要求公司债权人承担完全的举证责任，则对债权人相当不利，可能导致公司人格否认制度的虚设。[①] 因此笔者建议，结合我国的实际情况，在举证责任的分配上，可以分两步：首先由原告承担基本举证的责任，即原告必须提出某些事实证明控制股东有"随时可行使之控制"存在，其举证责任即告完成；进一步的举证责任则移转给控制股东，由控制股东证明其行为系善意且符合公平原则，未给公司带来损失，否则即推定该股东滥用了控制权而由其承担相应的责任。

法条索引

《中华人民共和国公司法》

第二十条　公司股东应当遵守法律、行政法规和公司章程，依法行使股东权利，不

---

① 吴庆宝主编：《公司纠纷裁判标准规范》，人民法院出版社 2009 年版，第 264 页。

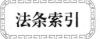

得滥用股东权利损害公司或者其他股东的利益;不得滥用公司法人独立地位和股东有限责任损害公司债权人的利益。

公司股东滥用股东权利给公司或者其他股东造成损失的,应当依法承担赔偿责任。

公司股东滥用公司法人独立地位和股东有限责任,逃避债务,严重损害公司债权人利益的,应当对公司债务承担连带责任。

第九章

关联交易热点问题裁判标准与规范

本章导读

关联交易具有双重性质:首先,关联交易发生在具有独立法律人格的主体之间,本质上是一种市场交易行为;其次,关联交易的主体之间存在控制或重大影响关系,导致一方交易主体的意思可能被虚置,这一点与公司内部行为具有一定相似性。关联交易的双重性质导致了关联交易的双重法律效果,即一方面关联交易有助于提高公司的交易效率、节省交易成本,另一方面又存在侵害公司以及利益相关者的风险。在我国,关联方利用关联交易侵害公司以及利益相关者的问题尤其严重。对此,我国 2005 年《公司法》通过一系列的制度设计予以规制,既包括概括性规定,也包括法人人格否认制度、股东代表诉讼制度等。但是,从我国实践看,规制关联交易仍然任重而道远。

理论研究

一、关联交易的界定

关联交易,亦称关联方交易、关联人交易,是指发生在关联人之间的有关移转资源或义务的事项安排行为。① 关联交易作为一种商业交易行为,既具有一般交易行为的共性,又具有独特的特征。概括而言,关联交易具有以下特征:(1)交易主体的关联性。

---

① 韦红花:《公司关联交易的认定》,载《企业导报》2010 年第 12 期。

其中至少有一方交易主体是商事经营者。(2)交易标的的多样性与交易行为的普遍性。关联交易是企业的一种营业行为,由于营业主体的多样性,经营范围的广泛性,交易方式的灵活性,企业的关联交易呈现出多样性与普遍性特点。(3)交易方式的简捷性。关联交易主体的关联性使得交易双方之间彼此了解,大大地节省了企业的缔约费用与履约费用,使交易成本降低、交易环节减少,从而简化了交易的外部手续,提高了经济效率。(4)交易内容是商事权利或义务在关联人之间的移转或连带共担。传统的交易是权利与义务的互换,资本与信息社会下的交易远远超越了权利与义务互换的范畴,而是朝权利与义务连带共担的合作方向发展。(5)企业集团关联交易的系统性与价值创造性。资源对不同的业务主体具有不同的价值,企业集团为了实现集团整体利益或长远利益的最大化,往往会调整集团内部资源,使某一资源发挥最大的效用。(6)交易地位容易失衡。大量的关联交易双方在法律和形式上是平等的,而实质是不平等的。从交易的表象来看,关联交易的关联人之间均是具有特定民事行为能力的主体,但事实上交易双方的地位不平等,由于资本多数决与公司被高管控制现象的普遍存在,使得一方交易主体极易对另一方进行控制或施加影响。(7)交易客观上存在不公平及滥用的巨大风险。①

关联交易发生在公司与关联方之间。公司的关联方包括关联自然人与关联组织,对此,各国公司法调整重点所有不同,有的偏重对关联自然人与公司之间关联关系的关注,如美国《公司法》;有的偏重对关联企业与公司之间关联关系的关注,如德国《公司法》和我国台湾地区有关公司的规定。关联交易的当事人是公司的关联方,构成关联交易异于一般交易的核心特征,也是规制关联交易法律制度的原始出发点。

可以看出,关联交易的关联方并非泛指与公司存在资源、劳务或义务转移行为的当事人,因为公司作为一个社会实体存在,必然与其他各种社会主体发生多种多样的社会关系,宽泛的界定关联方并无实质意义。相反,各法域对关联方的界定多以对方当事人与公司存在“控制”和“重大影响力”作为存在关联关系的判断标准。对此,我国《公司法》第二百一十七条第四项规定,关联关系是指公司控股股东、实际控制人、董事、监事、高级管理人员与其直接或者间接控制的企业之间的关系,以及可能导致公司利益转移的其他关系。但是国家控股的企业之间不仅仅因为同受国家控股而具有关联关系。虽然该条仅指明了“控制”标准而未明确“重大影响力”标准,但是“可能导致公司利益转移的其他关系”完全可以涵盖“重大影响力”标准。财政部发布的《企业会计准则第36号——关联方披露》对此予以了进一步明确,根据该准则,一方控制、共同控制另一

① 赖华子、陈奇伟:《论关联交易的法律性质及监管原则》,载《求索》2009年第11期。

方或对另一方施加重大影响，以及两方或两方以上同受一方控制、共同控制或重大影响的，构成关联方。控制，是指有权决定一个企业的财务和经营政策，并能据以从该企业的经营活动中获取利益。共同控制，是指按照合同约定对某项经济活动所共有的控制，仅在与该项经济活动相关的重要财务和经营决策需要分享控制权的投资方一致同意时存在。重大影响，是指对一个企业的财务和经营政策有参与决策的权力，但并不能够控制或者与其他方一起共同控制这些政策的制定。此外，该准则还进一步明确，下列各方构成企业的关联方：（1）该企业的母公司。（2）该企业的子公司。（3）与该企业受同一母公司控制的其他企业。（4）对该企业实施共同控制的投资方。（5）对该企业施加重大影响的投资方。（6）该企业的合营企业。（7）该企业的联营企业。（8）该企业的主要投资者个人及与其关系密切的家庭成员。主要投资者个人，是指能够控制、共同控制一个企业或者对一个企业施加重大影响的个人投资者。（9）该企业或其母公司的关键管理人员及与其关系密切的家庭成员。关键管理人员，是指有权力并负责计划、指挥和控制企业活动的人员。与主要投资者个人或关键管理人员关系密切的家庭成员，是指在处理与企业的交易时可能影响该个人或受该个人影响的家庭成员。（10）该企业主要投资者个人、关键管理人员或与其关系密切的家庭成员控制、共同控制或施加重大影响的其他企业。应当说，财政部的这一准则比公司法对关联方的规定更为明确：首先，明确了关联方的构成除“控制标准”外，尚包括“重大影响力标准”；其次，明确了关联方不但包括公司控股股东、实际控制人、董事、监事、高级管理人员，还包括与上述主体关系密切的家庭成员以及他们控制、共同控制或施加重大影响的其他企业。对此，应当对我国《公司法》第二百一十七条第四项规定的关联关系构成要件作实质理解，涵盖财政部《企业会计准则第36号——关联方披露》规定的情形。事实上，我国沪、深两市的《股票上市规则》对上市公司的关联人的认定也基本上采用了这种方法。

关联交易具有双重效果。关联交易的交易特征和关联方特征决定了关联交易既不是纯粹的市场交易，也不属于公司内部行为，而是类似于市场和企业内部之间的一种交易行为，具有二重性。这种二重性源于交易双方的依存关系，从法律的角度看，交易双方都是独立的经济实体，具有法律上的平等性，因此交易类似市场行为；但由于公司与交易的关联方之间存在控制或重大影响关系，因而事实上双方的地位又是不平等的，在这种条件下的交易又体现出企业内部交易的某些特点。关联交易的二重性质决定了关联交易具有双重法律效果，即一方面关联交易有助于提高公司的交易效率、节省交易成本，另一方面又存在侵害公司以及利益相关者的风险。

二、关联交易的潜在风险

不公正关联交易在掠夺公司的同时，还严重损害了公司中小股东、债权人乃至国家利益的正常实现。对于公司的中小股东而言,其投资公司的目的是分享公司利润,不公正的关联交易导致公司的利润低于正常水平,甚至可能严重亏损,中小股东的利益无从实现。对公司债权人而言,公司资产是公司债务的一般担保和清偿来源,不公正的关联交易导致公司资产非正常减少乃至资不抵债,公司债权人求偿无门。对于国家利益而言,公司缴纳的各种税构成国家最主要的财政来源,由于不同国家的税率水平不同以及同一国家多种税种之间的税率水平往往存在较大差异,公司可以通过关联交易抬升在税率较高的国家或税种对应的成本,减少应纳税额,逃避政府税收。此外,不公正关联交易还打乱了市场的正常价格机制与竞争机制,严重影响整个社会资源的合理配置。

三、我国对关联交易的法律规制

我国1993年《公司法》对关联交易的规定较为粗糙,这也是导致我国不公正关联交易泛滥的重要原因。有鉴于此,2005年《公司法》强化了对公司关联交易的规制,如引入了表决回避制度、法人人格否认制度、股东代表诉讼制度等。当然,《公司法》只是规制关联交易的主要法律渊源,而非唯一渊源,除此之外,我国的《证券法》、《合同法》、《企业所得税法》以及诸多部门规章等也都为规制公司的关联交易提供了制度空间。

信息披露。正如美国最高法院大法官路易斯·布兰代斯所言:“披露是医治社会的良药,就如太阳是最好的杀菌剂,电灯是最有效的警察。”充分的信息披露有助于将公司与关联方进行的关联交易暴露在公众和监管者视野之下,接受市场和法律的惩罚,从而有助于事前防止公司关联方滥用关联交易。因此,我国财政部和证监会通过发布《企业会计准则第36号——关联方披露》、《公开发行证券的公司信息披露内容与格式准则第1号——招股说明书》、《公开发行证券的公司信息披露内容与格式准则第2号——年度报告的内容与格式》等规章强化公司关联交易的披露。

表决回避。期望股东、董事和公司“内部人”把自己的利益置于公司利益之后,公正地行使表决权无疑是不切实际的。因此,表决权回避制度的引入尤为必要。表决权回避制度,又称表决权排除制度,是指当公司股东或董事与股东(大)会或董事会表决的议案存在特别关联关系时,这些关联股东或董事及其代理人不能以其所持表决权参与表决的一项法律制度。根据表决权回避制度,只要某一股东或董事与股东(大)会或董事会拟决议之关联交易事项存在特别利益冲突,不问其是否有可能在表决时赞成或反对该决议,均应责令其不得就该议案行使表决权;违反表决权回避制度的表决行为均为无效。对此,我国《公司法》第十六条、第一百二十五条等均规定了表决权回避制度。

效力否定。表决回避制度是对关联交易的事前规制,但是该种规制未必能够被利益冲动的公司关联方完全遵守,如果公司关联方违反上述规定,应当否定公司决议的效力。根据我国《公司法》第二十二条规定，股东会或者股东大会、董事会的会议召集程序和表决方式违反法律、行政法规或者公司章程，或者决议内容违反公司章程的，股东可以自决议作出之日起六十日内，请求人民法院撤销。因此，如果应当回避的股东或董事参加了关联事项的表决，公司股东可以请求人民法院撤销公司股东(大)或董事会决议。除了寻求《公司法》的救济外，利益相关者还可以寻求《合同法》和《民法通则》的救济，比如以"恶意串通，损害第三人利益"为由请求宣告公司与关联方签订的合同无效；以"显失公平"为由请求撤销公司与关联方签订的合同。对于公司债权人而言，还可以在符合法定条件时行使《合同法》上的代位权与撤销权。

民事责任。与法律规则包含行为模式和法律后果一样，一个完整的法律制度不仅包含事前规制，还包括事后的责任追究，特别是否定关联交易效力仍然不足以保护公司当事方时，该种责任追究尤为必要。对此，《公司法》第二十一条规定，公司的控股股东、实际控制人、董事、监事、高级管理人员利用其关联关系损害公司利益，给公司造成损失的，应当承担赔偿责任。由于公司关联交易的对方当事人对公司具有控制力和重大影响力，除非公司控制权发生变更，由公司自身行使对存在不当行为的关联方的赔偿请求权往往不切实际，此时，公司法人人格否认制度和股东代表诉讼制度便成为公司债权人和中小股东对抗公司不当关联交易的有力手段。《公司法》第二十条第三款引入了公司法人人格否认制度，因此当公司的控制股东通过不正当关联交易掠夺公司，导致公司无法清偿债务的，公司债权人可以请求控制股东对公司债务承担连带责任。不过，对于其他关联方，比如实际控制人、董事、高级管理人员等与公司进行的不正当关联交易，以公司法人格否认制度救济公司债权人便存在制度上的障碍，因为其不符合我国《公司法》规定的公司法人人格否认制度的责任主体要件。此时，公司债权人可以以债权侵权为基础，请求该种公司关联方承担侵权赔偿责任。公司债权人的该种请求权虽未得到我国《公司法》的明文认可，但是根据《民法通则》的规定和侵权法的一般原理，债权人的该种请求权应当得到法院的支持，最高人民法院发布的《公司法解释(二)》对公司清算人和清算义务人责任的规定，已经体现了该种审判导向。对于公司中小股东而言，可以借助股东代表诉讼制度对抗公司不当关联交易。我国2005年《公司法》不但明文引入了股东代表诉讼制度，而且在该种诉讼的被告范围上，采纳了美国的做法，不但公司董事可以成为代表诉讼的被告，其他第三人亦可以成为代表诉讼的被告。对此，2005年《公司法》第一百五十二条第三款规定："他人侵犯公司合法权益，给公司造成损失的，本条第一款规定的股东可以依照前两款的规定向人民法院提起诉讼。"公司董事之外的其他关联方，当可归入该款规定的"他人"。至于起诉关联董事，根据《公司法》第一百五十二条前二款规定，更无疑问。

实务探讨

一、关联股东表决关联事项时是否必须回避

我国《公司法》虽然规定了关联股东表决权回避制度,但是仅将其限制在关联担保事项上,而并未规定全面适用。不过,证监会2006年修订的《上市公司章程指引》第七十九条规定:股东大会审议有关关联交易事项时,关联股东不应当参与投票表决,其所代表的有表决权的股份数不计入有效表决总数。此外,证监会于2006年发布的《上市公司股东大会规则》第三十一条规定:股东与股东大会拟审议事项有关联关系时,应当回避表决,其所持有表决权的股份不计入出席股东大会有表决权的股份总数。从法理上看,证监会的上述两个文件并非部门规章,而只是规范性文件,并且限制了表决权这一基本的股东权利,有违反《立法法》之嫌,但是从上述文件内容看,实际上要求上市公司必须遵守。比如《上市公司章程指引》规定上市公司仅能对规定的内容做文字和顺序的调整或变动,《上市公司股东大会规则》规定证监会将对违反"规则"的上市公司责令限期改正并由证交所予以公开谴责。需要注意的是,上述两个文件的内容和实践效力存在一定区别:内容上,《章程指引》规定的关联股东表决权回避适用于关联交易,而《股东大会规则》规定的关联股东表决权回避适用于关联事项,"交易"与"事项"并不完全等同,比如母公司合并绝对控股的子公司属于关联事项而并不属于关联交易。实践效力上,上市公司必定遵守了《章程指引》,否则证监会很可能不核准股份公司的公开发行股票申请,是故,上市公司违反《章程指引》第七十九条的,股东可以依据《公司法》第二十二条请求法院撤销股东大会决议;而上市公司即使违反了《股东大会规则》,也只是被责令限期改正和被公开谴责,股东大会决议效力并不受影响。

此外,对于未上市的股份公司和有限责任公司而言,其仅受《公司法》规范,关联股东在股东大会决议关联担保事项时必须回避,而在其他事项上,只要公司章程未予限制则无须回避。

二、关联股东表决程序合法是否构成绝对抗辩事由

《公司法》第十六条规定公司为公司股东或者实际控制人提供担保的,关联股东或者受实际控制人支配的股东,不得参加该项表决。《公司法》第一百二十五条规定,上市公司董事与董事会会议决议事项所涉及的企业有关联关系的,不得对该项决议行使表决权,也不得代理其他董事行使表决权。该董事会会议由过半数的无关联

关系董事出席即可举行，董事会会议所作决议须经无关联关系董事过半数通过。出席董事会的无关联关系董事人数不足三人的，应将该事项提交上市公司股东大会审议。公司的关联股东或关联董事违反上述规定、参与公司决议的，构成违法行为，造成损害的，应当承担民事责任，并无争议。但是，公司的关联股东或关联董事遵守了上述规定是否可以绝对免责，各界意见尚未统一。对此，必须明确，程序和实体虽然紧密相关，但是是两个性质不同的问题，《公司法》第二十一条规定的公司关联方对不当关联交易的赔偿责任并不以程序违法为构成要件。即使公司的关联股东或关联董事已经按照法定程序予以回避，但是通过施加影响诱使公司进行不公正关联交易的，仍然应当承担赔偿责任。

三、关联交易行为界定中如何首先识别关联人

关联交易是公司与关联人进行的交易，研究关联交易必须要明确关联人。根据《公司法》第二百一十七条第四项的规定，可以将关联人分为两种情况：一是公司内部人；二是与公司内部人有“关联关系”的人。下面分别述之：(1)公司内部人。公司内部人是对《公司法》第二百一十七条第四项规定的“公司控股股东、实际控制人、董事、监事、高级管理人员”的合称。这些人员因为持股和所担任的职务与公司有非常密切的关系，可以直接影响甚至利用公司来为自己谋取利益，因此，公司内部人是当然的关联人。(2)与公司内部人有“关联关系”的人。这里的“关联关系”也来自于《公司法》第二百一十七条第四项的规定，该项对“关联关系”所作的解释是：“是指公司控股股东、实际控制人、董事、监事、高级管理人员与其直接或者间接控制的企业之间的关系，以及可能导致公司利益转移的其他关系。”从这一内容看，《公司法》中的“关联关系”不是指公司与公司内部人的关系，而是指公司内部人与其直接或者间接控制的企业之间的关系。可见，这种关联人是除公司内部人以外的与公司发生交易的当事人。由于其与公司内部人的“关联关系”，因此，它与公司发生的交易往往要受公司内部人的影响、控制或支配，从而可能出现损害公司利益的情况。

对于关联人的具体界定，目前主要见诸中国证监会、中国证券业协会和沪、深两个证券交易所发布的规则、准则等规范性文件中。根据上海证券交易所和深圳证券交易所于2006年5月出台的《股票上市规则》的规定，我国上市公司的关联人，被分为关联法人、关联自然人两类。[①] 其中，上市公司的关联法人包括：直接或者间接控制上市公

① 此外，2007年4月6日保监会出台的《保险公司关联交易管理暂行办法》将关联方分为以股权关系为基础的关联方、以经营管理权为基础的关联方和其他关联方三类。该种分类方法以关联关系产生的根源来划分关联方，有利于更进一步规范关联交易。

司的法人；由前述法人直接或者间接控制的除上市公司及其控股子公司以外的法人；上市公司的关联自然人直接或者间接控制的，或者由关联自然人担任董事、高级管理人员的除上市公司及其控股子公司以外的法人；持有上市公司5%以上股份的法人；中国证监会、证券交易所或者上市公司根据实质重于形式的原则认定的其他与上市公司有特殊关系，可能导致上市公司利益对其倾斜的法人；根据与上市公司关联人签署的协议或者作出的安排，在协议或者安排生效后，或在未来12个月内，将具有上述情形的法人；过去12个月内，曾经具有上述情形的法人。上市公司的关联自然人包括：直接或间接持有上市公司5%以上股份的自然人；上市公司董事、监事和高级管理人员；上述所述人士的关系密切的家庭成员，包括配偶、年满18周岁的子女及其配偶、父母及配偶的父母、兄弟姐妹及其配偶、配偶的兄弟姐妹、子女配偶的父母；直接或者间接控制上市公司的法人的董事、监事和高级管理人员；中国证监会、证券交易所或者上市公司根据实质重于形式的原则认定的其他与上市公司有特殊关系，可能导致上市公司利益对其倾斜的自然人；根据与上市公司关联人签署的协议或者作出的安排，在协议或者安排生效后，或在未来12个月内，将具有上述情形的自然人；过去12个月内，曾经具有上述情形的自然人。

上述关联人与公司发生的交易，属于关联交易，就是我们要讨论规制的关联交易行为。

四、司法实践中如何认定关联交易的效力

关联交易的效力就是对关联交易本身合法性与否的法律判断，符合法定条件的，关联交易行为有效，当事人可以顺利地实现其交易目的；不符合或违反法定条件的，关联交易行为就可能不产生效力，当事人不仅不能实现其交易目的，而且还可能因此承担相应的责任。鉴于关联交易可能产生的弊端，立法通过采取双轨制的方式对关联交易实行规制。也就是说，一方面通过一般的民商事法律对其效力进行规范，如《合同法》、《民法通则》；另一方面通过公司、证券法律规范对其效力进行规范，如《公司法》所规定的表决权回避、特殊事项由股东会通过等制度，以及《证券法》所规定的披露义务。就关联交易的生效条件来讲，可以从实质条件和程序条件两个方面进行把握。

1. 实质条件

关联交易生效的实质条件就是指关联交易的主体要适格、意思表示要真实、处分权无瑕疵以及内容要合法。从《民法通则》和《合同法》的角度看，关联交易是否实质上有效，主要看关联方是否具备相应的民事行为能力和民事权利能力；处分权是否有瑕疵；

是否以欺诈、胁迫的手段订立合同;是否恶意串通,损害国家、集体或者第三人利益;关联交易是否以合法形式掩盖非法目的,是否损害社会公共利益,是否违反法律、行政法规的强制性规定。从公司、证券法律规范角度看,主要看关联交易的内容是否违反公司、证券法律规范的禁止性规定。例如,《公司法》第十六条规定,公司向其他企业投资或者为他人提供担保,"公司章程对投资或者担保的总额及单项投资或者担保的数额有限额规定的,不得超过规定的限额"。

2. 程序条件

程序条件是关联交易订立合同过程中所要遵循的程序要件,其主要体现在公司、证券法律规范之中。关联交易生效的程序条件主要有三个:一是审议批准;二是表决权回避;三是信息披露。

(1)关联交易的审议批准。关联交易的审议批准主要包括关联交易的审批机关和关联交易议案通过所需要的表决数。对公司关联担保而言,《公司法》第十六条就规定,公司向其他企业投资或者为他人提供担保,依照公司章程的规定,由董事会或者股东会、股东大会决议;其中公司为公司股东或者实际控制人提供担保的,必须经股东会或者股东大会决议,且该项表决由出席会议的其他非关联股东所持表决权的过半数通过。可见,公司关联担保的审议批准机关为公司董事会或者股东(大)会,表决数为过半,公司章程另有规定的从其规定。就上市公司的关联交易而言,按照中国证监会和沪、深证券交易所发布的《股票上市规则》(2006 年修订)的规定,上市公司与关联人发生的交易金额在 3000 万元以上、且占上市公司最近一期经审计净资产绝对值 5% 以上的关联交易,除应当及时披露外,还应聘请具有执行证券、期货相关业务资格的中介机构对交易标的进行评估或审计,并将该交易提交股东大会审议。上市公司为关联人提供担保的,不论数额大小或者上市公司为持有本公司 5% 以下股份的股东提供担保的,均应当在董事会审议通过后提交股东大会审议。此外根据《公司法》第一百二十五条的规定,董事会在通过涉及关联交易事项时,"该董事会会议由过半数的无关联关系董事出席即可举行,董事会会议所作决议须经无关联关系董事过半数通过。出席董事会的无关联关系董事人数不足三人的,应将该事项提交上市公司股东大会审议"。可见上市公司的关联交易在达到一定数额后,还要经相应机构评估或审计,并交股东大会审议。

(2)关联交易的表决权回避。《公司法》针对一般公司关联担保和上市公司的关联交易规定了表决权回避事项。前者体现在《公司法》第十六条规定中,公司为公司股东或者实际控制人提供担保的,该股东或者受该实际控制人支配的股东,不得参加股东(大)会该事项的表决。可见,我国《公司法》关于一般公司股东表决权回避的范围较为狭窄,只涉及为公司股东或者实际控制人提供担保的事项,或者说,如果是除此之外的其他关联交易事项,《公司法》并没有强行要求股东回避。后者体现在《公司法》第一百二十五条规定中,上市公司董事与董事会会议决议事项所涉及的企业有关联关系的,不得对该项决议行使表决权,也不得代理其他董事行使表决权。两者相比,前者只适用于公司的关联担保,后者适用于上市公司。因此两者的表决权回避规制的重点是不同的,前者规制的是关联担保这一行为,后者规制的是上市公司的所有关联交易行为。此外,《股票上市规则》(2006 年修订)第十章对关联交易作出专章规定的内容中,第 10. 2. 1 条就规定:"上市公司董事会审议关联交易事项时,关联董事应当回避表决,也不得代理其他董事行使表决权。"第 10. 2. 2 条规定:"上市公司股东大会审议关联交易事项时,关联股东应当回避表决。"

(3)关联交易的信息披露。充分的信息披露是保障关联交易公正与公平的关键措施。有限责任公司由于股东人数有限,法律上没有要求必须进行信息披露,但根据股东享有知情权的有关规定,公司应当让所有的股东知晓关联交易的情况。《证券法》对上市公司信息披露的具体内容和程序等有明确的规定,关联交易的事项如果涉及法定信息披露的内容,则应当依法予以披露,由此可以从一定程度上防止交易双方的"暗箱操作"行为。关于关联交易信息披露的专门规定还主要见诸中国证监会和证券交易所的规则、准则。2005 年 10 月 19 日发布的由国务院批准、中国证监会出台的《关于提高上市公司质量意见》第十二条规定,规范关联交易行为。上市公司在履行关联交易的决策程序时要严格执行关联方回避制度,并履行相应的信息披露义务,保证关联交易的公允性和交易行为的透明度。公司董事、监事和高级管理人员不得通过隐瞒甚至虚假披露关联方信息等手段,规避关联交易决策程序和信息披露要求。对因非公允关联交易造成上市公司利益损失的,上市公司有关人员应承担责任。根据沪深证券交易所《股票上市规则》(2006 年修订)的有关规定,关联交易的信息披露分为两种:一是临时信息披露,每发生一次关联交易就应当披露一次,使股东或潜在股东及时了解公司情况;二是定期披露,即在会计报表中披露该会计期间内发生的所有关联交易。对关联交易无论临时披露还是定期披露,其披露的内容应包括关联方关系的性质、交易类型、交易要素。关联交易涉及的金额达到一定金额的,应当按照交易所的要求履行报告和公告义务。

五、司法实践中如何界定大量的关联企业在债务人公司已经丧失清偿能力时抢先清偿自身债务的情形

一般认为,我国《企业破产法》第三十一条、第三十二条规定了破产程序中的偏颇

清偿法律制度。第三十二条规定:“人民法院受理破产申请前六个月内,债务人有本法第二条第一款规定的情形,仍对个别债权人进行清偿的,管理人有权请求人民法院予以撤销。但是,个别清偿使债务人财产受益的情形除外。”第三十一条第三、四项规定:“人民法院受理申请前一年内,涉及债务人财产的下列行为,管理人有权请求人民法院予以撤销……(三)对没有财产担保的债务提供财产担保的;(四)对未到期的债务提前清偿的。”上述规定填补了原《企业破产法》的法律漏洞,有利于遏制关系人抢先受偿的行为,在债务人丧失清偿能力时真正实现债权人之间的公平受偿,维护正常的市场秩序。但是,该条规定的适用仅限于债权人或者债务人已经申请破产的情况,对于债务人或者债权人都不申请破产的情况则不能适用。因此,司法实践中出现了大量关联企业抢先清偿自身债务的情况,这时由于债务人已经丧失清偿能力,资产被抵偿给关联企业之后,造成其他外部债权人无法受偿,严重损害了社会信用。此类关联公司的债权优先受偿行为,虽然不符合偏颇性清偿行为的形式要件(因为没有进入破产程序),但在实质上则与偏颇性清偿行为无异,如果不赋予其相应的法律后果,将形成明显的法律漏洞,对于债权人利益的保护显然不利。笔者认为,目前在法律对此还没有明确规范的情况下,解决这一问题,可以有以下几种选择。

第一,关联方恶意串通,优先清偿关联公司债权,造成外部债权人无法受偿的,可以适用《民法通则》以及《合同法》的相关规定,认定清偿行为无效。《民法通则》第五十八条规定“下列民事行为无效……(四)恶意串通,损害国家、集体或者第三人利益的”。《合同法》第五十二条规定“有下列情形之一的,合同无效:……(二)恶意串通,损害国家、集体或者第三人利益”。在从属公司已经陷入偿债能力不足的情况下,控制公司利用自身的控制优势,抢先清偿自身债权,是明知债务人将因此而丧失清偿能力从而损害其他债权人利益的,从属公司作为债务人,明知自身已成就破产原因,仍然对于控制公司优先清偿,也同样具有损害其他债权人的恶意,因此,双方之间存在共同侵害债权人利益的恶意,可认定为恶意串通。当然,如果控制公司能够证明自身并不明知债务人的财务状况,或者从属公司清偿债权时尚未陷入清偿不能的境地,则可排除责任,清偿行为也应认定为有效。

第二,控制公司抢先清偿自身债权,从而使债务人无力清偿其他债权的,应当认定为侵害债权的行为,适用《民法通则》第五条、第一百零六条第二款,《中华人民共和国侵权责任法》(以下简称《侵权责任法》)第二条、第六条予以解决,由控制公司承担侵权赔偿责任。根据通说,第三人恶意侵害他人债权,导致债权人无法实现期待利益的,构成侵害债权的侵权行为,应承担相应责任。控制公司明知从属公司存在其他债权人,却抢先清偿自身债权,导致其他债权人无法受偿,存在明显的恶意,属明知且放任或者追求外部债权人受害结果的行为。在外部债权人因此而丧失清偿利益之后，控制公司的行为与外部债权人的损害之间存在必然的因果联系，符合故意侵权行为的构成要件，应承担侵权赔偿责任。

第三，鉴于控制公司与从属公司之间的关联关系，且从属公司优先清偿控制公司的债权，往往与控制公司的控制行为有关，因此，在从属公司因此而无法清偿其他债权人的债权时，应适用揭开公司面纱原理，由控制公司承担连带清偿责任。《公司法》第二十条第三款规定："公司股东滥用公司法人独立地位和股东有限责任，逃避债务，严重损害债权人利益的，应对公司债务承担连带责任。"控制股东明知从属公司存在多个债权人，且从属公司已经资不抵债，却仍然抢先从从属公司获得债务清偿，从而造成其他债权人失去受偿机会，属于对公司法人独立人格和股东有限责任的滥用，应对从属公司的债务承担连带责任。

六、关联交易常见的表现形式主要有哪些

公司关联交易行为的具体表现是多样的，一般而言，民事法律关系中的交易行为都有可能构成关联交易行为，对关联交易行为的判断主要依据是交易双方的主体关系。但是由于公司关联人产生的目的特定性，关联交易也有其常见的表现形式。结合具体的司法实践，在我国公司的关联交易中，主要包括以下几种类型：(1)公司与其关联人之间所进行的资产买卖。这种资产买卖在实践中通常表现为企业并购行为。(2)公司为其关联人提供担保。公司为其关联人的债务提供担保，已成为我国上市公司中关联交易的一个重要类型，这不但使公司增加了经营风险，而且也损害了公司少数股东的利益，对债权人也产生了更大的风险。(3)控制公司或者控股股东无偿占有从属公司资产或者拖欠从属公司资金及贷款。这在习惯上称为"大股东占款"。"占款"就是资金占用，是对公司财产实施的无权占有行为，或者因此形成的债权债务关系。在法律上，控股股东对公司资金的占用可以表现为两种形式，一是控股股东直接从公司获取货币并对该货币进行事实上的占有，如从公司借款或者直接挪用公司的资金，是一种对公司资金的直接占用；二是所占用的资金，并不直接表现为货币形式，如虽然未直接从公司获取货币并进行占有而是获取公司的其他财产，但不向公司支付相当的对价，在公司的账目上形成应收款，从而构成间接地占用公司的资金。前者的概念等同于货币，而后者则只是一种财产利益的代名词。一方面，关联占款是股权滥用的具体表现之一，它从利益方向看是属于索取型关联交易，即控股股东利用其控制地位，通过关联交易占有公司的资料或者直接将公司的利润转移至母公司或者其他关联公司；另一方面，关联占款又往往是控股股东无偿或者低于正常利率占用公司的资金，这会直接或者间接提高公司

的产品成本,因此也属于转嫁成本型关联交易的一种。(4)控制公司或者控股股东的债务由从属公司的债权或者资产进行充抵。控股股东在这种情况下,实际上是将其自身与从属公司的资产相混同,将从属公司的资产当作其自己的资产,明显违背了公司法人的独立性原则,侵害了从属公司少数股东与债权人的利益。(5)控制公司或者控股股东掠夺从属公司的利润。由于许多公司与控制股东之间存在行业上的依存关系,控制公司常常以高价向从属公司销售原材料或者以低价向从属公司收购产成品,或者抢占从属公司利润较好的项目,掠夺从属公司的利润,影响从属公司的经营或者降低公司的偿债能力。

七、由于关联企业人格混同而严重侵害债权人合法权益时,可否将各关联企业视为同一主体,判令其承担连带清偿责任

关联企业的出现是社会经济发展的必然,其积极进步意义是毋庸置疑的。不过,由于关联企业之间存在着较一般企业更为紧密的联系,所以也就更容易滋生人格混同等弊端。最常见的是关联企业的法定代表人利用对各公司的控制权,无视公司独立人格,人员、财务等不作区分,并在各公司间随意移转、处置财产及债权债务关系,造成关联企业的人格混同。由于关联企业人格混同而严重侵害债权人合法权益的,可以将各关联企业视为同一主体,判令其承担连带清偿责任,但适用时必须把握好以下问题。

根据《公司法》第二十条的规定,适用法人人格否认必须满足三个要件:第一,主体要件。只有公司的债权人能够提起法人人格否认之诉,其余股东、董事、监事、高级管理人员即便与公司存在债权债务关系也不得主张公司法人人格否认。第二,行为要件。须有股东实施滥用公司法人独立地位和股东有限责任的行为。第三,结果要件。股东滥用权利的行为严重损害了公司债权人的合法权益。相应地,对人格混同的关联企业适用法人人格否认也应当依循这几个要件:

1. 主体要件——唯有债权人可得诉请对关联企业进行人格否认

从《公司法》的立法表述来看,我国法人人格否认与国外的法人人格否认还是有所不同的。国外的法人人格否认一般从法院的角度表述,反映出其法人人格否认制度是作为在司法判例基础上形成的司法救济手段的特点,而我国的法人人格否认则是从股东的义务和责任的角度来表述的,反映出我国法人人格否认制度首先是作为债权人请求权构成内容的特点。既然是作为债权人的一项请求权,则法院只有在债权人积极主张的时候才能够依法适用人格否认,而不能依职权去主动地揭开公司的面纱。另外,债权人主张人格否认的诉请应是针对关联企业提起的,对于非关联企业则不宜轻易适用人格否认。一般说来,只有关联企业之间才有可能出现人格混同。不过,也不能完全排

除非关联企业之间发生人格混同的可能。笔者认为,适用法人人格否认必须严守适度的底线,该原则是针对滥用法人主体资格的行为所作的否定性评价,而并不是为了给债权人提供更多的救济,不能因为企业之间出现了人格混同就动辄予以人格否认。非关联企业不存在共同的经济目的,其人格混同也很难说是滥用法人主体资格的行为所致,所以对于非关联企业的人格混同没有必要适用人格否认予以规制。

2. 行为要件——关联企业之股东假借人格混同滥用法人独立地位

关联企业的人格混同主要表征为组织机构的混同、经营业务的混同和企业财产的混同。在组织机构混同的情况下,关联企业之间的董事会成员相互兼任,总经理和高级管理人员统一调配、统一聘任或统一任命,企业之间的雇员无甚差异,公司的重大决策不经过审慎的讨论和独立的审议,等等;在经营业务混同的情况下,关联企业从事大致相同的业务,相互之间的交易行为、交易方式、交易价格等都取决于握有最终控制权的股东,资金在企业之间随意流转,根本谈不上自由竞争,经常出现"舍己为人"的行为;在企业财产混同的情况下,公司的营业场所、机器设备以及办公用品难分彼此,一企业名下的财产可以被其他企业法人随意处分,公司的财会账簿稀里糊涂,资金流向不知所终。上述三种情况都表明关联企业已经出现了人格混同,特别是企业的财产混同,从根本上违反了资本维持原则和资本不变原则,有可能严重影响企业的偿债能力,因而也是认定关联企业人格混同最为重要的依据。不过,外人很难证明股东存在故意虚化公司治理结构的行为,要求债权人对企业经营管理的内部行为举证亦不现实。所以,笔者认为,在证明关联企业的股东存在假借人格混同而滥用法人独立地位的行为时,应当秉持客观滥用主义的标准,只要债权人举证证明关联企业构成人格混同,便可以认定控股股东假借人格混同滥用了法人的独立主体地位。倘若关联企业认为其虽然构成了人格混同,但并不存在滥用公司法人格的行为,则应由其举出相反的证据。

3. 结果要件——唯有否认关联企业的法人人格方能保护债权人利益

法人人格否认适用于关联企业人格混同的结果要件要求债权人的利益由于关联企业的人格混同而受到了严重的侵害,不否认不足以保护债权人。该结果要件实际上包含了两方面的内容:其一,债权人的权益因为关联企业之人格混同而受到了严重的侵害;其二,如果不适用法人人格否认在关联企业之间揭开公司的面纱,将无从保障债权人的利益。如果债权人的债权之上已经设定了保证、质押等债的担保,债权人的债权基本上能够通过债的担保而获得救济,则没有必要适用法人人格否认。另外,如果作为债务人的企业对外还有未获清偿的债权,债权人可以通过行使代位权或撤销权使自己的债权受偿,同样没有必要适用法人人格否认。再者,如果能够对债务人企业的股东揭开公司面纱,也没有必要对整个关联企业适用法人人格否认。因为对关联企业适用人格否认将导致所有的关联企业都被视为同一主体,而无论其他关联企业与债务人企业之间是否存在控股或者参股关系。如果直刺债务人企业的控股股东就已经足以保障债权人的权益,就没有必要将与之存在关联关系的企业都牵涉其中。

总之,对于关联企业的人格混同可以适用法人人格否认,《公司法》第二十条关于股东承担连带责任的规定应当有所突破。但我们也必须清醒地认识到,法人人格否认理论是一把"双刃剑",在审判实践中必须非常审慎地适用,以免滞碍企业的集约化和规模化发展。①

八、关联方拟用非现金资产清偿占用的上市公司资金有哪些条件限制

针对上市公司关联方特别是大股东通过关联交易占用上市公司资金的市场顽疾,自 2005 年,起证监会发起了清欠风暴。在强大的压力下,上市公司大股东返还占用上市公司资金的积极性有所提升,但是很多上市公司的控股股东使用实物、知识产权等非现金资产清偿对上市公司的欠款。虽然从经济学角度而言,实物、知识产权等非现金资产同样具有资产属性,具有价值和交换价值,并且从民法角度而言,交易对价的形式应当归属当事人意思自治,但是由于关联方对公司具有控制力,并且关联方很可能滥用该种控制力,导致公司的意思被异化,因此上市公司关联方可能用没有价值或价值较低的非现金资产高额作价清偿对上市公司的债务。为了打击该种现象,证监会于 2003 年 8 月 28 日作出《关于规范上市公司与关联方资金往来及上市公司对外担保者若干问题的通知》(以下简称《通知》)。该《通知》规定关联方拟用非现金资产清偿占用的上市公司资金,必须遵守以下规定:(1)用于抵偿的资产必须属于上市公司同一业务体系,并有利于增强上市公司独立性和核心竞争力,减少关联交易,不得是尚未投入使用的资产或没有客观明确账面净值的资产。(2)上市公司应当聘请有证券期货相关业务资格的中介机构对符合以资抵债条件的资产进行评估,以资产评估值或经审计的账面净值作为以资抵债的定价基础,但最终定价不得损害上市公司利益,并充分考虑所占用资金的现值予以折扣。审计报告和评估报告应当向社会公告。(3)独立董事应当就上市公司关联方以资抵债方案发表独立意见,或者聘请有证券期货相关业务资格的中介机构出具独立财务顾问报告。(4)上市公司关联方的以资抵债方案应当报中国证监会批准。中国证监会认为以资抵债方案不符本《通知》规定,或者有明显损害公司和中小投资者利益的情形,可以制止该方案的实施。(5)上市公司关联方以资抵债方案须经股东大会审议批准,关联方股东应当回避投票。

---

① 裴莹硕、李晓云:《关联企业人格混同的法人人格否认》,载《人民司法·案例》2009 年第 2 期。

法条索引

《中华人民共和国公司法》

第二十一条 公司的控股股东、实际控制人、董事、监事、高级管理人员不得利用其关联关系损害公司利益。

违反前款规定,给公司造成损失的,应当承担赔偿责任。

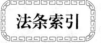

第十章

公司决议瑕疵热点问题裁判标准与规范

本章导读

公司作为法律拟制的法人，其与自然人在意思形成上存在重大区别。公司的意思必须借助一定的机关以决议的方式形成，并且该种决议是多数决而非全体一致决，因此可能发生公司多数参与方滥用多数决损害公司少数参与方的情形。此时，法律必须为少数参与方提供公正的保护，为此，我国 2005 年《公司法》规定了公司决议瑕疵诉讼制度。运用该项制度时，既要充分维护少数参与方的正当利益，又要平衡公司和多数参与方的正当利益，实现股东利益与公司利益的和谐发展。

理论研究

一、公司决议瑕疵诉讼界定

公司决议瑕疵诉讼是指公司决议存在内容或程序上的瑕疵时，利害关系人因对公司决议效力持有异议而向法院提起的诉讼。从法理上说，公司决议是指公司机关作出的决议，包括股东（大）会、董事会和监事会的决议。不过，对于可以提起瑕疵诉讼的公司决议各国或地区规定的范围有所不同，境外公司法多仅规定对股东大会决议的效力可提起诉讼，我国 2005 年《公司法》规定的范围较广，既包括公司股东（大）会的决议，亦包括公司董事会的决议。

我国 1993 年《公司法》第一百一十一条规定："股东大会、董事会的决议违反法律、行政法规,侵犯股东合法权益的,股东有权向人民法院提起要求停止该违法行为和侵害行为的诉讼。"该条规定虽然赋予了公司股东对违法的公司决议提起诉讼的权利,但是"停止违法行为和侵害行为"的规定较为粗疏,未能明确异议股东的具体救济途径,并且该条并未涵盖股东(大)会和董事会决议违反公司章程的情形。因此人民法院对于股东就存在法律瑕疵的股东会决议和董事会决议提起的民事诉讼的受案和裁判态度不一,有的不予立案,有的予以驳回,有的则依法确认此类决议无效、撤销此类决议。① 为了更好地保护股东权益,2005 年《公司法》对该条予以重大完善,在第二十二条明确规定了公司决议瑕疵诉讼的条件、程序和效力。

我国 1993 年《公司法》对公司决议瑕疵的事由未予具体区分,并且未涵盖股东(大)会和董事会决议违反公司章程的情形。公司法修订过程中,学者建议完善我国的公司决议瑕疵诉讼,提出的完善建议与日本《公司法》规定的上述事由基本相同:(1)将公司决议瑕疵诉讼分为三类——公司决议无效之诉、公司决议可撤销之诉与公司决议不存在之诉。(2)股东大会决议内容违反法律或者行政法规的无效;股东大会的召集程序或表决方法,违反法律、行政法规、公司章程或显失公平时,或者决议内容违反公司章程时,股东等利害关系人有权请求法院撤销;决议并未获得通过或者存在其他的根本性瑕疵时,视为无决议。2005 年《公司法》最终采纳了二分法,将公司瑕疵决议分为无效与可撤销两种情形:公司股东会或者股东大会、董事会的决议内容违反法律、行政法规的无效;股东(大)会、董事会的会议召集程序或表决方式违反法律、行政法规或者公司章程,或者决议内容违反公司章程的,股东可以自决议作出之日起六十日内,请求人民法院撤销。

二、公司决议瑕疵诉讼当事人

1. 公司决议瑕疵诉讼的原告

对于公司决议瑕疵诉讼的原告范围各国或地区的规定有所不同。我国台湾地区规定公司决议撤销之诉仅得由公司股东提起,对于公司决议无效之诉适用民事和诉讼的一般规定。德国《股份法》并未区分无效之诉与可撤销之诉,统一规定为公司股东、董事会或董事、监察人。日本《公司法》对公司决议无效之诉根据决议的具体内容规定了不同的原告范围,撤销之诉的撤销权人为股东、董事、监事或清算人。我国《公司法》第二十二条对公司决议无效之诉的原告未加规定,而将公司决议撤销之诉的原告仅限于公司股东。最高人民法院 2006 年公布的《关于适用〈中华人民共和国公司法〉若干问

① 刘俊海:《新公司法的制度创新:立法争点与解释难点》,法律出版社 2006 年版,第 232 页。

题的规定(二)》(征求意见稿)第六条规定公司股东、董事、监事可以根据《公司法》第二十二条第一款规定提起公司决议无效之诉。笔者认为,将公司决议无效之诉的原告范围仅限于公司股东、董事和监事于法无据,因为《公司法》并未作此种限制性规定,更重要的是公司无效决议的潜在受害人绝不仅限于公司内部人,公司外部人比如公司债权人的正当利益同样可能受到不法侵害。因此,公司决议无效之诉的原告范围应当根据《民事诉讼法》的一般规则确定,只要与公司决议存在直接利害关系的当事人均可提起公司决议无效之诉。

此外,值得探讨的是公司监事会是否有权提起公司决议无效之诉。有的观点认为从《公司法》第二十二条第一款的规定来看,并未对无效之诉的原告作出明确规定,但是从法学理论上看,既然是无效的决议,任何人均有权请求人民法院确认其效力。对此,应当具体问题具体分析。从我国《公司法》规定的监事会的职权来看,监事会的主要职责是监督公司的董事会和董事、高级管理人依法履行职责,但是我国《公司法》第五十四条和第五十五条并未规定监事会对公司决议提起诉讼的权力,更重要的是监事会作为公司的一个内设机构起诉公司并不完全符合公司法理。因此,对于内容违反法律、行政法规的董事会决议,公司监事会有权要求董事会予以纠正、向股东(大)会提出相关议案以及向法院起诉要求追究违法董事的民事责任,但是无权直接依据《公司法》第二十二条第一款提起公司董事会决议无效之诉。对于内容违法的股东(大)会决议,监事会提起无效之诉不仅存在上述障碍,而且在我国公司法框架下,监事会是否有权监督公司股东(大)会尚有疑问,因为我国公司法理论一直认为股东(大)会是公司的权力机关和意思形成机关。综上,在我国现有公司法框架内,公司的监事会无权依据《公司法》第二十二条第一款提起公司决议无效之诉。当然,从实践的角度看,赋予公司监事会该项权力更有利于监督公司董事会和股东(大)会的合法运转。尽管其不完全符合法律逻辑,但是毕竟法律的生命不在于逻辑而在于功效,因此以后《公司法》修订过程中,确有必要赋予公司监事会该项权力。

无论是公司决议无效之诉抑或可撤销之诉,公司股东均为适格原告。对于公司股东的原告资格,有以下三个问题值得探讨。

(1)公司股东的持股时间。公司决议通过时的股东在其后转让其股份的,不再具有原告资格,否则可能导致转让股份的原股东与受让股份的新股东就是否起诉发生争议,况且该项制度的立法价值在于保护股东利益,股东转让股份后即失去了与公司决议的利害关系。不过,如果股东丧失股东资格并非出于自愿,而系基于公司的行为,比如公司强制取消或者收购股东股份、公司的分立、合并等,则该种股东仍然具有原告资格,此时股东提起瑕疵决议诉讼正是维护其合法权益的有力手段,这也正是该项制度的立法价值所在。公司决议通过后受让或继承公司股份的股东具有股东资格，因为该种股东的经济利益与公司决议密切相关，但是如果其前手已经明确表示放弃诉讼权利的除外。

（2）未参与股东大会决议的股东是否具有原告资格。《公司法》规定公司决议瑕疵诉讼制度的立法目的在于保护公司股东的正当利益，股东未参与股东大会并不否认公司股东与公司的该种经济联系和经济利益，更何况公司决议是否存在瑕疵很多时候股东在会后才能得知，是故，未参与股东大会决议的股东具有原告资格。即使股东已经得到适当通知而未参与股东大会，仍然具有原告资格，因为股东不参与股东大会并不等于股东赞成股东大会决议。

（3）对决议投赞成票的股东是否具有原告资格。如果公司股东（大）会的会议召集程序、表决方式违反法律、行政法规、公司章程或者公司决议内容违反公司章程，则该股东出席会议并投赞成票的行为本身表明其合法权益并未受到该决议的不当侵害，因此其不得再行提起公司决议瑕疵诉讼。如果公司股东（大）会、董事会的决议内容违反法律、行政法规，由于法律规定公司决议无效之诉制度的立法价值除保护公司股东利益外，还存在保护社会公共利益的考量，并且该种决议的违法性不能因股东的同意而治愈，这种情况下股东仍然具有原告资格。

2. 公司决议瑕疵诉讼的被告

无论公司股东（大）会决议抑或公司董事会的决议体现的均是公司的意思，而非参与方的个人意思，而且公司决议瑕疵诉讼的法律后果归于公司承受，因此该种诉讼的被告应为公司。对此，最高人民法院2006年公布的《关于适用〈中华人民共和国公司法〉若干问题的规定（二）》（征求意见稿）第六条规定“股东会、股东大会、董事会决议无效之诉和撤销之诉案件，应当列公司为被告”，该项规定笔者甚为赞同。当然，股东在提起公司决议瑕疵诉讼的同时，尚可提起股东代表诉讼或者直接诉讼追究违法董事对公司或股东的损害赔偿责任。

3. 公司决议瑕疵诉讼的第三人

我国《民事诉讼法》第五十六条确立了民事诉讼的第三人制度，并将第三人分为有独立请求权的第三人和无独立请求权的第三人。第三人在诉讼中具有独立的诉讼地位，其可独立地实施诉讼行为。有独立请求权的第三人对被告和原告之间的诉讼标的有独立的请求权；而无独立请求权的第三人对被告和原告之间的诉讼标的无独立的请求权，其仅因与案件处理结果有法律上的利害关系而参加到诉讼中来。公司决议的效力不仅关系到提起诉讼的原告股东的法律利益，而且关系公司其他股东的法律利益，因此原告股东提起诉讼时可以列其他股东为第三人，特别是公司决议与其他股东进行关联交易时；如果原告股东未将其他股东列为第三人的，人民法院应当通知或者公告公司其他股东，公司其他股东以共同原告或第三人身份参加诉讼的，人民法院应予准许。

三、公司决议瑕疵诉讼的法律后果

1. 法院判决的溯及力

法院判决的溯及力问题主要发生在法院支持原告诉讼请求的情形下。根据民法一般理论，无效的或者被撤销的民事法律行为自始没有法律约束力，因此法院确认无效撤销公司决议的判决应当追溯适用于决议通过之日。然而，如此一来，如何维护交易安全便成为一个现实问题，因为公司自身的内部问题显然不能成为侵害善意第三人利益的正当理由。对此，学者多主张适当限制法院判决的溯及力，即法院该种判决对与公司进行交易的善意外部第三人无溯及力。笔者认为该种价值判断可取，但是逻辑不清，为何法院判决只对部分主体具有溯及力？法律行为有效就是有效，无效就是无效。善意第三人正当利益应当得到维护，但是无须通过限制法院判决溯及力实现，因为《合同法》中的表见代表和表见代理制度足以完成该项使命。我国《合同法》第五十条规定："法人或者其他组织的法定代表人、负责人超越权限订立的合同，除相对人知道或者应当知道其超越权限的以外，该代表行为有效。"《合同法》第四十九条规定："行为人没有代理权、超越代理权或者代理权终止后以被代理人名义订立合同，相对人有理由相信行为人有代理权的，该代理行为有效。"公司股东（大）会或董事会决议被宣告无效或者撤销后，公司法定代表人或代理人的行为失去授权依据，为无权代表或无权代理行为，但是对于与公司进行交易的善意第三人而言，其可以主张表见代表或表见代理以维护自己的正当权益。因此，我国《公司法》第二十二条未予规定法院判决的溯及力不是立法者的疏忽，而是立法者体系化思维的高超运用。

2. 法院判决的既判力

法院判决的既判力问题主要发生在法院判决驳回原告诉讼请求的情形下。对判决的既判力，学界存在不同定义，但是主流意见认为："在民事诉讼中，法院的终局判决确定后，无论该判决结果如何，当事人及法院均应当接受判决内容的约束，当事人不得就该判决的内容再次进行相同的主张，法院也不得就该判决的内容作出相矛盾的判断，这在大陆法系的语境中称为确定的终局判决内容判断上的通用力，即既判力。"[①]本书此处讨论的既判力仅针对实质意义上的既判力而言。虽然法院判决的既判力原则上仅约

① 王兵：《关于既判力》，载《人民司法》2011 年第 8 期。

束诉讼当事人，但是特定案件中法院判决的既判力可以扩张约束案件以外的其他主体。比如我国《民事诉讼法》第五十五条规定："诉讼标的是同一种类、当事人一方人数众多在起诉时人数尚未确定的，人民法院可以发出公告，说明案件情况和诉讼请求，通知权利人在一定期间向人民法院登记。""人民法院作出的判决、裁定，对参加登记的全体权利人发生效力。未参加登记的权利人在诉讼时效期间提起诉讼的，适用该判决、裁定。"

公司决议瑕疵诉讼直接关涉公司的运营效率，因此在保护公司股东正当利益时不应给公司造成过多的讼累。因此，有必要参照《民事诉讼法》第五十五条规定适当扩张该种判决的既判力。如果法院判决驳回确认公司决议无效诉讼请求的，其他当事方不得再以同一事实和理由提起确认公司决议无效之诉，对该种诉讼，人民法院不予受理。不过，对于公司决议撤销之诉，其他公司股东仍然有权提起，因为公司决议可撤销事由具有个体性，对于公司各个股东而言并不必然相同。

实务探讨

一、公司决议无效之诉是否受期间限制

我国《公司法》第二十二条规定公司决议撤销之诉必须在公司决议作出之日三十日内提起，但是并未规定公司决议无效之诉的起诉期间，因此有观点认为公司决议无效之诉可以在任何时候提起。该种观点有待商榷。《公司法》是调整公司法律关系的主要法律渊源，但不是全部。公司参与方的行为除接受《公司法》规范外，尚需遵守民商法一般规范。公司决议无效之诉虽然不受公司法的限制，但是仍然要遵守民法上诉讼时效期间的限制，即原告应当在知道或者应当知道其权利被侵害之日起两年内提出。

二、公司决议瑕疵诉讼是否适用调解或和解

民事诉讼奉行处分原则，当事人有权和解或者接受调解，但是该规则在公司决议瑕疵诉讼中并不适用。一般民事诉讼中当事人可以和解或者接受调解是因为该种处分体现当事人的自由意志，符合当事人的价值判断。在公司决议瑕疵诉讼中公司决议由公司股东(大)会或者董事会作出，代表公司进行诉讼的法定代表人虽然体现公司的意志，但必须遵守法律和公司章程的限制，其无权撤销或变更公司股东(大)会或者董事会作出的决议，即其不具备相应的处分权，因此不得和解或者接受调解。

三、司法实践中应当如何确定《公司法》第二十二条规定的“决议作出之日”

《公司法》第二十二条第二款规定的除斥期间的起算点为“决议作出之日”，实践中应当如何确定决议作出之日，需要区分不同的情形：其一，以会议（股东会、股东大会、董事会）形式通过决议。此时可能出现两个日期：召开会议通过决议之日和与会人员在决议文件上签名之日。通常情况下，这两个日期是统一的，即与会人员表决通过决议并同时在会议记录等决议文件上签名。但实践中也可能出现两个日期不一致的情况，决议通过时间与参会人员在文件上的署名日期不同，此时应当以会议通过决议的日期为准，作为期限的起算日。除非公司无法证明会议通过决议的时间，并因此与股东所认定的“在文件上签章的日期”有争议，则认定股东在决议上签章之日为决议通过之日。其二，传签书面文件通过决议。此时最后一个应当参加表决的股东或者董事在传签的决议上签章的日期，为该决议通过之日。①

四、公司实践中常见的召集程序和表决方式瑕疵情形主要有哪些

展望公司法审判业务，由于2005年《公司法》弘扬了公司自治和股东自治精神，人民法院在审判实践中原则上应当尊重公司股东和与董事会依法作出的决议，不能越俎代庖。人民法院对于公司决议的实体内容，原则上不宜干预，除非实体内容违反了法律、行政法规中的强制性规定。但是，人民法院有权应股东之诉请，对于召集程序与表决程序存在法律瑕疵的公司决议进行司法审查。可以预言，公司决议效力之争的焦点问题将越来越多地集中在召集与表决程序上。法官不是商人，无法就公司决议内容的妥当性进行商业判断，但法官长于规则解释与违规识别，因此对公司决议的程序瑕疵进行司法审查恰好属于法官的业务专长。而程序严谨、程序公正恰恰是我国当前公司治理中最为缺乏的元素。

关于常见的召集程序方面的瑕疵情形主要有：（1）召集通知之遗漏。例如召集人仅对一部分股东发送召集通知，而未对另外一部分股东发送召集通知。倘若被遗漏通知的股东从其他股东那里知悉了召集通知并且亲自或委托他人出席了股东会或者董事会，则召集通知遗漏之瑕疵可获得治愈。（2）股东会或者董事会召集通知中未载明召集事由、议题和议案概要。（3）股东依法提出的议案概要未被记载在会议通知上。（4）召集人不适格，即召集股东会或者董事会的人缺乏股东资格。（5）决定召集股东会的董事会决议因出席董事人数不足而无效。（6）召集通知的期间过短，股东缺乏充分的

① 奚晓明主编：《最高人民法院关于公司法司法解释（一）、（二）理解与适用》，人民法院出版社2008年版，第58—59页。

时间作出相应的参会准备。(7)召集通知未采用书面形式而采用口头形式,且有股东提出异议。(8)公司或者具有召集权的股东故意选择在股东出席困难的地点召开股东会。股东会的召开地点,可由公司章程规定。公司住所地作为公司经营活动之中心当然可为股东会会议场所。公司章程载明的邻近地也可成为股东会召开地点。由于股东会是公司最高决策机构,召集人应创造条件使尽可能多的股东均有机会参与公司决议事项之审议或投票。然若召集人故意舍近求远,避开公司章程所载地点,选择在股东们旅行不便之地(如航线、铁路、公路或水路均不便利之处),或者旅行成本过高之地召开股东会,则构成不公正的召集方法。(9)公司或者具有召集权的股东故意选择在股东出席困难的时间(如非典型性肺炎等传染病暴发期和流行期)召集大规模股东会或者董事会。(10)由于股东会现场座位过少,部分股东被挤出会场,失去了投票机会等。

关于常见的表决程序方面的瑕疵情形包括但不限于以下几种情形:(1)由于股东会或者董事会现场对参会者或其代理人身份查验不严,非股东或非董事的代理人参与了表决。(2)公司决议缺乏公司章程确定的定足数(股东会有效召开所要求的股东所代表的最低股份总数)。(3)违反了章程关于表决代理人仅限于股东或者董事的规定。(4)会议主持人拒绝适格代理人行使表决权。(5)负有说明义务的董事、监事对于股东的质询拒绝作出说明或者说明不充分。(6)股东会或者董事会主席无正当理由限制或者剥夺股东的发言权或辩论权。(7)违反法律或章程规定的人担任会议主席。(8)会场始终处于喧哗、骚乱状态,会议在股东无法进行充分讨论和提出动议的情况下强行作出决议。(9)股东或经营者蓄意指使他人利用威胁或利诱手段干扰股东表决权及其相关权利的行使。(10)根据《公司法》或者公司章程依法应回避表决的股东或者董事直接行使表决权或代理其他股东行使表决权。(11)决议未达到法定表决比例。①

五、法院可否以决议瑕疵轻微为由驳回原告诉讼

在存在股东大会决议可撤销的场合,撤销权也有可能被滥用。因股东大会决议对公司及股东利益事关重大,如何以法规制撤销权之滥用,就成为立法和司法中不可同避的一个重要问题。法律既不能无视瑕疵决议对股东大会民主、公司和股东利益的侵害,也不能容忍股东为追求私利而擅自违法动用诉权。实践中,通常会存在这样的情形,股东因股东大会决议形式违法而提起撤销之诉,起诉的目的不仅是为了其他股东的利益,更是为了追求自身的利益,甚至行使撤销权是基于恶意,明知有害于公司,而无追求股

① 刘俊海:《新公司法的制度创新:立法争点与解释难点》,法律出版社 2006 年版,第 236—238 页。

东正当利益之目的。在起诉之后，对于公司而言，更多地是在支付了巨额费用之后，起诉被撤回。就此而言，撤销之诉仅仅是为了取得公司赔偿金的一种手段。① 为防止股东撤销诉权的滥用，有些国家在立法上创设了裁量驳回制度。

所谓裁量驳回制度，即鉴于可撤销决议的瑕疵与决议无效的瑕疵相比要轻微许多，故当撤销之诉的起诉权人向法院请求撤销决议时，法院要权衡决议瑕疵与决议所生利益之利弊，认为违反的事实不严重而且不影响决议时，可以对撤销请求予以驳回。② 立法上创设撤销股东大会决议之诉的目的在于否定以违法程序假借多数决的公正意思而成立的决议的效力，因此股东大会召集程序或决议方法违法对决议明显无任何影响时，是否有必要承认决议撤销权，成为探讨的问题。在现实中，股东大会决议程序上的瑕疵与结果不一定存在因果关系，换言之，即使股东大会决议程序不存在瑕疵，也可能作出同样内容的决议，因此撤销可能没有实际意义。这是立法上确立裁量驳同制度的出发点。笔者认为，裁量驳回的出发点是尽可能地维持公司关系的稳定，减少因撤销决议而产生的解决争议的成本，但是如果机械地认定决议的瑕疵对决议不产生影响而否定撤销权，也必然有失公允。所以，法官在行使裁量权时应当考虑瑕疵的性质及程度，将股东大会程序的正当性要求与公司法律关系的稳定性要求作一利益平衡，决定是否裁量驳回。

在最高人民法院发布的《关于审理公司纠纷案件若干问题的规定(一)(征求意见稿)》第三十五条和第三十七条作过如下规定：股东会议的召集程序和表决方式违法或者违反公司章程规定的，人民法院认为不符合法定程序或者违反公司章程的情节显著轻微、不影响决议结果的，可以驳回股东撤销决议的诉讼请求。股东参加了股东会议且对会议召集程序未表示异议，或者虽对会议召集程序表示异议但对决议事项投票赞成，或者虽投票反对但又以自己的行为实际履行了股东会议决议，其再请求撤销决议或认定决议无效的，人民法院应当驳回其诉讼请求。这些规定反映了司法实践对这一问题的认识和掌握。③ 此处明确了裁量驳回的两个判断标准，即召集方法或决议方法违反法规或公司章程；违反的事实显著轻微，不会对决议内容造成影响。对于第二个要件即违反的事实显著轻微是否成立，建议采举证责任倒置，由被告证明。当然，法院在行使该种自由裁量权时应当遵守审慎原则，并且绝对不可将之应用于公司决议无效之诉，因为后者维护的不仅是当事人的利益，还有社会的正常经济秩序。

① 王彦明：《股东大会决议的无效与撤销——基于德国股份法的研究》，载《当代法学》2005 年第 11 期。

② 柴玉林：《论可撤销的股东大会决议》，载《法学》2006 年第 11 期。

③ 赵旭东主编：《公司法学》(第二版)，高等教育出版社 2006 年版，第 383 页。

六、董事和监事可否提起公司决议撤销之诉

《公司法》第二十二条第二款仅规定了公司股东有权提起公司决议撤销之诉，而并未赋予其他主体该种权利。有观点认为公司决议撤销之诉的适格原告不但包括公司股东，亦可以是公司董事、监事。该种观点不足为取。首先，司法的基本原则是以法律为依据，既然我国《公司法》非常明确地将公司决议瑕疵之诉的原告资格仅赋予了公司股东，无论当事人抑或法院的诉讼活动皆应当遵守该项规定。其次，公司侵害董事、监事利益的可能情形无非是公司对其任免不当或未完全支付约定的对价，如果公司任免公司董事、监事违反了法律的强制性规定，应属无效；如果公司任免董事、监事违反了当事人的约定或公司未完全支付约定的对价，董事、监事完全可以依据《合同法》寻求救济，并不属《公司法》调整范围。因此，公司董事、监事无权提起公司决议撤销之诉。

七、公司决议瑕疵诉讼中可否诉讼保全

民事诉讼法中的诉讼保全包括财产保全和证据保全，前者的目的在于保障人民法院将来生效的判决顺利执行，后者的目的在于保证诉讼活动的顺利进行。公司决议瑕疵诉讼在性质上是确认之诉或变更之诉，而非给付之诉，并不存在将来生效判决的执行问题，因此无财产保全的适用空间。对于证据保全，公司决议瑕疵诉讼与普通民事诉讼同样存在运用证据证明案情的需要，因此可以采纳。

八、如何确定公司决议瑕疵诉讼的案件管辖

诉讼案件的地域管辖主要由诉讼的被告和诉讼的性质决定。公司决议瑕疵诉讼的被告为公司，其诉讼性质为一般民事诉讼，而非合同纠纷或者侵权纠纷等，同时其又不属于《民事诉讼法》规定的专属管辖案件的范围，因此应当适用《民事诉讼法》第二十二条第二款规定，由公司住所地法院管辖。

诉讼案件的级别管辖主要由案件影响大小和诉讼的性质决定。公司决议瑕疵诉讼性质并不特殊，不过该种诉讼的影响通常因公司规模大小而不同。鉴于实践中公司规模大小通常与公司登记机关的级别相适应，因此可以参照最高人民法院发布的《公司法解释（二）》第二十四条第二款有关公司解散诉讼案件和清算案件级别管辖的规定，公司决议瑕疵诉讼案件的级别管辖应当采纳如下原则：基层人民法院管辖县、县级市或者区的公司登记机关核准登记公司的公司决议瑕疵诉讼案件；中级人民法院管辖地区、地级市以上的公司登记机关核准登记公司的公司决议瑕疵诉讼案件。

九、公司决议瑕疵诉讼与股东代表诉讼有何区别

公司决议瑕疵诉讼与股东代表诉讼主要存在如下区别:(1)公司决议瑕疵诉讼的发生原因是公司决议违反法律规定或者公司章程;股东代表诉讼的发生原因是公司董事、监事、高人管理人员或者第三人公司利益。(2)公司决议瑕疵存在瑕疵时公司利益并不必然受到损害;股东代表诉讼的前提是公司利益受到损害。(3)公司决议瑕疵诉讼的被告是公司,股东代表诉讼的被告是侵害公司利益的公司董事、监事、高人管理人员或者第三人。(4)公司决议瑕疵的原告并不仅限于公司股东;股东代表诉讼的原告只能是公司股东。(5)公司决议瑕疵诉讼无前置程序;股东代表诉讼通常须遵守前置程序。

十、公司决议无效是否仅得以诉讼方式主张

对于公司决议无效是否仅得以诉讼方式主张,境外立法例有不同的规定。德国《股份法》规定不排除以诉讼以外的其他方式主张,日本《公司法典》规定仅得以诉讼方式主张。我国《公司法》对此未予明确。根据民法一般原理,无效的民事法律行为当然无效,我国《公司法》对此又未予限制,因此在我国目前的《公司法》框架内,公司当事方可以以诉讼以外的方式主张公司决议无效。

十一、确认股东会决议效力案件的判决主文应当如何制作

(1)请求撤销股东会决议的案件,因仅审查原告主张的可撤销事由是否存在,而对决议是否存在其他可撤销事由则不问,因此这类案件的判决主文制作,与其他民事案件相同。即支持原告诉讼请求时,写“撤销×年×月×日×公司第×届第×次股东会决议”;不支持原告诉讼请求时,写“驳回原告诉讼请求”。

(2)请求确认股东会决议有效或无效的案件,判决主文制作相对复杂。在一项决议内容中,有些内容有效而有些内容无效时,或有些内容未经实质审查不能保证准确无误时,判决主文如何制作?笔者认为,无效和有效的内容能够分开时,则应在判决主文中分别下判;不能分开时,则应在具体细节和决议形成背景不影响效力判断的原则指导下,对该项决议的效力作总体评判,即使存在未经实质审查的内容时,亦应如此。因此,这类案件的判决主文,在全部支持原告诉讼请求时,写“确认×年×月×日×公司第×届第×次股东会决议有(无)效”;在部分支持原告诉讼请求时,写“确认×年×月×日×公司第×届第×次股东会决议第×条(或关于××的内容)有(无)效”。在不支持原告诉讼请求时,对于请求确认有效的案件,应写“确认×年×月×日×公司第×届第×

次股东会决议无效”；对于请求确认无效的案件，应写“驳回原告诉讼请求”。实践中对此写法有不同意见。笔者认为，对于请求确认有效的案件，在股东会决议存在无效情形时，应当在主文中判定无效，而不能驳回原告诉讼请求，因为驳回原告诉讼请求并不意味着确认决议无效，在未确认无效的情况下，作出决议的公司可能会继续执行该无效决议。对于请求确认无效的案件，有人认为应写“驳回原告诉讼请求”，有人认为应写“确认×年×月×日×公司第×届第×次股东会决议有效”。笔者同意第一种意见，因为根据民事诉讼不诉不理的原则，在此类案件的审理中，仅审查股东会决议是否存在应确认无效的事由，对股东会决议是否存在可撤销事由并未进行审查，而确认决议有效后。则决议可能会由相对有效转变为绝对有效，从而影响公司股东行使撤销权。有人认为，《公司法》规定了股东行使撤销权的除斥期间，在判决作出时除斥期间已过的情况下，应当确认决议有效。笔者认为，这种区分略显繁琐，也没有太大的实际意义，还可能造成一审诉讼是在除斥期间内而二审诉讼是在除斥期间外而判决主文需变更的问题。因为只要不被撤销或确认无效的决议都是可以有效执行的决议，因此，为了保证司法的统一性及操作的简便性，此时的判决主文应一律写为“驳回原告诉讼请求”①。

十二、当事人是否享有要求确认股东会、董事会决议有效的诉权

我国2005年《公司法》明确赋予当事人确认决议无效和撤销决议两种诉权，那么，当事人是否可以向法院提起诉讼要求确认股东会或董事会决议有效？当事人是否享有确认股东会决议有效的诉权在1993年和2005年《公司法》中都没有规定，在审判实践中也是一个常遇到的程序问题。对此，实践中各法院的做法不统一。有的法院对该类诉讼立案受理并进行裁判，确认股东会或董事会决议有效，其理由如下：一是从《民事诉讼法》第一百零八条关于立案审理的标准来看，该类诉讼有明确的原被告和具体的诉讼请求，符合第一百零八条的规定；二是从公司法审判来看，增加、扩大公司案件可诉性也是公司法审判的一种价值取向，当事人选择这样的诉讼，法院就应当受理并裁判。也有的法院对该类诉讼不予受理，即使受理了最终也裁定驳回原告的起诉。

笔者赞同第二种做法，理由如下：一是确认股东会决议有效系确认之诉，司法确认作为司法裁判的一种具体方式，本身是因当事人之间对诉讼标的或某一法律关系的存在、成立有纠纷或争议而引起的，因此，当事人之间的纠纷、争议是产生诉讼与裁判的原因，司法裁判是对争议、纠纷的解决，如果当事人对某一法律关系无争议即无须进行司法确认；二是一项法律关系在成立后就是有效，在未经司法裁判宣布无效之前，其效力

① 刘兰芳主编：《公司法前沿理论与实践》，法律出版社2009年版，第248—249页。

是法定的，无须进行确认；三是如果当事人对一项有效的股东会决议质疑，法律已赋予其确认股东会决议无效的诉权，有法定的救济渠道，无须通过确认有效的诉讼来实现；四是从公司法原理上，公司自治是一项基本原则，在公司自治的范畴内尽量减少司法的干预与介入。因此，如果当事人对某一股东会决议无争议，司法不应轻易介入。正是基于以上理解，我们认为法院对确认股东会决议有效的诉讼应当裁定不予受理或已经受理的应裁定驳回起诉。

十三、在公司决议效力诉讼中，一诉多求是否可合并审理

根据《公司法》的有关规定，凡需要股东会、董事会决议的事项都属于公司内部管理和对外经营中的重大事项，因此，股东会、董事会决议往往决定其他法律关系的产生、变更或消灭。特别是某些特定情况下，如公司股东对外转让股权、公司对股东个人提供担保等，《公司法》明确规定，股东会决议的作出是其他法律关系存在的前置程序，二者具有相互关联、互为条件的特点。在这种条件下，当事人若对股东会决议产生争议，必然会对相关联的法律关系产生争议，因此，在股东会、董事会决议效力诉讼中，往往存在"一诉多求"现象，要求确认股东会决议效力的诉讼请求往往与确认其他法律关系效力的诉讼请求一并提出。那么，对于一个诉中的多个诉讼请求法院是否可以合并审理，这是该类诉讼在程序方面存在的一个突出问题。例如，某房地产公司股东权转让案中，马某是一家房地产公司的股东，在公司经营过程中，公司未经马某同意，将马某持有公司30%的股份转让给了公司之第三人李某，该公司对股权转让作出股东会决议，马某没有参加该次股东会，股东会决议上马某的签名是他人伪造的，后公司依据股东会决议及转股协议在工商办理了变更登记，将马某的股权变更到李某名下。马某了解到该情况后，将房地产公司、李某诉至法院，要求：(1)确认股东会决议无效；(2)确认李某所签订的股权转让合同无效，属于侵权行为；(3)李某赔偿侵权造成的损失。①

对一诉多求能否合并审理，在实践中存在多种认识与做法。一种意见认为可以合并审理，理由如下：一是虽然诉讼请求是多个，但产生的纠纷本质上是一件事，因此，应对该纠纷一次性处理，分开处理不利于纠纷的解决；二是从案由上看，虽然诉讼多个但案由只有一个即确认为股东会决议效力纠纷，案由是由多个诉讼请求中的一个主要的诉讼请求决定的，其他诉讼请求则为辅助的、附从的。另一种意见认为，一诉多求不应合并审理，理由如下：一是诉权性质与种类不同，确认股东会决议效力、确认股权转让合

① 甘培忠、刘兰芳主编：《新类型公司诉讼疑难问题研究》，北京大学出版社2009年版，第139页。

同效力属于确认之诉,而赔偿损失属于侵权之诉,二者诉权性质种类完全不同,且同为确认之诉,确认股东会决议属于确认一个法律行为,而确认股权转让合同效力属于确认合同的效力,二者性质也不相同;二是诉讼主体不同,确认股东会决议效力异议股东为原告,公司为被告,而确认股权转让合同效力诉讼主体为转让合同的双方当事人;三是案由不同,确认股东会决议效力诉讼属于一个纯公司的诉讼,效力的判断依据的是《公司法》的内容,而确认股权转让合同效力之诉,本质是一个合同纠纷、一个债权纠纷,效力判断的依据是《合同法》及当事人在合同中的约定,它不是一个单纯的公司法诉讼,而赔偿损失则是侵权诉讼,三者间案由不相同。基于以上认识,对于该类纠纷应当根据具体诉讼请求的性质与种类,分列几个案件进行审理与裁判,这样更有利于不同法律关系的确定与审理。当然在具体实践操作中,因几个案件具有相互的关联性,可将因一事引发的多个案件同时起诉、同时审理、同时裁判,这样更有利于纠纷一揽子解决。笔者赞同第二种做法,该做法更符合审判实际。

十四、司法实践中如何认定滥用资本多数决的公司决议之效力

滥用多数决原则而作成的股东大会决议,其效力如何,在学说上存在不同的见解:一种观点认为,股东大会决议并无具体违法,因为多数派股东牺牲公司或少数派股东,以追求自己或第三人利益所为实质上不当的决议,不论股份有限公司的具体规定或其精神为何,都不认为有违反的地方,所以应认为有效。另一种观点则认为,如认定股东大会决议的作成是因多数派股东滥用多数决的结果时,应认为该决议无效。因为这时可以认为该决议的内容违反了公序良俗原则而无效。就权利滥用而言,表决权是权利的一种,当然应受权利滥用原则的约束,因此,滥用多数决所作的决议是权利滥用原则适用的结果,也为无效。还有一种观点认为,滥用多数决所为的决议内容的违法性,不宜以同一方式处理,应依具体个案决定为可撤销决议或无效决议。除此之外,有的学者提出,多数决的滥用,这仅是多数股东的个人动机,应属于存在特别利害关系,依照特别利害关系人参与决议处理,为可撤销决议。①

在立法和判例上,对于滥用多数决的决议的效力,也持有不一致的态度。第一次世界大战至1937年《股份法》公布前,德国判例上一直适用违反公序良俗原则抑制不当决议。判例上本来是持消极态度,认为多数派股东依据法律规定,利用表决权追求自己的利益并不违反公序良俗,到1916年德国法院转向积极态度,认为多数派股东利用权

---

① 钱玉林:《滥用多数决的股东大会决议》,载《扬州大学学报(人文社会科学版)》2007年第1期。

利不利少数派股东时，是违反公序良俗，决议应为无效。① 1937 年《股份法》修正时，对多数决滥用的救济作了明文规定，第 197 条第 1 项规定："股东大会决议违反法律或章程的，可以诉请撤销。"第 2 项规定："有权行使表决权的股东为自己或第三人的特殊利益而试图损害公司或其他股东的利益，并且该决议也是适合这一目的的，为股东大会决议撤销的原因。"现行德国《股份法》第 243 条基本上保留了 1937 年法的内容，但在第 2 项增加了一项"但书"规定："如果决议已向其他股东就其损害提供了适当补偿时，则不得撤销决议。"所以，在现行德国法制下对于多数决的滥用，原则上可以诉请撤销决议。在日本，"多数决的滥用"是指股东尤其是大股东为了追求自己或第三者的利益，从客观上形成严重不公正内容的决议，从而公司或少数股东的利益受到侵害的情况。依照日本《商法典》第 247 条的规定，因滥用表决权导致成立显著不公正决议时，可以以决议方法显然不公正为理由诉请撤销决议。但在判例上视为多数决滥用的事例寥寥无几。日本最高法院判定，与少数股东处于对立关系的代表董事兼大股东召开临时股东大会所通过的决议内容，为对近亲者等一部分股东有利的增资时，"股东大会的决议内容本身并不存在违反法令或章程的瑕疵，只是决议的动机和目的违反了公序良俗时，该决议并非成为无效"②。

笔者认为，由于多数决的滥用违反了禁止权利滥用和诚实信用等原则，在性质上属于违反了强行法规范，依照民法上权利滥用的法理，权利的行使如果属于法律行为，则当权利的行使构成权利滥用时，该行为不生法律效力，③所以应当认定决议无效。

十五、当个别股东行使表决权的意思表示被撤销时，股东大会决议的效力是否会受到影响

股东大会决议是法律行为的一种，根据民法上的法律行为理论可知，股东在股东大会上投票的意思表示可因不真实而被撤销。但是，当个别股东行使表决权的意思表示被撤销时，股东大会决议的效力是否会受到影响呢？有学者认为，如果个别股东意思表示的无效、被撤销致使决议数欠缺必要的多数决要件的，应认定决议无效；也有学者认为，如果决议的成立以决议过半数为前提，并且个别股东行使表决权的意思被撤销致使决议欠缺过半数的多数决要件，则认定决议不成立。④ 日本多数学者认为个别股东的

---

① 钱玉林：《滥用多数决的股东大会决议》，载《扬州大学学报（人文社会科学版）》2007 年第 1 期。

② 〔日〕末永敏和：《现代日本公司法》，人民法院出版社 2000 年版，第 132 页。

③ 钱玉林：《禁止权利滥用的法理分析》，载《现代法学》2002 年第 1 期。

④ 钱玉林：《股东大会决议瑕疵研究》，法律出版社 2005 年版，第 219 页。

意思表示瑕疵仅关涉其自身的利益,没有必要将此时的决议规定为无效,而应规定为可撤销。但也有学者提出,个别股东意思表示的无效或被撤销不影响决议成立所必要的法定表决权数时,并不构成决议瑕疵,对决议的效力不造成影响。①

笔者认为,应根据个别股东的表决权对多数决的影响来认定决议的效力。如果无效或被撤销的瑕疵意思表示被扣除后,表决权数仍能够达到公司章程规定的表决权数的,则该决议为有效决议;如果个别股东的意思表示无效并且其所持表决权数对多数决原则造成了影响,那么此时的决议为不成立;如果个别股东的意思表示具有可撤销的原因并且其所持表决权数对多数决原则造成了影响,则此时的决议为可撤销的决议,而非无效决议,这是因为表决权在撤销前是有效的,所以在表决权被撤销前决议是有效的,只有表决权被撤销后才会影响决议的效力。

十六、瑕疵决议可否撤回和追认

关于决议的撤回问题。法律行为的撤回须在该行为生效前作出,同理,股东大会决议作为法律行为的一种,在未以决议为基础发生任何法律关系前,原则上可以撤回该决议,但必须通过相同方式的决议对瑕疵决议进行撤回。② 瑕疵决议被撤回后即丧失法律效力。但是,需特别指出的是,由于无效决议和决议不成立为自始就不发生效力的决议,所以所谓决议的撤回,是指可撤销决议的撤回,那么公司能否主动撤回瑕疵决议呢?笔者认为,如果公司尚未依该决议与股东及第三人发生任何法律关系,那么公司就可以主动撤回瑕疵决议;如果公司已经基于该决议与股东、第三人发生法律关系,那么公司就不能单方撤回该瑕疵决议,因为公司此时对决议的撤回既不能使法律关系恢复到原始状态,而且使公司具有了自由确认撤销权是否存在的权利,危及交易安全。瑕疵决议的撤回,除须具备上述条件外,还须满足以下条件,即股东大会决议的撤回应当通过与原决议相同的方式进行。即对于存在瑕疵的普通决议的撤回须通过普通决议予以撤回,对于存在瑕疵的特别决议的撤回须通过特别决议予以撤回,只有这样才能避免别有用心的人借助撤回的手段规避特别决议的法定数要求,才能使"多数决原则"的应有价值得以实现。

关于决议的追认问题。虽然股东大会决议有着传统民事法律行为所不具有的特性,但是由于其在本质上是法律行为,所以自然可适用民法上法律行为"追认"的法理。"追认"概念源于德国,是指对于自己所作的无效行为或可撤销行为的承认。③ 德国《民

① 钱玉林:《股东大会决议瑕疵研究》,法律出版社 2005 年版,第 219 页。

② 同上书,第 287 页。

③ 史尚宽:《民法总论》,中国政法大学出版社 2000 年版,第 219 页。

法典》对无效和可撤销法律行为的追认作了明确规定[①]，而且德国《股份法》也对可撤销决议的追认作了明文规定。此外，意大利《民法典》也规定了可撤销股东大会决议的追认制度。韩国虽无决议追认制度的法律规定，但有学者认为对于可撤销的股东大会决议可援用民法的追认制度。通过追认可以使可撤销决议溯及有效，终结对其效力的争执。[②] 追认的意义在于，它能终结对瑕疵决议的效力争执，并减少对公司法律关系不稳定的影响。须指出的是，只有当决议的瑕疵可被补救时才可以适用瑕疵决议的追认制度，否则就没有追认制度适用的余地。鉴于存在程序瑕疵的股东大会决议有被补救的可能，所以程序瑕疵决议可以适用追认制度。

十七、无表决权的股东能否成为公司决议瑕疵诉讼适格的原告

无表决权的股东能否成为公司决议瑕疵诉讼适格的原告。无论是各国公司法理论还是立法，对此均存在争议。德国通说认为，撤销权是股东享有的一项独立权利，而不是股东的表决权或表决权的要素，所以不享有表决权的优先股股东也能够享有撤销权，成为决议不成立之诉的适格原告。而且德国《民法典》对此有明确规定。[③] 意大利《民法典》也有类似规定，第2377条第2款规定表决权受到限制的股东可提起决议撤销之诉。而日本通说则认为，无表决权股东不能提起决议撤销之诉，因为无表决权股东不是股东大会召集通知的对象，自然不享有决议撤销权。我国台湾地区也规定无表决权股东不是决议撤销之诉的适格原告。韩国学者也认为，享有表决权是取得决议撤销权的前提条件，无表决权股东不享有撤销权，自然不能提起决议撤销之诉。[④]

笔者认为，应将无表决权股东归入适格原告之列。因为无表决权股东只是不享有表决权而已，并不影响其享有受到召集通知以及在会议上质询的权利等其他股东权利，同时也不能排除决议对无表决权股东利益的不利影响，所以一概认为无表决权股东不能成为适格的原告是不公正的。而且，法律规定决议撤销之诉的目的主要不是为了保护受瑕疵决议损害的股东个人权利，而是为了确保公司的营运能够合理、合法地进行，

---

① 德国《民法典》第141条第1款规定："无效的法律行为经行为人确认后，该确认应视为重新实施的法律行为。"第144条规定："可撤销的法律行为，经撤销权人确认后，不得再撤销。"德国《股份法》在1965年的修正部分引入了决议追认制度，但仅规定了对可撤销决议的追认，而对无效决议未作明文规定。德国现行《股份法》对可撤销的股东大会决议的追认作出了明文规定，如该法第244条规定，股东大会可以一项新的决议追认一项可撤销的决议，只要新决议本身无瑕疵，就可以确认前一决议为有效的决议，不得再提出撤销请求。

② 〔韩〕李哲松：《韩国公司法》，吴日焕译，中国政法大学出版社2000年版，第433页。

③ 德国《民法典》第126条也明确规定："无表决权优先股，除表决权外，各股东享有基于股份的权利。"

④ 〔韩〕李哲松：《韩国公司法》，吴日焕译，中国政法大学出版社2000年版，第417页。

所以无论是享有表决权的股东还是无表决权的股东都有要求依法经营公司的权利。因此，无表决权股东能够成为股东大会决议撤销之诉的适格原告。

十八、公司决议瑕疵诉讼中适格原告是否须在“决议时”和“起诉时”都具有股东身份

决议的形成与撤销权的行使存在时间差，那么在什么时间具有股东资格的股东才享有撤销权呢？韩国学者认为只要起诉时具有股东资格就享有撤销权，而不管形成决议时是否具有股东资格。[①] 日本学者则认为提起决议撤销之诉的股东从起诉时到判决确定为止的时间里必须保持股东资格，但不要求须是参加了股东大会的股东。[②] 我国台湾地区也存在着不同的观点。一种观点认为享有决议撤销权的股东必须是决议时就具有股东资格的股东，因为对于决议时未取得股东地位的股东而言，股东大会决议未涉及其利益，纵使该决议存在瑕疵，这类股东也不享有决议撤销权；[③]有判例认为，只有在起诉时具有股东资格的股东才可能成为决议撤销之诉的适格原告；也有判决认为，有权提起诉讼者原则上须在“决议时”和“起诉时”都具有股东身份，而且须在决议时当场对决议程序提出过异议。并指出，如果股东资格是从享有撤销权的股东处受让股份而取得的，则不影响该股东撤销权的行使。[④]

笔者认为，只有在起诉时具有股东资格的股东才享有决议撤销权，但是否必须在决议时也具有股东资格，则不可一概而论。如果是因决议形成之后的股份转让而继受取得股东资格并且其前手享有撤销权，那么该受让人就享有撤销权；如果是因决议形成之后的新股发行而原始取得股东资格的，那么该股东原则上不享有撤销权，但存在例外情况，即当瑕疵决议对其利益造成不利影响时，该股东享有撤销权。

十九、股东会决议和股东协议有何区别

第一，两者的合意形成规则不同。股东会决议按照多数决规则作出，即按照多数派股东的意见作出。少数股东对决议事项明确表示反对，对股东会决议的效力不产生影响。当然，根据股东会决议事项的不同，股东会决议可采用不同的多数决规则，即对一般的事项采用简单多数决，对重大事项则采用绝对多数决。股东协议则应当遵循意思

① 〔韩〕李哲松：《韩国公司法》，吴日焕译，中国政法大学出版社2000年版，第417页。

② 〔日〕末永敏和：《现代日本公司法》，人民法院出版社2000年版，第128页。

③ 杨建华：《民事诉讼法问题研析》（三），台北三民书局1989年自印版，第177页。

④ 参见我国台湾地区“最高法院”1983年9月6日第九次民事庭总会决议。转引自：朱慈蕴：《关于公司决议瑕疵之诉的若干问题探讨》（未定稿），载JICA中国经济法完善项目“2007年第1次公司法研讨会”（2008年1月，浙江宁波）提交论文。

表示一致的原则作出，只要有一个股东明确表示反对，股东协议就无法达成。此外，股东会决议的形成，有严格的程序规定，必须在股东会会议上作出，而股东协议，可以在股东会会议上作出，也可以在非股东会会议上作出。因此，股东在股东会会议上作出的决议并不一定就是股东会决议。

第二，两者的内容不同。股东会决议只能在股东会职权范围内作出，而股东协议则不受股东会职权范围的限制，可以就有关公司或者股东权利的任何事项达成协议。股东和公司作为相互独立的民事主体，两者在财产和人格上相互独立。因此，两者的意志也应当是相互独立的，即股东不得以自己的意志代替公司的意志，公司也不得以自己的意志代替股东的意志。股东会决议，虽然是股东意思表示的转化物，但它却不是股东的意思表示，而是公司的意思表示，是公司的意志。股东会决议作为公司的意志，当然只能对公司的事项作出处理，不能处分股东的权益。从法律上来说，公司作为一个享有权利能力的独立民事主体，当然应当拥有自己的利益，但从事实上分析，公司作为一个拟制体，只是人们为达到某种目的的制度工具。从这个意义上来说，公司不需要拥有自己的利益，公司仅仅是与公司有利害关系的利益群体的利益载体。因此，股东作为公司的“主人”，在其对公司有关事项进行处理（分）时，只要不损害股东以外的其他利益群体的利益，就应当承认股东协议的法律效力。所以，股东作为公司的投资者，在一定程度上又享有对公司相关事项的决策权。概而言之，股东会决议不能处理（分）股东的权益，但股东协议则在一定程度上可以对公司相关事项作出决定。

第三，两者的效力不同。股东会作为公司的权力机构，其作出的股东会决议的效力主要体现为对公司董事、监事及经理等高管人员具有法律约束力，可以看成是对公司董事、监事及经理等高管人员的一种命令，董事、监事及经理等高管人员必须执行，否则，股东就可以依照法律、公司章程的规定，追究其责任。股东协议的效力主要体现为对股东的法律约束力，股东必须按照股东协议的规定履行自己的义务，否则，履行了股东协议所约定义务的股东可以依照协议的约定，追究其责任。

二十、如何认定伪造公司决议的法律效力

伪造公司决议的法律效力应如何认定。由于《公司法》对此缺乏明确规定，司法实践中理解不一，产生了三种不同观点。（1）无效说。公司股东（大）会决议是股东的真实意思表示，伪造的股东（大）会决议由部分股东一手炮制，其他股东根本没有作出意思表示，也没有作出意思表示的可能性，因此，这样的股东（大）会决议由于不符合当事人的真实意思表示而无效。（2）可撤销说。该说的主要依据为《公司法》第二十二条第二款的规定，违反《公司法》规定程序作出的决议应为可撤销决议，从而区别于内容违

反法律法规的无效决议,因此反对伪造决议无效说。该说认为,依照《公司法》第二十二条第二款,公司股东召开股东(大)会不通知其他股东或者伪造其他股东签章,属于股东(大)会召集程序或者议事方式违法,因此应当适用《公司法》规定的60天不变期间,在决议作出之日起60天内申请法院撤销,否则应视为有效。(3)不成立说(或非决议说)。不成立说认为部分股东伪造公司股东(大)会决议,根本不符合公司决议共同行为的本质要求,不是由公司法定机构作出的意思表示,不足以称为公司股东(大)会的决议。这样的决议并非真正的决议,而是不成立的决议,或者非决议。①

笔者认为,决议不成立说由于抓住了伪造决议欠缺股东集体意思表示的特点,相对较为合理。第一,决议不成立说相对于无效说更有利于保护公司外部善意第三人的利益,从而保障市场经济的交易安全。决议无效说的问题是,即使被伪造签章的股东事后知晓了伪造决议的内容并在公司经营中执行或者实施了该决议的内容,也可以在此后的任何时间要求确认无效,废弃决议的既成事实,从而形成对第三人的抗辩,危害第三人的合法利益。而不成立说并不认为决议无效,而只是认为决议尚未成立从而根本没有有效无效的问题。第二,相较于决议可撤销说,伪造决议不成立说更符合伪造决议的本质特征,也更有利于保护公司股东以及公司的合法利益。决议不成立说仅仅在公司所有股东都对伪造决议加以追认的情况下才确认决议成立并评价其效力,因此,只要公司股东未对伪造决议进行追认,则不论任何时候都可以通过提起诉讼的方式要求确认决议不成立的事实。这样,一些伪造决议的股东企图通过伪造他人签章损害他人利益的行为将不受法律保护,从而使得受到侵害的股东得到充分救济。决议可撤销说认为决议作出之日起60天内股东未行使撤销诉权时,决议便确定有效,明显不利于维护其他股东的合法利益,尤其是在被伪造签章的股东根本不知道决议的存在甚至根本没有机会知道决议的存在事实时就更加不公平了,而决议不成立说恰恰弥补了这一缺陷。决议不成立说通过赋予确认决议不成立的诉权,给公司股东以及公司本身设立了一道安全阀门,其适用效果将明显优于可撤销说。况且可撤销说将决议作出之日作为行使撤销诉权的起算时间,但是在伪造决议的情况下,我们有时甚至不能知道决议作出的真实日期,从而使得受害股东的权利保护更添困难。尤其令人产生疑问的是,伪造决议从本质上讲根本谈不上决议的"作出",又从何能认定决议作出的日期呢?这一点就更加突显了决议可撤销说的内在矛盾和困局。因此即使是从便于法律适用的角度,也不宜采伪造决议可撤销说,而应当采伪造决议不成立说,从而充分保护受害股东的救济

① 参见刘俊海:《股份有限公司股东权的保护》,法律出版社2004年版,第311页;王彦明:《股东大会决议的无效与撤销——基于德国股份法的研究》,载《当代法学》2005年第11期。

权利。[①]

二十一、公司决议瑕疵诉讼中滥诉股东的担保责任

对于公司决议瑕疵诉讼，各国公司法大多将其规定为单独股东权，而没有持股比例、持股时间的限制。实践中，可能存在一些“职业股东”闹事的情况，他们起诉的目的就是为了敲诈公司。因此，为了避免恶意股东滥诉，保护公司的合法利益，有必要建立责令股东在一定情况下提供担保的制度。对此，我国2005年《公司法》第二十二条第三款明文规定“股东依照前款规定提起诉讼的，人民法院可以应公司的请求，要求股东提供相应担保”。但对于该款规定如何理解，学界存在不同的认识。有的认为：“无论是提起公司决议无效确认之诉，还是公司决议撤销之诉的股东都在公司提出相应请求的情况下根据法院的裁定负有担保提供义务。”[②]也有的认为《公司法》第二十二条第三款规定的诉讼担保仅针对公司决议撤销之诉而言。[③] 本书赞同后者观点。首先，从语义角度看，我国法律规则中的“前款”通常仅指“前一款”，如果立法者想指代前两款通常明确规定“前两款”，如《公司法》第一百零三条第三款、第一百零五条第三款中的“前两款”的表述。其次，法律之所以规定撤销之诉的诉讼担保是为了实现原告股东与公司和其他股东之间的利益平衡，而公司决议无效之诉不仅涉及公司原告和公司、其他股东的利益，更涉及社会整体经济秩序，因此法律减轻原告的负担以鼓励诉讼。再次，公司决议内容是否违反法律、行政法规通常比较容易认定，因诉讼此程序比公司决议撤销之诉通常较为简单，公司利益一般不会受到较大损害。另外，公司决议瑕疵诉讼担保尚如下有几个问题需要注意：

其一，该种担保仅指诉讼费用担保，而不是针对公司资产总额的担保。首先，该种诉讼的性质是形成之诉，而非给付之诉，原告的诉讼请求与公司资产总额无关。其次，如果认定该种担保为对公司资产总额的担保，通常都会超越公司股东的担保能力，从而实际上扼杀了该项制度的积极价值。正因为如此，最高人民法院2006年公布的《关于适用〈中华人民共和国公司法〉若干问题的规定（二）》（征求意见稿）第七条亦将该种担保明确为诉讼费用担保。

其二，《公司法》第二十二条第三款规定：“股东依照前款规定提起诉讼的，人民法院可以应公司的请求，要求股东提供相应担保。”可见，原告股东提供担保必须经公司提出请求，法院不能主动责令当事人提供担保。

---

① 袁辉根：《伪造公司决议的效力认定》，载《人民司法·案例》2010年第6期。

② 刘俊海：《新〈公司法〉的制度创新：立法争点与解释难点》，法律出版社2006年版，第245页。

③ 赵旭东主编：《公司法学》，高等教育出版社2006年版，第380页。

其三,法院责令当事人提供担保须以公司证明原告起诉目的系出于恶意,因为该种担保目的就是防止股东滥诉,平衡原告股东和公司利益。如果公司可以任意要求原告提供担保,则偏离了该项制度的立法目的,并且会过度增加原告的负担,妨碍该项制度的运转。

法条索引

《中华人民共和国公司法》

第二十二条 公司股东会或者股东大会、董事会的决议内容违反法律、行政法规的无效。

股东会或者股东大会、董事会的会议召集程序、表决方式违反法律、行政法规或者公司章程,或者决议内容违反公司章程的,股东可以自决议作出之日起六十日内,请求人民法院撤销。

股东依照前款规定提起诉讼的,人民法院可以应公司的请求,要求股东提供相应担保。

公司根据股东会或者股东大会、董事会决议已办理变更登记的,人民法院宣告该决议无效或者撤销该决议后,公司应当向公司登记机关申请撤销变更登记。

第二编

02

有限责任公司的设立和组织机构热点问题裁判标准与规范

第十一章

公司资本原则热点问题裁判标准与规范

本章导读

资本三原则是多年来被我国公司法学者视为大陆法系国家公司法的三项经典原则，尽管它来自于公司法学理上的总结，而不是来自于法律的直接规定，但它却普遍适用于公司实践。资本三原则对我国公司立法产生了巨大影响，但其历史局限也日渐显现。如何修改和完善这三个原则，使之更好地适应社会经济发展？

各国公司法基于其立法宗旨、社会背景、法律传统和现实需要等多方面的因素，对资本的形成方式规定了不同的设计，并制定了相应的法律规则，由此产生了各国相对稳定的资本形成制度或形成方式。面对各具特色的资本形成制度，我国立法在坚持与变革之间，应当如何作出适合我国国情的选择？

理论研究

一、公司资本三原则

自有限责任制度产生以来，为维护公司资本的真实、安全，维护债权人利益，确保公司稳健经营，各国公司法在长期的发展中，确立和形成了一系列有关公司资本的法律原则，其中最著名、影响最深远的就是"资本三原则"。资本三原则，指公司法所确认的资本确定、资本维持和资本不变三项资本立法原则。该原则最早源于德国，后逐渐为大陆法系其他国家所采纳，并成为大陆法系国家公司立法的核心原则，这些国家公司法中许多规则都集中体现和反映了资本三原则的精神和内涵。我国2005年《公司法》中也有许多具体规定是这三个原则的体现和反映。

1. 资本三原则的内容

（1）资本确定原则。资本确定原则是指公司在设立时，必须在章程中对公司的资本总额做出明确规定，并由股东全部认足，否则公司不能成立。公司成立后若发行股份，必须履行增资程序，经股东会决议并修改公司章程。资本确定原则的目的是保证公司设立时资本的真实可靠，防止公司设立时的欺诈行为和投机行为，以加强对债权人的保护，维护经济秩序的稳定和交易的安全。但是，过分强调该原则会限制、延误公司的设立，给公司设立人的操作带来很多困难，公司设立资本如果数额很大，不易尽快认足，也会造成资本闲置浪费；如果数额较少，以后增资时程序将很繁琐。

我国1993年《公司法》实行的是严格的资本确定原则，要求公司设立时必须认足并缴足注册资本，并且注册资本不得低于法定最低资本额。2005年《公司法》对这种过于严苛的规定作了修正，允许有限责任公司和发起设立的股份有限公司在设立时只需认足注册资本，且可以分次缴纳，并且降低了有限责任公司法定最低资本额。同时，通过规定首次出资比例、出资缴纳时间、章程须公示公司资本、加重出资责任等方式，保证了资本确定原则的实现。

（2）资本维持原则。资本维持原则又称资本充实原则，是指公司在其存续过程中，应经常保持与其资本额相当的财产。因为，公司在经营过程中，会因为经营亏损或价值贬低而使公司实有财产低于公司资本，从而使公司的实际财产能力与注册的资本数额脱节。为防止公司资本的实质性减少，保持公司的偿债能力，确保公司本身业务活动的正常开展，大多数国家采纳了资本维持原则作为控制公司资本在公司存续状态的工具。

（3）资本不变原则。资本不变原则是指公司的资本一经确定，即不得随意改变，如需增减，必须严格按照法定程序进行。可见，这里的"不变"并非资本绝对不可改变，而是指不得随意增减。从某种意义上说，资本一经注册就变成了纯粹的账面数字，成为了一个静止不动的符号。

资本不变原则的立法意图与资本维持原则相同，即防止资本总额减少导致公司财产能力降低，以保护债权人利益。实质上，资本不变原则是资本维持原则的进一步要求，如果没有资本不变原则的限制，公司实有财产一旦减少，公司即可相应减少其资本额，那么资本维持原则也就失去了实际的意义。资本维持原则维持的是公司资本的实质，而资本不变原则维持的则是资本的形式。前者是一种动态维护，后者则是一种静态维护。

我国公司法的资本不变原主要体现在对公司增减资本的严格程序上，公司增减资本必须经股东会议特别决议通过。而且，对于减少资本，还要经过特别的债权人保护程序，即在公司减少资本时，必须编制资产负债表和财产清单，向债权人发出通知，并于三十日内在报纸上公告。债权人有权要求公司清偿债务或提供相应担保。增减资本后，公司应当办理变更登记。

2. 对资本三原则的评价

公司资本三原则形成于大陆法系国家，同时也为英美法系国家不同程度地吸收和采纳。它的影响越来越深远，甚至已经成为各国公司法的基本原则。但是，随着公司实践的发展和人们对公司法研究的深入，也有学者对资本三原则的理论提出质疑和批评。他们认为，随着知识经济时代的到来和融资技术的更新，资本的理性投资功能增强，担保功能锐减，资本三原则设立宗旨落空，在对公司债权人的保护上脆弱无力。一方面，“这些规则到底能给债权人提供多少有效的保护并不清楚，特别是由于任何一家公司的初始资本在申请破产之前很可能早已消耗一空……到了大多数失败公司的困境被曝光的时候，它们早已耗尽了法定资本，彻底陷入了资不抵债的局面”；另一方面，这些规则并没有得到严格的执行，或者被变相规避了，这也使得资本三原则形同虚设。①

笔者认为，确立公司资本原则的根本原因是现代公司法人制度的成熟和完善，是公司独立的财产责任和股东有限责任的必然要求，其目的是保护债权人利益和保证公司本身的正常发展，维护交易安全和社会经济秩序的稳定。在我国目前处于经济发展水平尚且不高，债权人保护体系尚未完善，诚信道德建设仍待加强的市场经济发展初期阶段，仍有必要保留和健全资本三原则。诚然，从公司历史发展阶段看，资本三原则的确具有一定的局限和不足之处。但是，我们应当看到，资本三原则并不是僵化不变的，从资本形成过程中法定资本制到授权资本制的发展以及折中资本制的出现，就反映了资本主义经济关系和商业经营不断发展的客观要求，也表明了资本主义国家公司立法对此所采取的灵活和科学的态度。因此，我们应当在发挥资本三原则作用的同时，也要随着公司资本制度的完善和发展逐渐丰富和深化其内容。

二、公司资本形成制度

1. 法定资本制

法定资本制，是指在公司设立时，必须在章程中明确规定公司资本总额，并一次性发行，由股东全部认足，否则公司不得成立的资本制度。法定资本制将资本确定原则强调到了极致，它是公司制度产生之初有限责任常常被滥用，债权人的利益受到威胁，为

① 王立东、夏蕾：《试论公司法资本三原则的中国命运》，载《社会科学战线》2009年第11期。

了稳定经济秩序、保护交易安全而采取的"债权人主导型"公司资本制度。以德国、日本为代表的大陆法系国家对此甚为推崇。法定资本制最突出的特点是资本一次性发行,一次性认足,而不是一次缴纳。许多实行法定资本制的国家都允许股款分期缴纳。

法定资本制有利于公司资本的确定和稳定,有助于防止公司设立中的欺诈行为,使公司从成立开始就有足够资产担保债务履行,能够提高交易安全性。但是,法定资本制对公司设立的资本要求过高,加大了设立难度和成本,也容易造成资本发行后的闲置和浪费,复杂的增资程序也给公司带来了极大的不便,不适合公司灵活经营的需要。因此,以往坚持法定资本制的国家也逐渐放弃了这种过于严苛的制度,吸收英美法系灵活的做法,改采用折中资本制,如德国、法国等。

2. 授权资本制

授权资本制,是指在公司设立时,公司章程中载明的公司资本总额不必一次性全部发行,而只要认购并缴付资本总额的一部分,公司即可成立,其余部分则授权董事会在必要时,一次或分次发行和募集。授权资本制最突出的特点是资本可以分次发行,因而产生了授权资本这一概念。授权资本是公司章程的绝对必要记载事项。在授权资本制下,分次发行时通常都要求一次性缴纳股款。

授权资本制下,公司不必一次发行全部资本或股份,减轻了公司设立的难度,公司增发资本可以由董事会在授权资本范围内决定,简化了增资程序,能够适应公司经营活动的需要,避免大量资金闲置,充分发挥财产的效益。但是,由于公司章程中的资本仅是一种名义上的数额,同时又未对公司首次发行资本的最低限额及其发行期限做出规定,因而极易造成公司实缴资本与其实际经营规模和资产实力严重脱节,发生欺诈行为,对债权人的利益构成威胁。

3. 折中资本制

折中资本制,是结合法定资本制和授权资本制的制度优势,演变而成的资本形成制度。具体又分为许可资本制和折中授权资本制两种类型。

(1)许可资本制。许可资本制也称为认许资本制,是指在公司设立时,必须在章程中明确规定公司资本总额,并一次性发行,全部认足。同时,公司章程可以授权董事会在公司成立后一定期限内,在授权时公司资本的一定比例范围内,发行新股,增加资本,而无须股东会的特别决议。许可资本制是在法定资本制基础上,授予董事会一定数额股份的发行权,简化公司增资程序。公司设立阶段的资本发行适用法定资本制,公司成立后的增资行为适用授权资本制,将两种制度相结合。但是,总体上说,许可资本制的核心仍是法定资本制。

(2)折中授权资本制。折中授权资本制是指公司设立时需要在章程中载明资本总额,发行和认购一定比例的资本,公司即可成立,未发行部分授权董事会根据需要发行,授权发行的部分不得超过公司资本的一定比例。折中授权资本制规定了公司成立时发行的股份比例,并且对授权董事会发行股份的数额予以限制,规定其发行比例和期限。这种制度是在授权资本制的基础上,纳入了法定资本制的要求,其核心是授权资本制。

三、我国2005年《公司法》对资本形成制度的规定

我国最初制定公司法时,公司制度处于发展初期,出现了大量不规范经营、资本虚空的现象。出于"乱世用重典"的考虑,当时的公司法不仅采纳了法定资本制,而且规定更为严格,不仅要求公司股份在成立时一次性认足,而且必须一次缴纳,公司注册资本是实缴资本,否则公司不能成立。虽然《中华人民共和国中外合资经营企业法》(以下简称《中外合资经营企业法》)允许分期缴纳出资,但也必须是在认足资本的前提下,因而仍然属于法定资本制的资本形成制度。

公司法修改时,考虑到我国1993年《公司法》制定以来公司资本运行的实际状况,尤其考虑到现实生活中利用出资侵害公司利益和债权人利益的现象呈蔓延之势,立法者综合各方面的因素,并结合国外已有的立法规定,对我国公司资本形成制度作出了变通性规定。即:2005年《公司法》对于有限责任公司和发起设立的股份有限责任公司采取了较为宽松的法定资本制,在便利公司设立的同时,也控制了设立风险。如第二十六条规定:"有限责任公司的注册资本为在公司登记机关登记的全体股东认缴的出资额。公司全体股东的首次出资额不得低于注册资本的百分之二十,也不得低于最低注册资本额,其余部分由股东自公司成立之日起两年内缴足;其中,投资公司可以在五年内缴足。"第八十一条规定:"股份有限公司采取发起设立方式设立的,注册资本为在公司登记机关登记的全体发起人认购的股本总额。公司全体发起人首次出资额不得低于注册资本的百分之二十,其余部分由发起人自公司成立之日起两年内缴足;其中,投资公司可以在五年内缴足。在缴足前,不得向他人公开募集股份。股份有限公司采取募集方式设立的,注册资本为在公司登记机关登记的实收股本总额。"

可见,对于有限责任公司和发起设立的股份有限公司,仍然实行法定资本制,但改变了过去一次性认足一次性缴纳的要求,而是在坚持一次性认足的前提下,可以分期缴纳出资额。对于募集设立的股份有限公司,由于其社会影响力强,为保证资本充足,法律仍规定了严格的法定资本制,即一次性认足,一次性缴纳。

实务探讨

一、公司在增加资本时,股东可否分期缴纳出资

公司增资,会导致股权稀释和股权结构调整,是直接影响现有股东利益并可能引发严重利益冲突的公司重大事项。不同股东的处境和要求不同,其在增资中的立场和态度也会完全不同。在法律程序上,公司增资必须经过股东(大)会决议,变更公司章程,并办理相应的变更登记手续。

但是,增加资本能够增强公司实力,提高公司信用,有利于债权人利益和交易安全,因此,各国立法对公司增资的条件通常不作强制性规定,而由公司自行决定,并且,在对增加资本的认购和缴纳上,也通常采取相对宽松的态度,以鼓励公司资本的增加和投资者认购。

我国 2005 年《公司法》仍然规定了法定资本制,即要求股东应当一次性认足,但允许分期缴纳出资。对于公司增加资本时,同样如此。《公司法》第一百七十九条规定:“有限责任公司增加注册资本时,股东认缴新增资本的出资,依照本法设立有限责任公司缴纳出资的有关规定执行。股份有限公司为增加注册资本发行新股时,股东认购新股,依照本法设立股份有限公司缴纳股款的有关规定执行。”根据以上规定,既然在公司增加注册资本时,股东认缴新增资本按照缴纳出资的规定执行,而缴纳出资可以采取分期缴纳的方式,因而对于所认缴的新增资本,同样可以分期缴纳出资。

二、清算程序中股东是否有义务继续履行尚未到达出资期限的出资义务

尽管公司的股东以其投资为限,对公司承担的是有限责任,但公司的债务是由公司的财产进行清偿,因而公司财产是公司债权人利益的保障。而公司财产主要是由股东投资而来,所以,股东的投资是公司对外承担责任的经济基础和物质保障,股东必须按照其认购和承诺,履行对公司出资的义务。

公司进入清算程序,意味着公司要依照一定的程序了结公司事务,收回债权、清偿债务并分配公司财产,最终使公司终止消灭。公司清算程序中最重要的是保护债权人利益的问题。如果公司未经清算清偿而终止,消灭了主体资格,则债权人的债权将无法实现。因此,必须在公司终止前依法定清算程序以公司的财产对债权人进行清偿,从而保障债权人的利益和经济秩序的稳定。同时,如果股东应当缴纳的出资而未缴纳,则公司就失去了对债权人清偿债务的物质资产,债权人的债权以及其他股东对公司财产剩

余分配请求权就得不到满足。所以,为了维护公司债权人和其他股东的利益,对于公司进入清算程序却未到达出资期限的,该股东应当继续履行出资义务。由此可见,分期缴纳出资的承诺不仅在股东之间产生约束力,在股东与公司甚至公司的债权人之间也产生相应的法律效果。公司债权人有权合理信赖股东的出资承诺而对公司施予信用。因此,公司进入清算程序可视为公司分期缴纳出资义务已经加速到来。

同样,在公司进入破产清算程序以后,资不抵债的公司无法全额清偿债务,股东同样应当继续履行出资义务,以提高债权人的获偿比例。在公司进入普通清算程序以后,虽然公司的剩余资产总额足以清偿债务,但公司的每位特定债权人能否获得足额清偿并不确定,因此,股东应当继续履行出资义务。如果债权人足额获偿,则股东可以按其出资额依法分取剩余财产(包括补缴的出资)。

三、分期缴纳出资制度是否适用于一人有限责任公司

我国2005年《公司法》确定了一人有限责任公司这一特殊类型的公司制度。所谓一人有限责任公司,是指股东(包括自然人或法人)仅为一人,并由该股东持有公司的全部出资或所有股份的公司。一人公司的突出法律特征在于其股东的唯一性,全部股份或出资额均由唯一的股东持有。一人公司与法人制度的本质和债权人保护并不矛盾。法人制度的本质在于公司的独立存在和活动,公司法的目标在于防止公司的股东滥用权利,混同个人财产与公司财产,损害债权人利益,而不在于股东人数的多少。同时,在有限责任之下,决定公司清偿能力并对债权人构成保障的是公司的资产,而非股东的人数。

但是,尽管一人公司得到法律的承认,但由于其股东只有一人,权利集中于唯一的股东,相对于多数人组成的公司,更容易发生股东滥用公司法人地位和股东的有限责任,损害债权人利益的情况,因此,《公司法》一方面明确肯定了一人公司的合法地位,另一方面,又针对其特殊性作了一整套特别适用的法律规则。其中,出资额和出资缴纳就是对唯一股东出资的特别要求。

按照我国2005年《公司法》第五十九条规定:“一人有限责任公司的注册资本最低限额为人民币十万元。股东应当一次足额缴纳公司章程规定的出资额。”由此可以看出,对于一人有限责任公司,《公司法》规定必须一次足额缴纳公司章程规定的出资额。有观点认为:“只要一人股东的首次出资额不低于注册资本的20%,也不低于10万元的法定注册资本最低限额,一人有限责任公司即可成立,至于80%以下的其余部分由

一人股东自公司成立之日起两年内缴足即可。”[①]笔者认为，这种观点是不正确的。由于分期缴纳的法定资本制虽然放宽了公司设立的限制，使更多的人能够利用公司这种有限责任的组织形式来创造财富，但不能有效地过滤设立人资金能力的缺陷也是显而易见的。而对于一人有限责任公司这种本身存在一定风险的特殊形式来说，谨慎和稳定是应该重点考虑的，所以《公司法》对一人有限责任公司仍然要求的是一次性足额缴纳。

由此带来另一个实践中的问题是，一人公司成立后，如果增加注册资本，对于增加的注册资本是否仍然需要一次性足额缴纳？关于这一问题，我国2005年《公司法》没有提及。笔者认为，一人有限责任公司在增加资本时，股东可以分期缴纳出资。理由如下：

第一，从一人有限责任公司的成立看。《公司法》对一人有限责任公司的出资数额和出资缴纳方式作出特殊规定的原因，就在于一人有限责任公司只有一个股东，所有经营管理活动都由这唯一一个股东操控，经营风险较大，而其责任形式又是有限责任，仅以出资为限对外承担偿还义务，对于其债权人来说有着很大的风险，因此规定了一个较高的注册资本限额和较为严厉的出资方式(一次性足额缴纳)，从而可以在一定程度上减少这种风险，使一人有限责任公司具备更好的资金基础。如果一人有限责任公司的股东已经按照法律的要求履行了出资数额和出资方式的规定要求，一人公司成立，这就在一定程度上加强了对债权人利益的保护，也防止了一人有限责任公司对社会经济秩序的稳定产生不利的影响。

第二，从分期缴纳出资的规定看。对于一般的有限责任公司，《公司法》规定了分期缴纳制度。这一制度在一定程度上降低了有限责任公司的设立门槛，使有限责任公司设立人有了更大的选择余地，减少了资本的闲置与浪费。而由于一人有限责任公司已经成立，对于其新增资本，如果坚持按照一次性足额缴足的要求僵化地分配给唯一股东，从而排斥了分期缴纳出资在一人有限责任公司经营过程中的适用，则既不利于一人有限责任公司的发展壮大，也不利于分期缴纳出资的有益价值在一人公司中的充分发挥和利用。这也违背了公司法的宗旨和原则。

第三，从增加资本的作用看。正如前所述，增加资本能够增强公司实力，提高公司信用，有利于债权人利益和交易安全。正是基于这样的原因，各国立法才对公司增资的条件通常不作强制性规定，而由公司自行决定，并且，在对增加资本的认购和缴纳上，采取相对宽松的态度，以鼓励公司资本的增加和投资者认购。如果不允许一人有限责任

① 刘俊海：《新公司法的制度创新：立法争点与解释难点》，法律出版社2006年版，第11页。

公司在增资时分期缴纳，则直接打击了一人有限责任公司股东增加资本的积极性和主动性，也不利于对一人公司债权人利益的切实保护。

第四，从资本信用看。决定公司信用的并不只是公司的资本，公司资产对公司的信用也许起着更重要的作用。公司是以股东的有限责任和公司自身的独立责任为其根本法律特征，而公司的独立责任恰是以其拥有的全部资产对其债务负责，公司对外承担责任的范围取决于其拥有的资产，而不取决于其注册的资本。公司经营存续的时间越长，资产与资本之间的差额越大，以至于资产与资本完全脱节，从公司资本已无法判断公司的资产，从公司的资产也无法判断公司的资本。而公司赖以对外承担财产责任的在此时恰是公司的资产，而不是公司的资本，从实际的清偿能力而言，公司的信用是以公司的资产为基础，而并非以公司的资本为基础。公司的责任能力由公司资产决定，因而维护公司资产的稳定和安全更具有重要意义。① 如此，对于公司增加注册资本方面，《公司法》无须苛以严格的一次性足额缴纳制，分期缴纳并不必然导致一人有限责任公司资产的减少，也不必然导致公司实际清偿债务能力的降低。

第五，从私法原则看。《公司法》本质上属于私法，私法中普遍存在着"法不禁止即可行"的原则。《公司法》没有明文禁止或者限制一人有限责任公司在增加资本时必须要求一次性足额缴纳，相反，却对普通的有限责任公司规定，在增加注册资本时，股东认缴新增资本的出资，依照设立有限责任公司缴纳出资的有关规定执行。也就是说，可以分期缴纳出资。就此而言，对于一人有限责任公司，在《公司法》没有明文禁止增加的注册资本需要一次性足额缴纳的情况下，一人公司的股东当然可以分次缴纳所增加的出资额。从公平角度讲，这也有利于对一人公司与其他类型公司平等对待，有利于鼓励一人公司的创设，有利于一人公司的发展。

综上所述，对于一人有限责任公司的注册资本，应当一次性足额缴纳；对于公司成立后新增加注册资本，可以分期缴纳。

法条索引

《中华人民共和国公司法》

第二十六条　有限责任公司的注册资本为在公司登记机关登记的全体股东认缴的出资额。公司全体股东的首次出资额不得低于注册资本的百分之二十，也不得低于法

① 赵旭东主编：《公司法学》（第二版），高等教育出版社2006年版，第223页。

定的注册资本最低限额,其余部分由股东自公司成立之日起两年内缴足;其中,投资公司可以在五年内缴足。

有限责任公司注册资本的最低限额为人民币三万元。法律、行政法规对有限责任公司注册资本的最低限额有较高规定的,从其规定。

第八十一条 股份有限公司采取发起设立方式设立的,注册资本为在公司登记机关登记的全体发起人认购的股本总额。公司全体发起人的首次出资额不得低于注册资本的百分之二十,其余部分由发起人自公司成立之日起两年内缴足;其中,投资公司可以在五年内缴足。在缴足前,不得向他人募集股份。

股份有限公司采取募集方式设立的,注册资本为在公司登记机关登记的实收股本总额。

股份有限公司注册资本的最低限额为人民币五百万元。法律、行政法规对股份有限公司注册资本的最低限额有较高规定的,从其规定。

第十二章

最低注册资本热点问题裁判标准与规范

本章导读

最低注册资本制度，是指由公司法所确立的要求组建公司之资本不得低于法律规定的最低数额的制度。最低注册资本制度理想地被赋予了很多功能，如保护公司债权人的利益、维护交易安全、实现国家干预经济的目的等。但是，最低注册资本制度功能一一落空，在理论和实践上遭到越来越多的责难。最低注册资本制度是我国已有的制度内容，2005 年的《公司法》也对其进行了修改。然而，应当如何再进一步地从制度层面加以取舍，如何更加完善这一饱受诟病的制度，一直是公司法学界和理论界的热点话题。

理论研究

一、对最低注册资本制度价值的反思与批判

随着公司实践与公司理论的发展，对于最低注册资本制度的价值，学界进行了反思批判，认为最低注册资本制度并没有达到其预设的功能，应当从制度上对其予以淡化或革除。主要理由如下。

1. 资本信用神话的破产

多年以来，公司信用系于其资本已成为颠扑不破的真理。在理论上和实践上，人们在不断构造着、完善着和传承着一个关于公司资本信用的神话传说。但是，我国的公司

信用状况并不能令人乐观。而以较低的最低注册资本额甚至没有设定公司最低注册资本额的国家,公司信用却没有如此不堪。这种反差不得不让人深思。公司的独立责任是以其拥有的全部资产对其债务负责,公司对外承担责任的范围取决于其资产总额。[①]公司资本只是能够给公司带来收益流的资产的一部分,相对于静态的资本而言,公司资产才能真实地、动态地反映公司信用状况。公司资本信用的神话必然会为公司资产信用的现实所打破。

2. 最低注册资本制度在保护债权人方面的作用微乎其微

公司信用最直接的体现是对公司债权人的清偿能力。因此,公司最低注册资本制度的核心功能在于对债权人进行周到的保护。正如前面所述,公司资本实际上并不足信。因此,公司债权人以公司资本的多寡来判断交易风险的传统做法是不能得出客观结论的。资本信用及其对债权的保障其实不过是一个理论和立法上的构思和假设。公司是否拥有法定的最低注册资本额亦无任何意义。公司的资产状况,如资产数额、资产的构成结构、资产的时间结构、资产的变现能力等则是决定公司财产责任和清偿能力的主要指标,这才是公司债权人考查公司信用水平的着力点。早在上世纪六七十年代,美国各州公司法开始陆续取消最低注册资本制度,目前美国还有极少州对最低注册资本额要求,但数额极低,已经没有实际意义。[②] 在既定制度框架下,对于债权人说,为了避免损失,最好的方法是自我保护,公司债权人应多方了解交易公司的各种信用资料,不能仅倚重于公司的最低注册资本制度。

3. 确定最低注册资本额有着顾此失彼的尴尬

最低注册资本制是为了防止因股份公司的滥设、虚伪所造成的损害,提高股份公司制度的社会信赖而设定的。但是,韩国学者李哲松对公司法确定最低注册资本额提出了诘问:现行最低注册资本与目前的经济状况相比,是否相适应?根本上不考虑行业的多样性及规模的大小,一律要求同一金额的最低注册资本,作为保护债权人的方法,是否具有现实性?[③] 如果要坚持最低注册资本制度,第一个要解决的问题是“最低资本额”的问题,即规定多少才能足以体现这一制度的价值。显然,对这一问题不可能有全世界统一的答案,也不可能有一个恒定不变的“黄金数额”,这只能决定于立法者的判断。当最低资本数额过高时,一般的投资人将难以逾越这一高墙,公司制度会成为一种只能看不能用的东西。最终会成为富人的盛宴,穷人的奢侈品,这样的公司制度的价值又何在呢?相反,如果最低注册资本数额比较低时,则失去最低注册资本制度所预设的

---

① 李建伟:《公司法学》,中国人民大学出版社 2008 年版,第 202 页。

② 车辉主编:《公司法理论与实务》,中国政法大学 2009 年版,第 80 页。

③ 〔韩〕李哲松:《韩国公司法》,吴日焕译,中国政法大学出版社 2000 年版,第 157 页。

对公司债权人的担保功能，又如何实现立法者保护公司债权人的初衷呢？实际上，以公司法的方式确定公司最低注册资本额必定是难以做到科学合理。

4. 最低注册资本制度有悖公正原则

从历史上看，公司最低注册资本制度是为公正而设的，其目的在于解决股东与债权人的利益冲突。但是，今天看来，最低注册资本注册制度的设立却产生了另一种不公正。

(1)由于最低注册资本数额的限制，不能使全社会所有的人平等地享受有限责任制度的优惠。财产的多寡成为区分能否设立公司的标准。

(2)如果公司法设定过高的最低注册资本额，将成为新企业行进的障碍，同时会使在位企业成为垄断者。依据新古典经济学的观点，只有充分竞争的市场才是最有效率的市场。垄断者由于能够享有垄断的定价权，自主的产量决定权，从而会较容易地实现超额利润，但这是以消费者和社会的损失为代价的。在多重利益损失的情况下的受益，很难说是公正的。

(3)如前所述，最低注册资本制度不能有效地保护债权人的利益，却能阻碍投资者的投资，对投资者而言这种制度也很难称之为公正。在经济利益与投资愿望的驱动下，有些投资者为了规避此种较高的进入壁垒，往往采用欺诈性的手段(如虚假出资、虚报资本等)进行公司设立，反而导致对债权人利益的严重损害。而作为对此类违法行为的纠正，在加大打击力度的同时，立法往往又强化最低注册资本制度，并不断提高资本数额的要求，从而导致一种恶性循环。

鉴于以上分析，可以断言，公司最低注册资本制度已成为公司制度的拖累，对其进行改革是人心所向。各国公司立法中对最低注册资本制度的态度印证了这一看法。

二、我国《公司法》关于最低注册资本的规定

我国 2005 年《公司法》仍然坚持了公司最低注册资本制度，但也反映出我国公司资本制度趋于缓和。2005 年《公司法》不仅对最低注册资本额作了大幅的下调，而且取消了先前按照公司经营内容区分最低注册资本额的立法规定。其具体原因和根据在于：

(1)1993 年《公司法》规定的最低注册资本额标准过高，超越了许多投资者的投资能力，并对其设立公司形成了不必要的障碍。与西方发达国家的经济发展水平相比较，我国最低注册资本额的要求更显得过高。

(2)较高的最低注册资本额对资本需求量不高的公司而言会造成资本的闲置和浪费，导致较高的设立成本，制约了资本价值的发挥。尤其对一些只需要简单的办公设备

和少量的办公经费就足以开展经营活动的智力密集型企业,其不合理性尤为明显。

(3)过高的最低注册资本额成为公司设立各种违法违规行为的诱因。为达到法定的最低注册资本额,一些发起人虚假出资,虚报资本,或是通过对外借贷进行验资,待公司成立后再抽回出资。其结果不仅不能保护债权人利益,反而造成经济生活的混乱,引发整个社会的诚信危机和道德风险。

(4)反映实践需求,尊重我国地区发展不平衡的现实情况。在《公司法》修订前,一些地方基于鼓励和吸引投资的需要,已经通过试验区或开发区的特别规定降低了公司设立的最低注册资本额。我国东部发达地区与中西部不发达地区经济发展不平衡,城乡差别很大,统一的法定最低注册资本额的规定应特别考虑经济不发达地区经济发展的要求。

(5)正确认识资本信用和资产信用,以通过多种途径保障债权人利益。1993 年的《公司法》规定过高的最低注册资本额与强调公司的资本信用有直接的关联。其实,公司的信用基础不仅在于资本,更重要的在于现实的资产,对债权的保障不必完全依赖最低注册资本的规定,在公司法通过其他规则对债权人利益实施保障的情况下,完全可以将最低注册资本额降低到满足公司开业要求的最低限度。

实务探讨

一、公司注册资本不实时股东应承担何种法律责任

最低注册资本制度的法律意义与公司资本本身的法律意义是一致的,最低注册资本额的作用同样是提供公司经营活动的物质条件和承担财产责任的基本保证,但最低注册资本额在资本"质"的基础上强调的是"量"的要求,不仅要求公司必须拥有资本,而且资本必须达到一定的数额,只有达到一定的数额,才能取得公司的身份,获得独立的法律人格。

有限责任制度的实行是最低注册资本制度的重要立法根据。有限责任制度,将股东的责任限制在其出资额的范围,限制了投资者的投资风险。但同时却给公司交易对方的利益构成潜在的风险。为平衡股东和公司债权人之间的利益和风险,并作为股东承担有限责任的前提条件,法律对公司资本规定了最低的要求,以对市场经营活动的准入设定必要的门槛,对公司债权人的利益提供最低限度的担保。

在实践中,经常会发生公司成立后注册资本没有到位的问题。此时公司就不能再以实有财产承担独立责任,出资不到位的股东就要承担相应的民事责任。最高人民法

院曾于1994年发布《关于企业开办的企业被撤销或者歇业后民事责任承担问题的批复》,该批复就区分了以下三种情况:

(1)企业开办的企业领取了《企业法人营业执照》,并在实际上具备了企业法人条件的,根据《民法通则》第四十八条的规定,应当以其经营管理或者所有的财产独立承担责任。(2)企业开办的企业已经领取了《企业法人营业执照》,其实际投入的自有资金虽与注册资金不符,但达到了《企业法人登记管理条例实施细则》第十五条第七项或其他有关法规规定的数额,并且具备了企业法人其他条件的,应当认定其具有法人资格。但如果该企业被撤销或者歇业后,其财产不足以清偿债务的,开办企业应当在该企业实际投入的自有资金与注册资金差额范围内承担民事责任。(3)企业开办的企业虽然领取了《企业法人营业执照》,但实际没有投入自有资金,或投入的自有资金达不到《企业法人登记管理条例实施细则》第十五条第七项或其他有关法规规定的数额,以及不具备企业法人其他条件的,应当认定其不具有法人资格,其民事责任由开办该企业的企业法人承担。

由此,分析上述批复的内容,可对司法实践中注册资本在确定当事人民事责任时的作用作如下归纳:

(1)当公司的注册资本没有完全到位,但已达到《公司法》中规定的最低注册资本额,公司的股东应当在差额范围内承担补充责任,而不能仅以公司实有资产为限承担责任,这里的责任仍然是有限责任。正如2005年《公司法》所规定的,股东应当按期足额缴纳公司章程中规定的各自认缴的出资额;有限责任公司成立后,发现作为设立公司出资的非货币财产的实际价额显著低于公司章程所定价额的,应当由交付该出资的股东补足其差额。

(2)当公司股东的出资既未达到公司章程中记载的注册资本,又未达到法定最低注册资本额时,即应否定公司的法人人格和地位,股东应承担无限连带责任。在我国2005年《公司法》中,已有专门的法人人格否认制度。第二十条第三款规定:“公司股东滥用公司法人独立地位和股东有限责任,逃避债务,严重损害公司债权人利益的,应当对公司债务承担连带责任。”这里,公司最低注册资本额成为承认或否定公司法人人格的基本标准。

(3)股东不按照规定缴纳出资的,除应当向公司足额缴纳外,还应当向已按期足额缴纳出资的股东承担违约责任。在设立公司的过程中,股东之间存在着高度的信赖。这个信赖关系的本质就是合同关系。如果股东协议约定了瑕疵出资股东对及时足额出资的股东承担违约责任,瑕疵出资股东应当对其他出资已到位的股东承担违约责任。从这种合同关系的角度着眼,立法拟制出了瑕疵出资股东对按期足额出资股东的违约责任。

(4)公司设立时的其他股东承担连带责任。此处的连带责任既包括瑕疵出资股东对公司的资本充实责任,也包括瑕疵出资股东对公司债权人的债务清偿责任。在瑕疵出资股东无力或者不能履行对公司及其债权人的民事责任时,无论是公司还是公司的债权人均可直接要求公司设立时的其他股东先行就瑕疵出资股东的民事责任承担连带责任。当然,公司设立时的其他股东在承担责任后,可以向瑕疵出资的股东追偿。但这里承担连责任的股东,是指公司设立时以出资方式原始取得股东资格的股东,不论该股东是否出资到位,都要与瑕疵出资的股东一起承担责任;公司设立后继受取得股东资格的股东,则不必承担这一连带责任。

二、只认缴却未出资的投资人有何权利和义务

只认缴却没有出资者不享有股权。出资是股权的对价,要取得实际的股东资格和身份,必定以对公司的出资承诺为前提,而要获得实际的股东权益,则应以出资义务的实际履行为前提。如果认缴者没有向公司进行任何出资,则不应承认其管理公司事务和参与公司盈余分配的权利。公司的经营收益实质上主要是股东出资于公司的财产所带来的收益,所以股权的权益只能按实缴的资本来确实,股东享有股权的大小取决于其出资的比例或数额。认缴者在未履行其出资义务时,虽不享有股东的权利,却不能免其义务。只有负有出资义务的人才能成为公司的股东,出资义务产生于公司的设立协议以及《公司法》和公司章程的规定。在公司设立过程中,属于合同义务,在公司成立后,则成为法定义务。任何股东在认缴资本后未实际出资前,这个义务都不能免除,公司将始终享有要求其出资的请求权。违反此项义务,即产生相应的法律责任,包括出资违约责任和资本充实责任以及对公司债权人出资额范围内的债务清偿责任。

法条索引

《中华人民共和国公司法》

第二十六条(第二款)　有限责任公司注册资本的最低限额为人民币三万元。法律、行政法规对有限责任公司注册资本的最低限额有较高规定的,从其规定。

第八十一条(第三款)　股份有限公司注册资本的最低限额为人民币五百万元。法律、行政法规对股份有限公司注册资本的最低限额有较高规定的,从其规定。

第十三章

出资制度热点问题裁判标准与规范

本章导读

股东出资制度与公司资本制度紧密相连,公司资本来源于股东的出资,全体股东的出资总和就是公司的资本总额,公司法既有严格的资本制度,那么必有与之配套的股东出资制度;公司法既有最低资本额的规定,那么必有股东出资义务和份额的要求。在法定资本制度下,资本确定、维持和不变的原则正是通过股东出资行为的规则加以实现的。没有严格的股东出资制度,就无法建立真正的公司资本制度。就此而言,公司资本制度的价值和功能同时也是股东出资制度的价值和功能。

理论研究

一、现物出资的适格条件

现代社会中财产形态繁多,但是否所有财产都能进入公司,都能为公司制度所接纳,是公司法理论和实践必须要解决的问题。对于以货币形式的出资,由于其价值确定明确一般不会存在太多的题。现金之外的出资形式在日本被称为现物出资。现物出资与我国的实物出资并非同一个概念。现物出资的概念包含的范围与实物出资相比更加宽泛,一般指公司发起人(公司设立时)或新股份认购人(新股发行时),以货币以外的可转让之财产作为股份的对价。也就是说,除了实物出资以外,还包括用股权、债权、知识产权、土地使用权等形式出资,是一种与现金出资并列的出资方式,相当于我国公司法中的非现金出资。①

由于现物特别是无形资产的评估是个极为复杂的问题,往往很容易高估。既削弱公司的财产基础,又对其他股东造成不公,因而从安全价值考量,有必要对现物出资标的范围进行界定。现物出资的适格条件,就是现物出资财产所应具备的基本条件。对此,不同的学者有不同的概括,但主要有"四要件说"和"五要件说"两种认识。

四要件说是日本公司法学家志村治美在其《现物出资研究》一书中提出的,具体包括确定性、现存的价值物、评价可能性和独立转让可能性四个要件。②

1. 确定性

所谓确定性,是指用于出资的现物应是确定的,并通过公司章程的记载予以特定化、明确化,不能随意变动。各国立法在设定确定性这一要求时,一般都要求将出资标的物的种类、数量等内容在公司章程中予以记载,通常不允许用其他种类的价值物来替代。从出资实践的角度来讲,现物出资标的物的确定性是一个主观确定和客观确定的过程。首先,它是一个主观的过程,即由公司股东就现物是否可用于出资予以协商一致,通过当事人主观意思表示将出资现物"特定化";其二,将用于出资的现物在公司章程或其他书面文件上予以记载,是将"主观化的确定"予以"客观化"。

2. 现存的价值物

这是从现物出资制度的目的着眼而提出的一个标准。一般认为,现物出资的标的物应该是事实上已存在的价值物,对于那些应当是将来才生产出来的物品,它本身不应具有适格性质,而且该标的物必须为出资者所有或享有支配权。问题是,所谓"现存"的具体时间,理论上有不同看法。通说认为,只要在现物交付日期到来前现实存在即可,并不要求在确定章程条款时就客观存在。此外,应当注意地是,所谓价值物的现存性,并无绝对的意义。在现代英美法系部分国家中,这一要件已得到放松。如根据美国《统一有限责任公司法》和《示范公司法》(修订本)的规定,股东可以某些将来的财产出资,这些出资包括期票(一种要式债务凭证)、承诺提供现金或财产或约定在将来提供劳务。

此外,对是否允许以他人所有的财产作为出资标的,亦存有不同认识。肯定说认为,对于以他人的现物出资的,只要在交付日到来之前,出资人能够及时取得标的物的所有权就允许将其作为出资。否定说则认为,以他人之物出资使出资的性质就变成以他人的让与为条件即带有停止条件的出资了。这样,条件的成就与否不仅决定了现物

① 李玮佳:《股东实物出资法律问题研究》,中国社会科学院研究生院 2011 年硕士学位论文。

② 弓慧茹:《公司出资形式法律研究——从制度变迁角度分析》,山西财经大学 2010 年硕士学位论文,转引自〔日〕志村治美:《现物出资研究》,于敏译,法律出版社 2001 年版,第 134 页。

出资人义务能否履行，甚至会左右着公司的成立。而且除非另有约定，否则，对于因条件不成熟而产生的损失，该出资人并不承担责任，这样对公司、其他股东和债权人而言，均是不公正的。我国学术界也多持后一种观点，即应以自己所有的现实存在的价值物出资。① 但是，如果严格要求所有出资现物都必须为现存之物，且只能是出资人所能支配之物，似乎有违市场经济作为信用经济的本质，也违背市场经济的实践，必将大大提高设立公司的成本。因此，本书从肯定说。

3. 评价可能性

所谓评价的可能性，是指用于现物出资的标的物必须能以某种公平的方法评估折价，换算为现金。这是因为无论以何种形式的现物出资，都必须进行评估并折算为现金，以此作为给付股份或确定其在资本总额中的比例（出资额）的依据。既然现物出资以比价换算给予股份，就要有对该标的物进行客观评价的方法。对于无法进行明确评估的财产不能用作现物出资，这也是人们反对以信用和劳务出资的一个重要原因。

对此，本书同意这样一个观点：从某种意义上讲，现物的作价不是一个法律问题，而是一个资产评估方面的专业问题。评价可能性取决于评价技术的发展，而评价技术是随着社会经济的发展而变化的，况且任何现物出资的评价都是相对的。重要的是，只要股东之间达成合意契约，则不必通过法律来规范评价可能性；若为保护债权人考虑，亦可通过设计现物出资者的责任制度来达到目标。

4. 独立转让性

所谓独立转让性，是指用于现物出资的标的物必须可以独立于出资人予以转让，即出资人应该对物享有独立的可支配的权利。这一要件实际是由现物出资的标的物必须由出资人履行给付义务所决定的。因此，对于禁止转让、限制转让之物或无法脱离出资人实施转让之物不得作为出资标的物。但应当注意的是，“可独立转让性”也并不绝对。如以共有财产出资，应在其他共有人同意的情况下，也视为有效出资。此外，有些财产或财产性权利虽然不能独立转让，但可与权利主体的其他财产（如营业）一并转让，或者有些财产虽然不能转让其所有权但可有期限地让渡有关权能（如使用权），为充分发挥物或权利的效用亦可用作出资。

五要件说主要是瑞士学术界的观点，将现物出资标的物的适格性归纳为确定性、现存的价值物、评价可能性、独立转让性和有益性共五个方面。与四要件说相比，有益性是其附加的条件。所谓有益性，是指出资出物应具有在公司目的框架内的收益能力，也

---

① 刘芳芳：《股东现物出资法律制度研究》，山东科技大学2011年硕士学位论文。

就是说,作为现物出资的标的物应为公司事业所需要的,有实益的价值物。而与公司营业无关紧要之物一般不宜用作出资物。对于现物出资的有益性,我国学者大多表示支持,如有学者认为"股东用以出资的实物,必须是为公司生产经营所必需的"①;也有学者认为,并非任何实物都可以作为股东的出资,股东出资的实物,应为公司生产经营所需的建筑物、设备或其他物资。② 他们的表述虽然直指实物出资,但其意可表,即出资财产须能为公司经营所用。

但是,何谓公司生产经营所必需的?对于不同的公司而言,某一现物出资标的的有益性完全是主观的,由公司进行自由判断。因此,在法律上,笼统加以规定并无实益,反而会带来操作上的困难。

对于上述"四要件说"和"五要件说",我国学者也有不同的意见。有学者将前述要件进一步提炼,认为判断某项具有财产性内容的事物或权利能否成为适格的出资标的,核心的标准应当为两项:其一,具有确定的价值;其二,可以自由转让。实际上,这一观点已被立法采纳。我国2005年《公司法》第二十七条和第八十三条分别规定了有限责任公司和股份有限公司的出资方式,即"股东可以用货币出资,也可以用实物、知识产权、土地使用权等可以用货币估价并可以依法转让的非货币财产作价出资;但是,法律、行政法规规定不得作为出资的财产除外"。可见,我国公司立法对于可以作为出资的问题归纳出了两个方面的要求,即可以用货币估价,并且可以依法转让。这与上述观点大致相同。

二、以已经设定抵押的财产作为出资设立公司的效力

对于在所有权之上设有负担的财产可否作为出资标的,我国2005年《公司法》并未做出明确规定。根据2005年《公司法》第二十七条的规定,除法律、行政法规规定不得作为出资的财产外,凡可以用货币估价并可以依法转让的非货币财产均可以作价出资。2005年12月18日,国务院重新发布了《公司登记管理条例》,其第十四条规定:"股东的出资方式应当符合《公司法》第二十七条的规定。股东以货币、实物、知识产权、土地使用权以外的其他财产出资的,其登记办法由国家工商行政管理总局会同国务院有关部门规定。股东不得以劳务、信用、自然人姓名、商誉、特许经营权或者设定担保的财产等作价出资。"

(一)可否将设定抵押的财产出资:两种观点之争

① 金玄武:《中国公司现物出资制度存在的问题及完善》,载《学习与探索》2010年第5期。

② 王东光:《隐形现物出资规制比较研究》,载《清华法学》2010年第4期。

根据上述规定可以看出，作为国务院制定的行政法规，对于设定抵押的财产是否可以作为出资标的已经表示明确的态度，即禁止以已经设定了抵押的财产出资。但是学界对于该问题却有着较大的分歧，主要有以下两种主张：

第一，传统的观点认为设定了抵押的财产不得作为出资。理由是：以设有抵押的财产作为出资标的，其自由转让将受到限制；而且，这使公司在成立之初就呈现资本额不确定的状态，一旦抵押权人要求以抵押物行使优先受偿权将危及公司财产的完整性，从而违反资本确定原则。

该主张从《公司法》是团体法的角度出发，认为维护公司资本的确定、完整不仅关系公司本身的利益，而且关系到公司债权人、公司股东的利益。所以，禁止已经设定了抵押的财产出资，其目的是为了避免股东的出资有瑕疵，从而确保公司从成立之初，财产即是确定与稳定的，为日后公司开展经营活动奠定良好的物质基础。因为，如果允许设定了抵押的财产出资，当抵押权人要求对抵押物行使优先受偿权时，公司对作为出资的抵押物的权利就会减损甚至丧失。其所带来的后果轻则是公司的资产减少，从而公司债权人实现债权的物质基础被削弱，其他股东也因公司资产的减少而造成实际利益的减损；重则是公司因达不到法律所规定的最低注册资本额而被取消法人资格，即公司不能依法成立，从而大大动摇了由公司参与所引发的法律关系的稳定性。因此，为了维护交易秩序、稳定经济关系，禁止以已经设定了抵押的财产出资有一定的必要性与合理性，这也是国务院制定的《公司登记管理条例》之所以不允许以设定担保的财产作价出资的理由。

第二，有一些学者主张设定了抵押的财产可以出资。理由是：抵押权的核心内容在于抵押权人可以直接支配抵押物的交换价值，而不在于取得或者限制抵押物的使用价值，抵押人对抵押物依然有处分的权利。如法国和意大利民法典中所规定的涤除制度与代价清偿制度就是采用变通的方式，解除抵押权负担，以实现抵押物的流通。而且有的学者根据《中华人民共和国担保法》（以下简称《担保法》）第四十九条及最高院《关于适用〈中华人民共和国担保法〉若干问题的解释》（以下简称《担保法解释》）第六十七条的规定，认为现行法律对已经办理了登记的抵押物用作现物出资打开了通道。[①]

我国《担保法》第四十九条规定："抵押期间，抵押人转让已办理登记的抵押物的，应当通知抵押权人并告知受让人转让物已经抵押的情况；抵押人未通知抵押权人或者

① 我国境内现行法律对抵押财产的转让，有严格的限制规定，即必须经抵押权人同意方能转让。由于股东出资必须办理财产转移手续，将股东的财产转移至公司名下，因此，股东以设定抵押的财产出资的，也必须遵循《物权法》关于抵押财产转让的规定，即未经抵押权人同意，不得以抵押财产出资。

未告知受让人的，转让行为无效。转让抵押物的价款明显低于其价值的，抵押权人可以要求抵押人提供相应的担保；抵押人不提供的，不得转让抵押物。抵押人转让抵押物所得的价款，应当向抵押权人提前清偿所担保的债权或者向与抵押权人约定的第三人提存。超过债权数额的部分，归抵押人所有，不足部分由债务人清偿。”依据该条规定，只要抵押人通知了抵押权人并告知了受让人，转让价款合理且提前清偿债权人，即可转让已经办理了登记的抵押物。《担保法解释》第六十七条规定：“抵押权存续期间，抵押人转让抵押物未通知抵押权人或者未告知受让人的，如果抵押物已经登记的，抵押权人仍可以行使抵押权；取得抵押物所有权的受让人，可以代替债务人清偿其全部债务，使抵押权消灭。受让人清偿债务后可以向抵押人追偿。如果抵押物未经登记的，抵押权不得对抗受让人，因此给抵押权人造成损失的，由抵押人承担赔偿责任。”该条更是为抵押人转让抵押物做了补充性规定，从而为抵押物的转让拓展了空间。因为根据该条规定，即便抵押人在转让已经办理了登记的抵押物时，未通知抵押权人或者未告知受让人，只要受让人代替债务人清偿了债务，受让人即可因抵押权消灭而取得抵押物的所有权。

学者由此认为，既然抵押物可以依法转让，自然不应排除其出资的可能性。对于办理了抵押登记，但以抵押物出资时未通知抵押权人或者未告知被投资的公司出资物已抵押的，如果被投资公司代抵押人清偿了债务以后，抵押权消灭，被投资公司仍可取得作为出资的抵押物的所有权。当然，此时公司也有权追究出资人瑕疵出资的责任，但这不会导致出资无效，这其实是对被投资公司的一种保护。对于办理了抵押登记，而且以抵押物出资时通知了抵押权人并告知了被投资公司出资物已抵押的，该出资应是合法有效的。由于出资涉及抵押物所有权的转移，为了保障抵押权人的利益，要求对出资的抵押物评估时应客观公正，不得低估或者高估；而且，抵押权人可就以抵押物出资所取得的股权行使物上代位权。其实，法律这样规定的目的是为了保障已经设立了抵押的财产可以继续流通使用，以最大限度发挥财产的功用，也符合了现代物权保护“从归属到利用”的立法趋向。

（二）本书的观点

笔者认为，上述两种观点都有失偏颇，因为完全禁止或者完全放开“以设定了抵押的财产出资”，都是不符合实际的。理由如下：

首先，采用第一种观点不利于对物的充分利用，实际生活中也无法满足公司对各种资源的多样性需求。

实物具有使用价值与交换价值的双重属性，两种价值都能发挥作用才是“物尽其用”。如果为了确保交换价值将来能够顺利兑现或者为了维护公司资产的确定而限制了物的使用价值功能，则是资源的一种浪费。禁止设定了抵押的财产出资，是对该财产使用用途的一种很大限制，使其不能通过被使用而创造更多的财富。同时，有时设定了抵押的财产也可能是公司急需的资源，对公司的成立和日后的经营有着至关重要的影响，这种情况下，如果公司愿意接受有权利负担的财产作为出资，并依法定程序取得其所有权，法律似无一概禁止的必要。

其次，第二种观点最大的缺憾在于：它以抵押人应有权转让抵押物作为论据来论证抵押人可以用设定了抵押的财产出资设立公司。“转让抵押物”与“用抵押物出资”不是可以等同的概念。因为转让抵押物通常仅涉及抵押人、受让人和抵押权人三方的利益，处理这三方的关系时仅需平衡抵押权人与受让人的利益，即可较为妥当地解决其中的利益纠纷。但是，“用抵押物出资设立公司”除了牵涉抵押人、作为受让人的公司以及抵押权人的利益以外，还要波及公司的债权人、公司的其他股东等利害关系人。处理这几方当事人的关系，要纵观公司法律关系的全局，综合考虑公司内、外部关系的稳定与抵押权人利益的维护，从而决定如何平衡其中的利益，以恰当地解决利益争执。所以，从“抵押人有权转让抵押物”推导出“抵押人可以用设定了抵押的财产出资”，缺乏逻辑推理的同一性与连贯性，其结论也有失客观。“抵押人有权转让抵押物”是“抵押人可以用设定了抵押的财产出资”的必要条件，而非充分条件。

（三）允许设定抵押的财产出资的对策和建议

基于以上论述，我们的观点是：应当允许设定了抵押的财产出资设立公司，但是必须辅之于相应的保障措施，即应当合理地构建股东以设定了抵押的财产出资的制度。具体构想如下：

首先，应区分“已经设定抵押的财产”是全额设置了抵押，还是仅就财产的一部分价值设置了抵押。也就是说，是用全部价值设定了抵押的财产出资，还是用仅就一部分价值设置了抵押、其余价值仍保持完好的财产出资？这两种情形下所产生的法律后果是不同的。以设定抵押后财产的价值余额出资的，由于抵押权人实现抵押权时并不会累及未抵押部分的价值，所以，即便抵押权人为实现抵押权而处理抵押物，在满足债权人的债权后剩余的财产价值仍归公司所有，只不过此时出资人出资的形式发生了变化（由实物出资转变为货币出资），出资的价值没有改变，公司资产的完整性没有因抵押权的实现而受到影响。但需注意的是对以设定抵押后的价值余额出资的财产进行评估时，应考虑到实现抵押权时抵押物价值贬损的风险，即处分抵押物所得价值扣除担保债权的余额可能小于设定抵押时抵押物的价值扣除担保债权的余额。因为从经济学的角度分析，通常，财产在正常情况下被处分所得的价值要高于在特殊情况下被处理（如为实现抵押权而拍卖抵押物）所得的价值。因此，对该种出资财产评估时，考虑到其贬值的风险,应相应降低其评估价值,以确保出资的真实与完整。

而以全额设定了抵押的财产出资,抵押权人行使优先受偿权时必然影响公司对抵押物的权利,所以情况较为复杂,应分项讨论。

1. 以已经办理了抵押登记的抵押物出资

由以上论述可知,已经办理了抵押登记的财产依然具有流通性。为了确保具有流通性的抵押物出资时能够确定到位,以维护资本确定原则,应设计相应的制度来辅助这种出资方式的安全、有效实施。

(1)抵押人的资本补足责任。当抵押物被抵押权人行使优先受偿权后,抵押人的出资相当于被抽逃,抵押人负有向公司返还出资的义务,公司也有权利要求抵押人补足出资。所以,法律可以明确规定:以设定了抵押的财产出资,当抵押物被抵押权人行使优先受偿权后,抵押人负有资本补足责任。

(2)抵押人提供担保。抵押人以设定了抵押的财产出资时,可以向公司提供其他财产作为担保或者提供保证人。一旦作为出资的抵押物被抵押权人优先受偿,公司便可以就抵押人提供的其他财产进行变价处分,以补足抵押人的出资,或者公司向保证人主张由其补足抵押人的出资。

这是在上一设计的基础上,进一步采取的保障措施。为了避免抵押物被追及后,出资人无力补足出资瑕疵,可以在出资人以抵押物出资伊始,就要求其另行提供担保或提出保证人,从而为出资到位提供更为可靠的保障。

(3)公司设立时的发起人承担连带补缴责任。如果用已经设定了抵押的财产出资的股东无力补足因抵押权人行使抵押权而处分掉的出资财产,又无力提供担保或者担保不能满足补足出资的要求时,法律规定:公司设立时的其他股东承担连带补足出资的责任。

做该种规定主要基于两点考虑:一是其他发起人如果接受抵押人以设定了抵押的财产出资,就意味着接受了抵押人出资不能的风险,当这种风险发生时,其他发起人自然应为当初接受这种风险出资的行为承担责任;二是公司设立时的发起人负有资本充实责任,即不仅要对自己违反出资义务的行为承担出资责任,还要对公司资本的充实相互承担出资担保责任,公司发起人之间存在一种相互督促、相互约束的出资担保关系。

(4)出资人的损害赔偿责任。以已经设定了抵押的财产出资,如果因抵押物被抵押权人行使优先受偿权而给公司及公司的债权人造成损害的,出资人应承担赔偿责任。

2. 以未办理抵押登记的抵押物出资

依据《担保法解释》第六十七条第二款规定,抵押权存续期间,抵押人转让抵押物未通知抵押权人或者未告知受让人的,如果抵押物未经登记的,抵押权不得对抗受让人,因此给抵押权人造成损失的,由抵押人承担赔偿责任。此时,未经登记的抵押权仅在当事人之间有效,不得对抗占有抵押物的第三人。抵押人以未办理抵押登记的标的物出资,即使未通知抵押权人或者未告知受让人,抵押权人也不得对被投资于公司的抵押物主张优先受偿权。所以,这种情况下,抵押人实际上被赋予了以抵押物出资的自由。

综上所述,以设定了抵押的财产出资,无论是办理了抵押登记还是未办理抵押登记,都赋予了抵押人出资的自由空间,只是自由程度不同而已。这也正说明,由于抵押权的物权效力不妨碍抵押物的处分,所以,只要制度设计合理,没有理由完全禁止有权利负担的抵押物进入公司设立领域。

实务探讨

一、瑕疵履行土地使用权出资义务的应如何救济

土地使用权的出资不仅需要交付,而且还需采取法定的权利移转形式,即办理土地使用权的过户登记,只有经过登记,公司才能取得真正的、完整的、排他的土地使用权,出资人才完全履行了其出资的义务。违反土地使用权出资义务的情形主要有:已办理土地过户手续但未交付土地;已交付土地但未办理土地过户登记手续;既未交付土地,亦未办理土地过户手续。

1. 已办理土地过户手续但未交付土地

虽然土地使用权移转的主要法律形式是土地过户登记,但土地的交付仍然是土地使用权出资的重要要求,只是完成了土地的过户登记而未实际交付土地,仍属于对出资义务的违反。虽然因土地的不可移动性,它不会对公司债权人造成追索公司财产的障碍,但因其未被公司予以实际有效地占有和利用,因而构成了对公司利益和股东权益的事实上的侵犯。由此,将产生出资者对公司的出资违约责任,公司或其他股东应有权要求该出资者履行土地交付义务和赔偿由此给公司造成的财产损失。同时,公司债权人在公司财产不足以清偿其债务时,应有权诉请对此项土地予以强制执行。

2. 已交付土地但未办理土地过户登记手续

此种情况下,公司虽获得了土地占有和利用的实际财产利益,但这种占有和利用却未得到法律的肯定和保护,是极不稳定和极不安全的。因土地使用权仍在出资人名下,公司并未取得对土地的法律上的控制,相反,会随时因出资人的反目或出资人对土地的自行处分以及其他土地权利人对土地的追索而丧失对土地的占有。因此,这种出资只

是事实上的出资而非法律上的出资，当然构成出资义务的不履行行为，因而，公司或其他股东应有权要求该出资人履行土地的登记过户义务。而出资人拒绝登记、甚至以未办登记过户为由而要求收回土地的行为都属典型的恶意违约，当事人同样可通过诉讼程序诉请司法救济，请求强制登记过户。

3. 既未交付土地，亦未办理土地过户手续

此属完全不履行土地出资义务的行为，此种行为在公司法上构成公司法上的违法行为，并产生相应的法律责任，包括该股东继续出资的责任、其他股东或公司的发起人连带认缴的责任以及由此给公司造成损害的赔偿责任。当然，在此情况下，公司对出资人约定用于出资的土地既不存在事实上的控制，也不享有任何物权意义上的权利，因而不可能通过物权追及的诉讼取得该土地的使用权，而只能通过债权诉讼获得救济。

对于上述违反土地使用权出资义务的行为，除已办理土地过户登记而未交付土地的情况下公司可通过行使物权请求权而要求出资人交付土地外，在其他任何情况下，公司是否有权要求出资人交付土地，是否允许出资人以其他的形式履行其出资的义务，需要依据债法的一般原理加以确定。

如同一般的债的不履行的法律后果一样，不履行土地出资义务的法律后果同样包括实际履行和赔偿损失。作为出资行为的相对人，公司有权在实际履行和替代履行之间作出选择，在出资人仍拥有土地、实际履行是可能的情况下，公司当然应有权要求出资人实际履行，只有在实际履行已不可能或者得到公司认可同意的情况下，出资人才能以其他的出资形式(如以货币形式等)替代履行。

《公司法解释(三)》对上述问题有了基本的规范，其第十条规定："出资人以房屋、土地使用权或者需要办理权属登记的知识产权等财产出资，已经交付公司使用但未办理权属变更手续，公司、其他股东或者公司债权人主张认定出资人未履行出资义务的，人民法院应当责令当事人在指定的合理期间内办理权属变更手续；在前述期间内办理了权属变更手续的，人民法院应当认定其已经履行了出资义务；出资人主张自其实际交付财产给公司使用时享有相应股东权利的，人民法院应予支持。出资人以前款规定的财产出资，已经办理权属变更手续但未交付给公司使用，公司或者其他股东主张其向公司交付、并在实际交付之前不享有相应股东权利的，人民法院应予支持。"

二、股东是否可以用股权出资

股权出资，即股东以其对另一公司享有的股权投入公司，并由公司作为股东取得和行使对另一公司股权。这种出资本质上属于股权的转让，是将股东对另一公司拥有的股权转让给公司。

股权，是随公司发展日益普遍存在的民事权利，是公民和法人财产构成中越来越重要的部分，以股权对外投资是民事主体处置财产和投资理财的基本需要，尤其在企业改制、资产重组，包括上市公司组建过程中，以股权的置换完成对新公司的出资是许多投资者优先选择的出资方式，在目前的公司实践中已经范围不同的被采用。

但股权又有其特殊性。与货币和其他现物出资相比，股权具有以下两个特点：(1)股权出资具有明显的债权属性。对新设公司而言，股权出资相当于新设公司对其他公司拥有了股权。由于公司出资不得抽走，因此，股权出资一般不能为新设公司提供可以直接占有和处分的财产，而主要是一种对其他公司收益分配和剩余财产分配的请求权。在这个意义上，股权出资具有更多的债权属性。(2)股权出资的价值具有不稳定性。由于股权的价值往往不能以其票面价值直观反映，需要参照公司净资产或根据证券市场的行情上来确定，因此，对股权价值量的评估也较其他现物出资具有更大的难度，往往可能出现准确性程度较低的现象，从而也可能对新设公司的资本稳定性构成直接的威胁。

纵观其他国家或地区，有关于股权能否出资的规定不尽一致，大致有三种情况：(1)明文禁止，如法国《商事公司法》的规定；(2)部分允许，如美国《示范公司法》的规定；(3)不作具体规定，如德国《有限责任公司法》的规定。

对于股权能否作为出资，首先需要考虑的是，其是否符合作为出资的标的。如前所述，能够作为出资的标的应当符合两项：一是具有确定的价值，二是可以自由转让，即可以用货币估价并可以依法转让的非货币财产作价出资。

关于股权的价值。股权一般均具有相应的价值，只是在评估价值上作出客观的评价，通常需要对股权所在公司进行全面的资产评估和财产审计。由于股权的价值并不取决于其自身，也不取决于股东获得股权时原始投入的出资额，而取决于股权所在公司总资产减去总负债的余额，即公司的净资产或股东权益。但是，股权的价值不甚稳定，是随其所在公司的经营结果和资产变化而随时变动的。在股权出资后，因各种情况变化导致股权价值的变化或最终不能实现时，不应因此认定出资的不真实。股权出资的真实性应根据出资当时股权的实际价值和情况认定。

关于股权是否可以转让。有学者认为，有限责任公司的股权转让分为股东内部相互转让和向股东以外的第三人转让两种情形。就第二种情形而言，由于有限责任公司的“人合”因素的影响，股权不能完全实现自由转让。股份有限公司分为发起设立和募集设立两种形式，其中发起设立的股份有限公司的设立方式及运营上与有限责任公司没有本质的区别。按照现行《公司法》的规定，发起人持有的股权在转让时也要受到一定的限制，因此无法实现自由转让。募集设立的股份有限公司，其社会公众股可以自由转让，在此基础上发展而成的上市公司，其股权在我国分为流通股和非流通股两部分，流通股可以在证券交易所自由转让和交易，并可以通过证券公司随时变现。因此，流通股票具有了相当于货币的属性。基于以上分析，得出一个结论是：上市公司的流通股具有确定而且直观的价值，并且能够自由转让，因而完全能够作为出资的标的；而发起设立的股份有限公司和有限责任公司的股权虽然也具有确定的价值，但因其转让要受到一定的限制而不适宜作为出资的标的。①

笔者认为，上述观点具有一定的道理。确如此观点所言，有限责任公司和发起设立的股份有限公司的股权的转让的确是存在一定的局限性，即受制于公司法律的明确规定，如有限责任公司的股权对外转让，先要保障公司其他股东的权利，在其他股东明确放弃优先购买权后，才能向股东以外的第三人转让；而发起设立的股份有限公司，其发起人股份的转让，尚需要受制于时间的限制。因此，以有限责任公司和发起设立的股份有限公司的股份转让，确实受到一定程度的限制。

但是，笔者认为，股权应当被允许作为出资的标的，理由如下：

(1)尽管有限责任公司和发起设立的股份有限公司的股权转让受到一定限制，但这种限制毕竟通过一定的法定程序和途径可以予以排除。如有限责任公司的股份，股东欲以其作为投资，当然要按照法律的规定，先履行内部转让的程序，以保障其他股东的优先购买权。正如现行《公司法》第七十二条所规定的："股东向股东以外的人转让股权，应当经其他股东过半数同意。股东应就其股权转让事项书面通知其他股东征求同意，其他股东自接到书面通知之日起满三十日未答复的，视为同意转让。"其他股东半数以上不同意转让的，不同意的股东应当购买该转让的股权；不购买的，视为同意转让。因此，如果有限责任公司的股东欲以其股份作为出资，在其履行了相应的法律程序后，其他股东没有行使或者放弃优先购买权的，此时股份本身所附带的限制性因素已经消失，而成为可以自由转让的权利标的，股东当然可以此股份出资，接受股权的公司也就理所当然在成为该有限责任公司的股东。

同样，发起设立的股份有限公司的股份转让也受到一定的限制，如我国现行《公司法》第一百四十二条规定："发起人持有的本公司股份，自公司成立之日起一年内不得转让。公司公开发行股份前已发行的股份，自公司股票在证券交易所上市交易之日起一年内不得转让。公司董事、监事、高级管理人员应当向公司申报所持有的本公司的股份及其变动情况，在任职期间每年转让的股份不得超过其所持有本公司股份总数的百分之二十五；所持本公司股份自公司股票上市交易之日起一年内不得转让。上述人员

① 周友苏：《新公司法论》，法律出版社 2006 年版，第 148 页。

离职后半年内，不得转让其所持有的本公司股份。公司章程可以对公司董事、监事、高级管理人员转让其所持有的本公司股份作出其他限制性规定。”这里对发起设立的股份公司股份转让的限制，主要是在转让的时间上。如果上述特定的主体在这一规定的时间之外转让股份，法律当然没有禁止，此时的股权也理所当然地可以成为出资的标的。

（2）我国的法律法规并未明确禁止不可以股权出资。2005 年 12 月 18 日，国务院重新发布了《公司登记管理条例》，其第十四条规定：“股东的出资方式应当符合《公司法》第二十七条的规定。股东以货币、实物、知识产权、土地使用权以外的其他财产出资的，其登记办法由国家工商行政管理总局会同国务院有关部门规定。股东不得以劳务、信用、自然人姓名、商誉、特许经营权或者设定担保的财产等作价出资。”根据上述规定，可以看出，该行政法规并没有明文禁止股权不可以作为出资的标的。按照民商法“法无禁止即可为”的理念，法律欲禁之，必以法律明文规定为前提；没有明文禁止的，当然可以为。因此，既然《公司法》和《公司登记管理条例》没有明确禁止股权作为出资的标的，只要股权的转让符合法律的规定，就应当允许其成为出资的标的。

（3）从股权的作用看，其应当可以作为出资的标的。股权是一种综合性的权利，包括财产性权利的自益权和非财产性权利的共益权。虽然股东不能够凭借其股权直接支配公司的具体财产，但可以依据法律和公司章程的规定行使股权，通过请求公司为一定行为或参与公司事务的管理，将自己的意志作用于公司的财产，获取出资财产的增值，实现自己的经济利益。既然股权能够创造出物质财富，为公司运作提供物质支持，股权用于出资就具有了合理性。同时，接受投资的公司只要认为该股权能够为公司带来收益，且该可期待的收益不低于等额的现金出资可能带来的收益，或者虽然不能实现短期的经济效益增长但通过接受股权能够进入其他经营领域或更具成长空间的产业领域时，他们也会欣然接受股权投资。

（4）允许股权作为出资标的也是与我国公司发展趋势相适应的。随着科学技术的日新月异，物质形态和产权形态的表现形式更加五彩缤纷。公司的运营不仅需要现金，更需要满足其特定需要的非货币财产。允许投资者用其拥有的股权出资，既能满足其投资兴业的愿望，又能满足公司取得特定财产权利的商业需求，可谓一举两得。此外，现代西方国家都倾向于自由主义，鼓励出资形式多元化，有的国家如美国还允许以劳务出资。实际上，出资方式的扩大与其说是削弱了债权人利益的保护力度，不如说是提升了公司的竞争力，强化了公司的资本和资产信用，最终造福广大债权人。因此，允许股权作为出资标的，也是与我国《公司法》所追求的方便公司设立、促进经济发展的立法宗旨相一致的。

《公司法解释(三)》第十一条也明确规定:“出资人以其他公司股权出资,符合下列条件的,人民法院应当认定出资人已履行出资义务:(一)出资的股权由出资人合法持有并依法可以转让;(二)出资的股权无权利瑕疵或者权利负担;(三)出资人已履行关于股权转让的法定手续;(四)出资的股权已依法进行了价值评估。股权出资不符合前款第(一)、(二)、(三)项的规定,公司、其他股东或者公司债权人请求认定出资人未履行出资义务的,人民法院应当责令该出资人在指定的合理期间内采取补正措施,以符合上述条件;逾期未补正的,人民法院应当认定其未依法全面履行出资义务。股权出资不符合本条第一款第(四)项的规定,公司、其他股东或者公司债权人请求认定出资人未履行出资义务的,人民法院应当按照本规定第九条的规定处理。”

三、投资人是否可以债权出资

债权出资,即股东以其对第三人享有的债权投入公司,并由公司取代股东作为债权人对第三人享有债权。债权出资的本质属于债权转让或者称债权让与,是将对第三人的债权从股东转让给公司。

债权是投资者拥有的重要财产,具备法定出资形式的要件。我国公司实践中,债权出资的情况已经比较多见,在国有企业改制组建的上市公司中,一些国有企业就是以原有的全权作为出资。在商业银行改革和资产重组的过程中所实行的“债转股”,也是债权出资的一种形式,这种“债转股”就是将银行对债务人公司所享有的债权按约定的方法折抵为对该公司一定金额的股权,银行由此从债权人变成为该公司的股东,该公司的此项债务由此消灭。这种做法对于国有企业改制有着积极的意义,因此得到政府的支持和鼓励。但也必须看到,债权转为股权也存在着固有的弊端,主要涉及公司资本的真实及中小股东利益的维护问题。

的确,债权出资的特殊性与股权出资相类似,虽然债权的价值或债权金额是确定无疑的,但债权的实现却具有较大的或然性,债务人的商业信用或支付能力对债权的实现起着决定性的作用。除债务人对债权本身的存在和数额可能存有异议,必须通过司法或仲裁程序加以裁决的情形外,即使已经获得司法或仲裁胜诉裁决的债权,甚至已经处于法院强制执行之下的债权,都可因债务人丧失客观的偿付能力或陷入破产而无法实现。在债务人恶意逃债成习的恶劣商业环境下,债权更具有很大的落空风险。而在股东有意将已经无望实现的债权、甚至连债务人都不见踪影的不良债权充作出资的时候,相应部分的资本事实上就变成了虚假资本。

对以债权作股问题,德国、日本等不少大陆法系国家都采取禁止态度,其立法目的是确保公司资本的充实。因为以债权抵作股款不但有假债权问题而且可以逃避财产出资之严格审核程序，容易滋生流弊。但在英美法系国家，以与公司相抵消之债权出资，则多被允许。由于以债权作股可抵消公司的负债，从而致使公司的净资产增多，也便于公司融资，因而现在大陆法系国家主张解除禁令的呼声也越来越高。

笔者认为，探讨债权出资与股权出资同样具有很大的相似性，债权依然可以成为出资的标的，这不仅在实践中已经切实可行，而且《公司法》和《公司登记管理条例》对此亦未加以禁止。因此，对债权能否作为出资标的当持肯定的态度。但是，最重要的一点是，对债权出资应当进行充分有效地评估，防止投资人将不良债权充作出资，从而损害了公司和广大债权人的合法利益。在对债权出资的价值进行评估时，应当考虑其不能实现的风险和实现的成本等诸多因素。债权出资后，因各种情况变化导致债权最终不能实现的，不应以此认定出资为不真实。

四、债权出资与通常所讲的"债转股"在法律性质上有何区别

债权出资与通常所讲的"债转股"在法律性质上有着本质的区别，所谓"债权股"有学者认为是指股东以对公司的债权抵缴股款，其实质就是指以对公司的债权作为出资。[①] 但笔者认为，因商业银行改革和资产重组过程中在我国实行的"债转股"[②]与"债权出资"却存在如下法律性质的区别，不能以简单的等同而论：(1)"转股"发生的阶段不同。债权出资发生于公司设立阶段，属于公司设立行为的一部分；而债转股发生于公司设立完成之后，公司合法存续期间。(2)二者发生的原因不同。债权出资的目的在于完成公司的设立，没有相应的出资行为，公司不可能完成设立；而"债转股"是在公司成立后因各种原因导致公司并购、重组等事项发生，从而导致公司原债权人身份发生变化。(3)二者承担出资债权的义务主体不同。债权出资的债权对应之义务主体——债务人为公司以外的第三人，即该出资债权为债权人对公司以外第三人之债权，公司对第三人不负有债务。而"债转股"的债权义务主体——债务人为公司自身，公司作为债务人有法定的义务偿还公司债务，而"债转股"是债权人对公司依法也拥有相应财产的请求权。(4)二者出资后的法律效果不同。第一，"债转股"是在公司不能偿还公司债务或经债权人与作为债务人的公司协商同意后，债权人将对公司的债权转换为公司的股权，从而消灭公司对外的债务。该法律行为的结果是债权债务的消灭，即公司的对外债务消灭，公司债权人对公司的债权亦同时消灭。而发起人以对第三人债权出资则是公司获得相应针对第三人的债权，产生新的债权债务关系为。第二，公司成立后的"债转

---

① 周友苏：《新公司法论》，法律出版社 2006 年版，第 149 页。

② 赵旭东主编：《公司法学》，高等教育出版社 2006 年版，第 277 页。

股"保护了公司的利益,同时也没有损害其他债权人以及公司股东的利益。具体对公司而言,债转股实质是公司债权人以"现金"对公司增资,充实了公司的资本实力,减少了公司的偿债压力。对于公司其他债权人而言,一方面债转股减少了公司偿债的绝对数额,从而更加有效的保障了其他债权人债权的实现;另一方面,债转股实际增加了公司的资本、资产的实力,亦即增加了公司偿债的能力。对公司原股东而言,债转股事项的发生其法律性质乃公司资本的增加,因此,该事项的通过与履行需完全符合公司章程与法律的相关规定,必须经过债转股前原公司股东大会的特别决议;也因此,不存在违法侵害公司其他股东权利的情形,而债权出资则会存在侵害公司债权人、公司非发起人股东、公司自身利益的可能。

五、如何认识和把握债权出资的效力

(一)债权未能全部或部分实现的法律后果与对策分析

1. 对公司的效力

以对第三人之普通债权作为对公司出资,其法律性质为债权的让与,公司为第三人之债权人,而第三人成为公司之债务人,由于债权请求权的属性,债权实现具有较大的落空风险。在发起设立的过程中,公司作为拟制的法人,尚不具备反对与不同意以该债权出资的行为能力,只能被动的"接受"这一债权让与的事实,取得对第三人的请求权。一旦债权不真实、未能全部实现或只部分实现将导致公司资本不实的法律后果,此时公司、公司非债权出资发起人、公司非发起人股东、公司债权人是否可以要求以债权出资的股东承担填补义务则是一个客观的法律问题。依据《公司法解释(三)》第十六条的规定,[①]出资人以符合法定条件的非货币财产出资后,因市场变化或者其他客观因素导致出资财产贬值,公司、公司股东、公司债权人无权要求此种情况下债权出资人承担出资填补义务。但笔者认为该解释存在较大的法律风险与漏洞:第一,设立中的公司尚不具备独立的法律人格,因此,对于债权出资的真实性、可实现性均无法发表独立的意见与判断,而公司成立后,出资债权未能实现相应的财产价值直接损害的是公司的财产价值,其实质是未全部或部分履行出资义务,公司财产绝对价值的减少,直接损害了公司的财产利益。第二,债权出资的场合下,发起人、成立后的公司、非发起人股东、公司债权人处于不同的法律地位。出资行为是公司发起

① 《最高人民法院关于适用〈中华人民共和国公司法〉若干问题的规定(三)》第十六条规定,出资人以符合法定条件的非货币财产出资后,因市场变化或者其他客观因素导致出资财产贬值,公司、其他股东或者公司债权人请求该出资人承担补足出资责任的,人民法院不予支持。但是,当事人另有约定的除外。

人(股东)的内部行为,发起人、成立后的公司、非发起人股东均为公司内部人,而公司债权人为公司外部人,债权出资的情形一般并不为公司债权人所知,况且债权出资的实现具有期限性。因此,一方面,公司债权人并不知悉公司发起人所出资债权是否存在或已经存在不能实现的风险;另一方面,公司债权人也并不知道成立后的公司、非发起人股东是否在诉讼时效期限内有效积极的主张债权等信息,尤其在公司为债权出资人实际控制公司的情况下,"公司"在债权出资问题上可能已经实际丧失了独立的意志,则更加会存在不积极主张实现债权出资的可能性。所以,在公司债权人与公司以及内部股东双方明显存在信息不对称的情况下,如果排除公司债权人的请求权,而让公司外部的债权人承担与公司以及公司内部股东同样的利益损失的风险,显然不符合法律所追求的公平原则。首先,《公司法解释(三)》第十六条为发起人恶意串通以不能实现的债权虚假出资且可逃避法律责任的追究留下了充分的法律空间,这将严重损害了法律的价值与尊严。其次,该条解释将公司的外部人——债权人的请求权予以排除,违背了法律所追求的公平原则,侵害了公司债权人的利益。第三,从有限公司的资本制度而言,"资本三原则"是公司法的基本制度与原则,为保证与落实"资本三原则",维护公司资本的真实也是公司法的资本制度核心价值观念之一。因此,公司作为具有法律独立人格的法律主体,应有权维护自身的财产利益、贯彻、落实资本制度的法律原则,即公司理应有权要求债权出资人在债权未能实现时履行出资填补义务,而其他发起人应承担连带填补责任,从而保证资本确定、充实原则的实现,保护公司外部人——债权人的合法利益并依法阻碍违法虚假出资事项的发生。也正是基于上述法律风险的原因,部分国家仍然禁止以普通债权出资。① 第四,从法律实践而言,因"市场变化或者其他客观因素导致出资财产贬值"而免除债权出资人填补责任的前置条件过于笼统与宽泛,自由裁量的空间过大,容易引起司法实践操作标准的混乱,损害法律的尊严。具体而言,何为"市场变化或者其他客观因素"需要进一步地明确与细化,具体分析如下:(1)出资债权经诉讼或仲裁程序,若裁决未能全部支持公司的诉讼请求或根本没有支持公司的诉讼请求,对于未获支持的部分债权,是否属于因市场变化或者其他客观因素导致出资财产贬值,出资债权人是否属于可以免责的部分?笔者认为,回答当然是否定的。此种情况下,生效司法裁判已经证明债权出资的非真实性,因此,以债权为出资的发起人仍需履行出资不实的法律责任,不能认定为是市场变化或者其他客观因素导致出资财产贬值而免除债权出资人的填补责任。(2)出资债权因时效原因而消灭,出资债权人是否可以免责的问题。

① 周友苏:《新公司法论》,法律出版社 2006 年版,第 149 页。

即因公司、公司实际控制人、公司股东故意或怠于或过失的行为，致使公司对出资之债权因时效原因而消灭。此种情况的处理亦较为复杂，需要进一步分析：其一，如非出资债权人实际控制公司而故意或怠于行使债权的情况，此时基于时效而消灭的出资债权，该债权出资人应予以免责；其二，如因出资债权人实际控制公司而故意或怠于使公司行使债权的情况，此时基于时效而致出资债权消灭，该债权出资人不能免责；其三，因非出资债权人的原因而导致公司出资债权因时效而消灭，则对此事项负有管理职责的公司董事、经理或实际控制人需要对公司承担赔偿责任。如该过失赔偿责任危及公司债权人利益而公司又怠于追究相关人员赔偿责任，则公司债权人可以依法行使代为求偿权，以保护其债权的实现。(3)出资债权执行当中的问题。即出资债权虽经诉讼或仲裁程序获得胜诉，但无法执行或只能部分执行，此种情况下，债权出资是否可以免责同样有探讨的余地。一种情况是，当债权作为出资时属于优良债权，后因市场变化或者其他客观因素导致债权到期后不能实现；另一种情况是，债权出资人在出资时该债权已经属于不良债权而仍以该债权出资，导致即使公司胜诉也不能获得实际的财产利益。第一种情况，债权出资需要举证证明其履行出资义务时，该债权为优良债权，否则，笔者认为，债权出资人不能免责；第二种情况，如公司或其他非发起人股东、公司债权人能够举证证明作为出资的债权为不良债权的，而债权出资发起人(股东)不能提供相反证明的，债权出资的发起人亦不能免责。根据以上的分析，公司作为具有独立人格的法律主体，应根据出资债权未能实现的具体原因，来选择相应的手段与措施以维护公司的利益，进而维护公司债权人的利益以及交易的安全与稳定。

2. 对公司非债权出资发起人的效力

对公司非债权出资发起人而言，同意其他发起人以债权出资，是发起人之间直接的合意与约定，是发起人之间意思自治的表现。但如债权出资未能全部或部分实现时，债权出资发起人首先需要承担填补责任，而其他发起人同样需要承担连带的填补责任。尽管法律尚未细分债权出资未全部或部分实现时如何处理的问题，但依据现行的《公司法》，如依法确定债权出资人需要承担填补责任，则其他非债权出资发起人仍同意并签署相应的协议与公司章程同意债权出资，这也就意味着他们愿意承担债权不能实现的法律风险。因此，对于出资债权不能实现部分，其他发起人应承担连带的填补责任，即使公司章程有相反的约定，在此种情况下也不应免除非债权出资发起人的连带填补责任。但基于对公司外部债权人利益的保护，该约定亦不能对抗公司债权人的请求，其他发起人并不应因发起人之间的约定而免责。

3. 对非发起人股东(继受股东)的效力

按照现行《公司法》的规定,除公司发起人外,公司其他股东不承担发起人出资不实的法律责任。因此,当债权出资未能全部或部分实现时,公司非发起人股东对该部分出资应不承担填补义务。但是,如前分析所述,如对于非发起人股东明知、且有条件追究债权出资人填补出资法律责任时而怠于追究债权出资行为人法律责任而不行使相应的权利。笔者认为,这种情况有关非发起人股东同样需要承担相应的法律责任,以促使其积极行使股东权利,保护公司利益以及公司债权人的权益,维护交易的安全。例如债权出资之债权诉讼时效即将到期,而公司怠于起诉,公司非发起人股东亦怠于行使"股东代表讼"①权利的情形,非发起人股东亦应对公司的损失承担相应的责任。

4. 对公司债权人的效力

如前所述,未能实现的出资债权其法律实质是未履行或未完全履行股东的出资义务,因此,如抛开依据《公司法解释(三)》第十六条的规定,而适用其第九条、第十三条的有关规定,公司债权人可以依据"刺破公司面纱"②原则,请求以债权出资的发起人(股东)对于不实出资部分对公司债务承担补充责任,而公司其他发起人与该股东一起承担连带责任。

(二)债权超额实现的法律效果

出资债权作为公司的财产权,其价值的实现同样可能会出现债权增值、超额实现的客观情况。而对于债权增值部分的归属问题,依据公司法的基本原理,超额实现部分当然归公司所有。在具体操作中,如公司章程未明示超额实现债权的性质,则超额部分应属于资本溢价,应计入公司财产,列入公司资本公积金,除非公司章程对于溢价部分有明确的约定,如:(1)增加资本,股东按照持股比例同等增加公司股份;(2)增加资本,增加部分的股权为债权出资人个人所有。但是,笔者认为,公司章程不能约定增加部分返还归债权出资人个人所有,这样的约定应归于无效,因其直接侵害了公司债权人利益,违背了公司法人财产独立和公司法人财产所有权的基本原则。③

六、公司章程中规定出资者以货币出资,但实际出资时却以实物替代,应否认定其已出资

在出资问题上,由于出资形式的多样化,致使在实务运作中时常发生实际出资与章程规定的出资形式不相符合问题,最常见的是章程中规定股东以货币出资,但实际出资

---

① 赵旭东主编:《公司法学》(第二版),高等教育出版社 2006 年版,第 309—313 页。

② 同上书,第 8—14 页。

③ 宋良刚:《债权出资的法律问题与对策探析》,载《政法论坛》2011 年第 6 期。

却以实物替代,此等情形发生,能否认定为股东已出资,这是一个值得研究的问题。从法理上讲,股东的出资应与公司章程所规定的出资相一致,这种一致性不仅表现为出资数额上的一致,而且还表现为出资形式上也应一致。这是由公司章程的性质决定的,公司章程是全体发起人共同制定的,是处理公司内外关系和经营活动的基本规则,且股东出资形式是公司章程必须记载事项,出资形式的变化应视为出资者并未遵循章程所做出的约定,是一种违反公司章程的行为。因此,从这一意义上说,股东出资方式的随意改变,不应认定为股东已出资。否则,对公司的经营行为,对出资者之间内部关系的处理以及对债权人债权的保护都会带来一定的影响。

但是,公司章程毕竟是由股东协商一致的一种任意性文件,股东的出资也是股东之间的一种协议。而且,根据我国2005年《公司法》,股东的货币出资不得低于注册资本的30%,所以,如果出资者原本以货币出资,后变更为实物出资,但仍符合公司法所要求的货币出资比例的,出资人之间修改了公司章程以此办理公司设立申请,并经审验机构对出资的实物进行审验,符合设立过程中的法律要求时,也可以认为出资者已履行了出资义务。

七、股东以违法犯罪所得货币对公司出资是否构成瑕疵出资

公司法中并没有规定以货币出资的,其来源必须合法,但非法获得的货币常常会导致相关的法律责任,所以有探讨的必要。对于非法获得的现金能否作为对公司的出资,学界和实务界有以下几种观点:第一种观点认为,非法获得的现金不能作为公司的出资。理由是:以此种非法货币投资不能合法的构成公司法人财产权,在他人行使追偿权时,公司有返还义务。这是由于非法获得的现金不具有可保护的价值,为了维护整个社会秩序的正常运转和社会整体安全,如果将非法获得现金出资认为是有效的,将对合法权利人很不利,也很不公平。第二种观点认为,非法获得的现金可以作为公司的出资。理由是:货币本身是种类物,持有即为所有,不存在原所有人追及返还原货币的问题。所以其引发的责任基本上是债的责任,具有高度可替代性,原货币所有人可要求返还等额的货币,或是要求损害赔偿。而非法获得人将货币向公司投资入股,形成的法律关系不仅关系到投资人个人利益,还影响到公司、其他股东、债权人、潜在投资者等其他善意人的利益。这种法律关系与原货币非法取得形成的双方债权责任关系同样是私法领域内的关系,但因为牵涉利益群体多元、不特定,法律有必要维持其稳定性,即社团一旦形成,不得随意解散。第三种观点认为,应区分非法获得资金的手段及动机,甚至应考虑获得现金的相对方善意与否。这是一种折中的观点。

股东以违法犯罪所得货币对公司出资是否构成瑕疵出资的问题,以往在学界的讨论颇多。虽然《公司法解释(三)》第七条第二款规定以违法犯罪所取得的货币出资,在

追究其违法犯罪行为时应对股权应采取拍卖变卖的方式处理，但该规定毕竟涉及与公法原理及规定相冲突的问题，且该规定没有对犯罪所得货币出资是否有效进行认定。由于我国对股东资格的取得采取形式要件说①，即股东是否履行出资义务与股东资格的取得并非一一对应关系，而拥有股东资格是取得股权的必备条件，因此对拍卖、变卖股权的处理并不能当然得出其出资有效无效、是否瑕疵的结论。鉴于此笔者认为对于需要承担公法责任的货币出资是否瑕疵的问题有必要加以论证说明。

就货币出资的有效性问题而言，以往学者多持否定态度。如有学者认为：一则，公法责任追索原物的特性使公司最终无法切实取得该货币的所有权，与资本原则相违背，因此势必要否定其作为出资的有效性；再则，从所维护的法益看，公法责任所追求的是保障作为公法团体的国家和社会的利益，若肯定其出资的合法性虽对公司这种私法团体有利，但却会伤害国家和整个社会的利益，不利于社会经济安全和良好社会秩序的维持。因此基于公法团体关系优先于私法团体关系，公法团体利益优先于私法团体利益的团体法规则，即使否定其出资的有效性会对公司及股东、债权人产生较大影响也应予以否定。② 对此笔者认为，首先，货币流通、可替代的特性决定了货币为最具典型性和代表性的种类物。货币就是货币，无需分清也分不清哪张钱是承载着善良或是背负着罪恶的，最一般的等价物就是每张钱都具有的货币最基本的特征。③ 可见，货币不存在处分权受限的问题，只要持有，对被持有的货币就具有处分权，处分货币的行为结果就应当有效。因此，作为对公司出资的财产，不论其来源合法与否，其行为都应当是有效的，不应判定为瑕疵出资。其次，由于公法追夺原物的特性在此实质上并不能得以落实，在此种情况下，没收已用以出资的现金不但不会对维护公法所保障的国家和社会利益起多大实质上的效益，反而会使已取得出资的财产所有权的公司由于面临不可预知的风险而在公司的生存和发展上战战兢兢、举步维艰，严重影响该公司利益和其他股东利益，最终也势必对整个社会和国家利益造成不利影响，这一结果恰恰有违于公法所追求并致力维护的法益。鉴于此考虑，笔者认为，在肯定以违法犯罪所取得的货币作为对公司出资这一行为有效性的基础上，应适用《公司法解释（三）》的规定，采取拍卖、变卖

---

① 形式要件说认为股东资格取决于公司章程和股东名册的记载及工商行政部门注册登记的确认，这些文件虽然不能证明股东已履行出资义务，但却是证明其股东资格的基本依据。而我国现行《公司法》第三十三条也规定股东依股东可依照名册记载主张行使股东权利，由此可知我国对股东资格取得采形式要件说。参见赵旭东主编：《公司法学》，高等教育出版社 2006 年第 2 版，第 269 页。

② 蒋大兴：《公司法的展开与评判——方法·判例·制度》，法律出版社 2001 年版，第 30—31 页。

③ 左传卫：《股东出资法律问题研究》，中国法制出版社 2004 年版，第 33 页。

犯罪人因出资所得股票、股权等方式代替实现相应财产性公法责任。如此既通过剥夺其股东身份及股权的方式惩罚了犯罪,同时又维护了公司的利益,而没有必要在事实上已无可能的情况下仍坚持依据相应公法原理和规定追夺所谓的原物。基于以上论述,笔者认为股东以违法犯罪所得货币对公司出资不属于瑕疵出资。

八、股东可否以商誉出资

我国现行《公司法》第二十七条至第三十一条对缴纳出资作了明确规定,其中规定股东出资方式分为货币出资和非货币出资两大类。非货币出资就是以货币之外的实物或者其他资产折价为货币金额出资。非货币出资主要包括实物知识产权、土地使用权等。对非货币出资必须进行评估作价,核实财产,不得高估或者低估作价。

非货币财产出资要注意以下问题:第一,非货币财产出资必须经股东同意。第二,法律对非货币财产出资种类有明确的限制。非货币财产出资仅限于实物、知识产权、土地使用权等可以用货币估价并可以依法转让的财产。也就是说,除此之外的非货币财产不得作为出资标的。比如,一些股东可以用在其他公司拥有的股份出资,也可以对其他人的债权出资,但不能用其姓名、信用、劳务或者特许经营权出资。

商誉不能作为出资的标的,理由最主要是由于商誉不具备可以用货币估价的特征,也不具备可以转让的属性。公司法规定的公司是以财产为基础,以股东的出资承担责任的,同时也是公司生产经营的基础。如果股东的出资不能用货币估价,也不能转让给公司,这样的出资自然不会被法律所允许。国务院于 2005 年 12 月 23 日通过了新的《公司登记管理条例》,其第十四条就明确规定:"股东不得以劳务、信用、自然人姓名、商誉、特许经营权或者设定担保的财产等作价出资。"

九、倘若股东用以出资的财产在移转给公司以后价格暴跌,是否构成瑕疵出资?是否应由出资股东承担出资不实的民事责任

由于受商品供求关系、通货膨胀率和金融市场等多种变量因素的影响,股东投入公司的财产(货币财产和非货币财产)的商业价值总是变动不定。世界上没有价值和价格一成不变的商品和财产。股东的出资财产在转移给公司以后有时价格暴涨,有时价格暴跌,这就给判断股东的瑕疵出资行为带来了一定难度。倘若股东用以出资的财产在移转给公司以后价格暴跌,是否构成瑕疵出资?对此,笔者认为,在判断股东出资的财产是否存在瑕疵时,应当坚持以下标准:股东用以出资的财产的所有权、风险负担和孳息风险的转移应当参照和准用《合同法》第一百四十二条关于买卖合同的规则。除非法律另有规定或者当事人另有约定,用以出资的财产毁损、灭失、价值贬损的风险,在

股东交付公司之前由股东承担，交付公司之后则由公司承担。根据上述分析可知，股东用以出资的非货币财产的实际价额在公司成立后略低于、而非显著低于公司章程所定价额的，当然可免于承担补缴出资差额的责任；即使股东用以出资的非货币财产的实际价额在公司成立后显著低于公司章程所定价额，但股东交付该财产时，其实际价额不低于公司章程所定价额的，也可使股东免责。

其中的关键点是，在衡量股东出资财产的真实性、充分性、合法性、有效性的时候，应当以股东履行出资义务的时点去判断，而不能以股东履行出资义务以后出资财产价格的涨跌时点去判断。

此处股东履行出资义务的时点即财产交付的时点，该如何进行判断？笔者认为，此时应遵守《物权法》中关于财产所有权变动的规定：动产以交付、不动产以登记为标志完成所有权的转移。若出资为货币，则较为简单明了，因为货币的数额是确定的，当初承诺出资多少，现在就出资多少，是清晰可见的，即使根据国际货币市场价值的变动而存在一些变化，但是这个变化是很细微的，是可忽略不记的。若出资财产为股权或是不动产，情况就变得比较复杂，因为它们对市场比较敏感，价值会因受市场影响而出现较大波动。比如以股权出资，验资时是足额的，但在办理股权过户手续时，却较大幅度地贬值了，此时股东是否属于瑕疵出资？笔者认为对此应区分情况进行讨论：情况一，因为我国的股票交易市场出现的时间较晚，发育的还不是很成熟，相关法律规定也不够完善，与国外的股票交易市场相比问题较多，造成目前本应与公司业绩挂钩的股票反而受政策性影响比较大。而一项政策的出台主体是政府机构，从普通人的角度理解，股东对由政策引起的股权贬值是不可控的，同时股票亦会受到市场的影响，而这种由常规性的市场影响引起的股权贬值（此时一般不会出现大幅度贬值的情况）也是不可控的，因而其他股东在同意该股东以股权出资的时候应该具有一定的风险预见性。股东成立公司是为了营利，在此基础上订立的股权出资协议亦是经过全体股东慎重思考后得出的结果，体现了他们真实的意思表示，所以此时股东并不构成瑕疵出资。《公司法解释（二）》第十六条对此已有规定："出资人以符合法定条件的非货币财产出资后，因市场变化或者其他客观因素导致出资财产贬值，公司、其他股东或者公司债权人请求该出资人承担补足出资责任的，人民法院不予支持。但是，当事人另有约定的除外。"情况二，股东以股权出资，相对于其他股东来说，他更了解这部分股权的相关情况，如股权所属公司的经营状况、资金状况、负债状况等，他完全可以根据这些信息去预知股权价值的走向。公司业绩的恶化并不是一朝一夕的事情，若股东已经得知公司经营出现了问题或是通过种种迹象预知公司业绩将会有大的起伏，其所持股权也会出现较大波动，此时若他仍以该部分股权出资，而没有向其他股东履行告知义务，使得股权在验资的时候是足额的,而在办理过户手续的时候却大幅度贬值了,此时我们有理由相信该股东的主观是恶意的,所以该股东就应该承担瑕疵出资责任;而股东在验资的时候采取了虚假的手段使本已贬值的股权表现为足额的股权,亦应承担相应的瑕疵出资责任。

十、追究股东出资不实的责任是否受诉讼时效的限制

关于上述问题,主要有两种观点。

第一种观点认为,应受诉讼时效的限制,理由如下:

第一,无论是公司追究股东出资不实的责任,还是其他足额出资的股东,抑或公司的债权人追究股东出资不实的责任,也无论这种责任的性质是违约责任还是侵权责任,都表现为公司、其他足额出资的股东、公司的债权人对出资不实股东的一种债权请求权。根据民法基本原理,债权请求权是要罹于诉讼时效的。

第二,虽然民商法是以保护私权、维护公平为主旨的,虽然权利人有行使或者不行使权利的自由,但任何自由都是有限度的,都要与整个社会秩序的良好维持、与社会环境的健康稳定相吻合。诉讼时效的制度目的恰恰在于通过促使权利人行使权利,来促进权利关系稳定,维护交易秩序和交易安全。在股东出资不实的法律关系中,虽然公司、公司的债权人以及其他足额出资的股东的权利需要维护,但是如果这些权利人长期怠于行使权利,必将造成一系列时刻处于动荡中的法律关系,比如责任的追究会导致追诉到久远的股东,并涉及其他作为发起人的无过错股东的连带责任,会引起公司内部法律关系激烈的振荡。而如果原股东已进行了转让则会把这种冲击波及公司法律关系之外,产生更为复杂的关系,影响到既有法律关系的稳定。因而,为了整个公司交易环境的稳定,为了兼顾因持续相当长时期而需要稳定的社会信赖利益,有必要承认股东出资不实责任的时效限制。

第三,长远看来,承认股东出资不实责任受时效限制,不会损害公司债权人的利益。对于追究股东出资不实责任适用诉讼时效最大的一个疑虑就是是否会损害公司债权人的利益。其实,对债权人而言,公司真正以自己的名义承担民事责任的财产基础是所有者权益而非注册资本。在公司成立初始,所有者权益或者净资产规模与注册资本是基本一致的,但当公司运行一段时间后,净资产与公司最初设立时投入的注册资本的联系已变得非常微弱。此时,如果公司的债权人考察公司的偿债能力,仍仅仅依赖公司成立之初的注册资本、仍继续将眼光局限于是否所有股东都已缴纳了出资,就很容易被公司的表象所迷惑,不具有市场交易所需要的基本理性,对维护公司债权人的利益并无多大实质性意义。如果在法律制度中规定追究股东出资不实的责任应受诉讼时效的限制,就会给公司债权人以警示:与一个长期存在的公司进行交易时,应从宏观的层面上考察

其资产、管理、信誉等各个方面，而非仅仅考察其注册资本。公司债权人这种基本“维权”意识的培养，从长远看来，对其自身利益的维护以及整个交易环境健康有序的发展都是有益的。①

这一观点也有司法实践的相应支持。如《北京市高级人民法院关于审理公司纠纷案件若干问题的指导意见（试行）》（2004年2月9日）第十六条规定：“有限责任公司股东履行出资义务是依据公司章程履行合同义务，未履行或未完全履行出资义务属于违约行为，其他股东有权对其提起要求补足出资的诉讼。诉讼时效期间应当依据公司章程规定的出资时间起计算。有限责任公司股东不履行出资义务是对公司的侵权行为，公司有权对其提起要求补足出资的诉讼，诉讼时效期间的计算适用《民法通则》第一百三十七条之规定。股东因此提起代表诉讼的，亦适用该规定。”

第二种观点认为，不应受诉讼时效的限制，理由如下：

第一，如果追究股东出资不实的责任受诉讼时效限制，则不利于保护公司和债权人的利益。公司股东的出资构成了公司的资本，公司的资本是公司成立的基本条件，也是公司进行经营活动的基本物质条件；既是股东对公司债务承担责任的界限，也是公司承担财产责任的基本保障。公司作为法人组织，是以其全部资产对其债务独立负责。资产的范围和多少直接决定公司的债务清偿能力和对债权人的保护程度，而股东的出资是公司资产形成的基础和来源，是公司最原始和最基本的资产。因此，确定和维持公司的资本，对于奠定公司基本的债务清偿能力、保障债权人的利益和交易安全，具有重要意义。有学者就认为，公司资本是公司债权人利益的财产担保或总担保，是公司对外交往的信用基础和他人判断其信用的依据。② 因此，如果股东出资受诉讼时效的限制，则不利于保障公司资本充实，不利于公司债权人的利益保护，不利于维护市场和社会的交易安全。

第二，虽然主张股东出资不实属于请求权的一种，但并非所有的请求权均受诉讼时效的限制。如物权请求权，基于人格、身份投资、储蓄关系发生的请求权，未授权给公民、法人经营、管理的国家财产受到侵害而产生的请求权，不应受诉讼时效期间的限制。③ 在其他国家，一般都会根据自己国情及请求权所涉及的内容对诉讼时效的适用范围作相应的限制。④ 可见，内容和性质比较特殊的一些请求权并不适用诉讼时效制度，基于投资关系所产生请求权不应受诉讼时效的限制。

---

① 赵旭东主编：《新公司法实务精答》，人民法院出版社2005年版，第103—104页。

② 石少侠主编：《公司法教程》，中国政法大学出版社1999年版，第86页。

③ 王利明：《民商法研究》（第6辑），法律出版社2004年版，第144页。

④ 夏利民：《民法基本问题研究》，中国人民公安大学出版社2001年版，第248页。

第三，如果适用诉讼时效，会产生如下后果：一方面，可能导致股东不出资的违法行为经过一定期间后变成合法行为。现行《公司法》第二百条规定："公司的发起人或股东虚假出资，未交付或者未按期交付作为出资的货币或者非货币财产的，由公司登记机关责令改正，处以虚假出资金额百分之五以上百分之十五以下的罚款。"根据该规定，股东未履行出资义务是违法行为，公司登记机关有权责令改正，而改正无非是继续履行出资义务。如果经过一段时间后，无论是公司，还是其他已按期足额缴纳出资的股东请求法院判令股东履行出资义务均不能获得支持，岂不是使股东的未履行出资义务行为合法化？另一方面，如果经过一段时间以后，股东可以不再履行出资义务，则其所认缴的那部分始终是虚空的，公司的注册资本还是始终不足。①

笔者认为，探讨追究股东出资不实的民事责任，无论是公司要求其承担足额缴纳出资责任，还是其他股东要求其承担违约责任，抑或是债权人要求其承担有关民事责任，应当根据请求权的基础来确定是否应受诉讼时效的限制。单纯的债务债权关系，是一种传统而明确的债权请求权，当然受诉讼时效的限制。如果基于投资关系形成的请求权，则不能适用诉讼时效。因为投资关系是继续性的法律关系，只要这种关系存续，则其派生的请求权也因之存续，不应受时效限制。投资人将其财产投资某企业，从事经营活动，而经营活动是长期存在的，投资人的利益也应当相应存在，如果投资请求权受到诉讼时效的限制，也就不利于保护长期投资。②

按照最高人民法院公布的、并于2008年9月1日起施行的《最高人民法院关于审理民事案件适用诉讼时效制度若干问题的规定》第一条，当事人可以对债权请求权提出诉讼时效抗辩，但对基于投资关系产生的缴付出资请求权提出诉讼时效抗辩的，人民法院不予支持。从司法解释的这一规定看，只是对基于投资关系产生的缴付出资请求权，不适用诉讼时效制度；对于基于投资关系产生的其他请求权，是否可以引用诉讼时效抗辩，则没有提及。

总之，根据以上分析可知，如果其他已经足额缴纳出资的股东对出资不实的股东主张违约责任，其对应的请求权虽然是因投资关系而产生，但其基础关系仍然是合同关系，其请求支付违约金的请求当然适用诉讼时效；如果是公司对其主张足额缴纳的出资责任，其对应的请求权完全是基于投资关系所产生，就不应适用诉讼时效；如果债权人以未履行出资义务的股东为被告，要求其在出资不实的范围内对公司债务承担补充赔偿责任，其对应的请求权主要是基于股东与公司之间的投资关系，也不应受诉讼时效的

① 施迎华：《股东未履行出资义务情形下的若干法律问题探讨》，载赵旭东主编：《公司法评论》(2006年第3辑)，人民法院出版社2006年版。

② 王利明：《我国民法典重大疑难问题之研究》，法律出版社2006年版，第134页。

限制。

综上所述，判断对于追究股东出资不实的责任，其请求权是否罹于诉讼时效，应当根据请求权的类型和基础来判断，而不能一概而论。《公司法解释（三）》对此问题亦有了明确的规范，其第二十条规定，公司股东未履行或者未全面履行出资义务或者抽逃出资，公司或者其他股东请求其向公司全面履行出资义务或者返还出资，被告股东以诉讼时效为由进行抗辩的，人民法院不予支持。公司债权人的债权未过诉讼时效期间，其依照本规定第十三条第二款、第十四条第二款的规定请求未履行或者未全面履行出资义务或者抽逃出资的股东承担赔偿责任，被告股东以出资义务或者返还出资义务超过诉讼时效期间为由进行抗辩的，人民法院不予支持。

十一、股东是否履行出资义务的举证责任如何承担

《公司法》就股东是否履行出资义务特别是出资瑕疵的举证责任问题并没有做出明确的规定，根据我国《民事诉讼法》的规定，在没有特殊规定的情况下，实行谁主张，谁举证的原则。也就是说，在股东出资瑕疵举证责任问题上，举证责任一般情况下是由债权人承担的。但在实践中，债权人可搜集的证据材料仅限于工商登记机关档案中的验资报告，而且这也是结论性的。真正的证据材料唯有出资人自己或审验机构保存，作为普通债权人是很难查实出资是真是假，而由债权人承担举证责任，客观上不太可能，将出资不履行的举证责任由债权人承担，有违公平原则，而且有助长出资瑕疵之嫌。因此，针对股东出资瑕疵主体占有证据材料的特殊性，在诉讼上确立举证责任倒置，既有利于法院查明事实，也有利于切实保护当事人的合法权益。

为了弥补《公司法》关于举证责任承担缺憾，《公司法解释（三）》第二十一条规定，当事人如就是否已履行出资义务发生争议，原告仅需提供对股东履行出资义务产生合理怀疑的证据，被告股东应当就其已履行出资义务承担举证责任。即在股东是否履行出资义务的举证责任上，一方面考虑权利人举证上的现实困难，将是否依法履行出资义务的举证责任分配给被告股东；另一方面为防止滥诉又未简单规定举证责任倒置，而是要求原告提供能够产生合理怀疑的初步证据后再将举证责任倒置给被告股东。

十二、股份有限公司瑕疵出资股权转让后民事责任如何承担

瑕疵出资股权转让中，股权出让人的瑕疵出资因素不影响股权转让合同的效力，这已成为理论界和实务界的共识。为了保护交易安全，提高瑕疵出资股东的失信成本，公司法建立了瑕疵出资民事责任制度，即瑕疵出资股东（发起人）向公司其他出资没有瑕疵的股东（发起人）承担违约责任、向公司承担补缴责任或差额补足责任、当公司不能

偿还债务时在瑕疵出资的范围内向公司债权人承担补充赔偿责任。但是股份有限公司瑕疵股权(发起人股)转让给其他民商事主体后,瑕疵出资相关民事责任应由谁承担,对此理论界和实务界并没有达成一致意见。瑕疵股权转让后,股权出让人(发起人)是否还应继续承担瑕疵出资民事责任?股权受让人是否应承担该瑕疵出资民事责任?这往往是瑕疵股权转让纠纷案件审理中的主要争议焦点之一。因此,在瑕疵股权转让司法实践中,特别是在公司要求该瑕疵股权的出让股东和受让人承担补缴责任或差额补足责任和目标公司的债权人要求瑕疵股权的出让股东和受让人承担补充赔偿责任所引发的诉讼案件审理中更加突出。当前理论界主要围绕有限责任公司瑕疵出资股权转让民事责任承担问题作了较多探讨,也形成了丰富的理论学说,且《公司法解释(三)》①也对有限责任公司瑕疵股权转让后瑕疵出资民事责任承担做了明确规定。而股份有限公司与有限责任公司在公司设立、股权登记以及股权转让制度等方面都存在诸多不同,理论界很少针对股份有限公司瑕疵出资股权转让民事责任承担做专门研究,现行《公司法》和公司法司法解释均未对股份有限公司瑕疵出资股权转让问题做专门规定。在司法实践中,股份有限公司发起人在公司设立过程中虚假出资、出资不实和抽逃出资的情况时有发生,直接减少了公司的实有资本,降低了公司承担债务的能力,严重侵害了公司债权人的利益。而瑕疵股权转让后,法律关系复杂的股权转让纠纷更易发生,瑕疵出资民事责任承担问题已成为当前商事审判实践中的难点问题,实有研讨的必要。

笔者认为,为了充分保护债权人的利益、维护交易安全,对股份有限公司瑕疵股权转让后瑕疵出资民事责任的承担可作如下考虑:股份有限公司的发起人未履行或者未全面履行出资义务即转让股权,公司请求该发起人履行出资义务、受让人对此承担连带责任的,人民法院应予支持;如果受让人不知道出让人瑕疵出资,受让人不应承担连带责任。公司债权人请求未履行或者未全面履行出资义务的发起人股东在未出资本息范围内对公司债务不能清偿的部分承担补充赔偿责任,同时请求前述受让人对此承担连带责任的,人民法院应予支持;受让人不得以不知道出让人瑕疵出资为由向债权人提出抗辩。受让人根据前款规定承担责任后,向该未履行或者未全面履行出资义务的发起人股东追偿的,人民法院应予支持。拟做如上规定,有以下几点理由:第一,出让人对公

① 2010年12月6日最高人民法院公布的《最高人民法院关于适用〈中华人民共和国公司法〉若干问题的规定(三)》(法释〔2011〕3号)第十九条规定:"有限责任公司的股东未履行或者未全面履行出资义务即转让股权,受让人对此知道或者应当知道,公司请求该股东履行出资义务、受让人对此承担连带责任的,人民法院应予支持;公司债权人依照本规定第十三条第二款向该股东提起诉讼,同时请求前述受让人对此承担连带责任的,人民法院应予支持。受让人根据前款规定承担责任后,向该未履行或者未全面履行出资义务的股东追偿的,人民法院应予支持。但是,当事人另有约定的除外。"

司出资存在瑕疵，是出资瑕疵责任产生的源头，转让人不因转让瑕疵股权免除其责任，转让人首先应当承担出资瑕疵责任。第二，如果要求受让人承担补充责任，则将使公司债权人的利益保护落空。因为瑕疵股权转让后，出让人就退出了公司，而发生纠纷时，公司债权人作为公司之外的第三人，是很难知道股东具体出资的情况，甚至找不到出让人。如果规定当出让人没有能力承担责任时，受让人才对公司债权人承担责任，则公司债权人很难举证证明出让人没有能力承担责任，这对公司债权人的利益保护很不公平。因此，受让人承担首要责任比起补充责任更为妥当，更符合商法保障商事交易安全和效益的价值取向。第三，相对于受让人受让瑕疵股权，公司对债权人的责任是公司的对外责任，不同于公司内部责任，不能以公司股东转让瑕疵股权的效力来对抗债权人。因为受让人受让股权后，即成为公司股东，其受让股权时是否善意对债权人来讲已经成为公司内部之事，其不能对抗第三人债权人。况且，受让人在受让瑕疵股权时，有义务去核实出让股东转让的股权是否存在瑕疵，法律没有必要对其加以特别保护而免除其出资瑕疵民事责任。第四，如果受让人明知或应知瑕疵出资问题，意味着其自愿承担责任。在其承担有关责任后，可以向转让人行使追偿权等各种救济权利，也符合公平原则。

对股份有限公司瑕疵股权转让后瑕疵出资民事责任的承担有了明确外，接下来便存在一个瑕疵股权受让人的权利救济问题。根据前述处理此类问题的建议，笔者认为，瑕疵股权受让人可以援用抗辩权和追偿权寻求自己的利益保护。

1. 瑕疵股权受让人的抗辩权

股权受让人因受让了瑕疵股权，面临着向公司或公司债权人承担瑕疵出资责任的法律风险，受让人在成为被告时，可向债权人主张一定的抗辩权。在公司要求瑕疵股权受让人承担瑕疵出资的连带责任时，如果受让人不知道出让股东瑕疵出资，受让人可以以善意为由向公司主张抗辩权，则不应承担补缴责任或差额补足责任。但是，如果公司确有证据证明受让人知道或应当知道瑕疵出资事实，其抗辩权不能成立。在公司债权人要求瑕疵股权受让人承担瑕疵出资的连带责任时，受让人的抗辩权可以归纳为两种：一是时效抗辩权，即公司债权人要求债务人公司的瑕疵出资股东和股权受让人承担连带清偿责任，受让人有权向债权人主张其债权超过时效的抗辩。二是先诉抗辩权，即债权人要求瑕疵股权出让人和受让人承担连带责任时，并在公司的财产被强制执行而无效果之前，受让人享有拒绝债权人要求其承担连带责任的权利，即在公司财产不够清偿债务的情形下，再由出让人和受让人在瑕疵出资范围内承担补充清偿责任。因为股东仅以出资额为限承担有限责任，股东与债权人之间并没有直接法律关系。故只有在公司财产不能清偿其债务时，才能要求股东承担有限清偿责任。此时如果令瑕疵出资股东直接对公司债权人承担连带清偿责任，显然对债权人保护过度。

2. 瑕疵股权受让人的追偿权

追偿权是指瑕疵股权受让人因受让的股权存在瑕疵出资因素而被迫承担瑕疵出资范围内的补缴或差额补足责任后,可以向瑕疵出资的股权出让人及公司设立时的其他发起人追偿。瑕疵股权受让人承担了瑕疵出资民事责任后,可以依法行使追偿权。第一,受让人行使追偿权的条件是:首先,受让人因受让股权存在瑕疵出资因素而承担了民事责任;其次,受让人在瑕疵出资范围内已经代为承担了瑕疵出资责任;最后,受让人代为支付并不是自愿承担瑕疵出资责任。第二,关于追偿权行使的对象,瑕疵股权的受让人既可以向出让人追偿,也可向公司设立时的其他发起人股东追偿,还可以让他们承担连带责任。根据我国现行《公司法》第九十四条第一款规定:"股份有限公司成立后,发起人未按照公司章程的规定缴足出资的,应当补缴;其他发起人承担连带责任。"该条第二款规定:"股份有限公司成立后,发现作为设立公司出资的非货币财产的实际价额显著低于公司章程所定价额的,应当由交付该出资的发起人补足其差额;其他发起人承担连带责任。"这是我国《公司法》中资本充实制度的体现,"其目的在于使公司设立者之间建立一种相互督促相互约束的出资担保关系,以确保资本充实,维护公司债权人和社会公众的权益"。[①] 因此,资本充实制度下对公司设立者规定的出资义务是法定的,公司设立者之间的契约,包括公司章程或股东会决议,不能加以排除。作为瑕疵股权的受让人因受让股权而承受的风险,可以向公司设立时除出让人之外任何一个发起人股东追偿。第三,关于追偿权行使的范围和期限,受让人追偿权行使应以受让人代为履行范围为限,受让人代为承担责任时不得超过出让人瑕疵出资的范围,否则,出让人会行使抗辩权以对抗受让人超过瑕疵出资范围的要求;同时,追偿权行使有一定的期限,即根据我国《民法通则》第一百三十五条"一般诉讼时效"规定,权利人向人民法院请求保护民事权利的诉讼时效期间为 2 年。在此需要注意追偿权行使期限起算点,应以法律文件确定受让人承担责任之日计算。受让人在被提起责任承担请求之时,其责任还没有被确定,不能提起追偿权诉讼。此时,如果出让人没有参加诉讼的,受让人仅可以向法院申请追加。

十三、执行出资不实股权应当注意哪些问题

《最高人民法院关于人民法院执行工作若干问题的规定(试行)》第五十四条规定:"对被执行人在有限责任公司中被冻结的投资权益或股权,人民法院可以依据《中华人民共和国公司法》第三十五条、第三十六条的规定,征得全体股东过半数同意后,予以

① 王利明:《中德合同制度的比较》,载《比较法研究》2001 年第 1 期。

拍卖、变卖或以其他方式转让。不同意转让的股东,应当购买该转让的投资权益或股权,不购买的,视为同意转让,不影响执行。人民法院也可允许并监督被执行人自行转让其投资权益或股权,将转让所得收益用于清偿对申请执行人的债务。”上述规定使法院执行股权具有操作性,笔者认为,在债权人申请执行股东出资不实的股权时,程序操作不当可能使新、老股东之间就谁来承担补齐出资责任问题产生争议。为此应当注意:第一,含有出资不实股权的中止执行。由于法院在执行程序中不处理公司及其他股东对执行标的物实体权利异议的主张,公司及其他股东就被执行股权未出资到位事宜提起限制股权及补齐出资诉讼时,依据《民事诉讼法》第二百三十二条第二款及《最高人民法院关于人民法院执行工作若干问题的规定(试行)》第一百零二条,执行法院适当的做法是裁定中止股权的执行。第二,出资不实股权的合并执行。债权人申请执行股东的股权与公司及其他股东申请限制股权及要求补齐出资的执行法院可能不同,股权查封、冻结的交叉以及公司资本充实与股东债务之间谁先谁后等问题的存在,将使两个案件的执行变得异常复杂,两案的合并执行非常必要。第三,出资不实股权的评估。出资不到位股东名义上仍持有出资未到位的股权,但是,由于其丧失财产收益权与出资到位的股权是同股不同权的,两者的价差为需补齐的出资款。在司法评估过程中,首先,应对公司的资产价值进行评估,其中应包含需补齐的出资款;其次,以扣除需补缴的出资款为基础认定含有出资不到位股权的价值,避免未出资到位的股东因受限股权与未受限股权无价差而成为执行的受益人。第四,出资不实股权司法评估的特别事项说明及拍卖机构的瑕疵告知。评估机构在评估报告特别事项说明中,应详尽地载明被评估股权出资不到位及出资款扣除等事项。拍卖机构在拍卖过程中也应依法履行瑕疵告知义务。

十四、股东将出资款交给公司但未经法定验资程序,其对公司债务不能清偿的部分是否需承担补充赔偿责任

股东向公司缴纳出资是其法定义务,亦是依公司章程之约定对公司设立时其他股东的契约义务。股东出资后,出资财产即脱离了原出资股东而归入公司财产范围,成为公司资本的重要组成部分。我国《公司法》第二十八条和第二十九条规定了股东须将货币出资足额存入有限责任公司在银行开设的账户,且出资必须经法定验资机构验资并出具证明。其目的在于保障公司有相应的财产开展基本的经营活动,有确定的资本保护公司债权人利益。而且,公司成为独立的民事主体、承担民事责任的物质基础均离不开独立的法人财产。公司成立后,若股东未按时足额缴纳出资或始终出资不到位,必将侵蚀公司注册资本制度,使该制度的目的落空,损害公司财产的完整性和独立性,对

债权人利益的保护亦十分不利;对其自身内部关系而言,不仅需向公司缴纳未出资部分,而且需向其他已按期足额缴纳出资的股东承担违约责任。为保障注册资本制度的落实,以及从股东出资义务的法定性和公司资本充实的必要性角度,股东出资须经法定验资机构验资并出具验资证明成为一种必要。设立公司或增资时,验资是一道必不可少的"工序",公司在银行开设临时账户,股东将出资款存入账户后,由法定的验资机构出具相应验资报告。取得验资报告后,同其他材料一并递交公司登记机关申请设立登记。公司营业执照和工商档案机读材料中对认缴额和实缴出资都做记录,载明该股东出资的情况。从举证责任看,股东应当对自己已完全履行了出资义务承担举证责任,除了公司的出资证明和收条,也得证明其交了出资款,且提供相应的验资报告、银行进账单等;从证据的证明效力看,公司内部出具的股东曾向公司出资的出资证明或借条或收款凭证,证明效力低于公司登记机关对各股东认缴额和实缴额的记载;从法律关系看,曾收到过股东款项的事实或以出资款名义开具的收条仅表明股东与公司之间存在资金往来关系,无法证明将该款项用于了验资或成为了公司资本。故仅将出资款交给公司但未经法定验资程序的行为无法被认定为足额缴纳了出资,其对公司债务不能清偿的部分需承担补充赔偿责任。

十五、如何把握土地使用权出资权能的差异对公司财产权的影响

土地使用权出资是公司资本构成的一个重要组成部分,但当土地使用权出资内容不完整时则其出资权能将存在重大差异,故厘清土地使用权的出资权能对界别公司法人财产权的构成具有重大意义。

实践中,以土地使用权作为对公司投资内容的约定类型一般包括以下几种:一是投资者将其自有的土地使用权全部权能投入公司中,并将土地权利主体在法律上转化为公司本身,从而使该土地资本转化为公司的法人财产。此后,该土地权利构成中的场地使用权、投资开发权、经营收益权、土地资产处分权、土地增值收益权等实体性权能在公司存续期间均由公司享有。此类情形下的出资者不再保留其原土地使用权中的任何一项权能。根据对价原则,出资者将根据约定在公司中取得一定比例的股权。在涉及清算时,土地资产将被纳入清算财产的范畴。二是出资者仅以自有土地使用权中的场地使用权权能进行出资。"场地使用权"是土地使用权中可分离出来的一种土地权利类型,类似于土地(场地)租赁。取得场地使用权的公司只享有对某宗土地的事实使用权即占有权而不享有其他权能,该宗土地使用权的其他权能并不是公司法人财产权的构成部分。三是在中外合资企业中,以合资企业名义向企业所在地政府申请用地。即对开办合资企业所需的场地,由合营企业向所在地的市(县)级土地主管部门提出申请,

经审查批准后通过签订合同取得场地使用权。可见，此类用地性质实际上是向政府“租赁”土地，故其实体权利内容与前述第二种用地权利类似，此时的土地使用权除场地使用权外亦不是企业法人财产权的构成内容。四是由政府无偿向企业提供场地使用权。“零租金”用地方式的性质仍然是土地租赁，土地使用权仍然不能成为企业法人财产权的构成内容。诸如以国土整治、环境治理、特色农业开发等名义由政府提供的无偿用地都存在前述性质，但应注意此种用地类型的合法性问题。由于一些地方政府在“招商引资”的名义下出台了诸多地方性政策，不恰当地给予投资者或外商一些“特别优惠”，其中即包括无偿提供土地等情形。

《公司法解释（三）》第八条规定：“出资人以划拨土地使用权出资，或者以设定权利负担的土地使用权出资，公司、其他股东或者公司债权人主张认定出资人未履行出资义务的，人民法院应当责令当事人在指定的合理期间内办理土地变更手续或者解除权利负担；逾期未办理或者未解除的，法院应当认定出资人未依法全面履行出资义务。”上述司法解释的价值在于，当出资者对土地使用权的出资存在瑕疵时则应当通过办理土地变更手续或解除权利负担作为完善途径。因此，只有第一种土地出资形态才存在适用前述规定的法律空间。约定以部分土地使用权权能进行出资，由于其并不违反强制性规定故该类出资形态具有合法性。因此应当特别注意在司法实践中不得对《公司法解释（三）》第八条进行扩大化适用，也即并非任何土地出资纠纷都可以适用指令过户与解除权利负担的规定。

显然，如果出资者之间约定的土地出资权能除场地使用权外而不包括其他土地权能的，则当该宗出资土地被征收时公司并不享有土地征收行为所产生的补偿受益权。尤其在中外合资企业中，由于中方因该地权投资而享有股权的对价实际上是土地租金，这在合资企业法律制度中有着明确规定，即合营企业所需的场地使用权，已为中国合营者所拥有的，中国合营者可以将其作为对合营企业的出资，其作价金额应当与取得同类场地使用权所应缴纳的使用费相同。因此，此时中方所出资的土地使用权并不是合资企业法人财产权的构成内容，亦不存在地权过户的问题，在清算时亦不得将该土地资产作为合资企业的清算财产而对外承担民事责任。此时即不存在适用《公司法解释（三）》第八条的法律基础。

与场地租赁权类似的是以某种“用益权”作为投资内容的出资形态，其特征是被出资公司可直接使用该实物但该物却并非公司法人财产权的构成内容。例如在融资租赁形态下的设备出资对于被投资公司而言法律风险似乎很小，此时的投资者在表象上似乎以“租赁物”作为出资形态，但实际上是在以支付租金的方式进行现金投资。显然，不能将租赁权投资等同于实物投资，故并不存在投资人与公司之间关于物权变更的问题。因此,融资租赁情形下的实物出资也不存在一个指令过户的法律空间,该类出资物也不是公司法人财产权的构成内容,不得在清算时将融资租赁物纳入清算范畴。

《公司法解释(三)》第十条作出相关联的规定:“出资人以房屋、土地使用权或者需要办理权属登记的知识产权等财产出资,已经交付公司使用但未办理权属变更手续,公司、其他股东或者公司债权人主张认定出资人未履行出资义务的,法院应当责令当事人在指定的合理期间内办理权属变更手续;在前述期间内办理了权属变更手续的,人民法院应当认定其已经履行了出资义务;出资人主张自其实际交付财产给公司使用时享有相应股东权利的,人民法院应予支持。”事实上,在适用上述第十条前必然要涉及对约定出资内容和出资形态的审查问题,而并非对该条可以不加区分地予以适用。最主要的审查内容是,以房屋、土地使用权、知识产权出资时其所约定的出资内容是否包括该类权利的全部法律权能。如果是以全部权能出资的,则这三类权利都将构成公司法人财产权的内容。否则,在公司解散时涉及的房地产权利及知识产权权利将要由原出资者“回收”而不得将之纳入清算财产或对外承担民事责任的范畴。[①]

十六、隐名投资者的“股权”是否能够用于出资

股权出资的基本原理是,投资者 A 将其在甲公司享有的股权转让给拟投资的乙公司,但其在乙公司处取得的对价不是股权转让款,而是该公司一定份额的股权;此后,乙公司成为甲公司的股东,A 成为乙公司的股东。显然,股权出资中的核心问题是股东身份置换,即 A 由甲公司之股东置换为乙公司股东,乙公司变身为甲公司之法人股股东,自此股权出资和换股交易同时完成。

股权出资的原理简单,但其合法性和有效性取决于多重条件的制约。主要涉及的情形包括:一是投资者在原公司中所持有的股权应当具有合法性和可转让性。凡是出资协议或章程约定某类股权在不符合特定时限要求或是特定转让条件的,则在“解禁”范围与期限内该股权因不具有可转让性而无法成为股权出资的标的物。二是用于出资的股权不存在权利瑕疵和负担。权利负担一般包括股权或股份设定了质押或抵押担保,此种权利负担无论是对公司内部股东或对外设定的担保均可构成。有关司法解释对股权“瑕疵”未作明确界别,但笔者认为股权瑕疵至少应当包括出资不完整和存在权属纠纷两类情形。出资不完整又包括未出资和出资不实两类情形,对于未出资股东之所谓“股权”应当否认其可转让性;对于出资不实的股权,即虽未完整出资但却存在一

---

① 师安宁:《土地使用权出资权能的差异》,分别载《人民法院报》2011 年 5 月 30 日第 7 版、2011 年 6 月 13 日第 7 版。

定出资事实的股东应当在确定其实有股权后允许其对外转让和出资。股权权属争议包括股东与公司之间的权属争议、股东与股东之间的权属争议以及显名股东与隐名投资者之间的股权权属争议。股东与公司之争主要系确认公司是否认可其股东身份;股东与股东之间的争议主要为界别股权比例;显名股东与隐名投资者之间的争议主要为真实投资者的问题。三是投资者必须寻求到两方公司的“双重认可”和才能最终完成股权出资的合法程序。两方公司即包括其持股原公司甲和拟投资新公司乙;双重认可是指投资者 A 的身份要取得乙公司及其股东的认可;乙公司要取得甲公司及其股东的认可,且在甲公司中没有股东主张对 A 之股权的优先购买权。显然,股权出资的实务操作是很复杂的。

司法实务中的难题是,隐名投资者的“股权”是否能够用于出资。应当说,从理论上来讲是可以的,但实践中的难度和复杂程度较高。因为隐名投资股权必须先履行其公司内部的“准正”程序并转换为该公司合法的显名股权后才具有对外出资的条件。隐名投资的内部“准正”实际上是按照公司吸收新股东的程序来完成的。虽然有的隐名投资者早已存在于公司之中且被其他股东所熟知和认可,但此种“默示”式的认可并不能自动产生吸收新股东的法律效力;同时,隐名投资者也不得仅以公司和其他股东的“默认”而要求法院直接保护其“显名化”的权利。显然,隐名投资者要通过“股权出资”的方式而在原公司“脱身”而转化为新出资公司的合法股东其法律障碍的复杂性可想而知。[①]

十七、在以非货币财产出资对股份定价进行评估时应注意哪些问题

在公司实务中,至少在三个环节中涉及股权定价问题。一是以非货币财产出资时的股份定价问题;二是股权流转中的价款确定问题;三是股东涉嫌出资不实时的股价重定问题,而以评估方式进行股权定价是一种重要的解决途径。为设置和确认股权,在非货币财产出资的情形下所涉及的评估包括投资领域中的评估和司法领域中的评估。笔者认为,投资领域中的评估应当完全尊重投资者之间的约定,司法领域中的评估应当严格限制在投资者对非货币财产的价值或股份没有约定且共同同意以评估方式作价时方可适用,不得滥用司法评估权来干涉投资者对股权的定价自主权。

《公司法解释(三)》第十一条中要求,投资者在以股权出资时,将所出资的股权已依法进行了“价值评估”作为确认股权出资有效性的一个要件。否则,公司、其他股东或者公司债权人有权请求法院认定出资人未履行出资义务,对于此种异议法院应当按

① 师安宁:《股权出资的本质是换股交易》,载《人民法院报》2011 年 6 月 20 日第 7 版。

照该解释第九条的规定处理。而第九条的主要内容是以非货币财产出资而未依法评估作价的，公司、其他股东或者公司债权人请求认定出资人未履行出资义务的，法院应当委托具有合法资格的评估机构对该财产评估作价。评估确定的价额显著低于公司章程所定价额的，法院应当认定出资人未依法全面履行出资义务。为了防止滥用司法评估权而损害投资者之间的定价自主权，在适用上述规定时应当考虑到如下三点：一是当原公司及股东在公司设立阶段或吸收非货币财产出资者为股东时对该类非货币财产虽未“评估”但有明确作价结论的，司法权应当尊重这种作价的效力，因为这种作价正是投资者之间行使定价自主权的体现，故司法权不得轻易否认此种定价结论的法律效力而启用评估机制；二是必须注意到“评估”并不是投资定价的必经程序和必要手段；三是在启动司法评估前仍然有必要征询投资者是否同意协商定价，而非必须启动司法评估程序。

关于非货币财产出资中有一类评估具有特殊性，那就是矿业权评估。矿业权流转除非涉及国有资产的处分或有明确规定要求以评估作为定价基础的交易情形外，一般适用协商定价机制。在矿业权一级流转市场以“招拍挂”为主要交易形态，在二级市场则协商定价与“招拍挂”交易机制均可由投资者之间自主选择。根据有关评估规范，矿业权价值的评估需要涉及约 29 项参数，其中核心的参数包括可采有效储量、取费系数及基准日交易价三项内容，但这种评估值是指某宗矿业权的理论纯收益值。实务中，将此种评估值直接作为矿业权投资者的股权定价结论或矿业权的交易价款是错误的。因为如果按照这一评估结论计算股权价值额或矿业权的交易价款，则等于该投资者单方享有了矿业权之全部纯利益值。正确的做法是，在此种理论纯收益评估值的基础上由交易双方协商定价，司法实务中也应注意这一定价机制的正确运用。[①]

十八、债权人与公司发生合同纠纷，是否可以直接起诉出资不足的股东要求其在出资不足的范围内承担合同责任

公司的设立人因自己未缴纳出资的行为而对公司负有出资填补的责任，对于已足额缴纳出资的其他设立人，则负有承担相应的违约责任。从侵权责任的角度看，行为人不履行出资义务是一种违背公司章程的行为，由于股东不履行出资义务直接影响到公司的正常经营和利益，因此，这一行为对公司而言应当是一种侵权行为。侵权责任只能在公司设立成功的情况下才能成立，否则就不会出现行为人“向公司足额缴纳”出资的问题。

① 师安宁：《股权定价与评估机制》，载《人民法院报》2011 年 7 月 4 日第 7 版。

但是,如果公司的债权人在与公司交易中发生纠纷,债权人发现公司股东未按照章程规定履行出资义务,该债权人是否可以直接起诉出资不足的股东,要求其在出资不足的范围内对公司的债务承担补充赔偿责任?2005年《公司法》没有明确规定股东未履行出资义务应对公司债权人所承担的民事责任。在目前的司法实践中,鉴于股东履行出资义务不实的情况非常普遍,出于对公司债权人利益的保护,应当对这一问题通过司法解释作出相应的规定。

这一问题可以从两个方面回答:一是当出资不足的股东是公司的控股股东,且其未履行出资义务导致公司资本显著不足时的应当承担的责任;二是出资不足的股东仅是公司的一般股东,其未履行出资义务并未导致公司资本显著不足时应当承担的责任。

关于第一个问题,笔者认为,在实行股东有限责任原则的情形下,公司资本是公司对外独立承担责任的最低担保,如果出现出资人以公司方式组织运营,而又不具备与公司经营的事业及其隐含的风险相适应的足额资本,其经营风险就有可能转嫁到债权人或社会公众身上,而股东可以利用公司人格逃避责任,以至损害法律公平、正义的价值目标。这一表现尤其突出的是,股东未履行的出资构成公司的主要资本,没有履行出资义务的股东却直接或间接地控制了公司财产,过度操纵了公司,侵害了公司债权人利益。此时,如果仍然要求股东对公司债务承担有限责任,既违背了公司制度设计的初衷,也不利于对债权人保护和商业安全的维护,以及法律对公平、正义价值的追求。因此,2005年《公司法》第二十条第三款明确规定:"公司股东滥用公司法人独立地位和股东有限责任,逃避债务,严重损害公司债权人利益的,应当对公司债务承担连带责任。"这也就是公司法上的"法人人格否认理论"。按照这一理论,对于控股股东出资不足部分构成公司主要资产的,公司债权人可以对公司和控股股东一并提起诉讼,要求二者承担连带赔偿责任。

关于第二个问题,笔者认为,未履行出资义务的股东对公司的足额缴纳出资责任在性质上属于侵权责任,公司对其享有债权。该债权是基于股东与公司之间的投资关系而产生,这类债权在属性上不属于债权人自身的债权范畴,因而是可以代位行使的债权。股东的出资义务履行期限由章程规定,超过章程规定的期限未履行出资义务的,即是到期,对公司而言,其相应的债权即为到期债权。我国《合同法》明确规定了债权人的代位权制度。《最高人民法院关于适用〈中华人民共和国合同法〉若干问题的解释(一)》第十一条规定,债权人提起代位权诉讼的条件是:(1)债权人对债务人的债权合法;(2)债务人怠于行使其到期债权,对债权人造成损害;(3)债务人的债权已经到期;(4)债务人的债权不是专属于债务人自身的债权。根据该司法解释,债权人行使代位权的法律效果是:一旦法院认定代位权成立,次债务人(债务人的债务人)应向债权人履行清偿义务，债权人与债务人、债务人与次债务人之间相应的债权债务关系即归于消灭。因此，代位权的行使，是债权人突破债的相对性效力，代替债务人行使债权，避免其债务人故意不行使债权减损自身偿债能力，从而保全自己债权实现的有效途径之一。于此，倘若公司缺乏债务清偿能力，而公司又怠于请求瑕疵出资的股东填补出资差额，公司债权人可以瑕疵出资的股东为被告，以公司为第三人，提起代位权诉讼，请求其在出资不足的金额及其利息范围内承担相应的民事责任。

此外，由于股东出资瑕疵对债权人利益造成损失的，债权人可以直接对出资不足的股东提起直接诉讼。因为未履行出资义务的股东对公司的足额缴纳出资责任在性质上属于侵权责任，公司对其享有债权。而公司的债权人由于公司的资本不足，导致其债权不能实现，这就容易得出这样一个结论：出资不足或者瑕疵出资的股东对公司债权人负有侵权责任。近几十年来，一些国家的法律确认了第三人侵害债权制度，开始将第三人对债权的侵害作为侵权行为对待①。侵权法对债权的保护主要原因在于，就对外效力来说，债权与其他民事权利一样都具有不可侵害性，如果第三人基于故意和恶意侵害该权利之后，债权人有权获得法律上的救济。在第三人故意侵害债权的情况下，第三人与债权人之间已经形成为一种侵权损害赔偿关系，因此不能用合同相对性的规则来否定债权人对第三人所享有的侵权法上的权利。这样，公司债权人就可以瑕疵出资的股东为被告，要求其在出资不足的范围内对公司债权人承担责任。《公司法解释（三）》第十三条第二款明确规定，公司债权人请求未履行或者未全面履行出资义务的股东在未出资本息范围内对公司债务不能清偿的部分承担补充赔偿责任的，人民法院应予支持；未履行或者未全面履行出资义务的股东已经承担上述责任，其他债权人提出相同请求的，人民法院不予支持。

十九、实践中如何认定抽逃出资的标准

股东抽逃出资，是指股东将已交纳的出资又通过某种形式转归于自己所有，但是仍然保留股东身份和原有的出资额的情形。

股东抽逃出资与虚假出资有不同之处，表现在抽逃出资的行为所发生的时间，结合公司案件的司法实践，股东抽逃出资的行为应当是发生于公司成立以后。公司成立前，股东已经向公司投入其所认缴的注册资金，在公司成立时，该资金的所有权属于公司。而且由于公司的成立，该所有权的主体资格即现实地存在，而在公司成立之后，股东通

① 〔美〕艾泼斯坦：《侵权行为法》（英文版），利特尔布朗公司1984年版，第1335页，转引自王利明：《我国民法典重大疑难问题之研究》，法律出版社2006年版，第550页。

过种种形式将其已经向公司所投入的注册资金转为己有，才能构成抽逃出资的行为。如果股东未向公司投入所认缴的注册资金的，则属于虚假出资的行为，不能构成抽逃出资行为。而如果股东在向公司投资后又在公司成立以前将该投资转归自己所有的，应认定为虚假出资行为，而不属于抽逃出资行为。所以，认定股东抽逃出资行为的标准即为：(1)股东曾向公司实际投入所认缴的投资。(2)公司成立后，股东将上述投入公司的资本全部或者部分地转归为自己所有。①

在认定抽逃出资行为时，关键是审查股东出资资金（或相应的资产）的所有权在股东与公司之间发生转移时，股东是否向公司支付了公正合理的对价。其主要依据就是公司的相关财务资料，比如公司的资产负债表、长期投资账册、资产损益表、财务状况变动表、利润分配表及其相关会议纪要等等。自 1993 年 7 月实施《企业会计准则》以来，企业以"资产 = 负债 + 所有者权益"这一平衡关系为理论依据，以"借"、"贷"为记账符号，实施用以反映商业主体资金增减变化的复式记账法。如果公司股东与公司之间虚构业务往来以抽逃出资，在公司的财务记账凭证上，往往以如下形式体现出来，即借方以"银行存款"记录，而贷方以"其他应收款"方式长期挂账，以达到公司账面上平衡的目的。实际上的情况是，"其他应收款"项下的资金已经被股东抽逃。笔者认为，要区别抽逃出资与借款行为，应综合考虑诸如金额、期限、利息、担保、程序、会计处理方式等因素。②

《公司法解释(三)》第十二条明确规定，公司成立后，公司、股东或者公司债权人以相关股东的行为符合下列情形之一且损害公司权益为由，请求认定该股东抽逃出资的，人民法院应予支持：(一)将出资款项转入公司账户验资后又转出；(二)通过虚构债权债务关系将其出资转出；(三)制作虚假财务会计报表虚增利润进行分配；(四)利用关联交易将出资转出；(五)其他未经法定程序将出资抽回的行为。

二十、如何认定以"过桥借款"方式缴纳出资的股东责任

"过桥借款"通常是批公司股东为履行出资义务从第三人处取得借款，股东将借入资金交付公司并取得公司股权后，再将公司资金直接或间接地归还给出借人，用以抵消股东对出借人的欠款。在形式上，"过桥借款"出借人获得清偿的方式有两种：一是股东将公司资金转入股东名下，并以股东名义向出借人偿还借款、清偿债务，公司财务记载公司对股东的应收款；二是股东以公司名义将资金直接支付出借人，公司财务记载公

① 吴庆宝主编：《商事裁判标准规范》，人民法院出版社 2006 年版，第 197—198 页。

② 周筱法、张迈、付国华：《瑕疵出资股份转让合同的效力认定及责任承担》，载《人民司法·案例》2008 年第 18 期。

司对出借人的应收款。无论出现何种情况,公司股东都不在设立公司之前存在着主观故意。

实践中,大部分工商行政管理机关将"过桥借款"以股东抽逃出资或虚假出资来处理,只要出借人借上述方式实现了债权,就认定股东采取"过桥借款"方式出资。但是,如果出借人与股东、出借人与公司签署合法的协议,且根据协议出借人向股东、公司向出借人都收取合理报酬或价款,且这一报酬都在法律允许的民间借贷利率之内,似乎不宜认定公司股东以"过桥借款"方式缴纳出资。① 此时,股东与出借人之间仅形成普通的债权债务关系,应当认定股东已经实际缴纳出资。

但是,如果股东出资方式的确构成"过桥借款",由于"过桥借款"不仅会导致公司名义资本与实际资本之间的差异,而且将导致股东名义股权与实际股权之间的差异,从而背离法定资本制和实收资本制的要求。股东以"过桥借款"方式出资,其主观目的在于取得以公司名义从事经营的资格,而非按照出资数额或者比例承担投资风险、取得投资收益。据此,应认定利用"过桥借款"出资的股东具有名义股东身份而无实质股东身份。这种认定的意义有三:其一,未出资股东应继续承担出资义务,避免股东借机逃避出资义务;其二,未出资股东失去了利润分配请求权;其三,公司债权人可根据代位权直接向未出资股东提出追索,以落实公司法保护债权人的法律理念。②

二十一、劳务出资的可行性探讨

劳务出资,即人力资本出资,指以已经完成的或者即将完成的劳务作为出资。③ 我国现行《公司法》扩大了知识产权出资的范围和比例,对于表现为科技创新和管理创新能力而缺乏物质表现的人力资本并未基于必要关注。人力出资在评估上存在难以确定价值的困难,而且作为公司的财产对公司债权人的担保难以发挥作用,因此我国现行《公司法》禁止人力资本出资。

在知识经济时代,经济运行已经从对货币、土地、厂房等物质资本要素的注重转向对科技知识、管理技能等人力资本要素的注重。美国和英国都已经通过成文法或判例法确认了人力资本出资的可行性。允许人力资本作为公司出资方式并对其进行法律规制,就是对知识的控制和利用。所以,在我国可以考虑引入人力资本作为出资方式的一

---

① 李国光、王闯:《审理公司诉讼案件的若干问题(上)》,载《人民法院报》2005 年 11 月 21 日第 1 版。

② 叶林、王世华:《公司法定资本制的检讨》,载《法律适用》2005 年第 3 期,转引自吴庆宝主编:《商事裁判标准规范》,人民法院出版社 2006 年版,第 202 页。

③ 奚晓明、金剑锋:《公司诉讼的理论与实务研究》,人民法院出版社 2008 年版,第 174 页。

种,这样不仅可以使具有经营功能的人力资本与具有担保功能的物质资本通过合作实现其各自的价值,也使公司中人力资本所有者通过持股和股票期权等为公司的发展提供推动力。当然人力资本出资的引入也存在很多的问题。如人力资本具有无形性和人身性。无形性使人力资本很难通过物质载体加以外化,因而难以评估;人身性决定了人力资本与其所有者人身不可分离,不能作为担保的标的,也不能变现用于清偿债务。因而人力资本出资对于公司、股东、债权人,对人力资本出资的评估、缴付、转让等带来一系列法律上的难题,[①]但这些都可以通过制度设计予以解决。

二十二、出资瑕疵股东出资违约的救济手段有哪些

当股东违反其出资义务存在出资瑕疵时应当承担相应出资违约责任,出资违约责任是指出资人不履行其出资义务,对公司和其他出资人应承担的民事法律责任。这里的违约指违反公司章程的规定,不履行出资义务包括不履行和不适当履行的各种瑕疵出资形态。责任对象既包括公司也包括其他出资人,出资人不按章程规定缴纳出资,致使公司不成立、被撤销或解散的,应对其他已足额出资的出资人承担违约责任,公司成立的,还应对公司承担违约责任。

各国出资瑕疵股东出资违约的救济手段包括:(1)行使失权程序,使怠于履行出资义务的认股人丧失其权利。如日本《商法》第 179 条规定:“股份认购人不按第 177 条之规定缴纳时,发起人可规定日期,到期仍未进行缴纳时,可向股份认购人通知其权利的丧失。”“发起人发出前项的通知后,股份认购人仍未进行缴纳时,其权利丧失。在此场合,发起人可对该认购人认购的股份,重新募集股东。”失权程序有以下两大功效:其一是为了防范因认股人拖欠应缴股款而妨碍公司资本的筹集或使公司设立归于失败的风险,追索社会经济效益的最大化的功效;其二,已失权之认股人在被确认为失权后再为缴款,亦不能回复其地位,因而也有督促认股人及时履行出资义务之功效。(2)行使追缴出资权。失权程序相当于立法赋予公司或发起人的一种单方面的认股契约解除权,公司也可以选择不行使失权手续,而要求有履行可能的股东可以保有其股东权而继续履行其出资义务,此即为公司对股东的追缴出资权。不少国家对公司追缴出资权行使的时效作出了要求,如德国有限责任公司法规定,公司请求权的时效为 5 年,自公司登记人为商业登记时起算。(3)请求损害赔偿。一般来说,在公司成立的情况下,违反出资义务的股东应向公司承担损害赔偿责任;在因出资瑕疵股东而导致公司不能成立或被撤销、解散的情况下,违约股东应向其他足额缴纳股款的股东承担损害赔偿责任。

---

① 奚晓明、金剑锋:《公司诉讼的理论与实务问题研究》,人民法院出版社 2008 年版,第 174 页。

违约损害赔偿应坚持完全赔偿的原则，即违约方的违约使受害人遭受的全部损失都应由违约方负赔偿责任。(4)支付利息罚。如德国法规定“没有及时支付所要求款项的股东，应自期满之日起支付应交款的5%的年息”，并允许章程规定合同罚款。(5)支付违约金。如德国法规定“对于不及时缴纳的情形，章程可以规定违约金。”(6)支付定金罚。英国法有申购股份时应付款额的规定。申购时应付数额不应少于每股价值的5%，其性质被学者认为就是股票款的定金。

我国现行《公司法》有多项条款用以加强对出资瑕疵股东的违约责任的要求。① 通过对第二十八条第二款，第三十一条第一款，第九十四条文加以分析可知：(1)现行《公司法》第二十八条增加了“除应当向公司足额缴纳外”，使违约请求权的主体在其他已足额出资的股东的基础上，又增加了公司。(2)现行《公司法》第三十一条、第九十四条规定的非货币财产出资评估不实时股东应补缴其差额，可以理解为股东对公司承担的出资违约责任，但该条仅限于非货币财产出资不实，仅限于补缴差额这一种违约形式，而且由谁主张该差额未有规定，因而不足于救济公司。(3)第二十八条中“股东不按前款规定缴纳出资”，应理解为包括所有瑕疵出资行为。有学者认为该条仅规定了未履行出资义务一种违约形态，是不恰当的，虚假出资、抽逃出资也是对前款规定的违反，可依第二款承担责任。(4)公司在成立后，未到两年就倒闭的，对公司存续期间对外债务的承担，股东的责任不是以实缴资本为限，而是以注册资本为限(这同英美国家和地区实行的授权资本制不同)，这就是说，公司的注册资本在公司成立时必须全部发行出去，现有的股东必须认购完毕，只是缴付的期限不同而已。(5)该条规定的责任是严格责任，无论出资瑕疵股东主观上是否有过错，都应对已足额出资的股东承担违约责任。合同法上通常把过错原则作为承担责任的一般原则。《公司法》上为了满足资本充实的要求，则不能以股东的过错作为承担责任的条件。只要其存在出资义务不履行的客观事实，其就要承担相应的严格责任。(6)现行《公司法》取消了有关刑事责任的规定，但可以参照《中华人民共和国刑法》(以下简称《刑法》)中的相关规定。

二十三、违反出资义务股东对其他股东应承担何种民事责任

不管公司最终成立与否，瑕疵股东与足额股东之间都有合同约束。在公司设立初，订立了公司设立协议，约定共同出资组建公司，并且一般都约定了相互的出资份额，此订立协议应为合伙合同，合伙组建公司，各发起人之间应为合伙关系。若公司最终成立，则各股东又受公司章程约束，公司章程乃由所有发起人股东共同协商订立，其中明

① 赵旭东主编：《公司法学》，高等教育出版社2006年版，第262—263页。

确规定各股东的出资份额。

股东违反出资义务是对发起人协议或公司章程约定的违反，应向其他股东承担违约责任。基于契约义务说，大陆法系国家认为违反出资义务的股东对其他股东承担的是违约责任。而在英美法系国家，其他股东主张出资责任的主要依据是股东平等待遇原则，各股东之间应该平等出资。我国采纳的是大陆法系的理论，并在现行《公司法》第二十八条、第八十四条中做出明确规定：有限责任公司"股东不按照前款规定缴纳出资的，除应当向公司足额缴纳外，还应当向已按期足额缴纳出资的股东承担违约责任"；股份有限公司"发起人不按照前款规定缴纳出资的，应当按照发起人协议承担违约责任"。违反出资义务股东对其他股东的责任承担，只限于普通有限责任公司和股份有限公司，一人公司和国有独资公司因没有其他股东而不在探讨范围之内。

二十四、违反出资义务股东对公司应承担何种民事责任

众所周知，股东出资的本质是一种财产所有权的转移，由股东出资得来的财产是公司赖以生存的基础，是公司营利和股东分红的依靠。资本充实责任既是公司股东的法定责任，不以公司设立者的约定为必要，亦不能以公司章程或者股东大会决议来免除。[①] 股东出资义务的不履行是对公司资本和财产的直接侵害，对公司利益的损害不言而喻。实践中，股东不履行出资义务或不适当履行出资义务，公司生存和发展所需的资金或其他生产条件就难以达到，公司无法进行正常的生产、经营和获利，股东成立公司的目的难以实现。更有甚者，股东不履行出资义务还可能导致公司法人人格被否认、公司被解散或者营业执照被吊销。因此，违反出资义务股东应向公司承担相应的责任。

1. 差额补缴责任

股东未依照公司章程或法律规定实际缴纳出资或缴纳出资不实，公司可以要求其继续履行。股东出资不实，就其不实部分应及时填补，这是公司资本充实原则的要求，也是保证公司人格健全的第一需要。当股东未全部缴纳出资或缴纳现物出资的价值明显低于公司章程所确定的数额时，应当由交付该出资的发起人或者原始股东补足其差额。

我国现行《公司法》第三十一条规定："有限责任公司成立后，发现作为设立公司出资的非货币财产的实际价值显著低于公司章程所定价额的，应当由交付该出资的股东补足其差额；公司设立时的其他股东承担连带责任。"由此可见，在现物出资的场合，现物出资不实的股东应向公司承担差额补缴责任。从法律条文的字面理解，似乎本条只

---

① 吴庆宝主编：《公司纠纷裁判标准规范》，人民法院出版社2009年版，第100页。

适用于非货币财产出资且非货币财产出资评价过高所导致的出资不足的场合，部分学者同意这种观点。笔者认为，结合立法的本意及公司法的实践，为贯彻资本充实原则，维护交易的安全，应对公司法第三十一条做扩张解释，以货币形式出资的股东如果未足额缴纳出资也应承担差额补缴责任。此外，股东对公司承担责任的前提是公司的有效成立及存续，因此，本条明确规定为“有限责任公司成立后”。在公司设立阶段，由于公司尚未成立，对公司的责任也就无从谈起，此时责任的对象应是设立中公司的机关。可见，是否存在价值差额是股东是否要承担差额补缴责任的前提。

关于差额补缴责任的范围，法律并未做出明确规定。实践操作中，有人认为应补缴注册资本额与法定最低资本额之间的差额，有人认为应补缴注册资本额与实缴资本额之间的差额。笔者认为，差额补缴责任实际上是违反出资义务的股东继续履行原本应当承担的出资义务，因此，应当补缴认缴出资额与实缴出资额之间的差额。关于差额补缴责任的请求权主体，笔者认为首先是公司，其次是其他已经足额履行出资义务的股东。股东履行出资义务、移转财产所有权的对象是公司。股东出资不实而要补缴差额时，公司是理所当然的接受主体。因此，公司是股东履行差额补缴责任的第一请求权主体。公司成立后，发现股东未足额履行出资义务或者非货币财产的实际价值显著低于公司章程规定，公司应通知其补足差额，如果违反出资义务的股东仍不履行义务，则公司应作为权利主体请求司法救济。实践中，应负担差额补缴责任的股东可能因对公司的控制而使公司怠于追究其责任，此时，已经足额出资的股东为了公司及全体中小股东的利益可以依据法定程序提起股东代表诉讼。

2. 瑕疵担保责任

现物出资的特殊性表现为出资标的存在瑕疵给付的可能。瑕疵给付，指股东缴付的现物存在着品质或权利上的瑕疵，包括自然瑕疵和法律瑕疵。前者如所交付的标的物不符合章程约定或国家规定的品质标准，不具备应有的功能或效应；后者如所交付的标的上存在着第三人的合法权益，影响公司对标的物的占有和使用，对此，股东应承担瑕疵担保责任。现代民法理论将瑕疵担保责任分为物的（自然）瑕疵担保责任和权利（法律）瑕疵担保责任两种类型。

所谓物的瑕疵担保责任，是指出资人应担保标的物具有应有的品质、效应和价值，如果用以出资标的物不符合国家质量标准或约定质量标准，或丧失其应有的价值或效应，就应承担相应的责任，如更换、修理、支付违约金等。所谓权利瑕疵担保责任，是指出资人应担保其向公司缴纳的出资标的之上不存在第三人的合法权益，任何第三人不能就出资标的向公司主张权利，如果第三人基于所有权、用益物权或担保物权向公司主张权利，出资人应承担责任。例如，出资人以建设用地使用权出资，但该建设用地使用权上已经设定抵押，则该出资就存在权利瑕疵，出资人应承担瑕疵担保责任。

值得注意的是，虽然在合同法领域出卖人的瑕疵担保责任以买受人不知情和合同无免责事由为条件，但是在股东出资领域，仍应适用上文所论述的严格责任。凡存在瑕疵的出资物，公司均可主张权利，要求出资瑕疵的股东消除瑕疵或赔偿损失，以维护公司和其他股东的利益，确保公司资本的充实。

3. 损害赔偿责任

股东的出资义务是一种法定义务，股东违反出资义务、给公司造成损失，应当承担侵权损害赔偿责任，[①]包括现有利益的损失和可得利益的损失。损害赔偿责任不因其他责任形式的存在而受到限制，大多数国家公司法都规定损害赔偿可以和其他救济手段并用，即使责任人已经承担了其他违约责任，但对公司造成损害的，仍需对公司进行赔偿。我国现行《公司法》中没有明确规定损害赔偿责任。《中外合资经营企业法实施细则》第二十一条规定："合营各方应按合同规定的期限缴清各自的出资额，逾期未缴或未缴清的，应按合同规定支付迟延利息和赔偿损失。"

二十五、发起人股东对公司的资本充实责任有哪些

资本充实责任是为了贯彻资本充实原则，由公司设立者共同承担的相互担保出资义务履行的民事责任。根据资本充实责任，因某些公司设立者违反出资义务或其他原因，而致公司资本不能按章程规定缴足时，其他公司设立者要为此承担连带的缴足义务。

资本充实责任是针对已经足额缴纳出资的公司发起人股东而言的。认股人并无此项义务，认股人仅需对自己的出资瑕疵负责。公司健全人格的形成主要取决和依赖于发起人的创设活动，因此，发起人不仅要对自己的出资瑕疵行为承担出资违约责任，而且还要对公司资本充实承担担保责任，即确保公司资本的充足和可靠，这是保证公司人格健全的第一需要。我国现行《公司法》第三十一条、第九十四条第二款都规定发起人股东应对其他股东的出资瑕疵行为承担连带责任。

发起人股东的资本充实责任一般包括认购担保责任、缴纳担保责任、价格填补责任以及损害赔偿责任等内容。

1. 认购担保责任

认购担保责任是指为设立公司而发行股份时，其发行的股份未被认购或认购后又

① 奚晓明、金剑锋：《公司诉讼的理论与实务问题研究》，人民法院出版社 2008 年版，第 183 页。

取消的，由发起人共同认购。对于认购担保责任需要明确几个问题：首先，认购担保责任适用于公司成立后，股份尚有未被认购或认购被取消的情形。在公司成立前，如果股份未被全部认购，则可能导致公司不成立，股东并无认购担保责任。而在公司成立后，股东欲退出公司，自会采取转让股份的方式。然而，作为一种商事行为，其有效成立需要符合一定的条件，因此在特殊情况下存在由于股份认购行为不符合这些条件而被确认无效的情况，例如股份认购人是限制民事行为能力人或无权代理人做出的股份认购，而其监护人或被代理人未做出追认。此时，认购行为无效，则发起人需要承担认购担保责任。其次，认购担保责任是一种严格责任。对于股份未被认购或股份认购后被取消，无论发起人是否具有过错，都需承担认购担保责任。

2. 缴纳担保责任

股东虽认购股份但未缴纳股款或交付现物的，由发起人承担连带缴纳股款或交付未给付财产价额的义务，缴纳担保责任也称出资担保责任。

对此，有两点需要说明：其一，缴纳担保责任在股份已经被认购，但有未缴纳或未给付部分时才会发生。如果股份未被认购，则由股东或发起人承担股份认购担保责任，自然由承担股份认购责任者本人完成出资的缴纳或给付。其二，在股份认购人之间的关系方面，认购担保责任和缴纳给付担保责任所带来的后果不同。通过承担股份认购担保责任，责任的承担者将获得该股份的所有权，成为股份的权利人，从而拥有该股份所对应的股东权利；而通过承担缴纳担保责任，股东并不当然取得该股份所对应的股东地位，承担责任者只是代替出资瑕疵股东向公司履行出资义务，并从公司手中获得追偿权。当然，在公司行使了除名程序，取消了股份认购人股东地位的情形除外。

3. 差额填补责任，或称价格补足责任

指作为现物出资的财产，在公司成立时，如果出资现物的实际价额显著低于章程所定价额时，发起人对差额的部分承担连带填补责任。[1] 根据我国现行《公司法》的规定，股东的差额填补责任仅限于非货币出资的场合，对于现金出资未做规定，这实为一种立法缺憾。与缴纳给付担保责任类似，通过承担差额填补责任，股东不能取得相应的股权，承担责任者只是代替出资瑕疵股东向公司履行出资义务，并从公司手中获得向出资瑕疵股东追偿的权利。

4. 损害赔偿责任

发起人不仅要对股份认购、股款缴纳承担保证责任，而且还要对因发起人出资瑕疵

---

① 赵旭东主编：《公司法学》，高等教育出版社 2006 年版，第 263 页。

给公司造成的损失承担赔偿责任。这种损害赔偿责任实际上是一种代为赔偿责任，在发起人对公司的实际损失进行赔偿后，同样拥有向出资瑕疵股东求偿的权利。

二十六、公司债权人对出资瑕疵股东追索财产清偿债务的方式有哪些

一般情况下股东对公司的债权人并不承担债务清偿责任，这是公司独立人格和股东有限责任制度所赖以创设的目的。公司制区别于其他企业形态制度的最显著特征就是股东只以自己所认缴的出资额为限对公司承担责任，当股东违反出资义务时，应对公司承担违约责任。在一般情况下，股东对除公司外的第三人并不承担责任。但股东承担有限责任有一个前提，就是股东已按发起人协议或认股协议的约定如实缴纳了其所认缴的出资。一旦股东出资瑕疵，公司现有财产又不足以清偿债务，而此时债权人又要求出资瑕疵的股东承担直接责任时，则股东有限责任可能会面临着质疑，原来被公司独立人格所隔开的股东与债权人就要面临债权人所遭受的损失究竟要如何分担的问题。一般而言，债权人追索股东财产以清偿债务有以下两种方式：一是债权人对出资瑕疵股东行使代位权；二是债权人提起公司法人格否认诉讼。

1. 债权人对出资瑕疵股东行使代位权

瑕疵出资股东对公司债权人承担补偿责任的法理依据源于《合同法》第七十三条规定的债权人的代位权。[①] 在公司的债权人面前，公司为债务人，瑕疵出资股东为公司的债务人，也就是次债务人。倘若公司缺乏偿债能力，又无法请求瑕疵出资股东填补出资差额，公司的债权人可以将公司和瑕疵出资股东列为共同被告人，请求其在出资不足的金额及其同期银行贷款利息范围内承担连带债务清偿责任。

当股东出资瑕疵时，如股东未出资或出资不实，致使公司实有资本与注册资本存在差异，公司本应主动追缴该出资。但在实际生活中，在公司成立之后，公司因为由出资瑕疵股东所控制或其他原因，不能或者不会出面向该出资瑕疵的股东行使追偿权；同时，公司债权人对公司的债权到期，但公司却一直迟延给付，这时为使公司实有财产达到其应有财产的规模，从而使自己的债权得以实现，公司债权人完全可以依据合同法上代位权的规定，向人民法院请求行使公司对瑕疵股东的出资追缴权。但代位权的行使并不是出资瑕疵股东直接对债权人承担责任，其直接责任对象还是公司本身，只不过是由于法律的直接规定使债权人取得代替公司对债务人的诉讼提起权。而且通过诉讼程序取得的利益首先归入公司，行使代位权的债权人并无优先受偿权，只能与其他债权人

① 我国《合同法》第七十三条规定了债权人代位权。债权人代位权是指债务人怠于行使其对第三人享有的权利而害及债权人的债权时，债权人为保全其债权，可以自己的名义代位行使债务人对第三人所享有的权利的权利。

处于同等地要求公司清偿债务。对于这种将行使代位权取得的财产先加入债务人的责任财产的做法,学者称之为"入库规则"。

那么瑕疵出资股东的债务清偿责任是一次性的还是无数次的？换句话说,瑕疵出资股东以其瑕疵出资的金额为限对公司的一名债权人承担债务之后是否还需要对公司其他债权人承担多次清偿责任？依笔者认为,为体现对债权人利益和瑕疵出资股东利益的平衡,人民法院或者仲裁机构应当将瑕疵出资股东对债权人的清偿责任锁定在股东出资不足的金额及其同期银行利息的范围内,而且将其界定为补充清偿责任而非连带清偿责任。至于公司债权人在追究瑕疵出资股东清偿责任的公平性问题,可以通过公示催告程序和按比例清偿原则得以解决。具体来说,凡是公司的债权人请求瑕疵出资股东履行补偿赔偿责任的,人民法院可以依据公示催告愿意对瑕疵出资股东主张补偿责任的公司债权人前来申报债权,在公示催告期限届满,法院可以根据债权人的各自比例以及瑕疵出资股东出资金额,判决瑕疵出资股东在瑕疵出资总金额的幅度内对各债权人履行补偿责任。这样就可以将瑕疵出资股东的补偿清偿责任锁定在瑕疵出资总金额以内,又可以贯彻债权人平等原则。倘若公司债权人不请求瑕疵出资股东承担债务补充清偿责任,仅请求公司履行债务清偿,则无需前来申报债权。

2. 债权人提起公司法人格否认诉讼

公司法人格否认,在英美法系被称为"揭开公司面纱"。国外对于公司法人格否认或"揭开公司面纱"的解释不尽相同,但一般是指当法院认定股东滥用公司人格和有限责任之时,基于公平和平衡的理念,在个案中漠视或忽视其公司人格,将公司股东和公司视为一体,由股东和公司一起对公司债务承担连带责任。

公司法人格否认法理的确立是对公司独立人格和股东有限责任滥用的结果。为了鼓励投资,法律赋予公司以独立人格,股东通过出资行为将自己财产交给公司,从而使公司具有独立的财产。作为对价,股东成为公司成员,获得公司成员的有限责任。如果股东滥用股东有限责任和公司独立责任而给公司债权人造成损害时,公司债权人可以在个案中请求否定公司人格,请求公司背后的股东与公司承担连带责任;在股东出资瑕疵的情况下,可以要求瑕疵出资股东对公司债务在未出资范围内承担连带责任。

法条索引

《中华人民共和国公司法》

第二十七条 股东可以用货币出资,也可以用实物、知识产权、土地使用权等可以用货币估价并可以依法转让的非货币财产作价出资；但是，法律、行政法规规定不得作为出资的财产除外。

对作为出资的非货币财产应当评估作价，核实财产，不得高估或者低估作价。法律、行政法规对评估作价有规定的，从其规定。

全体股东的货币出资金额不得低于有限责任公司注册资本的百分之三十。

《中华人民共和国公司登记管理条例》

第十四条(第二款)　股东不得以劳务、信用、自然人姓名、商誉、特许经营权或者设定担保的财产等作价出资。

《最高人民法院关于审理民事案件适用诉讼时效制度若干问题的规定》

第一条　当事人可以对债权请求权提出诉讼时效抗辩，但对下列债权请求权提出诉讼时效抗辩的，人民法院不予支持：(一)支付存款本金及利息请求权；(二)兑付国债、金融债券以及向不特定对象发行的企业债券本息请求权；(三)基于投资关系产生的缴付出资请求权；(四)其他依法不适用诉讼时效规定的债权请求权。

第十四章

股东资格热点问题裁判标准与规范

本章导读

有关股东资格的认定,既是一个理论问题,也是一个公司实务问题。无论在司法审判中还是在工商行政管理中都普遍存在着股东资格的认定。股东资格的确定,对于当事人是否为公司股东、是否应当承担公司股东的责任,具有关键性的意义,也是其承担责任的前提。可以说,任何公司纠纷案件的审理都与股东资格的确定有关,因为股东权的基础就在于股东资格的取得。然而,现行《公司法》对于股东资格没有明确和直接的规定,在处理相关实务时往往缺乏确定的标准。因此,在现行《公司法》的相关规定还不十分明确的情况下,讨论股东资格认定问题具有十分重要的现实意义。

理论研究

一、股东资格与出资关系

理论界对于出资与股东资格之间关系问题,存在着较大的争论,主要有三种观点:

一是肯定说。此说认为股东对公司出资是取得其股东权的对价,公司股东权利行使的基础是股东对公司的出资,股东权利由股东的直接投资行为产生的,即股权是股东出资行为导致的法律后果。[①]

二是否定说。此说认为股东未缴纳出资并不能产生否定其股东资格的效力，简单地以股东未出资而否定其股东资格与法理不符，法律并未在实际出资与股东资格取得之间建立起必然的联系。股东的资格，可以通过章程的确定或依章程获取公司股份而取得。在一般情况下，股份是取得股东资格的基础，要成为公司股东，必先拥有公司股份，拥有公司股份是取得股东资格的前提。[②]

三是折中说。此说认为公司的资本是由股东的出资构成，股东对股份的持有，通常是以其对公司投资的对价为依据，但人们往往特别看重对公司的出资，将出资作为取得股东资格的基本方式，并将出资作为认定股东资格的重要条件。在我国公司实务中，对公司章程的意识十分淡漠，人们往往是以出资作为取得股东资格的必要条件，尽管这种看法并不准确，但是也反映了出资与股东资格之间的重要关系。当公司章程不完备，公司对股东也没有签发出资凭证时，对公司的出资，就可以成为认定股东资格的重要标准。

对于出资与股东资格的关系，各国立法大多未作明确的规定，但是一般而言，以出资取得股东资格，实际上是严格法定资本制度下的产物。在实行授权资本制或折中资本制的国家因为股东资格在全部履行完出资义务以前即已取得，所以不存在上述问题，而在实行法定资本制的国家基本态度也是允许其补正，并不因其没有履行出资义务就直接否定其股东资格。[③]

笔者认为，股东出资并不一定是取得股东资格的前提条件，未出资的股东在一定条件和情况下，也有可能取得股东资格。

首先，现行《公司法》规定股东可以分期缴纳出资，这也就意味着，法律并不要求股东出资与股东资格必然相联系。如果一个有限责任公司有 10 个股东，其注册资本为 30 万元，股东约定首次出资额为 6 万元，由其中两个股东缴纳。该公司成立后，其余 8 个股东虽然并未出资，但仍然可以合法地取得股东资格。通过这一例子就能说明，确认这 8 人是否具有股东资格并不在于其是否出资，而在于公司章程或者股东名册等文件是否进行了相应的记载。这时，股东资格的形式要件对股东资格的取得就起到了决定性作用。

---

① 奚晓明主编：《最高人民法院关于公司法解释（三）、清算纪要理解与适用》，人民法院出版社 2011 年版，第 260 页。

② 楼晓：《论“出资”、“股份”、“股权”及“股东资格”间的法律关系——以有限责任公司为论述基点》，载《法学杂志》2009 年第 2 期。

③ 巴益军：《论有限责任公司股东资格认定标准》，载《法制与经济》2010 年第 6 期。

其次，确认某种事实的存在或某种资格的取得只须满足形式条件的情形在法律上并不鲜见，除了取得股东资格的情况，其他诸如物权法上的确认原则，也能通过形式要件来确定其具有股东资格。① 法律之所以要作出这样的规定，其主要目的在于维护交易秩序和交易安全。在股东资格问题上，公司章程的记载、股东名册的记载、公司登记机关的记载等形式要件具有向社会公示的作用，具有使社会公众相信其有效的公信力，这正是维护交易秩序和交易安全所要求的，也是现代民商事法律社会本位的价值取向的要求和体现。因此，只要符合股东资格的形式条件，即便不具备股东出资的实质条件，也应当确认股东资格的成立。

再次，如果将股东出资作为取得股东资格的必要条件，就难以处理实践中一些公司实务问题。如隐名股东与显名股东之间就股东资格发生争议，此时不能有"隐名股东履行了出资义务，其当然就是公司股东"的单纯偏见。譬如，隐名股东对公司进行了投资，但并未参与公司管理，也未向公司主张红利；显名股东却一直参与公司的经营管理，并参与了公司利润的分配，公司和其他股东也认为显名股东是公司的股东。此时，隐名股东与显名股东之间仅构成债权债务关系，显名股东才是公司的真正股东。这种情况在公司实践中也不少见。这时，股东资格的认定就需要将股东对公司承担的义务和责任联系起来考虑。

最后，以形式条件作为确认股东资格的要件并不意味着可以忽视股东出资的实质条件。如果股东出资行为存在瑕疵，如虚假出资、抽逃出资和其他出资不实的情况，可以在承认股东资格的前提下通过相应的法律救济措施来弥补，包括要求其在规定的时间内补足出资、追究股东违约责任、限制其行使股权。股东出资不实、抽逃出资，且拒绝承担不足责任导致认缴股份无法到位的，公司可以通过调整股权结构或依法减资等方式取消未出资股东的股东资格，未出资股东向公司主张权利时，公司可向其行使抗辩权。②

由此，出资虽然是股东对公司最重要的义务之一，但不出资并不必然导致其股东资格的丧失。从对外关系看，是否实际出资并不影响股东资格的认定，因为公司债权人或者公司股东以外的第三人显然没有法律上的义务去了解股东是否已经对公司实际出资，事实上第三人在客观上也无法进行调查。从内部关系看，是否实际出资本身也不影响股东资格的取得，股东不出资只会导致相应的民事责任和行政责任，并不必然否定其

① 2007 年 10 月 1 日起施行的我国《物权法》，对于不动产登记簿的效力，则直接赋予了其确定物权归属和内容的依据。该第十六条规定："不动产登记簿是物权归属和内容的根据。"第十七条规定："不动产权属证书是权利人享有该不动产物权的证明。不动产权属证书记载的事项，应当与不动产登记簿一致；记载不一致的，除有证据证明不动产登记簿确有错误外，以不动产登记簿为准。"

② 马强：《有限责任公司股东资格认定及相关纠纷处理》，载《法律适用》2010 年第 12 期。

股东资格。公司可通过调整股权结构或依法减资取消未出资股东的股东资格，未出资的股东向公司主张股东权时，公司可据此向其行使抗辩权。因此，是否实际出资不是股东资格的决定性条件，不能因为某位股东没有按照约定履行出资义务就当然否定其股东资格，也不能简单地认定实际出资者就是股东。

二、认定股东资格的标准

在确定股东资格问题上，在理论与实践中常常会发生争议，根据不同的认定标准会得出不同的答案。我国现行《公司法》分别规定了公司章程、出资证明书、股东名册及公司登记机关的登记，这些记载能够证明股东资格，但当它们的记载发生矛盾时，应当如何认定股东资格？以哪一记载作为认定的主要依据？由此看出，探讨股东资格的认定标准不仅是一个理论问题，也是公司实践中所需要解决的问题。

（一）确定股东资格认定标准应当坚持的原则

股东资格是涉及公司及第三人等多个利益主体的团体法上的法律关系。对股东资格的认定标准不是唯一的，也不是一成不变的，其应在一定的原则和思路的指导下，根据具体情况适用不同的认定标准（以下以有限责任公司为例）。

1. 保持各方主体的利益平衡

有限责任公司股东资格的认定牵涉股东、公司和债权人等多方主体的利益。其中，债权人和公司之间的关系属于交易制度范畴，股东和公司之间的关系属于公司制度范畴。认定股东资格既要充分维护交易制度，又要充分维护公司制度，使两种制度的功能都得到实现。

2. 维护社团法律关系的稳定性

公司作为社团，所涉及的利益主体多、法律关系复杂，应当保持公司内部各种法律关系的相对稳定。认定股东资格应考虑到尽可能地使公司成立有效，使公司已成立的行为有效；不轻易否定公司已成立的行为，不轻易否定股东资格。

3. 优先保护善意第三人的利益

保护善意第三人的利益，是维护市场交易秩序和安全的客观要求。具体地说就是认定股东资格涉及第三人、公司以及股东之间的利益冲突时，应当优先考虑善意第三人的利益。

4. 体现商法的公示主义和外观主义①

根据民事法律行为制度，取得股东资格作为一种民事法律行为，当事人应有作为股

① 陈婷婷：《论有限责任公司股东资格的认定》，载《商业文化》2010年6月。

东的真实意思表示，没有真实意思表示似乎就不应当认定为股东，否则有违意思自治原则之嫌。但鉴于相对人与公司交易，通常是通过公司的外观特征来了解和判断公司的资信状况，根据商法的公示主义和外观主义，公司应当将其股东、资本等基本情况以法定的形式予以公开，使交易相对人周知，相对人不承担因公司外观特征不真实而产生的交易成本与风险。因此，认定股东资格要考虑到当事人的真实意思表示，更要考虑到公司对外的形式性、外观性。

5. 制裁法律规避行为

最常见的规避公司法的行为包括为规避一人公司而设立挂名股东，为规避对公司股东资格的限制而设立隐名股东。公司设立和出资转让中存在的法律规避行为，会危及公司法律制度和市场交易安全。认定股东资格时，应对法律规避行为加以规范和制裁，将相关法律关系调整到合法状态，使当事人的不法意图无法得逞。

（二）认定股东资格的几种依据

正如上述，我国现行《公司法》确定了几种出资和股东资格证明的记载，但应以哪一种作为认定股东资格的标准呢？先从各个不同的记载的内容和意义来看一下它们之间的不同。

1. 公司章程

关于公司章程的性质，主要有两种不同的观点，一是“契约说”；二是“自治说”。前者是指公司章程是股东之间、股东与公司之间的契约；后者则认为公司章程是公司治理的内部治理规则。按照我国现行《公司法》的规定，公司章程应当记载股东的姓名或者名称、股东的权利义务、出资方式和出资额等，股东应当在公司章程上签名盖章。在公司设立时，应当将公司章程提交公司登记机关核准，在转让出资时要变更公司章程并进行变更登记。据此，公司章程载明的股东签署章程的行为说明行为人有作为公司股东的真实意思表示，公司章程的效力和地位决定了其自身的记载是认定股东资格的重要依据和标准。虽然并不能一概地认为在公司章程中缺乏记载的主体不能成为公司的股东，但在一般情况下，只有被章程记载的主体才能取得股东资格。①

2. 实际出资

资本法定原则是公司法中资本制度的三大原则（资本法定原则、资本确定原则、资本维持原则）之一，而根据国际通行做法，在采用法定资本制的国家，是以实际向公司缴纳出资作为取得公司股东资格的必备要件。其理由是：第一，作为股东只有在实际履

① 任超：《股东资格的认定——以有限责任公司为考察视角》，载《石家庄经济学院学报》2010年第6期。

行出资这一最基本义务后，才能享有相应的权利，否则根据“无对价即无权利”的原则，就不能取得股东资格。第二，如果股东没有实际出资而肯定其具有股东资格，就会使公司的资本处于一种不确定的状态，这与资本确定原则相违背，而且这也会对公司资本的真实性、财产的独立性和交易的安全性带来巨大的隐患。

3. 出资证明书

根据现行《公司法》的规定，公司成立后应向股东签发出资证明书，但出资证明书只是一种物权性凭证，对股东资格并不具有直接的证明作用，只能说明向公司的出资行为。不能仅以出资证明书来认定持有人的股东资格，没有出资证明书的主体也可能被认定为股东。因此，出资证明书十分类似于证据法中的补强证据，证明力显著薄弱，不能单独实现证明作用，必须结合其他证据补强其证明力。由于出资证明书必须在公司成立以后才能向股东签发，因而它是一种要式证书，必须依法定条件制作，必须记载法律规定的事项，①并加盖公司印章。

4. 股东名册

现行《公司法》第三十三条规定：“记载于股东名册的股东，可以依股东名册主张行使股东权利。公司应当将股东姓名或者名称及其出资额向公司登记机关登记；登记事项发生变更的，应当办理变更登记。未经登记或者变更登记的，不得对抗第三人。”由此可以看出股东名册的记载具有权利推定力，即虽不是确定股东的权利所在的根据，却是确定谁可以无举证地主张股东有形式上资格的依据。因此，股东名册上的记载通常可确认其股东资格，否认股东名册上记载的股东的权益者应当承担举证责任。另一方面，将股东记入公司股东名册，既是股东的权利，也是公司的义务。股东名册未记载的股东，也不是必然没有股东资格，因为公司拒不作股东登记或登记错误，属于履行义务不当，不能产生剥夺股东资格的效力。

5. 股东登记

股东登记是指有权登记的机关对股东的姓名或名称、持股数量等事项所作的记载。实践中，股东登记机关主要是工商行政管理机关。如同公司登记一样，股东登记也是一项具有法律意义的活动，它表明了有权登记的机关对股东身份和股东权利的一种确认和公示。由于有权登记的机关是依法设定的，并独立于公司及其股东而存在，因此，其登记记载的事项不仅具有较高的公信力和证据效力，而且根据有关法律规定学具有确认法律行为生效、资格取得和对抗第三人的效力。

---

① 我国2005年《公司法》第三十二条第二款规定，出资证明书应当载明下列事项：（一）公司名称；（二）公司成立日期；（三）公司注册资本；（四）股东的姓名或者名称、缴纳的出资额和出资日期；（五）出资证明书的编号和核发日期。

6. 实际享有股东权利

所谓实际享有股东权利是指实际参与公司的经营管理,参与公司重大决策,参与公司盈余分配。实际享有股东权利在实践中往往被作为确认具有股东资格的一个重要证据,但不是作为确认资格的唯一凭证。

(三)对以上几种认定标准的评价

1. 关于公司章程

我国2005年《公司法》第二十五条和第八十二条对有限责任公司和股份有限公司的章程记载事项作了集中的规定,就有限责任公司而言,股东的姓名或名称是公司章程中绝对必要记载事项。从法律角度看,这一规定意味着股东的姓名或名称是属于法律关于章程内容的强制性规范;从当事人角度看,将股东姓名或称记载于公司章程也是章程制定人应当履行的一项法律义务。正如前述,股东签署的公司章程对内是确定股东及其权利义务的重要根据。当股东资格问题在股东内部发生争议时,公司章程可以作为证据使用。但是,尽管公司章程对股东资格的认定具有重要的意义,但我国公司法并没有将认定股东资格的最有效依据落实在公司章程上。特别是在隐名出资时,记载于公司章程上的往往是显名股东,此时如果将记载于公司章程上的显名股东作为股东,当然与实际情况不符。可见,公司章程并不具备推定股东资格的效力。

2. 关于实际出资

2005年《公司法》虽然对出资制度作了一些变通,但仍保持的是法定资本制度。可从现行《公司法》第三十三条的规定看,实际出资并不影响公司外部关系中股东资格的认定。现行《公司法》规定股东应当按期足额缴纳公司章程中规定的各自认缴的出资额,股东未按规定缴纳所认缴的出资,应当向公司足额缴纳,还应当向已按期足额缴纳出资的股东承担违约责任;出资评估不实、虚假出资的股东应当对公司承担差额补交责任,对公司设立时的其他股东承担连带责任;对虚假出资的股东,工商行政部门可给予罚款、责令改正的行政处罚。可见,虽然实际出资是股东对公司最重要的义务,在公司内部关系中,股东不出资只会导致相应的民事责任和行政责任,并不必然否定其股东资格。公司可通过调整股权结构或依法减资取消未出资股东的股东资格,未出资的股东向公司主张股东权时,公司可据此向其行使抗辩权。因此,是否实际出资不是股东资格的决定性条件,不能仅以未出资否定股东资格,也不能简单地认定实际出资者就是股东。

3. 关于出资证明书

毋庸讳言,出资证明书具有证明股东资格的效力。由于出资证明书是有限责任公司成立后向股东签发的证明其出资的证书,而向公司出资者在公司成立后即为公司股东,所以出资证明书可以表明设立人已履行了缴付所认缴的出资义务，其持有人已经成为该有限责任公司的股东，理应享有股权。股东若转让股权，必须同时转让出资证明书。

但是，有限责任公司签发的出资证明书与股份有限公司签发的股票一样，只是一种物权性凭证，是证明股东所持股份或出资的凭证，仅可作为认定股东资格的初步证明，不能仅以出资证明书即认定持有人具有股东资格。持有出资证明书不是认定股东资格的必要条件，没有持有出资证明书的也可能被认定为股东，因此出资证明书在认定股东资格中也无决定性的效力。

4. 关于实际享有股东权利

享有股东权利是取得股东资格的结果，而非取得股东资格的条件或原因。简单地从这个角度看，以享有股东权利为由来主张股东资格是不能得到支持的。但是从保持公司的稳定性的角度讲，如果否定已实际享有股东权利的当事人的股东资格，将导致其在公司中的行为无效，使许多已确定的公司法律关系发生改变，影响交易安全和社会稳定。因此，根据现行《公司法》，实际享有股东权利也是可以作为在股东内部发生争议时，对抗股东名册记载的股东的重要依据之一。但不能反过来认为没有实际享有股东权利的就不是股东，因为被公司不当剥夺或限制股东权利的股东和不召开股东会、不分配利润的家族性公司，客观上都是大量存在的。

5. 关于股东名册

依照我国《公司法》第三十三条的规定，有限责任公司应当置备股东名册。韩国学者曾指出，股东名册不是直接确定股东权利所在的根据，而是确定谁可以无举证地主张股东形式上资格的依据。① 换言之，在股东名册上记载的股东推定为股东，如若有人对此有异议，异议者负担举证责任证明记载于股东名册上的不是真正的股东。

一般而言，股东名册发生以下三个方面的效力：一是推定效力。在股东名册上记载为股东的，推定为公司股东。也就是说，股东仅凭该种记载就可以主张自己为股东，并以此为依据行使股东权利，没有义务证明自己是否在实质上具备股东资格。这正如我国现行《公司法》第三十三条第二款所规定的，“记载于股东名册的股东，可以依股东名册主张行使股东权利”。二是对抗效力。股东名册推定资金积累的必然后果是，凡是未在股东名册上记载的人，均不能视为公司股东。这样，当股东将其股权转让给第三人时，如果没有及时进行股东名册的变更记载，股东名册上记载的股东仍然视为股东，即使受让人在实质上已经具备了股东的条件。三是免责效力。股东名册推定的另一必然

① 周荃：《确认有限责任公司股东资格之依据问题再探讨》，载《河南省政法管理干部学院学报》2010 年第 1 期，转引自〔韩〕李哲松：《韩国公司法》，吴日焕译，中国政法大学出版社 2000 年版，第 243 页。

后果是,公司只将股东名册上记载的股东视为股东。这样,公司行为仅仅针对股东名册上的股东而做出。如在股利的分配上,公司只向股东名册上的股东为之,即使股东名册上的股东并非是真正的股东,公司也可免责。

6. 关于工商登记

公司工商注册登记的功能主要是政府对进入市场交易的市场主体资格进行审查,以减小市场交易整体风险。其内容因其公示性而对相对人具有确定的效力。然而,我国对工商登记乃至整个商业登记没有一个完整而明确的规定,对登记的效力也未说明。但有时必须对工商登记的效力进行解释,并以该解释为基础来确定。现实中,对工商登记的法律效力存在不同的理解。

第一种理解是,公司的工商登记具有公法性,因而体现了较强的公示力。工商登记是国家公权力对公司这一营利性主体的营业实施的管理,属于行政法律范畴。它须由行政相对人的申请登记行为和主管机关的审核登记行为组成,又称为"依申请的行政行为"。它与商事主体所从事的多以表意为特征的民事行为不同,工商登记行为主要体现国家意志,属于行政法律行为。也有的从另一角度理解工商登记的公法性:工商登记属于商组织法范畴,商组织法有明显的强制性规定,因而属于公法。工商登记的公法性及因其强制规定所体现出来的公示力,使其成为法院在审判中优先采用的证据,任何股东资格确认纠纷,都应优先使用该类证据。

第二种理解是,公司的工商登记具有设权性功能。有的认为,公司的工商登记具有创设权利主体或者创设法律关系的效果,设权登记事项一经确定即属强制登记事项,如未登记则不能产生创设权利主体或者法律关系的效力,因此工商登记机关的核准登记是确立股东资格的必要形式和必经程序。

第三种理解是,公司的工商登记具有证权性功能。这一观点也越来越得到理论界的支持,本书亦持此观点。按照证权性的特点,公司进行工商登记并非是从登记中获得新的利益,登记行为只是使已有的商业活动发生私法上的效力或得以对抗第三人;登记最大的价值在于它的公示力,而此种公示力是对外的。特别是1998年德国商法典修订后,此观点得到了许多国家立法上的响应。该法典规定,经营营利的人就是商人,除非依种类或规模无须以商人方式进行营业。也就是说,无论自然人或法人只要从事商营业就是商人,登记是一种义务,但不是取得商人资格、获得从事商业活动的权利的前提条件。可以说,商业登记仅仅具有对商事主体的权利加以确认的效力。

(四)确定股东资格的认定标准

1. 对股东名册和工商登记的再审视

在合法、规范的情况下,公司章程的记载、出资证明书、股东名册、公司登记机关的登记，应该都能够全面、客观地反映公司股东的情况，都可以作为确认股东资格的标准。而且，对于依法正常运转的公司而言，以这几个标准中的任何一个来确认股东资格，得出的结论应该是一致的。如果公司运转不规范或处于非正常状态，公司没有按规定向股东签发出资证明书、没有置备股东名册，或者公司登记机关的登记、公司章程、股东名册以及出资证明书对公司股东情况记载不一致，使得依据这几个标准判断股东资格得出的结果不一致，在出现争议时，按照我国现行《公司法》的规定，应当以股东名册和工商登记作为确认股东资格的标准。

股东名册。前已述及，股东名册具有推定效力，原则上，股东依照股东名册的记载即可主张行使股东权利。由于股东姓名或者名称及其出资额属于公司登记事项，所以，股东名册仅具有内部效力，并不当然具有外部效力。股东名册是否具有外部效力不由股东名册本身决定，而是取决于股东的姓名或者名称及其出资额是否登记或者变更登记。只有经过登记或者变更登记，才具有对抗第三人的效力；否则，不能对抗第三人。譬如，在股东派生诉讼中，股东代表公司向第三人提起诉讼，由于该股东的姓名及其出资额没有办理登记或者变更登记手续，第三人可以主张原告股东资格不适格而进行抗辩。但即使在这种情况下，如果该股东已经记载于股东名册，当该股东向公司主张行使权利时，公司不得否认其股东资格。

工商登记。包括股东名称登记在内的工商登记是有权登记的机关对股东的姓名或名称、持股数量等事项所作的记载。工商登记是一项具有法律意义的活动，它表明了有权登记的机关对股东身份和股东权利的一种确认和公示。由于有权登记的机关是依法设定的，并独立于公司及其股东而存在，因此，其登记记载的事项不仅具有较高的公信力和证据效力，而且根据有关法律规定还具有确认法律行为生效、资格取得和对抗第三人的效力。现行《公司法》第三十三条第三款规定："公司应当将股东的姓名或者名称及其出资额向公司登记机关登记；登记事项发生变更的，应当办理变更登记。未经登记或者变更登记的，不得对抗第三人。"这就表明，公司登记机关对有限责任公司的股东登记，具有对抗第三人的效力。也就是说，有限责任公司股东一经公司登记机关登记，任何第三人如无足以推翻这一事实的相反证据和经过一定的法律程序，都不得否定其股东资格；反过来，尽管有限责任公司股东已经被公司股东名册记载，若未依法登记，第三人依照现行《公司法》该规定来否定其股东资格的请求在法律上就可能成立。

2. 确定股东资格的具体做法

根据对以上确定标准的效力分析，在公司实践中，可根据以下做法来具体认定股东资格，解决股东资格纠纷：

公司或公司股东与公司以外的债权人、股权受让人、股权质权人对股东资格发生争议时,应根据形式特征工商行政部门的登记来认定股东资格。

在股东与公司之间或发起人股东(隐名股东情况出外)之间就股东资格发生争议时,应优先根据股东名册的记载作出认定。但是,如果根据实质特征能作出相反认定,应依实质特征变更股东名册,确认股东资格。如股东实际出资并持有出资证明书,但股东名册、工商登记均无记载的,应变更股东名册,认定其股东资格。又如股权转让后,股东名册未进行变更前,公司知道或应当知道股权转让行为的,应向受让人分配股利;否则公司仍得向转让人分配股利,受让人只能通过个人法上的权利,请求转让人向其退还股利。

在显名股东与隐名股东之间发生争议时,隐名股东可直接依据隐名协议等相关实质证据请求确认股东资格并享受股东权利,亦可通过变更股东名册享有股东权利。

此外,在认定股东资格时,还应当分析公司或第三人是否为善意。[①] 在公司或第三人对究竟谁是公司的实际股东是明知或应知的情况下,公司或第三人不得以公示主义与外观主义为由,选择对其有利的标准来认定股东资格。

实务探讨

一、有限责任公司能否罢免不履行出资义务股东的资格

罢免股东资格,又称股东除名。有限责任公司股东除名规则是指,调整特定股东因基于特定事由而引致有限责任公司整体利益及股东人身信任基础受到重大消极影响,公司其他股东遵循特定程序和议事规则作出决议取消该特定股东在公司的股东资格,以消除重大消极影响的股东权利消除规则。规则本身必须涵盖的调整事项包括:第一,导致针对公司利益及股东间人身信任基础遭受重大消极影响的特定事由的明确界定,这属于股东除名规则启动的实体性条件;第二,股东除名所必须遵循的程序,这是规则运行本身所必需的理性路径;第三,股东除名的直接效果是消灭特定股东在公司的股东资格,股东地位的丧失只是规则的基础效果,如何协调被除名股东与公司、其他股东以及其他利益相关者之间的利益平衡也应是规则的内容。

有限责任公司的股东对公司的控制力相对股份有限公司的股东更强烈,多人共同管理公司需要分工合作,合作又是以相互信任为前提。在公司成立初期,股东出于宁可避免提及潜在的会产生争议的事项而破坏彼此间的商业关系的目的而尽量互相妥协。

① 王艺潼、何永泽:《论股东资格认定标准》,载《云南农业大学学报》2009年第3期。

但是当某一个股东因其自身或其行为存在着影响公司整体利益及股东集体利益的“重大事由”时，则必然会诱发先前已经埋下的失信种子，促使股东间人身信任基础发生动摇甚至是出现彻底崩塌。再者，由于有限责任公司的股东构成及其股权结构通常相对均衡，特别是在人数及规模都不大的公司里，这种势均力敌的表决权配置结构会影响公司决议的作成；而且股东的个人财产的相当部分是与公司捆在一起的，并且他们经常在公司的业务上投入大量的时间和精力，他们有很强的动力对有关事项进行调查并投票反对对他们利益不利的决议。信任基础的崩坏与股权结构的鼎足合力催发了有限责任公司治理僵局的出现，在离群股东对公司的意义形同虚设之后，其他合群股东运用除名规则将已危及公司整体利益及股东集体利益的离散股东开除出团体内部，解除其与公司的关系，使得公司可以在合群股东的信任基础上继续良性运转。作为一种化解公司治理僵局的规范，除名规则重在破除公司的瘫痪冻结状态，以消除股东资格的成本换取公司及其他合群股东的集体利益，在整体利益格局上是符合经济效率的。

《公司法解释（三）》第十八条首次在法律适用层面上确立了股东除名规则的内容，该条共分为两款：其中第一款规定，“有限责任公司股东未履行出资义务或抽逃全部出资，经公司催告缴纳或者返还，其在合理期间内仍未缴纳或者返还出资的，公司有权以股东会决议的形式解除该股东的股东资格，该股东请求确认该解除行为无效的，人民法院不予支持”；该条第二款则着眼于股东被解除股东资格后，其所持有的股权处置方式以及该股权处置前被除名股东对公司债权人须承担的法律责任。

二、出资瑕疵是否影响股东资格的认定

出资瑕疵是指具有虚假出资、抽逃出资或者出资不实的行为，或公司成立后需要履行出资填补义务的情况。根据现行《公司法》的有关规定，可以分别根据不同的情形来作出认定。

（1）出资瑕疵严重，导致公司设立无效的情形。如果出资瑕疵严重，如具有虚报注册资本等行为，导致撤销公司登记吊销营业执照的后果，使公司解散、法人地位消灭的，股东资格也丧失存在的前提，因此，可以认定股东资格亦随法人资格的消灭而不复存在。

（2）存在出资瑕疵，但并未达到公司设立无效的程度，即使股东出资完全是虚假的或者股东出资后又抽逃了全部出资，只要其仍然具备取得股东资格的形式要件，包括股东姓名或名称已为公司章程或股东名册所记载，或需要进行工商登记的已履行了相应的登记手续，应当认定瑕疵行为人具有股东资格。但根据相关法律规定，瑕疵行为人必须得承担相应的法律责任。根据我国现行《公司法》规定，如果是没有按期足额缴纳出

资,除应当向公司足额缴纳外,还应当向已按期足额缴纳的股东承担违约责任;如果是作价不实,则应由交付该出资的股东向公司补缴其差额,公司设立时的其他股东承担连带责任。同时,出资有瑕疵的股东还可能遭受行政机关的处罚。这种认定股东资格的方式采取的是形式有效原则,其出发点是维持公司特为的连续性和有效性,并达到保护交易安全的目的。①

可见,对于存在出资瑕疵但并未达到公司设立无效程度的情形,法律设计的解决方案不是当然否定股东资格,而是通过让行为人弥补瑕疵或承担相应的责任来恢复受到损害的法律关系和给予有关当事人必要的补救。

三、股东继受股权行为瑕疵时能否继续保留股东资格

继受取得,是指基于其他合法原因而取得股东地位。股东可因转让、受赠、继承、合并、税收等法律行为继受股东权利,获得股东资格。

股东在公司成立后不能抽回自己的投资,这是现行《公司法》的一条基本原则。但是,股东可以通过转让其投资而退出公司。因此,在股权转让中,原有股东可以将其出资或者股份转让给他人,受让人因受让其出资或者股份而成为新的股东,因受让而成为公司股东是最常见的继受取得股东地位的方式。但是,如果股东的继受行为有瑕疵,股东能否继续保有其股东身份,则取决于其继受行为是否依法被撤销或者无效。譬如,在股权转让中,如果股权转让合同本身被撤销或者发生无效,股东身份自然也就无法继续保有。如果股东在该种交易中有欺诈或者其他违法行为,并因该合同的撤销或者无效而给公司或者善意第三人造成损失,应当承担民事责任。又如,在继承纠纷中,如果司法判决确认该股东根本没有继承权,自然应当依司法判决确认有继承权人的股东身份。

四、在隐名出资情形下,股东资格如何认定

隐名股东是与挂名股东相伴而生的,挂名股东也叫名义股东。隐名股东是指公司中不具备股东资格的形式要件的实际出资人。实践中,隐名股东虽然向公司实际投资,但在公司章程、股东名册和工商登记等公示文件中却将出资人记载为他人。作为挂名股东,实际上不履行出资的义务,也不参与公司的管理,实际出资人在幕后指挥。个别情况下挂名股东参与公司的管理,但要把其分到的股息红利转给实际出资人,这样就非常容易产生实际出资人和名义出资人之间的冲突。

隐名股东的主要目的为规避法律。我国现行《公司法》和其他相关法规对公司投

---

① 施天涛:《公司法论》,法律出版社 2006 年版,第 229 页。

资领域、投资主体、投资比例等方面作了一定限制，如国家机关不得开办公司、外方投资不得低于一定比例、有限责任公司股东人数不得超过50人等，尤其是1993年《公司法》不予承认一人公司的规定。有些投资者为了规避这些限制，采取隐名股东的方式进行投资。也有少数隐名股东为非规避法律型，主要是出于不愿公开自身经济状况原因而采取隐名投资方式。由于现行《公司法》确立了一人公司的合法地位，因此在现行《公司法》实施后，相信隐名股东在数量上将会有所降低。

在实践中，常见的与隐名股东相关的纠纷主要分为两大类：一是涉及公司内部关系的纠纷，主要有公司利润分配纠纷、隐名股东行使股东权利纠纷、隐名股东或显名股东出资瑕疵时对内承担责任的纠纷；二是涉及公司外部关系的纠纷，主要有对外被视为公司的股东主体问题、隐名股东或显名股东向第三者转让股权的纠纷、隐名股东或显名股东出资瑕疵时对外承担责任的纠纷等。

对于挂名股东与隐名股东关系的处理问题，有不同的观点：

（1）实质说。即认为无论出资行为的名义人是谁，事实上作出出资行为者应成为权利、义务主体，也就是将实际出资人视为公司股东。此观点系以意思主义为其理论基础，主张探求与公司构建股东关系的真实意思人，而不以外在表示行为作为判断股东资格的基础，是由民法的真意主义导源出来的。

（2）形式说。即认为在借用名义出资的情形下，应将名义上的出资人视为公司股东，此观点即是以表示主义为其理论基础。依据是：其一，公司行为是团体行为，如果否认挂名股东的股东身份，则很可能导致公司的行为无效，从而影响交易安全；其二，如果确认实际出资人或者股份认购人为股东，将会极大地增加公司的负担，使公司卷入这种烦琐的纠纷之中。

这两种观点表达出了两种不同的法理理念。真意主义是适合民法等个人法的立法理念，而表示主义则与商法等团体法的立法理念相吻合。公司法属于典型的团体法，但也有个人法上的规范，在与公司相关的法律关系中，有些属于个人法上的法律关系，应当优先考虑个人法规则的适用；有些属于团体法上的法律关系，应当优先考虑团体法规则的适用。挂名股东与隐名股东之间的协议属于个人法上的法律关系，受该协议影响的只是该协议的双方当事人，即挂名股东与隐名股东。所以就挂名股东与隐名股东之间所产生的争议，应当适用个人法规则进行调整；而就公司债权人而论，其对公司股东资格的认定，则属于团体法上的法律关系，应当适用团体法规则处理认定。

结合上述所论思路与原则，对于隐名股东的股东资格问题，具体认定方法如下：第一，在处理因公司的交易行为等公司外部行为而引发的有债权人等第三人介入的股东资格争议时，由于交易行为与工商登记的公示力相关，因此应以工商登记文件中对股东的记载来确认股东资格。如果公司存在有出资不实或抽逃出资等情况,公司债权人可以向挂名股东主张其承担赔偿责任;挂名股东向公司债权人承担责任后,可以向隐名股东追偿因此遭受的损失。公司债权人如果知道隐名股东的,也可以要求隐名股东与挂名股东共同承担连带责任。第二,在处理公司内部股东资格确认纠纷时,隐名股东可依协议等实质证据直接对抗显名股东。隐名股东与显名股东就权利义务的分配所达成的契约于一般民法上的契约并没有本质区别,一般民法上的契约理论完全适用于这种股东间的协议。只要该契约建立在双方合意和善意的基础上,就会对契约当事人产生约束力。就公司内部而言,其改变的仅仅是该公司股东间的权利义务分配而已,这种权利义务的分配在不涉及第三人利益时,是可以以一般契约原则加以调整的,故可以不更改股东名册而直接请求确认股东资格。第三,如果公司明知实际出资人或者认购股份的人的身份,并且已经认可其以股东身份行使股东权利的,如果不存在违反强行法规定的情形,则可以认定实际出资人或者认购人为股东。之所以在隐名股东的情况下,以形式标准来确认股东身份,是为了免除公司的调查之苦,若公司明知实际出资人或者认购人的身份,并且已经认可其以股东身份行使股东权利的,则当然应当认定实际出资人的股东身份。第四,如果股东实际出资未达到法定最低注册资本金,在此种情形下,公司不具有法人资格,实际出资人也就谈不上股东资格的认定。此时,"公司"的法律地位实质上是合伙,企业开办者(包括实际出资人和挂名出资人)应对"公司"的债务负无限连带责任,挂名"股东"若承担了连带责任,则有权向实际出资人追偿。

《公司法解释(三)》首次在法律适用层面上确立了实际出资人(隐名股东)、名义股东(挂名股东)与股权受让人间的利益平衡机制。在商事实践中,由于各种原因,公司相关文件中记名的人(名义股东)与真正投资人(实际出资人)相分离的情形并不鲜见,双方有时就股权投资收益的归属发生争议。我们认为,如果名义股东与实际出资人约定由名义股东出面行使股权,但由实际出资人享受投资权益属于双方间的自由约定,根据缔约自由的精神,如无其他违法情形该约定应有效,实际出资人可依照合同约定向名义股东主张相关权益。《公司法解释(三)》对此作出了规定。需要说明的是,现行《公司法》第三十三条第二款规定记载于股东名册的股东,可以依股东名册主张行使股东权利,我们认为该规定中股东名册中的记名,是名义股东(即记名人)用来向公司主张权利或向公司提出抗辩的身份依据,而不是名义股东对抗实际出资人的依据,所以名义股东不能据其抗辩实际出资人。同样,现行《公司法》第三十三条第三款虽然规定未在公司登记机关登记的不得对抗第三人,但我们认为在名义股东与实际出资人就投资权益发生争议时,名义股东并不属于此处的第三人,所以名义股东也不得以该登记否认实际出资人的合同权利。在实际出资人与名义股东间,实际出资人的投资权益应当依双方合同确定并依法保护。但如果实际出资人请求公司变更股东、签发出资证明书、记载于股东名册、记载于公司章程并办理公司登记机关登记等，此时实际出资人的要求就已经突破了前述双方合同的范围，实际出资人将从公司外部进入公司内部成为公司的成员。此种情况下，根据现行《公司法》第七十二条第二款规定的股东向股东以外的人转让股权，应当经其他股东过半数同意，《公司法解释（三）》规定此时应当经其他股东半数以上同意。现行《公司法》第三十三条第三款规定股东姓名或名称未在公司登记机关登记的，不得对抗第三人。所以第三人凭借对登记内容的信赖，一般可以合理地相信登记的股东（即名义股东）就是真实的股权人，可以接受该名义股东对股权的处分，实际出资人不能主张处分行为无效。但是实践中，有的情况下名义股东虽然是登记记载的股东，可第三人明知该股东不是真实的股权人股权应归属于他人（即实际出资人），在名义股东向第三人处分股权后如果仍认定该处分行为有效，实际上就助长了第三人及名义股东的不诚信行为。实际出资人主张处分股权行为无效的，应按照《物权法》第一百零六条规定的善意取得制度处理，即登记的内容构成第三人的一般信赖，第三人可以以登记的内容来主张其不知道股权归属于实际出资人进而终局地取得该股权，但实际出资人可以举证证明第三人知道或应当知道该股权归属于实际出资人。一旦证明，该第三人就不构成善意取得，处分股权行为的效力就应当被否定，其也就不能终局地取得该股权。当然，在第三人取得该股权后，实际出资人基于股权形成的利益就不复存在，可以要求作出处分行为的名义股东承担赔偿责任。

五、冒名出资情形下，股东资格如何认定

冒名股东是指以根本不存在的人的名义（如死人或者虚构的人）出资登记，或者盗用真实的人的名义出资登记的投资者。冒名股东包括以根据不存在的人的名义出资并登记和盗用真实的人的名义出资并登记两种情形。

隐名股东与冒名股东虽然都不是以自己名义出资，但两者还是有明显的差别：

（1）显名股东是与隐名股东是具有真实意思表示的、具有民事行为能力的独立民事主体；而冒名出资，被冒名者为冒名投资人为规避法律而虚构的主体，或者是被盗用名义者。

（2）隐名股东的股东权利义务处于不完全确定状态，根据其在公司经营中的情况或者与显名股东的约定确定；被冒名股东是根本不存在的自然人或法人等主体，不可能构成有效的股权所有人，冒名股东，作为实施冒名行为的法律主体，实际上行使着股东权利。

（3）隐名股东依据与显名股东所签订的合同而产生，冒名股东多为规避法律而形

成。因此对冒名股东的认定应当区别于隐名股东的认定。

首先,被冒名者不能被认定为股东。如果被冒名者为不存在之人,认定根本不存在的人为股东势必将会因股东的缺位而导致股东权利义务无人承受,不利于维护公司团体法律关系的稳定;如果被冒名者为真实之人,认定其为股东会因其既无实际出资、亦无与冒名者有合意而导致在理论上的行不通,并且也不符合股东的基本要件,将导致不当得利的法律后果。因此,被冒名者本人不能被认定为股东,也不能享有股东的权利或者承担股东的义务。

其次,冒名者亦不能被认定为公司股东。恶意的冒名行为无非是为了规避法律的禁止性规定,如对一人公司的特殊规定、对一些特殊身份的人的从业禁止等。如果认定冒名者为公司的股东,不但违反了法律的基本原则,反而助长其实现恶意冒名的不法目的。对冒名登记成立的公司,如果构成事实上的一人,应当认定为一人公司,涉及债权人等第三人权利实现的,应当由公司实际投资者也就是盗名者承担无限责任;如果没有构成一人公司,其他股东对此也不知情的,为了保护无过错股东的利益,不应认定公司的设立无效或者强制其解散,可以采取其他方式确定新的投资人为公司股东。

《公司法解释(三)》第二十九条首次在法律适用层面上确立了被冒名登记为股东情形下的责任承担内容。即冒用他人名义出资并将该他人作为股东在公司登记机关登记的,冒名登记行为人应当承担相应责任;公司、其他股东或者公司债权人以未履行出资义务为由,请求被冒名登记为股东的承担补足出资责任或者对公司债务不能清偿部分的赔偿责任的,人民法院不予支持。

六、三资企业的股权如何确认

实践中,某些境内投资者为了获得外商投资企业享受的优惠待遇,在成立外商投资企业进行经营时,约定以外方名义出资但实际由中方出资,双方发生纠纷后,实际投资人起诉要求确权。对此问题如何处理有三种观点。

第一种观点认为,按照谁投资谁受益的原则处理,即判决实际投资者享有股权,而不考虑合同的效力以及实际投资人持有股权的法律依据,认为人民法院应当进行司法实质审查,而不能简单地以行政机关的登记为准,应当通过民事诉讼程序确认谁是真正的出资人、谁是真正的股东,而后再向审批机关发出司法建议,要求其作相应的变更审批手续。

第二种观点认为,上述处理方式有悖于外商投资企业的审批制度,应当以外商投资企业主管部门审批确认的股东为准,未经审批机关批准的,不能通过人民法院的民事判决直接确认为外商投资企业的股东。我国法律对股东身份的确定采取实名制,即以合同、章程、股权证明等公司法律文件中记载的内容为准，这些内容一旦记载于工商登记档案后，即具有社会公示性及法律效力，未经法定程序不得随意变更股东身份，对于隐名股东的确认尚无法律依据。

第三种观点认为，实际出资者不能直接主张行使股东权，只能首先提出确权之诉。当事人对股东资格有明确约定、且其他股东对隐名者的股东资格予以认可的，当事人对股东资格发生争议时，人民法院应当结合公司章程、股东名册、工商登记、出资情况、出资证明书、是否实际行使股东权利等因素，充分考虑当事人实施民事行为的真实意思表示，如无其他违反法律规定的情形，可以确认该实际出资人享有外商投资企业的股权，但应责令其依法办理有关审批、登记手续。笔者认为，外商投资企业股东及其股权份额应当根据有关审查批准机关批准证书记载的股东名称及股权份额确定。①

七、公务员能否成为公司的股东

根据我国《中华人民共和国公务员法》（以下简称《公务员法》）第五十三条的规定，“公务员不得从事或者参与营利性活动，并不得在企业或者其他营利性组织中兼任职务”。对该条规定的“营利性活动”应当如何理解？公务员能否成为营利性组织——公司的股东？我们认为，《公务员法》的立法目的是禁止公务员从事盈利活动，防止其滥用职权为自己牟取私利。② 对于有限公司而言，人合性较强，股东之间关系较紧密，股东对公司的经营决策活动有较强的影响力，公务员向有限责任公司出资后，可能影响甚至决定公司的经营行为，这为其滥用职权、牟取私利提供了便利，因此法律需要对此行为进行禁止；对于上市公司而言，股东比较分散，股权具有很强的流通性，只要不是成为控股股东，其购买和持有上市公司的股票很难对公司的经营决策有影响力，所以法律禁止其成为上市公司的控股股东，但允许其持有或者买卖上市公司的股票。但是公务员辞职或退休，不再从事特定职业后，其投资权利得到恢复。

八、债权投资关系与股权投资关系如何区别

在投资实践中，有时会存在以下非理性的商事现象：一方当事人向另一方当事人提供资金，由后者注册公司，但双方并未签订借款协议或者股权代持协议。事后双方争股夺权时，应如何认定股权归属？笔者认为，应当在严格把握相关证据的基础上，谨慎区分债权投资关系与股权投资关系。（1）倘若有借款合同或者其他证据足以认定出资人

---

① 李元宏：《三资企业的股权确认与转让》，载《人民司法应用》2008 年第 13 期，第 45 页。

② 奚晓明、金剑峰：《公司诉讼的理论与实务问题研究》，人民法院出版社 2008 年版，第 209 页。

与用资人之间的借款关系,用资人(借款人)作为债务人只需向出资人(贷款人)还本付息即可。(2)倘若有委托代理协议、股权信托协议或者其他证据足以认定出资人与用资人之间的委托代理关系或者股权信托关系,用资人(代理人、受托人)作为名义股东应当将该出资取得的股权返还给出资人(委托人、受益人、实质股东)。(3)倘若既无证据证明争讼双方之间存在债权债务关系,也无证据证明双方之间存在代持股权的股权信托关系或者委托代理关系,应当推定公司股东名册载明的当事人享有股东资格,并将实际出资人视为该股东的债权人。据此,出资人有权要求用资人还本付息,但无权要求移交股权。总之,笔者认为,鉴于名义股东的法律风险,为了减少名义股东与实质股东间的利益冲突,鼓励出资人与用资人事先明确约定相互间的民事关系,应当严格区分债权投资关系与股权投资关系,并对约定不明的情况采取出资者债权人地位推定的态度。上述方法在识别真假股东时固然具有实用价值,但仍属迫不得已的下策。作为上策,投资者应当在公司章程、股东协议、借款协议、股权信托协议或者委托代理协议中明确界定投资者的股东地位,从而防患于未然。

九、隐名投资者可采取哪些风险防范措施方能充分保护自己的合法权益

第一,采用书面协议明确显名股东和隐名投资者之间的权利义务关系。隐名投资者和显名股东之间的书面协议是确认双方权利义务的重要依据和基础。在诉讼中,书面协议是保护隐名投资者合法权益的有力证据。在类似协议中,从保护隐名投资者的角度出发,应当明确以下内容:(1)隐名投资者是拟投资公司的实际股东,显名股东只是代为持有股权;(2)隐名投资者可以随时要求显名股东将股权变更登记至自己或指定的第三方名下;(3)如果拟设立公司不能成立或隐名投资者无法变更为注册股东,则隐名投资者享有要求返还投资款的权利,或者在公司资产发生增值时,享有要求按比例返还投资增长价值的权利;(4)显名股东因持有股权所享有的利益如公司利润等应支付给隐名投资者;(5)未经隐名投资者同意,显名股东不得将所持有的股权转让给第三人,并就此约定相对严格的违约责任。

第二,争取与其他股东以及公司签订书面协议,明确各方对股权代持的知悉和同意。隐名投资者和显名股东之间的协议只在双方之间形成债权债务关系,不能满足"与其他股东达成设立公司或继续经营公司的合意"的实质要件。因此,仅有隐名投资者和显名股东之间的协议通常不能产生确认隐名投资者享有股权的法律效果。隐名投资者应当争取同项目公司及其他股东签订书面协议,明确各方对股权代持的知悉和同意,使公司内部各当事人均认可隐名投资人的实际股东地位。这是有限责任公司人合性的具体体现,也能够在更大程度上保护隐名投资者的合法权益。

第三，积极参与公司管理，充分行使股东权利。隐名投资者在进行出资并设立公司后，应当积极参加公司的经营管理，委派管理人员或其他人员，参与公司经营决策。这样做不仅可以掌握公司的经营状况，预防可能发生的风险，而且一旦发生诉讼，隐名投资者可据此主张已实际行使股东权利，从而争取对自己有利的诉讼地位和判决。

第四，关注显名股东持股情况，及时办理股权变更登记手续。隐名投资行为的隐蔽性，决定了其时刻受显名股东的制约。因此，必须时刻关注显名股东的资产和纠纷状况。在条件允许的情况下，应保持对显名股东一定程度的控制力。要注意防止显名股东违反协议将股权转让或作其他处分，或因其自身原因导致股权被法院冻结甚至执行。在商业条件允许时，应及时办理股权变更登记手续，尽快消除不确定性带来的法律风险。

总之，基于隐名投资的特殊性，隐名投资者的利益保护存在着特定的法律风险，应当充分重视相关协议的签订及履行，积极采取相应措施规避风险，以更好地实现商业目的。

十、公司在股权确认中有何义务规则

在股东资格与股权权益确认纠纷中，审查公司在其中的义务规则是极其必要的，因为该类权利的实现需要公司给予程序方面的配合与支持。尤其当公司本身对投资者确认请求提出抗辩的，则遵从权利主张与义务规则的对应性原理，显然具有对公司义务规则进行审查的必要。当然，待确权投资者自身也应当承担相应的义务规则。当事人对股权归属发生争议，一方请求人民法院确认其享有股权的，应当证明以下事实之一：一是已经依法向公司出资或者认缴出资，且不违反法律法规强制性规定；二是已经受让或者以其他形式继受公司股权，且不违反法律法规强制性规定。也即，原始股东权益和继受股东权益都是可能被确认的情形。公司一方的抗辩理由一般是投资者未在公司章程中签字；或是投资者不能提供公司签发的出资证明书；或是投资者的股东身份没有被记载于股东名册；或是其股东资格没有被工商公示登记等。但很显然，公司的此类抗辩理由犯了“倒果为因”的逻辑错误。这种观点的错误在于，其将完整意义上的原始股东的产生方式作为确认股东身份的实质性要件，忽视了“股权性出资”的“合意”及具有实际出资行为才是股东身份及股权产生的根本条件，从而以投资者不具备股东的形式要件而反推其不具备股东的实质性要件，这显然是以形式否定实质的一种错误观点。其实，从诉讼逻辑的角度而言亦可看出上述观点的荒谬性。试想，如果所有的股权确认纠纷中均有如此完备的形式与实质要件的话，还有诉诸司法确认的必要吗？正是由于投资者主张其具备股东实质性条件而欠缺股东身份的形式要件，故而才成为股东身份确认纠纷的根源。也即,如果投资者股东身份及权益得到司法确认的话,则允许投资者在公司章程中签字。将投资者记载于公司股东名册,在法定期限内为其履行工商公示登记是公司本身的义务。《公司法解释(三)》明确规定,当事人前述权利遭到公司拒绝的,有权获得司法支持。在股权的流转与继受领域,公司对该流转结果所应进行的内部登记及工商变更登记是其义务而不是权利,是其履行保护新旧股东权益所必须完成的义务,一旦其拒绝履行该义务,则股权的出让方及受让方有权单独或合并对公司主张权利,要求公司完成登记义务。因此,要求公司履行内外登记义务是对股东处分权给予充分尊重的结果,并不是公司行使审查权、确认权或承认权等权利的产物。当然,适用前述规则的前提条件是继受者的股东身份得到了公司股东会的认可。上述对投资者的保护规则,不仅可适用于公司类投资领域,而且在合伙企业、集体企业、联营企业、农业合作社企业或其他任何非单一股权结构的投资组织中均可以合法适用。在司法实践中,那种不加甄别一律以章程的签署、股东名册记载或工商登记为标线来排除待确权投资者合法权益的裁判思维是完全错误的。

十一、合伙能否成为公司的股东

对此,或许人们对此并无清晰的认识,甚至可能会有否定的误解。我国现行《公司法》对合伙是否可以成为股东尚无明确的规定。然而,在现实生活中,合伙和法人一样都是不可或缺的一种经济组织形式。合伙人通过合伙协议而结合在一起,以组织的力量为每个合伙参与人获取更多的经济利益。投资于公司,以股东资格参与公司的生产经营活动,也是合伙追求最大化利益的一种重要表现,况且合伙作为股东参与公司经营管理的现象是现实存在的。

遵循公司法学的原理,依照现行《公司法》的规定,合伙组织完全可以成为公司的股东。

首先,合伙组织可以作为公司的发起人,通过发起设立公司的方式取得公司的股东资格,从而成为公司的股东。一般而言,作为公司发起人的民事主体应当具备民事行为能力,因为设立公司的行为需要有相应的意思表示能力予以为之。这对无民事行为能力和限制民事行为能力的自然人具有明显的约束力。但是,对具有相应民事权利能力的法人和其他组织而言,自然相应地也享有行为能力,所以可以成为设立公司的发起人。合伙组织是具有相应民事权利能力的主体,也应具有相应的民事行为能力,所以,合伙组织当然可以成为设立公司的发起人。

其次,合伙可以进行独立的投资活动。合伙组织本来就是两个以上的民事主体为了共同的经济利益目的,通过合伙协议的方式成立的共同出资、共享收益并且共担风险的经济利益组织。合伙组织的投资活动由合伙事务的执行人代表整个合伙组织，在全体合伙人的共同授权之下进行，其投资活动应当符合全体合伙人的共同利益。

再次，合伙可以在公司的股东名册或者章程上进行记载或签章。就股东名册的记载而言，合伙组织可以根据合伙人的数量或合伙企业名称的不同情况来决定采用何种方式进行登记。在合伙有名称的情况下，合伙组织应当使用该合伙的名称进行记载；而在合伙人人数不多且无名称的情况下，可以将所有的合伙人的姓名（如合伙人为法人时应当是法人的名称）记载于股东名册。同理，合伙可根据人数的情况或是否有合伙企业名称的不同情况，在公司章程上签章。但是，需要提出的是，无论合伙人数多少，是否有名称，他们都以一个主体资格享有股份，并以此成为股东。合伙可以在公司的股东名册和公司章程上予以记载，表明公司能够对合伙股东予以接纳和认可。

最后，合伙可以依法受让公司股东转让的股份，成为公司的股东。需要提出的是，合伙在本质上是对公司股份的共同持有，从而形成了公司共有股份的存在。共有股份在法律属性上属于财产的共有，因此，国外立法通常规定共有财产之民法规定准用于股份共有。合伙对股份的共有，成为公司的股东，实质上是取得了对公司股份的共同所有权，进而成为公司的共有股东，共同形成了与公司的财产关系，共同享有股东权利和承担股东义务。

十二、虚拟股东是否具有股东资格

所谓虚拟股东，是指以现实社会中根本不存在的人的名义（如已死亡的人或虚构的人）在工商局出资登记为公司股东，因该股东实际不存在，因此，称其为虚拟股东，又称冒名股东。为准确理解虚拟股东的涵义，有必要了解公司法上的另一个容易与之混淆的概念，即隐名股东。所谓隐名股东，是指虽然实际出资认购公司的股份，但在公司章程、股东名册及工商登记中却记载他人为股东。隐名股东与虚拟股东虽然都不是以自己的名义出资，但两者具有明显的差别：（1）隐名股东是真实的人，是具有民事行为能力的独立民事主体，而虚拟股东是法律上虚构的民事主体，没有独立的民事行为能力；（2）隐名股东的股东权利虽处于不确定的状态，需要根据其与显名股东的约定来确定，但其仍可通过约定的方式来行使其股东权利，而虚拟股东的权利义务实质处于悬置状态，没有一个有效主体可实际行使其股东权利。之所以存在虚拟股东，其目的是多种多样的，但大多都是为规避法律。如在1993年《公司法》修订前，设立有限责任公司需有二个以上股东，一些人既想一个人经营公司，又想获得有限责任公司而只承担有限责任的好处，于是出现了虚拟股东的情形。

虚拟股东是否具有合法的股东资格，我国法律没有明确的规定。从我国目前的司法实践来看,有限责任公司股东资格的确认,涉及实际出资、公司章程、股东名册、出资证明书、工商登记等多种要素,确认股东资格应当综合考虑多种因素,结合当事人的实际情况来选择应适用的标准。正因股东资格的确认涉及因素多,因此,如何确认虚拟股东的资格,在司法实践中引起很大争议。一种观点认为股东资格的确认应当以工商登记为标准,这种观点认为,工商登记是国家对外的一种公示行为,具有较强的公示效力,外界就是依据该公示行为来判断公司股东的,因此,工商登记应当作为判断股东资格的主要标准。而从工商登记规定来看,对于有限责任公司,我国实行的是股东实名制,按照《公司登记管理条例》的规定,股东的姓名应当以其提交的真实的身份证作为主要凭证。而虚拟股东,是以现实中并不存在的人作为公司股东的,因此,对于虚拟股东不应当确认其有合法的股东资格。另一种观点认为,对于虚拟股东不应当简单以工商登记为标准一概否定其股东资格,我们应当从股东的实际出资、公司章程及在公司经营中股东权利的实际行使情况等因素来综合判断。这种观点认为,虚拟股东在工商登记中是现实不存在的人,但在公司的实际经营活动中,虚拟股东的权利义务在现实中是有实际指向的,在公司股东一致认可虚拟股东的实际权利义务承担者时,应当依据公司的实际情况来确定公司的股东,工商局初始登记也应根据实际情况来进行调整与变更,而不应简单以工商登记否定实际股东的存在。

笔者赞同第一种观点,虚拟股东不能认定其享有合法的股东地位,这主要基于以下考虑:一是根据《公司登记管理条例》,我国实行的是股东实名制,虚拟股东在公司注册成立时向工商部门提交虚假材料骗取工商登记显然属于违法行为,这必须加以禁止与惩罚;二是虚拟股东存在的主要目的是为了规避法律的禁止性规定,如对一人公司的特殊规定或对一些特殊身份的人从业禁止规定等,再如允许虚拟股东存在,这不仅违反了法律的原则,而且帮助了恶意欺骗国家的不法分子实现非法目的,这有损法律的公正与权威,不利于健康法制环境的建立与净化;三是如果确认虚拟股东的合法股东资格,因当事人的安排与工商登记的内容不一致,必然使公司的真实股权结构具有隐蔽性和不确定性。因此,虚拟股东的存在必然使公司的股东情况处于一种不确定的状态,外界根本无法判断公司股东的真实情况,这不仅使工商登记这种公示行为失去法定的效力,而且不利于保护公司外部债权人的利益。为了稳定公司的股权结构,保护公司外第三人与公司交易的安全,同时也为维护工商登记的法定效力,虚拟股东应当予以否定。

十三、虚拟股东的股权应归谁持有

虚拟股东确认无效后,其股权的归属便成为司法审判面临的一个难点问题。在虚拟股东纠纷中,由于在公司设立时当事人为隐瞒虚拟股东的真实情况,在实际缴纳出资款时都是以虚拟股东的名义在工商局出资，并经法定的验资机构予以确认。因此，在虚拟股东的股东资格被否定后，虚构股东的实际资金来源到底是由谁来缴纳的往往很难查清，在这种情况下必然导致虚拟股东名下的股权丧失了实际的持有人，该股权被悬置起来了。悬置不等于没有归属，如何处置实践中也有多种认识。一种意见认为，在没有证据证明股权实际由谁出资情况下，该股权不应长期存在，应由公司去工商局通过减资方式，去掉这部分股权；另一种意见认为，一个合法的公司必然存在100%的股权，公司由于虚假股东存在导致公司只存在部分的有效股权，该公司初始设立时，由于其实际出资不符合公司法规定的公司设立的法定条件，因此，公司的登记设立行为应确认无效，取消该公司的合法存在；第三种意见认为，既然有股权存在就应当有持有人，该部分股权应根据真实股东的出资比例进行分配。

笔者赞同第三种观点。理由是，在虚拟股东纠纷中，虽然很难证明虚拟股东的出资实际是由谁出的，但根据现行《公司法》的规定，不论虚拟股东资金由谁缴纳，该股权都应属于公司的资产；在公司资产无主时，根据现行《公司法》的规定，公司的全部股东可根据各自的实际出资比例来对公司的资产进行分配，因此，在目前法律规定的情况下，通过第三种方式处置虚拟股东的财产更符合实际情况。

十四、如何把握股东资格争议与其他争议并存时的程序处理标准

单纯的股东资格争议是比较常见的一类公司纠纷案件，对此类案件的处理应当依照《民事诉讼法》所规定的一般民事诉讼程序即可。而在司法实践中，对股东资格的争议，往往是与其他争议纠缠在一起的。如当事人向公司主张行使股东权，而公司则抗辩称原告不具备合法的股东资格；又如公司债权人向被告主张承担股东瑕疵出资的民事责任，而该被告则抗辩称其并不是被告公司的股东，即不应承担瑕疵出资的民事责任；又如在公司决议瑕疵诉讼中，原告以参加公司股东会或者股东大会行使表决权的当事人不具备股东资格而要求撤销相关决议，此种诉讼中也涉及股东资格的确认问题。在这些纠纷的处理中，必须先行对一方当事人是否具备股东资格进行审理，但是在具体程序方面如何操作，即是否需要由当事人先行提起一个股东资格确认之诉，然后才处理其他相关争议。对此在实践中还有不同的做法。

一般认为，对于相关程序的处理应当根据不同案情分别确定。一般情况下，对于当事人之间就股东资格具备与否的争议，可以与其他相关争议一并审理。因为对于当事人是否具备股东资格，既可以成为民事诉讼法上的一个独立的诉讼，如前所述当事人单独可以提起股东资格确认之诉；也可以成为民商事诉讼中的抗辩事由。所以，当事人提出对方当事人不具备股东资格的抗辩的，可以作为抗辩事项一并进行审理，而不必要求

当事人先行提起股东资格确认之诉,否则反而不利于案件的高效审理。对于原告一方以相关人不具备股东资格为由而提起的诉讼,则应当由法官向原告进行必要的释明,由其将被告不具备股东资格作为一项独立的诉讼请求,如原告坚持不将其作为独立的诉讼请求时则可以先行驳回原告的起诉。

以上是处理此类问题的一般原则,在特殊情况下,应以当事人先行提起股东资格确认之诉为宜。如原告以参加股东会的人不具备股东资格为由提起股东会决议撤销之诉或者无效之诉时,由于对相关人员是否具备公司资格的认定将会涉及该当事人的利益,而相关股东又不是案件的当事人,此时必须由原告在已经提出的公司决议瑕疵诉讼外另行提起股东资格的确认之诉,公司决议瑕疵之诉可以中止审理。①

十五、隐名股东与空股股东如何区分

空股股东,是指虽经认购股权但在应当缴付股款之时却仍未缴付出资的股东,亦可将此称为出资瑕疵之股东。② 其与隐名股东的区别主要在于:其一是隐名股东实际履行了出资义务,因为隐名股东的出资义务实际、全面履行受到挂名股东的监督。隐名股东出资不到位将直接引发公司章程、工商登记材料中记载的挂名股东的责任,在挂名股东的监督下,隐名股东往往很难逃避实际出资的义务,隐名出资合同非法的情形除外,而空股股东是未按照法定或约定将对应的资本缴付到位。其二是隐名股东是否享有股东权利处于不确定状态,而空股股东实际享有与其出资相对应的股权。其三是隐名股东在一定情形下可以显名,即将自己登记为公司的股东,使显名股东与隐名股东的身份相一致;而空股股东一般不会因出资的迟延履行而丧失股东资格。但空股股东极有可能因为出资迟延履行达到一定期限而被依法除名,失去股东资格。

无论是理论界还是司法实践中均对空股股东是否可以拥有股东资格存在争议,处理此问题的原则是,空股股东显然不会因为出资的迟延履行而当然失去股东资格,但是空股股东的确可能因为出资迟延达到一定期限而被除名,从而失去股东资格。不过只要公司尚未行使除权的权利,则空股股东依然应当被视为法律上的股东,并原则上享有空股股份项下的股权,履行空股股东对应的法律义务。③

十六、隐名股东与干股股东如何区分

干股股东,系指由其他股东或公司赠与股权而获取股东资格的人。两者的区别主

① 吴庆宝主编:《公司纠纷裁判标准规范》,人民法院出版社 2009 年版,第 82—83 页。

② 虞政平:《股东资格的法律确认》,载《法律适用》2003 年第 8 期。

③ 同上。

要体现在:其一是隐名股东要依合同承担实际出资义务,并受到挂名股东的监督,而干股股东往往无需承担任何实际出资义务,往往是以一技之长而为其他股东或公司所青睐,使得其他股东或公司愿意为其出资或向其赠送股权。其二是隐名股东在公司章程、出资证明书、工商登记材料上没有记载,而干股股东是记载于公司章程、工商登记材料上的。其三是隐名股东往往是依与挂名股东的隐名投资合同而产生,干股股东往往是因与股权赠与人的股权赠与协议而产生。其四是在处理隐名股东与挂名股东的纠纷时应首先尊重隐名股东与挂名股东之间的出资合同,处理因干股股东引起的纠纷时应尊重并承认干股持有者的股东资格,同时应尽可能维护赠与干股股权时的协议。

对于干股股东,无论其名下出资有无实际缴纳,原则上都应认定其具有股东资格。如其名下出资已实际缴纳,其与实际出资股东之间的关系按垫资或赠与关系处理。如其名下出资未实际缴纳,应负补足出资义务,干股股东不能以受赠与为由主张免除其应尽的法律责任。实践中,如干股系接受贿赂等违法犯罪行为取得,只需要将其份额作为非法所得没收,进行拍卖转让,但是并不影响对其股东资格的认定。从民事法律关系上认定受贿者的股东资格,与对受贿者予以刑事制裁、依法收缴其违法所得、通过拍卖转让股权确定新的股东,二者并不冲突。①

十七、未成年人能否通过充任公司发起人取得股东资格

对此,学界的观点并不一致。持肯定观点的理由主要是:禁止未成年人设立公司,会阻碍更多的社会生活资料转化为扩大社会再生产所需的生产资料,不利于促进社会经济的发展;禁止未成年人获得股份这一经营性财产,不符合民事权利主体平等原则;未成年人设立公司与交易风险并无必然的联系;未成年人是否参与设立公司的交易,应当按市场规则由当事人自己决定。② 持否定观点的理由主要是:未成年人缺乏行为能力和责任能力,不宜充任发起人;未成年人不能充任发起人并不构成对其投资权利的影响,他可以通过购买股份行使投资权利并成为股东。③ 笔者认为,从权利能力方面来看,未成年人与成年人的法律地位平等,应当有资格成为设立公司的发起人;从行为能力方面来看,未成年人不是适格的行为能力人,不能以自己的行为履行发起人的义务,但"代理制度的存在早已使其不成为问题"。④ 然而,需要讨论的是,法定代理人能代理

① 刘敏:《股东资格的法律确认》,载《人民法院报》2003 年 8 月 27 日。

② 蒋大兴:《公司法的展开与评判——方法·判例·制度》,法律出版社 2001 年版,第 4—14 页;茅院生:《设立中公司本体论》,人民出版社 2007 年版,第 117 页。

③ 施天涛:《公司法论》(第二版),法律出版社 2006 年版,第 99—101 页。

④ 蒋大兴:《公司法的展开与评判——方法·判例·制度》,法律出版社 2001 年版,第 5 页。

未成年人发起设立公司的行为吗？国家对未成年人充任设立公司的发起人应当采取何种立法政策？因此，有关未成年人通过设立公司取得股东资格的问题，实际上是关于法定代理人代理未成年人进行公司设立行为的正当性问题。要解答这一问题，首先应当解析发起人设立公司行为的实质。

在我国现行《公司法》上，设立公司的行为实质上包含了两方面内容的行为：一是有关投资方面的行为；二是代表设立中公司执行公司事务方面的行为。这两种行为的法律属性不同，对行为能力的要求以及行为的法律后果也不一样，对未成年人代理的具体要求也会有所差别。在发起人行为中有关投资方面的行为性质，与其他一般的投资行为没有质的区别，实质上都是进行一种购买股份的交易行为，是行为人处分自己财产的行为。只要代理行为有利于未成年人的利益，法定代理人应当有权代理未成年人进行投资方面的行为。

作为未成年人的法定代理人，虽然也可以代理未成年人进行投资方面的行为，但是却不能当然代理未成年人进行创立公司方面的行为。这是因为后者在行为内容上与前者不同，因而其代理关系的基础也不同。法定代理人代理未成年人进行投资行为，是基于法定的监护职能，其行为是代表未成年人个人意志的行为，并以维护未成年人个人利益为目的，此代理行为具有监护制度和法定代理规则的法理基础。但在设立公司行为中，发起人创建公司的行为既要代表设立中的公司意志，这涉及设立中公司的集体利益，又要与他人进行交易活动而涉及他人权利的实现。代表设立中公司进行的公司创建行为，不能只是某一未成年发起人的意志体现，应当是全体发起人共同意志的体现，是设立中公司的意思表示。可见，未成年人的法定代理人没有当然代理全体发起人进行设立公司行为的法理根据，未成年人监护人的法定代理原理不适用于设立中公司事务执行的情形。当然，如果其他发起人同意并授权未成年人的法定代理人进行设立公司的发起行为，则形成了一种新的委托代理关系，应当予以认可。

需要指出的是，虽然未成年人可以因其法定代理人的代理行为而成为设立公司的发起人，但无论是其他发起人还是未成年人的法定代理人都应当慎重对待未成年人设立公司的投资行为，因为未成年人本人无保护自己的能力，其法定代理人与未成年人在本质上仍是两个利益主体，投资的风险最终是由未成年人承受的。因此，为了保护来成年人的利益，相关监督管理部门不应当鼓励未成年人以设立公司的方式取得股东资格，既要防止其他成年人对未成年人利益的侵害，也要提防未成年人的法定代理人对未成年人利益的侵害，使未成年人避免来自最亲近的人的伤害。[①]

① 沈贵明：《未成年人取得股东资格路径的正当性分析》，载《法学》2010 年第 7 期。

十八、公司普通清算终止时如何保护股东资格灭失的财产权

由公司自行组成清算组进行的清算是普通清算。公司经自行清算后解散，股东的股东资格因此而当然丧失；同时，丧失股东资格的民事主体应当从清算中公司的剩余财产分配中收回自己与所持有股份相应的财产。为了保证股东在丧失股份时能够得到该部分财产权，就必须加强对清算人清算行为的监督，使之能够勤勉尽职地进行清算。

法律对清算人在公司解散时清算行为的规范，具有两个基本目的：一是全面保护债权人的财产权益，防止债权人与公司的交易风险的扩大，阻止公司股东或管理者利用"公司组织形式"侵犯债权人的利益；二是公平保护股东的财产权益，防止投资人对公司投资风险的扩大，阻止清算人对股东权益的损害和大股东对小股东财产权益的侵犯。由于公司解散清算后即告终止，相关主体的财产权益一旦被侵害，其权益救济就极为困难甚至无法救济，所以法律对清算人的成立、职权等均应当有详尽的规范。我国现行《公司法》对清算时的债权申报制度、清算财产的分配制度的规定，都为有效保护债权人的财产权益提供了法律根据。但是，对股东财产权益的保护的规定却近似于空白，这显然是极为不妥的。

在公司自行清算解散中，对丧失股东的资格民事主体的财产权保护，首先要合理设计清算人制度，以保障对股东分配清算中公司剩余财产的价值最大化。清算人在清算中公司的地位如同董事会在经营中公司的地位，是清算事务的执行者。清算人对公司股东会负责，履行善管尽职义务，并应当对执行清算事务的过错承担相应责任。我国现行《公司法》第一百八十四条规定"股份有限公司的清算组由董事或者股东大会确定的人员组成"是正确的，但是该条关于"有限责任公司的清算组由股东组成"的规定显然不妥。其一，全体股东组成清算人，与清算人的清算职能不相符合。当有限责任公司有数十位股东时，由众多股东组成的清算人，难以有效地进行清算事务。其二，全体股东组成清算人，混淆了股东会的决策、议事机关与清算人的执行清算事务机关的属性区别，削弱了股东会对清算人的监督作用。在现行《公司法》第二百零七条中，对清算人侵犯公司财产这一有损于股东财产权的行为，只规定了清算人的行政责任，由公司登记机关予以行政处罚，显然是不够的。清算人侵犯公司财产，属于民事责任，应当赋予公司追究其民事责任的权利。《公司法解释(二)》第二十三条第一款规定："清算人在从事清算事务时，违反法律、行政法规或者公司章程给公司造成损失，公司主张其承担赔偿责任的，人民法院应依法予以支持。"当清算人在合理的制度制约下有效地进行清算，使清算中公司的剩余财产最大化时，股东资格灭失者的

财产权保护才能落到实处。

其次，应当为小股东财产权的保护提供专门的救济通道。在公司自行清算解散中，小股东的财产权益更容易被侵犯；对小股东财产权益的保护也更容易被忽视。法律应当为小股东财产权益的保护提供专门的救济通道。一般来说，当清算人侵犯公司财产时，大股东可以通过股东会对清算人的职权进行限制，并可通过相关法律途径进行救济。但是，小股东则难以通过这种方式来保护自己的权益。小股东不仅对清算人的行为缺乏有效的制约，还可能面临控制股东权利滥用的威胁。所以国外的公司立法（如日本）有赋予小股东对清算人的股东代表诉讼（派生诉讼）权的规定。虽然我国现行《公司法》没有此方面的规定，但是，《公司法解释（二）》赋予了小股东的股东代表诉讼权。根据《公司法解释（二）》的规定，无论是在公司清算中还是在清算结束后公司终止的，只要清算人或控制股东侵犯公司财产权的，有限责任公司的股东、股份有限公司连续180日以上单独或者合计持有公司1%以上股份的股东，均可依据现行《公司法》第一百五十二条第三款的规定，向清算人或控制股东提起股东代表诉讼。当然，当清算人通过对公司的财产权侵犯而间接损害股东利益时，小股东可以通过股东代表诉讼的专门通道获得司法救济，这并不影响小股东在其财产权被清算人或大股东直接侵犯时，仍可通过一般的民事诉讼渠道进行司法救济。[①]

十九、公司特别清算终止时如何保护股东资格灭失的财产权

特别清算，是指解散的公司进行清算发生严重困难（例如存在多数利害关系人时，按照通常的程序清算有困难或需要较长时间），或有债务超过之虞时，根据法院命令进行的特别清算程序。我国现行《公司法》第一百八十四条规定："公司除因合并或分立而解散的，应当在在解散事由出现之日起十五日内成立清算组，开始清算。逾期不成立清算组进行清算的，债权人可以申请人民法院指定有关人员组成清算组，进行清算。"该条是对公司特别清算的规定。虽然现行《公司法》将公司的普通清算程序与特别清算程序混合规制，但是这两种不同清算程序的区别仍是十分明显的。公司特别清算与普通清算最重要的区别之一就在于清算人的组成不同，在普通清算中，由公司根据法律规定自行组成的清算人对公司进行清算；在特别清算中，由法院指定人员组成的清算人对公司进行清算。普通清算是公司自行进行清算，属于自愿清算；而特别清算则是在法院指定的清算人在股东监督下进行的清算，属于强制清算。特别清算与普通清算在属

---

① 沈贵明：《股东资格研究》，北京大学出版社2011年版，第282—284页。

性上的这种差异，使得特别清算中股东资格灭失时的财产权保护方式也要与特别清算制度相照应。

首先，股东有权启动特别清算程序。如同普通清算既要保护债权人也要保护股东的财产权益一样，特别清算也要既保护债权人利益也要保护股东财产权益。现行《公司法》第一百八十四条规定只有当公司不能组成清算组时，由债权人向人民法院提出申请后才进入特别清算程序。这一规定只注意到了特别清算程序对债权人财产权的保护，忽视了对股东财产权的保护，显然是不妥的。其实，特别清算是在公司解散无法进行公正清算的情况下，国家以公力救济手段介入的方式。因此，难以使公司自行清算公正执行的情况，就是特别清算可以适用的事由。根据《公司法解释(二)》的规定，当公司解散逾期不成立清算组并不及时进行清算的或违法清算可能严重损害债权人或者股东利益的，公司股东与债权人一样，有权提起特别清算申请，以保护自己在股东资格灭失时的财产权。

其次，股东有权对清算人的清算行为进行监督。特别清算的清算人是由人民法院指定的，虽然清算人对人民法院负责，但股东是直接的利害关系人，赋予股东对清算人的监督权，有利于清算人正确执行清算事务。现行《公司法》没有赋予股东对特别清算人的监督权是个缺憾。但是，按照《公司法解释(二)》第九条的规定，股东有权向人民法院要求更换不称职的清算人，使股东能够有效地对特别清算人进行监督，以防止自己在股东资格灭失时的财产权被不正当损害。[①]

二十、未经股东名册变更的股权转让是否有效

实践中由于相关法律法规的不健全以及公司管理制度的不规范，较多公司未为制备股东名册，或者虽然制备股东名册但却流于表面，未发挥实际作用。这些情况最终导致了股权转让与股东名册的差异，股东名册变更往往滞后于股权转让，而此种滞后往往成为否认股权转让的论调，即未经股东名册变更时股权转让是否有效。

公司股东名册变更等事项的登记属于一种商事登记，就商事登记的目的和功能而言可分为设权性登记和对抗性登记。前者具有创设权利和法律关系的效力，如不动产抵押登记。而于后者有关事项未经登记不会导致整个商事登记行为无效，只是该事项本身不具有对抗第三人的效果。设权性登记要求必须完成一定的登记事项才发生权利的设立，否则无法取得相应的权利，如《德国有限责任公司法》第16条规定："在让与出资额的情形，对于公司，只有已经向公司申报出资额、并同时证明出资额移转的人，才视

① 沈贵明：《股东资格研究》，北京大学出版社2011年版，第284—285页。

为取得人。"可见德国将向公司申报作为股权转让对公司发生效力的标准。《日本有限责任公司法》第20条规定:"份额的转让,非在股东名册上记载取得者的姓名、住所及移转的出资数额,不得对抗公司及第三人。"因此,日本是将股东名册变更登记作为股权转让对公司发生效力的标准。

有限责任公司中股东姓名或者名称在公司股东名册的登记属于设权性的登记,股东名册的变更登记是股权权属发生变更,受让方取得股权的标志,正是公司股东名册变更登记使股权转让产生对抗公司的效力。股权转让合同的标的是股权,而股权是股东对公司的权利。在股权转让合同成立之后,其仅在合同当事人即转让人和受让人之间生效。此时,尚不能认为受让人已经取得了股权,其能否取得股权取决于公司的态度,即公司是否认可其成为公司的新成员。而公司的认可在形式上表现为股东名册的变更,即公司根据股权转让合同,注销原股东记载,而将新股东(股权转让合同的受让人)登载于股东名册。公司得根据《公司法》及公司章程的规定进行审查,经审查同意将受让人登记于股东名册之后,受让人方才取得公司股权,得以以公司股东的身份对公司主张权利。转让合同生效,公司变更登记之前,受让方并未取得股东资格,只有在履行了公司变更登记程序之后,受让人才成为目标公司股东。从公司将受让人记载于股东名册上的意义来看,公司变更登记实质上是一种股权过户行为,目的是使公司易于确定向公司行使股权的股东。受让人股权的取得是股权转让合同行为与企业变更登记共同作用的结果。受让人必须在办理公司变更登记手续后才最后取得股东资格,才可以对抗公司。简言之,公司股东名册的变更登记是股权转让产生对抗公司的效力的标准,依公司股东名册变更登记、股权权属发生变更,受让人才取得股权,成为目标公司股东。当然,这里的股东名册根据我国的实际情况,应做相对扩大的解释。因为有些公司的股东名册的管理、变更很不规范,有的公司甚至不设股东名册,公司股东名册容易出现股东名册不规范的任意记载或篡改行为,其不应当具有财产权利属性的社会公示效力和公信力。所以,有关的公司文件(如公司章程、会议纪要等)能够证明公司对新股东认可的,应可认定为设权程序已经完成,公司接纳了新的成员作为其股东。这一点在最高人民法院《公司法解释(三)》中有着明确的规定，在该司法解释的三十条对认定股东资格的形式及其效力进行了规定。[①]

最高院的该条解释实际上是针对当今公司管理不规范的现状，在确认股东名册在认定股东资格的核心地位的同时，允许在不存在股东名册时，通过约定、章程、实际出资、出资证明书、实际行权以及法律文书等对股东资格进行综合认定。虽然该条赋予其他的形式以认定股东资格的效力，但不能忽略的是该条的前提，即在公司不存在股东名册或者股东名册记载错误的前提下才适用其他要件进行认定，该条仍然肯定了股东名册而在认定股东资格中的核心作用。

二十一、股东名册的登记能否对抗第三人

由于公司登记管理制度的不健全，公司司法实践中经常出现股东名册的登记与公司工商登记不一致的情形，当涉及公司外第三人时则面临着以哪种登记为确定标准的问题。

股东名册变更登记是股权转让的生效要件，但不得对抗第三人。经过股东名册变更登记，受让人即成为公司的股东，行使股东权，但是这种股权的效力是不完整的，仅能对公司及其他股东主张，不能对抗第三人。

首先，现行《公司法》第三十三条第二款、第三款规定："记载于股东名册的股东，可以依股东名册主张行使股东权利。公司应当将股东的姓名或者名称及其出资额向公司登记机关登记；登记事项发生变更的，应当办理变更登记。未经登记或者变更登记的，不得对抗第三人。"由该条规定可知股东名册变更登记后，受让人可以股东身份主张行使股东权，但未经工商变更登记的不得对抗第三人。其他国家立法也有相似的规定，如《日本有限责任公司法》第20条规定："份额的转让，非在股东名册上记载取得者的姓名、住所及移转的出资股数，不得对抗公司及第三人。"认为在股东名册上登记产生对抗公司的效力。

其次，从股东名册的功能上分析。股东名册是依照现行《公司法》的规定，用以记

① 该条规定：有限责任公司依据股东名册向股东履行通知、分配利润等义务，公司未置备股东名册的，或者股东名册未予记载或者记载错误，但是存在下列情形之一，出资人、股权受让人或者继承人请求行使股东权利的，人民法院应予支持：

（一）出资人与公司就股东资格有明确约定，并且其他股东对出资人的股东资格予以认可的；

（二）根据签署公司章程、实际出资、持有出资证明书或者实际行使股东权利等事实可以认定出资人股东资格的；

（三）根据股权转让协议，股权赠与协议、法院判决书等法律文书等证据可以认定当事人股东资格的；

（四）自然人股东死亡，合法继承人请求集成股权，而章程对于股权继承没有相反规定的。

载股东及出资事项的名册。备置股东名册是有限责任公司和股份有限公司的法定义务。股东名册可使公司股东、受让人及公司债权人了解公司股东的资信和变动情况。各国公司法一般都规定,公司债权人和股东在正常营业时间内可随时要求查阅股东名册。由此可见,股东名册主要解决的是股东和公司之间的关系问题。记载于股东名册上的股东即可主张行使股东的权利,具有确认和证明的作用。

另外股东名册是公司内部法律文件,其公示效力仅在公司内部范围。股东仅得依此对抗公司,而对股权受让人及公司以外第三人的效力,股东名册变更登记力所不及。

二十二、如何完成股东名册的变更

对于有限责任公司而言,公司对股东的认可是确认股东身份的重要依据。股权转让要想对公司产生效力,股权受让人要想行使股东的权利,必须要让公司了解受让人的姓名、名称、住所等情况,而公司对新股东的承认正是通过股东名册的变更体现的。公司以股东名册为依据来进行会议通知、分配利润等活动,所以只有在公司变更股东名册后,受让人才能取得公司对股东的资格和地位确认,才能参加股东会议、参与公司的管理以及公司盈利的分配等。最高人民法院《关于审理公司纠纷案件若干问题的规定(一)》(征求意见稿)第二十四条第三款规定:"受让人记载于股东公司股东名册一年后,股东主张撤销前款规定股权转让合同的,人民法院不予支持。"显然,征求意见稿实际上是以股东名册作为认定股东的依据,把股东名册的变更作为股权转让的生效要件。

完整的股权转让程序应当在参与人之间产生如下法律效力:股权转让合同生效后,当事人应当通知公司,公司应据此变更股东名册,以确定对公司享有权利的股东究竟为谁,以便公司处理股东关系事务;如果转让方和受让方已经通知公司变更股东名册,或者公司通过其他途径或者代表人(代理人)已经得知这一事实,却怠于或者拒绝变更股东名册,则受让方有权直接请求公司对自己履行义务,从而实现自己的股东权;如其仍拒绝履行,受让方可向公司主张侵权责任。[①] 按照国际惯例,除有相反证据外,股东名册也是公司确认股东身份的充分法律依据。如果公司无正当理由怠于或者拒绝变更股东名册,或者因公司的过失导致股东名册的登记与事实不符,可以视为公司已经明知新股东的身份,公司不得否认受让人的股东地位,即应当认定股权转让对公司生效,受让人可以对公司主张股东的相应权利,如果由此给受让人造成损失,公司应当承担侵权赔

① 郑艳丽:《论有限责任公司股权转让效力与相关文件记载的关系》,载《当代法学》2009年第1期,第153页。

偿责任。如果由于股权转让合同当事人的过错，致使公司不知道且没有义务知道股权转让合同生效的事实，并由此导致公司没有办理股东名册的变更，那么公司有权推定记载于原有股东名册上的老股东（包括转让方）有资格对公司主张股东权，公司有权只向转让方发出股东会召集通知、分配股利和剩余财产。公司怠于变更股东名册，不影响股权转让合同的效力，受让方（新股东）有权依据生效的股权转让合同请求转让方协助受让方请求公司变更股东名册。转让方在股权转让合同生效后接受股利分配的，应当对受让方承担不当得利之债。如果此种过错归咎于转让方，则转让方应对受让方承担起违反合同义务（含附随义务）和后合同义务的民事责任；如果此种过错归咎于受让方，则受让方应独自承受由于其过错导致的不利后果。

2005年《公司法》虽然规定了公司应当制备股东名册，在股权转让时应该变更股东名册，但是公司法并没有对公司的这一义务规定责任承担的方式与处罚，这也是导致现阶段公司对股东名册极不重视、股东名册极不规范的重要原因。针对这一现状，《公司法解释（三）》第二十九条对此进行了详细的规定。该条司法解释规定了在股权变更后公司有协助变更股东名册的责任，当事人可以请求法院要求公司履行该义务。该条还规定了对于因为公司未置备股东名册或者记载错误给股东造成损失的，公司以及负有责任的董事、高级管理人员和实际控制人承担连带责任。该条司法解释弥补了《公司法》在该方面规定的不足，而将公司的股东名册纳入正常规范的管理模式，则可以尽可能避免因股东名册而给公司股东资格认定以及股权的行使带来难题，减少这方面矛盾的发生。

法条索引

《中华人民共和国公司法》

第三十三条（第二、三款）　记载于股东名册的股东，可以依股东名册主张行使股东权利。

公司应当将股东的姓名或者名称及其出资额向公司登记机关登记；登记事项发生变更的，应当办理变更登记。未经登记或者变更登记的，不得对抗第三人。

《最高人民法院关于适用〈中华人民共和国公司法〉若干问题的规定（三）》

第二十五条　有限责任公司的实际出资人与名义出资人订立合同，约定由实际出资人出资并享有投资权益，以名义出资人为名义股东，实际出资人与名义股东对该合同效力发生争议的,如无合同法第五十二条规定的情形,人民法院应当认定合同有效。

前款规定的实际出资人与名义股东因股东权益的归属发生争议,实际出资人以其实际履行了出资义务为由向名义股东主张权利的,人民法院应予支持。名义股东以公司股东名册记载、公司登记机关登记为由否认实际出资人权利的,人民法院不予支持。

实际出资人未经公司其他股东半数以上同意,请求公司变更股东、签发出资证明书、记载于股东名册、记载于公司章程并办理公司登记机关登记的,人民法院不予支持。

第十五章

股东知情权热点问题裁判标准与规范

本章导读

知情权是股东诸多权利中的一项基础性权利，没有知情权的保障，股东的其他权利将成为空中楼阁。我国现行《公司法》在总结经验的基础上对股东的知情权予以了重大完善，对于保护股东权益提供了有力的制度保障。然而，现行《公司法》实行过程中，围绕股东知情权发生的纠纷仍然非常普遍，其中很多问题无法从《公司法》文本中寻得直观的答案，比如有限责任公司股东可否查阅公司的原始会计凭证、股东查阅公司会计账簿的正当目的如何认定等。深化股东知情权理论研究，为《公司法》实务提供系统的理论指导，具有重要而迫切的实践意义。

理论研究

一、股东知情权的内涵

无论境外公司法抑或我国公司法对股东知情权鲜有明确定义者，其并非公司立法上的概念，乃为公司法学者的理论总结。我国学者对股东知情权的定义基本一致，大多认为股东知情权是指股东获取公司信息、了解公司情况的权利。① 虽然学者对股东知情权概念的界定基本一致，但是关于股东知情权内容的认识却存在很大分歧。第一种

① 邹杰：《股东知情权法律问题研究》，载《法制与社会》2010 年 10 月。

观点认为股东知情权主要表现为股东的查阅权。[①] 第二种观点认为股东知情权包括股东的查阅权和公司的强制信息披露义务。[②] 第三种观点认为股东知情权包括财务会计报告查阅权、账簿查询权和询问权。[③] 第四种观点认为股东知情权包括公司的信息披露义务、股东的查阅权和股东通过司法救济强制获得公司信息的诉讼权。[④] 笔者认为,股东知情权是股东获取公司信息、了解公司情况的诸多权利的概括和总结,理当包括股东实现该种目的所有公司法上的权利,具体而言,包括以下三个子权利:(一)公司信息接收权,从公司角度而言,即公司的强制信息披露义务。股东的该种权利主要体现在现行《公司法》第一百六十六条规定的公司送交、置备或公告财务会计报告制度和证券法上的诸多公司信息披露制度。(二)查阅权,即股东查阅公司文件的权利。股东的该种权利主要体现于现行《公司法》第三十四条和第九十八条的制度规范。(三)质询权,即公司股东就公司特定事项请求公司予以解释的权利。股东的该种权利主要体现于现行《公司法》第九十八条制度规范。由于查阅权在股东知情权中处于核心地位,因此本文的论述主要围绕查阅权展开,并且暂不谈论证券法上的信息披露制度。

二、股东知情权的范围

股东知情权的范围各国或地区规定宽严不一。我国 1993 年《公司法》规定的股东知情权范围较为狭窄,有限责任公司中仅限于股东会会议记录和公司财务会计报告,股份有限公司中仅限于公司章程、股东大会会议记录和财务会计报告。2005 年《公司法》大幅拓宽了股东知情权范围,有限责任公司中包括公司章程、股东会会议记录、董事会会议决议、监事会会议决议和财务会计报告和会计账簿;股份有限公司中包括公司章程、股东名册、公司债券存根、股东大会会议记录、董事会会议决议、监事会会议决议、财务会计报告。

值得注意的是,有限责任公司股东能否查阅会计原始凭证,公司法并无明确规定,由此导致理论上争议较大,实务中做法不一。[⑤] 对此,存在截然不同的两种观点。赞成说从法的价值判断出发,认为从有效监督管理机构的行为、切实保障股东权益需要和立法目的出发,应当尽量对现行《公司法》第三十四条第二款扩张解释,扩大账簿查阅权可以延及至原始凭证,只要股东查阅目的正当,司法实践中人民法院应当支持股东要求

① 施天涛:《公司法论》,法律出版社 2006 年版,第 246 页。
② 周友苏:《新公司法论》,法律出版社 2006 年版,第 235—238 页。
③ 刘永光、许先从:《公司法案例精解》,厦门大学出版社 2004 年版,第 217 页。
④ 蒋大兴:《超越股东知情权诉讼的司法困境》,载《法学》2005 年第 2 期。
⑤ 卫国平:《股东知情权法律问题探析》,载《河南公安高等专科学校学报》2010 年第 5 期。

查阅原始凭证的请求。最高人民法院2006年公布的《公司法解释(二)》(征求意见稿)第二十七条规定即采纳该种意见。反对说认为公司会计账簿具有严格的法律意义,在会计法上,会计账簿只包括总账、明细账、日记账和其他辅助性账簿,并不包括原始凭证,因此股东无权查阅公司的会计原始凭证①。对此,笔者认为股东无权依据现行《公司法》第三十四条规定查阅公司的会计原始凭证。首先,从文义解释角度看,会计账簿具有严格的法律意义,在会计法上,会计账簿并不包括原始凭证。其次,从目的解释角度看,一旦允许查阅公司会计原始凭证,其工作量将会很庞大,很可能完全打乱公司的正常经营秩序。这是一项复杂的耗时费力的工作,主张查阅权的股东和公司都将付出很高的成本。同时,因为会计凭证资料涉及公司经营和管理的秘密,具有保密性,如果允许股东查阅,一旦泄漏,将极大地损害公司、股东的利益,这与查阅权的目的相违背。② 再次,从体系解释角度看,我国现行《公司法》除第三十四条外,第一百七十一条亦规定了公司的会计账簿,并且该条同时规定了公司会计账簿与会计凭证,因此《公司法》第34条规定的会计账簿并不包括公司原始会计凭证。

不过,本书要特别指出的是,《公司法》第三十四条不能作为股东查阅公司原始会计凭证请求权基础并不代表公司股东就不享有该种请求权。首先,从规范性质看,《公司法》第三十四条是授权规范,该条第二款赋予了公司股东查阅公司会计账簿的权利,但是并未否认公司股东有权查阅公司原始会计凭证,就好比该条第一款并未规定股东有权查阅公司股东名册,可是从未有人质疑股东享有该项权利。公司法规范是个系统的体系,并不只是体现公司法的某条具体规则。某条规范不能成为股东一项权利的请求权基础,并不否认其他规范可以成为股东该项权利的请求权基础。其次,调整公司和股东关系的主要规范是公司法和公司章程,然而公司法规范不仅包括公司法规则,还包括公司法原则;公司章程不仅包括当事人约定的明示条款,尚包括一般法律原则和商业原则蕴含的默示条款。根据公司法原则和公司章程的默示条款调整公司和股东关系的在实际经济生活中屡见不鲜,比如1993年《公司法》并未赋予股东的解散公司请求权,可是2005年《公司法》修订前,实践中就已经出现了法院受理股东解散公司请求的判例;1993年《公司法》并未规定股东代位诉讼,2005年《公司法》修订前,实践中同样出现了法院受理股东该种诉讼请求的案例。2005年《公司法》第五条规定了公司从事经营活动应当遵守诚实信用原则,公司控制者对公司股东拒绝陈述、虚假陈述的行为明显违反了该项原则,股东完全可以以该项原则作为请求权基础请求查阅公司文件包括公

① 参见上海市浦东新区人民法院审理的丽莎女士诉恒塑生物科技有限公司一案,该案例来源于中国法院网的案件库,网址 http://www.chinacourt.org/html/ajk/,于2011年12月23日访问。

② 卫国平:《股东知情权法律问题探析》,载《河南公安高等专科学校学报》2010年第5期。

司原始会计凭证。公司章程的默示条款不一而足,需要具体案情具体分析。从商业常识看,任何股东皆希望知悉公司运营信息,无论是控股股东抑或中小股东。虽然基于风险收益一致原则和资本多数决原则,公司控股股东获得更多的公司信息无可厚非,但是在不损害公司利益前提下,公司中小股东请求查阅公司信息同样天经地义。因此,公司章程的默示条款也足以作为公司股东请求查阅公司原始会计凭证的请求权基础。

三、股东知情权的行使

1. 股东知情权的行使主体

股东知情权的行使主体当属公司股东,公司其他参与方,比如董事、监事等可以根据公司法和公司章程规定获得公司信息,但是并不属于股东知情权规范,斯诚无疑问。股东知情权行使主体常引起争议的问题是原公司股东是否享有知情权以及公司的后续股东是否可以查阅加入公司前的公司信息。

原公司股东丧失股东资格后是否享有股东知情权,对此主要有三种学说。绝对有权说认为,股东在转让股权后,仍有权查阅公司的一切财务会计资料,既包括股权转让前公司置备的财务会计资料,也包括股权转让后公司继续经营期间所置备的财务会计资料。绝对无权说认为,股东权是一种社员权,社员权的取得是基于社员资格的取得,获得社员资格是取得社员权的前提,失去社员资格即失去社员权,也就失去参与公司经营管理权(包括知情权)。相对有权说认为,股东在转让股权后,如有证据表明公司隐瞒利润,应有权查阅其作为股东期间公司的财务状况,因为在转让股权的过程中,可能由于公司的原因存在股权转让价格明显不公,公司也可能隐瞒利润而侵犯了股东盈余分配权。而通常情况下,该股东在未查阅公司的财务资料前并不能确定是否由于公司的原因而存在股价明显不公或公司是否存在隐瞒利润以及隐瞒多少利润的事实。因此,为了更好地实现其股东的权利,应赋予此类原股东以知情权。[①] 对此,本书赞同绝对无权说。首先,从法理逻辑上看,对于公司应主动向股东报告信息的情形,当然应以现任股东为限。如果要求公司对已退出股东承担此种义务,必然增加公司不必要的成本,同时也会危及公司的商业秘密,并且此种报告义务大多数情况下对于已退出股东并无效用,向其报告亦不具有意义。[②] 其次,从价值判断上看,股东知情权的最大价值在于为股东行使其他权利提供便利,既然股东的其他股东权利已不存在,知情权存在价值亦不复存在。虽然公司或公司控制者侵害股东利益的情形很可能在股东失去股东资格

① 任小兴:《我国股东知情权立法的不足与完善》,载《四川行政学院学报》2009 年第 1 期。

② 蔡元庆:《股东知情权制度之重构》,载《北方法学》2011 年第 3 期。

后方被察觉，但是此时赋予失去股东资格的该主体知情权已无实际价值，因为其已经无权行使利润分配请求权、代位诉讼权、表决权等等股东权利。否则，将导致法律体系和公司运营的彻底紊乱。再次，公司股东为了防止遭受公司或公司控制者的不当侵害，完全可以在转让股份前行使知情权，从而决定是否寻求法律救济以及如何决定股份转让价格等，实无必要打乱既有法律体系去赋予其额外的救济。

公司的后续股东是否可以查阅加入公司前的公司信息。对此，本书持肯定观点。首先，公司法规定股东享有对公司的知情权，有权查阅公司财务会计报告、会计账簿等公司文件，但是并未限制该文件的时间范围，既无限制，自是许可。其次，公司运营是个持续性过程，比如公司合同的履行、股东大会决议的执行等，如果拒绝公司的后续股东查阅加入公司前的公司信息，可能导致股东获得的相关信息残缺不全，从而减损股东知情权的制度价值。

2. 股东知情权中的目的限制

股东知情权的制度价值在于保障公司股东特别是中小股东的正当利益，但是任何权利皆有一定的边界，都必须接受一定的限制。公司虽然由股东投资形成并由股东终极控制，但是公司毕竟具有独立的法律人格，具有自己独立的经济利益。股东知情权在保障股东权利的同时，增加了公司负担，并且可能侵害公司的商业秘密，影响公司的运营效率。[①] 因此，各国公司法在确认股东知情权的同时，无不对其加以一定的限制，其中最常见、最主要的限制是目的限制，即股东行使知情权必须出于正当目的。

如何界定股东行使知情权的正当目的，综合各国立法例，主要有两种立法模式：日本《公司法》采用列举式；我国与美国都采用了概括式，即立法只提出正当目的的要求，具体标准由司法实践把握。[②] 我国公司法采用的是概括式，现行《公司法》第三十四条第二款规定，“公司有合理根据认为股东查阅会计账簿有不正当目的，可能损害公司合法利益的，可以拒绝提供查阅”。学界通说认为，正当性目的是与维护善意股东的利益直接联系的合理目的，指股东提出查询要求时怀有善意、正当目的，其所要检查的资料与其目的有直接联系，并在查询前应详细阐述该目的。[③] 股东行使知情权的目的是否正当，极具弹性，应当结合具体案情具体分析。不过，日本公司法列举的具体事由，可作一定参考。日本《公司法》第 433 条规定下列情形下公司可以拒绝股东查阅请求：(1)

---

① 彭真明、方妙：《股东知情权的限制与保障——以股东查阅权为例》，载《法商研究》2010 年第 3 期。

② 吕苓西：《股东知情权制度中的利益冲突及平衡》，载《黑龙江省政法管理干部学院学报》2011 年第 1 期。

③ 王敏：《股东知情权制度创新的若干思考》，载《中国经贸导刊》2011 年第 8 期。

股东以有关为确保或行使其权利的调查之外的目的提出请求时；(2)股东以妨碍公司业务的完成，损害股东的共同利益为目的提出请求时；(3)股东经营实质上与该公司业务处于竞争关系或为该事业从业者；(4)股东为向第三人通报通过阅览或誊写公司资料所得知的事实而获利时；(5)股东在过去两年内，向第三人通报通过阅览或誊写公司资料所得知的事实而获利的。①

实务探讨

一、有限责任公司股东可否复制公司会计账簿

现行《公司法》第三十四条第一款规定股东有权查阅、复制公司章程、股东会会议记录、董事会会议决议、监事会会议决议和财务会计报告。第二款规定股东可以要求查阅公司会计账簿。由此可能导致发生的问题是股东可否复制公司会计账簿。对此，本书持否定观点。首先，现行《公司法》第三十四条第一款和第二款的立法区分非常明显，立法者并未赋予股东复制公司会计账簿的权利。其次，与公司章程、股东会会议记录等相比，公司的会计账簿等直接关涉公司的商业秘密，如果该种信息外泄，将给公司造成不可挽回的巨大损失。因此，从平衡公司和股东利益出发，股东不可复制公司会计账簿。

二、股东可否查阅现行《公司法》实施前的公司会计账簿

股东既可查阅现行《公司法》实施后的公司会计账簿，亦可查阅现行《公司法》实施前的公司会计账簿。首先，公司法规定股东有权查阅公司财务会计报告、会计账簿等公司文件，但是并未限制该文件的时间范围，既无限制，自是许可。其次，公司运营是个持续性过程，比如公司合同的履行、股东大会决议的执行等，如果拒绝公司的后续股东查阅加入公司前的公司信息，可能导致股东获得的相关信息残缺不全，从而减损股东知情权的制度价值。

三、股东查阅公司董事会、监事会决议是否以正当目的为必要

《公司法》第三十四条第二款要求股东查阅公司会计账簿应当具备正当目的，但是第三十四条第一款和第九十八条规定对股东查阅公司董事会、监事会决议并无此等限

① 崔延花译：《日本公司法典》，中国政法大学出版社2006年版，第204页。

制。从立法角度而言，公司董事会、监事会决议与公司会计账簿一样关涉公司的商业秘密，应当接受同样的规制。从司法角度而言，由于公司法并未限定股东查阅公司董事会、监事会决议以正当目的为必要，因此不得对股东加以该项限制。不过，对于股份公司中的上市公司而言，可作例外理解，因为上市公司的董事会、监事会决议特别是尚未公开的会议决议，不但关涉公司的商业秘密，而且归属于公司内幕信息，应当予以目的限制、防止内幕信息泄露以符合证券交易和证券法最基本的公平原则。

四、股份有限公司股东可否复制相关文件

与现行《公司法》第三十四条第一款不同，现行《公司法》第九十八条仅规定股份有限公司股东可以查阅公司章程、股东名册等公司文件，而并未规定股东可以复制上述文件。如果导入公司法基本原则和公司章程默示条款，该问题将复杂化，因为将不得不区别对待公司章程、股东名册、公司债券存根、股东大会会议记录、财务会计报告和董事会会议记录、监事会会议记录。考虑到既有的立法体系和法官思维偏好，以认定股份公司股东无权复制相关文件为宜，但是同时应认可股东委托专业机构（或人士）代理或协助行使查阅权，否则面对复杂、庞大、专业的各种数据，公司股东将陷入茫然，公司法赋予的股东知情权将流于形式。

五、知情权诉讼是否以公司拒绝股东的查阅请求为前提

公司法规定股东有权查阅公司相关文件，因此股东提起的查阅权诉讼须以公司拒绝股东的查阅请求为前提，否则公司股东的权利并未受到侵害，法律亦无给予救济之必要。不过，查阅权只是股东知情权的核心而非全部，对于股东知情权中的信息接收权而言，如果公司怠于向股东披露法定信息，股东可以不向公司请求而直接提起诉讼。

六、股东要求查阅公司会计账簿的，应当向公司提出书面要求，说明目的是否属于查阅会计账簿知情权诉讼的前置程序

对此问题，实践中有三种不同的意见：第一种意见认为，第三十四条的规定是诉前必经程序，股东在诉前如果未向公司提出书面申请，未用尽公司内部救济，不能直接向法院起诉，应当裁定驳回原告股东的起诉。第二种意见认为，股东没有依照法律规定向公司提出书面申请，没有履行法律规定的权利受保护的条件，其权利得不到保护，应当判决驳回原告股东的诉讼请求。第三种意见认为，股东提起诉讼就视为向公司提出了申请，如果公司答辩不同意查阅又没有合法的理由，应当判决支持原告股东的诉讼请求。

笔者认为，现行《公司法》属于实体法，而非程序法，将第三十四条的规定视为此类诉讼的前置程序不符合法理，第一种意见是不正确的。第三种意见超越了法律规定的限制条件，过分强调对申请查阅的股东的利益保护，而忽视了公司及其他股东的利益保护，有失偏颇。由于股东知情权是股东所享有的固有权利，而从公司的立场看，股东要求查阅记录和会计账簿的行为总是被视为一种敌对的威胁行为，尽管如此，公司无法通过章程或者决议予以取消或限制。同时，不受约束的查阅公司记录和会计账簿的权利不仅可能会给公司带来极大的负担，而且可能发生股东滥用权利。有鉴于此，有必要从法律上对股东知情权的行使给予一定限制。因此，笔者赞同第二种意见，股东在行使权利的同时也要受到必要的限制，没有满足法律规定的客观条件，就不能得到法律的支持。此外，笔者认为应当采取具体问题具体分析的方式，分不同的情况处理此类纠纷：

第一，如果股东在起诉前没有向公司提出书面申请，法院可以受理此案，但在审理中应当依照现行《公司法》第三十四条规定，判决驳回原告的诉讼请求。因为现行《公司法》第三十四条的规定，并不是股东提起公司知情权之诉的条件，仅仅是说股东只有在符合这些条件时，其主张才能得到法律的文持。该规定是对实体权利的规定，而不是对程序权利的规定。起诉的条件审查还是要依照《民事诉讼法》第 108 条的规定进行，而不能额外为原告起诉设置门槛。

第二，如果股东在起诉前向公司提出了书面查阅申请，但未等公司在 15 天内书面答复期满就起诉，视为股东未完全按照现行《公司法》第三十四条的规定主张权利，其主张存有瑕疵。但为了诉讼经济和方便当事人，可以在审判阶段先行组织双方当事人进行和解。如果双方同意调解，即公司同意股东查阅会计账簿，则不需给公司留足 15 天的书面答复期，因为 15 天的规定仅适用于公司拒绝查阅的情形，法院只需确定查阅的时间、地点、内容、方式即可；如果双方不同意调解或者达不成调解意见，即公司不同意股东查阅会计账簿，则应当在诉讼中给公司留足 15 天的书面答复期，给其充分的时间说明理由，然后法院再审查公司拒绝的理由是否充分。

七、查阅公司会计账簿的主体是否限定为只能股东自身

现行《公司法》第三十四条规定了股东对公司享有知情的权利，由此可以看出股东是查阅公司会计账簿的主体。但是查阅公司会计账簿的主体是否仅仅限定为股东呢？对此，实践中出现了两种不同的意见：第一种意见认为，鉴于会计账簿是公司的重要资料，涉及公司的经营运作和商业秘密，只能由股东行使会计账簿查阅权。第二种意见认为，由于大多数股东本身不懂财务知识，其查阅会计账簿无法达到知情的目的，因此应当允许股东委托相关专业人士辅助查阅。

笔者赞同第二种意见。股东知情权是股东的固有权利，但很多股东都不具有财务、会计等知识，其本人查阅并不能起到应有的知晓公司经营和财务状况的作用，所以应当允许股东借助专业人士的知识背景实现其知情权。从法律的角度讲，股东与会计师或律师之间是一种合法的委托合同关系，符合委托的法律要件，股东有权自行决定授权的范围，包括发出查阅申请、查阅资料等，但不应妨碍他人的合法权利，受托人要和股东同样受到“正当目的”等条件的限制，即只要没有不正当目的、不损害公司合法利益的情况下，股东有权委托他人辅助其查阅。如果公司不同意律师或会计师查阅，应当提供证据证明代理人查阅具有不正当目、可能损害公司合法利益。美国纽约州、特拉华州以及加利福尼亚州的《公司法》均规定：公司股东，在日常营业时间，可亲自或通过其律师或其他代理人，查阅公司股票总账、公司账簿、股东会记录、股东名册等文件。①

八、股东知情权的诉讼时效期间如何计算

根据《民法通则》规定，诉讼时效从当事人知道或者应当知道权利被侵害之日起计算。对于股东的信息接收权而言，诉讼时效期间应当从公司怠于披露法定信息之日起计算。对于股东的查阅权而言，应当从公司拒绝股东的查阅请求之日起计算。公司行为发生之后，只要股东尚未提出查阅请求，诉讼时效期间即尚未开始起算，公司不得以股东长期未提出请求为由拒绝股东的查阅请求。

九、股东行使查阅权是否受年限限制

理论界有人主张股东行使查阅权应当接受年限限制，即股东只能查阅公司最近几年（比如三年）的相关文件，此种观点不足采纳。首先，公司法并未予以此种限制，司法不得超越立法。其次，公司运营是个持续性过程，公司早期的信息同样关涉股东利益，股东应当有权知悉，特别是在我国目前公司信息失真问题严重的市场条件下，股东察觉公司的不当行为很可能是在公司行为发生数年之后。当然，如果股东请求查阅的公司文件已经超出了法定最长保管年限并且已经灭失，公司不承担法律责任。

十、有限责任公司股东请求对公司账簿行使查阅权是否应受一定持股比例的限制

根据现行《公司法》第三十四条的规定，股东可以要求查阅公司会计账簿，且对申请股东没有持股比例限制。鉴于对公司会计账簿的查阅权是股东的一项重要权利，而

① 赵旭东主编：《境外公司法专题概览》，人民法院出版社2005年版，第365—366页。

有限责任公司属于封闭型公司，本身股东人数较少，从有利于保障小股东的权益出发，不宜对行使会计账簿查阅权的股东作持股比例限制。但为了保证公司的正常经营活动，法院应当要求申请股东对查阅会计账簿的目的进行说明，如果有合理根据认为股东有不正当目的的并可能损害公司合法利益的，人民法院可判决对股东的请求不予支持。

十一、公司被依法注销后，原公司股东以公司其他股东、原法定代表人或高级管理人员为被告主张知情权的诉讼法院应如何处理

公司被依法注销后，公司的法人资格即消亡，股东对公司享有的股东权也因公司的消亡而消灭，故其要求对已被注销的公司行使知情权没有法律依据。股东知情权属于股东为自身或股东的共同利益对公司经营中的相关信息享有知晓和掌握的权利，公司应当按照公司法和章程的规定，向股东履行相关信息报告或披露的义务。故知情权的义务主体是公司，即使是公司其他股东、董事、监事或高级管理人员拒绝履行相关义务，导致股东知情权受到侵害，也应当由公司承担责任。如果股东认为公司其他股东、董事、监事或高级管理人员侵害了其某种利益，则可以提起侵权赔偿之诉。总之，股东知情权的义务主体一般是公司，公司其他股东或法定代表人、高级管理人员不能成为知情权的义务主体，股东知情权诉讼的被告为股东所在的公司。对于原公司股东针对公司其他股东、原法定代表人或高级管理人员为被告提起的知情权纠纷，人民法院应当裁定不予受理。已经受理的，应当裁定驳回起诉。

十二、股东可否指定检查人审计公司

现行《公司法》所规定的股东知情权由原有的查阅股东大会会议记录和公司财务会计报告扩展至有权查阅、复制公司章程、股东会会议记录、董事会会议决议、监事会会议决议、财务会计报告以及可以查阅公司会计账簿，同时对查阅公司会计账簿作了限制。检查人选任请求权是指当符合法定条件的股东有正当理由认为公司在经营管理过程中存在违反法律或公司章程的重大事实时，可以通过股东大会请求法院聘请独立于公司利益之外的第三人担任检查员，对公司的业务和财产状况进行临时审查的制度。[①]我国立法中并没有规定检查人选任请求权，那司法实践中，是否可以将股东知情权扩展至此呢？在英、法等国，公司法中规定了与检查人选任相协调的一整套制度，而在我国，并没有相关制度予以协调，且如果没有法律规制的话，检查人选任请求权的过度行使会导致司法对公司经营的过度扩张，不利于公司的经营发展。所以，在法律目前没有规定

---

① 丁建明、郭路、曹亚峰：《股东诉请法院指定检查人审计公司，应否支持?》，载《人民司法·案例》2007 年第 20 期。

的情况下,法院不能支持股东检查人选任请求权的诉讼。

十三、公司通知股东参加股东大会的通知为程序性通知还是实质性通知

首先,通知的本身含义不仅包括将某事项告诉他人,还包括让人知道某事项,即使人达到知晓的程度。所以《公司法》第四十二条规定的通知,应理解为“把召开股东会会议告诉给股东知道”。其次,股东大会是公司的最高权力机构和最高决策机构,公司的重大决策和一切重要人事任免必须经股东大会通过,因此,股东大会作为股东参与公司重大决策的一种组织形式和股东履行自己的责任、行使自己权利的机构与场所,与股东切身利益关系重大。故为有效保护股东的知情权、表达权,维护股东的切身利益,公司通知股东参加股东会的通知,也必须是能够到达股东、能够为股东所知晓的实质意义通知,而不能为仅走通知形式的程序性通知。再次,从股东会会议通知制度的设计目的来看,公司通过通知股东参加股东会只是手段和形式,其目的在于着急股东决议公司重大事项,让股东行使其相关权利、履行相应义务,维护和实现公司的整体利益。而公司实现上述目的的前提是有效通知股东参加会议。因此,公司对股东进行实质意义通知就成为必要。最后,从修订后公司法的立法精神来看,为切实维护中小股东的利益,有效制约大股东的权力,实现公司利益的最大化,也必须采取能够到达股东、能够为股东所知晓的实质意义通知来通知中小股东参加股东会。综上,公司通知股东参加股东大会的通知应为能够到达股东、能够为股东知晓的实质意义的通知。①

十四、公司章程可否对股东知情权予以限制或剥夺

公司可否在章程中限制或者剥夺股东的知情权?公司法规定的股东知情权是否是强制性规范?公司法应该具有强制性规范,但是也应具有一定任意性规范。1993 年《公司法》存在的问题是强制性规范和任意性规范性质区分不明,强制性规范太多而任意性规范不足。现行公司法一个重要的共识就是注意和调整公司法规范的任意性,表现在法条中就是将许多条文变为任意性规范。当前公司法的主旋律是给公司的设立及其活动以更大的自由空间,公司可以通过由发起人或股东制定并修改公司章程的方式行使公司自治的权力。公司章程是股东之间的纲领性自治规范,它规定了公司的基本制度框架和运作程式。但公司章程只有在不违反强行法、公序良俗的前提下,才有生效适用的空间。知情权是公司法明确赋予股东了解公司经营状况,进而行使股权的自益

① 林操场、王光慧:《参加股东会的通知应为实质意义的通知》,载《人民司法·案例》2008 年第 24 期。

权和共益权。可以说,了解公司经营和财务状况,是股东作出正确运行选择的前提。故鉴于知情权乃一法定固有权之性质,该规范是一宣示性之规范,[①]即可通过章程扩大知情权范围是允许的,有法律效力;但公司章程必须保障股东最小的知情范围,通过章程限缩第三十四条规定之范围,则无效。

综上所述,股东知情权是法律规定的股东享有的一项重要的、独立的权利,不依附于其他股东权利而存在,也是股东实现其他股东权的基础性的权利。股东知情权是股东参与公司管理的前提和基础。股东知情权是股东的一项法定的权利,公司章程不得剥夺或者限制。

十五、名义股东是否拥有股东知情权

名义股东问题的产生与旧公司法的规定有关,我国 1993 年《公司法》第二十条规定,有限责任公司由 2 个以上 50 个以下股东共同出资设立。有限公司的设立人为了规避法律的强制性要求,在设立公司的过程中,邀请其他人名义上共同设立公司,但是被邀请的主体虽然名义上拥有一定比例的股份,但是对公司实际上并没有出资,所有的资本都是实际设立人交纳的。这类拥有股份却没有履行出资义务并且一般不参加公司管理的股东被称之为名义股东。由于名义股东名义上享有权利,实际上对公司并不承担责任,因此这类股东对公司的设立股东来说是存在一定风险的,故设立人一般会选择自己的亲戚或者朋友做名义股东,一般情况下也不会产生纠纷。从权利与义务一致性出发,名义股东由于没有履行任何义务,对公司也不承担任何责任,只不过转让了一次姓名使用权而已,所以不应该享有真实股东所拥有的权利。但是名义股东的存在本身就是为了规避法律,是设立人企图利用公司的这一形式更好地实现自己的利益,这种行为是法律不鼓励的行为。公司法作为规范公司的组织和行为的法律,其更为关注的是公司的稳定性和形式要件的完备,而不过分探求当事人的内心真意,即使是名义股东,只要其符合公司法的条件,就是公司的股东,就拥有知情权。我国现行《公司法》第三十三条规定,有限责任公司应当置备股东名册,记载于股东名册的股东,可以依股东名册主张行使股东权利。这是判断某一主体是否为特定公司股东的唯一标准,只要名义股东被记载于股东名册,其就可以依股东名册主张包括股东知情权在内的各种权利。法律对名义股东的承认虽然有可能损害到实际股东的应有权利,但是权利义务在本质上是一致的,实际股东如果有证据证明名义股东没有履行出资义务,则可以依据公司法和公司章程要求名义股东履行实际出资义务,从而防止名义股东滥用股东知情权侵害公

① 范健主编:《商法》(第二版),高等教育出版社 2002 年版,第 159—160 页。

司的合法权利。

十六、隐名股东是否拥有股东知情权

由于有限责任公司这一公司形态的封闭性和人合性，这为隐名股东的存在提供了条件。在某些公司中，除了在工商登记机关登记的股东之外，还存在着根据股东之间的协议等约定拥有某一公司一定比例的股份但并不登记在册的股东，也就是隐名股东。隐名股东但在实践中是存在的。隐名股东的产生原因多种多样，有可能是因为公司法对股东人数有所限制，导致国有企业在改制为有限责任公司后部分职工成为享有权利但是没有登记在册的隐名股东；有可能是因为实际出资人出于隐蔽自己财富的目的而以他人的名义成立公司；也有可能是因为法律对公务员等特定主体从事经营活动有所限制，为了规避法律的强制性规定而成为隐名股东。从公司法治的层面出发，虽然隐名股东有可能实际上履行了出资义务，但是由于其并没有被登记在股东名册上，隐名股东并不是法律意义上的股东，不能行使股东知情权等各种权利，因此隐名股东不能成为股东知情权之诉的原告。隐名股东要主张自己的权利，就需要通过一定的程序使自己的权利显性化，使自己成为法律承认的股东。法律对隐名股东权利的限制有助于防范各种潜在风险。如果法律承认隐名股东的地位，则有可能会破坏现有公司法秩序的稳定，破坏公司法治的协调与统一，加大公司的风险；法律如果承认隐名股东的权利，也有可能导致公务员等行使公权力的主体突破法律的限制投资于某一公司，形成公法领域的权力与私法领域的公司经营的结合，这势必会破坏平等竞争的市场秩序，也会影响到公务员行使权力时的公正性。因此，在没有充分的证据证明其为符合公司法要求的股东的情形下，对隐名股东的知情权主张是不宜承认的，隐名股东也不具备股东知情权之诉原告的资格，对于其提起的诉讼，可以以原告不适格为由裁定驳回起诉。

十七、因转让股权而退出公司的原股东是否享有股东知情权

因转让股权而退出公司的原股东是否享有知情权，需要根据不同的情形具体分析。原为公司的股东，而在起诉中丧失股东身份的案件在股东知情权之诉中占有一定比例。此种比例虽然不大，但在相当程度上反映出公司控制股东欺压小股东所造成的治理结构紊乱现象。而我国公司法并未对行使公司知情权的股东是否在起诉时必须具有公司股东的资格问题作出明确规定，实践中对这个问题也存在不少争议。对这个问题可以从股东知情权的时间性方面作出解答。股东知情权的内容无论是公司的财务会计报告还是股东会会议记录、董事会会议决议、监事会会议决议等文件材料都是公司有关主体在一定的时间内根据公司法的要求或者公司章程的规定作出的，是对公司某一特定时

期经营以及财务状况的反映;同样,公司的股东也不是恒定不变的,随着公司股份的转让会有新的股东产生旧的股东离去,但是公司只要存续,则无论在哪个时间段都会有一定数量的股东,股东以其出资额为限对公司承担责任,相应地也享有一定的权利。股东与公司在时间上的共存特点使得股东有必要了解公司以前的信息和自己作为股东时候的信息,以便做出符合自己利益的行动。股东对公司享有自己成为股东之前以及自己作为股东之时这一时间段内的知情权,对在退出公司后这一时点之后公司的经营和财务状况不享有知情权。因此,即使退出公司不再成为股东,也享有对自己作为公司股东之时以及之前的公司的信息的知情权。当然,出于解决纠纷的方便以及维护法律的权威,股东退出公司的时间应该根据制备于公司的股东名册的记载为准。对退出公司的原股东知情权的赋予,有助于原股东通过司法途径维护自己的合法权利,防范公司管理层或者控股股东通过隐瞒利益,进而排挤中小股东等形式攫取其他股东本应享有的利益。也就是说,对退出公司的股东知情权之诉原告地位的承认与尊重,实际上是对现有公司的管理层提出警示,如果他们试图通过上述方式剥夺其他股东的合法权益,则有可能遭到股东的起诉,从而制约公司管理层或者实际控制人的恣意行为,实现对公司全体股东利益的一体保护。

十八、存在出资瑕疵的股东是否可对公司行使知情权

知情权是股东权的一项重要权利。股东对公司未履行出资义务,或者未足额履行出资义务,或者在公司成立后又抽逃出资的,应当按照公司法的规定履行相应的义务。股东虽然存在出资瑕疵,但在未丧失公司股东身份之前,其仍可按照公司法或章程的规定,行使相应的股东权。在股东出资存在瑕疵的情况下,除非章程或股东与公司之间另有约定,一般不能以股东存在出资瑕疵为由否定其享有知情权。

十九、公司监事能否以其知情权受到侵害为由对公司提起知情权诉讼

有限责任公司的监事会或不设监事会的公司监事,是依照法律规定和章程规定,代表公司股东和职工对公司董事会、执行董事和经理依法履行职务情况进行监督的机关。监事会或监事依照《公司法》第五十四条的规定,有权检查公司财务等情况,并在发现公司经营异常时,可依据《公司法》第五十五条的规定进行调查;必要时可聘请会计师事务所等协助其工作。但监事会或监事履行相关职权属于公司内部治理的范畴,该权利的行使与否并不涉及其民事权益,且公司法并未对监事会或监事行使权利受阻规定相应的司法救济程序。因此,监事会或监事以其知情权受到侵害为由提起的诉讼,不具有可诉性,人民法院不予受理。已经受理的,应当裁定驳回起诉。如果不设监事会的公

司监事，同时具备公司股东身份的，法院应当向其释明，若其同意以股东身份提起股东知情权纠纷诉讼的，法院可准许其变更诉讼请求。

二十、股东知情权的范围是否包括股份有限公司下属公司的财务资料

对此问题，一种意见认为：股东知情权源于股东身份，股东只能向其所在的公司行使知情权。股份有限公司所控股的公司是独立法人，即使其是全资子公司，但法人地位依然独立。据此，虽然作为控股股东的母公司享有对下属公司的知情权，但母公司的股东并不因此享有对下属公司的知情权。股东只是作为投资者享有股份有限公司的股东权益，而与股份有限公司下属公司之间不存在直接法律关系，故股东对股份有限公司下属公司不享有股东知情权。另一种意见认为：股份有限公司下属全资子公司的经营利益和后果完全归属母公司，子公司的经营决策也受制于母公司，因此，作为母公司的股东应该有权了解其经营状况和财务状况。对此，只有允许作为股份有限公司的股东对该公司下属全资子公司行使股东知情权，才能更好地保护弱势群体，更好地平衡公司利益与股东利益。

笔者赞同第一种意见。因为母公司与子公司各有法人资格，各是独立的纳税主体，在财务核算上是独立的。根据财务规则，母公司的年度财务报告中应包括子公司的部分，故不管是全资子公司还是非全资子公司，股东都能通过母公司的财务报告等资料间接地获取关于子公司的信息。在上述情况下，股东仍然是向其所在公司行使知情权，而不是直接向子公司行使知情权。

二十一、股东对公司提起知情权纠纷诉讼，将会计师事务所列为第三人或申请会计师事务所作为第三人参加诉讼应如何处理

《公司法》第一百六十五条规定，公司编制的财务会计报告应依法经会计师事务所审计。审判实践中，一些股东在提起知情权纠纷诉讼时，将会计师事务所作为第三人，请求法院判决公司向会计师事务所提供财务会计报告。笔者认为，公司财务会计报告应依法经会计师事务所审计，但该审计行为系公司与相关会计师事务所之间依据委托审计合同关系而产生，与股东对公司行使知情权属不同的法律关系，法院在股东与公司之间的知情权纠纷诉讼中，只需判决公司向股东提供公司财务会计报告即可。至于该财务会计报告是否经依法审计、由哪家会计师事务所进行审计、审计结果是否依法、客观，不属于股东知情权诉讼范畴。股东对该财务会计报告有异议的，可依照公司法或章程的规定主张权利。

二十二、如何界定财务账簿查阅权行使之“正当目的”与“不正当目的”

笔者认为,正当性目的是指股东查阅公司会计账簿时应当首先是善意的,以其所要查阅的资料和他的意图有直接联系。一般地,下列情形发生时可推定股东行使知情权系基于正当目的:(1)为确定公司的财务状况、经营状况而查阅会计账簿;(2)为确定公司董事、监事、经理及其他高级管理人员的薪金、履行职务等情况而查阅会计账簿;(3)为获悉其他股东的姓名、名称和住址以与其他股东共商公司经营事务而查阅会计账簿。与正当性目的相对的是非正当性目的,下列情形,可以推定股东行使股东知情权具有非正当目的:(1)为公司的竞争对手攫取有关信息;(2)索取公司股东名单后出售;(3)为自己兼职的其他公司获取商业信息或秘密。[①] 总之,股东查阅行为一旦构成对公司合法利益的侵害即为滥用权利。

二十三、对于已经归档或封存了的账簿,股东是否有权查阅

对于正在使用中的会计账簿,股东自然有权查阅。但对于已经归档或封存了的账簿,股东是否有权查阅,法律规定不明确。有学者认为,我国《税收征收管理法实施细则》第二十九条明确规定了公司保存账簿、记账凭证、会计报表、完税凭证、发票、出口凭证及其他有关涉税资料的法定保存期限为10年,股东查阅权可查账簿对象的期限也应以10年为限。笔者认为,账簿查阅权与税收征收管理法的立法目的不同,账簿查阅权的目的在于给股东提供充分、真实、全面的公司经营信息,保护股东的知情权,监督公司的管理和经营,尽管已经归档或过了法定保存期限,但只要它能给股东提供充分、真实、全面的公司经营信息,就应当允许股东查阅,否则将有悖于其立法宗旨。当然股东要求查阅法定保存期以外的账簿时,公司能够提供相关证明说明其已经销毁而不存在的,可以成为不提供查阅或不承担损害赔偿责任的有效抗辩。

二十四、股东会计账簿查阅权受侵害时如何选择司法救济

现行《公司法》第三十四条第二款规定:“公司拒绝提供查阅的,股东可以请求人民法院要求公司提供查阅。”这一规定成为股东会计账簿查阅权受侵害时要求司法救济的唯一条款,笔者认为,这过于简单笼统,不利于股东权利的个面保护。笔者完全赞同刘俊海学者的观点,他认为当公司无正当理由拒绝股东行使账簿查阅权时,股东的救济途径有:一是向法院提起查阅请求之诉,由法院责令公司为股东提供特定的公司账簿;

---

① 马强:《股东知情权的民法保护》,载《判解研究》2007年第3期。

二是向公司账簿管理的负责人清求赔偿损失（含股东的诉讼费用）；三是在遇到重大、紧急事由时，可以申请法院对公司的账簿采取诉前或诉讼保全措施，法院认为确有必要的，应当认许股东之请求。①

在上述三条救济途径中，第二条途径笔者认为股东应当在其第一条救济途径即主张账簿查阅权的诉讼获得胜诉后再提出，并且应区别账簿管理的负责人拒绝股东查阅账簿的行为有无损害股东利益的过错的不同情形来选择被告。因为负责管理账簿的负责人的职务行为是公司的行为，其后果一般应由公司承担。在其行为具有造成受害人损失的过错的情况下，也可以依据我国《公司法》第一百五十三条“董事、高级管理人员违反法律、行政法规或者公司章程的规定，损害股东利益的，股东可以向人民法院提起诉讼”的规定，直接追究公司账簿管理的负责人对受害股东的损害赔偿责任。

而对第三条途径中股东提出的诉讼保全申请，到底是民事诉讼法中的证据保全还是财产保全？笔者认为这种保全应当属于财产保全的范畴，因为在股东账簿查阅权诉讼中，账簿本身不可能成为证据，而是给付之诉中的一个标的物。现实中，对账簿等进行保全主要不是因为可能要灭失或今后难以取得，而是预防公司届时仍拒不提供或不完整提供，目的在于一旦胜诉，即可查阅完整的账簿。法院对于股东的诉讼保全申请，应当予以严格审查，既要注意确有必要的特殊情形，又要考虑少数人利用知情权诉讼达到排挤竞争对手的目的，避免可能给公司带来难以弥补的损失。另外，法院如果采取保全措施的，还应当规定在一定条件下（如法院监督下），以变通方式如复印件代替原件，使公司维持正常的经营。

二十五、股东能否查阅涉及商业秘密的账簿

股东查阅权所包含的客体有时会涉及能够为公司带来利益、并且不为公众知悉的商业秘密。公司信息对股东基本不封锁，但商业秘密例外。与有限责任公司相比，股份有限公司的股权结构比较复杂，股东人数众多，尤其对于上市公司来说，其流通股股东不仅人数众多、持股比例小，而且转换频繁，股东相互之间没有人身信任关系，每个股东与公司的利益联系比较小，不像有限责任公司股东与公司那样联系的紧密。因此，作为与社会成千上万股民的利益相关的股份有限公司来说，其某些涉及商业秘密的账簿材料信息不应当为所有流通股股东所知悉。否则，公司的商业安全和经营利益将非常容易受到侵害。由于公司章程、股东大会会议记录、公司财务会计报告本身具有一定的公开性，一般不涉及商业秘密保护问题，只要股东提出查阅，一般予以满足。但公司的董

① 刘俊海：《新公司法的制度创新：立法争点与解释难点》，法律出版社 2006 年版，第 205 页。

事会会议决议、公司的财务账簿以及相关原始凭证和产品开发研制计划、客户名单、销售网络等,能够反映公司经营信息以及公司作为商业秘密保护的信息,一旦泄漏势必对公司的竞争产生不利影响。如果不对股东查阅权做出适当的限制,可能会使一些恶意股东利用手中暂时持有的少量股票,滥用其查阅权,使公司利益蒙受损失。为此,几乎各国都对股东查阅商业秘密作了限制,以防止少数股东滥用权利,对公司经营权造成损害而不利于公司的整体利益。于是,不少观点认为为了防止少数股东滥用权利,损害公司利益,股东不可以查阅商业秘密,涉及商业秘密的账簿也不得查阅。

但笔者认为,赋予股东账簿查阅权的初衷就是为了防止公司以各种理由禁止、阻碍股东查阅账簿,侵害股东权益。显然,保护商业秘密与保护股东权益的股东账簿查阅权发生冲突。因此,如何找到二者的平衡点至关重要。首先,要界定商业秘密的概念。我国《中华人民共和国反不正当竞争法》第十条第三款规定:本条所称的商业秘密,是指不为公众所悉,能为权利人带来经济利益,具有实用性并经权利人采取保密措施的技术信息和经营信息。该法明确指出,商业秘密不仅包括那些凭技能或经验产生的,在实际中尤其是工业生产中适用的技术信息,如工艺流程、技术秘诀、设计图纸、化学配方、技术数据、制造技术、技术资料、技术情报等技术科学方面的专有知识,而且包括那些只有秘密性质的经营管理方法以及与经营管理方法密切相关的经营信息,如管理方法、经营方法、产销策略、货源情报、客户名单等生产方面的专有知识。技术信息,即狭义的商业秘密,是指应用于工业目的的、没有得到专利保护的、仅为有限的人所掌握的技术和知识。经营信息,是指能够为经营者带来经济利益或竞争优势的用于经营活动的各类信息。因此,是否禁止股东查阅涉及商业秘密的账簿,应区分对待。对于商业秘密中的技术性信息,应禁止一切股东查阅,在此方面,严格保护商业秘密;而对于商业秘密中的经营性信息,笔者认为,则可以查阅。会计账簿是指由一定格式账页组成的,以经过审核的会计凭证为依据,全面、系统、连续地记录各项经济业务的簿籍,它包括总账、明细账、日记账和其他辅助性账簿,它反映了公司在生产经营活动中的资金、财产的使用情况及公司的收支情况。所以,公司的会计账簿必然会涉及公司的经营信息,如果禁止股东查阅,那么赋予股东的账簿查阅权就是去了意义。因为,只要股东要求查阅账簿,公司就可以以账簿涉及公司商业秘密为由从而拒绝股东查阅账簿,这是违背立法初衷的。

二十六、股东知情权案件的举证责任如何分配

从某种意义上说,知情方式对案件双方当事人举证责任的分配与承担具有重要的影响。在现行《公司法》未作明确而细致规定的情况下,实践中有必要加以分析和研讨。

1. 请求查阅、复制章程、记录和决议案件的举证责任分配

对于公司章程、股东会会议记录、董事会会议决议和监事会会议决议，现行《公司法》仅规定股东有权查阅和复制，并未规定公司正常运作中的股东知情方式，故只要股东认为有必要查阅这些材料并遭公司拒绝，即可提起此类诉讼。此时股东所承担的举证责任较为简单，即其只需证明系被告公司的股东以及知情权行使要求遭公司拒绝。

2. 请求查阅、复制财务会计报告案件的举证责任分配

由于现行《公司法》规定有限责任公司应当将财务会计报告送交各股东，即使公司章程中未规定送交财务会计报告的期限，亦不影响公司的上述义务。此类案件中，原告股东应当证明以下两项事实：一是原告系公司的股东；二是公司侵犯了股东的知情权。这里需要注意的是，实践中有些法官认为原告股东必须证明公司拒绝了其查阅财务会计报告的要求，笔者认为，这种理解有失偏颇。因为现行《公司法》已规定公司具有向股东主动送交财务会计报告的义务，故只要原告股东认为其未收到会计报告，即可提起知情权之诉，而无需加以证明，股东是否曾向公司提出过知情权要求，在所不论。如果公司认为已向股东送交会计报告，则应承担举证责任。

3. 行使财务账簿查阅权案件的举证责任分配

对于财务账簿查阅权，我国现行《公司法》明确规定了其行使方式，故原告股东在诉讼中应当举证证明：(1)原告系被告公司的股东；(2)原告已向公司提出要求查阅财务账簿的书面请求，其在该书面请求中已说明了查阅财务财簿的目的；(3)公司拒绝了原告的查阅请求或者公司未在法律规定的15日内给予股东书面答复。在此类案件中，作为被告的公司，则应当对其拒绝的理由承担举证责任。其原因在于，公司及其董事会拥有远大于股东的人、财、物社会资源，且在信息获取上居于明显的优势地位，故从保护股东利益的角度出发，由公司来承担举证责任更为合理，即通过举证责任倒置，由公司举出“非正当目的”的证据来否决股东的权利主张。值得注意的是，从现行《公司法》的规定来看，立法并未要求股东必须对其查阅财务财簿的目的的正当性进行举证，只需证明其在书面请求中说明了目的。至于股东查阅会计账簿是否必要，笔者认为并不属于目的正当性的审查范围，法院在审理此类案件中亦无需依职权进行主动审查。

4. 请求查阅原始会计凭证案件的举证责任分配

会计凭证包括原始凭证和记账凭证，而记账凭证系根据原始凭证而制作，故在整个会计资料系统中，会计原始凭证处于最基础的层面。从立法对财务会计报告和财务账簿的知情权行使的规定来看，对股东查阅财务财簿设置了比查阅财务会计报告更严格的限制条件，既包括程序方面，也包括实体方面。这显然体现了立法对公司财务制度运作规律的尊重，即对不同层面的财务资料，规定了不同的知情权行使条件，层面越高，条

件越宽;层面越低,条件越严格。虽然现行《公司法》未对股东查阅会计凭证作出规定,但根据"举轻以明重"的法律适用原则,对会计凭证的查阅条件显然应当较财务财簿更为严格。这是因为会计凭证对公司经营状况的反映是最直接的,也是最真实的,其所包括的公司经营秘密和经营信息,决定了对股东要求查阅时应设定更严格的要求。故从举证责任的角度来说,原告股东请求查阅被告公司的会计凭证或者直接要求查阅原始凭证,应当由股东举证证明其请求查阅的正当目的。①

5. 股东是否具有"正当目的"的举证责任分配。如果对股东的知情权不加限制,股东出于不当目的行使知情权,公司的合法利益就会受到损害,因而,提起知情权诉讼的股东必须出于正当目的。所谓"正当目的",一般认为是指与股东享有的利益有直接联系的目的。只要原告能提供合理怀疑,或者说有证据表明其知情权受损或可能受损,即可以提起该类诉讼,对公司的合理怀疑或有证据证明的其知情权受侵害方面有当然的举证责任。② 所以,股东对其提出的知情权诉讼的正当目的有举证的义务。而公司应对股东行使知情权存有不当目的承担举证责任。如果公司没有相反的足以推翻股东正当目的的证据,法院就应该做出有利于作为原告的股东的裁决,保护股东的知情权。

二十七、股东知情权的行使能否以董事、监事、高级管理人员为被告

股东在提出知情权诉讼时是把公司作为被告,还是将直接侵害股东知情权的董事、监事、高级管理人员列为被告？法学界有不同的看法。一般认为,公司的法人性决定了公司作为私法关系的主体具有独立的民事权利能力、民事行为能力、民事责任能力、民事诉讼和民事仲裁能力。当然,公司毕竟不是自然人,它必须依靠股东会、董事会、监事会等公司机关形成公司的意思,并通过意思表示实现其意思。公司机关和公司的人格具有同一性,而公司董事会和监事会由具体的董事和监事组成,董事和监事的行为在执行公司事务中代表所在机关的意志,也就代表公司的意志。公司机关(充任公司机关的自然人)实施的行为当然应视为公司的行为(这些执行公司事务的人与公司之间在理论上认为其有"委托—代理"关系),责任应由公司承担,因此在股东提起的知情权诉讼中应以公司为被告。

鉴于公司在现代经济生活中的重要作用,为了更周全地保护第三人(包括股东)免受董事不法行为的侵害,不少国家和地区的公司法均规定了董事对第三人的责任。如《日本商法典》第266条之三第1项规定:"董事在执行职务有恶意或者重大过失时,该

① 杨路:《股东知情权案件若干问题研究》,载《法律适用》2007年第4期。

② 蒋大兴:《超越股东知情权诉讼的司法困境》,载《法学》2005年第2期。

董事对第三人也承担损害赔偿的连带责任。”我国《公司法》第一百四十八条第一款规定：“董事、监事、高级管理人员应当遵守法律、行政法规和公司章程，对公司负有忠实义务和勤勉义务”。《公司法》第一百五十三条规定：“董事、高级管理人员违反法律、行政法规或公司章程的规定，损害股东利益的，股东可以向人民法院提起诉讼。”如前文所述，股东的知情权是股东的重要权利，是实现和保障股东其他权利的前提，侵害了股东的知情权，必然损害股东的合法权益，股东作为公司的投资人，有权维护自己在公司的合法权益。因此，笔者认为如果将来立法条件可行，公司立法应当规定当公司董事、监事、高级管理人员因为恶意或重大过失侵害股东的知情权时，股东可以将他们列为被告，依据法律规定直接追究其责任，也可以将公司和侵害股东知情权的公司高层人员列为共同被告，使之承担连带责任，[①]但是按现行立法被告仍应为公司。

法条索引

《中华人民共和国公司法》

第三十四条 股东有权查阅、复制公司章程、股东会会议记录、董事会会议决议、监事会会议决议和财务会计报告。

股东可以要求查阅公司会计账簿。股东要求查阅公司会计账簿的，应当向公司提出书面请求，说明目的。公司有合理根据认为股东查阅会计账簿有不正当目的，可能损害公司合法利益的，可以拒绝提供查阅，并应当自股东提出书面请求之日起十五日内书面答复股东并说明理由。公司拒绝提供查阅的，股东可以请求人民法院要求公司提供查阅。

① 冯杰、樊俊飞：《股东知情权之司法救济中的几个问题》，载《四川理工学院学报（社会科学版）》2007年8月刊，第36页。

第十六章

一人公司热点问题裁判标准与规范

本章导读

2005年《公司法》的一项重大创新是适应世界公司立法发展趋势，确立了一人公司的法律地位。2005年《公司法》的该项制度创新对鼓励投资、推动社会经济发展将起到积极的促进作用。然而，2005年《公司法》对一人公司的引进是抱着一种近乎敌视的谨慎态度。其实，从公司法人人格的本质出发，现行公司法对一人公司的很多限制并无必要。从鼓励投资的角度出发，对一人公司制度仍有进一步放宽的空间。

理论研究

一、一人公司的界定

一人公司是指股东（自然人或法人）为一人，并由该股东持有公司的全部出资或所有股份的有限公司。[①] 一人公司与独资企业相比，具有下列特征：(1)一人公司具有法人资格。一人公司虽然与独资企业一样都只一个投资主体，但是独资企业不具有法人资格，而一人公司具有法人资格。(2)一人公司以自己的名义活动，而独资企业以自然人身份从事经济活动。(3)一人公司的股东以对公司的出资额为限承担有限责任，而独资企业的投资人对企业债务承担无限连带责任。(4)一人公司设立条件严格，公司

---

① 王威：《公司的法律本质探析——以一人公司为视角》，载《河海大学学报（哲学社会科学版）》2011年第4期。

运行受到公司法的严格规范。

一人公司与普通的有限公司或者股份公司相比，具有下列特征：(1)一人公司由一个主体投资设立，只有一个股东。(2)一人公司的设立条件更为严格，运营状况受到更多的法律监督。(3)一人公司比普通的公司更容易被揭开公司面纱，由公司股东对公司债务承担连带责任。

一人公司根据不同的标准，可以进行不同的分类：(1)根据是否存在挂名股东可以分为形式上的一人公司和实质的一人公司。形式上的一人公司是指公司全部出资或股份由一个股东享有，不存在其他股东的公司；实质上的一人公司是指虽然公司存在两个以上股东，但是几乎全部出资或股份归某个股东享有，其他股东只持有象征性极少数出资或股份的公司。实质上的一人公司大多是为"规避"一人公司的严格条件而设立。对于实质上的一人公司是否为公司法上的一人公司，始终存在不同意见，笔者认为实质上的一人公司只是理论称谓，在法律上其并非一人公司。(2)根据公司形态不同可以分为一人有限责任公司和一人股份有限公司。有的国家仅承认一人公司有限责任公司，如希腊、比利时；有的国家仅承认一人股份有限公司，如瑞典、丹麦；有的国家同时承认一人有限责任公司和一人股份有限公司，如英国、德国、日本。总体来说，承认一人有限公司的国家较多，承认一人股份公司的国家较少。(3)原生型一人公司与衍生型一人公司。原生型一人公司是指由一个投资主体投资设立的一人公司，该种公司自成立时就只有一个股东。衍生型一人公司，又称存续一人公司，是指公司由两个以上投资主体投资设立，公司成立时存在两个以上股东，公司存续过程中由于股权变更导致所有股权对于一个股东的公司。(4)根据投资主体不同可以分为自然人一人公司和法人一人公司。(5)根据公司性质不同可以分为国有一人公司、外资一人公司和民营一人公司。

二、我国一人公司制度的确立

我国 1993 年《公司法》没有规定一人公司的法律地位，但是规定了国有独资公司这种特殊的一人公司。此外，该法并未将有限责任公司和股份有限公司仅剩一名股东的情形作为公司解散的法定事由，也被不少学者认为该法认可衍生型一人公司。除公司法外，外商投资企业也认可了衍生型一人公司，因为《中外合作经营企业法》和《中外合资经营企业法》明确规定投资的各方可以向其中的一方转让自己在企业中所占的股权或份额。

如前所述，一人公司使投资者既能获得有限责任庇护又能完全控制公司，因而对投资者而言，是一种非常有利的投资工具。由于我国 1993 年《公司法》未予明确认可一人公司的独立地位特别是禁止原生型一人公司，因此投资者大量组建实质上的一人公司。不过，由于在实质上的一人公司中，投资者必须寻找挂名股东，导致公司实际投资者与挂名股东之间的争议经常发生。因此，在2005年修订《公司法》过程中引进一人公司成为各界的主流声音。尽管也有不同意见，法律委员会、法制工作委员会会同国务院法制办、工商总局、国资委、人民银行和最高人民法院反复研究认为：从实际情况看，一个股东的出资额占公司资本的绝大多数而其他股东只占象征性的极少数，或者一个股东拉上自己的亲朋好友作挂名股东有限责任公司，即实质上的一人公司，已是客观存在，也很难禁止。随着公司法理论研究的突破及创新，大胆的引进、建立和发展具有时代特征、符合客观社会经济生活需要的、具有先进理念和制度的一人公司制度立法迫在眉睫。[①] 最终通过的《公司法》采纳了上述建议，在第二章设专节以规范一人公司。不过，2005年《公司法》只是认可了一人有限责任公司，并未认可一人股份有限公司。

在认可一人有限公司的同时，2005年《公司法》对一人公司规定了比普通有限公司更为严格的法律规范。在注册资本方面，规定一人有限责任公司的注册资本最低限额为人民币十万元。股东应当一次足额缴纳公司章程规定的出资额。在数量方面，规定一个自然人只能投资设立一个一人有限责任公司。该一人有限责任公司不能投资设立新的一人有限责任公司。在公示方面，规定一人有限责任公司应当在公司登记中注明自然人独资或者法人独资，并在公司营业执照中载明。在公司治理方面，规定股东作出股东会决议事项决定时，应当采用书面形式，并由股东签名后置备于公司。在财务监督方面，规定一人有限责任公司应当在每一会计年度终了时编制财务会计报告，并经会计师事务所审计。在法人人格否认方面，规定一人有限责任公司的股东不能证明公司财产独立于股东自己的财产的，应当对公司债务承担连带责任。

实务探讨

一、一人公司股东可否与其一人公司共设公司

实务中，有这样的疑问：一名自然人可否与其设立的一人有限责任公司共同设立有限责任公司或者股份有限公司？笔者对此持肯定态度。根据私法自治精神，法无禁止的行为，商人皆可实施。既然现行《公司法》对此并未作出禁止性规定，一名自然人就可与其设立的一人有限责任公司共同设立公司。其中，无论是一人股东，还是一人有限责任公司均为独立的公司股东。而且，此类公司并非一人公司，而系二人有限公司或者

① 吴鹏：《一人公司的立法探源》，载《湖南广播电视大学学报》2009年第1期。

二人股份有限公司。当然，此类公司的股权结构在公司登记机关应当披露清楚。

二、个人独资企业能否直接在公司登记机关转化为一人公司

笔者认为，答案应当是否。因为，一人公司属于有限责任公司的范畴，一人股东可以享受有限责任待遇，正因为如此，一人股东在成立公司时必须支付相应的对价（包括足额出资义务）；而个人独资企业不属于有限责任公司的范畴，个人独资企业的投资者对企业债务承担无限连带责任，因而在成立企业时不必支付与一人股东相同的对价（包括足额出资义务）。因此，个人独资企业不能直接在公司登记机关转化为一人公司。个人独资企业主可以在其依法清偿债权债务之后依法终止个人独资企业，然后再注册一人公司；也可以在保留其原有个人独资企业的同时，另设一家一人公司。

三、一人公司可否发行公司债券

在《公司法》修改过程中，有观点建议在"公司债券"一章增加规定："一个自然人投资设立的一人有限责任公司不得发行公司债券。"①由于该观点流露出了对一个自然人投资设立的一人有限责任公司的歧视性待遇，又鉴于2005年《公司法》中新设的防弊机制以及2006年《证券法》中的公司债券发行条件与程序足以保护公司债的持有人，笔者反对此说。最终出台的2005年《公司法》亦未采纳此说。因此，一个自然人投资设立的一人有限责任公司，只要具备2006年《证券法》规定的发债条件，就可根据2006年《证券法》规定的发债程序，与其他股权多元化的公司一样发行公司债券。

四、"实质上的一人公司"是否适用《公司法》的一人公司规范

"实质上的一人公司"是指虽然公司存在两个以上股东，但是几乎全部出资或股份归某个股东享有，其他股东只持有象征性极少数出资或股份的公司。对于该种公司很多学者主张适用公司法规定的一人公司规范，该种观点有违法律逻辑。首先，"实质上的一人公司"只是理论上的称谓，公司法并未规定该种公司为一人公司，更未规定其适用《公司法》第二章第三节的一人公司规范。其次，虽然学者多认为"实质上的一人公司"系为规避一人公司规范而设，应认定其为一人公司，但是规避之说并无根据：《公司法》并未限制股东之间的持股比例，股东有权自由决定相互持股比例，不能因为某个股东持有公司绝大多数股权而认定为公司为一人公司。

① 刘俊海：《新公司法的制度创新：立法争点与解释难点》，法律出版社2006年版，第55页。

五、一人公司股东侵犯公司利益时是否可能承担刑事责任

一人公司的股东权力很大,很可能侵犯公司利益,此时股东是否承担刑事责任,比如股东的相关行为是否构成盗窃罪、职务侵占罪、公司、企业、其他单位人员受贿罪等。对此,应当区别对待。如果相关犯罪的客体是只是公司利益,股东的行为就不构成刑事犯罪。虽然在《公司法》上公司具有独立人格,但是毕竟股东是公司的终极所有者,公司的利益实质上就是股东的利益。如果相关犯罪客体不是公司利益而是债权人利益或者公共秩序,比如虚假破产罪、妨碍清算罪等,股东的行为构成相关刑事犯罪,应当承担刑事责任。

六、一人公司可否构成单位犯罪主体

一人公司的民事主体地位已经为公司法确认,不再有争议,但是对于一人公司的刑事地位,即一人公司是否构成单位犯罪主体仍然在实务界有较大分歧。一种观点认为,一人有限责任公司虽然只有一个自然人股东或者一个法人股东,但其作为公司的一种形式,具备公司法规定的设立要件,能够成为单位犯罪的主体。英美法系国家亦将经拟制而享有法人资格的独任法人作为法人犯罪的主体。第二种观点认为,一人有限责任公司虽然名义上是公司,但因其公司利益归属具有唯一性,不符合单位犯罪构成要件之一"犯罪意志的整体性"要求。第三种观点认为,股东为自然人的一人公司犯罪,应认定为自然人犯罪;股东为人的一人公司犯罪,应认定为单位犯罪。[①] 其实,无论从《刑法》规定,最高人民法院有关司法解释以及刑法基本原理看,一人公司的单位犯罪主体地位都是不容置疑的。从《刑法》规定看,该法第三十条规定单位犯罪主体为公司、企业、事业单位、机关、团体,一人公司当然属于该条规定的"公司",这是2005年《公司法》的明文规定。从最高人民法院司法解释看,1999年6月18日《最高人民法院关于审理单位犯罪案件具体应用法律有关问题的解释》第一条规定:刑法第30条规定的公司、企业、事业单位,既包括国有、集体所有的公司、企业、事业单位,也包括依法设立的合资经营、合作经营企业和具有法人资格的独资、私营等公司、企业、事业单位。该条规定具有法人资格的独资、私营等公司构成单位犯罪主体,一人公司当然属于具有法人资格的公司,否则2005年《公司法》对一人公司的规定将被彻底否定。从《刑法》基本原理看,单位犯罪主体的单位之所以可以构成独立于自然人的犯罪主体在于单位独立的人格,

① 《新公司法实施后一人有限责任公司犯罪性质有待明确》,上海市第二中级人民法院网站 http://www.shezfy.com/view.html? id=4403。

而2005年《公司法》已经明确了赋予了一人公司的独立人格。以“犯罪意志的整体性”否认一人公司的犯罪主体地位，显然是对法人人格的本质认识错误。以“一人公司的经济利益归属一人公司股东享有”，更是忽视了一人公司法律人格的独立性。至于有人担心认可一人公司的单位犯罪主体地位将导致一人公司股东借用一人公司名义实施犯罪，该种担心实无必要，因为《最高人民法院关于审理单位犯罪案件具体应用法律有关问题的解释》第三条明确规定“盗用单位名义实施犯罪，违法所得由实施犯罪的个人私分的，依照刑法有关自然人犯罪的规定定罪处罚。”这一点无论是对普通公司还是一人公司均可适用，没有必要对一人公司做出单独规定。

七、基于股权转让形成的一人公司与公司法强制性规范冲突时应当如何处理

我国公司法允许有限责任公司股权在股东之间自由流通，当股东将公司全部股权转让给一名股东时，由于公司法的一人公司与普通公司规则存在差异，通过股权转让形成的一人公司就很可能违反会司法的强制性规范。首先表现在资本制度方面。新公司法规定的普通公司可以分期缴付出资，而一人公司却必须一次足额缴清全部出资。如果普通公司资本全部缴清前将所有股份转移至一位股东名下，就会出现公司资本不足额情形。另外，若注册资本不到10万的普通公司发生股权转让形成一人公司，公司资本将低于一人公司的最低资本额要求。其次，公司法允许一个自然人投资多个普通有限公司，但只能投资一个一人公司。股权转让很可能致一个自然人同为两个一人公司股东。上述情况下，股权转让是否有效？如果有效，

基于股权转让形成的一人公司与公司法强制性规范的冲突又应当如何处理呢？

笔者认为，只要股权交易行为本身没有违反法律的强制性规定即为有效。交易的后果，权属变动的结果违反了《公司法》的强制性规范，通常属于可以补救的瑕疵。我们应当本着提高公司运作效率，维护交易秩序的原则要求股东限期对公司瑕疵进行补救。当股权转让形成一人公司时，如果属原公司采用分期缴纳方式尚未缴清股款情形，可以要求股东限期缴清股款，消除公司资本未到位的瑕疵；如果属公司未达到10万元法定最低资本额情形，可以要求一人公司股东限期补足股款，消除最低资本额的瑕疵；如果属受让股权的股东已为其他一人公司股东的情形，可以要求该股东限期转让其中一个一人公司的股权。只有在公司丧失其成立的基本条件瑕疵无法治愈时，我们才可以按照《公司法》的相关规定解散公司，消灭公司人格。

八、一人公司法人格否认与普通公司法人格否认的法律适用规则有何不同

《公司法》总则第二十条第三款明确规定了公司法人人格否认规则，是我国公司

立法的一大突破。接着第六十四条又规定了一人公司法人人格否认规则,从而构成对一人公司适用的完整的公司法人人格否认规则。关于《公司法》第二十条与第六十四条之关系有以下几种观点:(1)两者是平行关系。即第二十条只适用于非一人公司,不适用于一人公司,对一人公司的法人人格否认只适用第六十四条。实践中有观点认为,新公司法对一人公司的法人人格否认乃采举证责任倒置规则;而对一般公司法人否认规则则采"谁主张,谁举证"原则。其言下之意就是第二十条只适用于非一人公司,而不适用于一人公司。(2)两者是一般与特殊的辩证关系。这种关系得到大部分学者的支持,尽管学者对两者在一人公司中的适用的观点有细微差别。如蒋大兴教授认为,"《公司法》总则第二十条对分则部分的一人公司具有涵摄效力。一人公司法人人格否认不仅可适用第六十四条,也可适用第二十条。第六十四条相对于第二十条而言,乃法人人格否认的特别条款。"①刘俊海教授认为,"第二十条属于一般法律规定,而第六十四条属于特别法律规定。依据特别法优先于普通法的原则,第六十四条有关举证责任倒置的规定应当优先适用。"②朱慈蕴教授认为,"第二十条第三款与第六十四条类似于总则与分则的关系,""只有当一人公司出现股东和公司的财产混同时,可以适用第六十四条的规定,""除此之外,一人公司出现其他股东滥用公司人格的现象,则同样适用公司法第二十条第三款的规定。"③石少侠教授认为,"第二十条作为公司法总则部分的规定,可以适用于一切公司,当然包括对一人公司的适用。这也就是说,一人公司除因违反第六十四条的规定得被否认公司人格外,违反第二十条的规定(即一人公司股东有其他滥用公司独立人格和股东有限责任行为)亦可被否认公司人格,这一效力不仅取决于第二十条在《公司法》总则中的地位,而且取决于一人公司的特点。"④郭鹏博士也认为,"根据一人有限责任公司法人格否认的特殊性适用条件,就可以明确《公司法》第二十条与第六十四条在法律适用上的一般与特殊的辩证关系"⑤(3)两者是存和废的关系。即主张废除第六十四

---

① 蒋大兴:《一人公司法人格否认之法律适用》,载《华东政法学院学报》2006 年第 6 期。

② 刘俊海:《新公司法制度创新:立法争点与解释难点》,法律出版社 2006 年版,第 89 页。

③ 朱慈蕴:《公司法人格否认:从法条跃入实践》,载《清华法学》2007 年第 2 期。

④ 石少侠:《公司人格否认制度的司法适用》,载《当代法学》2006 年 9 月。

⑤ 郭鹏、覃淮宇:《一人有限责任公司法人格否认的特殊性——兼论公司法第二十条与第六十四条的关系》,载《学术论坛》2007 年第 4 期。

条之规定，一人公司法人人格否认统一适用第二十条第三款之规定。[①] 毛卫民教授列举了第六十四条五大罪状：违反确立“一人公司”的初衷；破坏了法律的逻辑性和严肃性；颠覆了公司制度的基本原理；颠覆了公司法的基本价值理念；破坏了举证规则。[②]（4）两者关系存疑，即第二十条和第六十四条的关系存疑，留待司法解释判断。[③]

在两者平行关系下，一人公司人格否认只能在公司财产与股东财产混同的情况下才能适用，从而排除了股东其他滥用公司人格情形下追究股东责任的可能。如此则对债权人不公平，结果只能导致一人公司法人人格否认的范围狭小。在两者是一般与特殊的辩证关系下，扩大了一人公司法人人格适用的范围，符合立法者保护债权人利益的立法宗旨，但两者的辩证关系仍需要作进一步解释、论证。废除第六十四条的主张只认识到一人公司与非一人公司共性一面，而没有认识到一人公司本身存在的诸多特殊性；再者，废除论者似乎只停留在法条的文义解释，而没有关注《公司法》之整体作出体系解释、目的解释等进行论证，似有只见树木不见森林之弊，这种观点值得商榷。第四种存疑观点实不可取，至今未出司法解释对两者关系进行阐明，对司法审判实属不利，“显然并未完全坚持解释论的立场，是一种立法论的思维。”[④]

本文认为，第二十条第三款与第六十四条关系实属总则与分则的关系，第二十条第三款是一般条款，而第六十四条为特别条款。两者适用情形是：一人公司股东财产与公司财产混同情形下，优先适用第六十四条之规定，实行举证责任倒置。在一人公司股东滥用公司人格，如业务混同、组织机构混同，股东对公司的不正当控制等情形仍然适用第二十条第三款，实行“谁主张，谁举证”的原则。其理由主要有以下几点：（1）从法律解释方法上看，通过文义解释，第二十条两次出现“其他股东”用语，似指该条仅适用于非一人公司，与第六十四条关系不甚明晰。王泽鉴教授对于法律解释方法有段精辟论述：“法律之目的，终极言之，系在实现正义，法律解释的各种方法乃实践正义的手段或途径。诚如Savigny所言，文义、逻辑、历史、体系诸因素，不是四种解释，可凭己好任意选择；而是不同的活动，必须加以结合，使解释臻于完善。法律文义有疑义时，得依法律

---

① 针对《公司法》第六十四条，毛卫民教授撰文多篇，质疑其存在的价值，否认其为一人公司法人人格否认制度。参见：《“一人公司”是不是公司？——质疑我国公司法第64条》，载《东方法学》2008年第5期；《一人公司“法人格滥用推定”制度的法理评析——兼论公司立法的价值抉择》，载《现代法学》2008年第30卷第3期；《偏见·歧视·颠覆——我国公司法第64条之批判》，载《海南大学学报人文社会科学版》2009年第27卷第1期；《我国一人公司立法的重新审视》，载《浙江工业大学学报（社会科学版）》2009年第8卷第1期。

② 毛卫民：《偏见·歧视·颠覆——我国公司法第64条之批判》，载《海南大学学报（人文社会科学版）》2009年第27卷第1期。

③ 蒋大兴：《一人公司法人格否认之法律适用》，载《华东政法学院学报》2006年第6期。

④ 同上。

体系关联、立法资料予以澄清。切勿任意选择一种解释方法,应作通盘性的思考检讨,始能获致合理结果。”[①]从法律体系上看,第二十条处于总则位置,而第六十四条属于分则。总则指导分则,分则是总则的具体运用;从立法目的上,第一条已经明确立法者的立法旨意,即保护债权人。如果第二十条不适用于一人公司,则对一人公司债权人保护实不如非一人公司债权人保护,有失公平;再者,2005 年 3 月的《公司法》修订初审稿中,该草案第十九条[②]作了公司法人人格否认的原则性规定,一人公司一节没有如第六十四条之规定,因此这也许从另一个侧面证明了“最初立法者意图”,即“总则部分关于法人人格否认的规定一体适用于分则的一人公司”[③]。(2)从一人公司的特殊性上看,较之非一人公司,其弊端有过之而无不及。法人人格否认之情形发生概率也较高。第二十条既然适用于非一人公司,又何来不适用于一人公司之理由?(3)正如石少侠教授之所见,从内容上看第六十四条可以理解为第二十条适用于一人公司场合举证责任的规定。[④] 也就是说,在一人公司场合,在股东财产与公司财产混同时,股东负有证明自己财产独立于公司财产的举证责任,否则就要被揭开公司面纱。

总之,《公司法》第六十四条只是举证责任方面相对于《公司法》第二十条第三款是特殊规定,在公司法人人格否认的其他方面仍然应当适用《公司法》第二十条第三款规定,特别是后者规定的行为要件、结果要件和因果联系要件。

九、一人公司为其股东担保的效力如何认定

对此,一种意见认为,根据《公司法》第十六条规定,公司为股东或者实际控制人提供担保的,必须经股东会决议。该股东或者实际控制人支配的股东,不得参加前款规定事项的表决。由于一人公司股东只有一个,为该股东提供担保必须经股东会决议。而一人公司并不设股东会,且该一人股东又不得参加该事项的表决,因此,根据法律规定,其表决程序无法进行,即从法律上否定了该一人公司对其股东进行担保的权利。而且一人公司为股东担保,有损资本维持原则,甚至存在抽逃出资的嫌疑,会导致公司和股东个人资产的混同,不符合公司立法原则,故一人公司为其股东担保无效。另一种意见认为,一人公司为股东担保有效。

笔者同意第二种意见,具体理由如下:

---

① 王泽鉴:《民法总则》(增订版),中国政法大学出版社 2001 年版,第 53 页。

② 第十九条规定:“公司股东应当遵守法律、行政法规和公司章程,依法行使股东权利,不得滥用其有限责任损害社会公共利益、公司债权人利益或者其他利害关系人的利益。”

③ 蒋大兴:《一人公司法人格否认之法律适用》,载《华东政法学院学报》2006 年第 6 期。

④ 石少侠:《公司人格否认制度的司法适用》,载《当代法学》2006 年 9 月。

（1）从《公司法》第十六条的适用范围看，其根据担保受益人将公司担保分为一般担保和特殊担保。所谓一般担保，即公司为无投资关系和无实际控制关系的其他法人、经济组织和个人提供的担保。所谓特殊担保，即公司为有投资关系的股东或者有实际控制力的其他主体提供的担保，担保受益人与公司存在利益关系甚至对公司有控制力；前者依据章程的授权由公司经营决策机构董事会或者公司所有者决策机构股东会行使，后者的决策权只能由公司所有者决策机构股东会行使。对于不设董事会或者股东会的一人公司而言，《公司法》第十六条关于担保能力的规定无适用的必要，因为不设董事会或者股东会的一人公司在公司所有权和经营权上未分离，均由公司所有者即唯一的股东行使，而公司为他人担保的决策权属于公司所有者的权利。因此该规定仅主要适用于大公司、尤其是股份公司，对上市公司适用的意义更大。

（2）从《公司法》第十六条的立法本意和立法目的看，第十六条规定的特殊担保下股东回避表决旨在防止大股东（利害关系股东）滥用股东权利，保护公司和小股东（无利害关系股东）免遭公司担保的风险，确保公司更加客观、公正地决定是否为其股东进行担保，而并非禁止或限制该类特殊担保。实践中，一人公司不存在大股东与小股东之别，也不存在利害关系股东与无利害关系股东之别，唯一的股东同意提供担保的不仅体现了股东意志，也体现了公司意志，在没有其他利害关系股东存在的情形下，也就谈不上损害其他股东的利益，因此，一人公司的股东可以自行作出由一人公司为自己债务提供担保的决定。至于是否损害公司债权人利益，则属于民法中撤销权的范畴，不属于公司法的调整范围。如果股东借公司担保损害资本维持原则，甚至抽逃出资，则可以援引《公司法》关于股东抽逃出资或者股东滥用公司法人地位等法律规定，追究股东的法律责任。

（3）从审查债权人的注意义务看，一般担保的债权人有义务向公司索取公司章程规定的担保决策机构关于同意担保的决议。特殊担保的债权人有义务向公司索取公司股东会关于同意担保的决议。否则，一旦公司越权提供担保，债权人因未尽到必要的注意义务而存在过失，即无法获得《合同法》第四十九条规定的表见代理制度的保护，担保合同归于无效。实践中，一人公司因仅有一个股东，自然无法成立股东会并形成股东会决议，况且股东会设立与否也仅是形式上的差别，法律之所以赋予股东会职权是因为股东会由股东组成，而股东是公司的出资人，一人公司虽不设立股东会，但股东本身仍是出资人，自然有权行使公司法所赋予股东会的所有职权，包括对外担保的决策权。因此，只要公司章程不禁止，股东个人同意后公司对外担保的能力就具备了，只不过股东行使职权作出担保的决定时，法律上倡导的是采取书面形式并由股东签名备置于公司，这样做是为了更全面更完整地记载一人公司的运营状况。但实践中一人公司的操作并不如此规范和明确，股东个人同意的意思表示往往是在担保合同中加以体现，也就是说担保合同上加盖了公司的公章就意味着股东作出了同意担保的意思表示，更何况是特殊担保即为该股东的债务进行担保。因此，作为债权人而言，对于一人公司担保能力的审查义务是非常宽松的，只要审查一人公司的章程中有无对外担保的特殊规定，如果没有，那么担保合同中有一人公司盖章即可"高枕无忧"。因此在公司章程没有对公司担保的问题作出规定的情况下，基于债权人没有过错，对担保的合理期待是应当受到保护的。

（4）法无禁止即自由。既然《公司法》第十六条作为一般规范而言对一人公司无适用的必要，而且公司法分则的特殊规范中亦未对一人公司为其股东提供担保作相应规定，根据私法中"法无禁止即自由"的理念，以及从适应市场商主体的融资需求，尊重交易效率和减少交易成本出发，在章程没有禁止性规定的前提下，应当允许一人公司为其股东提供担保。①

十、一人公司股东死亡后诉讼主体如何确定

就一人有限责任公司股东死亡后，该公司能否作为诉讼主体参加诉讼有以下几种不同观点。第一种观点认为，应列死亡股东不放弃继承权的继承人为被告。理由是：一人公司全部财产均属于股东一个人所有，股东死亡后，一人公司的全部财产遂成为遗产，由各继承人继承。因此，应列各继承人为被告，如果部分继承人放弃继承权，放弃继承权的继承人可以不参加诉讼。第二种观点认为，应当对公司进行清算。因为公司运行中，会产生劳动、税收、债权债务等各方面的问题，错综复杂。一人公司的股东死亡后，该公司财产即成为遗产，应由各继承人对公司组织清算。第三种观点认为，一人公司是适格的被告。理由是：一人有限责任公司也属于有限责任公司，按照《公司法》第三条的规定，该公司是一个独立的民事主体，虽其股东死亡，但相关债务应由该公司承担。

笔者倾向于第三种观点，即一人有限责任公司股东死亡后，一人公司本身可以作为被告参加诉讼。理由在于：首先，一人公司的自然人股东死亡或法人股东终止，是否意味着该一人公司就要进行解散？答案应是否定的。因为公司是企业法人，即使是一人公司，它也有自己独立的法人财产，享有法人财产权，并以其全部财产对公司的债务承担责任。所以，一人公司的股东死亡后，该公司仍然存续。其次，按照《公司法》第一百八十一条的规定，股东死亡不是公司进行清算的法定情形，因此，直接对公司进行清算

① 姜旭阳：《一人公司为股东担保的效力》，载《人民司法·案例》2010 年第 4 期。

不符合《公司法》规定的进入清算程序的情形。最后，直接起诉继承人，混淆了两个法律关系。一方面是公司与外部的债权债务关系，这一法律关系，由股东以其认缴的出资额为限对公司承担责任；另一方面是继承关系，由死亡股东的继承人对其出资进行继承，继承人继承股权后，成为公司新的股东，但仍应以出资额为限对公司承担责任。审理此类案件，还要注意法定代表人的问题。如果一人公司的法定代表人为公司经理等股东以外的人，则股东死亡，公司法定代表人仍可代表公司进行诉讼。如果股东本人为公司的法定代表人，其死亡会使公司法定代表人缺位，在此情况下，应中止诉讼，待继承人继承股权后，由新的股东确定法定代表人，再行恢复审理。

法条索引

《中华人民共和国公司法》

第五十八条　一人有限责任公司的设立和组织机构，适用本节规定；本节没有规定的，适用本章第一节、第二节的规定。

本法所称一人有限责任公司，是指只有一个自然人股东或者一个法人股东的有限责任公司。

第五十九条　一人有限责任公司的注册资本最低限额为人民币十万元。股东应当一次足额缴纳公司章程规定的出资额。

一个自然人只能投资设立一个一人有限责任公司。该一人有限责任公司不能投资设立新的一人有限责任公司。

第六十四条　一人有限责任公司的股东不能证明公司财产独立于股东自己的财产的，应当对公司债务承担连带责任。

第三编

03

有限责任公司的股权转让热点问题裁判标准与规范

第十七章

优先购买权热点问题裁判标准与规范

本章导读

2005 年《公司法》继承 1993 年公司法规定，赋予了有限公司股东优先购买权，该项制度有利于保障公司的人合性和提高公司原作效率。然而，由于《公司法》规定不明确和理解上的偏差，实践中围绕优先购买权制度出现了一系列争议，比如公司股东可否部分行使优先购买权、拍卖程序和招标程序中的优先购买权如何实现、同等价格如何确定等等。深入研究股东优先购买权的具体内涵和制度构架，以提出该项制度的完善建议和更好的指导公司法实务，正是本题价值所在。

理论研究

一、优先购买权前提解读

《公司法》第七十二条第二款规定："经股东同意转让的股权，在同等条件下，其他股东有优先购买权。"从该款规定可以看出，有限责任公司股东行使优先购买权必须具备三个前提：股东欲对外转让股权；其他股东过半数同意；同等条件。三个前提中的前两个容易理解，一般争议不大，而对于同等条件的界定则往往发生较大争议，下文予以详述。

1. 同等条件的价值

同等条件的价值在于保护转让股东利益免受实质损害，平衡转让股东与公司其他股东的利益诉求。法律规定"同等条件"表明优先购买权并不是以转让股东实际利益的损害为代价的，同等条件下优先购买权的行使，不会对转让股东退出权的实现和投资的回收造成实际损害，另一方面优先购买权并不是绝对地剥夺外部受让人的购买机会。[①] 优先购买权制度保护了其他股东维持公司人合性的愿望，有利于其他股东利益最大化，然而，必须承认，该种制度构成对转让股东股权的一种限制，因为根据契约自由原则，缔约人不仅有权决定契约的内容、形式，还有权自由选择契约相对人。优先购买权制度限制了转让股东选择相对人的自由。由于优先购买权制度有利于提高公司运转效率，因而该种限制具有合理性，犹如为了保障不动产邻人的必要利益可以借助相邻权限制不动产权利人的物权权能。不过，正如权利存在边界一样，法律的限制亦存在一定的边界，超越了该种边界，即构成法律的专制。为了公司的整体效率，可以适当限制公司股东权利，但是该种限制不能损害股东实质经济利益。"同等条件"规定既防止了转让股东漫天要价，又保障了转让股东经济利益不受实质损害，实现了公司股东之间的利益平衡。

2. 同等条件的内涵

如何认定"同等条件"，存在两种不同的观点：一是绝对等同说，该说认为优先购买权人购买股权的条件应与出让股东和第三人订立的合同内容绝对相同、完全一致，即全部合同条件均等同。[②] 二是相对等同说，该说认为只要优先购买权人提供的实质条件不比第三人的条件对于出卖人更为不利，则应认为符合同等条件的要求，即优先购买权人购买的条件与其他买受人条件大致相同即可。[③] 本书赞同相对等同说，因为完全等同说赋予了转让股东过大的自由决定权，可能导致其他股东的优先购买权名存实亡，比如转让股东可以与第三人约定以特定的物为转让对价。不过，适用相对等同说必须注意不能损害转让股东的实质利益，否则从根本上违反了"同等条件"的制度价值。

实践中，"同等条件"引起的常见争议是其他股东是否可以部分行使优先购买权。有人表示赞同，理由如下：首先，从法律规定上看，公司法规定了股东的优先购买权，但并未禁止股东部分行使优先购买权，法不禁止即自由，便为可行；其次，有限责任公司股东的股权是可分物，法律允许对其分割，部分转让；再次，从立法本意上看，有限责任公司兼具资合与人合的性质，公司法之所以规定股享有优先购买权，目的就是保证股东可以通过优先购买权的行使，实对公司的控制权，维护其既得利益。当部分行使优先购买

① 李清萍：《对我国公司法股东优先购买权制度的思考》，载《河南科技大学学报（社会科学版）》2011 年第 3 期。

② 周海博：《有限责任公司股东优先购买权制度重构》，载《西北农林科技大学学报（社会科学版）》2010 年第 2 期。

③ 程玲玲：《浅析股东优先购买权之"同等条件"》，载《法制与社会》2011 年第 4 期。

权即可达此时，其他股东就没有必要收购转让的全部股权。对部分行使优先购买权的承认，应当包括在立法本意之中。①

赞成股东可以部分行使优先购买权的理论违反基本的法律逻辑，理由并不成立。首先，“法不禁止即许可”是针对私权力和公权利而言，因为二者存在让渡与被让渡的关系，当事人没有让渡的权利，自当归属于该权利主体。优先购买权规范的是私主体之间的法律关系，并无“法不禁止即许可”原则的适用空间。否则，按照上述逻辑，法律并不禁止股东无偿受让转让股东股份，是否其他股东就有权主张无偿受让转让股东股份？其次，股权虽为可分物，但是是否部分转让归属于主体意思自治范围，“可分”和“必须分”是截然不同的概念。再次，虽然优先购买权制度价值在于维护公司其他股东利益，可是如前所述，优先购买权存在适用前提，必须遵守“同等条件”限制，离开这个前提，优先购买权即不复存在。否则，按照赞成论者的逻辑，其他股东无偿受偿转让股东股份即可以保护其经济利益，又何必支付对价？因此，学者认为股东可以部分使优先购买权的理由并不成立。

其他股东不可以主张部分行使优先购买权。首先，优先购买权的适用前提是“同等条件”，而转让条件实质是指合同内容，根据《合同法》第十二条规定“数量”与“价款”一样为合同的主要条款，并且《合同法》第三十条规定对要约规定数量的变更为实质性变更，可见“数量”为合同的基本条款，“同等条件”自然包含同等数量。其次，交易数量往往影响交易价格并且可能影响交易目的是否实现和交易是否成功，此为基本的生活常识和商业常识。“同等条件”目的在于保护转让股东经济利益不受实质损害，自然应当包括转让数量。

3. 同等条件的确定

“同等条件”的“条件”包括数量、价款、履行期限、地点、方式和违约责任等，其中在实践中引起最大争议的价款如何确定。实践中，股东主张优先购买权往往是在主张股东与转让股东发生争议乃至存在敌意情形下发生，如果双方关系融洽，完全可以自由协商转让条款，股东无须主张优先购买权这一法定权利即可以受让转让股东股权。在双方发生争议或存在敌意情形下，转让股东往往与第三人虚构交易价格以否认其他股东的优先购买权。因此，各国（或地区）公司法纷纷对优先购买权制度下的转让价格予以规范。

我国公司法未予规定股东就转让价格发生争议时的解决方法，实践中存在不同的

---

① 薛瑞英：《股东优先购买权制度若干问题探析》，载《北京邮电大学学报（社会科学版）》2009年第3期。

观点，有的主张以资产负债表记载的净资产额为准，有的主张以评估方式决定，有的主张优先购买权的股东只能接受转让股东与第三人协商的价格。[①] 首先，净资产额标准不可取，因为该项标准实际上是以清算价格法确定公司价值，而清算价格法只对即将解散的公司方可适用。对于正在运营的公司而言，公司价值并不取决于公司现在拥有多少资产，而是取决于公司资产的未来收益能力。举个最简单的例子，只要是运营正常的上市公司股价，其公司股价都远远高于公司净资产，市净率等于或小于1的上市公司非常少见。其次，股东与第三人协商价格亦不可取，如前所述，转让价格发生争议的前提是主张股东与转让股东发生争议乃至存在敌意，此时转让股东很可能与第三人虚构一个较高的价格以抵制欲受让股东的优先购买权。至于评估方法，评估人具备评估价格的专业知识，并且往往比较中立，因此最为可取。不过，评估价格只能反映股权的市场价格，而合同价格偏离市场价格的交易在实践中并不为奇，特别是在第三人与公司或转让股东存在特定关系情形下，第三人与转让股东的协议价格可能高于正常的评估价格。此时，可以借鉴我国澳门地区商法典第366条规定，主张优先购买权的股东有权主张以评估价格加以一定的增量为交易价格。在最高人民法院出台相关司法解释前，各地法院可以根据具体案情确定合理的增量。

二、优先购买权的行使

1. 协议交易中的优先购买权

股东向股东以外的人转让股权，应当书面通知其他股东取得其他股东过半数同意。未经其他股东过半数同意时，不同意转让的股东应当购买股权，这种购买此时已经转化为公司内部转让，与优先购买权无关。

股东可以在书面通知其他股东同意时一并通知其行使优先购买权，或者在征得其他股东过半数同意后另行通知其他股东行使优先购买权，其他股东在收到通知后表示放弃优先购买权或者合理期限内未予答复的，转让股东可以与第三人订立转让协议，其他股东不得再主张优先购买权。其他股东收到通知后表示行使优先购买权的，应当与转让股东协商交易条件，并在协议达成后，办理股权变更登记。如果双方就股权转让条件发生争议，可以向人民法院起诉。两个以上股东主张行使优先购买权的，协商确定各自的购买比例；协商不成的，按照转让时各自的出资比例行使优先购买权。

① 参见最高人民法院发布的《最高人民法院关于适用〈中华人民共和国公司法〉若干问题的规定(二)》(征求意见稿)第十九条。

2. 拍卖程序中的优先购买权

关于拍卖程序中其他股东的优先购买权问题，长期以来存在不同观点。第一种观点认为公司法所保护的优先购买权仅适用于市场经济中当事人双方协议转让的场合，以国家强制力处分债务人财产的行为不是普通的市场交易行为，法院在拍卖被执行财产时，无须考虑优先购买权人的利益。[①] 第二种观点认为股东的优先购买权属于公司法所规定的实体权利，而拍卖仅仅是取得权利的程序，实体权利优先于程序权利，拍卖被执行股权时，应将该股权的瑕疵告知竞买人。[②] 第三种观点认为优先购买权是法定权利，无论在协议转让抑或强制拍卖程序中，都应当予以保护，关键是如何保护，具体可实行询价法或跟价法。[③]

2005 年 1 月 1 日起施行的《最高人民法院关于人民法院民事执行中拍卖、变卖财产的规定》（以下简称《拍卖、变卖财产的规定》）第十四条、第十六条对包括股权在内的被执行财产的拍卖作了相应的规定。该司法解释第十四条规定："人民法院应当在拍卖五日前以书面或者其他能够确认收悉的适当方式，通知当事人和已知的担保物权人、优先购买权人或者其他优先权人于拍卖日到场。优先购买权人经通知未到场的，视为放弃优先购买权。"第十六条规定："拍卖过程中，有最高应价时，优先购买权人可以表示以该最高价买受，如无更高应价，则拍归优先购买权人；如有更高应价，而优先购买权人不作表示的，则拍归该应价最高的竞买人。顺序相同的多个优先购买权人同时表示买受的，以抽签方式决定买受人。"

实务探讨

一、如何认定股东未通知其他股东而与第三人签订的股权转让合同的效力

实践中，有的股东在未通知其他股东行使优先购买权的情况下，即与股东之外的第三人签订股权转让合同。对于该种合同的效力，目前争议较大，存在无效说、可撤销说、附生效条件说、效力待定说等不同观点[④]。实则，该种合同应为有效。股权转让合同只产生债权效力，并不直接导致股权变动，股权不能变动并不代表合同本身无效。对此，

① 赵旭东主编：《公司法学》（第二版），高等教育出版社 2006 年版，第 341 页。

② 戈宇主编：《公司股权转让操作指南》，法律出版社 2004 年版，第 78 页。

③ 赵旭东主编：《公司法学》（第二版），高等教育出版社 2006 年版，第 341 页。

④ 古锡麟、李洪堂：《股权转让若干审判实务问题研究》，载《法律适用》2007 年第 3 期。

可以参照适用《合同法》和《物权法》相关规则。通说认为，出售未来之物、他人之物的合同皆为有效合同，对此我国《物权法》第十五条亦予以明确。既然出售他人之物的合同都是有效的，出售自己股权的合同更应当有效，即使股东未通知其他股东行使优先购买权，因为此时股权并未变动，其他股东仍然可以主张优先购买权，其优先购买权并未受到侵犯。当然，此种合同虽然有效，但是不能履行，合同效力与合同履行是两个不同的问题。

二、其他股东主张行使优先购买权时，转让股东能否终止股权转让

实践中经常遇到问题是，其他股东主张行使优先购买权时，转让股东能否终止股权转让？比如甲作为转让股东未征询其他股东优先购买意向即擅自将其股份转让给第三人丙，此时公司另一股东乙诉请法院要求行使优先购买权，诉讼中甲提出终止转让协议，不再对外转让股份，此时应当如何处理？也就是说，其他股东主张行使优先购买权时，转让股东是否有权收回其转让意向，取消拟进行的股权转让？

对此，我国《公司法》未作规定，笔者持赞同的意见。允许转让股东终止转让表面上看似乎使股东优先购买权无法实现，有损优先权股东的利益，实则不然。第一，股东优先购买权的立法目的并非在于保障其他股东获得拟转让的股份，而是在于保障原有的公司内部股东关系的稳定。赋予其他股东优先获得拟转让股份的机会只是为了维护公司人合性的需要，前者是手段，后者才是目的。[①] 因此允许转让股东终止转让意向，即以实现立法目的，当然不必再强求转让股东一定要将拟转让的股权转让于其他股东了。第二，收回转让意向属于转让股东的自由意志，如此处理既维护了股东间的信赖关系，也表达了对股份自由转让基本原则的尊重（放弃转让也是股份转让自由原则的体现）。同时，与其他优先购买权中允许终止交易可能会使义务人完全规避优先购买权不同，例如，在承租人优先购买权中，如果允许出租人在承租人行使优先购买权时终止交易，则出租人可以待租赁合同到期或先解除租赁合同后再行出售房屋，从而完全规避承租人优先购买权的行使。在股东优先购买权中，由于转让股东始终持有公司股份，因此这次终止交易可以使其他股东的优先购买权不得行使，但下次其欲转让股权时，其他股东仍得行使优先购买权，股东优先购买权不会因终止交易而被恶意规避。

综上所述，笔者认为，无论是在诉讼中或是在正常公司实践中，其他股东主张行使优先购买权时，转让股东可以选择终止转让，由于对外转让是股东优先购买权行使的前

---

① 刘俊海：《新公司法的制度创新：立法争点与解释难点》，法律出版社 2006 年版，第 317 页。

提，因此转让一旦终止，其他股东不得再主张优先购买权。

三、优先权股东能否仅仅要求撤销股权对外转让协议，而并不主张购买拟转让股份

优先权股东仅仅要求撤销股权对外转让协议，而并不主张购买拟转让股份的情况。换言之，法院在处理该类案件时是只能判决撤销股权对外转让协议，还是除此之外，另应直接判令由优先权股东按照转让股东向第三人转让时的条件受让拟转让股份？

对此，笔者认为优先权股东不得单独请求撤销股权对外转让协议。因为优先权股东主张撤销股权对外转让协议与优先权股东主张优先购买权之间具有一定的牵连关系，主张撤销是股东优先购买权受侵害时的救济手段或者说是受侵害的优先购买权欲获得实现的前提条件。当优先购买权受侵害，优先权股东提出撤销原转让协议请求的同时，应当行使优先购买权，按同等条件的要求自己受让拟转让股份，优先权股东无意行使股东优先购买权时不得就转让股东与非股东第三人的转让协议单独提出撤销请求，否则即是侵犯了股东自由转让原则，损害了转让股东与第三人的实质利益。法院如果对于优先权股东提起的优先购买权之诉仅做撤销处理，很可能为优先权股东滥用优先购买权，干涉他人自由与权利提供了合法的途径。而且优先购买权本身又是形成权，一经行使即告转让关系成立，无须转让股东另行承诺，所以请求法院直接判令实际上是当优先购买权受侵害，其他股东丧失优先购买权时，由国家强制力确认其他股东优先受让。据此，法院可直接判令优先权股东与转让股东间的买卖关系成立。

四、如何确定优先购买权的“同等条件”

优先购买权的设定限制了转让人在转让股权时任意选择买受人和确定交易条件的自由。但它既不是一种优惠买卖、也不是强买强卖，[①]因此转让人在将标的物转让给优先购买权人时，并不丧失自由选择买受人以外的其他权利。为此，各国法律大都规定了优先购买权人在行使优先购买权时应以“同等条件”为要件，以平衡转让人、优先购买权人和第三人的利益。

我国法律同样规定了“同等条件”作为行使优先购买权的条件，但对于何为“同等条件”，我国公司法并没有作出明确具体的规定，造成实践中既有转让股东与第三人滥用同等条件、虚抬转让价格造成其他股东无力购买只得放弃优先购买权的情况，也有优先权股东滥用同等条件，排除转让股东与第三人间特殊利益，造成转让股东实质损害的

① 郭明瑞：《论优先购买权》，载《中央政法管理干部学院学报》1995年第5期。

情况。因此如何合理地确定股份转让中的“同等条件”是解决相关纠纷的重点，也是司法实践中的一大难题。归结起来主要有以下两种观点：第一，绝对同等说，认为其他股东的购买条件应与第三人的购买条件绝对相同和完全一致；第二，相对同等说，认为其他股东的购买条件与第三人的购买条件大致相等即可。绝对同等说操作直观、容易，但过于严苛，不利于保护优先购买权，也可能对转让造成困难。相对同等说符合实际，但可操作性差，标准不易把握，也对转让不利。① 因此，本文认为，所谓“同等条件”应做如下处理：

第一，对同等条件作一般规定，规定同等条件指优先购买权人提出的购买条件与转让人和第三人之间约定的购买条件相同，此处所指的购买条件主要但不局限于价格，还包括其他可以对价格产生实质影响的条件，以能使转让人获取正常对价并保证实现。当然，转让价格无疑是最重要的标准。

第二，对上述一般规定作出补充或变通规定。包括：(1)转让人与第三人约定有从给付条款而优先购买权人不能履行的，须以交付从给付之价金代替从给付。从给付不能以金钱估计时，不得行使优先购买权，但无此从给付，与第三人的合同也能成立的，对此种从给付的约定不予考虑。(2)如转让人允许第三人延期付款的，优先购买权人只有在为延期付款提供担保时才能请求延期付款。因为延期付款是转让人基于对第三人的信誉而作出的，具有人身信赖因素，因而优先购买权人要延期付款，转让人可要求提供担保。

一般规定着重保护转让人获取对价的权利，又照顾到与第三人达成的转让条件中，有些细节问题优先购买权人不能解决或出于合理原因不愿解决，但不影响转让人获取对价的，应排除在同等条件之外。变通规定则保证了特殊情况下如何协调各方主体的利益。如转让人与第三人达成的条件，优先购买权人虽不能满足或较为困难，但能以金钱计价的，优先购买权人可以以金钱替代，或虽不能满足但可以变通的，以变通方法解决，以切实保护优先购买权的实现。同时，又照顾到有些情况下，某些条件确实不能满足但又足以影响转让人获取对价的，优先购买权不得行使，以维护转让人的利益。

五、股东对转让的股权是否可以部分行使优先购买权

公司实践中，有的股东出于控股或者无力购买全部转让股权等方面的原因，仅主张行使部分的优先购买权，在同等条件下购买转让股权的一部分，而转让方和受让方则认为优先购买权不能部分行使，要求优先购买权人或者放弃部分优先购买权，或者优先购

① 吕伯涛主编：《商事审判研究》(2006 年卷)，人民法院出版社 2007 年版，第 90 页。

买全部股权,由此产生纠纷。

笔者认为,部分优先购买权原则上不应得到支持,[①]但转让人和受让人均同意其他股东部分行使购买权的,属当事人意思自治,自应允许,法律不应干预。优先购买权不是优惠买卖,它必须在同等条件下行使。我国《公司法》规定同等条件是一种法定条件,其中价格和数量均为重要条件,数量条件在行使优先购买权的情形下具有重要意义。我国《公司法》规定优先购买权的目的主要在于维护公司人合性和原有股东既得利益,维护老股东的控制权,不能理解为维护行使优先购买权的个别股东的控制权。股权可部分转让,但并不意味着优先购买权的部分行使,优先购买权行使的前提是在同等条件下,与股权转让意义不同。优先购买权顺位在先,也只能在同等条件的前提下,并不绝对高于非股东的利益。优先购买权对转让股东的转让行为进行限制,但不能损害转让股东相对自由的转让权利,更不能损害受让方的合法权益,对于部分优先购买权的行使,仅有一方同意则可能损害另一方利益。因此,应当在转让方和受让方均同意的情况下,方可允许优先购买权的部分行使。如果允许其他股东部分行使优先购买权,便意味着其他股东的意思可以凌驾于转让股东的意思之上,这无异于强行购买,是对转让股东意志自由的一种粗暴干预和妨碍。另外,有限责任公司的股份没有公开交易的市场,流动性较弱,再加上有限责任公司要求股东之间的相互信赖。因此,当某个股东希望退出公司时,常常会发现很难找到买家,其他股东部分行使优先购买权的行为也将打消买家的购买意图。因为此时第三人能够获得的股份只是其希望获得的一部分,对此第三人往往不愿意接受,尤其是当第三人希望通过受让股份获得公司控制权时就更是如此。显然,允许优先购买权部分行使将损害转让股东的利益。[②] 本文也注意到,《最高人民法院关于审理公司纠纷案件若干问题的规定(征求意见稿)》第二十七条也对股东部分行使优先购买权持否定态度,这一立法取向值得赞同。[③]

---

① 有观点认为,部分行使优先购买权是允许的。首先,现行《公司法》未禁止优先购买权的部分行使,法无禁止即可行。其次,《公司法》规定优先购买权的目的是保证老股东通过优先购买权的行使实现对公司的控制,维护其既得利益。对公司控制权既包括对原有控制权的维护,也包括对新控制权的优先取得。第三,有限责任公司的股权是可分物,可以部分转让,优先购买权当然也可以部分行使。参见蔡峰华:《股东部分行使优先购买权问题探究——兼论有限责任公司股权转让限制的立法价值取向》,载《北京市政法管理干部学院学报》2003 年第 1 期。

② 伍坚:《股东优先购买权制度之比较研究》,载顾功耘主编:《公司法律评论》(2004 年卷),上海人民出版社 2005 年版,第 49 页。

③ 该条规定:"有限责任公司股东主张优先购买部分股权,导致非股东因份额减少而放弃购买的,拟转让股权的股东可以要求主张优先购买权的股东受让全部拟转让股权,其拒绝受让全部股权的,视为放弃优先购买权。"

六、法院强制执行股权时如何保护有限责任公司股东的优先购买权

虽然《公司法》规定，有限公司股东享有股份的优先购买权，但是，当对股权采取强制拍卖程序时，法院不可能确定交易条件后，通知公司及全体股东，由股东决定是否行使优先购买权。因为依照《中华人民共和国拍卖法》（以下简称《拍卖法》）之规定，拍卖采取现场竞价方式进行，当交易条件相同时，需要继续竞价，直到出现一个最高报价者作为拍卖标的买受人。在这样的规定下，应当如何保护有限责任公司股东的优先购买权呢？

一种观点认为，公司法作为实体法，其所保护的优先购买权仅适用于市场经济中当事人双方协议转让的场合，在协议转让中确定的条件才可以作为“同等条件”由权利人行使优先购买权。但在拍卖程序中，法院依国家强制力执行债务人的财产，取代债务人的地位行使对被执行财产的处分权。这种以国家强制力处分债务人财产的行为已不是普通的市场交易行为，法院在拍卖被执行财产时，无需考虑优先购买权人的利益。另一种观点认为，优先购买权是法定权利，无论在当事人的协议转让中，还是在法院的强制拍卖程序中，都应当予以保护。问题不是该不该保护的问题，而是如何保护的问题。不能因为保护优先购买权会对执行程序带来一些影响，就不去设计一种有效的制度，保护相关当事人的实体权利。

后一种观点在当前的法院执行工作中逐渐得到了认同。在法院强制执行股权的拍卖程序中，对于保护优先购买权存在两种方法：一种是“跟价法”，另一种是“询价法”。“跟价法”指法院通知优先购买权人直接作为竞买人参与拍卖，通过拍卖程序，实行价高者得。不过，此处的价高者得并非唯一的最高价者胜出，而是在其他人举牌应价后，有最高应价时，拍卖师高呼三声，此时优先购买权人可以表示以此最高价接受。如其他竞价人未进一步报出高价，则卖给优先购买权人；如果他人报出更高价，而优先购买权人不再“跟进”，则拍卖标的归最高应价者。这种做法将优先购买权人视同一般的竞买人，优先购买权人要行使和实现其优先购买权，必须同其他竞买人一样，按照拍卖公告的要求，进行竞买登记，交纳拍卖保证金，举牌竞价，否则视为放弃优先购买权。“询价法”指由法院通知优先购买权人到拍卖现场，但优先权人不直接参与竞价。待经过拍卖程序产生最高应价者后，由拍卖师询问优先购买权人是否愿意购买。如果其不愿购买，则拍卖标的即由最高应价者购得。如果其愿意购买，则拍卖师询问最高应价者是否愿意再加价，如果其不愿加价，则拍卖物由优先购买权人购得，如果其表示愿意，则在加价后再询问优先购买权人。如此反复，直至其中一人退出，拍卖即为成交。

依照2005年1月1日开始实施的《最高人民法院关于人民法院民事执行中拍卖、

变卖财产的规定》采用的是“跟价法”，在当前司法实践中，这种方法也是强制执行程序中保护优先购买权的通常做法。

七、夫妻家庭财产分割及向近亲属股权赠与时其他股东有无优先购买权

有学者认为基于特定身份关系而发生的夫妻共同财产的分割以及向近亲属的股权赠与，不同于一般的股权转让。正是由于该种股权变动的特殊性，《公司法》第七十二条为一般股权转让而设计的优先购买权制度并不能当然适用。“法律不仅保障公司股东之间的人合性，更需要考虑基于特定亲缘关系而发生的财富的分割和自由流动。当二者发生冲突时，对特定亲属关系的优先照顾是法律伦理性和人文主义的表现和必然选择。”①

笔者认为，夫妻财产分割时仍然应当保障其他股东的优先购买权。首先，优先购买权制度的价值在于保障有限公司人合性以提高公司运转效率，对于公司其他股东而言，只要是公司股东之外的人皆可能影响股东之外的合作关系，无论该第三人是公司股东的配偶抑或其他普通第三人，因此优先购买权的制度价值仍然存在。其次，最高人民法院 2003 年发布的《最高人民法院关于适用〈中华人民共和国婚姻法〉若干问题的解释（二）》（以下简称《婚姻法解释（二）》）第十六条明文规定夫妻分割共同财产时，仍然应当保护公司其他股东的优先购买权，该司法解释仍然有效，自当适用。具体而言，人民法院审理离婚案件，涉及分割夫妻共同财产中以一方名义在有限责任公司的出资额，另一方不是该公司股东的，按以下情形分别处理：（1）夫妻双方协商一致将出资额部分或全部转让给该股东的配偶，过半数股东同意，其他股东明确表示放弃优先购买权的，该股东的配偶可以成为该公司股东。（2）夫妻双方就出资额转让份额和转让价格等事项协商一致后，过半数股东不同意转让，但愿意以同等价格购买该出资额的，人民法院可以对转让出资所得财产进行分割。过半数股东不同意转让，也不愿意以同等价格购买该出资额的，视为其同意转让，该股东的配偶可以成为该公司股东。用于证明前款规定的过半数股东同意的证据，可以是股东会决议，也可以是当事人通过其他合法途径取得的股东的书面声明材料。

八、股东优先购买权有无行使期限限制

出于保护义务人及督促权利人尽快行使权利，稳定交易秩序的目的，一般意义上的优先购买权行使规则，大都规定优先购买权应在一定期限内行使，逾期不行使，视为放

① 赵旭东主编：《公司法学》（第二版），高等教育出版社 2006 年版，第 339 页。

弃。股东优先购买权也不应例外，当股东长期怠于行使权利或者忽略自身权益时，如果仍牺牲善意受让人利益和交易安全来保护其优先购买权，则会存在权利滥用和利益失衡之虞，实违公平原则。

我国《公司法》除了第七十三条规定了强制执行程序中，股东优先购买权的行使期间为20天，对于正常转让中的股东优先购买权行使期间，并未作规定。那么《公司法》第七十二条第二款关于"股东应就其股权转让事项书面通知其他股东征求同意，其他股东自接到书面通知之日起满三十日未答复的，视为同意转让"的规定能否视为股东优先购买权行使期间的一般规定呢？笔者的回答是否定的。尽管从理论和操作上说，转让股东在就股权转让事项书面通知其他股东，征求同意的同时，也可以征求其他股东行使优先购买权的意见。但从法律规定的内容上看，该款规定的是股权转让同意权及同意权行使的期间和效果，它与第七十二条第三款所规定的股东优先购买权虽关系密切但仍为相互独立的两个权利，并且两个权利的设置在时间上存在先后顺序，即第三款所规定的"经股东同意转让的股权，在同等条件下，其他股东有优先购买权"。也就是说，转让股东首先应当书面通知并征求其他股东对股权转让的同意，其他股东应在30内予以答复；其他股东半数以上答复同意之后，这些股东还有在同等条件下优先购买拟转让股份的权利，因此对时间顺位上居后的股东优先购买权的行使期间显然不能简单地在同意权的30天中加以限定，而应另行给予合理的行使期间。

至于具体多长时间为合理期间，首先我们认为，同意权中的30天、强制执行时的20天都不具有借鉴意义。前者仅是征询其他股东是否同意的意愿，后者则包含了提高执行效率的考虑，因此两个期间对于将实际产生股权转让法律效果的股东优先购买权的行使而言，都显得过于短暂和仓促了。借鉴房屋租赁中承租人的优先购买权制度，我们认为具体的时间可以根据股权转让交易的复杂程度，由法官酌定，但一般以3个月为宜。[①] 而期间的起算时间则可借鉴同意权中的规定，自其他股东接到通知之日起计算。鉴于《公司法》对股东优先购买权的行使期间暂付阙如，我们认为对股东优先购买权的行使期间可作如下规定：股东转让股权的，应就其股权转让的具体条件书面通知其他股东；其他股东自收到通知之日起的3个月内不行使优先购买权的，视为放弃优先购买权。转让股东未履行通知义务的，其他应当从知道或者应当知道股权转让时起的3个月内行使优先购买权；但从公司股东变更登记时起1年内不行使的，该优先购买权予以

① 关于承租人优先购买权的行使期间，《合同法》第二百三十条规定为"合理期间内通知"；最高人民法院《关于贯彻执行〈中华人民共和国民法通则〉若干问题的意见（试行）》第一百一十八条规定为"应提前三个月通知"。

消灭。[1]

九、公司章程能否限制甚至禁止其他股东享有优先购买权

从股东优先购买权作为一种股东基本权利的角度，对其予以限制或者禁止似乎是不可能的，但从股东优先购买权所涉及的各方当事人的利益平衡角度，如果一概禁止股东之间有关优先购买权的限制或者禁止的约定，则也并非全部都是正确的。其一，对于多名股东均主张优先购买权的，《公司法》规定应通过协商确定各自的份额，如果协商不成，按照出资比例行使优先购买权。对于此项规则，应当允许公司章程以不同的约定予以变更。根据《公司法》第三十五条规定，股东按照实缴的出资比例分取红利；公司新增资本时，股东有权优先按照实缴的出资比例认缴出资。但是，全体股东约定不按照出资比例分取红利或者不按照出资比例优先认缴出资的除外。对于股东分取红利和优先认缴出资这样关系股东重大利益的内容，《公司法》允许全体股东以特约予以排除适用。举重以明轻，对于优先购买其他股东转让的股权，当然得以特约予以排除。况且，《公司法》第七十二条第四款也作了明确规定："公司章程对股权转让另有规定的，从其规定。"其二，有限责任公司的主要投资者同时也是管理人员，他们都是效率较低的风险承担者，[2]公司内部股权结构的变动直接影响到他们对公司的控制和收益，因此，有必要对股东购买其他股东转让股权的比例事先做出安排，以维护公司原有的股权结构和利益状态。这就产生了限制甚至禁止某些股东优先购买其他股东转让出资份额的实际需求，在这些背景下达成的协议，法院不能简单地予以否定，而应根据商业交易的特点，审慎地剖析当事人之间的利益关系，从而做出妥当的判决。

十、公司章程可否约定股东得以转让优先购买权

股东优先购买权属于法律赋予有限公司其他股东的特有权利，具有一定的专属性，不允许随意转让。股东优先购买权制度很大程度上维护了公司的人合性和封闭性，但同时也给优先购买股东带来了经济压力和困难，往往在"同等条件"下竞争不过第三人。虽然股东可以放弃优先购买权，但这就意味着，自己将要陷入不愿接纳不熟悉的第三人而又无力行使优先购买权的尴尬境地。因此笔者认为，公司章程可以约定其他股东得以转让其优先购买权，这样既能尊重股东的个人选择，也能维护公司的整体利益。但股东并非任意转让其优先购买权，公司章程可以对受让人资格和转让期限等作出

① 潘福仁主编：《股权转让纠纷》（第二版），法律出版社 2010 年版，第 113—114 页。

② 古锡麟、李洪堂：《股权转让若干审判实务问题》，载《法律适用》2007 年第 3 期。

限制。

公司章程是为了保护股东利益和公司利益而制定的,有限公司人合性决定了新加入的股东对公司日后发展意义重大,而新股东对于已经退出公司的转让股东并无多大影响。所以应当充分考虑各方利益,公司章程允许股东转让优先购买权是公平和科学的。而且股东优先购买权虽然具有一定的人身依附性,但并非专属于人身的权利,它是一种财产权,理所当然是可以转让的。[①] 为了保障股东优先购买权的价值得以实现,公司章程可以对转让条件加以适当限制,笔者认为可以包括以下两个方面的内容:第一,转让股东优先购买权必须召开全体股东大会,只有经过全体股东2/3以上表决同意才得以转让;第二,转让股东优先购买权应当在一定期限内完成,可酌量延长,但最长不应超过优先购买权的行使期限。

十一、股东在招标转让股权时如何行使优先购买权

股东转让股权既可以通过协议方式和拍卖方式,又可以通过招标方式,在国有股权转让过程中招标方式运用非常普遍,此时,有限公司股东的优先购买权如何实现。对此,不可参考适用股权拍卖中的股东优先购买权保护方式:招标程序不同于拍卖程序的公开性,招标程序中的投标和评标都具有秘密性,开标之前,公司其他股东无从得知投标人标书内容,也就无从主张"同等条件";开标之后,根据《中华人民共和国招标投标法》,招标人只能从投标人中确定投标人不得另行确定中标人(所有投标都不符合招标文件要求的除外),转让股东不得再行与未参加投标的其他股东签订转让协议。比较可行的方法是转让股东提前与其他股东协商股权转让事宜,并以其他股东的最高报价作为标的。如果投标人的标书的报价超过标底的,公司其他股东不得再次主张优先购买权;如果投标人的标书没有超过标底,则股东应当将股权转让给主张优先购买权的其他股东。当然,其他股东也可以以投标人的身份参与投标活动,报出更高价格。

十二、如何认定股东转让股权时对其他股东的通知义务

转让股东及时、准确、完整地将股权转让事项通知其他股东,是股东优先购买权制度中一项十分重要的内容,它不仅是股东优先购买权行使期间的起算点,还会直接影响股东优先购买权的效力,比如股权转让协议可因未履行通知义务而作为侵犯股东优先购买权的行为予以撤销。故审判实践中应对转让股东通知义务的履行状况给予关注,

① 王艳丽:《对有限责任公司股权转让制度的再认识——兼评我国新公司法相关规定之进步与不足》,载《法学》2006年第11期。

尤其应重视以下几点事项:第一,关于通知对象。根据《公司法》的规定,转让股东股权转让事项应直接通知到其他股东个人。这一做法与1993年《公司法》规定应当召开股东会作出决议有所不同,①不仅提高了征求股东意见的效率,也避免了其他股东借召开股东会为股权转让设置程序障碍。第二,关于通知形式。根据《公司法》的规定,通知须以书面形式作出。第三,关于通知内容。《公司法》仅规定为"股权转让事项",而审判实践中一说为转让意图,一说为转让条件。我们主张后一解释,即转让股东在转让时应将其与非股东第三人间具体的转让条件,包括但不限于拟受让人、拟转让价格、拟转让数量等,及时通知其他股东。因为当转让股东履行通知义务后,其他股东即可行使优先购买权,但优先购买权的行使必须以"同等条件"为前提,若通知的内容仅为转让意图,没有具体的转让条件,则不存在同等条件,股东优先购买权便没有行使的基础。另外,采转让条件说可以避免转让股东以告知了转让意图,即完成了通知义务为借口损害其他股东的利益。

十三、如何认定归一型股东优先购买权行使的效力

所谓归一型的优先购买权的行使,是指其他股东如果行使优先购买权,将会使全部的股权归属于公司的一个股东的情形。也就是在公司只有两名股东的情形下,其中一名股东对第三人转让自己所持有的全部股权时,另一名股东是否可以行使优先购买权的问题。

就有限责任公司归一型优先购买权的行使,我国《公司法》并没有作出具体的规定。目前学界对此有不同的观点:(1)无效说。该种观点认为,在归一型的情形下,买受股东与转让股东所订立的合同属于无效合同。买受股东在这种情形下不能主张优先购买权,基于有限责任公司股东人数的规定,也不能买受转让股东的所有股权。该观点是从公司设立人数底限规定出发,认为归一型股权转让协议事实上使一人公司产生。可能导致规避法律行为的出现。(2)有效说。该种观点认为,我国《公司法》并未禁止一人公司。另外,股权转让协议有效性,应当从《合同法》角度去考虑。在归一型的情形下,股东受让另外一名股权的所有股权的行为,并不是合同无效的情形。而且如果禁止归一型优先购买权的行使也与《公司法》所规定的股权转让自由原则相悖。

笔者认为,从我国的立法观点来看,对归一型股权转让协议应当持肯定的态度。股权转让协议只有要损害国家、集体以及合同双方当事人恶意损害第三人利益或是违反

① 根据1993年《公司法》第三十八条的规定,对股东向股东以外的人转让出资,属于股东会的职权,须经股东会决议通过。2005年《公司法》已将此项内容从股东会职权中删除。

法律、行政法规的强行性规定下才认定为无效。归一型股权转让协议很显然不属于上述的情形，因此，即便是在不承认一人有限责任公司的情形也应当认定其有效性。至于，股权归一后公司是被撤销或是继续存在，都是在承认上述股权转让协议效力后所产生的不同结果。而且，承认归一型优先购买权的行使也有利于维持企业的稳定性，降低社会交易成本，促进社会经济投资的活跃。具体到我国归一型优先购买权的行使问题。首先，我国《公司法》承认了一人有限公司的合法性，同时对一人有限公司作出了更加严格的规定以及禁止自然人复式一人有限公司的出现。其次，《公司法》以及《公司登记管理条例》都规定了转让股权应当办理股权变更登记。因此，对于归一型优先购买权的行使，在股权归一后只需依法办理公司变更登记。

十四、以参与改制、重组方式取得被改制企业对外投资的股权，该股权其他股东能否行使优先购买权

笔者认为，如果被改制公司单笔公开转让股权，公司其他股东当然对该股权有优先购买权，符合《公司法》第七十二条之规定。但在公司改制、重组过程中，股权转让往往是与债务承担联系在一起的，享有有效股权，必然要承接相当的债务，那该受让方的股权购买与《公司法》上的股权转让情况就大不相同。因而，倾向于附条件的股权转让，公司股东一般不宜主张优先购买权，毕竟这还牵涉一些政策实施问题，故不宜一概按《公司法》规定套用。具体实务操作中，应当注意：第一，改制、重组企业、公司时，受让公司股权的，要分清是附带债务型的受让，还是纯粹的市场购买行为，如果按照市场价格购买，应当进行评估，以市场正常价格转让，受让方不需承受转让方的债务。第二，如果是低价受让，或者无对价的受让公司股权，则意味着资产与债务一并受让，但是，如果没有承接公司债务，则意味着该笔交易是有问题的，起码损害了公司的合法权益，应当予以纠正。第三，受让股权，或者承接公司资产，应当由公司债权人同意，不能以此损害公司债权人的合法权益，也不能以此损害公司员工的合法权益。

十五、司法实践中优先购买的价格如何确定

关于股东行使优先购买权时，优先购买价格的确定在实践中也存有争议。《公司法》并未提供确定价格的具体方法，而可以参照第七十五条规定的股东可以请求公司收购其股权时的价格为合理的价格。问题是如何确定价格是合理的？

有观点认为，半数以上其他股东不同意向股东以外的人转让股权的，不同意的股东应当在合理期限内购买拟转让的股权。其价格条件不能协商一致时，当事人主张根据最近的资产负债表或者以评估方式确定股权转让价格的，人民法院应予支持。另一种

观点认为:异议股东主张购买的,应当接受转让股东拟转让合同的全部条款,以同等条件购买,不能以资产负债表或者评估的方式确定价格。笔者认为,第一种观点有如下不足:第一,其他股东只有拥有同等条件下的优先购买权,如果不能接受转让方与第三方确定的价格,则其至少在转让价格方面与第三方已不处于同等条件下。此时,无论是依据最近的资产负债表或者以评估方式确定股权转让价格,都不符合同等条件,这样一个法律确定的优先条件,有可能造成确定价格程序方面的硬伤。第二,转让股权的价格,在一定程度上体现了公司的价值。价值本身即体现了主体对物体的主观认知和评价,不同的主体对同一事物的价值完全可能得出截然相反的结论。公司的价值亦是如此。公司的真实价值绝不是某个人或者某个机构能够准确确定的,而解决这种真实价值与转让价格之间肯定存在着不一致现象的最好办法是,用评估确定大致价格,用拍卖确定转让价格,让市场去确定当时这个股权的真实价值。这种解决问题的程序也可以有效避免日后对于转让价格可能的指责。第三,评估价不能直接作为转让价格。实践中,在公告充分的情况下,最终的成交价往往远高于评估的底价,这一点,从近几年来不断出现的"地王"现象即可看出。在部分情况下,评估价格会高于最终的成交价,此时往往竞买者不众。不过,以评估价成交的情况真的微乎其微。同时,以拍卖价确定转让价格,还有一个好处是可以避免暗箱操作和不正当交易。最高人民法院在1998年、2004年两次出台的关于执行工作的指导意见中均明确规定,转让时一定要先评估后拍卖,除非各方协商一致。因此笔者认为,在各方协商一致的情况下,其他股东拥有同等条件下的优先购买权。若协商不一致,则应当以拍卖的方式确定决定转让价格。同时还可以与以往已生效的司法解释的相关做法保持一致。[①] 所以,笔者认为后一种观点更为妥当。

十六、在国有股权出让过程中,股东如何行使优先购买权

根据《企业国有产权转让管理暂行办法》(以下简称《暂行办法》)第四条"企业国有产权转让应当在依法设立的产权交易机构中公开进行"及第十七条"经公开征集产生两个以上受让方时,转让方应当与产权交易机构协商,根据转让标的的具体情况采取拍卖或者招投标方式组织实施产权交易"的规定,国有产权转让一般须采取公开竞价方式进行。而在竞价程序中一般遵循的原则为价高者得,这与一般形式下股东在有限公司中享有的股权优先购买权不相一致。因此,目前对国有股权转让中如何行使优先购买权存在争议,主要有以下两种观点:

① 赵青:《论有限责任公司股东的优先购买权》,载《人民司法·应用》2008年第21期。

1. 在国有股权进场交易并依法经过拍卖等竞价程序确定最高应价者后，股东行使优先购买权

这种观点认为，在股权进场挂牌后，原股东未在挂牌有效期内申请进场交易，不能视为放弃优先购买权，针对拍卖所形成的最高报价，股东可行使优先购买权。

笔者不认同此种观点：(1)原股东在挂牌有效期内不入场进行交易仍可以优先购买权取得该国有股权，违反有关法律的相应规定。根据《暂行办法》的规定，企业国有产权转让不受地区、行业、出资或者隶属关系的限制，均应在依法设立的产权交易机构中公开进行，且应经该产权交易机构公开征集意向受让人，最终确定的受让人是在公开征集到的意向受让人中采用协议(只有一个符合条件的意向受让人时)或竞价方式产生的。因此，《暂行办法》中的意向受让人应广义理解为包括该目标公司股东在内的所有愿意受让该股权的人。如股东未进场交易，却在最终以行使优先购买权形式取得该国有股权，不但违反了《暂行办法》关于国有产权转让应在产权交易机构公开进行交易的规定，还违背了国有资产管理法规中有关国有股权交易的公开、公平、公正的规定。(2)原股东不进行进场竞价交易，未能使该国有股权的转让得到充分竞价，造成国有资产的低价及资产流失。股东参与进场竞价，则可能会发生原股东行使优先购买权时，其他竞价者愿意支付更高的价款，原股东可再次表示同意在该价款行使优先购买权，如此持续多轮竞争，国有产权转让价款经充分竞价，取得最高转让价款，实现国有产权的最大限度的保值、增值。(3)完成拍卖程序形成最高应价后，在同等条件下由原股东行使优先购买权违反拍卖制度相关规定。如前文所述，企业国有产权转让应当在依法设立的产权交易机构中公开进行，当经征集产生两个以上意向受让方时，一般采取拍卖等竞价方式确定受让方。而根据《拍卖法》第五十一条的规定，拍卖成交的竞买人为最高应价者。因此，给予不参与拍卖程序的原股东在确定最高应价者后行使优先购买权的权利，不但牺牲了竞买人的最高应价成交权，最终还削弱了拍卖制度的公信力。

2. 国有股权出让，原股东不放弃优先购买权的，应在挂牌有效期内进场竞价，在进行拍卖等竞价过程中行使优先购买权

刘俊海先生明确表示："应保护竞买人的积极性，在国有股权进场拍卖的情况下，仍要尊重竞买人的竞买预期，充分保护竞买人的合法权益。换言说，有限责任公司股东在国有股权拍卖时，可以踊跃参与竞买，甚至出价与最高的竞买人一决雌雄，但不宜在拍卖行一锤定音后再以买受人的最高竞价行使优先购买权。"[①]笔者认同此种观点，将原股东优先购买权的行使时间及程序与国有股权进场交易及拍卖等竞价程序相统一，

① 刘俊海：《新公司法的制度创新：立法争点与解释难点》，法律出版社2006年版，第332页。

即在拍卖等竞价程序中给予原股东竞价者及优先购买权人双重身份，原股东只能在竞价程序中行使优先购买权方为有效。此种方式，有利于保障国有产权最大限度的保值、增值及维护拍卖程序的完整性。

十七、股东应当以何种方式行使优先购买权

股东欲行使优先购买权，应当以何种方式行使，现行《公司法》第七十二条语焉不详。笔者认为，优先购买权为形成权的一种，故其行使应当以意思表示为之。该意思为单方的、不要式的、需要受领的意思表示。具体而言，在出让股权的股东依照法定程序通知优先购买权人时，权利人应当以明确购买的意思表示送达出让人的方式行使优先购买权。如果权利人仅表示“不放弃优先购买权”，而不作出明确购买的意思表示，不能认为其已经妥当地行使了优先购买权。因为权利人是否行使优先购买权直接决定了出让人与第三人之间的协议是否生效及能否得到履行的问题，权利人的单方意思表示足以决定其欲出让人之间法律关系的产生和出让人与第三人之间法律关系的变动，不能不加以一定的限制，以维护交易的安全和善意第三人的信赖利益。①

十八、名义股东转让股权中优先购买权如何行使

在隐名出资情况下，由于第三人对实际出资人并不知晓，工商登记的股东是名义出资人，而依据商法的公示公信原则，工商登记机关的登记具有对外的公信力，即使股东名册的记载与工商登记的情形不符，也不得依据股东名册的记载来对抗第三人，《公司法》对此亦有明确的规定，其第三十三条第三款规定：“公司应当将股东的姓名或者名称及其出资额向公司登记机关登记；登记事项发生变更的，应当办理变更登记。未经登记或者变更登记的，不得对抗第三人。”所以第三人基于工商登记同名义股东进行的股权转让交易是符合民法基本原理和法律规定的。至于名义股东转让股权是否征得实际出资人的同意，我们在所不问，因为名义股东与隐名出资人之间签订的投资协议仅约束合同双方当事人，不能以此协议来对抗公司和第三人，也就是实际出资人不得以与名义股东之间有协议来否定名义股东转让股权的效力。山东省高级人民法院在《关于审理公司纠纷案件若干问题的意见》第五十二条中规定：“名义出资人未经实际出资人同意处分股权，实际出资人由此主张股权处分行为无效的，人民法院不予支持”。《公司法解释（三）》第二十六条中亦规定：“名义股东将登记于其名下的股权转让、质押或者以其他方式处分，实际出资人以其对于股权享有实际权利为由，请求认定处分股权行为无

① 陆敦：《论股东优先购买权的行使》，载《法律适用》2007 年第 8 期。

效的,人民法院可以参照《物权法》第一百零六条的规定处理。名义股东处分股权造成实际出资人损失,实际出资人请求名义股东承担赔偿责任的,人民法院应予支持。”故在名义股东转让股权的情形下,名义股东理应按照公司法的规定,就股权的转让通知公司的其他股东,公司的其他股东也当然可以依照公司法的规定来行使自己的优先购买权。

十九、隐名出资人转让股权情形下其他股东能否行使优先购买权

《公司法》第七十二条关于股东优先购买权的规定,只适用于名义股东转让股权的纠纷。至于隐名出资人转让股权,公司法没有规定,最高人民法院也没有相应的司法解释。对于此类纠纷的处理,笔者认为隐名出资人进行股权转让时不需要征求其他股东的同意。有限责任公司不同于股份公司的地方在于,有限责任公司更强调人合性,即公司股东之间相互信任。当有限责任公司中隐名出资人不为公司其他股东所知时,名义股东一直在行使股东的权利,在这种情况下,公司其他股东与名义股东之间具有较强的信任关系,而与隐名出资人之间没有信任关系。此时隐名出资人仅与名义股东发生法律关系,其不能行使任何股东权利。因此,在不为公司其他股东知道的情况下,如果公司的隐名出资人转让自己在公司的实际股权,其只是将对名义股东所享有的特殊的债权转让给了第三人。对于公司的其他股东而言,并没有任何影响。在这种实际股权转让完成后,受让人也只能对名义股东行使权利,而不能亲自行使股东权利。相对于其他股东来说,名义股东一直在针对公司行使着股东权利,公司的股东并没有发生变化。在这种情况下隐名出资人转让其实际股权,并不需要征求公司其他股东的同意,只需要将实际股权转让的事实通知名义股东即可,也就是说在此种情形下,公司的其他股东不能主张自己的优先购买权。

二十、有限责任公司股东的优先购买权是否能够适用于股东内部的股权转让

针对此问题,第一,从现行法律规定的角度分析。我国现行《公司法》第七十二条规定:“有限责任公司的股东之间可以相互转让其全部或者部分股权。股东向股东以外的人转让股权,应当经其他股东过半数同意……经股东同意转让的股权,在同等条件下,其他股东有优先购买权……公司章程对股权转让另有规定的,从其规定。”可见所谓“经股东同意转让的股权”应是指股东向股东以外的人转让的股权,而非在股东内部间转让的股权,也就是说,依据现行《公司法》的规定,只有在股权发生对外转让时,其他股东才能行使其优先购买权。第二,从股东优先购买权的法律特征角度分析。该权利系法律赋予其他股东所享有的一种优先权,即股东基于其身份而获得的,在同等条件

下优先于相对的民事主体受让股权的权利，但在股东内部发生股权转让时，股权转让关系的当事人均具备股东身份，而同一公司内股东就社员权方面所享有的权利义务应是平等一致的，因为在公司内部对某一股东提供特别的优惠，则意味着对其他股东的不公平，从而直接或间接影响到其他股东的权利。故即使章程规定其他股东有权参与内部股权转让行为，其他股东行使的亦应为平等的收购权，而非优先购买权。第三，从经济生活实际情况的角度分析。有限责任公司作为一种以人合为基础的法人组织，在其内部的股东与股东之间不可避免地存在利益的冲突与矛盾，而为了平衡此种冲突与矛盾，公司内部的治理结构就应当起到制约和牵制各个利益集团的作用，股东内部股权的自由转让，即是公司治理结构中一种重要的制约和平衡手段。从中小股东的角度而言，其可以通过股权的自由转让使自身所在的利益集团获得更多的话语权，在公司内部形成更大的合力，从而制约大股东的行为，而如果在公司内部股权转让时其他股东也可以行使优先购买权，那么即使按比例分配股东的购买份额，大股东亦必然获得最大部分的出让股权，反而进一步扩大了其对公司的控制能力，对保护中小股东的权益不利。从大股东的角度而言，其可以通过股权的自由转让在利益集团内部进行股权的重置和分配，更有效地实现其对公司的管理，简便地实现公司内部管理结构的变化，如果此时中小股东也有优先购买权，则中小股东可能通过股权的收购提高其股权比例，甚至转变为大股东，既不利于对大股东的权益保护，也不利于公司整体的发展和经营。

综上分析可以看出，当股权在有限责任公司股东内部进行转让时，其他股东不应享有相应的优先购买权。当然，出让股东、受让股东及公司应当履行告知义务或其他程序上的义务，但此种义务的履行并不会影响股东间股权的自由转让。

法条索引

《中华人民共和国公司法》

第七十二条（第三、四款）　经股东同意转让的股权，在同等条件下，其他股东有优先购买权。两个以上股东主张行使优先购买权的，协商确定各自的购买比例；协商不成的，按照转让时各自的出资比例行使优先购买权。

公司章程对股权转让另有规定的，从其规定。

第十八章

股份收购请求权热点问题裁判标准与规范

本章导读

在现代商业社会中，资本多数决成为各国公司法普遍奉行的一项基本原则，该项原则保证了公司的有效运转。然而，该项原则也存在一定的危险，可能导致"资本多数的暴政"。对这一原则无限的推崇与滥用必然会使小股东的利益诉求淹没在大股东的资本权威之下。因此，如何协调公司运转效率和中小股东利益保护，成为公司法的重要命题。异议股东股份收购权无疑是实现该种平衡的一个重要武器，因此被我国2005年《公司法》加以引进。2005年《公司法》的该种规定对于协调公司运转效率和中小股东利益保护具有重要作用，但是同时也存在一定缺陷，有待于进一步完善。

理论研究

一、股份收购请求权概述

异议股东股份收购请求权①是指公司做出对股东利益有重大影响的决议时，对该决议持有异议的股东，请求公司以公平价格收买其所持股份从而退出公司的权利。股份收购请求权在美国公司法上多称为评估权（Appraisal Right），德国公司法称为一次给

---

① 我国公司法区别称呼"股权"和"股份"，《公司法》第七十五条对于有限责任公司使用的是"股权"，第一百四十三条对股份有限公司使用的是"股份"，为了行文方便，本文统一称为异议股东股份收购请求权（股份收购请求权）。

付补偿的要约，日本公司法称为股份收购请求权，台湾地区称为反对股东股份收买请求权。股份收购请求权制度源于美国，随后，该制度相继被英国、日本、韩国以及欧盟等国家和国际性组织立法所采用，我国台湾地区也采用此制度，在公司实务中也得到了广泛的运用。[①] 股份收购请求权之所以能够风靡全球，根源于该项制度具有保护公司中小股东和提高公司效率的重要功能。

二、股份收购请求权适用分析

1. 适用场合

股份收购请求权的制度价值在于保护公司中小股东的期待利益和防阻不公正的控制权交易，因此，该项制度仅在公司做出对股东利益有重大影响的决议时方得适用。常见的适用场合包括：(1)公司营业政策发生重大变更。如公司缔结、变更或终止关于出租全部营业，委托经营或与或他人经常共同经营之契约；让与全部或主要部分之营业或财产；受让他人全部营业或财产，对公司营运有重大影响的。(2)公司合并。此为规定异议股东股份收购请求权的立法例所公认，如美国《示范公司法》第13.02条、特拉华州《公司法》第262条，日本《公司法》第797、806条，我国台湾地区有关公司的规定第317条和有关企业并购的规定第18条、第12条。(3)公司分立。但是与公司合并不同，有的法域承认公司分立时的异议股东股份收购请求权，如我国台湾地区；有的法域只认可公司分立合并时股东享有该项权利，如韩国商法典；有的法域并未赋予公司分立时股东的该项权利，如美国特拉华州公司法。(4)股份转换。所谓股份转换，系指预定子公司的股东将其所持有的所有股份，于股份转换日，全部转移给母公司，同时分配预定母公司于股份转换时发行的新股，从而使原子公司的股东全部成为母公司的股东。该制度系创设公司间完全控股关系的公司组织再造制度，由日本所创设，我国台湾地区后来引进。(5)公司章程重大变更。公司章程在公司内部具有宪章的作用，股东对公司的期望都通过章程体现出来，章程的修改有可能使公司成立的基础发生动摇，因此公司章程的重大变更可以成为股东请求公司回购股份的基础。当然，并非章程的任何变更均可导致股东该项权利的产生，如我国台湾地区有关企业并购的规定将之仅限于并购过程中公司以股东间书面契约或公司与股东间之书面契约合理限制股东转让股份或设质事项。(6)公司章程规定的其他情形。该种立法例仅存在于允许公司自由回购股

---

① 罗朝楠：《论异议股东股份回购请求权制度》，载《四川理工学院学报(社会科学版)》2010年第8期。

份的美国公司法和日本公司法。[①] 美国《示范公司法》第13.02条第1款第5项和日本公司法第155条第4项皆有该种规定。(7)不公平侵害。该项制度为英国公司法所特有。英国公司法规定在公司事务的执行过程中,如果少数股东的利益受到了不公平的损害,少数股东可以向法院申请获得救济。法院在救济措施上享有广泛的自由裁量权,最常使用的命令形式是要求公司的控制者或公司本身购买请求人的股份。

2. 行使程序

股东行使股份收购请求权的程序各国规定不一,常见的程序包括:(1)公司告知股东异议的权利;(2)股东提前做出书面反对通知;(3)在股东会决议时行动。除提前作出书面反对意见外,多数国家(地区)还规定,股东尚需在批准决议的股东会会议上再次表明其反对或不赞成的态度。(4)股东书面提出收买请求;(5)确定收购价格;(6)进行收购;(7)处分收购股份。

上述程序中,对当事人最为关键、最容易引起争议的是股份回购价格的确定。尽管当事人协商是股东行使股份收购请求权的必经程序,但是该种协商成功的概率微乎其微,绝大多数当事人最后诉诸法院。法院常用的评估方法包括市场价格法、财产价值法、收益价值法以及上述三种方法的综合运用。市场价格法,是指依照公司的股票市场的价格责令公司购买股东的股份。财产价值法是指,将公司整个财产扣除公司全部债务之后,再除以公司股份数,计算股份价值的方法。收益价值法是指,将公司过去数年(美国特拉华州法院通常认定5年)中每股收益均价乘以那些与该公司具有可比性的公司的市盈率,从而得出股票价值的方法。上述三种方法均存在各种缺陷。市场价格法的缺陷是封闭公司不存在公开的交易市场,公司股份的市场价格很难确定;即使对于公开公司而言,公开市场的价格偏离公司股份价值亦是经济生活的常态,实际上,这也正是当事人诉诸法院的原因。财产价值法实质认定公司的每股净资产为每股价格,然而只有在公司清算时,公司的每股净资产与每股价格存在一致性;在公司正常存续中,每股净资产与每股价格严重偏离才是经济生活的常态,因为公司股价反映的是公司未来收益能力而不是公司清算价值。收益价值法的缺陷是只考虑公司既往的收益能力而未考虑公司未来的收益能力。正因为以上三种方法各有缺陷,也有美国特拉华州高级法院建议,在估价过程中根据适当地程序任命自己的处于中立地位的专家证人,常见于专业评估机构。此种做法不可谓不行,但实践中异议股东的股份数额通常较小,若法院通过评估机构进行价格评估,往往会因为支付不菲的评估费用得不偿失。综观以上诸

---

① 关于公司回购股份制度详见本书后文。
作者注:美国《示范公司》有"第1302条"这种序号,可参见赵旭东主编《境外公司法专题概览》,人民法院出版社2005年版。

种确定标准，我国目前立法尚不宜明确规定某种具体标准，而是应综合分析，根据实际情况确定估价方法。例如，可大体上确定以市场价值法、资产价值法和收益价值法为基本方法，再适当计算预期收益。若价格实在难以确定，并且涉及数额较大，也可借鉴我国台湾地区和日本的方法，即法院在受理案件后可委托会计专家或评估师确定股份的价格。①

三、股份收购请求权在我国的演进

我国1993年《公司法》没有明文规定异议股东股份收购请求权制度，并且由于《公司法》第三十四条规定"股东在公司登记后，不得抽回出资"，因此该项制度在我国当时并无适用空间。不过，1994年国家证券委、国家体改委发布的《到境外上市公司章程必备条款》（以下简称《必备条款》）对1993年《公司法》进行了一定突破，首次引进了异议股东股份收购请求权制度。《必备条款》第一百四十九条规定：公司合并或者分立，应当由公司董事会提出方案，按公司章程规定的程序通过后，依法办理有关审批手续。反对公司合并、分立方案的股东，有权要求公司或者同意公司合并、分立方案的股东、以公平价格购买其股份。对此，有学者指出："这一问题的出现主要是因为随着企业的国际化经营，我国许多公司纷纷寻求海外上市之路，在美国、香港、新加坡等国家和地区的上市企业逐渐增多，鉴于这些国家和地区都有反对股东股份收购请求权制度，而我国立法并无任何规定，因此，证券监管机构不得不要求海外上市企业尽可能遵循国际惯例，通过公司章程的形式规定反对股东股份收购请求权制度，从而取信于海外投资者。"②其后，1997年证监会发布的《上市公司章程指引》（以下简称《指引》，现已失效）提到了公司组织变更时对公司股东的保护问题，《指引》第一百七十三条规定：公司合并或者分立时，公司董事会应当采取必要的措施保护反对公司合并或者分立的股东的合法权益。不过，囿于公司法的规定，指引没有引进异议股东股份收购请求权制度。

2005年《公司法》修订过程中，异议股东股份收购请求权作为保护中小股东的有力工具引起了立法者的重视，并被修订的《公司法》所采纳。2005年《公司法》第七十五条规定："有下列情形之一的，对股东会该项决议投反对票的股东可以请求公司按照合理的价格收购其股权：（一）公司连续五年不向股东分配利润，而公司该五年连续盈利，并且符合本法规定的分配利润条件的；（二）公司合并、分立、转让主要财产的；（三）公司章程规定的营业期限届满或者章程规定的其他解散事由出现，股东会会议通过决议

① 罗朝楠：《论异议股东股份回购请求权制度》，载《四川理工学院学报（社会科学版）》2010年第8期。

② 王伟：《反对股东股份收购请求权研究》，载《当代法学》2006年11月。

修改章程使公司存续的。自股东会会议决议通过之日起六十日内,股东与公司不能达成股权收购协议的,股东可以自股东会会议决议通过之日起九十日内向人民法院提起诉讼。"此外,《公司法》第一百四十三条规定:"公司不得收购本公司股份。但是,有下列情形之一的除外……（四）股东因对股东大会作出的公司合并、分立决议持异议,要求公司收购其股份的。"

实务探讨

一、股东行使股份收购请求权是否以在股东(大)会上投反对票为前提

股东行使股份收购请求权是否以在股东(大)会上投反对票为前提,境外立法例规定各不相同。我国2005年《公司法》区分有限公司与股份公司做了差异性规定:有限公司股东中只有对股东会决议投反对票的股东才能请求公司收购其所持股权,股份有限公司股东则不受此种限制。在我国现行《公司法》体系下①,该种区分规定甚至赞同:股份公司特别是上市公司具有开放性,股东数量众多而且分散于全国各地,在网络投票尚未成为强制性规定情形下,要求股份公司的股东行使股份收购请求权以在股东会上投反对票为前提,并不具有可行性,将导致股东的该项权利流于形式;有限公司具有封闭性,股东行使投票权比较容易,即使股东因故不能亲自赴会,还可委托代理人代为投票,股东不去阻止公司的行为而直接要求离开公司,过分偏重了股东利益而损害了公司利益,不足为取。

二、公司章程可否限制或剥夺股东的股份收购请求权

股份收购请求权系股东在与多数资本持有者因公司重大行为发生意见分歧时,为了维护自身利益,要求公司支付其持有股份的公平价格从而退出公司的权利,从权利行使的目的和结果来看,具有明显的自益权属性。股份收购请求权对于防止中小股东被公司控制者掠夺、优化公司治理具有重要作用,因此为股东的固有权,公司章程不得加以限制或剥夺。

① 本书认为除非法律另有规定,未上市股份公司和有限公司并不存在本质区别,简单将公司区分为有限公司和股份公司并不科学。不过,由于我国公司法已经采纳了该种分类,本书的讨论也只能在现行体系下进行。

三、公司章程可否规定法定之外的异议股东请求收购股份事由

有学者认为异议股东股份收购请求权具有法定性，只有在公司法明文规定情形下，股东方可行使，公司章程不得另行规定。该种观点有待商榷。公司法虽然没有直接赋予公司章程规定其他事由的权利，但是公司法规定了公司可以减少注册资本，而公司减资可以出于各种目的，包括收购异议股东股份，该种减资并不被公司法所禁止。因此，公司章程可以规定法定之外的异议股东请求收购股份事由，但是必须履行法定的减资程序。

四、股东与公司的协商是否是股东起诉的前置程序

2005 年《公司法》规定第七十五条第二款规定："自股东会会议决议通过之日起六十日内，股东与公司不能达成股权收购协议的，股东可以自股东会会议决议通过之日起九十日内向人民法院提起诉讼。"《公司法》规定异议股东与公司的价格先行协商机制可使双方以尽可能小的时间、金钱、机会等成本解决问题，减轻公司和法院的负担。因此，有限公司股东只有与公司协商不能达成协议的，方可向人民法院起诉。有限公司股东未与公司协商，直接起诉的，不符合《公司法》第七十五条第二款规定的特别程序，法院应裁定不予受理。公司法对股份公司未作程序性特别规定，应当遵守民事诉讼法的一般规定；不过，公司法也并未将股东的该项权利规定为形成诉权，而对于一般的权利而言，无损害即无救济。因此，股份有限公司股东未与公司协商，直接起诉的，法院应判决驳回诉讼请求。

五、股东自何时起有权请求法院决定股份转让价格

有限公司股东自股东会会议决议通过之日起满六十日，与公司不能达成股权收购协议的，方可向法院起诉。如果有限公司股东虽然履行了与公司的协商程序，但是自股东会会议决议通过之日起尚未满六十日，无权向法院起诉。从语义解释角度看，《公司法》第七十五条第二款只有自股东会会议决议通过之日起六十日内，有限公司股东与公司不能达成股权收购协议的，方可向法院起诉，即使股东已经与公司协商并未达成协议，但是并不能否认其后公司再次与其协商，达成收购协议的可能，因此股东的起诉不符合法定条件。从目的解释角度看，《公司法》的该种规定是为了鼓励股东与公司达成协议，毕竟诉讼对公司和法院均是一种负担。从历史解释角度看，2005 年《公司法》修订过程中，参考了我国台湾地区有关公司的规定，而后者第一百八十七条规定："股东与公司间协议决定股份价格者，自股东会决议日起六十日内未达协议者，股东应于此期间经过后三十日内，声请法院为价格之裁定。股东只有在期间经过后，方可起诉。"不

过，根据 2005 年《公司法》第一百四十三条规定，股份有限公司股东不受该种期间限制。

六、股东逾期向法院起诉请求决定股权转让价格的法律后果是什么

从性质上讲，异议股东的股份收购请求属形成权，应受除斥期间的限制。从《公司法》规定看，第七十五条第二款规定“自股东会会议决议通过之日起六十日内，股东与公司不能达成股权收购协议的，股东可以自股东会会议决议通过之日起九十日内向人民法院提起诉讼”。《公司法》规定了九十日的起诉期间，又未规定该期间可以中止、中断或延长。因此，股东逾期向法院起诉请求决定股权转让价格的，应当根据最高人民法院发布的《公司法解释（一）》第三条规定，裁定不予受理。

七、股份转让价格的评估费用应当由谁负担

我国法院确定异议股东与公司的股份转让价格的，往往委托专业机构进行评估。由此产生的费用，后公司还是股东负担，公司法并未规定。对于未能在协商程序中达成协议，很难说公司或股东具有过错，但是鉴于异议股东股份收购请求权的产生是基于公司的行为，因此，一般可由公司承担评估费用。如果股东在与公司的协商程序中过于随意，对未能达成协议负有主要责任，则可判令股东承担评估费用。

八、股东可否请求其他股东收购其股份

境外公司法中，有的国家比如英国，规定异议股东股份收购请求权的对象不但可以是公司，还可以是其他相关股东。该项规定具有合理性，因为异议股东请求收购股份的原因可能是其他股东的压迫，此时责令相关股东收购异议股东所持股份，符合法律的实质正义。不过，该项规定依赖于灵活的司法体系和股权回购事由，而我国《公司法》对此并未作规定，自当遵循公司法与合同法一般原理，其他股东并无该种义务。

九、在股权收购请求权纠纷中，法官如何确定何为“合理价格”

合理价格的确定是股份回购中一个非常关键的问题，它关系到所涉纠纷能否最终解决。合理价格的确定，一般情况下应当首先由公司与异议股东之间进行自由协商。如果双方无法协商一致，则异议股东有权请求人民法院对价格进行裁量。《公司法》第七十五条中只原则性地提到了“按照合理的价格收购其股权”，并没有对“合理价格”的确定标准作出具体的规定。显然，这是法官的自由裁量权范畴。因此法官在确定何为“合理价格”时，就应该本着公平、公正原则，在价格确定上做到合理、合法。原则上，估

价的一般标准应当是:股东因公司结构发生重大变化前的利益均应当得以补偿。相应地,股东如果因为反对公司结构发生重大变化,并且拒绝投票同意该重大事项的变化而选择退出企业,该股东不应分享任何因公司结构发生重大变化而产生的增值;当然,该股东也不应分担任何由此所产生的损失。①

然而,如何在该原则之下,采取有效的方法公正地评估公司结构发生重大变化前股东所持有股份的价格却是一个从理论到实践都难以解决的问题。我们认为,对《公司法》第七十五条第一款中提到的"合理价格",应当根据请求回购股权时股权所代表的净资产值②来确定,理由如下:

首先,从股东角度来讲,股东股权所代表的净资产值能够合理地反映公司的经营状况,保护异议股东的合法权益得以实现。因为净资产值是扣除负债以后的公司实有资产,这就避免了实际操作中的不确定性,这也是与《公司法》切实保护中小股东利益的内在精神相吻合的。其次,从债权人角度来讲,以股权所代表的净资产值确定回购的价格,可以保护债权人的利益。因为以净资产来确定回购价格,已经将公司的负债按比例分配到被回购人的股权里,债权人的债权实现就不会因股权回购而存在风险。最后,从法院角度来讲,这种判定从实际出发,便于执行其有可操作性,更好地维护了异议股东的最大利益。

十、在股权收购请求权纠纷中如何确定诉讼主体

所谓诉讼主体问题,也就是原告、被告以及其他诉讼参与人的确定问题,即在异议股东评估权案件(股权收购请求权纠纷)中,谁是原告,谁是被告,有无其他诉讼参与人。根据我国《公司法》第七十五条来看,在提起评估权诉讼前,法律先是赋权异议股东在法定情形下可以请求公司按照合理的价格收购其股权,即异议股东是权利主张者,公司是义务承担者。如果自股东会会议决议通过之日起60日内异议股东与公司就评估收购价格无法达成一致协议,股东可以自股东会会议决议通过之日起90日内向人民法院提起诉讼。这似乎很清晰地显示异议股东可以成为原告,但被告是谁?从上下文来看,提起诉讼是由于异议股东和公司协商不成,这时的协商主体只有异议股东和公司,那么紧接着的诉讼似乎也只能是异议股东和公司之间的事情了。这样的话,公司便是被告。如果是这样,事情也就简单了,但是实践中由于以公司身份和异议股东协商收购价格的一般是控股股东,同时控股股东也往往是公司法人代

① 王伟:《论异议股东股份回购请求权》,载《证券法律评论》2002年第2期。

② 这种方法主要考虑公司结构发生重大变化前公司财产的净资产价值,即扣除了公司负债之后的净资产价值。

表,这很容易给异议股东造成一个错觉,即异议股东是先和控股股东协商不成再起诉的,那么顺理成章地,异议股东选择控股股东作为被告,同时再将公司也列为共同被告一并诉至法院。究竟控股股东能否成为评估权诉讼案件中的被告?从审判实践来看,法院没有因为控股股东作为被告不适格而驳回起诉,似乎认可了这一做法。从评估权制度的理论来分析,控股股东是不能作为评估权诉讼的被告的,国外公司法评估权诉讼也无将控股股东作为被告的先例。那么,控股股东不能作为被告,是否可以作为第三人?如果可以,那么他究竟是有独立请求权的第三人还是无独立请求权的第三人?这是需要进一步明确的问题。我们的意见是控股股东既不能作为被告,也不能作为第三人——既不能作为有独立请求权的第三人,也不能作为无独立请求权的第三人。原因在于控股股东对于异议股东所持股权既无独立的请求也无法律上的利害关系,不能充分满足民事诉讼第三人的成立要件。当然,我们也可以从反面得出不同的结论,即公司收购的异议股东所持的股权法律上没有规定必须注销,将来可以转让,那么对于第三人来说,包括控股股东在内的赞成股东会决议的股东就享有优先购买权,这样一来,法院判决的收购价格就会影响到控股股东将来行使优先购买权所应支付的对价,因此控股股东在诉讼中就异议股东所持的股权既可以主张独立的请求也存在法律上的利害关系,即优先购买权。

如果明确了异议股东作为原告,公司作为被告,那么在诉讼过程当中,被告在工商局注销究竟应如何处理?在审判实践中认定,既然被告公司都被工商部门注销了,那么很自然它就丧失了参与民事诉讼的主体资格,不能作为被告参加诉讼,因此裁定驳回原告的起诉。这是法院所能选择的唯一方法。但是这就产生一个问题,即原告的评估权似乎就无法主张,因为已没有其他可以援用的法律救济手段。原告若起诉合并后的新公司,我国《公司法》第七十五条并未规定承继公司负有回购义务,况且承继公司已向被承继公司支付了股权对价,如果按照法律主体的承继关系简单认定承继公司应当负有回购义务,对于承继公司来说无疑意味着将要支付额外的对价而显失公平,且被承继公司还似有不当得利之嫌。即使承继公司再从法律程序向有关主体主张不当得利行得通,也不免极为麻烦,当为不妥。在这一点的处理上,美国《示范公司法》(2000)就显得较为合理,它在§13. 30. Court Action 中规定,如果异议股东不同意公司提出的收购价格和利息,需要在收到公司通知的30日内书面提出自己估算的收购价格和利息要求。公司若就异议股东所提书面要求中的估算价格和利息与异议股东双方协商未能解决,那么公司应在收到异议股东的书面要求后60日内向法院提起诉讼,请求法院来决定公平价格。如果公司超过这个法定的期限未向法院提起诉讼,那么公司必须按照异议股东在书面要求中所提出的价格和利息用现金向所有异议股东进行支付。美国法律这种极为精细的制度设计实在不失为我国《公司法》借鉴的成功经验。[①]

十一、股东能否提前请求公司收购其股份

公司法对于公司股东行使股份收购请求权有具体的时间限制：有限公司股东自股东会会议决议通过之日起满60日，与公司不能达成股权收购协议的，方可向法院起诉。如果有限公司股东虽然履行了与公司的协商程序，但是自股东会会议决议通过之日起尚未满60日，无权向法院起诉。从语义解释角度看，《公司法》第七十五条第二款只有自股东会会议决议通过之日起六十日内，有限公司股东与公司不能达成股权收购协议的，方可向法院起诉，即使股东已经与公司协商并未达成协议，但是并不能否认其后公司再次与其协商，达成收购协议的可能，因此股东的起诉不符合法定条件。从目的解释角度看，公司法的该种规定是为了鼓励股东与公司达成协议，毕竟诉讼对公司和法院均是一种负担。从历史解释角度看，2005年《公司法》修订过程中，参考了我国台湾地区有关公司的规定，而后者第187条规定，股东与公司间协议决定股份价格者，自股东会决议日起六十日内未达协议者，股东应于此期间经过后三十日内，声请法院为价格之裁定。股东只有在期间经过后，方可起诉。不过，根据2005年《公司法》第一百四十三条规定，股份有限股东不受该种期间限制。

法条索引

《中华人民共和国公司法》

第七十五条　有下列情形之一的，对股东会该项决议投反对票的股东可以请求公司按照合理的价格收购其股权：

（一）公司连续五年不向股东分配利润，而公司该五年连续盈利，并且符合本法规定的分配利润条件的；

（二）公司合并、分立、转让主要财产的；

（三）公司章程规定的营业期限届满或者章程规定的其他解散事由出现，股东会会议通过决议修改章程使公司存续的。

自股东会会议决议通过之日起六十日内，股东与公司不能达成股权收购协议的，股

① 甘培忠、刘兰芳主编：《新类型公司诉讼疑难问题研究》，北京大学出版社2009年版，第298—299页。

东可以自股东会会议决议通过之日起九十日内向人民法院提起诉讼。

第一百四十三条(第一款)　公司不得收购本公司股份。但是,有下列情形之一的除外:

(一)减少公司注册资本;

(二)支持有本公司股份的其他公司合并;

(三)将股份奖励给本公司职工;

(四)股东因对股东大会作出的公司合并、分立决议持异议,要求公司收购其股份的。

第四编 04

股份有限公司的设立和组织机构热点问题裁判标准与规范

第十九章

设立中公司热点问题
裁判标准与规范

本章导读

设立中公司系指订立公司章程起至公司登记成立前进行公司设立事项的组织体。尽管设立中公司具有过渡性和依附性，然而，它仍然需要与社会发生各种联系，包括接收财产、为设立公司进行的各种交易行为。设立中公司从事上述行为，牵涉公司法人能否顺畅成立，牵涉设立中公司与第三人之间复杂的权利义务责任关系，因此必须对其进行规范，从理论和制度层面加以研究，对与之相关的实践问题加以探讨。

理论研究

一、设立中公司的法律性质

关于设立中公司的性质，大致有以下几种观点：

（1）无权利能力社团说。该说认为设立中的公司尚未取得法人资格，因而不具有权利能力与行为能力。[①] 此说与合伙组织说的不同点在于承认设立中公司的社团性，即把设立中的公司看作一个整体的社团，而非发起人的个体之简单相加。

（2）非法人团体说。此学说认为设立中公司是一种非法人团体，虽然不能独立承担民事责任，但也有相应的民事权利能力和民事行为能力，依法享有民事权利和

---

① 张金平、李永超：《设立中公司的法律地位及其法律责任探析》，载《黑龙江省政法管理干部学院学报》2011 年第 4 期。

承担民事义务。设立中公司还不是独立的民事主体，尚需依据特定的程序，履行法人登记才能享有法人资格。其没有独立的财产和经费，也就不能独立承担民事责任。[①]

（3）同一体说。[②] 此学说认为设立中的公司与成立后的公司是同一主体，只不过二者处于不同的阶段而已。这种学说对设立中的公司与成立后的公司不作严格区分，认为二者在组织形态上并无实质差别。

（4）修正的同一体说。[③] 顾名思义，该说是对"同一体说"的一种修正。该说虽然也认为从设立中的公司到成立后的公司是一个连续的、渐进的过程，但该说也同时认为二者之间有着严格的界限，即成立后的公司由于获准登记而取得人格，而设立中的公司却没有人格。

"同一体说"与"修正的同一体说"均来自德国司法判例中，其中"修正的同一体说"较为客观地揭示了设立中公司与成立后公司之关系而受到学界肯认。

二、设立中公司具备非法人团体的特征

如果按照"同一体说"与"修正的同一体说"来理解设立中公司，实际上，设立中公司具备了非法人团体的特征：

第一，设立中公司是一个组织，而非设立人个人简单的合作关系，[④]设立阶段其名称和财产是与设立人的名称和财产相分离的。

第二，设立中公司有公司章程规范各主体之间的关系，它通过创立大会形成团体意思，同时它有自己的事务执行机关，在召开创立大会之前为发起人，在创立大会召开之后则是董事会。

第三，设立中公司存在的目的在于使自身获得法人资格，具有明显的"准法人"性质。在多数情况下，设立目的达到，公司成立，设立中公司消灭。

第四，设立中公司不具有独立承担债务的能力。如果公司成立，设立债务转由公司法人承担；如果公司设立失败，设立中公司则又归为设立人个人，设立债务由设立人承担。

笔者认为，设立中公司与非法人团体具有很多相似之处，但是其与非法人团体的区

---

① 刘晓莉、杨卓超：《试论设立中公司的法律地位》，载《长春师范学院学报（人文社会科学版）》2009 年 5 月刊。

② 张鹏：《设立中公司法律问题研究》，华中科技大学 2010 年硕士学位论文。

③ 张秀芹：《设立中公司的性质探析》，载《商场现代化》2009 年 3 月刊。

④ 杨国平：《前设立中公司与后设立中公司的界定及责任承担》，载《河南省政法管理干部学院学报》2010 年第 4 期。

别决定了其是具有自身特性的非法人团体。①

实务探讨

一、发起人在公司成立前所为的与设立无关的行为是否有效

如果公司成立，发起人在设立过程中为设立公司所为的行为的后果原则上由成立后的公司承担，而其以拟设立的公司的名义从事与设立公司无关的行为的后果原则上应由其自己承担，对此，实践中不存争议。但是，发起人以拟设立的公司的名义从事与设立公司无关的行为，其效力如何？理论与实践中对此颇有争议，各方有不同主张。有的认为此类行为一律无效，发起人应承担无效合同的法律责任；有人认为应根据具体情况分别确认其效力。

笔者认为，这一问题实际上是一个合同效力的判定问题。设立中的公司尚不能以其名义从事经营行为，从法律行为的角度看，其经营行为属于主体不合格的法律行为。对于发起人的上述行为，如果行为本身不违反法律的强行性规定，则相对方若无故意或重大过失，可以主张撤销该行为，但公司及发起人不得主张。也就是说，这种行为可以视为民法上的可撤销行为。理由主要有：

其一，法律在规定自然人的能力与法人的能力时，其所依据的立法目的是不同的。对于自然人来说，法律不承认未成年人和精神病人所实施的不能独立实施的法律行为有效，这样的规定主要是为保护未成年人和精神病人的利益。而对于法人而言，法律规定不同的法人有不完全相同的能力，规定法人不得超范围经营，主要是为了保护相对人的利益和维护社会经济秩序。因此，从保护第三人利益的角度出发，如果对该发起人的行为，第三人无异议，且该行为也不违反法律的禁止性规定，就不应确定其无效。

其二，从实务上看，一方面，如果当事人对该行为均无争议，法院也就不会主动确认行为无效而要求双方返还财产；另一方面，如果确认该行为均无效，则当事人即使已经履行也应双方返还，这样的处理结果既不利于保护相对第三方的利益，也不利于维护社会经济秩序。因为如果发起人或公司一旦不能履行自己的义务，就会以发起人所从事的行为与设立公司无关为由而拒不履行合同，也不承担违约责任。

此外，判断发起人的行为是否与公司设立有关，也是实践中的难题。我国公司立法

① 赵艳秋：《设立中公司及其性质与地位的法律解读》，载《东北农业大学学报（社会科学版）》2010年4月。

对此应予以明确。

二、设立中公司的起止时间如何确定

设立中公司是公司成立前的一种状态，但时于设立中公司的起止时间，实践中有不同的看法。

1. 关于设立中公司的起始时间

大致可以概括为四种观点：(1)起始于订立发起人协议时；(2)起始于发起人订立公司章程时；(3)起始于认购股份发行总数时；(4)起始于发起人认购一股以上股份时。笔者认为，设立中公司的起始时间应从发起人订立发起人协议时开始。首先，确认设立中公司的法律地位的根本目的在于确认由发起人以设立公司为目的而取得的权利义务的归属，而发起人协议本身就是为设立公司而订立的，故自此时起，发起人以设立公司为目的所取得的权利义务理当归属于设立中公司。其次，公司章程的订立不适宜作为设立中公司的起算时间。比如，我国《公司法》规定股份有限公司的公司章程需要经创立大会通过后才能生效，如以此时作为设立中公司的起算时间显然为时过晚。况且，公司章程是关于公司组织的法律文件，如何能够拘束设立中公司所发生的权利义务？① 股份认购说的真意在于将一定成员的存在作为设立中公司的标志，因此，只有认购股份才能确认设立中公司的组成成员。至于认购全部股份说与认购一股以上说的差异仅在于公司设立方式的不同而有所区别。如果公司只能采取发起设立，则势必要求发起人认购全部股份；②如果公司采取募集设立，则可由发起人认购一股以上即可。但这里存在的问题是，在发起人认购股份之前由发起人以设立公司为目的取得的权利义务，其归属如何确认呢？可见这一标准无法解决这一问题。认购股份也不适宜作为设立中公司的起算时间。至于设立中公司的成员表征，则不一定非要通过认购股份来体现。实际上，在发起人订立发起人协议时就已经显现出设立中公司的成员特征，因为，根据我国法律，发起人必须认购股份，只不过在订立发起人协议时尚末认购而已。

2. 设立中公司的终止时间

设立中公司的终止时间因设立中公司的命运不同而有异。如果公司设立完成，设立中公司终止于公司登记注册，因为登记注册是公司成立并取得法人资格的标志。如果公司设立失败，虽然法律并未要求设立中公司进行清算，但发起人之间必然需要类似清算的程序，所以设立中公司应自这种事实上的清算程序结束时归于终止。

---

① 施天涛：《公司法论》(第二版)，法律出版社2006年版，第106页。

② 在德国法上，只能采取发起设立方式。如《德国股份法》第29条规定，公司以发起人认购全部股份而设立。

三、设立中公司是否具有诉讼主体资格

从发起人订立发起人协议或设立协议开始公司设立行为，到经公司登记机关最终核准登记而使公司成立，往往要经历一个较长的时期。在此期间内，为了创设公司，会出现一个具有一定的财产基础、有一定的组成成员、有一定的意思能力的团体。该团体即为设立中公司。因此，所谓设立中公司，是指自发起人订立发起人协议或订立公司章程之时起至设立登记完成之前尚未取得法人格的"公司"。就其本质而言，设立中公司并非严格意义上的公司，而是在公司获准登记而成立之前出现的一种过渡性社团。由于公司设立需要经过一系列程序，究竟设立中公司始于何时，理论界存在认识上的分歧。有人认为发起人订立公司章程时即为设立中公司开始存在之时；有人认为发起人订立公司章程并认购一股以上股份时，设立中公司即开始存在；还有人认为发起人订立公司章程且第一次发行的股份总额已认足，设立中公司才开始存在。笔者认为，由于设立中公司所实施的行为是为设立公司所必需的筹备行为，发起人之间亦为合伙关系。因此，设立中公司应从发起人订立发起人协议或订立公司章程之时起算。至于设立中公司的终止时刻，则因设立中公司命运的不同而有差别。公司设立成功而依法成立时，设立中公司演变为具有独立人格的公司，设立中公司自然终止；公司设立失败时，设立中公司依法律规定进行清算，清算结束后设立中公司归于消灭。我国《公司法》未就设立中公司作明确规定，但根据有关行政法规及规章的规定，应认为我国实际上承认设立中公司。国务院发布的《中华人民共和国企业法人登记管理条例》第三十六条规定："经国务院有关部门或者各级计划部门批准的新建企业，其筹建期满一年的，应当按照专项规定办理筹建登记。"中外合资经营企业在公司注册资金未全部到位以前，经工商登记部门核准，可以先行发给企业法人营业执照副本，待注册资金到位经过验资以后，再发给企业法人营业执照正本。这些规定表明我国实际上承认设立中公司的存在。《公司法解释(三)》第三条[①]明确提出了"设立中公司"的概念，自此，对设立中公司的规范便有章可循。

设立中公司实为公司之前身，而逐渐发展成公司实体，并与社会发生多种法律关系。因此，通说认为，设立中公司与完成设立的公司本属一体，犹如胎儿与自然人的关

---

① 公司法司法解释(三)第三条：发起人以设立中公司名义对外签订合同，公司成立后合同相对人请求公司承担合同责任的，人民法院应予支持。公司成立后有证据证明发起人利用设立中公司的名义为自己的利益与相对人签订合同，公司以此为由主张不承担合同责任的，人民法院应予支持，但相对人为善意的除外。

系,不应作截然不同的理解,此即“同一体说”[①]关于设立中公司能否作为独立的法律主体,享有特定的权利,承担特定的义务,理论界没有形成统一的、明确的认识。关于设立中公司的法律地位,公司法学界主要有四种不同学说[②]:(1)无权利能力社团说。该说认为,设立中公司不具有任何权利能力,不能充任任何法律关系的主体,其属于无权利能力社团,这是传统大陆法理论对设立中公司性质的观点。(2)合伙说。该说认为,设立中的公司属于合伙,设立登记是赋予其法人格的法定要件。设立登记手续完结后,公司成立,原来的合伙取得法人格。该公司在设立前后并非不相关的两个团体,只是取得了新的资格,设立中取得的权利义务,原封不动地归于成立后的公司,不存在移转问题。(3)折中说。该说认为,不能武断地说设立中公司属于无权利能力社团或属于合伙,而应区分不同情况,分别界定其法律地位。作为股份有限公司与有限责任公司前身之设立中公司,应为无权利能力之社团;而作为无限公司与两合公司前身之设立中公司,因其本身即系合伙属性,亦应为合伙。(4)非法人团体说。该说多为我国学者所倡。该说认为,从法律形式上看,虽然设立中公司未进行设立登记,不具有独立的法律人格;但从实际上看,它已具有行为能力、意思能力、责任能力,能够实际实施一定的行为,承担一定的责任,因而它又处于不完全权利能力状态,具有有限的法律人格,即设立中公司在本质上应是一种非法人团体。不过,基于设立中公司与一般的非法人团体在设立程序、财产的独立性、名称、机关和责任上的区别,应认为设立中公司是一种具有自身特性的非法人团体。

无权利能力社团是德国民法上的概念,包含于“非法人团体”概念之内。“无权利能力社团”概念,具有德国法所特有的历史局限性,并不能揭示其本义。[③] 并且,现今德国理论的主流观点已承认,设立中公司拥有暂时性权利能力。[④] 因此,不宜以“无权利能力社团”作为设立中公司的法律性质。合伙说混淆了公司设立中发起人之间的关系与设立中公司的性质。通说认为公司设立行为具有合伙性质,其为设立公司所订立的发起人协议属于合伙性质的契约。发起人之间为设立公司而形成的合伙关系被称为发起人合伙。但设立中公司作为一种以设立公司为目标的过渡性组织体,其以发起人为机关,显然不同于纯粹以共同从事某项经营为目的的合伙,因而合伙说亦不足采信。在否定了无权利能力社团说与合伙说之后,折中说也就失去了意义。需要着重分析的是

① 王文字:《公司法论》,中国政法大学出版社 2004 年版,第 7 页。

② 曹顺明:《设立中公司法律问题研究》,载《政法论坛》2001 年第 5 期。

③ 范健、王建文:《商法论》,离等教育出版社 2003 年版,第 351 页。

④ 参见〔德〕托马斯·莱塞尔、吕笛格·法伊尔:《德国合资公司法》(第 3 版),高旭军等译,法律出版社 2005 年版,第 98 页。

非法人团体说。

在我国，有关非法人团体的理论研究还比较薄弱，其定义如何、法律地位怎样都不甚明确。在相关法律规定中，一般将其称为“其他组织”或“非法人单位”。根据《最高人民法院关于适用〈中华人民共和国民事诉讼法〉若干问题的意见》第四十条之规定，其他组织是指依法成立、有一定的组织机构和财产，但又不具备法人资格的组织。该条同时列举了八类其他组织。依此，一般认为非法人团体具有以下特征：(1)依照法定程序设立；(2)有一定的财产或经费；(3)有自己的名称、组织机构和场所；(4)不具有独立承担民事责任的能力。因此，非法人团体实际上是一个内涵确定、外延明确的概念。在我国，判断非法人团体的外在标志之一，是其是否经登记并待有非法人营业执照或非法人社团登记证。而设立中公司虽也有一定的组织机构和财产、具有一定的权利能力和行为能力、不能独立承担民事责任，但其在程序上未经合法登记，未领取营业执照或登记证，因而与非法人团体还是存在重大差异。此外，非法人团体是一种较具稳定性的组织体，而设立中公司仅为一种过渡性的组织体，这也构成了二者的显著区别。因此，不能简单地将设立中公司归入非法人团体范畴。对此，韩国学者李哲松教授也认为，从内部关系与外部来看，民法上的非法人社团不能适用于设立中公司。①

由此可见，既有的法律主体概念实际上都不能解释设立中公司。这就需要从学理与制度上予以创新。一个较好的选择便是承认设立中社团这一概念。可以认为，设立中社团与非法人团体有两大区别：其一，前者无须经登记机关登记，实施了一定的设立行为后即可成立；后者则必须经有关登记机关核准登记才能成立。其二，前者系过渡性存在的组织体，后者系为特定目的长期存在的组织体。不过，这一理解实际上是建立在我国非法人团体必须登记才能成立的基础上。事实上，在绝大多数国家，非法人团体无须登记即可依其事实行为而成立，即便是具有法人资格的某些公司不经登记亦可成立。并且，非法人团体实际上是包含了无权利能力社团、合伙及设立中社团的上位概念。因此，这种创新意义不大。

笔者认为，既不必将设立中公司强行纳入非法人团体，也不必创设“设立中社团”这一新概念，而将设立中公司作为不同于民法主体制度的一种特殊的暂时性权利能力商事主体。虽然未经登记的设立中公司尚不具有法人资格，也不具有独立承担民事责任的能力，但其仍然具有有限的法律人格。这主要表现在以下四个方面：第一，设立中公司可以以自己的名义从事设立公司的活动，在设立公司的过程中是享有权利并在一定范围内承担义务和责任的主体。其就筹备期间所为之法律行为、诉讼，无论起诉或应

① 〔韩〕李哲松：《韩国公司法》，吴日焕译，中国政法大学出版社2000年版，第164页。

诉,应认为有当事人能力。[①] 第二,设立中公司拥有与已成立公司相似或相同的组织机构,如董事、监事。第三,设立中公司具有自己独立的财产,享有投资者投资所形成的财产的所有权。第四,设立中公司具有团体性,具有不同于其成员个人利益的团体利益。当然,与成立后的公司相比,设立中公司的权利能力、行为能力及责任能力都不充分,故属于特殊的具有暂时性权利能力的商事主体。此外,设立中公司既包括经过工商登记管理机关预先核准通过的名称,也包括还没有报送工商登记管理机关预先核准之前的名称。发起人以设立中公司名义对外签订合同,既包括直接使用设立中公司的名称,也包括适用设立中公司的临时机构的名称,如公司筹办处、公司筹备组等。[②] 另外,《中华人民共和国最高人民法院公报》(2006 年第 7 期)所载最高人民法院〔2005〕民二终字第 147 号民事判决书,即福州商贸大厦筹备处与福建佳盛投资发展有限公司借款纠纷案中亦承认了设立中公司具有诉讼主体资格。

四、发起人为设立公司以自己名义对外签订合同时,债权人可以向谁主张权利

首先上述问题涉及设立中公司行为责任归属的基础理论。设立中公司旨在使公司获准成立,发起人、设立中公司必须为此实施一系列行为。这些行为的效果归属,实际上是设立中公司研究所必须解决的核心问题。与设立中公司相关的行为多种多样,就实施的名义而言,有的是以设立中公司的名义实施,有的是以发起人的名义实施;就行为本身的性质而言,有的是设立公司的必要行为,有的是营业行为。因此,设立中公司行为的责任归属是一个相当复杂的问题。为了解释设立中公司行为的责任归属,理论界对设立中公司与成立后公司的关系提出了种种学说。具有代表性的学说有:无因管理说、第三人利益说、代理说、继承说、归属说、必然延续说、同一体说,在大陆法系国家和我国台湾地区,通说为同一体说。该说认为,设立中公司已具备相当于成立后公司之成员及机关的全部或一部特点,是成立后公司的前身,其与成立后公司超越人格之有无,实质上属于同一体。因此,设立中公司之法律关系即系成立后公司之法律关系。申言之,随着公司的成立,认股人(包括发起人)即成为股东,设立中公司所选任的董事、监事即为公司之机关,且发起人以设立中公司之执行及代表机关所为有关之必要行为的法律后果,由于在公司成立之前业已归属于设立中公司,故在公司成立的同时,形式

---

① 范建、王建文:《公司法》(第二版),法律出版社 2008 年版,第 126 页。

② 奚晓明主编:《最高人民法院关于公司法解释(三)、清算纪要理解与适用》,人民法院出版社 2011 年版,第 55 页。

上也当然归属于公司。[①] 在此情形下，并不需特殊的移转行为，也无需权利义务之继受。如上所述，在组织体性质上，可将设立中公司视为具有特殊的、暂时的权利能力的商主体。依此，将成立后的公司解释为设立中公司的延续，就具备了必要的理论基础。不过，需要说明地是，并非设立中公司所实施的一切行为，其法律效果均当然归属于已成立之公司。对于该问题，我国《公司法》没有涉及。但理论界认为："公司如期成立，法律后果由公司承受。"[②]这种观点在司法实践中也被广泛接受，但不宜作此绝对化理解，否则将可能使成立后公司的其他股东承担不必要的负担。因此，应针对不同情况分别处置。设立中公司行为的责任归属，可依公司成立与否而作不同划分。公司不能成立情况下的责任归属，实际上属于公司设立责任范畴。此外，由于设立中公司所实施的公司设立必要行为当然应由成立后的公司承担相应法律责任。故所需讨论的仅为超越了公司设立必要行为的其他交易行为的责任归属问题。

其次，在发起人以自己名义实施行为的场合，若其是为自己而实施该行为，作为相对一方债权人，无论公司是否成立，均可以直接以该发起人为被告要求其承担相应的民事责任。这既不会发生争议，亦与本处所讨论的问题毫无关系。易发生争议的是行为人以自己名义为设立中公司实施行为的责任归属。对此，各国公司法基本上都不予明确规定，司法实践中则直接按照合同法的一般规定，即由实施该行为的发起人自己承担相应法律责任。当然，如果公司成立后对该行为予以追认，从理论上讲，应当能够发生对公司的拘束力。但在此情形下，是否能由公司取代实施该行为的发起人承担法律责任，从合同法的角度来说，还需要交易相对人对此同意。不过，鉴于直接由公司承担一般也无损于交易相对人的利益，故不妨由司法解释对此予以确认。但为使交易相对人的权益得到必要保障，法律也不宜强行剥夺其追究实际合同法律关系当事人（即发起人）的选择权。即如果公司发起人以自己的名义为公司设立必要行为时因为相对一方当事人没有义务去了解发起人在实质上是为谁的利益而为民事行为。因此，债权人完全可以以发起人为被告，直接向发起人主张权利。

对此，《公司法解释（三）》第二条规定："发起人为设立公司以自己名义对外签订合同，合同相对人请求该发起人承担合同责任的，人民法院应予支持。公司成立后对前款规定的合同予以确认，或者已经实际享有合同权利或者履行合同义务，合同相对人请求公司承担合同责任的，人民法院应予支持。"该规定对公司的确认方式作了扩大解释，

① 柯芳枝：《公司法沦》，中国政法大学出版社 2004 年版，第 136 页；〔韩〕李哲松：《韩国公司法》，吴日焕译，中国政法大学出版社 2000 年版，第 164 页。

② 〔德〕托马斯·莱塞尔、吕笛格·法伊尔：《德国资合公司法》（第 3 版），高旭军等译，法律出版社 2005 年版，第 98 页。

不仅明确了直接确认的方式，而且还将“已经实际享有了合同权利或者履行合同义务”作为确认方式。应当说，这种扩大解释是必要的，使得司法实践中不致再为确认方式产生不必要的分歧。此外，该规定还确认了合同相对人享有请求发起人或者公司承担合同责任的选择权。但需要注意地是，合同相对人一经选定发起人或者公司承担合同责任后，不得再行变更。① 无论债权人选择发起人为被告主张权利，还是以成立后的公司为被告主张权利，该选择权只能行使一次。②

五、如果债权人以出资人或者发起人、公司为被告，要求二者承担连带责任，人民法院应否予以支持

根据最高人民法院2006年公布《公司法解释(二)》(征求意见稿)第二条的规定：“出资人或者发起人为设立公司以自己的名义与他人签订合同的，应由出资人或者发起人承担合同责任。但公司成立后对上述合同进行了确认，或者已经实际享有了合同权利，合同相对人请求人民法院判令公司和出资人或者发起人共同承担合同责任的，人民法院应予支持。”可见，根据上述征求意见稿的意见，债权人可以以公司和出资人、发起人为共同被告起诉，人民法院可以判决公司和出资人或者发起人共同承担合同责任。

但最终通过的《公司法解释(三)》并没有按照上述精神进行规范。相反，《公司法解释(三)》第二条的规定确认了合同相对人享有请求发起人或者公司承担合同责任的选择权。但需要注意的是，合同相对人一经选定发起人或者公司承担合同责任后，不得再行变更。无论债权人选择发起人为被告主张权利，还是以成立后的公司为被告主张权利，该选择权只能行使一次。即合同相对人只能选择其一进行诉讼，而不能以发起人、公司为被告，要求二者承担连带责任，

六、发起人以“公司”、“公司筹备组”等设立中公司名义对外签订合同时，债权人可以向谁主张权利

以设立中公司的名义，可以表现为多种具体形式，但总体而言，无外乎表现为“设立中公司”与“拟成立公司”两种形式。前者在合同中明确表明合同主体为设立中公司，如采用“××公司筹备组”、“××公司(筹)”这类名称；后者则在合同中直接使用拟设立公司的名称，如“××公司”。从性质上讲，这种表现为不同形式的设立中公司并无本质区别，故各国立法大多不对此加以区分，而是采取较为笼统的“设

① 奚晓明主编：《最高人民法院关于公司法解释(三)、清算纪要理解与适用》，人民法院出版社2011年版，第35页。

② 吴庆宝主编：《商事裁判标准规范》，人民法院出版社2006年版，第231页。

立中公司”、“公司”等概念予以统一规定。在司法实践中，各国也相应地以统一方式加以适用。

设立中公司仅具有有限的权利能力，即只能从事设立公司所必需的活动，其他活动则超越了其权利能力范围。因此，设立中公司以自身名义实施的订立合同等交易行为，虽然并不因其超越权利能力而无效，但也不对已成立公司产生当然约束力。此时，真正的法律行为当事人不是成立后的公司而是发起人，当然也应当由其对法律行为负责。但发起人毕竟是为设立公司而实施的行为，如果绝对化地要求发起人个人承担全部责任，显然也有违公平原则。虽然设立中公司以公司名义与第三人签订合同显然属于不适法行为，但从社会秩序稳定、社会交易安全、社会交易成本及效益原则以及合同当事人权益保护出发，不应认定其当然无效。事实上，各国公司法立法、学理及判例均不否认设立中公司以“公司”名义签订合同的法律效力，而是通过妥善确认法律责任归属的方式，达到维护交易安全并兼顾公平的立法目的。应当说，上述规制模式确实有利于维护交易安全，防止公司设立过程中相关当事人滥用权利。然而，如果设立中公司的行为人为设立中公司及未来公司之利益，而与第三人缔结的法律行为，对公司概无约束力，则不仅对发起人不公平，而且有损于相对人及公司的利益。因此，法律必须设置一定的认可制度。如果公司成立后对设立中公司以公司名义实施的行为予以追认，则应当能够产生对公司的约束力。这既是依法理可得之当然结论，也为许多国家的立法例与判例所确认。

我国《公司法》未对以“设立中公司”及“拟成立公司”名义所实施行为的法律责任归属作明确规定，而仅以直接规定冒用公司的法律责任的方式，对以拟成立公司名义实施法律行为，作了禁止性规定。该法第二百一十一条规定：“未依法登记为有限责任公司或者股份有限公司，而冒用有限责任公司或者股份有限公司名义的，或者未依法登记为有限责任公司或者股份有限公司的分公司，而冒用有限责任公司或者股份有限公司的分公司名义的，由公司登记机关责令改正或者予以取缔，可以并处十万元以下的罚款。”该规定实际上并未绝对否定“以拟成立公司名义实施法律行为”的法律效力，因为“责令改正”是首选责任形式。而“责令改正”实际上就意味着肯定了该行为的法律效力，只不过需要将不当的主体名称予以改正。至于改正的方式，因我国《公司法》及相关法规并未禁止以“设立中公司”名义实施法律行为，故可认为，将“拟成立公司名义”改正为“设立中公司”，就可使其符合法律规定。至于以设立中公司名义所实施行为的责任归属，鉴于我国《公司法》未对此作明确规定，故从法律适用方式上讲，应适用民法与合同法的一般规定。根据我国民法与合同法原理，如果合同主体不符合法律规定，合同应确认为效力待定合同；如最终被确认无效，则相应责任方应承担法律责任。由于设立中公司不具备公司主体资格,以公司名义所签合同和所为行为。从民法一般原理出发,似应认定为效力待定行为。基于此,若成立后的公司对此行为予以追认,则应确认对其产生法律效力;若成立后的公司对此行为未予追认,则由行为人直接承担责任。应当说,这种法律适用思路既符合民法一般原理,又符合各国立法例,但与我国公司设立实践严重冲突。在我国,公司设立过程表现为公司筹建过程,往往要经历较长时期。在此期间,发起人为筹建公司需要从事一系列交易行为。如果为公司设立及筹建而实施的行为需要由公司事后明确追认才能由公司承受相应法律关系,将使发起人承担过高的风险与责任。因此,从法律后果承担的司法对策而言,不妨立足于实践需求,使公司自动承继相应法律关系。《公司法解释(三)》即体现了这一精神。该司法解释第三条规定:“发起人以设立中公司名义对外签订合同,公司成立后合同相对人请求公司承担合同责任的,人民法院应予支持。公司成立后有证据证明发起人利用设立中公司的名义为自己的利益与相对人签订合同,公司以此为由主张不承担合同责任的,人民法院应予支持,但相对人为善意的除外。”

总体而言,上述司法解释的规定是立足于我国公司设立实践所作的合理安排。该规定所确立的由成立后的公司直接承继合同的权利义务的制度,使以“公司”、“公司筹备组”等设立中公司的名义与他人所签合同的义务主体易于确定,并较好地保护了发起人的利益。这种直接承继合同的权利义务制度的法理基础,应当是成立后公司是设立中公司的自然延续,故应由延续的组织体自动承继合同的权利义务。当然,发起人有时为谋取自己利益而滥用设立中公司的名义,以此向公司转嫁债务,这类行为如由公司承担责任则不具有正当性和合理性,所以当公司证明发起人存有不诚信行为时,表明发起人不是为公司的利益考虑,其行为也就不是作为公司的机关实施的,公司对其行为当然不应承担责任。这一分析结论的根据在于:发起人的不诚信行为本质上属于合同法上的代理权滥用,因此,当发起人滥用设立中公司名义与第三人订立合同、为自己谋取利益时,应当由发起人承担合同责任。如果发起人与第三人恶意串通,损害公司利益的,则应由发起人与第三人承担连带赔偿责任。但是,与滥用代理权制度有所不同的是,公司成立后以此为由主张不承担着合同责任的,应由公司承担举证责任。此外,为保护交易中善意第三人的利益,司法解释在一定程度上参照了《最高人民法院关于贯彻执行〈中华人民共和国民法通则〉若干问题的意见(试行)》第五十八条“企业法人的法定代表人和其他工作人员,以法人名义从事的经营活动,给他人造成经济损失的,企业法人应当承担民事责任”的精神,规定公司成立后即使能够举证证明发起人利用设立中公司的名义为自己的利益与第三人签订合同,仍应对善意相对人承担合同责任。相对人善意,是指在合同订立时,相对人不知道也不应当知道发起人利用设立中公司的名义为自己的利益与第三人签订合同。如果公司成立后主张相对人并非善意，公司应当承担举证责任。①

法条索引

《中华人民共和国公司法》

第八十条　股份有限公司发起人承担公司筹办事务。

发起人应当签订发起人协议，明确各自在公司设立过程中的权利和义务。

① 奚晓明主编：《最高人民法院关于公司法解释（三）、清算纪要理解与适用》，人民法院出版社2011年版，第54页。

第二十章

公司设立瑕疵热点问题裁判标准与规范

本章导读

公司设立中存在瑕疵,这种公司在成立后将会在法律上处于一种有别于正常公司的地位与状态。对于这种非常态的公司,法律必须作出相应的反应,以便使以这种公司为中心所形成的不稳定的法律关系得以稳定。英美法国家侧重于对交易安全与交易率的保护,一般情况下不允许当事人对已成立的公司独立人格提出质疑;大陆法系国家大多采取公司设立无效或撤销公司设立的做法,我国 2005 年《公司法》对此问题仍然空白。必须从制度入手,构建起适合我国公司实践的公司设立瑕疵制度。

理论研究

一、公司设立瑕疵制度

1. 处理公司瑕疵设立的三种理论

在公司立过程中,当设立虽然没有满足法定条件,却因某种原因而获得了公司登记的是公司瑕疵设立。公司的设立瑕疵,使得公司成立后在法律上处于一种有别于正常公司的地位与状态。法律如何对待这种公司涉及诸多法律关系的稳定,为此许多国家或地区的公司法都规定了公司瑕疵设立制度。但不同国家或地区公司法对吃规定差异较大,理论界也存在较多争议,大致可以概括为以下三种:

(1)瑕疵设立有效。公司设立存在瑕疵,公司也有效成立,不能以设立瑕疵为由诉请法院宣告公司设立无效。在公司设立程序相对简单、法律现代化与自由化程度较高的国家多采取这种做法,如英、美等国。①

(2)瑕疵设立无效。公司设立存在瑕疵则公司设立行为无效,股东或其他利害关系人可提起无效诉讼。一些大陆法系国家如德国、日本等采取这种做法。②

(3)瑕疵设立可行政撤销。公司设立存在瑕疵的可由行政机关予以撤销。依据我国2005年《公司法》第一百九十九条的规定,公司瑕疵设立情节严重的可撤销公司登记,可见该法采用可行政撤销理论。我国台湾地区也采用这一理论。

2. 我国应当确立公司设立无效制度

从我国目前实际情况看,我国公司法应确立设立无效制度。首先,因为我国法律现代化和自由化程度尚未达到选择瑕疵设立有效制度的水平。在法律对公司的设立作了较强的强制性规范的情形下确立瑕疵设立有效制度,极易导致有关当事人权利受损。其次,我国虽然规定了行政撤销制度,但仅是一种行政处罚措施。而公司法上的设立无效主张是利害关系人可行使的一种权利,是私法自治的表现。再者,我国实践中常出现的情形是,在亏损企业改制时一些经营陷入困境的企业以逃债为目的将原企业的主要人员、财产与原亏损企业脱钩另行组建不承担原企业债务的新公司,这类公司在公司设立时具备了法定的公司成立要件,但不能因此而认定公司有效设立。因此,公司设立时显然有逃避债务、规避法律的非法目的,应认定该公司设立无效。

当然,确立公司瑕疵设立无效制度也需要考虑如何保护交易安全,因为公司设立行为涉及多方利害关系人,如果轻易使之无效,则影响到多方利害关系人利益。③ 因此,在确立瑕疵设立无效制度的同时,应对无效诉讼加以必要限制。

3. 在实践中应当谨慎把握公司设立无效制度

由于公司设立瑕疵涉及公司与债权人、发起人、股东等多方法律关系与多种民事责任,因而对其民事法律后果的研究也是制度研究的重要内容。我国现行法律对民事法律后果的规定较少,仅有最高法院针对个案所作的司法解释。笔者认为,我国公司立法有必要对此作出明确规定。在实践中,下列问题值得考虑:

(1)实际出资达到了法定最低资本额而未达到应缴资本额的情形的责任确定。在这种情形下发起人补足差额的责任仍然属于履行出资义务。为维护交易安全和对债权

---

① 李瑞钦:《公司设立瑕疵的法人人格问题研究》,载《法律适用》2009年第8期。

② 如德国《股份法》第275条第1款规定:"章程不包含关于股本数额或关于经营对象的规定,或章程关于经营对象的规定为无效的,任何一名董事会和监事会成员,均可以提起宣告公司无效的诉讼。"

③ 夏雪梅:《公司设立无效法律制度研究》,安徽大学2010年硕士学位论文。

人提供债权担保,我国实行法定资本制,在公司设立时必须依法缴纳全部或法定比例的注册资本,若发起人未能依法缴纳,即应在其实际出资额与应缴资本额之间的差额内承担补足出资的责任。

(2)因设立瑕疵而否认法人人格的情形。①公司设立时没有出资或者出资没有达到最低注册资本额,应认定公司没有法律上的主体资格,实际上应是合伙。②公司设立时没有出资或者出资没有达到最低注册资本额,设立后出资才到位,自到位之日起可认定公司具有法人资格。但此前由于设立瑕疵而应承担的其他责任,不因后来的瑕疵消除后而免除。③设立瑕疵的法律上的主体资格的否认不影响其实施的法律行为的效力。这是维护交易安全的需要。因为此前公司具有合法的法人主体资格的外观,第三人基于对这种合法主体资格的信任而与其发生交易行为,第三人的利益不应因交易对方的主体资格瑕疵而受影响。

二、公司设立无效的原因

(一)公司设立无效原因概述

公司必须依法设立,其中主要包括公司种类、股东人数、注册资本、股东出资、设立方式以及设立的程序等均必须合法。公司设立无效主要是因设立行为违反法律规定引起的。公司设立无效在广义上包括两种情形:一是设立失败;二是设立无效。狭义的公司设立无效仅指后者,是指公司设立虽然在形式上已经完成甚至公司已经获得营业执照,但实质上却存有条件或程序方面的缺陷,或者说设立有瑕疵,故法律上认为该公司应当撤销,该公司的设立应当被认定为无效。

对于公司瑕疵设立或者无效设立,英美法系与大陆法系采取了截然不同的态度,英美法系国家公司设立瑕疵制度,规定得相对宽松,而大陆法系各国,则规定了相对严格的公司设立瑕疵无效制度。[①] 英美法中公司设立制度侧重了对交易安全与交易效率的考虑,认为:只要公司成立,它就成为社会交易网中的一个结点,若宣告公司设立无效必将使以此点为中心的众多利益受到损害,因此在一般情况下不允许当事人对已成立的公司独立人格提出质疑。大陆法系国家大多采取的是公司设立无效或撤销公司设立的做法,即对公司瑕疵设立采取否认的态度。关于公司设立无效或撤销公司设立的原因,大陆法系各国的规定并不一致,但总的来说不外乎是公司设立违反了公司法所规定的

① 苏凌波:《论公司设立瑕疵》,吉林大学2011年硕士学位论文。

实质条件或程序条件，或公司设立的目的违反了法律的强制规定或违反了社会公共利益。[①]

（二）公司设立无效原因分类

设立无效的原因大致可以归结为下列三方面：

1. 设立主体有瑕疵

即发起人或股东主体资格欠缺或其意思表示有缺陷，主要表现有：（1）发起人或股东中有无行为能力人或限制行为能力人，这些人所实施的设立行为无效。（2）某发起人或股东所实施的设立行为并非是其真实的意思表示，如因欺诈、胁迫而做出意思表示。（3）发起人或者股东明知其行为将侵害债权人利益而做出设立的意思表示。

2. 设立行为本身有瑕疵

即设立公司时违反法定条件和法定程序的要求，或者违反其他强制性法律规定。主要表现有：（1）发起设立的发起人没有认足公司应发行的全部股份或者募集设立所发行的股份超过招股说明书规定的截止期限尚未募足。（2）公司的设立不符合公司法规定的条件，如发起人不符合法定资格或者不足法定人数、没有公司名称或者住所、所建立的组织机构不符合公司的要求、公司章程绝对必要记载事项欠缺或记载违法、公司发行股份存在重大缺陷或者没有召开创立大会、未进行设立登记或登记机关不予登记等。

3. 其他原因

如创立大会决议不设立公司。

尽管我国2005年《公司法》未直接使用公司设立无效的概念，但在“法律责任”一章中也有类似公司设立无效的规定。如第一百九十九条规定，“违反本法规定，虚报注册资本、提交虚假材料或者采取其他欺诈手段隐瞒重要事实取得公司登记的……情节严重的，撤销公司登记或者吊销营业执照”。这里的“撤销公司登记或者吊销营业执照”实际上就是对于已经取得的公司法人资格的否定。

三、完善我国公司设立瑕疵规定的建议

令人遗憾的是，我国2005年《公司法》并没有吸取司法实践中的经验，建立完善的公司设立无效制度。因此，应当在立法上确立公司设立无效制度，并与现有的撤销公司登记的规定相配合，共同构建我国的公司设立瑕疵制度。我国在建立公司设立无效制

① 赵旭东主编：《新公司法制度设计》，法律出版社2006年版，第39页。

度时应注意以下几点：

（1）与我国行政主导的撤销公司设立登记不同，公司设立无效的宗旨在于对当事人提供一种私权救济手段。公司设立无效诉讼应由有权主体如公司股东、董事等提起。[①]

（2）要具体地规定导致公司设立无效的原因。公司设立中出现的瑕疵在公司成立后可表现为三类：第一类为已经补正的。如虽然公司在设立过程中有虚假出资的情况，但公司成立后发起人或股东已主动补足其差额；第二类为可补正的瑕疵，如公司章程缺乏某些绝对必要记载事项，但尚未补正的；第三类为不可补正的，如公司设立目的违反法律或社会公共利益。[②] 对于第一类已补正的瑕疵，因为瑕疵不存在了，所以没有必要通过公司设立无效制度消灭公司的法人资格，但这并不排除让公司设立过程中有过错的当事人承担其他责任。对于第二、三类，由于瑕疵依然存在，当事人就可以据此提出公司设立无效之诉。

（3）公司设立无效应以诉讼方式向人民法院提出。这是大陆法系国家通例。公司设立无效事关公司人格有无与相对人的利益，因此应该谨慎为之，由法院以法定程序进行审理可以保证公司设立无效制度的公正性。

（4）要规定公司设立无效之诉的诉讼时效及溯及力。为保证社会交易关系之稳定，公司设立无效之诉应在公司设立登记后一定时间内提起，大陆法系国家的惯例为2—3 年。公司设立无效的宣告没有溯及力。

（5）要给予瑕疵设立的公司补正的机会。对于可以补正的瑕疵，在公司无效宣告前，法院要设定一定期限要求公司纠正瑕疵。

实务探讨

一、公司设立瑕疵与公司设立无效有何联系与区别

公司设立瑕疵，是指公司虽然在形式上已经成立，即依法登记并获得了营业执照，但是并不符合法定的条件或者程序，或者存在其他违反法律强制性规定的情形，或者发起人、股东的意思表示存在缺陷的情形。公司设立瑕疵与公司设立无效既有联系又有区别，分清二者之间的关系，可以区分不同的情况，公平合理地解决纠纷。

① 如日本规定有限公司与股份公司的公司设立无效之诉只能由股东、董事或监察人提起。见日本《商法典》第 428 条②及日本《有限公司法》第 75 条①。韩国也有类似规定。

② 我国大量存在着企业为了逃避债务而剥离优良资产另行组建公司的情况。

1. 公司设立瑕疵与公司设立无效的联系

(1)公司设立瑕疵与公司设立无效的产生原因都是发生在公司设立的过程中;(2)公司设立瑕疵与公司设立无效都是公司在形式上已经成立,即经登记并获得了营业执照,但是实际上不符合法定条件、程序,或者存在违反法律强制性规定的情形;(3)公司设立瑕疵可能导致公司设立的无效。

2. 公司设立瑕疵与公司设立无效的区别

(1)违法程度不同。公司设立瑕疵的违法程度比公司设立无效的违法程度要低。公司设立无效可以视为公司设立存在严重瑕疵,以至于无法治愈;(2)具体发生原因不同。公司设立瑕疵的原因表现为设立行为违反法定条件和程序。公司设立无效的原因有设立行为严重违法、设立目的违法或者违背公序良俗等。(3)损害的利益主体不同。公司设立瑕疵损害的主要是公司、其他股东或者债权人等利害关系人的利益。而公司设立无效损害的主要是公司其他股东的合法权益。(4)法律后果不同。公司设立瑕疵是轻微的公司设立违法行为,经过补救措施是可以治愈的,即公司可获得无瑕疵的法人人格;而公司设立无效是严重的公司设立违法行为,其无效的后果无法治愈,只能导致法人人格消灭的法律后果。

二、公司设立协议无效是否导致公司不能成立

公司设立协议又称发起人协议,是在公司设立过程中,由发起人订立的关于公司设立事项的协议,性质上属于合伙协议。设立协议对所有的设立人均具有约束力,各设立人既据此明确相互之间的权利义务,也据此就公司的设立活动对第三人承担连带责任。

但是,尽管公司出资人或者发起人一般都要以书面形式订立设立协议,但设立协议却不是我国公司法规定的公司成立的必要条件。国外公司法一般也未将设立人订立出资协议纳入公司设立的必经法定程序中。之所以如此,是由设立协议的效力决定的:从时间效力上看,设立协议是出资人为公司的设立而订立的,因此,其效力仅及于公司设立阶段,协议约束的内容主要是当事人在设立过程中发生的行为,公司成立即意味着设立目的的实现,设立协议终止,设立期间的法律关系也随之发生变化,出资人在设立阶段构成的合同关系变成了出资人在公司内部的股东关系,以及股东与公司之间的关系。从空间效力上看,设立协议是设立人相互之间订立的合同,调整的是设立人之间的关系,约束的是设立人的行为。根据合同相对性原理,设立协议的空间效力只能及于订立协议的设立人,不能也不应涉及公司成立后的公司法人以及加入公司的其他股东。

因此,即使设立协议存在瑕疵或者说无效,只要公司是符合法定条件并依法成立的,设立协议就不能对公司产生约束力。公司成立后,公司是否解散只能依照公司法规

定的条件来执行，而不应当受设立协议的影响。当然，由于设立协议对设立人有约束力，如果设立协议存在瑕疵，受到损害的设立人可以据此来追究其他有过错的设立人的违约责任或缔约过失责任。

三、公司设立无效之诉是否受诉讼时效的限制

公司设立无效只能在公司设立登记后发生。对于提起公司设立无效之诉，是否受诉讼时效或者其他期间的限制，各国立法一般都规定了一定的期间。如日本《商法典》第136条规定："公司设立无效，从其成立之日起二年内，以诉讼方式提出……"德国和法国规定一般情况为3年；法国《商事公司法》第365条还规定，公司因意思要件欠缺或一个股东无行为能力提起无效之诉的时效为6个月。

但是，上述期间究竟应当属于诉讼时效还是除斥期间？学界尚有争论。[①] 笔者认为，对于这一期间，应当认为属于除斥期间为宜。因为公司的设立，不仅在股东之间、公司与股东之间产生一系列法律关系，而且股东与债权人之间、公司与债权人之间以及公司与政府主管部门同样会产生一系列错综复杂的关系。如果将公司设立无效之诉的期间理解为诉讼时效，则不利于公司的稳定，因为诉讼时效本身有中止、中断和延长的问题，这从实际上也容易导致已经发生的法律关系长期处于不稳定的状态。故此，限制提出诉讼的期间属于除斥期间，而不是诉讼期间，不发生中止或者中断的问题。

四、有权提起公司设立无效之诉的主体有哪些

一般而言，在公司设立登记后、营业开始前，对公司设立无效的主张，任何人均可提出。但在公司设立登记完成并开始营业后，对公司设立无效的主张只能在法定期间内、由特定人通过诉讼程序提出。从世界各国公司立法看，多数国家或者地区的法律对公司瑕疵设立无效诉讼的原告范围予以限制。这主要是为了维护已经开始营业的公司的稳定，防止不相干的他人滥权，任意提起诉讼，影响公司的稳定和发展，也为了保护已经进行的交易的安全和效率。如日本《商法典》第136条规定："公司设立无效，从其成立之日起二年内，以诉讼方式提出……前项的诉讼只限于公司的股东才能提出。"德国《有限责任公司法》、《股份公司法》将提出诉讼主张的人限定于公司股东、董事或者监事；韩国《商法典》则规定仅限于公司股东才可以提出公司瑕疵设立无效之诉。

我国2005年《公司法》对于公司设立无效规定得较为含混不清，对于有权提起公

---

① 参见赵旭东主编：《公司法学》（第二版），高等教育出版社2006年版，第133页，该书将其理解为除斥期间；周友苏：《新公司法论》，法律出版社科2006年版，第173页，则将其理解为诉讼时效。

司设立无效之诉的主体更是无从涉及。从理论而言,公司设立无效之诉的宗旨在于对当事人提供一种私权救济的手段,因此,公司的股东、董事和监事均应有权提起这一诉讼。

至于债权人是否也应有权提起公司设立无效之诉,学界尚有争议,①各国公司立法对此规定不一。笔者认为,不宜赋予债权人这一权利。因为:第一,根据合同相对性原理,公司债权人的利益如果受到损失的,可以直接向公司提出赔偿或者诉讼,根本不需要提起设立无效之诉,通过清算程序来实现自己的债权。这一程序因为繁琐、复杂,而不利于保护债权人的合法权益。第二,如果股东滥用职权或者控股地位,侵害债权人利益的,债权人可以根据《公司法》第二十条有关法人人格否认制度的规定,直接起诉,追究股东与公司连带承担赔偿责任。第三,如果赋予债权人有权提起公司设立无效之诉,在债权人和利益没有得到实现时,债权人有可能动辄以提起设立无效诉讼为要挟,这也不利于公司的稳定和发展。因此,对于债权人,其不应享有提起公司设立无效之诉的资格。

五、提起公司设立无效诉讼的法律后果是什么

1. 原告胜诉的法律后果

从各国或地区的公司立法来看,公司设立无效的法律后果因设立无效的原因不同而有所差别。(1)如果公司设立无效是因设立程序违反强制性规定等客观瑕疵导致的,则公司进入清算程序,清算完结,公司即告消灭。(2)如果设立无效是因设立人的主观瑕疵造成的,且该无效原因只存在于某股东,则经由其他股东协议一致,可以保留该公司,而存有无效原因的股东视为其退出公司。

在法院做出设立撤销或者设立无效判决之后,公司应将该判决予以公告,告知社会公众。同时,公司应依法进行清算并注销登记。清算可以由公司自己组织进行。如果公司不能组织清算或者清算发生障碍,法院可以根据利害关系人的请求选任清算人。

2. 原告败诉的法律后果

在公司设立无效诉讼的进行过程中,如果作为设立无效原因的瑕疵已经得到弥补,

---

① 有观点认为,在公司瑕疵设立时,应当赋予债权人享有宣告公司设立无效制度的权利,从而否认公司设立行为的效力,否定公司法人的人格,由公司设立时的发起人或股东承担连带责任。也有观点认为,在债权人与公司缔结契约时,应调查公司的资本和信用状况,明确公司的经济状况和履约能力。如果调查显示公司已经存在着资本不足的情形,他或者拒绝与公司从事交易,或者要求股东就债权人与公司间的契约设置担保。如果债权人应该调查而没有进行调查,则他实际上是已经同意承担公司资本不足所带来的风险。参见李玉环:《公司瑕疵设立规制方法研究——建立公司设立无效制度的理论及实践要求》,载赵旭东主编:《公司法评论》(第3辑),人民法院出版社2006年版。

而且根据公司现状和各种条件，认定瑕疵设立无效不妥时，法院可以驳回其请求。如果经法院判决原告败诉，其他利害关系人仍然可以再次提出诉讼。原告败诉时，如果原告有恶意或重大过失的情形，应对公司承担损害赔偿责任。这对原告是一种从重责任，其目的主要在于引导原告谨慎提起这种诉讼。

六、公司设立无效的判决是否具有溯及力

多数国家在宣告公司无效或撤销前会给予公司补正瑕疵的机会。虽然大陆法系对公司的瑕疵设立采取了较为严格的态度，但为了维护交易安全以及促进效率，大陆法系大多数国家法院在宣告公司设立无效或者撤销公司设立前均规定一定的期限，给公司以补正瑕疵的机会。如《联邦德国股份公司法》第276条规定："有关企业经营对象方面的缺陷，可以在遵守法律和章程的有关规定的情况下，通过修改章程予以弥补。"其余国家如法国、意大利均有类似的规定。

同样，多数国家规定公司被宣告设立无效或被撤销，其判决没有溯及力，不影响判决前公司、股东、第三人间所产生的权利义务关系。如《联邦德国股份公司法》第277条规定："无效性并不影响以公司名义采取的法律行为的有效性。"《德国有限责任公司法》第77条也有相同规定。其余国家如意大利、日本、韩国均有关于公司设立无效或被撤销判决无溯及力的规定。本书同样认为，公司设立无效的判决不具有溯及力。这是因为，公司法上的设立无效与撤销与民法上的无效与撤销不同。公司法中的设立撤销和无效判决，其效力虽可及于第三人，但均无溯及力，不影响判决确定的前股东、第三人间产生的权利义务，从而将无效的后果限制在将来。这样规定的目的主要在于保护交易的安全和经济秩序的稳定。

七、撤销公司登记的效力如何

《公司法》第一百九十九条规定："违反本法规定，虚报注册资本、提交虚假材料或者采取其他欺诈手段隐瞒重要事实取得公司登记的，由公司登记机关责令改正，对虚报注册资本的公司，处以虚报注册资本金额百分之五以上百分之十五以下的罚款；对提交虚假材料或者采取其他欺诈手段隐瞒重要事实的公司，处以五万元以上五十万元以下的罚款；情节严重的，撤销公司登记或者吊销营业执照。"但是并没有明确撤销公司登记的性质。《公司法》规定的撤销登记、吊销营业执照等处罚措施，在于禁止公司的经营行为，处罚行为人虚报注册资本、提交虚假证明文件或者采取其他欺诈手段隐瞒重要事实的行为，效果是剥夺了公司的经营资格，而非公司的法人人格。作为行政责任的规范，该条对公司登记撤销的规定，与各国公司法上公司设立无效和撤销的概念相去甚

远。公司登记的撤销是登记机关对错误登记进行的使登记失效的处分行为，由登记主管机关为之；而公司设立无效与撤销则是为了维护相关权利人的利益，由国家审判机关对私权进行保护的一种救济措施。《公司法》规定，依法被吊销营业执照、责令关闭或者被撤销是公司解散的原因。公司因被吊销营业执照、责令关闭或者被撤销而解散的，应当组成清算组进行清算。清算结束后，清算组应当制作清算报告，报股东会、股东大会或者人民法院确认，并报送公司登记机关，申请注销公司登记，公告公司终止。据此，公司依法被吊销营业执照、责令关闭或者被撤销后，只有经过解散、清算程序后法人人格才终止，这表明公司法是承认瑕疵公司的法人资格的。①

八、公司设立行为部分无效是否引起其他发起人的资本充实责任

如果部分设立人实施的公司设立行为被确认为无效，但并未导致整个公司设立无效，则其应有权要求返还对公司的出资。由此便会造成公司实际资本与注册资本不相符合。此时，其他发起人是否需要承担资本充实责任？笔者认为，就股份有限公司而言，由于公司的股份具有较强的流动性，所以公司资本充实对于股份的受让者至为重要。不仅如此，在募集设立股份公司的情况下，发起人所负担的资本充实责任实际上构成其他认股人的信赖利益和风险担保。据此，在股份公司设立部分无效的情况下，其他发起人必须承担资本充实责任，共同认购不足部分的股份。相反，有限公司的股东较少，且公司的信用基础往往主要不在于资本的结合，故而要求发起人承担资本充实责任则过于严苛。② 所以如果有限公司设立部分无效，则其他发起人不需对不足部分的出资承担连带缴纳责任，而只需负担及时变更公司登记之义务即可。上述结论固然加大了股份有限公司发起人的责任，但这里也存有一种内在的利益平衡机制——因为如果部分设立行为无效关系重大，足以动摇其他设立人设立公司的意愿，则应宣告该公司设立无效，从而不存在承担资本充实责任的问题。被宣告设立无效的公司应当进行清算。③ 而根据法定的清算程序，公司财产必须先用于支付清算费用、劳动债权、税款和公司债务，剩余财产才能按照股东的股份进行分配。如果经过清算，分配给股东的财产不足原先出资额，则应当视为全体股东共同承担投资风险的结果，亦体现了法律对交易安全的优先保护。

---

① 罗越明、卫东亮：《瑕疵公司的责任承担》，载《人民司法·应用》2007 年第 5 期。

② 正是基于此种理念，我国《公司法》第二十八条和第三十一条仅对有限责任公司的发起人设定了“出资违约责任”和“非货币出资实际价额明显过低时的差额补足责任”，但并未规定发起人须对货币出资负担连带缴纳或补足的责任。此与股份公司发起人（第九十四条第一款）形成鲜明对比。

③ 公司被判定为设立无效的即进行清算，乃是各国立法的通例。

法条索引

《中华人民共和国公司法》

第一百九十九条 违反本法规定,虚报注册资本、提交虚假材料或者采取其他欺诈手段隐瞒重要事实取得公司登记的,由公司登记机关责令改正,对虚报注册资本的公司,处以虚报注册资本金额百分之五以上百分之十五以下的罚款;对提交虚假材料或者采取其他欺诈手段隐瞒重要事实的公司,处以五万元以上五十万元以下的罚款;情节严重的,撤销公司登记或者吊销营业执照。

第二百条 公司的发起人、股东虚假出资,未交付或者未按期交付作为出资的货币或者非货币财产的,由公司登记机关责令改正,处以虚假出资金额百分之五以上百分之十五以下的罚款。

第二百零一条 公司的发起人、股东在公司成立后,抽逃其出资的,由公司登记机关责令改正,处以所抽逃出资金额百分之五以上百分之十五以下的罚款。

《最高人民法院关于适用〈中华人民共和国公司法〉若干问题的规定(三)》

第六条 股份有限公司的认股人未按期缴纳所认股份的股款,经公司发起人催缴后在合理期间内仍未缴纳,公司发起人对该股份另行募集的,人民法院应当认定该募集行为有效。认股人延期缴纳股款给公司造成损失,公司请求该认股人承担赔偿责任的,人民法院应予支持。

第七条 出资人以不享有处分权的财产出资,当事人之间对于出资行为效力产生争议的,人民法院可以参照物权法第一百零六条的规定予以认定。

以贪污、受贿、侵占、挪用等违法犯罪所得的货币出资后取得股权的,对违法犯罪行为予以追究、处罚时,应当采取拍卖或者变卖的方式处置其股权。

第八条 出资人以划拨土地使用权出资,或者以设定权利负担的土地使用权出资,公司、其他股东或者公司债权人主张认定出资人未履行出资义务的,人民法院应当责令当事人在指定的合理期间内办理土地变更手续或者解除权利负担;逾期未办理或者未解除的,人民法院应当认定出资人未依法全面履行出资义务。

第九条 出资人以非货币财产出资,未依法评估作价,公司、其他股东或者公司债权人请求认定出资人未履行出资义务的,人民法院应当委托具有合法资格的评估机构对该财产评估作价。评估确定的价额显著低于公司章程所定价额的,人民法院应当认定出资人未依法全面履行出资义务。

第二十一章

公司发起人热点问题裁判标准与规范

本章导读

公司发起人是公司设立过程中所产生的权利义务的主要承担者。理论上有关发起人的若干制度和规定,譬如发起人的法律地位、发起人的资格、发起人的民事责任等诸方面一直是研究和探讨的重点,实务中因与发起人有关的问题也是非常常见。本专题立足于发起人制度中的重要内容,结合司法实践,对这一制度进行了初步地梳理和归结。

理论研究

一、发起人的法律地位

1. 发起人法律地位的理论争议

发起人的法律地位也即发起人与成立后公司的关系是一个学术问题,理论界对此还未有统一的认识。我国大陆及台湾学者讨论主要有四种学说,即无因管理说、为第三人契约说、设立中公司之机关说和当然继承说。①

无因管理说认为发起人与成立后的公司是一种无因管理关系,即发起人为了即将成立的公司的事务而进行管理,在公司成立之后作为管理人的公司发起人便把公司设

---

① 关于此四种学说的详细论述,可参见奚晓明主编:《最高人民法院关于公司法解释(三)、清算纪要理解与适用》,最高人民法院 2011 年版,第 31 页。

立过程中所发生的权利义务归属于公司。但此说有以下缺陷:第一,无因管理乃为他人之事务进行管理,而公司设立阶段此“他人”并不存在;第二,无因管理的前提为管理人无法定义务,然而筹办公司事务乃发起人之法定义务;第三,无因管理中的管理人并无报酬请求权,而发起人在公司成立之后拥有报酬请求权。

为第三人利益契约说。此说认为发起人在公司设立阶段与他人所缔结的契约乃是以成立后的公司为受益第三人的合同。然而若按为第三人利益契约说,为第三人利益契约仅能使该第三人受益,并不能使其负义务。若按此学说,公司发起人为设立公司所负的正当的义务便无法移转于公司。

设立中公司之机关说。此说认为发起人乃设立中公司的机关,设立中的公司被认为是一种无权利能力社团,由于该社团与成立后的公司属于同一体,因而发起人在公司设立中的权利义务自然由成立后的公司承受。此说无法解释,在公司不能成立时,对于设立所发生之费用为何要由发起人负连带责任,而不是由该无权利能力社团负责。

继承说。此说认为发起人在设立公司中的权利义务在公司成立时当然由公司承受。然而此说无法说明发起人的权利、义务为什么当然要由成立公司承继的原因。

以上四种说法,以第三种即设立中公司之机关说为通说。

2. 从具体的法律关系看发起人的法律地位

笔者认为,对于法律地位的探讨,必须将其放在某一法律关系中才能进行。因为“地位”从来只有放在一定关系中才有意义。纵观以上四种学说,其所指法律关系并不统一。其中无因管理说,为第三人契约说,当然继承说乃着眼于公司发起人与成立后公司的关系;而设立中公司机关说乃着眼于公司发起人与设立中公司这一社团之间的关系。所以,对公司发起人法律地位的探求应放在具体的法律关系中进行,而不能一概而论。为此本书从下述几个关系中对公司设立人法律地位作粗略探讨。

第一,公司发起人之间的关系。公司发起人之间的关系是由于有设立公司并使公司成立的共同目的,并根据发起人协议进行确定的一种权利义务关系。单就发起人之间的个体关系而言(而非从发起人整体而言,发起人整体可以看作设立中公司的机关),这种关系乃是民法上的民事合伙关系。[①] 这就能解释为何公司不能成立时,对设立所生之后果由各发起人承担连带责任。

第二,发起人与设立中公司的关系。近年来有些学说认为,设立中的公司属于一种无权利能力社团。发起人为设立中公司的事务执行机关,发起人对外代表设立中的公

① 奚晓明主编:《最高人民法院关于公司法解释(三)、清算纪要理解与适用》,最高人民法院2011年版,第31页。

司进行创立活动,对内负责办理公司筹办的各项事务。

第三,发起人与成立后的公司的关系。发起人与成立后的公司并无直接关系。根本原因在于二者在存续时间上的差异。发起人仅存在于公司设立阶段,此时公司并未取得人格;而公司人格权开始于公司成立,此时随着发起行为的完成发起人也转变成了公司股东。因而二者并不存在直接联系,只有通过设立中公司这一载体,二者才间接地发生关系。

二、发起人的法律责任

公司发起人在公司设立过程中处于与多个主体的关系之中,如公司发起人与认股人、发起人与债权人、发起人与设立中的公司以及发起人相互之间等众多关系。不同的主体间会产生不同的法律责任,因此公司发起人的责任是多元的。但一般而言,公司发起人责任可以分为公司成立后公司发起人责任与公司设立失败时公司发起人的责任。

1. 公司成立后公司发起人的责任

(1)发起人对公司的责任。

①发起人对公司的资本充实责任[①]。资本充实责任是指为贯彻公司法中的资本充实原则,由公司发起人共同承担的保证公司成立时的实有资本与公司章程记载一致的责任。

资本充实责任有以下内容:第一,认购担保责任。[②] 该责任是指股份有限公司在募集设立时,其发行的股份未被认购或者认购后又被取消的,由发起人共同认购。在这种情况下,履行认购义务的发起人可以取得所认购的股份的股权。第二,缴纳担保责任。股东或发起人虽然认购了股份,但未缴纳股款或未交付其他非货币出资的,由发起人连带缴纳股款或交付未交付非货币财产的价额。第三,差额填补责任,也称为非货币出资的价格填补责任。该责任是指,当公司成立时,如果作为出资的非货币财产的价额显著低于章程所定价额时,发起人对不足的差额部分承担连带填补责任。

资本充实责任有如下性质:第一,资本充实责任是公司法上的法定责任,不可以通过股东或发起人的约定而改变,也不可通过公司章程或股东(大)会决议来免除。第二,资本充实责任的主体限于有限责任公司成立时的股东或股份有限公司的发起人。其他如股份有限公司成立前的认购人及公司成立后新加入的股东均不承担此项责任。第三,资本充实责任是无过错责任。只要存在着公司成立时实有资本与章程

---

① 戴璇:《发起人资本充实责任范围之研究——评析〈关于适用《中华人民共和国公司法》若干问题的规定(三)〉》,载《山东省农业管理干部学院学报》2010年第5期。

② 张若楠、朱翠微:《公司发起人的资本充实义务》,载《人民司法》2010年第11期。

记载存在差别的事实就可以构成，至于行为人的主观过错则在所不问。第四，资本充实责任为连带责任。即由法律所规定的股东或发起人对资本不足的部分承担共同连带责任，先行承担责任的股东或设立人可以由此对其他股东或设立人行使追偿权。

②发起人对公司的损害赔偿责任。发起人对公司的损害赔偿责任又可以分为三种：

第一，出资损害赔偿责任。从根本上讲，出资损害赔偿责任也是基于公司法资本充实原则的一种责任。当认股人没有认股或没有缴纳股款，或在公司成立时非货币出资价额显著低于章程记载时，公司成立时的股东或发起人要承担资本充实责任；但若上述认购、认缴或非货币出资存在的瑕疵同时导致公司损害时，发起人应该对此种损害承担连带赔偿责任。[①] 赔偿责任是基于资本充实原则所生之责任，属于无过错责任。

第二，发起人冒滥行为的赔偿责任。此责任是指发起人所得的报酬或特别利益，以及公司所负担的设立费用有冒滥行为，致使公司遭受损害时而承担的责任。关于冒滥责任在德国公司法及我国台湾地区有关公司的规定中均有规定。[②] 发起人冒滥行为的赔偿责任是一种过错责任。

第三，发起人怠于行使其义务的赔偿责任。公司发起人是设立中公司的执行机关，对公司的设立进程起着决定性的作用。公司的发起人拥有报酬请求权等一系列的权利，同时也必须对公司设立事务尽善良管理人的注意义务。若公司发起人怠于行使其义务，致使公司受损失时，公司发起人须向公司承担损害赔偿责任。此种责任是一种过错责任，在表现形式上既可能是作为，也可能是不作为；此种责任是非过错责任，无过错的发起人不承担责任。另外，公司法规定的该责任是针对股份有限公司的情况，但类似情况在有限责任公司中也同样可能出现，一旦发生，亦可参照公司法对股份有限公司的规定来处理。

(2)发起人对第三人的责任。

①公司设立过程中第三人范围的界定。公司设立过程中的第三人有以下几种类型：第一，在公司设立过程中与作为设立中公司机关的公司发起人进行交易的合同债权人。公司在设立过程中，为了设立事务的顺利进行必须要签订一系列的契约，如租赁契约、雇佣契约等。第二，在公司设立过程中由于公司发起人的设立行为而受到损害的侵权之债的债权人。[③] 第三，股份有限公司募集设立时的认股人。在公司设立中，当认股人认购股份后，他就成为设立中公司这一无权利能力社团的社员。在公司成立后，认股

---

① 张俊：《公司发起人问题研究》，中国社会科学院研究生院 2011 年硕士学位论文。

② 《联邦德国股份公司法》第 46 条(1)、(2)；我国台湾地区有关公司的规定第 147 条、第 149 条。

③ 由于无因管理与不当得利之债在公司设立过程中极为罕见，故此处不予讨论。

人与发起人同时成为公司的股东。因此照理而论,认股人在设立中公司及成立后公司中处于与公司发起人在形式上类似的地位,而不是处于与债权人类似的第三人的地位。然而,认股人在公司设立过程中并没有掌握公司发起人所掌握的对公司设立事务的控制优势与信息优势。与发起人相比,认股人依然处于一个弱势地位。因此为了保障认股人的合法利益,激励其投资于公司的热情,公司法赋予其第三人的地位而加以特别保护,这一点在公司设立失败的情况下尤为明显。

②发起人对第三人的债务连带责任。发起人的债务连带责任是指公司发起人在公司成立之后与公司一起就公司设立过程中产生的债务负连带责任。对于此种责任的理解应注意以下几点:

第一,此债务由公司设立的必要行为而引起。若非由于设立公司的必要,甚至是公司发起人为了自己的私利而与他人进行的交易,成立后的公司则不予认可而由做出此行为的发起人自己承担责任。然而什么行为属于公司设立的必要行为呢?依一般之认识,凡法律上、经济上属于公司设立所必需的行为均可认为是公司设立的必要行为,如发起人租赁发起事务的筹备处、认股书及其他文件的印刷、根据法律规定而聘请资产评估师等。如果是必要合同那么成立后的公司应当对其承担后果,但是对于非必要合同,发起人以自己名义签订的就应该由自己承担对该合同的责任,对于数个发起人合意签订的,发起人之间也要承担连带责任。不论公司是否成立,发起人作为合同一方的当事人应当对合同承担责任,发起人是数人时,此责任为连带责任。①

第二,此责任为成立后的公司与公司发起人的共同连带责任。本来根据设立中公司与成立后公司的“同一体”说,作为设立中公司机关的发起人所为的公司设立行为可以视为成立后公司的行为,而由此所产生的责任也自然由成立后的公司负担。但是为了保护债权人的利益,维护交易安全,在公司成立之后仍由公司发起人与公司承担连带责任。

③发起人对第三人的侵权连带责任。侵权连带责任是指,发起人在公司设立过程中实施公司设立行为,违反法律法规而致第三人损害时,与成立后的公司一起对第三人负连带赔偿责任。② 对于此责任亦应注意:

第一,对第三人的损害须产生于公司发起人执行公司设立事务的过程中,若发起人的致害行为不属于公司设立行为,则由公司发起人自己对侵权行为负责。

第二,对第三人的损害行为应符合民法上侵权行为的一般要件。

第三,此责任由公司发起人与成立后的公司连带承担,这与上述债务连带责任

① 李娜:《论公司发起人的民事责任》,河南大学 2011 年硕士学位论文。

② 奚晓明主编:《最高人民法院关于公司法解释(三)、清算纪要理解与适用》,最高人民法院 2011 年版,第 97 页。

相同。

④发起人对认股人的责任。在股份有限公司募集设立的情况下，公司发起人还须履行《证券法》上所规定的义务。从根本上说，公司发起人应根据证券法“公开、公平、公正”三原则的规定，真实、准确、及时、完整地进行信息披露。如发起人不得有虚假、诈欺，或致人误认的行为，发起人要公开招股说明书，并保证招股说明书中所记载事项的真实、准确、完整，若公司发起人不能履行或不能充分履行上述义务，则在公司成立后仍须向善良认股人承担赔偿责任。

(3)发起人的出资违约责任。

发起人的出资违约责任是指出资有瑕疵的发起人对出资没有瑕疵的发起人基于章程或发起人协议而承担的一种责任。本文认为，发起人的出资违约责任应从以下方面来理解：

第一，责任的性质。顾名思义，公司发起人的出资违约责任乃是一种违反契约所生之责任。然而此处所称的契约究竟何指？这需要根据不同的公司类型作出分析。在股份有限公司的设立中，“契约”系指发起人协议。股份有限公司的设立过程甚为繁杂，因此很多国家强制规定股份公司设立需由发起人签订发起人协议。发起人协议是一种典型的合伙契约，其中规定了发起人之间相互承负的权利与义务，如发起人的出资义务。发起人没有按规定出资就会因违反发起人协议而向其他股东承担违约责任。在有限责任公司的设立中，法律并不强制要求发起人订立协议。因而有的情况下有限责任公司的出资人会订立发起协议，而更多时候，由于公司章程是由所有出资人共同制订的，出资人便把公司章程同时看作他们之间的协议来指导设立过程。此时有限责任公司的章程就有双重意义：一为未生效的未来公司的根本性文件；二为出资人之间的契约。因而，出资人若不按章程规定出资就构成了对已按规定出资的出资人的违约。

第二，责任适用的场合。有学者认为发起人的出资违约责任仅存在于公司未成立，解散或被撤销等场合，因为公司成立之后不按规定出资的发起人仅向公司承担义务，而不再向其他按规定出资的发起人承担义务。① 笔者认为公司发起人的出资违约责任不仅存在于公司成立前，同时也存在于公司成立之后。因为在公司成立时虽然公司的章程生效并成为调整公司各方当事人关系的基本文件，但这并不意味着公司发起人在公

① 陈甦：《公司设立者的出资违约责任与资本充实责任》，载《法学研究》1995 年第 6 期；另见冯果：《论公司股东与发起人的出资责任》，载《法学评论》1999 年第 3 期。也有学者认为公司发起人违约责任不仅存在于公司成立之前，也存在于公司成立之后，相关内容参见蒋大兴：《公司法的展开与评判》，法律出版社 2001 年版，第 140 页。

司设立阶段的约定就必然消失，只要发起人协议没有违反法律强制规定或违反社会公共利益，并且发起人没有使之失效的意思表示，公司发起人协议在公司成立之后依然可以存在，这也是契约自由原则的体现。

第三，责任的主体和责任的相对人。公司发起人出资违约责任的主体是指出资存在瑕疵的股东或发起人，责任的对象是公司成立时按规定出资的其他股东或发起人。

2. 公司设立失败时发起人的责任

公司设立失败是指公司因种种原因而不能成立的情形。公司设立失败的直接结果是作为无权利能力社团的设立中的公司不复存在。然而，在公司设立过程中不可避免地产生了诸多的权利义务关系，那么公司设立失败后，这些权利义务由谁来承受呢？当设立中的公司不复存在后，发起人作为设立中公司的一个机关的地位也随之而去了，此时，发起人之间就仅存在着由于签订发起人协议或章程所形成的合伙关系。因此，当公司设立失败时，发起人承担责任的基本原则是：发起人为发起行为所产生的后果承担无限连带责任。具体如下：

(1)公司发起人对设立行为的债务和费用负连带责任。

这里所说的债务，包括合同之债和侵权之债；所说的费用，包括为设立公司支付的租用房屋、场地费，购买办公用品费，办理设立的手续费，支付审计、资产评估、律师费，支付发行股票承销费，支付雇员劳务报酬费等。这些债务和费用，本应由成立后的公司来支付，但由于设立失败，就只能由发起人来承担了。

(2)公司发起人对认股人已缴纳的股款，负返还股款并加算银行同期存款利息的连带责任。

按理而言，认股人在交纳股款后已成为设立中公司这一无权利能力社团的社员，当公司设立失败后，本应仅分得公司清偿债务后的剩余财产，但《公司法》为了加强对认股人的保护而把其置于与债权人相同的第三人的地位。所以当公司设立失败时，认股人仍可要求返还股款并加算利息。

(3)公司发起人的出资违约责任。

正如前述及，公司发起人的出资违约责任既可能存在于公司成立之前，也可能存在于公司成立之后。若有公司发起人没有按规定出资从而导致公司不能成立时，该发起人须向其他发起人承担出资违约责任。

实务探讨

一、如何界定公司的发起人

公司设立的主体是发起人以及其他相关人员,公司的成功设立离不开发起人的参与及其积极行为,因此,发起人在公司的设立过程中占有十分重要的地位。但对于何谓发起人,各国存在不同的规定。大陆法系之通说为形式说,即发起人是在公司章程上以发起人名义署名者。如日本《公司法》第26条规定:设立股份有限公司,须由发起人制定章程,章程上必须有各发起人的签名。[①] 但是,日本的立法仅采取形式的定义,即所谓的发起人是在公司章程上以发起人名义署名者。日本的判例与学说之通说亦赞同这种形式化的判定标准。[②] 德国《股份公司法》第28条规定:"确定章程的股东为公司发起人"。[③] 法国《商法典》第225-2条规定:"公司章程草案应由一名或若干名发起人制定并签署"。[④] 在我国,鉴于《公司法》规定"发起人制订公司章程"、"发起人承担公司筹办事务"以及发起人承担责任的有关规定,较为流行的观点认为发起人是指参与公司设立活动,认缴出资(股份),并在公司章程上签字盖章、承担相应法律责任的人。[⑤] 在我国公司法中,对于股份公司设立人使用了"发起人"的概念,对于有限公司设立人使用的是"股东"或者"设立时的股东",[⑥]事实上,有限责任公司同样存在着发起人或者起到发起人作用的人,即有限责任公司设立时的股东。设立时的股东承办有限责任公司的设立事宜,这正是扮演着发起人的角色,其发挥的作用与股份有限公司的发起人的作用是基本一致的。所以,可以将有限责任公司设立时的股东也纳入发起人的范畴。

《公司法解释(三)》第一条规定,为设立公司而签署公司章程、向公司认购出资或者股份并履行公司设立职责的人,应当认定为公司的发起人,包括有限责任公司设立时的股东。

发起人是为设立公司而签署公司章程的人。公司章程是由设立公司的股东制定并

① 崔延花译:《日本公司法典》,中国政法大学出版社2006年版,第11页。

② 孙天全:《股份有限公司发起人若干问题研究》,载《北京理工大学学报(社会科学版)》2007年第2期。

③ 卞耀武主编,贾红梅、郑冲译:《德国股份公司法》,法律出版社1999年版,第265页。

④ 罗结珍译:《法国公司法典》,中国法制出版社2007年版,第95页。

⑤ 蒋大兴:《公司法的展开与批判——方法·判例·制度》,法律出版社2003年版,第2页。

⑥ 如《公司法》第三十一条,"公司设立时的其他股东"。

对公司、股东、公司经营管理人员具有约束力的、调整公司内部组织关系和经营行为的自治规则。公司章程的制定包括起草、讨论、协商、签署等多个环节,其中"起草"、"讨论"、"协商"等环节的参与者对公司章程的通过没有决定效力,只有签署公司章程的签署人,才能对公司章程的制定和通过具有实质影响。因此,只有公司章程的签署人才是公司的发起人。

发起人是向公司认购出资或者股份的人。根据《公司法》第二十六条的规定,有限责任公司的注册资本为在公司登记机关登记的全体股东认缴的出资额。根据《公司法》第八十一条的规定,股份有限公司采取发起设立方式设立的,注册资本为在公司登记机关登记的全体发起人认购的股本总额。据此,认购是指有限责任公司出资和股份有限公司股东认购股本的行为。认购出资或者股份与实际缴纳出资或者股款不同,出资人或者购股人只要作出了认购行为,无论其是否已经实际缴纳出资,均可认定为公司发起人。

发起人是履行公司设立职责的人。公司设立职责是指发起人基于其发起人身份,依照法律的规定和合同的约定而应该享有的权利、负有的义务和承担的责任。履行公司设立职责,并非要求发起人实际参与、实际经办筹办事务。发起人可以授权其他发起人代表自己实施实际的具体行为,不论发起人是否参与具体的筹办事务,都需要对公司设立事务承担责任。

为设立公司"签署公司章程"、"向公司认购出资或者股份"、"履行公司设立职责",构成了公司发起人同时具有的三个法律特征。同时,这三个特征也可以视为公司发起人的三个法定条件,依照《公司法》和《公司法解释(三)》第一条的规定追究公司发起人的法律责任时,该发起人应同时具备以上三个条件。①

二、机关法人能否作为公司发起人

从我国现行法律法规的有关规定来看,机关法人一般是不能作为公司发起人的。之所以如此,是基于以下几个方面的原因。首先,党政机关法人均为国家全额拨款单位,如果作为公司设立人,则意味着可能将应当用于行政公务的国家拨款作为投资,从而影响机关正常的工作进行;其次,党政机关法人作为公司发起人等于经商兴办公司,直接违反了党中央、国务院有关党政机关不得经商办公司的规定;最后,党政机关法人作为公司发起人可能导致公司政企不分,使之难以真正建立起公司法人治理结构。

① 奚晓明主编:《最高人民法院关于公司法解释(三)、清算纪要理解与适用》,人民法院出版社2011年版,第21—22页。

但是,在我国政府机构改革过程中,也有一些特殊例外的情形。在《公司法》修订前,政府中的国有资产管理部门有的作为当时《公司法》规定的"国家授权的部门",也可以成为有限责任公司或股份有限公司的设立人。2005 年《公司法》虽然去掉了"国家授权的部门"的规定,但从第六十五条关于"国有独资公司,是指国家单独出资、由国务院或者地方人民政府委托本级人民政府国有资产监督管理机构履行出资人职责的有限责任公司"的规定并结合当前有关法规确立的企业国有资产分级管理的原则来看,法律允许特殊的政府机关法人(如国有资产监督管理机构)作为公司发起人或者设立人。

三、非营利性法人能否作为公司发起人

所谓非营利性法人,是指不以营利为目的,并且其收入不用于分发给组织成员的法人。就我国民法通则的规定而言,我国没有对法人采取传统的分类,而是把法人区分为企业法人和非企业法人,其中企业法人又分为公司法人和非公司法人;非企业法人又分为机关法人、事业单位法人、社会团体法人等。企业法人为营利性法人,非企业法人一般为非营利性法人。各国对非营利性组织从事商业活动,包括设立公司的态度主要有以下三种:一是绝对禁止主义,即禁止非营利性组织参与任何具有商业目的的活动,以菲律宾为代表;二是原则禁止主义,即原则上禁止非营利性组织参与商业活动,但如果为实现非营利性组织的生存目的的除外。如我国台湾地区规定:禁止非营利性组织参与任何具有商业目的的活动或者商业活动,但为非营利性组织生存目的的除外。三是附条件许可主义。这是多数国家立法所采用的态度,只是不同国家立法所附的条件各有差别。如澳大利亚规定,允许非营利性组织从事商业活动,条件是商业活动所得应用于更广泛的非营利性目标;韩国规定,允许非营利性组织从事商业活动,条件是商业活动所得应用于更广泛的非营利性目标,而且事先应获得相关政府部门的批准;日本规定,允许非营利性组织从事商业活动,条件是不与营利性企业竞争,同时,应保证商业支出少于 50%,公益性支出至少为总支出的 50%。①

非营利性法人充当发起人资格问题,在我国经历了从绝对禁止到相对允许的阶段。1993 年国务院出台了《关于党政机关与所办经济实体脱钩的规定》,规定党的机关、权力机关、政协机关、司法机关、行政执法机关等不能作为投资主体办企业。即使作为投资主体办企业的机关也要做到"四脱钩",即在人、财、物、名称方面都要和机关脱钩。1998 年,中共中央国务院下发了《中共中央办公厅国务院办公厅关于军队武警部队政

① 蒋大兴:《公司法的展开与批判——方法 · 判例 · 制度》,法律出版社 2001 年版,第 15—16 页。

法机关不再从事经商活动的通知》,完全禁止了军队、武警部队、政法机关等再从事经商活动。就基金会而言,1998年颁布的《基金会管理办法》第六条规定:基金会不得经营或管理企业。就社会团体法人而言,1998年颁布的《社会团体登记管理条例》第四条规定,社会团体不得从事营利性经营活动。同年颁布的《民办非企业单位登记管理暂行条例》第四条规定:民办非企业不得从事营利性经营活动。但国家工商总局在1998年1月7日发布的《公司登记管理若干问题的规定》第十八条、第十九条规定,"农村中……没有集体经济组织,由村民委员会代行集体经济组织管理职能的,村民委员会可以作为投资主体投资设立公司,村民委员会投资设立公司,应当由村民委员会作出决议。具有投资能力的城市居民委员会可以投资设立公司。"可见在工商实践中,自治组织只要其具有投资能力,即可以成为公司发起人。第二十一条指出:"会计师事务所,审计事务所,律师事务所和资产评估机构不得作为投资主体向其他行业投资设立公司"。中介组织可以在自己的本行业中投资办公司,但投资非本行业的公司则不允许。1999年6月29日下发的《关于企业登记管理若干问题的执行意见》,在一定程度上承认了社会团体等非营利性组织作为公司发起人资格问题,该意见第六条指出:"社会团体、事业单位及民办非企业单位,具备法人资格的,可以作为公司股东或投资开办企业法人,但按照中共中央、国务院的规定不得经商办企业的除外。"

通过对我国非营利性法人从事商业活动规范历程的考察可知,我国对机关法人曾采取原则禁止的态度,而对其他的非营利性法人,如社会团体、基金会等,则采取绝对禁止的态度,虽然在市场经济背景下相关规定有所松动,但是还是与世界各国的立法趋势和经济发展的情况不相适应。由于长期受计划经济体制的影响,立法者总是以非营利性之公益标准,将非营利性法人阻隔于商事活动之外,我国的立法机关也早已习惯了越俎代庖,精心地为市场设计交易安全和规避风险。殊不知在市场之地,没有谁比个人更有资格对他们的事务作出判断,市场之地应听从于当事人的自主判断,与谁交易,交易的内容为何,责任的如何承担,听凭于当事人讨价还价,这才是最富有效率的。一方面,交易相对人既然选择了非营利性法人作为合作伙伴,就有了自己的商业判断标准,就应对自己的选择承担责任;另一方面,很多非营性法人原靠政府拨款或捐赠等方式维持生存,但在我国目前的经济条件下,这些经费很难获得保障,大多数非营利性法人为了生存不得不进行某种营利性活动。针对我国目前许多非营利性法人从事商事活动的实际情况,应从立法上予以肯认。另外,有人认为非营利性组织不得参与商业活动,这是对非营利性组织性质的一种误解。非营利性组织的概念并不能表明其不能参与任何商业活动,只能表明非营利性组织不能以营利为目的,并且不能把经营所得分配给其成员。但是,如果非营利性组织通过其营利活动,能够创造更多的财富,能更好地实现其非营利和公益的目的,则这与其本身的性质并不矛盾。其实,考察国外的立法例,完全禁止非营利性组织参与商业性活动的国家甚少,多数国家和地区系在特定条件下许可非营利性组织从事商业活动。承认非营利性法人参与商业活动已是普遍的趋势。有鉴于此,不顾实际情况,不分析具体条件,一律否认非营利性法人的公司发起人资格是不可取的。允许非营利性法人参与商事活动,赋予其公司发起人资格,既不与其本身的性质相矛盾,又能改善其生存状况,使其能为公众提供更好、更多的服务,是利大于弊的。不过,针对非营利性法人从事商事活动带来的失范现象不能失去监管,这方面可以借鉴日本的立法例。日本规定,允许非营利性组织从事商业活动,条件是不与营利企业竞争,同时,应当保证商业支出少于50%,公益性支出至少为总支出的50%。

四、限制行为能力人能否作为公司发起人

我国现行的《公司法》对限制行为能力人能否充任公司发起人没有规定,实践中,公司登记时发起人中存在限制行为能力人,认为是发起人不适格,多要求该发起人退出,否则视为设立无效。但是,这样做是否合理呢?《公司法》本质上属于私法,私法中普遍存在的"法不禁止即可行"的原则,《公司法》没有明文禁止限制行为能力人作为公司发起人,那么,能否肯定其作为公司发起人的资格呢?现就现行法律规定进行探讨。

公司设立行为本质上属于法律行为,我国《民法通则》行为能力制度设计根本目的在于保护限制行为能力人的利益,而非对限制行为能力人的行为本身加以限制。因为无论是限制行为能力人还是完全行为能力人,都有平等的机会参与市场经济的交易活动,限制行为能力人所缺乏的只是行为能力而不是权利能力。为了实现权利能力的实质平等,恰恰需要为他们创造条件,使他们得以参与民事活动,法定代理人制度就为达到这一目的而设计。并且,在市场交易日益复杂化的现代社会,并非所有的法律行为都需要由自己亲自实施,完全可以以自己的名义依靠法定代理人或委托其他有专业知识的代理人来从事这项民事活动,其法律后果也由自己来承担。实际上,即便众多成年人在作为公司发起人时,由于受知识水平或专业技能的限制,大多数也需依靠代理人来办理设立公司的事务。因此,不能说限制行为能力人没有实施设立公司这个民事行为的能力,而简单否认其资格,这是不符合我国《民法》基本原理的。

从交易自由和安全角度看,允许限制行为能力人作为发起人首先是商事交易自由原则的必然要求。私法最重要的特点莫过于个人自治或其自我发展的权利。随着市场交易的多元化和自由化,商事交易自由理念已经被越来越多的国家立法所认可。在现实生活中,为设立公司,发起人之间往往通过签订设立协议来实现,发起人是否愿意与该限制行为能力人一起参与公司设立,以及是否与限制行为能力人参与设立的公司从

事交易,完全应由当事人自己决定,并由其对自己的行为承担相应的责任和风险。在商事领域中,应充分尊重当事人的自我意思表述,尊重其自我决定的权利。在德国和法国,限制行为能力人借助其代理人和其他发起人订立契约、参与公司设立的现象十分常见,而且官方(法院)也对这种行为给予支持。只要限制行为能力人解决了出资问题,其就可以成为公司发起人。

其次,许多学者否认限制行为能力人作为公司发起人的资格都是基于商事交易安全的考虑,认为承认其作为公司发起人会构成交易安全中的不稳定因素,因此建议对发起人的资格进行限制。笔者认为,商事交易安全原则是要减少和消除商事交易活动中的不安全因素,确保交易行为的法律效力和法律后果的可预见性,并采用公示主义、要式主义、外观主义和严格责任主义对其进行法律规制,只要设立人拥有责任财产,交易安全与设立人的资格没有必然联系。交易安全与否,主要由市场进行判断,而并不能也无法由法律加以控制。

在对"限制行为能力人不能作为公司发起人"这一观点进行阐述时,提出了发起人应承担的法律责任。发起人的责任主要是出资责任和公司未能设立的连带赔偿责任,而限制行为能力人被普遍认为不具有这种责任能力,即便有这种能力,也不可能有足够财产来承担公司设立不能的责任。笔者认为:

首先,如果限制行为能力人打算设立公司,那说明他及其合作人具备了法定注册资本的要求,否则登记机关不会予以登记;

其次,《公司法》并没有规定发起人必须有储备资金以防止公司设立不能而须承担的赔偿责任。实际上,这也不可能规定。即使完全行为能力人作为公司发起人遇到诸如此类的情况,有没有能力承担连带赔偿责任也是不得而知的。

再次,法律规定应承担的责任与责任能力是两个不同的概念。法律责任表明法律对主体行为的否定或肯定的评价,基于不同的评价,采取一定的措施。而责任能力是社会对其所承担责任的一种期待值,行为在实施后是否有能力承担其后果又另当别论。因此,如果由《公司法》规定的公司发起人应承担的责任简单推导出发起人就具有此责任能力,显然是不符合法律逻辑的。所以,只要限制行为能力人具备了《公司法》要求的注册资本金,那么他就可以以自己的名义充当公司发起人,这是符合《公司法》规定的资本充实原则的。

最后,限制行为能力人作为公司发起人是利用社会闲散资源的一种有效方式。近几年来,我国经济的发展和人民生活水平的提高表明,通过合法途径获得资金积累的限制行为能力人是很多的。据资料表明,限制行为能力人通过受赠、继承,还有自己的科研成果(如专利、发明等)成为少年富翁的大有人在,由于他们的行为能力有限,使这批资金处于静止状态。

基于以上论述,我国2005年《公司法》对限制行为能力人能否充任公司发起人没有规定,建议相关司法解释规定,只要限制行为能力人具备了相应的出资能力,法律就应当允许其以自己的名义设立公司,作为公司发起人,并借鉴国外成功的经验(如德国、法国),对限制行为能力人设立公司的行为予以适当的规制。①

五、自治组织能否充任公司发起人

所谓自治组织,是指依法建立的基层群众性自治组织,主要包括农村的村民委员会和城镇的居民委员会。此类主体可否作为公司发起人?《公司法》亦无明确规定。从本质上说,基层群众自治性组织是特定社区的群众为实现一定目标而自愿结合起来的自我管理、自我教育和自我服务的群体。但是,由于我国各级政府管辖的地域范围很大、层级很多,行政决策在上传下达过程中极易变异,从而在一定程度上抵消了国家行政管理的效率。为了克服此种决策传递时的效率丢失现象,基层群众性自治组织在我国不得不承担特定的公共管理职能。尤其是经济体制改革以来,农村社会组织发生了深刻变化,农村社会治理模型也经历了较大的变迁。这主要表现在以下几方面:第一,农村实行家庭联产承包责任制,农民摆脱了过去政社合一的集体经济组织的束缚,获得了生产经营自主权,成了相对独立的市场经济主体;第二,与此相适应,过去行政性的生产大队和生产队组织失去了组织生产和组织、管理农民的功能;第三,政社分开又使乡镇政府对农民生产经营活动的调控力弱化。在这一宏观背景下,必须有一种替代性的中间层组织填补国家治理结构网络中的缺陷。按照村民自治制度建立起来的村民委员会就顺理成章地承担了这一角色。由于村民委员会实行强制性的自动地域管辖原则,所有村民均无可选择地被法律安排为自治组织的成员。这种治理结构的存在改变了国家与社会的关系,体现了国家与社会的分权。但正如此种组织的组设动因不仅仅是实现村民的自治,在某种意义上也可以说是为了帮助国家实现治理,因此,群众自治性组织不可避免地要承担部分经济、政治的管理职能。就此而言,与其说是自治组织,不如说是政府管理权力的延伸。由这一目的范围决定,似乎对自治组织从事公司设立行为的权利能力应做严格解释,否则,无疑会阻碍法律为其预设的职能的实现。

但在笔者看来,基层群众性自治组织的"政治化"是在现行政治体制下迫不得已、扭曲形成的。这种"政治化"过程,实际上也是自治组织的自治性本质逐渐丧失的过程。如果认可此种"政治化"的合理性,也就意味着基层群众自治作为一种制度的价值

① 赵旭东主编:《新公司法实务精答》,人民法院出版社2005年版,第17—20页。

已不复存在。根据这一理念逻辑,基层群众性自治组织作为一种自愿结合而成的社团,是否具有设立公司的资格显然并不取决于其在客观上正在不恰当地“政治化”,而应取决于设立行为是否违背其宗旨以及其本身是否具有设立公司的能力。以下从两方面来分析:其一,就宗旨而言,基层群众性自治组织的存在是为了实现特定的自治目标,这一目标无疑应当包括组织或代表群众参与经济活动,解决集体经济组织缺位的问题。因此,赋予自治组织公司发起人资格不会损害其设立宗旨。其二,就权利能力而言,如同对非营利性组织的讨论一样,作为团体的自治组织的权利能力范围与其法律地位有密切关系,但于我国现行法律在构造自治组织时将其不恰当地“政治化”,自治组织的民事法律主体地位显得并不重要。因此,全国人大的有关法律对自治组织本身是否具有法人地位并无明确界定,只是赋予其管理经济的一些基本职能。但由于团体的权利能力受制于团体的宗旨(目的),因此,只要组设自治组织的宗旨(目的)不妨碍其从事投资性活动,无论此种自治团体是否具有法人地位,对其投资能力不应当产生决定性的影响。就如合伙组织一样,尽管其不具有法人地位,但只要其设立宗旨(目的)不排除其从事经营性行为,其应当具有这方面的权利能力。讨论至此,结论已经相当明了,自治组织的设立宗旨(目的)不妨碍其从事设立公司的活动,自治组织应当具有设立公司的法律权利能力,因此,只要其具有用以出资的合法财产,可以成为公司的发起人。这一解释与我国现行公司登记实践的做法是相吻合的。在公司登记实践中,基层自治组织作为发起人而创办公司(企业)的现象并不鲜见,尤其在东南沿海发达地区,群众自治组织的公共积累已达一定规模,禁止此类经济资源进入生产经营领域,无疑是经济财富的浪费和无效配置。因此,对于自治组织能否成为公司发起人,在工商实践中掌握的原则是:只要其具有投资能力,即可成为公司发起人。例如,国家工商行政管理局曾在1998年1月7日发布的《公司登记管理若干问题的规定》第十八条、第十九条规定:“农村中……没有集体经济组织,由村民委员会代行集体经济组织管理职能的,村民委员会可以作为投资主体投资设立公司。村民委员会投资设立公司,应当由村民委会作出决议。具有投资能力的城市居民委员会可以投资设立公司。”

六、中介组织能否充任公司发起人

此处所谓中介组织,是指律师事务所、会计师事务所、审计事务所和资产评估机构等。对于此类中介组织可否作为公司发起人,我国《公司法》未表明态度,国外立法也少有专门限制的。此类组织多能取得法人资格,应根据各国对法人发起人的资格要求进行解释。在有些国家(地区),如我国台湾地区,明确规定法人作为公司发起人时,以公司为限。由此,这些组织是否具有设立公司的能力则取决于其是否属于某种形态的公司。在有些国家,律师事务所、会计师事务所、审计事务所、资产评估机构等此类中介组织虽然可以从其业务活动中获得很高的收益,但法律不认定它们是商人,这是否意味着它们不能从事设立公司等此类商行为呢?

笔者认为,对中介组织能否从事设立公司的商行为不能简单地得出肯定或否定的结论。理由如下:首先,上述中介组织的非商人身份并不意味着其不能从事任何商行为。对于同一种商行为,商人与非商人的身份有时只意味着适用法律的差异,即商人为之,适用商法;而非商人为之,适用民法或其他的特别法。因此,不能从中介组织的非商人身份得出其不能成为公司的发起人的结论。这就如非营利性组织和自治组织本身亦非商人,但却可从事设立公司的商行为的道理一样简单。其次,在不同国家,法律对中介组织的界定可能存在差异,并且中介组织本身的组织形式亦有多种,如在我国,中介组织可能是国办的,也可能是合作制、合伙制的,甚至还可能是“特殊有限责任公司”(如合股制的会计师事务所在我国进行工商登记时,即登记为特殊的有限责任公司)。因此,这些不同类型的中介组织从事商事经营的权利能力是否会有所区别是值得研究的。笔者认为,从长期发展来看,不能排除某些具有较强竞争能力的中介组织从目前的“单业经营方式”走向“混业经营”的可能性。因此,一律禁止中介组织设立公司未必妥当。再次,中介组织所从事的业务性质决定了其在社会结构中的特殊地位,如果对其设立公司的行为不做任何限制,则可能损害公司其他发起人或潜在债权人的利益。因为,作为发起人的中介组织具有其他发起人所不具有的业务优势,并且,由于公司发起人对于公司设立各有独立的利益和目标,这种优势很难作为资源由全体发起人共享。例如,中介组织发起人可能利用其熟知评估业务的优势,在对实物出资进行评估作价时损人利己。即便这种优势地位能够被遵守信义义务的“讲道德”的中介组织发起人贡献出来,作为集体资源使用,然而这一贡献过程很可能就是潜在的公司外部债权人利益受损的过程,因为全体发起人的出资可能被中介组织利用其业务关系而整体高估。因此,应当对中介组织作为投资主体加以必要的限制,限制的目的和途径就是使其丧失该特定社会角色给其带来的优势地位。正是基于以上原因,我国在工商登记实践中对中介组织的发起人资格是给予有限制的承认的。例如,前述《公司登记管理若干问题的规定》第二十一条指出:“会计师事务所、审计事务所、律师事务所和资产评估机构不得作为投资主体向其他行业投资设立公司。”仔细分析可知,现行政策试图将特定中介组织的投资能力限制在本行业中。即,目前前述中介组织可以在本行业中投资办公司,但投资非本行业的公司则不应允许。至于本行业之公司到底何指,是否仅指中介组织本身,等等,则不甚明确。政策的制定者认为,在本行业中设立公司,由于设立人均具有相同的优势地位,所谓优势也就不存在了,允许中介组织承担此类发起人,不会损害社会公平。

但笔者认为，考虑到中介组织业务拓展的趋势，将其发起设立公司的能力限制在本行业中似乎过于严苛，未来立法应当对此再作放松。事实上，许可中介组织在本行业设立公司未必能使其丧失已经形成的优势地位，防止这种优势权力的滥用并非必须采取限制其设立公司的方法，还可采取诸如强化行政、刑事法律责任等更为严厉的方式进行。①

七、公司成立后，谁有权要求出资不足的发起人承担违约责任

正如前述，股份有限公司的设立过程甚为繁杂，很多国家都强制规定股份公司设立需由发起人签订发起人协议。我国 2005 年《公司法》对此也作了相应的规定，第八十条规定："股份有限公司发起人承担公司筹办事务。发起人应当签订发起人协议，明确各自在公司设立过程中的权利和义务。"发起人协议是一种典型的合伙契约，其中规定了发起人之间相互承担的权利与义务，如发起人的出资义务、发起人的违约责任等。发起人没有按规定出资就会因违反发起人协议而向其他股东承担违约责任。《公司法》第八十四条第二款明确规定："发起人不按照规定缴纳出资的，应当按照发起人协议承担违约责任。"可见，发起人协议是发起人承担违约责任的理论与法律基础。

但是，有权请求未履行出资义务或未完全履行出资义务的发起人承担违约责任的，应当是已按期足额缴纳出资的其他发起人。虽然已足额缴纳出资但未按期缴纳的其他发起人，或者是未足额缴纳出资的其他发起人，或者是以非货币财产出资（尽管其出资数额和缴纳时间均符合发起人协议或者公司章程的规定），但未依法办理其财产权转移手续的，都无权要求未履行出资义务或未完全履行出资义务的发起人承担违约责任。尽管按照我国《合同法》的规定，合同当事人都违约的，各自应承担相应的违约责任，即双方当事人都可请求对方承担违约责任，但《公司法》将违约责任的请求权仅赋予了守约的发起人，未守约的发起人无权要求其他违约发起人承担违约责任。

还需要说明的是，上述违约责任的请求权是应受诉讼时效的限制的。对于其他已近期足额出资的发起人所主张的违约责任，尽管其对应的请求权是因投资关系所产生（因投资关系发生的请求权一般不受诉讼时效的限制），但违约责任的基础关系仍然是发起人之间的协议关系或者说是合同关系，而合同关系是要受诉讼时效的限制的，且适用诉讼时效并不影响发起人以外第三人的利益。

八、发起人出资违约责任与股东出资违约责任有何区别

尽管发起人在公司成立后成为公司的股东，发起人与股东均可能因出资行为违反

① 蒋大兴：《公司法的展开与批判——方法 · 判例 · 制度》，法律出版社 2001 年版，第 22—23 页。

义务而承担违约责任,但是发起人出资违约责任与股东出资违约责任是两个不同的概念。首先,从形式上看,发起人与发起人协议是公司设立阶段的专用术语。股东与公司章程是在公司成立后的专用术语。其中,发起人协议性质上属于合伙合同,在效力上遵循合同相对性原则,其只对发起人生效,而公司章程是公司必备的规定公司名称、宗旨、资本、组织机构及组织活动基本规则的基本法律文件,是以书面形式固定下来的股东或发起人一致的意思表示;其次,发起人待公司成立后必然是股东,因为我国《公司法》规定发起人必然要对公司出资,而股东未必是公司的发起人,其包括发起人、认股人、股份继受人与新股权利人;再次,发起人出资违约责任与股东出资违约责任存在交叉之处。在公司成立前,发起人未依发起人协议缴纳出资属于发起人出资违约责任,在公司增设新股时,各认购人作为股东身份未对认购部分按期足额缴纳出资自然是对公司章程的违反,这方面毋庸置疑,但是,在有限公司和以发起方式设立的股份公司中,如果采取发起人分期缴付出资方式时,当发起人缴纳首期出资后公司就可能成立,从形式上看,发起人身份已转变为股东身份,针对其他批次的出资如出现未足额缴纳情形,此时肯定是违约行为,但究竟是以发起人身份对发起人协议的违反还是以股东身份对公司章程的违反来追究违约责任则不无争议。笔者认为,从形式上看发起人身份与发起人协议效力止于公司成功设立,上述问题的解决方案似乎应为股东违反公司章程的违约责任,但从实质分析来看,发起人协议的终止并不意味着其已失去法律意义,发起人出资义务起因于发起人协议的约定,公司章程基本遵循发起人协议,发起人协议仍旧可以约束发起人的出资行为。因此笔者认为,在公司成立后,从形式上来看分期付款的股东未履行其他批次的出资义务而承担违约责任究其实质仍是以发起人身份对发起人协议的违反。

九、违约出资发起人是否对其他违约出资发起人承担违约责任

违约出资发起人必然对按期、足额缴纳出资的发起人承担民事责任,其是否对其他违约出资发起人承担民事责任,依照我国《公司法》规定①针对有限责任公司的回答是否定的,但是笔者认为违约出资发起人应当对其他违约出资发起人承担违约责任。理由是:首先,发起人协议是发起人基于各自的意思表示一致而达成的一个性质上属于合伙的合同,每一发起人都是合同的主体,其中某一发起人违约时,必然损害其他发起人的信任、损害发起人协议,不论其他发起人是否按时、足额出资,出资违约人必然要对其他发起人承担违约责任;其次,如果某一发起人的出资违约行为损害了其他违约发起人

① 《公司法》第二十八条第二款:"股东不按前款规定缴纳出资的,除应当向公司足额缴纳外,还应当向已按期足额缴纳出资的股东承担违约责任。"

的利益,其中最极端的一种情况是所有的发起人均存在出资违约行为,此时,可比照合同双方违约的情况处理。即依据我国《民法通则》一百一十三条规定:“当事人双方都违反合同的,应当分别承担各自应负的民事责任;”《合同法》一百二十条规定:“当事人双方都违反合同的,应当各自承担相应的民事责任。”各方都违约后,应首先向其他方承担违约的民事责任,然后再根据各自的过错程度即违约程度,计算其实际应当承担的民事责任。虽然最后的结果可能是违约出资发起人仅向非违约出资人承担民事责任,但这只是极其特别的一种情况,而不应该在法律条文中明确肯定违约出资发起人仅向非违约发起人承担民事责任。因此,现行《公司法》关于股份有限公司的规定是合理的,但关于有限责任公司的规定存在不足之处。鉴于此,我国《公司法》第二十八条第二款可以修改为:“发起人不按照前款规定缴纳出资的,除应当向公司足额缴纳外,还应当向其他发起人承担违约责任。”

十、公司因故未成立时发起人对外责任如何承担

公司设立无非两种结果,设立失败和公司成立,结果不同,合同责任承担亦不同。但在一般的归责原则上,多采用严格责任原则,不以发起人主观上是否存在过错为要件,不过在发起人内部责任分担机制上会采取过错原则,以确定责任范围。在公司设立失败未成立的情况下,基于设立公司行为的共同行为理论,设立公司行为产生的费用和债务,应当由全体发起人共同承担连带责任,多数国家都是如此规定。我国《公司法解释(三)》第四条第一款即规定,公司因故未成立,债权人可请求发起人对设立费用和债务承担连带清偿责任。按照连带责任的一般原理,债权人有权选择向全体发起人或者部分发起人请求清偿全部债务,即便被请求的为部分发起人,其也仍需对全额负清偿责任,而不能以超过内部约定比例或者出资比例为由对抗债权人。需要注意的是,当债权人向人民法院起诉请求部分发起人承担连带责任时,由于公司未成立产生的连带责任之诉,并非《民事诉讼法》中规定的必要共同诉讼,因此,法院不负有通知未被起诉的其他发起人参与诉讼的义务。但是,由于全体发起人承担的是连带责任,法院判决的结果对全体发起人的利益均会产生直接或者间接的影响,因此,未被起诉的发起人与案件的处理结果存在法律上的利害关系,应当有权向法院申请以第三人身份参与诉讼。此外,对此此处规定的“费用和债务”的认定,存在目的性限制与合理性限制。目的性限制是指必须是因设立公司行为所产生的费用和债务,凡是与设立公司行为无关的,应当由作出该行为的发起人承担责任。合理性限制是指因设立公司行为产生的费用和债务应当是在合理范围内的,不得超过必要的限度。

十一、公司因故未成立部分发起人对外承担责任后发起人之间的内部责任如何分担

如上述问题所述,因公司设立行为产生的费用和债务,本应当由全体发起人共同承担连带责任,因此,如果债权人根据《公司法解释(三)》第四条第一款的规定,仅请求部分发起人对设立公司行为产生的费用和债务承担连带清偿责任,则部分发起人承担责任后,有权要求其他发起人承担相应的责任。关于其他发起人责任分担比例,首先,应尊重当事人自治,即发起人有权对其在设立过程中所可能产生的责任如何承担进行约定,这是发起人对其自身行为以及可能产生的行为结果的判断,以寻求最适合自己的责任分配方式,法律没有理由不尊重发起人这一选择。其次,如果发起人对此无约定,则按照约定的出资比例承担,这与确认股东权利义务的原则是一致的,体现了权责统一的原则,同时也体现了发起人与公司成立后的股东在权利义务责任方面的承继。最后,如果既未约定承担比例,又未约定出资比例的,则根据公平原则,由发起人按照均等份额分担责任。

十二、因部分发起人过错导致公司未成立时发起人之间的内部责任如何分担

根据《公司法解释(三)》第四条的规定,不论公司未成立的原因是否是由于部分发起人的过错,其他发起人对债权人都应当承担连带责任,不得以部分发起人存在过错为由进行抗辩。在对外承担连带责任后,如果存在因部分发起人过错导致公司未成立的,其他发起人享有选择权,可以选择按照该条第二款规定的"约定的责任承担比例—出资比例—均等份额"方式分担责任,也可以选择向人民法院起诉请求该具有过错的部分发起人承担设立公司行为所产生的费用和债务,由人民法院根据过错情况进行判断,确定过错责任一方的责任范围。如果其他发起人仍需承担责任的,其责任分担方式仍参照该条第二款确定的规则处理。另外,从某种意义上来说,发起人即使不存在主观过错,但只要出资未到位,导致公司未成立的,也可以认为公司未成立是因为该发起人的"过错",但这种过错是一种原因过错。而《公司法解释(三)》第四条第三款中规定的部分发起人的过错,其指的是行为过错而非原因过错,即该过错是指部分发起人的行为存在故意或过失,从而导致公司未能成立。如果因不可抗力导致部分发起人不能出资,进而导致公司未能成立的,不属于本款规定的范围。[①]

十三、发起人因设立公司而发生职务侵权行为时,受害人可以向谁主张权利

发起人既然为设立中公司的机关,就要履行职权,执行公司设立事务,在此过程中

① 奚晓明主编:《最高人民法院关于公司法解释(三)、清算纪要理解与适用》,人民法院出版社2011年版,第72页。

就有可能懈怠其注意义务而侵权致人损害，即应为此承担侵权责任。不过，在公司有效成立且发起人已严格遵循公司章程规定并尽到善良管理人之注意义务的情况下，即应由公司承继此侵权责任。否则，发起人就不可免责，并且还要对公司承担损害赔偿责任。在具体立法上，各国差异较大，一般有两种模式。第一种是由公司对受害人单独承担，其以德国、瑞士为代表；第二种由公司和有过错的执行事务之发起人连带承担，如日本《商法典》第193条第2款规定："发起人有恶意或重大过失时，该发起人对第三人承担连带损害赔偿责任"；以及韩国《商法》第322条第2款规定："发起人因恶意或重大过失怠于执行职务时，该发起人对第三人也应承担连带赔偿责任。"在发起人对第三人承担侵权责任的构成要件上可如此认定：一，须为公司设立之行为；二，因职务行为而引起；三，是否以过错为侵权之构成要件。各国立法无统一定论，如我国台湾地区就不考虑过错的要件，而日本《商法典》则规定以故意或重大过失为要件。

我国《公司法解释（三）》第五条规定：发起人因履行公司设立职责造成他人损害的，公司成立后由公司承担侵权赔偿责任；公司未成立时，由全体发起人承担连带赔偿责任。公司或者无过错的发起人承担赔偿责任后，可向有过错的发起人追偿。可见我国公司法并未采用其他国家的两种立法模式，而是以自己的特色规定之，即公司成立时，先由公司单独承担，若发起人有过错，公司取得对此过错发起人的追偿权；而在公司不能成立时，由于公司已不存在，法人的权利能力和行为能力已消灭，便由发起人连带承担之，无过错的发起人对有过错发起人同样享有追偿权。至于履行公司设立职责的具体范围，主要包括对外签订合同、筹集资金、征用场地、购买设备或者办公用品等。对于认定发起人是否是因履行公司设立职责，其举证责任应由受害人承担，受害人举证不能的，公司或其他发起人可以此为由进行抗辩。[①]

法条索引

《中华人民共和国公司法》

第八十三条　发起人的出资方式，适用本法第二十七条的规定。

第八十六条　发起人向社会公开募集股份，必须公告招股说明书，并制作认股书。认股书应当载明本法第八十七条所列事项，由认股人填写认购股数、金额、住所，并签

① 奚晓明主编：《最高人民法院关于公司法解释（三）、清算纪要理解与适用》，人民法院出版社2011年版，第86页。

名、盖章。认股人按照所认购股数缴纳股款。

第八十九条 发起人向社会公开募集股份,应当同银行签订代收股款协议。

代收股款的银行应当按照协议代收和保存股款,向缴纳股款的认股人出具收款单据,并负有向有关部门出具收款证明的义务。

第九十一条(第一款) 发起人应当在创立大会召开十五日前将会议日期通知各认股人或者予以公告。创立大会应有代表股份总数过半数的发起人、认股人出席,方可举行。

…………

第九十四条 股份有限公司成立后,发起人未按照公司章程的规定缴足出资的,应当补缴;其他发起人承担连带责任。

股份有限公司成立后,发现作为设立公司出资的非货币财产的实际价额显著低于公司章程所定价额的,应当由交付该出资的发起人补足其差额;其他发起人承担连带责任。

第九十五条 股份有限公司的发起人应当承担下列责任:

(一)公司不能成立时,对设立行为所产生的债务和费用负连带责任;

(二)公司不能成立时,对认股人已缴纳的股款,负返还股款并加算银行同期存款利息的连带责任;

(三)在公司设立过程中,由于发起人的过失致使公司利益受到损害的,应当对公司承担赔偿责任。

《最高人民法院关于适用〈中华人民共和国公司法〉若干问题的规定(三)》

第三条 发起人以设立中公司名义对外签订合同,公司成立后合同相对人请求公司承担合同责任的,人民法院应予支持。

公司成立后有证据证明发起人利用设立中公司的名义为自己的利益与相对人签订合同,公司以此为由主张不承担合同责任的,人民法院应予支持,但相对人为善意的除外。

第四条 公司因故未成立,债权人请求全体或者部分发起人对设立公司行为所产生的费用和债务承担连带清偿责任的,人民法院应予支持。

部分发起人依照前款规定承担责任后,请求其他发起人分担的,人民法院应当判令其他发起人按照约定的责任承担比例分担责任;没有约定责任承担比例的,按照约定的出资比例分担责任;没有约定出资比例的,按照均等份额分担责任。

因部分发起人因其过错导致公司不能成立时,其他发起人主张其承担设立行为所产生的费用和债务的,人民法院应当根据过错情况,确定过错一方的责任范围。

第二十二章

累积投票权热点问题裁判标准与规范

本章导读

累积投票制实行一股多权和表决权的集中使用，增加了少数股东代言人当选公司董（监）事的机会，有助于优化公司权力结构、保护公司整体利益和少数股东利益。因此，2005年《公司法》增设了累积投票制，不过，基于对该项制度的弊端与缺陷的担心，《公司法》采纳了选入式的许可主义。其实，累积投票制的弊端多为学者的误解，其内在的缺陷也不能掩盖其积极的功能，因此，在我国现阶段市场发展水平和法治条件下，强制股份公司选举董（监）事实行累积投票制更为可取。

理论研究

一、累积投票制的界定

累积投票制度是指在股东大会选举的董事、监事人数为两名以上时，股东所持每一股份拥有的投票权与所选举的董事、监事人数相等，股东既可以把所有的投票权集中起来选举一人，也可以分散选举数人。这就使得少数股东可以将其拥有的投票权捆绑起来，集中地投向自己满意的部分董、监事候选人，确保其在公司机关内有相当于其所持股份比例的发言权和投票权，改变普通选举中由控制股东包揽全部董事人选的局面，从而改变大股东对董事会一统天下的控制状况。[①] 累积投票制系与直接投票制(Straight Voting)相对应的制度。所谓直接投票制,是指在行使表决权时,针对一项议案,股东只能就其表决票数一次性直接投在该议案上。与直接投票制作为一般原则而得到普遍运用不同,累计投票制只适用于选举公司董事或监事事项上。具体范围,各法域有所不同,美国和日本《公司法》规定的累计投票制仅适用于选举公司董事,我国大陆和台湾地区规定的累计投票制既适用于选举公司董事、也适用于选举公司监事。

对于累计投票制的设置,有强制主义和许可主义两种立法例。强制主义是指《公司法》规定公司选举董(监)事必须实行累积投票制,公司章程和股东大会决议不得排除该项制度的适用。强制主义具体可分为相对强制主义和绝对强制主义。相对强制主义是指股东有权请求公司实行累积投票制,公司必须接受股东的该项请求而不得以公司章程或股东大会决议形式予以拒绝,2005 年日本《公司法》即采该种立法例。绝对强制主义是指无须股东提出请求,公司选举董(监)事时必须适用累计投票制,美国依利诺斯州采用该种立法例。许可主义是指《公司法》规定公司可以实行累计投票制,但是是否适用委任公司自治,《公司法》不予强制规定。许可主义具体可分为选入式和选出式。[②] 选入式许可主义是指《公司法》以授权性规范规定公司章程或股东大会决议可以规定实行累计投票制,如果公司章程和股东大会决议未有该种规定,即不予适用累积投票制,我国 2005 年《公司法》采纳该种立法例。选出式许可主义是指公司法以缺省性规范规定除非公司章程另有规定,公司选举董(监)事时适用累计投票制,我国台湾地区有关公司的规定采纳该种立法例。

累积投票制作为保护公司少数股东的产物,最大功能在于增加了少数股东的代言人当选公司董(监)事的概率和机会。累积投票制不仅仅是保护少数股东的工具,其还具有增强公司整体利益的功能。首先,大股东把持的董事会往往听命于大股东,根据大股东意志行事,听不进少数股东的意见,这虽然有利于提高公司效率,但是增加了公司运营的风险,因为专制总是比民主更为鲁莽和冲动。累积投票制增加了少数股东代言人进入公司的机会,在少数股东代言人成功当选的情形下,通过不同意见的交流和碰撞,可以提高公司董事会的民主性和科学性,促进公司效益的增加。其次,大股东选任的公司董事的命运掌握在公司大股东手中,因而往往对大股东言听计从,放任乃至积极配合公司大股东掠夺公司的不当行为,这一点在我国尤其明显,很多时候公司董事成了大股东掠夺公司的工具。在累积投票制下,公司少数股东选任的公司董事可以较为有

① 宋智慧:《我国公司法累积投票制度研究》,载《社会科学辑刊》2011 年第 2 期。

② 杨姝玲:《理想与现实之间:反思我国公司法上的累积投票制度》,载《黑龙江省政法管理干部学院学报》2010 年第 11 期。

效地抵制公司大股东掠夺公司的不当行为，从而防止公司利益的不当减少。

累积投票制还可以间接促进社会资本的集中和流动，推动社会财富最大化。累计投票制减少了少数股东被公司大股东掠夺的风险，因而可以提高中小投资者的投资热情，从而促进社会资本的集中和流动。

二、我国《公司法》规定的累积投票制

我国2005年《公司法》确立了累积投票制，但是采用的是选入式许可主义，之所以采纳选入式立法例，是考虑到该项制度具有积极功能，有利于保护公司中小股东和提升公司治理水平，但是同时具有较多弊端和缺陷，因此应当委任股东自治。其实，《公司法》的该种考虑与批判累积投票制的意见一样，有待商榷。关于累积投票制的正当性，确实很难证明大股东在自由协商的基础上会接受该种条款，但是该项制度目的就是要规制大股东的机会主义，无须尊重大股东的意见，《公司法》不是《合同法》，否认股东的自由意志在《公司法》中屡见不鲜，否则《公司法》中的强制规范早已无容身之地，而事实上任何国家的《公司法》都有大量的强制性规范。关于累积投票制可能被股东用以牟取私利，表决权本来就是股东实现自身利益的工具，股东以之牟取私利不具有任何可非难性。关于累积投票制容易造成观点对立的董事会从而影响公司效率，累积投票制确实可能导致公司董事观点分歧，但这未尝不是一件好事，因为单一意见代表效率的同时也意味着灾难，该种效率可能是恶的效率，否则人类社会也就不会从专制走向民主，国有企业中一言堂的危害更是不胜枚举；累积投票制可能导致公司董事观点对立，但是并不会导致公司董事会的对立，因为该项制度仍然以股份数为基础，即使少数股东成功地运用了该项制度，其能够选出的董事却十分有限，在董事会中只能是少数，而董事会决议只需过半数董事通过即可，况且少数股东选出的公司董事也希望公司效率提高，不会阻碍董事会的正当决议。关于少数股东选举产生的高级管理人员诚信度较低，任何公司董事，无论由中小股东抑或大股东选出，都享有管理权却不享有剩余索取权，都是公司的受托人，少数股东选出的董事并无更大动机损害公司利益。关于累积投票制可能引发购买委托书大战从而浪费资源，这是委托书征集制度的问题，而不是累积投票制的问题，没有累积投票制，委托书征集制度照样存在，其实，即使引发委托书征集大战，消耗的也是争夺双方股东的资源，而非公司的资源，更何况任何法律制度都有成本，立法者是否采纳某项制度，考虑的不是该项制度是否有成本，而是该项制度的收益是否大于成本。关于累计投票制背离了“一股一票”可能产生不必要的代理成本，累积投票制虽然是一股多权，但仍然是同股同权，更何况即使少数股东成功地运用了该项制度，其能够选出的董事却十分有限，该种董事可以参与公司经营管理但不可能掌控公司，也就

不会产生额外的代理成本。关于累计投票制的实际受益者可能不是中小股东而是控股股东之外的其他大股东,控股股东之外的其他大股东在公司中同样是少数股东,与中小股东一样需要公司法的保护,何况即使公司二、三、四股东选出人员进入公司,对公司中小股东同样是一种福音,因为这些股东与中小股东一样具有反对控股股东掠过公司行为的强烈动机。这里有必要澄清两个相关问题:(1)累计投票制虽然系为保护公司少数股东而设,但是少数股东并不等同于中小股东,持股比例较多的公司股东同样可以是公司的少数股东;(2)累计投票制的价值在于防阻控股股东对公司的掠夺、保护公司整体利益从而保护少数股东利益,而非无视公司利益,直接保护少数股东利益,因此只要能够防阻控股股东对公司的掠夺即可,而非中小股东代言人进入公司方为该项制度的成功。

总之,我国的市场经济与法制进程都处于起步阶段,一方面,股权结构高度集中,公司中的主要矛盾不是管理层与股东之间的矛盾而是控股股东与少数股东之间的矛盾,另一方面,我国的公司治理体系零散而微弱,以至于公司沦为控股股东的提款机,少数股东沦为出资的囚徒。因此,适当制约公司控股股东的控制权在我国现阶段尤为必要。在这点上,累积投票制在股权结构与我国相似的日本的演变更能提供有益的启示,日本最初引进累积投票制时采纳了强制主义,1974 年将其改为许可主义,但是 2005 年《公司法》再次将其改回了强制主义。累积投票制确实具有天生的缺陷,并且随着市场体系和法制进程的发展,其终将走向消亡,但是在我国现阶段,累计投票制对于防阻公司控股股东的掠夺行为、提升公司治理水平,具有重要的积极功能,因而强制主义比许可主义更为现实,也更为可取。

实务探讨

一、累积投票制度是否从根本上动摇和颠覆了股东大会中的资本多数决原则

我国有的学者认为累计投票制是对资本多数决的修正,"根据公司法的规定,股东出席股东大会,所持有一股有一个表决权,从而确立了资本多数决原则的法律基础,而资本多数决原则存在中小股东无法将自己的代言人选举入董事会的缺陷,才产生出公司累计投票制。"[①]该种观点有待商榷。虽然累积投票制实行一股多权,但是仍然奉行

① 潘霞:《资本多数决原则的缺陷及限制》,载《池州师专学报》2004 年第 4 期。

同股同权,股份越多,表决权越多,并且仍然是得票多的董(监)事,因此累积投票制与资本多数决并不冲突,只是资本多数决的另外一种表现形式。

此外,股东累积投票制度虽然有利于鼓励小股东参与董事会与监事会,但并未从根本上动摇和颠覆股东大会中的资本多数决原则。理由之一是,推行股东累积投票方式对于第一大股东不是令人激动的好消息,对于持股比例非常少的小股东来说也没有任何实际意义。第一股东之外的股东要想成功地借助累积投票制度夺取公司控制权,仍需以一定数量的资本实力为后盾。理由之二是,股东累积投票制度只能动摇控制股东的绝对控制地位,至于相对控制地位仍有可能保留在控制股东手里。即使控制股东在董事会与监事会丢失个别甚至数个席位的事实本身,与其被解读为控制股东权利的丢失,不如说是其他股东的权利的正当回归。①

二、如何计算选举特定董(监)事所需的最低股份数②

小股东运用好累积投票权、夺取更大控制权胜利的关键有四个:(1)在距离选举时间较为充裕的情况下,要精确地计算出为了控制特定数量的董事席位至少需要购买或联合多少股份,从而确定下一步购买股权或者联合其他股东的具体行动计划;(2)在股东大会投票现场,要精确地计算出既定的表决权数量(包括自己持有的表决权以及联合的表决权)最多能够选举出多少董事席位,从而决定最佳的投票策略;(3)小股东在持股力量有限的情况下,应当牢记"团结就是力量"的真理,善于团结和联合其他中小股东;(4)小股东必须善于保守自己的累积投票秘密。一旦天机泄露出去,小股东的投票策略都将被一一攻破。

股东有了累积投票权,并不等于股东就一定能在董事和监事的选举中如愿以偿。相反,董监选举之成功,除了依靠累积投票之技巧和智慧之外,更依靠股东持有一定数量的股份或表决权作为后盾。股东欲实现自己的目的,必须在股东大会召开之前收购或者联合一定数量的股份或者投票委托书。那么,为了选举特定数额的董事和监事,究竟如何正确计算选举所需的股份数量呢?根据美国《公司法》学者威廉姆斯和康贝尔在20世纪50年代的研究,股东运用以下公式可以精确地计算出自己欲选举特定董事所需的股份数:$X = (Y \times N1) \div (N2 + 1) + 1$。式中,X代表股东欲选出特定数额的董事所需的最低股份数;Y代表股东大会上投票的股份总数;N2代表股东大会应选出的董事总额;N1代表股东欲选出的董事人数。例如,某公司发行在外的股份总数为6000

① 刘俊海:《新公司法的制度创新:立法争点与解释难点》,法律出版社2006年版,第283页。

② 同上书,第285—286页。

股,股东大会拟选举5名董事。某股东拟选举自己和自己的妻子担任董事,那么,他至少需要持有(6000×2)÷(5+1)+1=2001股。

需强调的是,Y只是股东大会上投票的股份总数,与公司已发行的股份总数是两个不同的概念,也不包含无表决权的股份。在计算中也有可能发生这样的情况,即X是一个带小数点的数字,如1000.8股。这并不意味着某股东拥有1000股即可选出自己意中的董事,股东必须再购买1股以上(包括1001股)方能在选举中遂愿。上述公式以假设一股一表决权为前提。如果发生限制表决权或股份间表决权数量不等的情形,则应对上面公式作变通适用,而不能生搬硬套。具体做法是:首先把全体股东在股东大会上投票的股份总数转换成对普通事项(不包括董事选举事项)享有的表决权总数,然后再把它套进上述公式。所得结果便是股东欲选出特定董事所需的最低普通表决权数。该结果还需根据股东所持股份的实际表决力转换为股份数。这一股份数才是股东欲选出特定董事所需的最低股份数。

三、如何计算特定股份数所能选出的董(监)事的最多数目①

当股东所持有的股份或通过收购委托书而控制的表决权一定,而没有机会购进多余股份或收购多余委托书时,前揭公式对该股东即无意义。此时,该股东最关心的是他此时持有的股份或控制的表决权能否保证选出自己心目中的董事,如果能,那么能选出多少董事。这对于股东制定最佳的累积投票策略是最为关键的一环。只要对前揭公式进行必要的变换,即可推演出计算股东凭其既定股份数或控制的表决权数所能选出自己意中董事的数目:N1=〔(N2+1)×(Y-1)〕÷S。式中,N1代表股东凭借其拥有或控制的既定股份数所能选出的董事的数目;N2代表应选出的董事总额;Y代表股东大会上投票的股份总数;S代表股东拥有或控制的既定股份数总和。例如,某公司发行在外的股份总数为18000股,股东大会拟选举9名董事。股东甲持有表决权股份6800股,那么他可以选出自己中意董事的数目N1为:〔(9+1)×(6800-1)〕÷18000=3.78。在该计算中,3.78是一个带小数点的数字。这并不意味着甲股东现在拥有或控制股份数能选出4名董事;实际上,该股东依靠其持股现状只能选出3名董事,该股东欲选出第4名董事,还必须设法购进或控制一定数额的股份(401股),进而达到7201股:(4×18000)÷(9+1)+1=7201。与第一个公式相同,该公式也是以假设一股一个表决权为前提的,如果发生限制表决权或股份间表决权数量不等的情形,亦应对股东大

① 刘俊海:《新公司法的制度创新:立法争点与解释难点》,法律出版社2006年版,第286—287页。

会上投票的股份总数和某股东实际拥有或控制的股份数进行相应的转换。其原理与前揭内容相同，兹不赘述。

四、累积投票制选出的董（监）事可否罢免

为了抵消累积投票制的影响，公司大股东可能借助多数决原则罢免代表少数股东的公司董（监）事。如果对此予以放任，将导致累积投票制的名存实亡，因此应对其予以规制，如美国《纽约州公司法》第706款b条例规定，“如果董事是通过累积投票选举产生的，或是由持有某类股票的股东推选的，无故罢免的程序必须与该董事当选时采用的程序相同”。[①] 我国2005年《公司法》仅规定选举董（监）事可以实行累积投票制，但是并未规定配套的罢免程序，有失周延。不过，鉴于2005年《公司法》对累积投票制采纳的许可主义，该问题在我国现阶段并不突出。

五、我国《公司法》体系下公司董事会可否采用分期轮换制抵消累积投票制的影响

董事会的分期轮换制与降低董事会规模一样，通过减少应选董事的数量而抵消了累积投票制的影响。因此，有学者认为不应允许董事会的选举采取分期轮换制。[②] 这种观点过于武断。首先，《公司法》第四十六条和一百零九条规定，“董事任期由公司章程规定，但每届任期不得超过三年。董事任期届满，连选可以连任”，因此除任期限制外，公司章程可以对董事会的具体组成和任免程序做出规定，包括分期轮换制。其次，公司借助董事会的分期轮换制抵消累积投票制影响动机并不强烈，甚至可以说比较罕见，因为我国《公司法》对累计投票制采纳的许可主义，公司如果不欢迎少数股东的董事，完全可以不采用累积投票制。最后，董事会的分期轮换制对于确保公司经营政策的连续和反对敌意收购具有重要作用，不能因为对累计投票制并不明显的影响而予以禁止。

六、上市公司是否必须采纳累积投票制

2002年国家经济贸易委员会和中国证券监督管理委员会发布的《上市公司治理准则》第三十一条规定，控股股东控股比例在30%以上的上市公司选举董事时，应当采用累积投票制。而2005年《公司法》对累积投票制采纳选入式许可主义，由此引发两个规则的适用问题。对此，应当适用《公司法》，无论上市公司控股股东控股比例是否在

---

① 梅慎实：《现代公司治理结构规范运作论》，中国法制出版社2002年版，第501页。

② 刘俊海：《新公司法的制度创新：立法争点与解释难点》，法律出版社2006年版，第288页。

30%以上,公司均得自由决定是否采用累计投票制。首先,《公司法》与《上市公司治理准则》并非普通法与特别法之间的关系,因为普通法与特别法系指同位阶的法而言,相反,两者是上位法与下位法的关系。《公司法》对累计投票制采用许可主义,《上市公司治理准则》的上述规定既非对公司法的具体规定,又没有法律的授权,因此违反了《公司法》,应当优先适用上位阶的《公司法》。其次,根据《合同法》第五十二条的精神,只有法律、行政法规的强制性规定才能影响私法主体行为的效力,而《上市公司治理准则》作为部门规范,并不影响私法行为的效力,即使公司不予遵守,公司章程或股东大会决议照样有效。其实,《上市公司治理准则》并不符合《立法法》和《规章制定程序条例》对部门规章内容和程序的要求,只是指导性规范,并不具有强制力。从实践层面来看,我国上市公司也大多没有规定累积投票制。笔者随机抽取了上市公司中的唐钢股份、中国神话、中国石油和中国工商银行,没有一家公司章程采纳累计投票制。唐钢股份的第一大股东为唐山钢铁集团有限责任公司,其持股比例为51.113%,但是唐钢股份公司章程并没有规定股东大会选举董事、监事时实行累计投票制,而只是照搬《上市公司章程指引》规定"股东大会就选举董事、监事进行表决时,根据本章程的规定或者股东大会的决议,可以实行累积投票制。"中国神华的第一大股东为神华集团有限责任公司,其持股比例为73.860%,但是该公司章程根本没有规定累积投票制。中国石油的第一大股东为中国石油集团,持股比例为86.290%,该公司章程同样未对累积投票制作出任何规定。中国工商银行的第一大股东为财政部,持股比例为35.329%,该公司章程亦未有累积投票制的规定。①

七、有限责任公司可否采纳累积投票制

《公司法》有关累积投票制的规定是在第一百零六条,从体系上看,是对股份公司的规定,并不涉及有限责任公司,那么有限责任公司是否可以采纳累计投票制,答案是肯定的。从《公司法》规定看,《公司法》第四十三条规定"股东会会议由股东按照出资比例行使表决权;但是,公司章程另有规定的除外。"可见,《公司法》许可有限责任公司自由决定股东会议股东表决权的行使方法,公司决定实行累积投票制,当然涵盖在该条规定范围内。从价值判断来看,累积投票制并未侵害任何股东权利,也不关涉第三人利益,并且有助于保护公司整体利益和中小股东利益,理当得到鼓励。

八、如何认定股东表决时不投票行为的性质

股东会投票表决时,部分股东既不表示同意,也未表示反对,只是未发表意见,没有

① 数据来源于巨潮资讯网 http://www.cninfo.com.cn/default.htm,访问时间2012年2月26日。

进行投票。对于不投票行为应当如何认定，实践中有几种处理意见。第一种意见认为，不投票应当推定为同意，因为股东对此事项未表示反对意见，应当认为对此事项表示默认；第二种意见认为，不投票应当作为反对票处理。因为没有投票表明股东对此事项不是特别满意，可以视为反对；第三种意见认为，应当作为弃权票处理，因为股东既没有表示赞成也没有表示反对。我们认为，如果将不投票认定为同意，未免太牵强，因为在私法领域，沉默构成承诺，应当满足法定条件，如当事人事先约定或者法律明确规定，当事人之间习惯用法，或者商业习惯的要求等；如果将不投票认定为反对，也没有法律和法理依据，不投票与不同意的表意不相同，不能将二者等同。不投票与弃权极为相似，只不过一个是明示弃权，另一个是默示的。对不投票的处理都是为了最终的技术处理而做的准备。在一般情形下，将不投票视为弃权对最终结果没有什么影响。只有在公司章程中如有规定"弃权达到半数时，表决结果不能通过"时，将不投票行为归类为弃权会对表决结果产生影响。我们认为，法律或者公司章程对不投票没有做出规定，或者当事人没有进行约定时，不能将不投票不论具体情形，一律推定为同意或者反对或者弃权。应当根据决议事项的性质、权利义务的内容具体情况具体处理。原则上应当作出对不投票的当事人不利的推定，当事人应当对其不负责任、漠不关心承担法律责任。因为，当事人不投票直接影响公司决策的效率。①

法条索引

《中华人民共和国公司法》

第一百零六条　股东大会选举董事、监事，可以依照公司章程的规定或者股东大会的决议，实行累积投票制。

本法所称累积投票制，是指股东大会选举董事或者监事时，每一股份拥有与应选董事或者监事人数相同的表决权，股东拥有的表决权可以集中使用。

① 奚晓明、金剑峰：《公司诉讼的理论与实务问题研究》，人民法院出版社 2008 年版，第 270 页。

第二十三章

表决权信托热点问题裁判标准与规范

本章导读

表决权信托是英美衡平法的产物，它可以成为财产权的一种。根据我国《信托法》第七条的规定，我国从立法层面实际上已经为表决权信托提供了生存空间，实践中信托公司进行的表决权信托业务也是有法律依据的。但是，这只是建立在将表决权认定为财产权的基础上，而表决权是否是财产权在理论上还存在争议。在信托制度极为发达的美国，几乎所有的州都有关于表决权信托的成文法规定。表决权信托在提高公司运作效率、维护公司经营稳定、挽救陷入财务危机的公司、充分利用专家理财等方面的价值已经被国外的公司实践证明。这些价值在我国一样可以发挥出来。对于表决权信托，我国目前尚未有法律规定。我国应该引进和借鉴这一制度，在《公司法》或《信托法》中明确规定表决权信托，以促进这一制度在我国的建立和发展。

理论研究

一、表决权信托制度解读

表决权信托是指一个或者数个股东根据协议，将其股份上的表决权以及和表决权相关的权利，在一定期限内转让给一个或者数个受托人，后者为实现一定的合法目的在协议约定或法律规定的期限内行使该表决权，股东或股东指定的人享有受益权的一种法律制度。[1] 表决权信托是英美衡平法的产物，英美法没有大陆法系基于“一物一权”的绝对所有权概念，而是将财产权理解为人们就物的使用和控制所发生的各种法律关系，并分别用不同的专用术语指称，因而财产权就表现为权利束，这些权利的总和相当于大陆法系中的所有权概念。在表决权信托中，受托人享有法律上的所有权，并可发行像股票本身一样可转让交易、表征股票受益权的表决权信托证书。受益人享有衡平法上的所有权(equitable title)。

表决权是实现股东控制的法定权利，在立法中引入表决权信托，通过对表决权的重新安排，可以为中小股东利益保护提供一个较好的外部控制手段。

表决权信托在保护中小股东利益上具有制度优势：

(1)表决权信托利用信托的方式对表决权进行重新安排，通过股东权利的集中行使增强了中小股东在公司控制权争夺中的话语权。

(2)它无需为了保护一部分股东的权利而对另一部分股东的权利进行限缩与扩张，吻合股东平等和一股一权的理念。

(3)借助第三方力量行使权利，扩张了股东意思自治的空间，强化了股东的个人能力。因此，它是控制公司较好的制度安排，既可以在公开募集股份的公司中运用，也可以在不公开募集股份的公司中运用。

现在，人们对表决权信托的观点逐步发生了根本性的变化：(1)股权是由许多彼此相互独立的权利束构成的权利体系，正如所有可以与经营相分离一样，股权中的权利束具有单独存在的价值。(2)表决权并非一定需由当事人自己行使，股东和公司及其他股东之间不存在受信关系，股东可以按照利益最大化原则行使投票权。(3)由于控制权的存在，很多股东的表决权实际上处于休眠状态。表决权信托在不影响其他股东权利内容的情况下，仅通过权利行使方式的变化，为权利的实现提供了新的选择。(4)表决权信托提高了中小股东表决权行使的效率，由专业人士统一行使表决权，减少了成本，增强了对公司事务的“干预”能力。总体上看，各国对于表决权信托的态度渐趋开放。在我国，从现有的法律来看，尽管《公司法》实行了累积投票制度，涉及股东表决权制度的规定仍然很少。立法应当顺应这一趋势，为股东积极行使权利提高更多可选择的制度空间，使中小股东不仅可以“用脚投票”，也可以“用手投票”。

二、完善我国表决权信托制度的新措施

表决权是股东的固有权利，但权利行使不当，也会走向其反面。由于通过表决权信

① 曹锦秋、刘莎：《论股东表决权信托的客体》，载《烟台大学学报(哲学社会科学版)》2010年10月。

托可以控制公司董事会，影响公司经营决策，表决权信托极易异化为公司控制权争夺的工具，也极易导致垄断的产生。美国法院早就认为，表决权信托将公司表决权控制在和公司没有直接利害关系的人手中，违背了公共政策，不利于保护中小股东的利益。所以，在表决权信托中，如何防止受托人不忠实、不谨慎、违背委托人意愿将是该制度设计的关键，表决权信托是一个需要公权力介入的领域。从各国的立法实践看，关于表决权信托的设立、无效、运行、变更、解除、终止主要还是遵循各国关于信托的一般规定，只是在个别情况下对表决权信托的特殊事项做出规定。我国对于表决权信托的立法应当根据自己的情况予以修正，充分发挥表决权信托制度的功能，防止权利的滥用。

第一，表决权信托须以书面形式为之。美国《示范公司法》修订本要求表决权信托的设立必须以书面形式做出，否则信托不生效。[①] 这是表决权信托自身的特点和为更好地保护保护股东利益需要所决定的。对于表决权信托协议，法律都要求采用书面形式订立，究其原因，在于表决权信托的标的是表决权，表决权本身的精密性和复杂性决定了表决权信托制度和一般的财产信托、权利信托相比更为细密。股东对表决权进行信托，并不要求支付对价，委托股东只是单方面转让表决权。如果没有特殊约定，受托人履行信托义务是单务和无偿的，这就要求当事人采用审慎的态度、订立书面防议明确双方的权利义务。表决权信托的期限一般比较长，在这期间，社会经济情况会发生很大变化，以书面形式确定当事人之间的权利及义务可以避免不必要的纠纷、或者纠纷出现后有助于举证、解决纠纷。鉴于表决权信托的这些特殊性，世界各国法律都将表决权信托作为要式法律行为，要求表决权信托合同必须采用书面形式。

所谓“书面形式”，并不限于传统意义上的合同书，随着科学技术的发展，可以记载当事人真实意思表示的方式越来越多，例如，我国《合同法》第十一条就规定：“书面形式是指合同书、信件和数据电文（包括电报、电传、传真、电子数据交换和电子邮件）等可以有形地表现所载内容的形式。”对当事人签订表决权信托协议的书面形式也应该作广义的解释。

第二，表决权信托须有时间限制。在美国，表决权信托期限主要可以分为四类：5年、10年、未定期及永久性表决权信托。大多数州均规定表决权信托的有效期限不超过10年，但是也有一些州规定的期限比较长，如《加利福尼亚公司法》规定期限为21年。英美法为了平衡受托人与受益人及社会经济政策之间的冲突，确立了“禁止永久权规则”，违背该规则的表决权信托无效。[②] 但是，如果表决权信托期限过短，其意欲达

① 肖平容：《股东表决权信托的理论困惑与立法构建》，载《理论导刊》2011年第5期。

② 曹锦秋、刘莎：《论股东表决权信托的客体》，载《烟台大学学报（哲学社会科学版）》2010年10月。

成的目标就难以实现。在表决权信托产生初期，一些州的立法规定表决权信托的期限是5年，后在意识到这个问题之后，纷纷延长表决权信托期限，将其规定为10年。但是，如果对时间不加以限制，就会违背“禁止永久性规则”。所以，大多数国家在规定10年期限的同时，也对期满后的延长做出规定。我国表决权信托立法可以借鉴成熟国家的做法，这是加快我国市场经济法律制度完善的重要途径，可以在表决权信托立法中规定表决权信托的期限不得超过10年。如果协议规定的期限超过10年，本着促进交易的原则，超过部分无效。

第三，应进行登记与公示。[①] 凡是立法建立表决权信托制度的地方，均以公示为要件，公示的公信力不仅是对外界的一种权利宣示，也为权利的保护提供了技术上的支持，公示制度具有权利正确性的推定效力、善意保护效力和风险警示效力，而可以规避权利的冲突，使交易成本内在化。由于信托财产具有独立性，信托关系的效力对第三人利益的影响很大，必须以一定的方式予以公开，否则第三人可能因此遭受意外损害。为了平衡委托人和第三人之间的关系，各国《公司法》均规定，表决权信托必须以一种公开的、能够反映表决权变动的方式表现出来。例如，美国《示范公司法修正本》第7.30条规定，表决权信托防议签订时，受托人应准备包括该项信托中所有受益所有权人的名称与地址的一份清单，且列明转让给该信托的各类股份的数量与类别，并将该清单副本及表决权信托防议送交公司主营办事处。提交至信托的第一份股份以受托人的名义登记之日起，该表决权信托防议即开始生效。登记和公示有助于避免权利冲突、内化交易成本，我国表决权信托立法也应对表决权信托的登记和公示做出规定。

第四，目的正当性限制。信托目的合法是现代国家信托立法很重要的一个原则。表决权信托作为信托的一种，当然也涉及目的合法性问题。表决权信托目的是表决权信托防议的重要条款，表决权信托目的不合法将导致表决权信托防议无效。在美国，一些州要求对表决权信托目的正当性进行审查，通常来说，只要信托的最终目的旨在促进所有股东的共同利益，并且是在股东权的范围内行使的，无论它是否真正实现了所有股东利益的最大化，该信托就是合法和值得提倡的，当事人应当在每一份表决权信托协议中明确注明它的设立目的，一旦就信托目的产生质疑时，表决权信托协议中的明示条款就是最好的证据。当事人可以在协议中规定由受托人负责召集证书持有人会议，就会议召开的时间、地点、目的等进行约定，并在表决权信托协议中对信托人就某些特定事项的表决权及表决权的转让进行限制。司法审查也为表决权信托目的正当性提供了保证。在我国，由于缺乏成熟的市场经济商业文化精神，《公司法》、《证券法》和《信托法》

① 王雅芳:《股东表决权信托制度的法律研究》，厦门大学2009年硕士学位论文。

实践都很有限,因此,我国的表决权信托立法应该有目的合理性要求,这也符合包括我国在内的世界各国信托法关于信托目的合法性的要求。

但是,所谓的"合法目的"或"违法目的"都是学理上的分类,实践中需要具体证据去证明目的的合法与否。在美国,一般是在法律上设定一个标准,只要表决权信托的设定符合法律规定和公共政策,即可认定其为"合法",否则便是违法。这样的制度设计节约了证明目的合法与否的成本,值得我国立法借鉴。

实务探讨

一、表决权信托与表决权代理有何区别

表决权信托是信托制度的衍生物,而表决权代理则是传统民法代理制度在公司治理中的运用。它们植根于不同的法律体系,因而有的学者一再强调两种制度的重叠与冲突。但笔者认为,正如信托制度与传统民法的所有权观念一样,它们都是多样化理财手段中的备选项,在经济时代拓展着人们的行为自由。因而,表决权信托与表决权代理既有调和的空间,也有存在的必要。它们的区别如下:第一,表决权代理中,本人仍对持有的股份享有所有权,委托授权代理人以本人的名义,在有限的范围内行使表决权;而在表决权信托中,受托人依据表决权信托合同或法律的特殊规定或当事人之间的其他合意而行使支配权,享有自由表决等诸多自主行使的权限。第二,在表决权代理中,本人享有自由的撤销权;而在表决权信托中,信托一旦成立生效,委托人的地位就非常消极了,不得随意撤销信托。第三,表决权代理的存续性较弱,代理人一旦死亡或丧失民事行为能力,则代理关系自然终止;而在表决权信托中,由于信托具有非常强的存续性,不因受托人的死亡、丧失民事行为能力或者辞任而终止,所以表决权信托关系能够非常稳定地存续下去。由此,表决权信托较表决权代理具有存续的稳定性与管理的灵活性,二者并不可以相互替代;其可能的冲突的解决也有赖于信托与传统所有权制度的调和。

二、表决权信托与累积投票制有何差异

损害中小股东利益现象是控股股东利用其表决权的"垄断"地位控制公司及经营管理层的原因所致。累积投票制和表决权信托在一定程度上都是改变这一现象的有效方式,能起到保护中小股东利益的作用。但它们有以下差异:第一,累积投票制仅适用于公司董事或监事的人事选举,并不适用于对普通事项的决议;而表决权信托是将与表决权有关的事项委托给受托人,受托人凭其法律上的所有权对人事选举和普通事项均

有议决的权利。第二，累积投票制是对"一股一表决权"的修正，是一种投票机制，它利用有效的数学模型改变董监事会"一言堂"的内部构成，保护中小股东权益，制衡大股东；而表决权信托却是将维护中小股东权利的武器——"表决权"信托给受托人，从根本上以中小股东的利益为重。第三，累积投票制是"一事一决"的考量，需要股东事前的充分商讨甚至表决权约束契约的协助；而表决权信托却是一种长期的制度安排，既有灵活性又不失稳定性，能够有效地节约协商成本。另外，运用累积投票制的前提是单个中小股东与大股东相比不是过分的悬殊或者众多中小股东采取统一的立场，而董监事选举分类或错开法可能会降低累积投票制的效用，中小股东的不一致立场将有可能导致累积投票制的不确定性，甚至步入僵局；而表决权信托却没有这方面的缺陷。因此，从某种程度上说，表决权信托是累积投票制的"前制度设计"。它一方面克服了中小股东"用脚投票"造成的公司经营管理的偶然性，另一方面又使累积投票制朝着有利公司发展和维护股东利益的方向行进。反过来说，如果累积投票制缺乏表决权信托的指引，也难免陷入"愚昧的民主"的泥潭。累积投票制的天然使命是团结少数，对抗强权；而表决权信托实质上是一种资产转移和管理方式，这就使表决权信托具有了先天的优势。

三、表决权信托与股权信托有何区别

股权信托是现代公司实践中的一种新的金融产品，是指委托人将其所持公司股份转移给受托人，或者将其合法所有的资金委托给受托人，由受托人依照委托人的意愿以自己的名义投资于公司，并由受托人对股份进行管理和处分，所产生的收益归属于委托人或委托人指定的受益人的信托行为。因而，股权信托可分为管理型股权信托和投资理财型股权信托，简要地说，投资理财型股权信托就是所谓的"受人之托，代人理财"，管理型股权信托就是"受人之托，代人管理"。从本质上来讲，可以认为表决权信托属于管理型股权信托。但是明文规定了表决权信托的《美国公司法》一方面对表决权信托的设立做出了严格的规定，另一方面，判例法又以表决权与收益权是否分离、一定时期内是否可以撤销以及是否以获取公司的控制权为主要目的为标准对表决权信托和股权信托进行了区分，因而，区分这两种信托制度还是有实际意义的。通常，股权信托一般是由单个股东为委托人，而表决权信托为了信托目的的实现，一般是由数个股东共同作为委托人。表决权信托是以股份的表决权为信托标的，以受托人集中行使表决权、实现对公司的控制为目的，不在于股份的转让。而股权信托通常是以股份为信托标的，以股份的管理、运用和处理为目的。虽然这两种方式都可以行使表决权，但是在股权信托中表决权的行使只是处于一种辅助性、从属性的地位，并不是其主要目的。在表决权信托中，信托股份虽然登记在受托人名下，受托人

是股份名义上的所有者,但是股票须注明“表决权信托”字样,对受托人转让、质押等处分股份的行为进行了限制,而在股份信托中,受托人通常有管理、运用和处分股份等一系列权利。此外,从设立方式上来讲,股权信托可以以遗嘱的方式设立,表决权信托则不能。从根本上来讲,是否以集合表决权、实现对公司的控制为目的是两者最本质的区别。

四、表决权信托和表决权征集[①]有何差异

表决权征集(solicitation)是指代理人以公开要约的方式征集或者收购公司股东的表决权委托书,以代理股东出席股东大会并集中行使表决权的行为。代理权征集适用于公开发行公司或者上市公司,表决权征集人主动向股东发送委托书劝说股东授予其代理权,如果股东将已授予代理权的意思送还委托书,股东和征集人之间的委任契约就成立了。也正是从这个意义上,学术界一般认为,表决权征集和表决权代理一样,是针对表决权发生的代理,只不过它是传统代理制度在商法中的运用发展,是为了适应上市公司表决权运作规模化的需要,在代理权获得上发生了变化,致使从形式上看,区别于传统民事代理。以前处于被动地位的受托人走到前台,成为主动征集人,而股东则处于被动地位,成为“征集对象”。但这些变化没有改变该行为的代理实质,因为在表决权征集过程中,征集者要寻求代理表决权,必须对征集事项逐一列出,由被征集的股东在赞成、反对或弃权之间做出选择,股东可以明确指示其代理人投赞成、反对或者弃权票,这样的制度设计使股东在议案表决权上依旧保有实质决定权,这些正是决定表决权征集实质上属于代理的关键因素。表决权征集和表决权信托都适用于具有规模效应的公开发行公司或上市公司、对受托人的资格都会有所限制、对信息披露都会做出要求。但是二者还是存在明显的不同。(1)法律关系不同。表决权信托中的受托人尽管是为他人的利益行使表决权,但是他是法律上的股东,对公司而言,处于登录股东的位置,在股东会或股东大会上,受托人以自己的名义行使表决权。但是在表决权征集中,鉴于表决权征集的代理本性,征集人在行使表决权时必须以股东的名义为之,而且,征集者必须得到股东明确的对某一事项的赞成、反对或弃权的意思表示,然后依照股东的意思进行表决。这使得表决权征集较多受股东意志的支配,而表决权信托可以避免这些缺憾。(2)稳定性不同。在表决权征集中,作为委托事项的表决权代理是一次性的,一旦表决

① 由于各国立法大都禁止有偿征集表决权,如果没有特别说明,此处所说的“表决权征集”是指无偿的表权征集。表决权征集的实例在我国已经很多,如“君万事件”、“胜利股份”、“格林柯尔”等。关于表决征集的相关研究,可参见伏军:《公司投票代理权法律制度研究》,北京大学出版社 2005 年版。

事项结束,代理权即告终止。而表决权信托是股东表决权和信托制度结合的产物,其优势源于信托制度的优势。信托作为一种转移和管理财产的制度安排,主要价值在于扩张自由和提升效率。信托凭借其"双重所有权"理论,受益人只取得受益权,受托人享有信托财产的控制权,受托人以自己的名义管理信托财产。信托一旦成立,原则上不受信托关系人死亡的影响,可以长久存续下去。信托关系成立之后,当事人不得随意解除,信托目的实现之前不能随意终止。因此,与表决权征集相比,表决权信托的管理结构相对比较稳定,这是表决权信托作为股东行使表决权的方式之一所具有的最明显的比较优势。

当然,需要注意的是,从实践的角度看,表决权信托和表决权征集很容易混淆。例如,当表决权信托的形成是信托机构主动为之时,二者在形式上就非常相似。所以,当表决权征集只是表决权聚合的方式时,它就只是达成表决权征集法律关系或表决权信托法律关系的一种手段。委托人和受托人之间究竟形成何种法律关系主要依据契约的内容进行判断。

五、表决权信托与表决权拘束协议有何区别

股东表决权拘束协议就是股东就表决权的行使所达成的协议。从狭义上来讲仅指股东之间以某种确定的方式,就特定事项的表决所达成的股份表决协议。广义的股东表决权拘束协议还包括了股东与公司外部的非股东达成的行使表决权的协议。《美国公司法》通常采用的是狭义上的定义,英国和德国通常是在广义上来使用的。[①] 表决权拘束协议与表决权信托都因表决权本身的特殊性经历了一个从被否定、质疑到逐渐被认可的过程,都是股东表决权的特殊行使方式,都有集合多数表决权,以实现控制公司事务的功能。但是,两者仍是建立在不同的法律基础之上,表决权信托是建立在信托机制之上,实质是一种信托关系,受到信托法的调整。而表决权拘束协议是建立在合同机制之上,其本质是一种集体协议,主要受合同法规则的调整,两者存在显著的区别。第一,表决权权属不同。在表决权信托中,受托人是股份的"名义所有人",虽然表决权的行使受到信托契约的约束,但是受托人是以自己的名义独立行使表决权。而表决权拘束协议只是股东就表决权的行使达成一致意见,并不发生股份"名义所有权"的转移,股东仍然保有自己的股份和表决权,只需按约行使。当然,股东仍有权违反约定,按照自己投票时的意愿进行表决,但是需向其他股东承担违约责任。第二,两者的稳定性不

① 梁上上:《论股东表决权——以公司控制权争夺为中心展开》,法律出版社 2005 年版,第 276 页。

同。如上文分析,表决权信托因具有不可撤销性、存续期间长,不因受托人欠缺而受影响等特点而具有较强的稳定性,而表决权拘束协议通常是股东就一次股东大会或某一具体决议事项而达成的投票协议,表决后自然也就失效了,所以其存续期限、本身的稳定性都不及表决权信托。此外,在设立程序上,表决权拘束协议的成立和生效只需符合《合同法》的相关规定,协议各方达成合意即可。而表决权信托的设立和生效须严格遵守法定的形式和程序,进行登记公示。

通过以上比较可以看出,表决权信托因其具备信托的特质,使其在公司控制权的争夺上比股权信托、表决权代理和表决权拘束协议等类似制度更具灵活性和高效性,在稳定公司经营、协助企业融资等方面拥有更为广阔的施展空间。

六、表决权信托在约定期限内是否可以撤销

关于表决权信托在约定期限内是否可以撤销,学者们有不同的看法。一种观点认为,在表决权信托运行机制里,委托人不仅失去了决策权,而且失去了对公司财务报表的检查权,他只能以信托证书持有人的身份检查受托人的账册与名册(books in lists),加之表决权信托多属于不可撤销的,我国目前确立表决权信托时,应当允许委托人预先保留撤回权(power of revocation),以便对违反受信义务者实施撤回或取消信托的权力,即为了推动表决权信托制度在我国的过渡与实施,我国表决权信托机制在一定时期内应具有中国特色。也有学者持相反的观点,认为表决权信托的本质特点之一就是已经授予的表决权不能再撤回,如果允许其撤回表决权,则会造成表决权信托与其他制度之间的边界不清,给法律适用带来混乱。① 我们认为,尽管表决权信托和其他类似制度的比较优势源于该制度根据信托理念所具有的信托财产独立以及由此带来的信托不可撤销的本性,但是,我国当前信托业发展状况、信托业监管体制、民众信托意识以及公司治理结构等都不容乐观。由这些因素决定,委托股东对表决权信托受托人监督的成本会比较高,委托股东想要发现受托人实际上在做什么并不是一件容易的事情,依照制度经济学关于委托——代理理论的观点,如果代理人得知,委托人对代理人的行为细节不很了解或保持着“理性的无知”,因而自己能采取机会主义行为而不受惩罚,那么代理人就会受诱惑而机会主义行事。这已经被我国公司实践中控股股东或控制股东对中小股东和公司的“掠夺”以及“内部人控制”现象所证明。而且,由于表决权信托证书流通性较差,由此决定了委托股东“用脚踢票”的外部监督市场并不存在。在这样的环境下,

① 梁上上:《论股东表决权——以公司控制权争夺为中心展开》,法律出版社 2005 年版,第 239 页。

如果再使得表决权信托具有不可撤销的性质，将会使设置表决权信托的委托股东处于非常不利的位置。所以，我们主张我国构建表决权信托制度时应该尊重现阶段我国信托业和公司治理的状况，使表决权信托在一定条件下可以撤销。①

七、如何界定职工持股会在信托法律关系中的地位

信托是指委托人基于对受托人的信任，将其财产权委托给受托人，由受托人按照委托人的意愿以自己的名义，为了受益人的利益或者特定的目的，进行管理或者处分的行为。由于我国《信托法》明确规定，受托人应该为具有完全民事行为能力的自然人和法人，职工持股会在其法律地位尚未明确的前提下，是否可以作为受托人在理论上和现实中都是值得商榷的，因此，在信托形式的职工持股会设计中，职工持股会一般都作为委托人，受托人则为专业的信托公司。在信托形式的设计中，持股职工可以不经过职工持股会而直接将其所有的职工股信托给信托公司管理，信托投资公司按照委托人的意愿和有利于委托人利益最大化的原则，以自己的名义对信托财产进行管理和处分，委托人可以在信托合同中指定受益人，受益人享有信托受益权。

根据信托合同的规定享受信托利益。按照委托人是否在订立信托合同时取得股份，信托可以分为投资信托和股权信托。我国现行的职工持股会运行的基本原理其实可以看作是一种投资信托，即职工持股会真正持有企业的股份，持股职工只是作为受益人，并不是企业真正的股东，职工持股会同时也是信托关系中的受托人，企业职工将其购买股份的资金委托给职工持股会，由职工持股会统一以自己的名义购买企业的股份，并进行管理。日本的职工持股会就是一种典型的投资信托设计。

股权信托则是职工持股会或者持股职工作为委托人将其拥有的股份信托给信托投资公司，由信托投资公司对其进行专业的管理和处分，职工持股会或者职工持股享有相应的受益权。就股权信托而言，职工可以通过设定终止信托的条件而恢复其对公司的股份，而且受托人在对公司行使股权时，可按不统一行使规则，准确反映委托人（职工）对公司事务的意见，而在投资信托中，委托人对公司的股权是不能不统一行使的。更为重要的是，股权信托对于处理我国目前的上市公司职工持股会问题具有重要的意义。在民政部对于职工持股会不再审批和登记之后，已有的上市公司的职工持股会将何去何从就成为一个很现实的问题，通过股权信托，已有的上市公司的职工持股会将其所持有的股份信托给信托投资公司以后，可以进行解散，而解散并不会影响股权信托的效力。因为根据我国《信托法》第五十二条的规定“信托不因委托人或者受托人的死亡、

① 雷晓冰：《表决权信托制度研究》，华东政法大学2007年民商法学博士论文，第129—140页。

丧失民事行为能力、依法解散、被依法撤销或者宣告破产而终止,也不因受托人的辞任而终止”。这正是信托机制中所所特有的信托财产的稳定性、连续性和可预测性的体现。据此,在实际操作中,职工持股会在与受托方签订了明确受益人(原职工持股会成员)权利义务的信托合同后可以依法解散。这一规定不但对上市公司已有的职工持股会问题的解决具有重要的意义,对于拟上市公司的职工持股会问题的解决更具现实意义。由于证监会对于存在职工持股会的拟上市的企业通常不予批准,通过股权信托的形式,不但可以顺利解决企业上市的一个瓶颈,而且可以缓解证监会有关规定对于实行员工持股企业所造成的负面影响。

法条索引

《中华人民共和国信托法》

第三条 委托人、受托人、受益人(以下统称信托当事人)在中华人民共和国境内进行民事、营业、公益信托活动,适用本法。

第七条 设立信托,必须有确定的信托财产,并且该信托财产必须是委托人合法所有的财产。

本法所称财产包括合法的财产权利。

第五十二条 信托不因委托人或者受托人的死亡、丧失民事行为能力、依法解散、被依法撤销或者被宣告破产而终止,也不因受托人的辞任而终止。但本法或者信托文件另有规定的除外。

第二十四章

监事会热点问题裁判标准与规范

本章导读

随着公司规模的扩大和公司事务的专业化、复杂化,公司的经营权与所有权逐渐分离,公司事务的日常经营逐渐转移到公司董事、经理等管理层手中。然而,任何事物皆有利有弊,公司经营权的转移一方面保障了公司运营的专业和高效,另一方面也增加了公司管理层出于私利而直接或间接侵害公司利益的风险。因此,各国公司法在顺应商业趋势,认可公司管理层经营权的同时,无不对管理层的权力加以监督和制约。该种监督和制约在我国公司结构上体现为公司监事会和独立董事,其中监事会占有主导地位。然而,监事会制度在我国的运行并不顺畅,应当进一步通过制度构建强化公司监事会的监督功能。

理论研究

一、监事会制度的争论

监事会制度早在我国 1993 年《公司法》中已经得到确立,然而该项制度始终未能发挥有力的监督功能,成为公司法上的摆设,流于形式。因此,围绕监事会制度的争论愈演愈烈,有人主张废除,有人主张改革。综合起来,主要有四种观点。

废除监事会制度,引进独立董事制度。该种观点认为,按照国际惯例,股份公司的董事会主要担负决策与监督两项任务。中国现行的《公司法》把董事会的主要职能界定为决策,而把监督的职责划归监事会。于是,由股东大会、董事会、监事会和经理人员组成的公司治理结构不是"新三会",而是"新四会"。国际经验和中国的初步实践表明,"四会制"的公司治理结构不是有效率的,建议由董事会同时行使决策权和监督权,取消监事会,同时引进独立董事制度履行监督董事会的职责。①

反对独立董事制度,坚持监事会制度。该种观点认为我国公司的股权结构与美国存在重大差异,因而公司治理任务不同,相应的选择路径也应有所区别。我国公司的股权集中,公司治理课题表面上是经营者败德的问题,实质上是大股东滥用权利的问题,因为经营者实质上为大股东所控制,是大股东的代言人。独立董事制度并不能解决其所欲解决的问题,我国目前股权结构下的公司治理问题,可以在传统的监事会机制下解决。我国公司治理应当注重解决监事会组成成员的独立性和监督者的权利刚性。通过引入独立董事这种新的架构来改变公司内部治理失效的异向思维应当抛弃。②

引进独立董事制度,并保留监事会制度,二者并存。该种观点认为设立专职的监事会作为公司一级正式机关来行使监督权,可以在一定程度上对日益膨胀的董事会或经理管理层的权力进行监督;通过防止和纠正其滥用权力、失职或损害公司利益的行为,迫使董事及公司高级职员在履行职责时更加谨慎,自觉维护股东、公司和债权人的利益。但与此同时,专职监事机关的设立使公司机构庞大,公司内部关系复杂,董事会在决策时也必然会有诸多争议,这就难免会影响公司的行政效率。相比而言,由于独立董事存在于董事会内部,减少了公司内部机关的设置,这将会有利于提高董事会的行政效率。由此看来,独立董事尽管有着与监事相同的作用,但因为有上述这些特殊因素,独立董事作为公司治理中所采用的制衡机制之一,与其他因素一起,能够从不同角度加强对公司董事会的监督,保护股东权益,可以在实现公司权力制衡的同时提高公司运作的效率,这正好符合公司"效率优先、兼顾公平"的价值取向。③

引进独立董事制度,保留监事会制度,公司自由选择。该种观点在晚近比较流行,认为我国的公司治理结构应当效仿法国、日本,实行任意选择制,由公司在一元制和二元制之间作出选择。④

在2005年《公司法》的修订过程中,围绕监事会制度的构建再次发生激烈争议,最

① 李枫:《公司治理的监督机制研究——独立董事制度与监事会制度的对比分析》,载《山西大学学报(哲学社会科学版)》2010年第6期。

② 蒋大兴:《独立董事:在传统框架下行动?》,载《法学评论》2003年第3期。

③ 卢娣:《公司监事会与独立董事制度并存之法律问题研究》,华中科技大学2006年硕士学位论文。

④ 熊意超:《英美独立董事制度与大陆监事会制度之比较》,来源于法大民商经济法律网,访问时间2012年3月18日。

终通过的《公司法》引进了独立董事制度，但是同时保留了监事会制度，并对监事会制度进行了大幅度改革，特别是强化了公司监事会的职权。该种改革方向甚至赞同，因为独立董事制度和监事会制度具有不同的监督程序和监督内容：独立董事制度主要是事前、事中监督、内部监督和合法、合理监督；监事会制度主要是事后监督、外部监督和合规监督，两者可以相互补充、相互促进。比如，预防公司经营者的违法行为，独立董事更为有效；该种违法行为发生后，弥补该种行为的损失，要求公司董事、经理予以纠正并代表公司提起责任追究之诉，监事会的作用更为明显。即使二者的功能有部分重合，多一种监督手段对公司而言，未尝不是一件好事。诚然，监事会制度确实存在一些弊端，比如难以监督公司控股股东掏空公司行为，但是衡量一项制度是否应予采纳的标准，不是该项制度是否完美，而是该项制度的存在是否具有积极价值，公司的监事会虽然存在一些缺陷，终究是有比没有好。

二、我国监事会制度的改革

我国2005年《公司法》保留了公司监事会，并予以了大幅度改革，特别是强化了监事会职权，该种改革对于监事会功能的切实发挥起到了积极的推动作用。然而，现行《公司法》实施七年多来，监事会的运转并未发生明显好转，说明现行公司法体系下的监事会制度仍然存在重大缺陷，需要进一步完善。有效的公司内部监控机制必须满足下列条件：监督者相对于被监督者而言具有独立性；监督者具有适当的监督权力。具体而言，一是监督者可以及时、自由取得监督所需信息，二是监督者对被监督对象的不当行为拥有刚性救济权；监督者具有履行职权所必须的监督能力；监督者具有履行职责的足够诱因。我国监事会制度的完善，应当从以下方面出发，有的放矢。

（一）强化监事的任职资格

2005年《公司法》规定了监事五种消极任职资格，并规定"董事、高级管理人员不得兼任监事"，但没有任何一个条文涉及到其积极任职资格，不利于监事会发挥监督功能，因为适当的监督能力是监督者履行监督职责的必要条件。一个看不懂财务报表的监事根本不可能对公司的财务活动进行有效监督，一个不懂法律知识的监事也无法及时发现和制止公司的违规行为。实践中，监事往往成为公司安排不具有任何监督能力的人员的安慰岗位。对此，可借鉴《关于在上市公司建立独立董事制度的指导意见》对于独立董事积极资格规定，对监事的财务会计专业素质提出较高的要求，同时注意监事会内部在财务会计、法律、经济管理等专业知识结构上的合理搭配。

（二）加强公司监事的权利

完善监事的知情权，建立监事会的信息获取机制。我国《公司法》下的监事会由于不参与公司决策和管理,因此与被监控者之间存在信息不对称情况。而监事会要对董事、经理实施有效的监督,一个重要的前提就是必须及时、全面、真实地掌握有关经营管理的信息。因此,应当进一步强化监事会和监事的知情权。具体而言,可增加如下规定:监事会或者监事有权要求公司董事、经理提出经营报告、特定事件报告及辅助资料、文件并有权要求公司董事、经理做出必要解释;董事会向股东(大)会提交的各种议案、报告及必要的辅助资料、文件必须提前报送监事会;董事会应当及时向监事会报告各种涉及经营发展、风险状况、风险管理、关联交易等重大事项,对于背离事先制定的计划与目标的实际经营状况,董事会应予以指出并说明理由。

(三)强化公司监事的义务

有效的监督机制必须为监督者提供足够的监督诱因,包括正面激励和反面压力。我国监事会虽然建立了这么多年,但是与起诉公司董事时有发生的状况形成鲜明对比的是,追究公司监事责任的情形十分罕见,乃至于人们认为公司监事的义务和责任只存在于书面的公司法上。2005 年《公司法》规定了公司监事的忠实义务和勤勉义务以及监事执行职务时违法法律、行政法规和公司章程的民事责任,但是该种规定过于概括,应当进一步予以强化。

对于公司监事,勤勉义务的起码要求是初步理解公司的业务,知道公司的活动,对公司的监督事项有整体把握,定期参加会议,定期检查公司的财务报表,定期听取董事、经理和其他人员的报告,必须调查可疑事项,对明显违法、违章行为必须提出反对意见并责令纠正。如果公司监事对公司事务漠不关心,怠于履行公司法赋予的职权,即违反了公司法课以监事的勤勉义务,应当承担民事责任。① 我国现行《公司法》体系下,对监事会职权的规定都是赋权性规范,导致关于监事的勤勉义务和民事责任争议不清,也刺激了监事懈怠履行职务,因为通过不作为监事不但可以避免受到被监督对象的敌视,更可以避免监督违规的风险。为了强化监事履行职责的动力,有必要进一步明确监事职权的义务性质,比如将《公司法》第五十四条修改为"监事会、不设监事会的公司的监事履行下列职责";将《公司法》第五十五条修改为监事应当列席董事会会议,监事会、不设监事会的公司的监事发现公司经营状况异常,应当进行调查。在《公司法》修改前,人民法院应当对《公司法》有关监事会或监事职权的规范,做目的解释,既包含监事会或监事的权利,也赋予了监事会或监事积极作为的义务,即使对《公司法》规定的懈怠行为,只要违反了勤勉义务的一般要求,即应支持股东提起的追究监视责任的诉讼。

① 刘家胜:《我国上市公司监事会功能保障完善对策探究》,载《淮海工学院学报(社会科学版)》2009 年第 3 期。

监事的忠实义务要求监事在履行职责时，其自身利益一旦与公司利益相冲突，监事必须要以公司的利益为重，不得将自身利益置于公司利益之上。虽然《公司法》第一百四十九条只是列举了公司董事、高级管理人员的禁止行为，但是相关的规范同样适用于公司监事，比如禁止挪用公司资金、禁止披露公司秘密等。

强化公司监事义务和责任可能引起的争议是导致公司监事的利益与风险不对称，因为公司监事往往报酬较少，课以其较多的义务和责任似乎有违公平原则。实则不然，监事报酬的多少是明确的，监事是否接受委托也完全取决于监事意思自治，没有任何欺诈、胁迫，如果监事认为利益风险不对称，完全可以拒绝接受监事职位，而不是接受职位后抗辩报酬过少。如此一来，可能导致的另一个问题是减消了人们担任公司监事的积极性。其实，这个问题完全可以通过市场解决。首先，公司股东包括控股股东有监督公司管理层的动因和需求，因此并必然打压公司监事会。其次，即使公司控股股东通过降低监事报酬打压监事，将造成没有人愿意担任公司监事，公司不但要接受公法上的处罚，更要接受市场的惩罚，没有监事的上司公司的股价走势可想而知，所以，上述问题终将在股东与董事、股东与市场之间的博弈之中自发解决。

实务探讨

一、监事会是否享有代表公司的权力

公司的民事活动和诉讼活动通常由公司的董事、董事会或董事长等代表人代表公司实施，其他公司机关或个人无权代表公司，该种规范有利于防阻公司员工的机会主义行为，提高公司效率。然而，特定情形下，由公司的董事、董事会或董事长等代表人代表公司进行民事活动或诉讼可能反而有损于公司利益，比如在公司追究代表人民事责任的情形下，由代表人代表公司提起诉讼显然兵不可行。因此，设监事会的境外公司法大多规定公司监事会享有特定情形下代表公司的权力，比如日本《公司法》第386条第1款规定设监事公司对董事（包括曾为董事），或董事对设监事公司提起诉讼时，就该诉讼，监事代表设监事公司。我国《公司法》对监事代表公司的权力未作明文规定，但是从《公司法》体系看，监事会的该种权力不言自明，比如《公司法》第五十五条第二款规定必要时，监事会可以聘请会计师事务所等协助其工作，费用由公司承担；《公司法》第五十四条第六项规定监事会有权依照《公司法》第一百五十二条的规定，对董事、高级管理人员提起诉讼。上述情形下，监事会有权代表公司进行相关民事活动或诉讼活动，无须经公司法定代表人同意。

二、监事能否作为公司的诉讼代表人

一般情况下，公司的诉讼代表人是指工商登记记载的公司的法定代表人，监事无权代表公司。但是，如果担任公司法定代表人的股东或董事与公司发生交易时产生纠纷引发诉讼，由于股东或董事与公司同为案件的当事人，如果允许股东或董事作为公司的诉讼代表人，就会发生“自己告自己”的诉讼表象，难以维护公司的合法利益。为此，法院应当进行必要的诉讼指导，另行确定他人代表公司参加诉讼。上海市高级人民法院《关于担任公司法定代表人的股东、董事与公司之间引发诉讼应如何确定公司诉讼代表人问题的解答》指出，公司可依章程约定、召开临时股东会协商或股东间协商、通知副董事长或其他董事参加诉讼等方式另行确定诉讼代表人。如果前述途径均无法确定诉讼代表人的，基于公司监事会的法定职责，法院可指定公司监事会主席或执行监事代表公司参加诉讼。此外，在原、被告公司的法定代表人为同一人时，公司的法定代表人在诉讼中死亡时，公司也面临着确认新的诉讼代表人的问题，参照上海市高级人民法院《关于担任公司法定代表人的股东、董事与公司之间引发诉讼应如何确定公司诉讼代表人问题的解答》所规定的步骤，监事会主席或执行监事均有可能作为公司的诉讼代表人。

三、监事会的提案权是否限定在与财务监督和人员监督有关的范围内

与 1993 年《公司法》第五十四条相比，2005 年《公司法》第五十四条增加的监事会的一项重要职权是向股东会会议提出议案的权利。不过，公司法仅规定监事会有权向股东会提出议案，而未作具体规定，与《公司法》第四十七条有关董事会向股东会提出议案的规定相比，概括而简略。对于监事会的提案权，不能仅作狭义解释，将之限定在与财务监督和人员监督有关的范围内，因为提案权本身就是公司法赋予监事会的一项职权，而且《公司法》未作任何限定以保障监事会行使职权。因此，监事会有权向股东会提出与公司事务有关的议案，包括有关监事报酬的议案。

四、监事是否负有竞业禁止义务

监事作为公司的受托人，对公司负有忠实义务自不待言，但是该种忠实义务是否包括竞业禁止义务，存有争议。反对说认为公司监事并不参与公司的经营管理，因此不存在侵夺公司商业机会的可能，并无限制之必要；赞成说认为监事虽然不直接参与公司经营管理，但是知晓公司经营信息，因此同样存在公司商业机会的可能，应予限制。我国 2005 年《公司法》第一百四十九条规定，“董事、高级管理人员不得有下列

行为”，而并未直接规范监事的禁止行为。虽然公司监事可能利用其知晓的公司信息侵夺公司机会，但只是一种可能，监事从事与公司相同或竞争业务的行为本身对公司并无危害，此点不同于监事挪用公司资金或擅自披露公司商业秘密的行为，而且《公司法》本身并不禁止该种行为，因此，在公司章程没有另外规定情形下，公司监事不承担竞业禁止义务。

五、监事可否单独行使监事会的职权

对于监事可否单独行使监事会的职权，境外立法例存在不同规定。德国《股份公司法》采集体行为模式，该法第108条规定：“监事会以决议的方式做出决定，以监事会的决议能力未在法律或章程上规定为限，其可以由章程规定，其既未在法律上，又未由章程规定的，监事会只有在依法律或章程应组成监事会总体的成员中至少有一半参加决议时，才具有决议能力。”我国台湾地区有关公司的规定采单独行为模式，该法规定，不论公司的规模如何，至少设立1名以上的监察人，并且各监察人得独立行使监察权。采纳何种模式，取决于公司法对效率与安全的权衡。我国2005年《公司法》第五十四条和第五十五条规定，监事会享有相关职权，而并未规定公司监事个体享有相关权利，因此，除公司章程另有规定外，公司监事不得行使监事会的职权，相关权利只能由监事会整体行使。

六、监事是否只能由自然人担任

对法人是否可为监事，境外存在不同立法例。德国《股份公司法》明文禁止法人担任监事，该法第100条规定：监事会成员只能是具有完全行为能力的自然人。我国台湾地区有关公司的规定明文认可法人担任监事，该法第27条规定“政府或法人为股东时，得当选为董事或监察人。但须指定自然人代表行使职务。政府或法人为股东时，亦得由其代表人当选为董事或监察人，代表人有数人时，得分别当选。”我国公司法未作明文规定。从现行《公司法》第一百四十七条规定看，该条规定的公司监事资格全部针对自然人而言，因此可以推定我国《公司法》规定的监事只能由自然人担任。

七、监事在任期届满后，新监事就任前能否起诉公司要求履行监督权

实务中，对于任期届满的监事是否有权行使监督权起诉公司存在意见分歧。少数意见认为，监事因任期届满，股东会对其授权也已告终止，在新监事就任前代为履行监事职务，属于法定的义务，不能强制股东会接受监督。况且，其作为股东，完全可以行使

股东知情权作为救济途径。我们认为,根据《公司法》第五十三条的规定可知,现行《公司法》要求任期届满的监事在新任监事就任前,履行监事职务,既是法定的义务,也是法定的权利,否则就不是真正的监督权,公司仍会处于缺乏有效监督的真空状态,违背了《公司法》增设此项规定的本意。此外,亦为股东的监事虽然同时具有股东身份,但是股东知情权的范围和监事监督权的范围是不同的,例如,在对财务资料的查阅范围方面,监事的权力比股东的权利要大得多。

八、股东是否有权就监事会成员的委任提起股东代表诉讼

《公司法》的立法本义在于通过设立监事会这一专门的监督机构实现公司内部的权力制衡,但实践中,许多公司尽管能在形式上遵守《公司法》的规定,通过股东大会、职工代表大会的形式选任监事,但由于监事的候选人往往由董事会提出,不能体现股东的真实意志,相当多的股份有限公司,职工大会或者职工代表大会形同虚设,原应由职工民主选举产生的职工监事也往往由董事会、甚至经理选拔、指定。在公司由控制股东掌控的情况下,选举出的监事往往无法正常履行其监督职责。依据《公司法》的规定,股东会是公司权力机构,对非职工代表监事拥有人事任免权,对监事会报告拥有审议批准权。但对于股东会被大股东掌控的公司而言,中小股东难以寄希望于通过股东会改变监事会的格局,通过公司内部自治已无法使中小股东的权利得到保护,这是不利于公司发展的,此时,中小股东能否求助于诉讼方式来解决以上问题?我们认为在监事会成员的委任违反我国《公司法》的禁止性规定时,如监事不具有《公司法》要求的任职资格,那么股东有权提起股东代表诉讼维护自身权益。

九、股东可否起诉要求撤销监事会决议或确认监事会决议无效

根据《公司法》第二十二条之规定,当股东会、股东大会、董事会决议存在内容瑕疵或程序瑕疵时,股东有权提起无效或撤销之诉,本法对股东可否起诉要求撤销监事会决议或确认监事会决议无效未作规定。考虑到立法本身难免存在滞后性,审判实践中遇到的种种问题往往令执法者应接不暇,我们认为,对这一问题进行探讨是有必要的。监事会的决议事项是针对监事会履行监督职能过程中所发现的问题作出的,本法对监事会的职权已有明确规定,从这些职权的内容可以看出,有可能成为监事会议程的事项主要包括:(1)在检查公司财务时发现公司经营情况异常,需要进行调查或聘请会计师事务所协助调查;(2)决定向股东会提出罢免董事、高级管理人员的建议;(3)要求董事、高级管理人员纠正其损害公司利益的行为;(4)对董事会决议事项提出质询或建议;(5)决定提议召开临时股东会;(6)决定向股东会提出提案;(7)决定代表公司提起诉

讼。从以上需要由监事会决议的事项可以看出,监事会决议主要涉及提议、建议事项,这些事项本身、事项的结果或有待通过股东会、股东大会表决,或有待人民法院裁决,并不会对公司或股东利益发生直接影响。此外,由于股东会、股东大会是股份有限公司的权力机构,监事会应向股东会、股东大会报告工作,因此,监事会决议属于公司内部治理的范畴。基于以上分析,我们认为,对监事会决议提起诉讼没有实际意义,法院无需介入,可以对这类案件不予受理。

十、股东可否排除监事会和监事制度

我们认为,除非一人公司可以不设置监事外,其余公司都要设立监事会或者监事。根据《公司法》第五十二条第一款之规定,股东人数较少或者规模较小的有限责任公司,可以设 1 至 2 名监事,不设监事会。可见,即使股东人数较少或者规模较小的有限责任公司,也要设监事。立法者之所以强力推进监事会制度建设,主旨在于建立经营权与监督权的相互制衡,避免控制股东与经营层的滥权失信行为。

法条索引

《中华人民共和国公司法》

第五十四条　监事会、不设监事会的公司的监事行使下列职权:

(一)检查公司财务;

(二)对董事、高级管理人员执行公司职务的行为进行监督,对违反法律、行政法规、公司章程或者股东会决议的董事、高级管理人员提出罢免的建议;

(三)当董事、高级管理人员的行为损害公司的利益时,要求董事、高级管理人员予以纠正;

(四)提议召开临时股东会会议,在董事会不履行本法规定的召集和主持股东会会议职责时召集和主持股东会会议;

(五)向股东会会议提出提案;

(六)依照本法第一百五十二条的规定,对董事、高级管理人员提起诉讼;

(七)公司章程规定的其他职权。

第五十五条　监事可以列席董事会会议,并对董事会决议事项提出质询或者建议。

监事会、不设监事会的公司的监事发现公司经营情况异常,可以进行调查;必要时,可以聘请会计师事务所等协助其工作,费用由公司承担。

第一百一十八条(第一款)　股份有限公司设监事会,其成员不得少于三人。

…………

第一百一十九条　本法第五十四条、第五十五条关于有限责任公司监事会职权的规定,适用于股份有限公司监事会。

监事会行使职权所必需的费用,由公司承担。

第二十五章

独立董事热点问题裁判标准与规范

本章导读

2001年证监会发布《关于在上市公司建立独立董事制度的指导意见》，我国的独立董事运动正式开始。2005年《公司法》第一百二十三条规定，“上市公司设立独立董事，具体办法由国务院规定”，独立董事正式进入我国《公司法》。然而，自独立董事产生起，围绕独立董事的争论从未间断。在我国股权集中的市场结构和存在监事会的公司法体系下，对独立董事的争议更是此起彼伏。独立董事制度对公司治理的绩效如何、独立董事功能的准确定位是什么、独立董事制度如何进一步完善，正是本文探讨的中心和价值所在。

理论研究

一、独立董事的界定

独立董事又称为外部董事（Outside Director）、独立非执行董事（Non－Executive Director），是指不在公司担任除董事外的其他职务，并与其所受聘的上市公司及其主要股东不存在可能妨碍其进行独立客观判断的关系的董事，其对上市公司及全体股东负有诚信与勤勉义务。[①] 2001年证监会发布的《关于在上市公司建立独立董事制度的指导

① 朱世文、肖文静：《我国独立董事制度的反思与完善》，载《湖北经济学院学报（人文社会科学版）》2009年第9期。

意见》[1]亦采纳该种定义。在我国的公司结构下,独立董事是指不在公司担任除董事外的其他职务,并与其所受聘的上市公司的管理者和控股股东、实际控制人等控制者不存在可能妨碍其进行独立客观判断的关系的董事。[2] 从独立董事的定义可以看出,独立董事的独立性是针对公司管理者和控制者而言,而非针对公司本身而言。事实上,独立董事作为公司董事,必然与公司存在各种联系,要求独立董事独立于公司既无可能,又有损独立董事的制度价值,因为公司中小股东担任独立董事是符合独立董事的制度价值的,而公司中小股东与公司存在重大利害关系。证监会的《指导意见》规定独立董事的消极条件第二项为"直接或间接持有上市公司已发行股份1%以上或者是上市公司前十名股东中的自然人股东及其直系亲属;",从该项规定可以推出,持股比例不超过1%或者尚未达到上市公司前10名的股东,具有担任独立董事的资格。

二、我国独立董事的权利和义务

在我国,证监会的《指导意见》规定,独立董事除应当具有《公司法》和其他相关法律、法规赋予董事的职权外,上市公司还应当赋予独立董事以下特别职权:(1)重大关联交易(指上市公司拟与关联人达成的总额高于300万元或高于上市公司最近经审计净资产值的5%的关联交易)应由独立董事认可后,提交董事会讨论;独立董事作出判断前,可以聘请中介机构出具独立财务顾问报告,作为其判断的依据。(2)向董事会提议聘用或解聘会计师事务所;(3)向董事会提请召开临时股东大会;(4)提议召开董事会;(5)独立聘请外部审计机构和咨询机构;(6)可以在股东大会召开前公开向股东征集投票权。不过,独立董事不能单独行使上述职权,其必须取得全体独立董事的二分之一以上同意。如上述提议未被采纳或上述职权不能正常行使,上市公司应将有关情况予以披露。独立董事除履行上述职责外,还应当对以下事项向董事会或股东大会发表独立意见:(1)提名、任免董事;(2)聘任或解聘高级管理人员;(3)公司董事、高级管理人员的薪酬;(4)上市公司的股东、实际控制人及其关联企业对上市公司现有或新发生的总额高于300万元或高于上市公司最近经审计净资产值的5%的借款或其他资金往来,以及公司是否采取有效措施回收欠款;(5)独立董事认为可能损害中小股东权益的事项;(6)公司章程规定的其他事项。

对于独立董事的义务,国外成文法或者判例法的一般规则,基于董事与公司之间的委任或信义关系,独立董事与其他董事一样对公司负有法定的忠实、勤勉注意义务或信

---

① 后文简称《指导意见》。

② 刘军:《论我国独立董事制度的完善》,载《湘潭师范学院学报(社会科学版)》2009年第6期。

义义务，因此，在其未尽法定或约定义务时，不管是否从公司得到收入以及收入多少，就应当与其他董事承担同样的责任，以便防范其败德行为，切实维护公司、股东的权益，实现法律的公平、正义目标。我国有很多学者认为独立董事的义务应当轻于公司普通董事，其理由为独立事参与公司经营活动较少和获得报酬明显低于普通董事。该种观点有待商榷。法律之所以构建独立董事制度，是期望独立董事能够规范公司的经营活动，防阻公司经营者和控制者对公司掠夺，这也正是公司聘任独立董事的目的所在。为了实现上述目的，独立董事自当积极参与公司经营，及时发现和制止公司经营者和控制者的不当行为；如果独立董事怠于参与公司经营，正是其违反勤勉义务的表现，应当承担相应的法律责任，断不可成为独立董事逃避责任的借口。至于独立董事报酬的多少，完全是独立董事与公司双方协议的结果；既然独立董事自愿接受较少的报酬，当然不可再在事后借口报酬较少而请求减轻或免除自己的法定义务。如果独立董事的该项抗辩理由成立，是否懂事的报酬与董事的责任成正比，公司普通董事同样可以以该理由进行抗辩。因此，独立董事的独立性不是独立董事逃避义务的护身符。

实务探讨

一、独立董事与监事会关系如何界定

2005 年《公司法》引进独立董事制度引起的最大争议就是如何协调独立董事与公司监事会的关系。其实，独立董事的很多职权，如重大关联交易审核权、征集投票权、发表意见权为独立董事所独有；而监事会的某些职权，如向股东大会提出议案、召集股东大会、代表公司提起诉讼等则为独立董事所不具备，因此二者可以互相补充。即使独立董事的部分职权与监事会的职权重合，比如向董事会提请召开临时股东大会、提议召开董事会、独立聘请外部审计机构，但是重合并不代表冲突，因为上述职权皆不具有排他性，完全可以由不同主体分别行使。因此，独立董事与公司监事会可以和谐共存，而且由于独立董事可以在事前和事中以内部人的身份监督公司经营者，监事会可以进行外部监督和事后监督，两者可以相互促进，共同维护公司整体利益。

二、独立董事的选任程序是怎样的

对于独立董事的选任，证监会的《指导意见》规定上市公司董事会、监事会、单独或者合并持有上市公司已发行股份 1% 以上的股东可以提出独立董事候选人，并经股东大会选举决定。对此，很多学者表示异议，认为有损独立董事的独立性，因而建议由证

监会、交易所或者独立董事协会选任上市公司独立董事。该种意见违反法律,而且甚为危险。《公司法》明文规定公司股东享有选择管理者的权利,如果剥夺公司股东选任独立董事的权利,无疑是对公司法的严重违反。此外,独立董事虽然具有独立性,但是其与普通董事的区别在于主要功能不是积极增加公司利益而是防止公司利益被公司控制者掠夺,但独立董事仍然是股东的代理人,是为全体股东利益(形式上表现为公司利益)服务的。独立董事的报酬由上市公司支付,功能是为保护公司利益,支配对象是公司资产,因此必须由全体股东选任,否则将严重背离公司本质,乃至导致公司的消亡,引起经济的混乱。

三、独立董事在董事会中应占多大比例

监会的《指导意见》规定上市公司董事会成员中应当至少包括三分之一独立董事。对此,很多学者提议进一步加大独立董事在公司董事会的比例。“强制进一步增加独立董事的席位,直到内部股东或者内部管理人不再能够通过任何方式操纵董事会。”① “为使得独立董事的声音不被非独立董事吞没,建议将独立董事的比例提升为51%。”② 该种观点放大了独立董事的积极功能,而忽视了独立董事的缺陷,不足为取。首先,如前所述,独立董事的功能在于防阻公司控制者掠夺公司利益,即防止公司利益的不当减少,但是并不能积极增加公司利益,独立董事过多将严重影响公司效率。其次,过多的独立董事虽然减少了公司控股股东、实际控制人等掠夺公司的可能,但是增加了公司经理层掠夺公司利益的风险。“由于独立董事不参加经营管理,都是外部人士,反而更加重了董事会被内部经理人控制的倾向。独立董事过多必然会造成内部人控制,内部人的权力越来越大”。③ 再次,为了防阻公司空股东、实际控制人等掠夺公司,强制公司设置少量比例独立董事符合法律的实质正义,但是如果强制公司以独立董事为主,则过分限制了公司控制者的权利,造成了权利义务的不对称,反而背离法律的公平正义。也正因为如此,虽然西方市场中独立董事比例较大,但是没有任何一个国家是通过法律强制手段实现的。

四、独立董事可否职业化

为了增强独立董事的专业能力和工作时间,有学者建议实行独立董事职业化。一方面实行独立董事职业化,将独立董事的身家性命全部压在公司;另一方面希望独立董

① 汤立斌:《独立董事法律规章实施效果的经济分析》,载《法学研究》2007 年第 5 期。

② 刘俊海:《论独立董事》,来源于法大民商经济法律网。

③ 江平先生的讲座报告,来源于法大民商经济法律网,访问时间 2012 年 2 月 28 日。

事公正履行职务、有效监督公司控制者，不是幻想也是一个过于浪漫的想法。事实上，正是兼职的特点保障了独立董事可以摆脱公司经营者和控制者的威胁和利诱。正如担任多家上市公司独立董事的王卫国先生所言“只要发现问题，就一定会说。我也不在乎这个位子。我不把它当饭碗。你请我当独立董事，是对我的信任，我应该尽心尽职。如果我力不从心，或者你不喜欢我的直言，我无非是离开这个位子，然后更加集中精力地做我的学问。可是，恰恰因为这样，我所在的公司对我很尊敬，而且我对这些公司确实也有贡献。”①可见，上市公司的独立董事只能实行兼职而不能实行所谓职业化。

五、独立董事与非独立董事有何实质区别

独立董事既不能是公司的雇员及其亲属，也不应该是公司的供货商、经销商、资金提供者，或是为公司提供法律、会计、审计、管理咨询等服务的机构职员或代表。与独立董事概念相近的是外部董事和非执行董事，它们均是指那些本人目前不在公司任职的董事。外部董事或非执行董事相对应的是那些既是董事会成员、同时又在公司内任职的董事，这类董事被称为内部董事或者执行董事。

外部董事或者非执行董事并不都是独立的，只有那些满足独立董事条件的外部或者非执行董事才属于独立董事。非独立的外部董事或者非执行董事称为关联外部董事，这些董事虽然不在公司任职，但与公司存在着这样或者那样不符合独立性要求的关系，例如，他们可能是本公司的大股东、供货商和经销商的代表、退休不久的高级经理人员，或是董事长或总经理的亲属。

六、独立董事与一般董事义务有何区别

大陆法系国家传统理论多以民法中的“委任说”和“代理说”作为解释董事义务的基础，认为董事长的主要义务为忠实义务和善管义务。英美法系国家传统理论多以“信义关系说”作为董事义务的理论基础，认为董事的主要义务为忠实义务、注意义务，尽管两大法系关于董事义务的理论基础不同，但对于董事长义务设定的内容基本相同。独立董事作为董事的一种，当然应当承担董事的义务。

独立董事在执行职务、工作方式等方面毕竟不同于一般的董事，但是，无论是我国2005年《公司法》还是新《证券法》，对于独立董事与一般董事的义务都没有进行有区别的划分。将独立董事与一般董事的义务完全等同划一，对于独立董事而言，则是不公平的。例如，注意义务是所有董事都应当履行的当然义务，但对于不同类型的董事，其

① 王卫国先生讲座报告，来源于法大民商经济法律网，访问时间2012年2月28日。

注意义务的内容、衡量标准应有所不同。英国法确定的是主观标准,而美国法则确定的是商业判断标准。

英国众多的衡平法案例中关于合理注意有三类判断标准:

(1)对于具有某种专业资格和经验的非执行董事,如独立董事而言,应适用主观性标准,即只有在该董事尽了自己最大努力的情况下,才被视为履行了合理的注意。从这一主观性标准可知,只有该董事涉及的事务与其专业知识和经验有关时,才可要求他承担应当的注意,因此,不具有所涉及事务的专业知识和经验的独立董事,则没有必要保持对该事务的持续注意。

(2)对于具有所涉及事务的专业资格或经验的独立董事来说,应当适用客观性标准,即只有独立董事达到了具有同类专业水平或经验的专业人员应该达到的注意程度时,才被视为尽到了合理的注意。

(3)由于一般董事(尤其是执行董事)通常是具有专业技能并按照服务合同受聘的人员,因此,对于执行董事应当适用更严格的推定知悉原则,即在执行董事受聘的服务合同中,应推定存在某种默示条款:受聘董事必然具有受聘职务所应该具有的技能和知识。因此,不论他是否真正具有此种技能和知识,均适用上述客观性标准。

美国则是采用商业判断原则作为衡量董事商业决定的标准。他们认为,商业社会瞬息万变,局外人很难以当时的情况再去判断该项决定是否正确,法庭他们亦不应该以他们的意见去取代管理人员的意见。况且美国社会鼓励商业创意,把握商机,即时冒险。因此,以商业判断原则去衡量董事包括独立董事在内是否履行注意义务会给董事以极大的信心,董事愿意作出较大胆的尝试。所以,董事包括独立董事在内,在作出商业判断时,只要其与该项商业决定没有利害关系,而又合理地相信他所知道有关该项决定的资料是足够的,该董事亦理智地认为其决定符合公司的最大利益,并且作出决定时是真诚善意的,则该董事即履行了注意义务。

法国和日本《公司法》并没有要求董事(包括独立董事)为公司最大利益着想,董事只有在违背公司利益时才会受到法律制裁,即董事如果没有违背公司利益,虽然其没有为公司最大利益着想,其亦不需要承担法律责任。

我们认为,在我国,对于独立董事与一般董事的义务应当区别对待。对于一般董事而言,应当以客观标准为主的原则,而对于独立董事而言,应当以主观标准为主的原则。因为,一般董事享有的权利和执行职务的条件远远高于独立董事,而且一般董事有机会、有条件充分利用公司资源,履行自己的注意义务。独立董事由于不参与公司的经营管理,其履行注意义务的机会条件往往受限,更何况引入独立董事主要目的在于发挥其特有的专长和技能。这样的制度安排可以充分体现法律上的公平合理精神,在公司和董事的风险与利益之间,不同类别的董事的风险利益之间寻找到了平衡点。

七、独立董事是否应对第三人承担责任

我国现行的《公司法》很注意对公司利益的保护,该法一百五十条规定,董事、监事、高级管理人员执行公司职务时违反法律、行政法规或者公司章程的规定,给公司造成损失的,应当承担赔偿责任。该法第一百一十三条第三款规定,董事应当对董事会的决议承担责任。董事会的决议违反法律、行政法规或者公司章程、股东大会决议,致使公司遭受严重损失的,参与决议的董事负赔偿责任。由此可见,我国立法规定包括独立董事在内在一定条件下要对公司承担责任的。

但是,包括独立董事在内的公司高管人员是否应对第三人承担责任,却被立法者有意或无意地遗忘了,就这一点而言,我国《证券法》走在了《公司法》的前面。[①] 我国《证券法》第六十八条规定,上市公司董事、高级管理人员应当对公司定期报告签署书面确认意见。上市公司监事会应当对董事会编制的公司定期报告进行审核并提出书面审核意见。上市公司董事、监事、高级管理人员应当保证上市公司所披露的信息真实、准确、完整。第六十九条规定,发行人、上市公司公告的招股说明书、公司债券募集办法、财务会计报告、上市报告文件、年度报告、中期报告、临时报告以及其他信息披露资料,有虚假记载、误导性陈述或者重大遗漏,致使投资者在证券交易中遭受损失的,发行人、上市公司应当承担赔偿责任;发行人、上市公司的董事、监事、高级管理人员和其他直接责任人员以及保荐人、承销的证券公司,应当与发行人、上市公司承担连带赔偿责任,但是能够证明自己没有过错的除外。我国《证券法》的上述规定构成了我国上市公司高管人员,包括独立董事在内,要对第三人承担部分赔偿责任制度。

八、从我国独立董事被处罚第一案中应获得什么启示

“郑百文公司”上市前采取虚提返利、少计费用、费用跨期入账等手段,虚增利润1908万元,并据此制作了虚假上市申报材料;上市后三年采取虚提返利、费用挂账、无依据冲减成本及费用、费用跨期入账等手段,累计虚增利润14390万元。此外,本案还存在着股本金不实、上市公告书重大遗漏、年报信息披露有虚假记载、误导性陈述或重大遗漏等违规事实。

2001年9月27日,中国证监会做出了证监罚字〔2001〕19号《关于郑州百文有限公

---

① 甘培忠、赵文贵:《评日本公司高管对第三人的责任制度》,载赵旭东主编:《公司法评论》第1辑(总第9辑),人民法院出版社2007年版,第3页。

司（集团）及有关人员违反证券法规行为的处罚决定》，对包括“郑百文公司”的独立董事陆家豪在内的有关人员作出了处罚决定。陆家豪被处罚10万元。陆家豪不服该处罚决定，于2002年4月22日向北京市一中院提起行政诉讼。同年6月20日，北京市一中院开庭审理了此案，并于8月作出判决，以“超过法定诉讼期限”为由驳回起诉。陆家豪不服一审判决，又于2002年10月向北京市高院提起上诉。北京市高院于10月23日对此案进行了公开审理，11月15日作出终审裁定，认为陆家豪于3月18日已收到复议决定，直至4月22日才提起行政诉讼，超过了行政诉讼法规定的起诉期限，一审法院裁定驳回陆家豪的起诉符合法律规定，应予维持。至此，陆家豪成为中国股市历史上第一个受到处罚的独立董事的纪录无法更改，但陆家豪案留下了关于独立董事的法律责任如何规制的思考，这也许要比本案处理结果本身的意义更加重要和深刻。

启示之一，无论是国内还是国外，独立董事承担责任已经成为潮流，独立董事不是“花瓶董事”。国外独立董事承担责任的情况已经十分普遍，从英、美国家的《公司法》及司法判例看，对董事包括独立董事在内的勤勉尽责的要求是日趋严格化的过程。英、美公司法和证券法中以最大限度保护投资者利益为最高宗旨，对独立董事同样赋予了严格的谨慎注意之义务和责任。因此，独立董事作为公司的董事之一，理所当然应负有董事的义务和责任。这也是为何证监会公布了《关于上市公司建立独立董事制度的指导意见》后一个月内，就有多位独立董事辞职的原因。

启示之二，对于独立董事与一般董事的义务应当区别对待。对于一般董事而言，应当以客观标准为主的原则，而对于独立董事而言，应当以主观标准为主的原则。因为，一股董事享有的权利和执行职务的条件远远高于独立董事，而且一般董事有机会、有条件充分利用公司资源，履行自己的注意义务。独立董事由于不参与公司的经营管理，其履行注意义务的机会条件往往受限，更何况引入独立董事主要目的在于发挥其特有的专长和技能。这样的制度安排可以充分体现法律上的公平合理精神，在公司和董事的风险与利益之间，不同类别的董事的风险利益之间寻找到平衡点。

启示之三，当前我国股权结构“一股独大”的情况下，对于独立董事的责任应当相对从宽。上市公司的独立董事多为知名学者、企业家，他们难以保证有足够的精力和时间参与各项董事会议，即使有精力也有专业知识参与决策，在目前基本上是“一股独大”的上市公司股权结构中，他们也只是居于少数地位，在“多数决定”的表决原则下，独立董事所能发挥的作用将相当有限。更何况，股权结构的不合理和社会信用体系及相关法规的不健全，在很大程度上限制了独立董事制度发挥良性作用的空间。从日本最新商法修改情况看，日本为走出经济低迷、促进董事的商业判断、激活公司经营，从责任减轻的情由、一般方式、特别方式、责任免除的最高限额等多方面作出了规定，对我们有很大的启发意义。

启示之四，应当加快为独立董事建立职业险。从《证券法》第六十三条、第六十九条等规定看，规定了对违反信息披露制度的董事、监事、经理的赔偿责任，这对建立独立董事责任保险从另外一个角度提供了依据。2001 年 8 月 16 日，中国证监会发布的《关于在上市公司建立独立董事制度的指导意见》也规定了上市公司可以建立必要的独立董事责任保险制度，以降低独立董事正常履行职责可能引致的风险。从目前的经济生活条件看，已有了董事责任保险制度的试点工作。但是，这一制度的建立必须有法律与政策双重层面的保障，因此，必须完善独立董事责任保险制度，以保证独立董事充分发挥其监督、决策、制衡的功能。

法条索引

《中华人民共和国公司法》

第一百二十三条 上市公司设立独立董事，具体办法由国务院规定。

《关于在上市公司建立独立董事制度的指导意见》

第一条（第三项） 各境内上市公司应当按照本指导意见的要求修改公司章程，聘任适当人员担任独立董事，其中至少包括一名会计专业人士（会计专业人士是指具有高级职称或注册会计师资格的人士）。在二〇〇二年六月三十日前，董事会成员中应当至少包括 2 名独立董事；在二〇〇三年六月三十日前，上市公司董事会成员中应当至少包括三分之一独立董事。

第五编

05

股份有限公司的股份发行和转让热点问题裁判标准与规范

第二十六章

证券发行热点问题裁判标准与规范

本章导读

证券发行是股份有限公司股份发行的重要方式，也是证券市场中极为重要的活动，具有基础性作用。由证券发行而形成的市场即为证券发行市场，即证券一级市场或者证券初级市场。公开发行证券是证券发行的最重要方式之一，是发行人公开创设证券及证券权利的过程，也是一种性质复杂的法律行为。相比非公开发行而言，它具有能最大限度吸纳社会闲散资金的优势，在短期内能募集设立公司所需的巨额资本，缓解发起人的出资压力，便于公司的成立。为了保证证券市场安全稳定地运行，各国公司和证券立法都极度关注证券公开发行制度的建设。

理论研究

一、证券公开发行界定

证券发行依据不同的标准有不同的分类。根据发行对象的不同，可将证券发行划分为公开发行（公募发行）和非公开发行（私募发行）。公开发行主要是指向社会公众发行，由于涉及社会公众利益，国家要对公开发行行为进行监管。私募发行主要是指向一定数量的特定对象发行证券，这种发行涉及人数较少，且投资者对发行人的情况比较了解，发行行为对社会影响较小，国家对这种行为一般不进行监管。可见，公募发行与公开发行十分相似，都是向社会公众发行。但需要指出的是，依照我国修订后的《公司法》和《证券法》的相关规定，两者有一些差异，主要表现在公开发行不仅包括向不特定的社会公众发行证券，而且还包括向一定数量的特定对象发行。

公开发行是向社会公众发行的一种证券发行方式。与非公开发行的方式相比，其特征表现在：(1)在规范证券发行方面，公开发行针对的是社会投资者，一般是由证券公司向不特定的公众承销，发行行为涉及面很广，影响到社会公共利益，需要对其进行严格的监管，因此公开发行过程中整体上体现出较强的国家强制因素。(2)在保护投资者合法权益方面，作为募集设立的股份公司筹集资金的重要方式，公开发行是股份公司公开性的重要标识，因此发行过程的制度设计更多地体现出保护股东合法权益的取向。(3)在保护公司和债权人权益方面，由于公开发行涉及范围广，要保证公司及其债权人的权益，需对以公开发行方式而募集设立的股份公司的注册资本进行严格监管，其注册资本为实收股本总额，而对发起设立的股份公司，其注册资本为其发起人认购的股本总额，监管力度稍为宽松。

二、证券公开发行——一种合同行为的解读

证券公开发行，一般也被称为公募发行，是指发行人通过中介机构向不特定的社会公众公开募集发行证券的发行方式。① 证券发行是以筹集资金为直接目的，包括从发行人向相对人做出的公开招募意思表示，并由发行人将制成的有价证券交付给认购人的全过程。因而，依照《民法》基本理论，可将证券公开发行行为视为证券发行人与社会投资者之间就买卖证券达成合意，并依照此契约交付证券的行为。具体地说，证券发行要经发行人发出要约邀请(招股说明书)，认购人提出要约(股份认购)，发行人承诺(确定并分派股份)的全过程，这是合同订立的过程。因此，可将证券发行的行为解释为合同行为。当然，公开发行作为证券发行方式之一种，其法律性质也是合同行为。

在将公开发行行为的性质定位于为合同法律关系后，其法律关系的主体、客体与内容便随之呈现出来。公开发行法律关系的基本当事人可分为两大类：证券发行人与证券投资者。就证券发行人而言，可将其划分为政府、金融机构、股份有限公司、有限责任公司(《证券法》第十六条规定有限责任公司可公开发行公司债券)、部分具有法人资格的企业以及基金管理公司等。而证券投资者也包括政府、公司和非公司企业法人，机构投资者，公民个人及证券承销商等。公开发行法律关系的客体是指公开发行的对象——资本有价证券，也即各国《证券法》对有价证券的规定。需要明确的是，各国证券法对其所规范的有价证券的界定不同，因此各国公开发行法律关系的客体也呈现出

① 李亚非：《证券公开发行法律制度研究》，黑龙江大学2009年硕士学位论文。

不同的样态。就我国而言，依据修订后的《证券法》第二条，股票、公司债券和国务院依法认定的其他证券以及政府债券，证券投资基金份额和证券衍生品等均可视为证券法所调整的对象，也是公开发行证券法律关系的客体。这样，按照民事法律的基本原理，证券发行人与投资人均享受一定的权利，承担一定的义务。对于证券发行人来说，其与投资人达成证券买卖协议后，须制成证券并交付给投资人，这是其法定义务；其权利体现为可以依据发行行为要求认购股份的投资人按时交付股金，以达到筹集资金的目的。对于证券投资者而言，其权利体现为要求发行人发放证券凭证并接受该证券，其义务是要按约定履行交付股款。当然，就证券发行行为过程而言，该合同订立后，发行人与投资人之间确立了《公司法》上的法律关系，投资者作为发行人的股东依法享有股东权，发行人有义务保护股东权益，在公司盈利的前提下发放股息红利等。

但是，我们认为，证券发行又是一种有其特殊之处的合同行为：

首先，合同标的具有特殊性。因为证券发行的标的是同等单位、同等面值和同等发行价格的标准券。证券发行和认购实际上是一个标准化交易和公开交易的过程。虽然证券发行也是一种融资方式，然而它与单个筹资主体吸收个别投资人的资金或借款的合同有着本质的区别。不存在不同主体个别协商、交易价格和交易条件因人而异的情形。

其次，不同类型的证券将影响其负载的法律关系的性质不同。虽然投资人认购的证券上所享有的权利以投资收益权为核心，然而不同证券载体上所相关的权利内容不尽相同。如债券涉及的是债法上的长期债权，基金证券涉及的是信托法上的信托受益人权利，股票则代表着公司法上的股东权利。

因此，证券发行虽然是一种合同行为，但其要约内容和程序并不完全受《合同法》的规制，需要受到特别法的调整。这些特别法包括法律、法规以及证券监管部门大量的部门性规章和文件，在公开发行中尤为明显。

实务探讨

一、现行的股票种类有哪些

按照不同的分类方法，股票可以分为不同的种类。(1)按股票持有者可分为国家股、法人股、个人股三种。三者在权利和义务上基本相同。不同点在于进行转让的程序要求不同。(2)按股东的权利可分为普通股、优先股及两者的混合等多种。普通股的收益完全依赖公司盈利的多少，因此风险较大，但享有优先认股、盈余分配、参与经营表决、股票自由转让等权利。优先股享有优先领取股息和优先得到清偿等优先权利,但股息是事先确定好的,不因公司盈利多少而变化,一般没有投票及表决权,而且公司有权在必要的时间收回。优先股还分为参与优先和非参与优先、积累与非积累、可转换与不可转换、可回收与不可回收等几大类。(3)股票按票面形式可分为有面额、无面额及有记名、无记名四种。有面额股票在票面上标注票面价值,一经上市,其面额往往没有多少实际意义;无面额股票仅标明其占资金总额的比例。我国上市的都是有面额股票。记名股将股东姓名记人专门设置的股东名册,转让时须办理过户手续;无记名股的名字不记人名册,买卖后无需过户。(4)按享受投票权益可分为单权、多权及无权三种。每张股票仅有一份表决权的股票称单权股票;每张股票享有多份表决权的股票称多权股票;没有表决权的股票称无权股票。(5)按发行范围可分为 A 股、B 股、H 股和 F 股四种。A 股是在我国国内发行,供国内居民和单位用人民币购买的普通股票;B 股是专供境外投资者在境内以外币买卖的特种普通股票;H 股是我国境内注册的公司在香港发行并在香港联合交易所上市的普通股票;F 股是我国股份公司在海外发行上市流通的普通股票。

二、《公司法》中股份的发行删除了公开原则应如何理解

1993 年《公司法》与《证券法》均规定了股票发行的公开原则,但现行《公司法》并未将其作为股票发行的原则加以规定。因为公开原则主要是适用于公开发行股份的情况,而股票是可以公开也可不公开发行。现行《公司法》确认了向特定对象募集设立公司的合法性,这也是对不公开发行股份的合法性的确认。而这种私募发行根本就不适用公开原则。

三、置备股东名册的公司机关是谁

我国现行《公司法》虽然明确了公司的股东名册置备义务,但是没有明确规定应该由公司哪个机关负责股东名册的置备。鉴于股东名册的置备属于公司业务执行的范畴,可在公司章程中规定应由董事或董事会为置备股东名册的机关。各国《公司法》也普遍将公司置备股东名册作为公司董事或者董事会的一项法定义务。如日本《商法典》第 263 条规定:“董事应将公司章程备置于本公司及分公司,将股东名册、零股存根簿及公司债存根簿备置于本公司。设置了过户代理人时,可以将股东名册、公司债存根簿或其副本、零股存根簿备置于过户代理人的营业所。”我国也可参照适用,在公司章程中明确置备股东名册的机关,这也有助于法律责任的设置。

四、股东名册与出资证明有何异同

我国台湾地区有关公司的规定将出资证明称为股单，是有限责任公司成立后发给股东的出资凭证。两者之相同点如下：第一，两者皆可以作为证明股东享有股权的依据。记载在股东名册上的人被推定为公司的股东，持有出资证明的人也会被推定为公司的股东。出资证明则可视为一种证据证券，即证明股东出资事实的文件或证书，它不同于作为有价证券的股票。第二，两者都是公司作为所配置的主体。股东名册由公司配置，出资证明则由公司来制作和发放。第三，两者都具有不可转让性。出资证明与股票不同，股票为一种有价证券，而出资证明股单仅为一种证书，不得依背书而转让。股东名册作为公司的法定文件也是不能转让的。二者之间的区别如下：第一，存在的范围不同。股东名册存在于有限责任公司和股份有限公司；出资证明仅存在于有限责任公司。第二，记载的内容不同。股东名册记载的是全体股东的相关事项，但是出资证明记载的仅仅是某一个股东的相关事项。第三，证明力的大小不同。出资证明可以证明股东的资格，但是股东名册显然具有更大的证明力。对公司来说，股东名册也是公司确认股东资格的主要证据。

五、首次公开发行股票的定价方式与定价机制

股票作为一种商品，也有市场价格。按照价值规律的原理，股票价格不应过度偏离投资价值。我国在2005年之前实行的一直是股票高价发行、发行价格由证券监管机构核准的方式。这很容易造成通过高价发行股票圈钱、公司业绩逐年下滑直至消失的弊端。根据中国证监会《关于首次公开发行股票试行询价制度若干问题的通知》（以下简称《通知》），我国自2005年1月1日起，对于首次公开发行的股票实行了询价制度。所谓询价制度是指首次公开发行股票的公司及其保荐机构应通过向询价对象询价的方式确定股票发行价格。而询价对象是指符合中国证监会规定条件的证券投资基金管理公司、证券公司、信托投资公司、财务公司、保险机构投资者和合格境外机构投资者（QFII），以及其他经中国证监会认可的机构投资者。在正式确定首次公开发行的股票实行询价制度之前，我国《公司法》与《证券法》做了修订，取消了新股发行价格须经监管机构核准的规定，为股票发行价格市场化扫除了法律障碍。

股票发行最主要的定价方法是市盈率法。市盈率是一个通行于股票市场的概念，其本质意义在于测算投资的回收期，其计算公式为：市盈率 = 股票价格 ÷ 每股净利润；每股净利润 = 税后利润总额 ÷ 总股本。在《通知》中，市盈率法有了新的算法，要求以新股发行后的总股本作为计算每股收益和发行市盈率的依据；而且计算每股收益时应

采用扣除非经常性损益后孰低的数值。这样可以防止通过非经常性损益调节利润和发行价格的行为,从而使发行价走低。

这种股票发行询价制度完善了股票发行机制,促进了资本市场的发展,增强了保荐机构的竞争力。因为机构投资者拥有专门的研究分析人员,有较强的风险防范和风险承担能力,有条件对发行人股票给出反映其内在投资价值的报价,减少了发行定价的主观性和随意性。赋予机构投资者对股票发行定价的话语权,可以促进机构投资者队伍的发展壮大,并且,通过吸引信托投资公司、财务公司,以及保险、年金等增量资金进入证券市场,扩大了市场资金来源,为我国资本市场的长远健康发展增加了新的动力;同时,询价制度可以促使保荐机构完善内部管理,加大研究投入,提高股票定价和销售能力,增强整体竞争力。

六、市场上简称的“配股”、“增发”与发行新股有何关系

“配股”与“增发”统称上市公司向社会公开发行新股,向原股东配售股票称“配股”,向全体社会公众发售股票称“增发”,投资者以现金认购新股,同股同价。其发行程序为:准备“配股”或“增发”的上市公司董事会聘请券商担任主承销商,主承销商根据中国证监会2006年5月6日发布的《上市公司证券发行管理办法》的规定,按新股发行条件以及要求主承销商重点关注的事项对该公司进行尽职调查后,与董事会在发行方案上取得一致意见,并同意向中国证监会推荐该公司发行新股。董事会就本次发行是否符合条件、具体发行方案、募集资金使用的可行性、前次募集资金的使用情况作出决议,提请股东大会批准;股东大会就本次发行的数量、定价方式或价格(包括价格区间)、发行对象、募集资金用途及数额、决议的有效期、对董事会办理本次发行具体事宜的授权等事项进行逐项表决,通过后向中国证监会提交发行申请文件,发审委依法审核该公司新股发行申请,中国证监会根据发审委的审核意见依法作出核准或不予核准的决定。获准配股的公司在股权登记日前至少五个工作日公告配股说明书。获准增发的公司其股票价格的确定,可在股票发行价格之前向投资者发出招股意向书,根据投资者的认购意向确定发行价格,在发行价格确定后,公告发行结果。欲参与配股的原股东或认购新股的投资者可在配股说明书或招股意向书的放置地点及中国证监会指定的互联网网址上查阅。

七、储架发行制度对证券市场有何积极意义

所谓储架发行,是针对上市公司投资金额较大、时间跨度较长的项目,拥有这类项目的公司在申请发行股票时,可先登记备案,监管部门一次性审核其发行申请,然后由

公司、承销商根据项目的实际需要，分次择机募集资金。在增发时引入储架发行制度，对于证券市场具有多方面的意义。

第一，储架发行制度可以有效地遏制上市公司利用增发恶意圈钱的行为。股票增发时的一次性募集往往短时间内给上市公司带来巨额资金，事后监管又相对乏力，这就为上市公司通过虚假增发恶意圈钱创造了投机环境。而储架发行制度将募集资金与投资项目直接挂钩，有项目才能募集资金，前次资金利用效率高才能顺利募集到以后的资金。所以，储架发行制度可以督促上市公司依法、有效地使用募集到的资金，减少了上市公司利用增发恶意圈钱的可能性。

第二，储架发行制度可以加强监管部门对所募资金使用情况的监察。依据储架发行制度，上市公司只能在监管部门核准的总额范围内根据实际需要分次募集资金，如果上市公司不严格执行资金的使用范围和使用计划，以后的发行额度就将被取消。所以，通过一次核准、多次募集，可以有效地监管上市公司增发资金的使用。

第三，储架发行制度有利于需要增发的上市公司有效利用所募资金。上市公司可以根据投资需要及市场状况随时进行分次募集资金，既能够保证资金及时到位，又能够充分利用二级市场的变化，同时还将避免出现券商大量包销的情况。而且，分次募集可以避免上市公司的资本短期内骤然增加，改变资本金浪费严重的状况。

第四，储架发行制度有利于加强对中小投资者的保护。分次募集资金，使得中小投资者可以通过前次募集资金的使用状况，自主决定是否再进行投资，减少了投资的盲目性。

八、证券法对非依法定程序或条件发行证券的法律责任是如何规定的

《证券法》第二十六条规定："国务院证券监督管理机构或者国务院制授权的部门对已作出的核准证券发行的决定，发现不符合法定条件或者法定程序，已经发行尚未上市的，撤销发行核准决定，发行人应当按照发行价并加算银行同期存款利息返还证券持有人；保荐人应当与发行人承担连带责任，但是能够证明自己没有过错的除外；发行人的控股股东、实际控制人有过错的，应当与发行人承担连带责任"。因此，如果证券发行后，被发现该发行非依法定程序或条件，将被撤销发行核准决定，由责任人按照发行价并加算同期存款利息返还证券持有人。

有权撤销的主体是国务院证券监督管理机构或者国务院制授权的部门，即证券监管部门，包括证监会及其派出机构。中国证监会是国务院直属的证券监督管理机构，按照国务院授权和相关法律法规对包括本题涉及的违法行为在内的证券市场行为进行集中统一的监管。监督有关法律法规的执行，负责保护投资者的合法权益，对全国的证券

发行、证券交易等依法实现全面监管，维持公平有序的证券市场秩序。

退还责任人为发行人，有过错的保荐人，有过错的发行人的控股股东、实际控制人。发行人，即反映为筹措资金而发行债券、股票等证券的发行主体。包括公司（企业）、政府和政府机构，金融机构。保荐人是指申请注册并经中国证监会登记列入保荐人名单，同时具有沪、深证券交易所会员资格的证券经营机构。发行人的控股股东和实际控制人，则依据现行法律法规界定。所谓控股股东，我国1997年由中国证监会发布的《上市公司章程指引》对控股股东的持股比例推定为30%，且允许各公司在制订公司章程时可根据实际情况进行变动，但是，至2001年，由财政部颁布的《企业会计——关联方关系及其交易的披露》，已经将直接或间接持有某一股份有限公司5%以上权益的股东列为可能的关联方，要求披露其权益和交易内容。这一规定实际上已经认定，持有某一股份公司5%以上股权并且符合相对控制标准的股东可能将构成控股股东。目前理论界越来越多的学者认为，法律对于控股股东的认定不应仅仅局限于传统的“相对性标准”和“相当数量标准”，而应当关注“实际控制效果”，主张“所谓控制，乃指具有指示或促使公司的管理与政策之方向的力量”。[①] 按照中国证监会1997年12月16日发布的《上市公司章程指引》的规定，实际控制权人包括：“（一）此人单独或者与他人一致行动时，可以选出（被控制公司）半数以上的董事；（二）此人单独或者与他人一致行动时，可以行使公司30%以上的表决权或者可以控制公司30%以上表决权的行使；（三）此人单独或者与他人一致行动时，持有公司30%以上的股份；（四）此人单独或者与他人一致行动时，可以以其他方式在事实上控制公司（即实际控制人）。”2006年8月2日制定的《上市公司收购管理办法》第八十四条则进一步明确了关于上市公司实际控制权的几种情形，它包括：虽不构成公司的控股股东，但通过一致行动关系，该投资者可实际支配上市公司股份表决权能够决定公司董事会半数以上成员选任；或者该投资者依其可实际支配的上市公司股份表决权足以对公司股东大会的决议产生重大影响。

九、如何区分私募发行与公开发行

按照发行对象范围的不同，可将证券发行分为公募发行与私募发行。私募发行又称为不公开发行，是指面向少数特定的投资者发行证券的发行方式。私募发行的特定对象主要是自我保护能力较强的投资者，大致分为两类：一类是个人投资者，如公司内部董事、监事及高管人员与具备相当财经专业知识、投资经验的个人投资者；另一类是机构投资者，如大的金融机构、产业投资基金以及与发行人关系密切的企业等。在美国

① 何美欢：《公众公司及其股权证券》（上册），北京大学出版社1999年版，第124页。

法中，私募发行属于注册豁免中的一种，是对证券公开发行的有益补充。

与证券公开发行相比，私募发行具有以下几个特征：

(1)私募发行不同于公开发行的最大特点就在于私募是免于核准或注册，也不需要像公开发行那样进行全面、详细的信息披露。这也是私募的根本价值所在。

(2)私募发行的对象是特定的。相对于公开发行而言，私募发行所针对的对象必须是特定范围内的特定对象，并且一般有人数上的限定。从我国此次新修订的《证券法》可以看出，我国证券市场上的非公开发行所面对必须是200人以下的特定对象。此外，私募发行所面对的特定投资者必须具备法律规定的资格。比如，对投资主体的风险抵抗能力、商业经验、财富、获取信息的能力等有特定的要求，这就意味着投资主体必须是机构投资者、商业经验丰富的商人、富人等这一类特殊群体。

(3)私募发行的方式受限制。各国的法律一般都规定，私募发行不能公开通过广告、募集说明书等形式来推销证券和募集资金，从而限制了即使出现违法行为时其对公众利益造成影响的程度和范围。私募过程中发行人一般同投资者直接协商并出售证券，一般不通过承销商的承销活动。对证券交易方式的限制，是为了实质保证私募证券发行与转售的非公开性和仅面对特定对象。如无发行人与投资者及投资者之间一对一的直接洽商过程，就无法保证证券发行与交易的非公开性，也无法保证发行和受让对象是自我保护能力强、无须证券法保护的特定对象。

(4)私募发行的规模和数量受限制。私募发行免于注册的主要原因是该发行"对公众的利益过分遥远并且对证券法的适用没有实际必要"，①同时其所面向的投资者数量有限，因此，其发行规模，包括发行证券的数量和发行总价不可能很大，通常会受到一定的限制。②

(5)私募发行对象购买证券必须以投资为目的。要求特定对象购买私募证券的目的是投资而非销售，是为了防止发行人借私募之名行公开发行之实，损害一般社会公众投资者利益。为实质保证投资者购买私募证券是投资而非销售，要求其购买私募证券后必须持有一定时间。持有时间越长，其购买目的为投资的可能性越大。反之，如购买私募证券后短期内就卖出，说明其购买目的主要是为了销售而非投资。从投资者人数、专业程度、获取信息能力、受监管程度、公司办理筹资手续的复杂程度与筹资速度等方面与公开发行比较，证券私募发行的主要优势是"简单快捷"。如果在私募发行的制度

① 〔美〕托马斯·李·哈森著：《证券法》，张学安译，中国政法大学出版社2003年版，第185页。

② 郭俊秀、李国献：《我国证券私募发行法律问题研究》，载《江西财经大学学报》，2006年第4期。

设计中，增加许多审批和管制条件，则私募发行将丧失优势，其作用难以发挥。①

(6)私募发行的证券转售受限制。私募发行的证券的转售一般受法律限制，属于“受限制证券”。在发行当时法律往往要求发行人对其私募发行的证券的再转让采取合理的注意。实践中私募发行人的通常的做法是要求所有购买人签署一份“投资函”，保证他们在购买证券时没有向公众转售证券的意图。

法条索引

《中华人民共和国公司法》

第一百二十七条 股份的发行，实行公平、公正的原则，同种类的每一股份应当具有同等权利。

同次发行的同种类股票，每股的发行条件和价格应当相同；任何单位或者个人所认购的股份，每股应当支付相同价额。

第一百三十二条 国务院可以对公司发行本法规定以外的其他种类的股份，另行作出规定。

第一百三十三条 股份有限公司成立后，即向股东正式交付股票。公司成立前不得向股东交付股票。

① 孔翔：《我国需要什么样的证券非公开发行制度》，载《证券市场导报》2006 年 2 月号。

第二十七章

股权转让热点问题裁判标准与规范

本章导读

股权转让作为现代市场经济中常见的交易行为,对当事人双方和公司乃至社会都具有重要经济意义。因此,2005 年《公司法》设第三章专章和第五章第二节专节规范有限责任公司的股权转让和股份有限公司的股份转让(为了叙述方便,除另有指明外,本文统称为股权转让)。2005 年《公司法》对股权转让的规范已经粗具系统,但是仍然有很多问题没有予以明确,比如股份公司章程限制股权转让问题、瑕疵股权转让后的责任承担问题等,即使《公司法》已有的规定,也存在被误读的现象,特别是对当事人至关重要的股权实际转移问题,因此本题论述股权转让过程中着重对上述问题进行探讨。另外,对于有限责任公司股权转让过程中的优先购买权问题,本书前文已作专题研究,这里不再赘述。

理论研究

一、股权转让的程序

股权转让一般按照下列程序进行:当事人订立股权转让协议—股权转让协议生效—办理公司股东名册的变更登记—办理工商变更登记。在实践中,股权协议的订立和股权转让协议的生效通常同时发生,但也不尽然,如附条件、附期限的转让协议或法律、行政法规规定办理批准、登记手续生效的股权转让协议的生效时间晚于其订立时间。公司股东名册的变更登记由公司或者或证券登记结算机构负责进行,有限公司和未上市股份股东名册的变更登记由公司负责进行,上市公司股东名册的变更由证券登记结算机构负责进行。有限公司办理股东名册变更登记后,应当向公司登记机关申请办理工商变更登记,不过,上市公司的股东名册置备于证券登记结算机构,无须进行工商变更登记,即使未上市的股份公司,股东名册变化后也无须办理工商变更登记,因为股份有限公司股东中只有发起人的姓名或名称需要在公司登记机关进行登记,发起人之外的股东,无论是无记名股东还是记名股东都无须在公司登记机关进行工商登记①。股权转让程序中,股份有限公司的无记名股自交付时权利转移,至于有限责任公司股权和股份公司的记名股的权利转移,学界和实务界尚无定论,鉴于该问题对当事人的利益影响巨大,且在实践中屡发争议,下面予以详述。

对于有限责任公司股权转让过程中的股权转移时间,我国理论界曾出现多种学说,如股东名册变更说、工商登记说和区分说。2005 年《公司法》生效后,股东名册变更说成为通说。从逻辑上看,股权转让合同生效在前,股权变动生效在后。因此,合同生效的时间与合同项下权利(物权和股东权)的变动(转移)时间也是两个不同的法律概念。如同物权行为独立于债权行为一样,生效的股权转让合同仅产生转让方将其股权交付给受让方的合同义务,而非导致股权的自动、当然的变动。股东名册的权利推定效力时股东名册最重要的法律效力,是证明股东身份的重要依据,也是股东行使股东权利的重要依据②,因而将股东名册变更视为股权转让时点较为合适。“民法理论中,对于转让标的物的民事行为划分为债权行为和物权行为……其实,股权转让行为也存在着类似的法律关系……在股权转让行为中,实质上存在两种行为:一是股份转让的债权行为,二是股份转让的权利变动行为。……前者是当事人之间关于股权转让合同的签订行为,后者则是合同生效后当事人之间为履行合同而实际交付的行为。……股份的交付和转移是个复杂的过程,实质上包括两个方面的内容:一个是权能的变更,一个是权属的转移。……权属的变更是指转让人按照法定的程序将股份过渡到受让人名下。依据公司法的规定,这种变更是以股东名册的变更(生效效力)和工商登记(对抗效力)的变更为准。”③“承认公司对股权转让行为享有实质性审查权,也就意味着股东名册上记载的股东及其出资额,属于设权性登记,并由此产生新股东与公司之间的法律关系。”“公

① 参见《中华人民共和国公司登记管理条例》第九条第九项。我国很多学者认为股份公司的记名股东转让股权后需要在公司登记机关办理工商变更登记,实为对法律的误解。

② 刘兰芳主编:《公司法前沿理论与实践》,法律出版社 2009 年版,第 206 页。

③ 赵旭东主编:《公司法学》,高等教育出版社 2006 年版,第 326 页。

司审查后予以股东名册变更登记，既是公司承认的标志，也是股权变动生效的外观。”①“对出让人、受让人和公司法人来说，认定股份交付宜以股东名册记载变更为标志，但股东名册记载变更效力不及于第三人。这与《公司法》第三十三条第二款关于‘记载于股东名册的股东，可以依股东名册主张行使股东权利’的基本精神也是一致的。我国台湾地区有关公司的规定也确立了类似原则。”②可见，我国学者多主张股东名册的变更登记为股权转移时间，至于其理论依据主要有：(1)与物权行为独立于债权行为类似，股权变动独立于股权转让协议；(2)公司对股权转让行为享有实质审查权；(3)符合公司法关于“记载于股东名册的股东，可以依股东名册主张行使股东权利”的规定；(4)境外存在相关立法例，如我国台湾地区。

股东名册变更登记生效说的重要理论基础在于股权变动行为与物权行为类似，独立于转让协议，该种观点符合权利变动的基本原理，甚值赞同，但是其与股东名册变更登记的效力并无内在关联，不足以支撑股东名册变更生效说。为了概念的清晰和周延，有必要介绍民法理论中的负担行为与处分行为区分理论。负担行为，是指一个人相对于另一个人(或若干人)承担为或不为一定行为义务的法律行为。负担行为的首要义务是确立某种给付义务，即产生某种债务关系。处分行为是指直接作用于某项现存权利的法律行为，如变更、转让某项权利、在某项权利上设定负担和取消某项权利等。③处分行为又可分为物权行为及准物权行为。准物权行为，指以物权以外财产权的变动为内容的法律行为，如债权或无体财产权的让与等。④ 在股权转让程序中股权转让协议为负担行为，股权的实际转移为处分行为，两者相互独立。然而，处分行为独立存在并不意味处分行为的生效必然晚于负担行为生效时间，比如土地承包经营权的设立是处分行为，但是我国《物权法》第一百二十七条规定土地承包经营权自土地承包经营权合同生效时设立；抵押权的设立亦为处分行为，但是我国《物权法》第一百二十七条规定 180 条规定动产抵押权自抵押合同生效时设立。如果说物权行为与负担行为同时生效尚非社会生活的常态，那么准物权行为与负担行为同时生效则已经成为社会生活中的常见类型，比如债权让与当事人约定债权自让与合同生效时转移。从股权性质看，股权转移类似于债权转移而非物权转移，为准物权行为而非物权行为。物权作为支配权，其本质特征在于权利目的的直接实现性，即权利人仅仅根据自己的意思就实现其对物

① 李建生：《略论有限责任公司的股权转让》，源于法大民商经济法律网，访问时间 2012 年 3 月 17 日。

② 周友苏：《新公司法论》，法律出版社 2006 年版，第 301—302 页。

③ 马媛媛：《负担行为与处分行为的区分及其价值》，载《法制与经济》2012 年第 1 期。

④ 李永军：《民法总论》，法律出版社 2009 年版，第 408 页。

的占有、使用、收益、处分;债权作为请求权,其本质特征在于权利目的的间接实现性,即权利人实现其权利目的必须借助相对人的行为。① 虽然对于股权的性质我国学者多有争议,但是股权与支配权的差异显而易见:股权的许多权能比如股利分配请求权、剩余财产分配请求权、股份收买请求权、建议和质询权、知情权等的实现必须借助公司的行为,仅凭股东自己的意思根本无从实现;即使对于表决权和提案权而言,股东实现该项权利蕴含的经济利益也不得不借助公司或其他股东的意思表示。股权转让并非一个主体转让其对某个客体的支配权,相反,股权转让体现为一个主体转让对另外一个主体的权利;在标的物不是有形财产这一点上,股权也与债权更为相似,两者皆是无体财产权,因此股权转让的性质与债权转让协议更像类似,构成准物权行为。因此,股权转移与股权转让协议同时生效并非对经济生活的背离。当然,处分行为的生效时间本质上是法律政策的产物而非法律逻辑的自然演变,法律是否应当规定股东名册变更登记为股权转移的生效要件,后文将进一步论述。此处的论述在于说明股权转移行为的独立性并不当然推导出股东名册变更登记具有生效效力。通过前文对境外公司法的介绍可以发现,即使采纳物权行为理论的德国和我国台湾地区有关公司的规定都规定股东名册的变更登记产生对抗效力而非生效效力,也正是对该种结论的鲜明例证。

公司审查权也不足以支持股东名册变更登记生效说。公司虽非股权转让的当事人,但是在股权转让程序中并不能置之度外,而是应当在办理股东名册变更登记之前对股东转让股权进行积极审查以保障股东转让股权符合公司章程和公司法的规定,比如股东转让股权是否符合优先购买权的规定、是否符合公司法关于特定主体转让股权的限制性规定等。然而,公司的实质审查权并不必然导致股东名册的变更登记的生效效力,在股东名册变更登记对抗说下,公司同样可以通过拒绝办理股东名册的变更登记对股东转让股权进行实质审查,事实上,境外公司法普遍采纳的正是该种做法。容易引起争议的是股权转让违反法律或公司章程时如何判断股权转让协议与股权转移的效力。对此,首先要区分负担行为与处分行为,即股权转让协议与股权的转移,股权不能转移并不等同于股权转让协议无效,对于后者的效力应当根据合同法的规则进行判断,比如有限公司股东未经通知其他股东而与第三人的订立股权转让协议本身并不符合《合同法》第五十二条规定的合同无效情形,应为有效。其次,股权转移作为处分行为,必须遵守法律行为的一般规则,符合法律规定的法律行为生效要件,有限公司股东没有遵守优先购买权有关规定转让股权的行为无效,股权不能转移。

股东名册变更登记生效说的另外一个重要依据是《公司法》第三十三条和第七十

① 李永军:《民法总论》,法律出版社 2009 年版,第 123 页。

四条规定，后文论述将证明该两条规定股东名册变更登记具有对抗效力而非生效效力。

由于法律具有概括性、抽象性的特点，因此需要法律解释化抽象为具体、变概括为特定。至于法律解释方法，大体上包括文义、历史、体系、目的等几种方法。文义解释是指从法律条文的字面意义说明法律规定的含义。历史解释是通过研究有关立法的历史资料或从新旧法律的对比中了解法律的含义。体系解释是指将被解释的法律条文放在整部法律乃至整个法律体系中，联系此法条与其他法条的相互关系来解释法律。目的解释是指从某一法律的目的来解释法律。[①]

遵循法律解释的一般方法，可以看出，2005 年《公司法》规定了股东名册变更登记的对抗效力。从文义解释看，《公司法》第七十四条规定"依照本法第七十二条、第七十三条转让股权后，公司应当注销原股东的出资证明书，向新股东签发出资证明书，并相应修改公司章程和股东名册中有关股东及其出资额的记载……"该条规定"转让股权"后公司"修改股东名册记载"，因此公司修改股东名册前股权已经转移，结合第三十三条第二款"记载于股东名册的股东，可以依股东名册主张行使股东权利"规定，可知 2005 年《公司法》认可股东名册变更登记的对抗效力。有的学者认为《公司法》第七十四条规定的"股权转让"是指股权转让合同生效而非股权有效变动。[②] 事实上，无论从日常用语或法律用语角度，"转让股权后"当然指代股权变动后而非股权转让合同生效后。从历史解释看，《公司法》第七十四条来源于《公司法（修订草案）》的第三十七条，该条规定"股东依法转让其股权后，由公司将受让人的姓名或者名称、住所及受让的股权记载于股东名册。"股权转移先于股东名册变更登记的立法意图十分明确。从体系解释看，《公司法》第一百四十条第一款规定"记名股票，由股东以背书方式或者法律、行政法规规定的其他方式转让；转让后由公司将受让人的姓名或者名称及住所记载于股东名册。"该条规定股东记名股的转让在股东背书后由公司办理股东名册的变更登记，众所周知，有价证券的背书即意味项下权利的转让。《公司法》对股份公司记名股的转让采取的正是股东名册变更登记对抗主义，而股份公司和有限公司的股权转让程序基本相同，股东名册的设置目的也并无二致，可以推知《公司法》第七十四条采纳的同样是股东名册变更登记对抗主义。从目的解释看，公司法要求公司将股东姓名或名称记载于股东名册系为了方便公司确定股东权利的行使主体而非强制干预股权的转让，因为后者对于公司并无意义，实无必要妨碍当事人的意思自治。

2005 年《公司法》舍弃股东名册变更登记生效说而采取股东名册变更登记对抗说，

---

① 刘国：《目的解释之真谛——目的解释方法中的"目的"辨考》，载《浙江社会科学》2012 年第 1 期。

② 刘俊海：《新公司法的制度创新：立法争点与解释难点》，法律出版社 2006 年版，第 312 页。

源于后者比前者更符合法律的价值判断。根据《民法》的基本原理，确定股权变更时间的意义在于在当事人之间合理分配利益和风险。股权转让协议生效后、公司办理股东名册变更登记前，公司可能向股东分配利润，根据股东名册变更登记生效说，此时有权接受公司利润分配的是公司股权转让方，如此一来导致转让股权的股东既可以从受让方获得已经确定的对价，又可以从公司获得利益，而股权的受让方既要支付股权的对价，又不能从公司获得利益，有违法律的公平正义。试举例而言，甲将在公司5%的股权转让给乙，转让价格依据公司净资产确定①，其时公司净资产2000万，其中可分配利润800万，股权转让价格为2000×5%＝100万，股权转让协议生效后，公司将800万利润全部按股东出资比例进行分配，甲接受公司利润800×5%＝40万。如果股东名册变更登记具有生效效力，此时甲接受40万公司利润并不构成不当得利，于是本应归属乙的40万资产光明正大的流向了甲；如果股东名册变更登记具有对抗效力，此时甲接受40万公司利润构成不当得利，虽然乙无权请求公司赔偿，但是有权请求甲返还不当得利。②

除利益分配的公平性外，风险负担的公平性方面，股东名册变更登记对抗说也更具优势。比如甲将在公司5%的股权转让给乙，转让价格依据公司净资产确定，其时公司净资产2000万，股权转让价格为2000×5%＝100万，股权转让协议生效后，因意外因素如洪水或火灾，公司净资产降为1400万，甲在公司5%股权的经济价值相应缩水为1400×5%＝70万。由于生效的民事协议具有法律拘束力，此时甲仍然有权请求乙支付股权转让价款100万。如果股东名册变更登记具有生效效力，由于股权转让协议的客体是作为无体财产权的股权而非动产或不动产，受让方乙无从主张甲的交付构成违约从而承担违约责任，于是乙只能支付100万购买价值70万的股权；当然在股东名册登记对抗主义下，乙支付100万购买的股权此时也仅值70万。然而，股东名册登记对抗主义下，股权转让协议生效后、股东名册变更登记前，乙可以享受公司利益，比如接受股利分配，因而由其承担风险并无不公；股东名册登记生效主义下，股权转让协议生效后、股东名册变更登记前，乙无权接受公司利益却不得不承担相应的风险。

或许有人认为股权转让协议生效到股东名册变更登记的时间较短，公司分配利润或遭受意外风险的概率不大，股东名册变更登记对抗说并无实质意义。然而，实际经济

① 公司资产评估的方法主要有收益现值法、重置成本法、现行市价法和清算价格法，因而公司股权价格的确定往往并非单纯依据净资产确定。但是，无论采用何种评估方法，公司净资产都是非常重要的因素，因此为了简单概括，这里将公司股权的转让价格依据公司净资产定位。

② 实践中，股权转让协议生效并不必然意味着股权在当事人之间转移，股权的转移还取决于当事人约定的条件或期限。但是，无论股权转移是否附条件或期限，均为当事人意思自治事项。为了叙述方便，此处和下文暂时忽略当事人约定的股权转移条件或期限。

生活中，由于公司没有置备股东名册或股东名册置备不规范以及当事人就股权转让发生争议等原因，股权转让协议生效后，很长时间内公司没有或不能办理股东名册变更登记的情形并不少见，因此，确定该期间内利益和风险的分配，对当事人而言至关重要。

除公平分配利益和风险之外，股东名册变更登记对抗主义还可以减少当事人的履约成本。根据股东名册变更登记对抗主义，股权转让协议生效后、股东名册变更登记前，受让方已经成为公司股东，虽然由于公司尚未办理股东名册的变更登记，受让人不得对公司主张任何具体权利，但是受让人有权请求公司确认其股东资格、办理股东名册的变更登记。我国审判实务界亦持肯定态度，如最高人民法院2006年发布的《关于适用〈中华人民共和国公司法〉若干问题的规定（二）》（征求意见稿）第二十二条第一款规定“股权转让后，出让方和受让方均可以向公司提出修改记载和变更登记的申请，公司不予办理的，出让方和受让方均可以公司为被告提起诉讼。”股权转让协议生效后，转让人可能由于各种主客观原因怠于或不能请求公司办理股东名册的变更登记，在股东名册变更登记对抗主义下，此时受让人可以自行请求公司办理股东名册的变更登记，以尽快享受股东权益并减少转让人一股二卖的风险，降低履约成本。如果采纳股东名册变更登记生效主义，因为此时受让人尚未成为公司股东，与公司不存在公司法上的法律关系，而且公司并非股权转让协议的当事人，因此受让人无权对公司提出变更股东名册的申请。①

对于股权受让人而言，股东名册变更登记对抗主义可以减少转让人一股二卖的风险，不仅表现为受让人可以请求公司办理变更登记以尽快确定其地位和权益，还表现为公司办理股东名册变更登记前，受让人可以对抗恶意或未支付对价的第二买受人。转让人订立股权转让协议后，可能由于股权价格变动等因素将标的股权再次转让，此时，依股东名册变更登记生效主义，只要第二买受人先于第一买受人登记于公司股东名册，即可取得股东地位，无论其是否善意或支付合理对价。在股东名册变更登记对抗主义下，先于第一买受人办理股东名册变更登记的第二买受人是否有效取得标的股权，则依善意取得制度而定：如果第二买受人受让标的股权系出于善意并支付了合理对价，则可有效取得；如果第二买受人受让标的股权出于恶意或未支付合理对价，由于股权转让协议的转让人是标的股权的无权处分人，第二买受人不能有效取得标的股权。从民商法的公平原理出发，第二种结果显然更为可取。也正因为如此，即便规定股东名册变更登

① 有的主张股东名册变更登记生效主义的学者认为，公司负有办理股东名册变更登记法定义务，股权受让方有权直接申请公司办理变更登记。该种观点有违法律逻辑，因为虽然公司负有办理股东名册登记的法定义务，但是该种义务对应的权利主体只能是公司股东，对股东之外的第三人，公司并不负有法定义务。

记具有生效效力的英国公司法也认可出于恶意或未支付对价的第二买受人即使先于第一买受人办理了股东名册变更登记，也不能有效取得标的股权，第一买受人有权请求公司办理更正登记。① 该种做法实现了法律的公平正义，但是有违法律逻辑，在英国法律体系中或可接受，在我国法律体系下却并不可取，不如直接赋予股东名册变更登记对抗效力更为清晰。

综上，股东名册变更登记对抗主义比生效主义的法律逻辑更为周延，也更为符合法律的价值判断，因此更为可取。股权转让过程中，当事人之间的股权转让协议生效时，标的股权在当事人之间移转，但是并不具有对抗公司效力；公司办理股东名册变更登记后，股权转让对公司产生效力；公司办理工商变更登记后，股权转让对第三人产生绝对效力。

二、股权转让的效力

股权转让后，出让人与公司之间的股权关系结束，受让人成为公司股东，享受各种股东权利。然而，受让人是否继受转让股东尚未履行的出资义务，多有争议。股东未缴纳出资有两种情形：一是缴纳期限尚未届至；二是瑕疵出资。后者出现较早，学界和实务界亦探讨较多。

有学者认为瑕疵股权转让，当股权转让合同是双方当事人真实意思表示时，应该根据《合同法》来判断这个股权转让合同是否有效。转让后，若受让人也没有填补出资，一旦债权人提起诉讼，则原股东应当承担责任。也有学者指出，对于瑕疵股权转让，应该分两步来看，债权人只能直接找受让人，因为受让人是现在登记在册的股东，应当承担责任；如果受让人事后发现在转让时即被欺诈，他只能依据合同法追究转让人的责任。亦有学者认为原始股东出资不到位，本身就是违法行为，这种违法的出资是不能转让的，否则转让行为也应归于无效，原股东仍应对公司承担责任。② 审判实务界也争议很大。有的认为瑕疵出资股东转让股权的，受让方如果明知出让方出资存在瑕疵仍受让股权时，对未足额出资部分应承担连带补充责任；相反，如果受让方对此不知情，不应承担责任，并且也有权以此为由请求撤销股权转让合同。③ 最高人民法院 2006 年发布的《关于适用 <中华人民共和国公司法> 若干问题的规定(二)》(征求意见稿)即采纳

① GOWER AND DAVIES: PRINCILES OF MODERN COMPANY LAW, SWEET&MAXWELL, 2003, p. 694.

② 罗培新、胡改蓉：《瑕疵出资与公司司法解散之若干问题——2006 年华东政法学院公司法律论坛综述》，载《法学》2006 年第 12 期。

③ 李国慧：《研究公司法务指导审判实践——就新公司法适用中若干疑难问题访最高人民法院民二庭庭长宋晓明》，载《法律适用》2007 年第 4 期。

该种态度，该解释第二十四条规定“受让人明知有限责任公司设立时的股东未出资、未足额缴纳认缴出资或者缴纳出资后又抽逃出资但仍受让股权的，公司债权人主张设立时的股东与受让该股权的股东承担公司债务责任的，人民法院应当判令受让股东与公司设立时的股东在未出资、未足额缴纳认缴出资或者抽逃出资金额及利息的范围内，对公司不能清偿的债务，连带承担补充赔偿责任。”审判实务界也有人认为瑕疵股权转让后，无论受让人是否知情，均应由转让人和受让人承担共同责任，如此一来可以将查知股权的真实状况责任局限于转让合同双方，符合权利义务均衡原则和合同相对性原则，并且受让人在承担责任后可根据合同继续追究转让方责任，对于受让人并无不公平之处。[①] 从境外立法看，各国规定亦不相同。美国《特拉华州公司法》依受让人是否善意而决定受让人责任；法国《公司法》不加区分受让人是否善意，一律认定受让人对公司和债权人负责，但是股权转让两年后，转让股东的责任予以免除；德国股份法规定转让股东与受让人承担连带责任，但是转让股东的责任以公司不能从受让人取得的金额为限，即承担补充连带责任。

确定瑕疵股权转让后的出资义务主体，关键是正确界定股权与股东资格之间的法律关系。具有股东资格的人未必享有股权的全部权能，比如可能不享有少数股东权，或者由于未履行出资义务而被限制领取股利等，但是享有股权的人必定具备股东资格，因为股权是股东对公司得以主张的权利，而股东资格正是股东对公司享有权利、承担义务的法律依据。通常所说的股权转让，其实是股东资格的转让，是股东转让了其与公司间的权利义务关系，是权利义务的概括转移而非单纯股东权利的转移，因为股权与股东资格是密不可分的，受让人继受股权必然继受股东资格，而股东资格包含的不仅是股东对公司的权利，还包括股东对公司的义务。因此，股权受让人必须继受转让股东对公司的义务，包括对公司的出资义务。仅从民法原理出发，股权受让人成为股东权利义务的继受主体，应当由受让人而非出让人继续承担对公司的出资义务。不过，公司法毕竟是商法，效率是公司法的最高价值，为了提高效率，股东转让股权时无须征求公司同意（公司章程另有规定除外），从而突破了民法中权利义务概括移转必须取得对方当事人同意的既定规则，因而可能增加公司的风险，因为股权受让人缴纳出资的能力可能远远不及转让股权的股东。为了既保障交易的效率，又不无端增加公司的风险，对瑕疵股权责任的承担也必须突破民法一般规则。至于如何突破，进入法的价值判断层面，以转让人和受让人承担连带责任最为合适。首先，其可以防止股东转让股权给公司带来额外的风险，保障公司利益（也间接的保障了公司债权人利益）。其次，连带责任制度对转让

① 古锡麟、李洪堂：《股权转让若干审判实务问题》，载《法律适用》2007 年第 3 期。

人并无不公，因为转让人本来就对公司负有出资责任，责令其承担连带责任，并未给其增加任何额外的风险。最后，连带责任制度对受让人也并无不公，因为股权的转移本来就包括出资义务的转移，股权转让价格的确定也往往已经考虑了出资义务的承担，即使转让人掩盖瑕疵出资的事实，受让人也可以以欺诈为由请求撤销股权转让协议；虽然受让人也可能面临追偿落空的风险，但是股权受让人具备公司和公司债权人所不具备的股权转让协商能力，因此应当承担更多的义务和风险。

因此，股权转让后的瑕疵出资责任应当由股权转让方和受让方承担连带责任。至于缴纳期限尚未届至，基于同样的原理，应作同样的处理。

实务探讨

一、股东可否转让部分股东权利

对于股东可否转让部分股东权利，学界争论比较激烈，笔者持否定态度。首先，股东权利的部分转让将导致股东自益权与共益权的分离，从而增加股东滥用共益权的风险，损害公司效率。其次，股东权利的部分转让将导致公司履行义务的困难，公司履行义务的对象以股东名册登记的股东为准（无记名股东除外），如果对同一股权公司的股东名册登记多个股东，将导致公司无法确定义务履行对象。最后，《公司法》规定股权可以依法转让，而股权是股东享有权利的集合，因此《公司法》只赋予股东概括转让股权的权利，而并未赋予股东部分转让股权的权利。其实，股权的部分转让和股权的共有是同一个问题的两个方面，本质相同，而对于股权的共有，境外《公司法》普遍规定公司只对股权共有人中的一个主体发生法律关系。我国《公司法》虽然未作规定，但是应作同样理解，实践中也普遍遵守，未曾听闻夫妻一方主张享有对方在公司的股东权利。

二、公司章程能否限制甚至禁止有限责任公司股权转让

股东可以通过公司章程对股权转让进行限制。一般情况下现行《公司法》关于股权转让的规定为授权性规定，对有限责任公司而言，股东可以通过公司章程进行修改或补充。公司章程限制股权转让符合现行《公司法》保护股权自由转让和公司人合信赖关系及其他股东利益的立法目的，与法律规定并不相悖，因此，股东可以通过章程对股权转让进行限制。

我国现行《公司法》明确规定公司章程可对股权转让另行作出规定，实际上赋予股东通过公司章程对股权转让进行限制的权利。但现行《公司法》未就公司章程对股权

转让的限制与法定限制不一致或相冲突的情形下如何协调和处理，当事人违反公司章程限制的股权转让合同的效力如何认定的问题作进一步规定。公司章程可以限制的范围很广，但限制必须符合立法目的和法律强制性规定，公司章程限制不得过于严格，不能造成股权转让极度困难或根本不可能，更不得禁止股权转让。公司章程虽未直接规定禁止股权转让，但通过其他条件和程序的设置，使股权转让不能实现，这属于变相禁止股权转让自由，应认定无效。公司章程可以作出严于现行《公司法》限制条件的规定，但不能宽于或低于现行《公司法》设定的条件，《公司法》设定的限制性规定是一种基本要求或最低条件，公司章程限制严于现行《公司法》规定，依公司章程的转让也即满足了现行《公司法》规定的条件。允许公司章程制订较现行《公司法》严格的股权转让限制条件，可以更符合公司实际，更有效保护公司利益和股东利益，而不损害社会公共利益。低于法定限制的公司章程规定不利于公司人合性的维持，也不利于公司和其他股东利益的保障，特别是弱势股东利益的保护。因此，公司章程限制股权转让的条件，不得低于现行《公司法》法定条件，低于法定条件限制的公司章程规定条款不能确认为有效。此外，公司章程的限制必须公示才能对抗第三人。

股权转让既要符合现行《公司法》规定又要符合公司章程限制性规定，方发生效力。违反公司章程限制，相对于公司而言不发生法律效力，公司得以股权转让违反公司章程规定进行对抗，可拒绝股权登记要求并拒绝受让人行使股权。但对于转让协议双方，不能以违反公司章程规定为由主张协议无效，违反公司章程规定的股权转让协议在双方当事人之间可以有效，受让人可根据合同的责任条款追究转让方的违约责任。

三、股份有限公司的股份转让能否以公司章程限制

对于股份有限公司的股份转让，各国或者地区的《公司法》多规定：除了法律限制或者禁止的情形外，公司章程不能限制或者禁止。如我国台湾地区有关公司的规定第一百六十二条即做此规定。不过，已有迹象表明公司章程不得限制或者禁止股份转让的原则在有的国家已经有所松动。比如，韩国《商法》在1995年修改前，其第335条第1款规定“股份的转让不得以章程加以禁止或者限制”，但修改后，该条规定“股份有限责任公司的股份原则上可以自由转让，但同时也允许公司章程加以限制或者禁止”。

我国《公司法》第一百三十八条规定“股东持有的股份可以依法转让”。对于公司章程是否可以对股份转让予以限制的问题，《公司法》仅针时公司董事、监事、高级管理人员在第一百四十二条第二款作了这样的规定：“公司章程可以对公司董事、监事、高级管理人员转让其所持有的本公司股份作出其他限制性规定。”除此之外，没有进一步明确公司章程对股份转让是否可以作其他限制。

笔者认为,应该允许股份有限公司在其章程中对股份转让规定限制性条款,但这种限制性条款主要适用于非上市股份,而不适用于上市股份;主要适用于记名股东,而不适用于无记名股东。主要理由如下:首先,在实践中,相当一部分股份有限公司是非上市公司,而且相当一部分股份有限公司采取发起设立而不是募集设立的方式,即股票没有公开发行,没有公众股东。这在一些家族式的股份有限公司中,情形更为突出。可见,从这个意义上看,股份有限公司的人合性也是存在的。如果说对有限责任公司的股权转让予以限制的主要原因在于其具有人合性,那么,在具有人合性的股份有限公司中也应允许其章程对股份转让予以限制。其次,公司章程是全体股东的协议,如果公司章程规定了对股份转让的特别限制,说明所有的股东均同意这样的设置。从意思自治的理念考量,这样的限制只要不违反法律的禁止性规范,就应被承认是有效的。最后,如果法律允许股份有限公司可以通过公司章程设置限制股份转让的条款,主要是基于股份有限公司也具有一定的人合性的话,那么这种限制就只能适用于封闭性公司,即非公开发行股份的股份有限公司。同时,由于无记名股东以其所持股票即可行使权利,所以在性质上决定其不可能受公司章程的限制。

四、"股东"可否在公司设立登记前预先转让股权

对于"股东"可否在公司设立登记前预先转让股权,有的境外公司法如法国《商事公司法》予以明文禁止,该法第 271 条第 1 款规定"股票只有在公司进行商业和公司注册后才可转让。在增资的情况下,股票自完成增资之日起可以转让。"[①]我国台湾地区有关公司的规定第一百六十三条第一款规定:"公司股份之转让,不得以章程禁止或限制之。但非于公司设立登记后,不得转让。"此明文规定公司设立前股份不得转让,其立法目的在于公司既然尚未完成设立登记,则公司尚未成立,其将来是否成立未可知,故为维护交易安全以防杜投机及并期公司设立之稳固计,遂禁止其转让。违反此规定,所为之转让,应属无效。台湾学界通说认为其为禁止性规定,此股份转让行为自属无效。对此,我国 2005 年《公司法》未设明文规定,但是应作否定之见解。首先,股权转让协议是处分行为,而标的物特定是处分行为成立的基本要求,否则行为无效。股份转让在形式上表现为股票的转让,而股票只有在公司成立后才能由公司签发,因此在公司登记成立前,股份是不能转让的。如果允许股份在公司成立前转让,很容易引起投机者取巧图利。其次,2005 年《公司法》第一百三十三条规定股份公司成立前不得向股东交付股票。举重以明轻,公司成立前向股东交付股票都为法律所禁止,股东预先转让股权

① 金邦贵译:《法国商法典》,中国法制出版社 2000 年版,第 208 页。

当然更为法律所禁止。

五、如何认定导致股权归于一人的股权转让协议的效力

对于导致股权归于一人的股权转让协议的效力,很多学者表示协议有效。其论据主要有二:《公司法》对一人公司的规定设在第二章“有限责任公司的设立和组织机构”一章,而股权转让事项规定在第三章“有限责任公司的股权转让”一章;《公司法》并未明文禁止将公司股权转让于一人,法不禁止即许可。上述理解过于机械,《公司法》是个系统的整体,各章节有机联系的,而非各自独立,否则按上述理解,《公司法》第三章也未明文禁止公司收购股东股权,是否公司就可以自由收购股东股权?此外,如果《公司法》有关一人公司的规定仅适用设立的一人公司而不适用于存续的一人公司,当事人完全可以利用存续的一人公司逃避法律对一人公司的规定,《公司法》相关规范的意义何在?因此,对于导致股权归于一人的股权转让协议,不能简单认定为有效,而应具体分析:如果股权转让后的公司符合公司法关于一人公司设立的规定(《公司法》第五十九条),则股权转让协议有效;如果股权转让后的公司符合公司法关于一人公司设立的规定,则股权转让协议违反法律的强制性规定,因而无效。

六、股权转让导致有限责任公司股东人数超过50人时,是否影响股权转让合同和公司的效力

笔者认为,此种情况下的股权转让合同与公司均为有效,人民法院既不能确认股权转让合同无效,也不能判决解散公司。理由之一是,从体系解释的角度看,《公司法》第二十四条规定在第二章“有限责任公司的设立和组织机构”的第一节“设立”之中。严格说来,该条款并不适用于公司设立之后的存续活动包括股东的股权转让活动。《公司法》第一百八十一条和第一百八十三条亦未将公司股东超过50人视为公司的法定解散事由。理由之二是,现行《公司法》并未禁止股东将其股份转让给他人,既然缺乏禁止性规范,则根据契约自由的精神,不得将该协议视为无效。现行《公司法》仅原则禁止设立股东人数超50人以上的有限责任公司,并未禁止股东将股权转让给多名股东。实践中,由于股权转让金额较高,受让方一对一地购买股权存在难以承受的财力负担。在有些情况下,股东死亡后可能会出现多名继承人共同继承股权,导致公司股东人数超过50人的现象。

总之,人民法院对于股权转让导致公司股东超过50人的现象不必杞人忧天,公司登记机关对于存续阶段出现的股东人数超过50人的有限责任公司也应当满腔热忱地积极办理股东变更登记,而不得以股东人数超过50人为由而拒绝办理变更登记手续。

法院也可依法向公司登记机关发出协助执行通知书。退而求其次，即使人民法院对股权转让合同导致有限责任公司股东人数超过50人的现象心存忧虑，担心股东之间的人合性受损而殃及公司运营，也不应因此而认定股权转让合同无效。出于善意，人民法院可在司法建议书中建议股权争议项下的公司根据股权转让后的新情况和公司的资本实力将有限责任公司变更登记为股份公司。倘若该公司不具备股份公司的最低注册资本，或者该公司虽具备股份公司的最低注册资本，但股东仍愿意维持有限责任公司的人合性和闭锁性特点，应当允许股东们借助信托制度或者代理制度将公司的名义股东控制在50人以内。①

七、股权转让价格发生争议时，法院能否依股东出资额、审计报告、公司净资产额等确定股权转让的对价

股权转让时，双方当事人就股权转让价格存在争议，且无法就股权转让价格达成补充协议的情况下，法院能否依据股东出资额、审计报告、公司净资产额等确定股价转让的对价？

笔者认为，因公司的生产经营活动受市场因素影响较大，公司的资产状况并非处于固定状态，而是不断变化，故股东出资额与股权的价值并非处于等值状态，若以股东出资额作为股权转让价格，无疑混淆了股权与出资的概念。审计报告虽然能够反映公司的财产状况，也能对公司的运作的情况进行大致估算，但却不能体现公司发展前景等对股权价值产生重要影响的因素，因此审计结论可以作为股权转让价格的参考，但不能作为股权转让价格的确定依据。公司净资产额虽然在一定程度上反映了公司的财务状况，但由于其不能体现公司资金的流转等公司运作的重要指数，因而也不能反映公司经营的实际情况，用公司净资产额除以股份数额所得价值与股权转让价格亦非等值。《合同法》第六十一条、第六十二条规定了当事人就价款没有约定或约定不明的，可以协议补充，不能达成补充协议的，按照合同有关条款或交易习惯确定，仍不能确定的，按照订立合同时履行地的市场价格履行。那么，股权转让价格能否依据上述规定确定？因公司股份的价值由多种因素构成，包括固定资产、流动资金、知识产权或专有技术、产品竞争能力以及人员素质等多方面因素，故股权作为《公司法》规定的一种具有独立内涵的包括财产权等多种权利在内的综合性的新型权利形态，具有不同于普通商品的性质。因此，在双方当事人对股权转让价格存在争议的情况下，公司股份的价值不能按照交易习惯和订立合同时履行地的市场价格来确定。②

---

① 刘俊海：《新公司法的制度创新：立法争点与解释难点》，法律出版社2006年版，第305页。

② 郑伟华：《股权转让价格的确定及股权转让协议的成立》，载《法律适用》2009年第2期。

八、当事人间对股权转让协议中股权转让价格存在争议时，法院应如何认定

在股权转让纠纷的审判实践中，通常在两种情形下当事人对股权转让的价格各执一词：一种是股权转让协议内容不严谨、不准确，转让股权的比例、价格存在歧义。例如，没有明确的转让价格，只载明将其持有的股权以××万元转让，在《公司法》理论中，股权表明的是权利的比例，登记的股金并不等于转让价格，因此，如此表述容易导致对价不清产生争议。在司法实践中，有20%是因股权转让协议表述不清而引发争议。另一种是股权转让当事人为了逃避相关税收，采取签订阴阳合同的方式进行。在其向工商登记机关交付的合同与当事人自认的合同间对股权转让价格的约定往往存在较大差异，而一旦发生纠纷，当事人双方则分别依据不同的合同对股权转让价格进行认定，给法院审理带来较大难度。

笔者认为，股权转让价格的认定应以以下几方面事实作为依据。(1)以股权的真实价值为依据。股权的真实价值，即股权所对应的公司资产的价值。一般情况下，有限责任公司的全部股权价值应等同于公司整体资产的价值，而公司的资产从某种意义上而言，实际上由公司的全部股权所构成，故股权转让实质上是对公司资产的转让，按照等价的交易原则，其转让价格应等同于被转让股权所对应的公司资产的价值。这是确定股权转让价格最常用的依据。需要注意的是，由于股权具有财产权和社员权双重属性，故股权中所包含的某些权利如分红权、资产分配权等，虽然与股东的经济利益有一定关系，但其权利的基础是股东的社员身份，故其权利的价值无法以货币方式来衡量，在各方当事人没有约定的情况下，上述权利不应计入股权转让的价值范畴。(2)以当事人的真实意思表示为依据。在某些情况下，股权转让的价格可能与其真实价值不符，由于各种各样的原因，股权转让的当事人可能脱离股权的真实价值而另行确定股权的转让价格，根据自愿平等的合同原则，当事人自行确定转让价格是其享有的民事权利，故在没有无效情节和可撤销事由的情况下，即使转让各方当事人约定的股权转让价格与股权真实价值不符，只要此种约定是其真实意思表示，亦可以作为认定股权转让价格的依据。(3)以工商登记材料的记载为依据。工商登记作为企业内部状况对外公示的主要手段，其法律效力应得到足够的尊重，工商登记材料中所记载的股东持股状况、出资数额和股权价值是公司债权人向公司和股东主张权利的重要依据、也是股东承担相应民事责任的原因之一。考虑到受让股权后，新股东可能会产生对外承担相应民事责任的风险，而此类风险的大小则基本按照工商登记的材料予以确定，因此从保护债权人权益的角度出发，工商登记材料中所记载的股权转让价格，也应当成为审判实践的重要依据。(4)以合法有效的合同为依据。在审判实践中，还可能发生当事人签订的多份

股权转让合同中,有某些合同应属无效合同的情况。即使此无效合同系当事人的真实意思表示,亦不能以此作为认定股权转让价格的依据,否则即有鼓励和纵容当事人违法的嫌疑。在此情况下,应当在考虑有效合同是否反映了股权的真实价值,是否亦系当事人的真实意思表示等的基础上,以合法有效的合同作为确认股权转让价格的依据。[①]

九、如何认定以股权转让的方式转让土地的效力[②]

土地作为一种稀缺的不可再生的资源,是支撑和推动一国经济发展最为重要的生产资料之一,同时也是满足人们日常生活需求的基础性生活资料。各国普遍建立起相应的制度规制土地的分配、使用和管理,我国也对土地使用权的转让规定了严格的适用条件。但是在实践中,常有利用法律漏洞,在不符合土地转让的情况下,通过其他方式最终达到土地转让的目的。较为常见的是通过股权转让的方式取得土地使用权所属公司的控制权,进而实质性的对土地进行开发、利用和专卖,股权转让行为成为规避方式,实现土地转让目的的形式,成为房地产业内普遍适用的做法。我国法律制度对其效力认定、适用条件、规制方式等,无论是公司法律制度或是房地产法律制度都没有做出相应的规定。制度的缺失必然带来司法实践上的障碍,因此,很有必要从理论和实践的角度对此问题进行研究。

以股权转让方式实现土地使用权的转让是当今房地产行业普遍的做法,对此类行为的效力,司法实践中,主要有两种意见。一种意见认为,该行为系以合法形式掩盖非法目的,即当事人的真实意思是转让土地使用权,但因法律的强制性规定而无法以土地使用权交易的方式实现,因此以另一个法律行为掩盖真意,以实现同一效果。此外,此种行为恶意规避国家关于房地产法和税法的相关规定,属于规避法律的行为,因此,应当认为无效。另一种意见认为,此种行为合法有效。理由在于,公司股权转让是《公司法》所保护的法律行为,股权转让并不导致土地使用权权属的转移,土地仍然是原公司的资产,股权转让行为与土地使用权转让行为之间彼此独立、毫不相关,不能仅因股权转让而导致的对于特定资产的间接控制就否定行为本身的效力,任何股权的变动都会伴随着资产控制效力的变化。同时,税法制度允许当事人在不违法法律强制性规定的情况下合理避税。因此,如果认定此类行为无效,将会削弱股权的流通功能,违反公司制度的基本特征,影响交易安全和效率。

以股权转让方式实现土地转让目的行为的效力的探讨,应当从理论与实践两个角

---

① 巴晶焱:《审理股权转让案件相关问题的调查》,载《法律适用》2009 年第 4 期。

② 该部分论述主要参见奚晓明、金剑峰:《公司诉讼的理论与实务问题研究》,人民法院出版社 2008 年版,第 369—379 页。

度展开。理论上,(1)从意思表示瑕疵的角度分析。以股权转让方式实现土地使用权的转让目的的行为,其实质就是一种民事法律行为。民法理论中,对当事人之间虚假表示、真意保留行为的判断原则是:将该行为拆分为两个法律行为,即表面行为和隐藏行为。表面行为由于其违法意思表示真实而无效,对于隐藏行为的效力,则依据现行法律的规定。如果隐藏行为违反了法律强制性规定,则因违反法律规定而无效;如果没有违反法律强制性规定,则隐藏行为的效力即是真意保留行为的效力。根据上述原则,以股权转让方式实现土地使用权转让目的的行为,属于虚假表示、真意保留的行为。其可以分为两个法律行为:股权转让行为和土地使用权转让行为。其中,表面行为即股权转让行为因缺乏真实意思表示而无效,隐藏行为则因违反我国房地产法律制度的强制性规定而无效。故该以股权转让方式实现土地转让目的行为无效。(2)从行为内容合法性角度分析。以股权转让方式实现土地转让目的的行为本质上是一种规避法律的行为。法律规避行为,尽管其表面上没有违反法律强制性规定,但其实质性违反了法律和制定法律的目的,违反了社会公共利益和善良风俗,因此应该认定其内容违法而无效。以股权转让方式实现土地转让目的行为,一方面规避了我国税法对于土地使用权转让交易的税收规定,另一方面,规避了房地产法对于不得非法转让土地使用权的规定,而这两者都是强制性的规定。借助《公司法》的漏洞,使得房地产法的强制性规定形同虚设,该强制性规定背后隐含的法律政策也随之落空,必然对房地产市场产生消极的影响。此外,即使税法的立法政策允许当事人合理避税,但是涉及《房地产法》的强制性规定,则已然超越了单纯关注利益输送的程度。因此,以股权转让方式实现土地转让目的行为应当认定为无效。同时,与其他行业立法例类比参照,与房地产行业类似的还有证券业、银行业、保险业、矿产业等行业,其特点都是关系到国家经济安全和人民基本生活需求,因此国家通过法律对这些行业进行严格的监督,以保证市场的稳定,保障权利人的合法权益。

当然对于名为股权转让实为土地转让的行为,原则上应当认定为无效,在实践中也应当具体情况具体分析,并非每项交易都应认定为无效,某些情况下目标公司资产并非仅由土地使用权构成,某些情况下所转让的股权也并非公司股权的全部,甚至比例不大。所以,在考虑这类交易是否有效时,应当对以下重要事实予以审查:(1)土地使用权的性质。如果该土地使用权本身可以通过交易转让,其所规避的仅是税法的规定,不宜认定为无效;(2)股权所属公司的类型。对于虚假股权转让的审查,主要限制在有限责任公司股权交易的范围内,而对于股份公司,单项股权的转让往往只占目标公司股份的一部分,经营控制权并不必然随着股权转让而归于受让方;(3)转让股权的比例。拥有土地使用权为资产的公司,其股权转让可能出现的情况大致可分为全部股份转让、控股权转让和小比例股权转让。当然不能简单以转让股权比例来判断该行为是否有效，还应当衡量各种因素得出合理的标准；(4)土地使用权价值与整个公司资产的比例关系。许多情况下，公司虽然拥有土地使用权，但土地使用权并非该公司全部资产。在对股权转让行为实现土地使用权转让效果的行为进行认定时，必须同时考虑土地使用权的价值在目标公司总资产中的比例。占多大比例才能认定该行为属于虚假转让股权的行为，依然需要立法政策的平衡。如果比例制定过高，如土地使用权价值达到总资产价值80%以上才可认定行为无效，则必然会削弱对于房地产行业监管力度，过高的标准使得许多该类行为不能被认定为无效，然其实质已经达到了规避法律、取得土地使用权的目的；如果该比例制定得过低，如土地使用权价值占总资产价值20%以上就可以认定行为无效，则会造成拥有土地使用权的公司，其股权无法正常转让，而希望取得公司其他资产的主体，也无法通过股权收购的方式取得控制公司的权利，直接影响股权市场的交易安全与效率。

十、如何对待转让股权中变相转让矿权

矿业权、股权是两个不同的标的。股权是指股东因出资而取得的，依照法律法规的规定或者公司章程的规定和程序参与事务并在公司中享受财产利益的、具有可转让性的权利；而矿业权是用益物权。矿业权和股权转让时的交易主体不同，股权的转让是公司股东与第三人的交易；矿业权转让的主体不是一般的民事主体，是符合国家准入条件的主体。从转让是否需要审批的角度看，股权转让一般不需要审批，是公示性的程序，到工商部门变更即可，而矿业权则要通过国土资源部或省级国土资源厅审批方能取得。

当事人间之所以采用转让股权方式变相转让矿权，根本原因在于股权是私有性财产权，依据民商法的规定，政府通常不予干预股权的转让；但矿业权是具有前置行政许可的用益物权，需要国家政府介入。而这两种财产权发生行政管理冲突的体制性根源就在于在当前的法律体系中，股权转让基本是意思自治，这与国家的必要介入直接对立，两权的行政调控脱节。

由于股权转让规避了国土资源管理部门的审批程序，其公司拥有的矿业权就可以直接有偿转让给股权受让方了。这样做存在着很多问题。其一，如果股权转让方的矿业权是没有交过价款的，而股权转让方又隐瞒了这一事实，等矿业权期限到了，申请延续矿业权时，股权受让方还必须依法缴纳矿业权价款。这会使受让方损失惨重。其二，由于股权转让，其矿业权不用通过国土资源管理部门审批，也就是说，矿业权转让不用缴纳转让的税费，这会给国家造成损失。其三，由于股权转让不用通过国土资源管理部门对矿业权进行审批，就会使一些本来没有能力探矿或采矿的企业得到矿业权，而这其

中,采矿权的转让问题尤为突出,比如,受让方有过很严重的安全事故的记录;受让方缺乏矿山管理的经验,从而导致矿山开采“三率”不达标;受让方不注重环境保护等等。这对政府进行矿政管理十分不利。

目前,虽然尚无明确的法律对此问题进行规范,但湖南、宁夏、山西、新疆等省、自治区的国土资源管理部门在实际工作中,对持有矿业权的企业进行股权转让的,要求其在该国土资源管理部门作变更登记,不作此登记,不允许该企业进行股权转让。因此,针对当事人出于各种非法目的采用转让股权方式变相转让矿权的做法,法院在认定涉及矿业权的股权转让案件中必须审慎的予以对待。在实际工作中,对持有矿业权的企业进行股权转让的,察看有无国土资源管理部门进行的各种登记与审批手续,必要时与其沟通,而不能机械的就案办案。具体处理思路可参见上述“如何认定以股权转让的方式转让土地的效力”问题。

十一、如何认定“阴阳”股权转让合同的法律效力

在实践中,当公司股东向第三人转让合同时,股权交易双方为了实现利益的最大化,防止其他股东行使优先购买权,转让人与受让人签订转让价款不同的两份合同,即“阴阳合同”。交易双方将较高的交易价款告知公司的其他股东,使其他股东无法接受这个价格,无法行使优先购买权,而在转让方与受让方之间则依据较低的价款来履行,并变更公司章程和工商登记。对于此种“阴阳合同”应当如何处理?笔者认为,“阴阳合同”侵害了其他股东的利益,其他股东可以依据《合同法》的规定,因为其放弃优先购买权的意思表示是基于股权出让人和受让人的诈欺行为所做出的,其可以要求确认股权转让无效,按照实际履行的合同价格行使优先购买权。公司可以根据优先购买权行使的结果,变更公司章程和工商登记。①

十二、如何认定瑕疵出资人股权转让的效力

瑕疵股权转让合同效力的认定是妥善处理瑕疵股权转让纠纷的核心问题和逻辑前提,也是困扰商法理论部门和实践部门多年的疑难问题。一旦对瑕疵股权转让合同的效力作出明确认定,瑕疵股权纠纷所涉及的民事责任承担问题就有可能迎刃而解。

围绕瑕疵股权转让合同的效力认定,目前理论和实务界主要存在四种观点:(1)绝对无效说。股份的原始取得以对公司出资为必要条件。认股人也只有在履行缴纳股款的义务后,才能取得股东地位、取得股权。股东未出资,意味着实际上不具备股东资格,

---

① 奚晓明、金剑峰:《公司诉讼的理论与实务问题研究》,人民法院出版社 2008 年版,第 343 页。

不享有股权，所签订的股权转让合同也就当然无效了。[①] 正如有学者在2006年华东政法学院公司法律论坛上所言，“原始股东出资不到位，本身就是违法行为，这种违法的出资是不能转让的，否则转让行为也应归于无效”。[②] （2）绝对有效说。瑕疵出资的股东既载明于公司股东名册或者公司登记机关文件，就应享有一定的权利，承担一定的义务，而不应该否认其股东身份的存在，将其从股东的法律范畴中抛弃出去。股权转让的实质是股东资格或者股东身份的转让，因此，瑕疵出资的股东仍然有权将其有瑕疵的股东资格或者股东身份转让给第三人。（3）依注册资本制度而定（折中说）。在实行法定资本制的公司，股东缴足注册资本后公司才能成立。因此，公司成立后，只有出资的认股人才能成为股东，未出资的认股人不能成为股东，其转让“股权”的行为无效。而在实行授权资本制的公司中，公司成立时认股人只要实际交付部分出资即成为股东，并负有按约交足出资的义务，股东未按约交足出资的，应承担出资不足的责任，但不影响其股东地位，其转让股权的行为应认定为有效。[③] （4）依欺诈情况而定（区分对待说）。影响瑕疵股权转让效力的因素并不在于瑕疵出资本身，而在于该股权转让人是否对受让人构成欺诈。如果转让人未告知受让人股权存在瑕疵的真实情况，受让人对此也不明知或者应知的，受让人可以以欺诈为由主张撤销合同，瑕疵股权转让行为为可撤销行为。转让人告知受让人股权存在瑕疵或者受让人明知或应知拟受让股权的真实情况而仍接受转让的，意味着受让人愿意接受该瑕疵股权受让可能产生的法律后果，继受承担转让人股权的瑕疵，股权转让行为应当认定为有效。

笔者认为，相比之下，区分对待说蕴含了更丰富的合理因素，譬如其对瑕疵出资股东不必然丧失股东资格做了合理论证，又对出让股东未如实告知股权瑕疵因素可能对股权转让合同效力产生消极影响进行了具体分析，确实较其他观点更为客观和深入。但美中不足的是，该观点在阐析瑕疵股权转让合同效力的细节方面还不够具体，且对可能影响合同效力的其他因素缺乏必要的关注，故存在进一步完善和细化的空间。总之，我们认为，司法实践中认定瑕疵股权转让合同效力的基本思路应当是这样的。

1. 仔细分析出资瑕疵本身对瑕疵股权转让合同效力的影响

首先，股权的取得未必以出资作为唯一条件。股权的形成必须来源于出资的观点是值得商榷的。第一，这一观点并不适用于股权继受取得的情形。因为股东资格在继

① 李后龙：《股权转让合同效力认定中的几个疑难问题》，载奚晓明主编：《中国民商审判》第1卷（总第1卷），法律出版社2002年版，第134页。

② 罗培新、胡改蓉：《瑕疵出资与公司司法解散之若干问题——2006年华东政法学院公司法律论坛综述》，载《法学》2006年第12期。

③ 李后龙：《股权转让合同效力认定中的几个疑难问题》，载奚晓明主编：《中国民商审判》第1卷（总第1卷），法律出版社2002年版，第134页。

受取得（如继承、赠与及受让）的情形下，根本不存在继受取得人向公司出资的情形。第二，从公司股东资格的原始取得进行分析，对于缴纳出资与公司股权取得之关系，各国立法大多未作明确规定，但一般而言，采法定资本制的国家对此有较为严格的规定，而采授权资本制的国家对此要求较为宽松。但是，不在股东出资和股权之间建立一一对应关系，是多数国家的立法通例。其次，授权资本制的立法使瑕疵出资人取得股权成为可能。坚持以出资取得股东资格，实际上是严格法定资本制下的产物。在严格法定资本制下，立法者要求股东向公司出资的目的在于确保公司资本的确定真实，从而尽可能地维护交易安全。但越来越多的立法者发现，公司本身的财产始终处于难以监控的恒变之中，所谓公司资本对交易安全的维护只是法学家虚构的神话。① 严格坚持出资取得股权的原则，反而会带来极大的不便。因此，有些《公司法》专家主张，应当淡化出资对股权的影响。如韩国著名公司法学者李哲松教授在论及股份公司的股东和股东权时指出，股份公司的股东"与其说是因出资而成为社员（股东），还不如说是因取得资本构成单位的股份而成为社员。股份的取得是成为股东资格的前提。对此不得有例外，与此不同的其他约定都是无效的"。② 再次，也应注意到，我国《公司法》确实有关于股东应当足额缴纳所认缴的出资额等股东应当适当履行出资义务的规定，而投资者的瑕疵出资行为本身确实有违这些规定，故应承担相应的法律责任。但就所涉法律条款的属性而言，我国《公司法》的上述规定仍属于管理性规范，而非具有强制性要求的效力性规范，因此，结合不轻易认定合同无效的商事审判理念，笔者认为，股东出资瑕疵不构成我国《合同法》第五十二条规定的导致合同无效的"违法法律、行政法规的强制性规定"之无效情形，仅以出资瑕疵为由不能当然否定瑕疵股权转让合同的效力。

2. 仔细分析出让人和受让人的意思表示内容对瑕疵股权转让合同效力的影响

（1）当事人意思表示内容对瑕疵股权有偿转让合同效力的影响。商事实践中，根据当事人意思表示的具体内容，瑕疵股权有偿转让合同的效力存在如下区分：第一，在出让股东明知其拟出让的股权存在出资瑕疵，但故意未将该瑕疵因素告知受让人，且受让人在交易当时亦不知瑕疵因素而与出让股东缔结合同的情况下，出让股东的行为构成我国合同法上的欺诈，瑕疵股权转让合同的效力应认定为可变更或可撤销。除此之外，如果前述出让股东的欺诈行为损害了国家利益，譬如瑕疵股权的受让人是国有民商事主体，依据我国《合同法》第五十二条的规定，此类瑕疵股权转让合同应认定为无效。第二，在出让股东明知其拟出让的股权存在出资瑕疵，但故意向受让人隐瞒该瑕疵因

① 冯果：《现代公司资本比较研究》，武汉大学出版社 1999 年版，第 3 页。

② 〔韩〕李哲松著：《韩国公司法》，吴日焕译，中国政法大学出版社 2000 年版，第 135 页。

素，而受让人在交易当时亦已明知该瑕疵因素存在却仍与出让股东缔结合同的情况下，因受让人实际上并未因出让股东的欺诈行为而陷于错误认识，其作出有偿受让瑕疵股权的意思表示并非基于错误，而是基于其自身原因，故应认定为不构成合同法上的欺诈。在此基础上，若无我国《合同法》第五十二条所规定的相关无效因素，则该瑕疵股权转让合同应认定为有效。第三，在出让股东不知道其拟出让的股权存在出资瑕疵，[①]且受让人亦不知该瑕疵因素而与出让股东缔结合同的情形下，若受让人依据我国《合同法》第五十四条之规定能举证证明该合同系因重大误解订立或者在订立该合同时显失公平的，则该瑕疵股权转让合同的效力应认定为可变更或可撤销。若受让人无法举证证明存在上述情形，且无我国《合同法》第五十二条所规定的相关无效因素，则该瑕疵股权转让合同应认定为有效。但鉴于股权有偿转让合同仍具有买卖合同的基本属性，故受让人原则上可援用我国《合同法》第一百四十八条有关出卖人应承担买卖标的物瑕疵担保责任的规定，寻求诸如请求解除该瑕疵股权转让合同等在内的救济途径。应当指出的是，若受让人明知股权存在瑕疵，仍与善意出让股东缔结合同，且该合同又无我国《合同法》第五十二条所规定的相关无效因素，则该瑕疵股权转让合同应认定为有效，因受让人自愿有偿承受该瑕疵后果，故受让人不能援用我国《合同法》第一百四十八条之规定寻求前述救济途径。（2）当事人意思表示内容对瑕疵股权无偿转让合同效力的影响。由于瑕疵股权无偿转让合同具有单务以及出让股东无偿将股权给与受让人等有关赠与合同的基本特征，故在民商事审判实践中，可遵循我国《合同法》有关赠与合同部分的具体规则，对此类瑕疵股权无偿转让合同纠纷作出处理。具体而言，在瑕疵股权无偿转让的场合下，虽然转让的股权客观上存在出资瑕疵，但只要该股权转让合同无我国《合同法》第五十二条所规定的相关无效因素，原则上应认定为有效，且由于该股权属于无偿转让，故出让股东原则上无须向受让人承担该股权的瑕疵担保责任，除非存在下列两类情形：一是该瑕疵股权无偿转让合同系附义务的，则出让股东应在附义务的限度内承担该股权的瑕疵担保责任；二是因出让股东故意不告知受让人该股权存在瑕疵或者保证该股权无瑕疵，造成受让人损失的，应当承担损害赔偿责任。

十三、股权转让的内容是否包括目标公司潜在债务

股权泛指公司股东所享有的对公司的各种权益，具体是指股东基于股东资格而享有的从公司获取财产和参与公司经营、管理的权利。股权转让后，股东在公司中的权利和义

① 在商事实践中，出让股东不知道自身所持股权存在出资瑕疵的情形比较少见，但也并非没有，譬如出让股东本身也是继受股东，其平时又不参与公司经营管理，对公司资本情况存在知之甚少的情况。

务全部移转于受让人,受让人因此成为公司的股东,取得股权。股权转让协议是当事人以转让股权为目的而达成的出让方交付股权并收取价金,受让方支付价金得到股权的协议。

在实践中,股权转让涉及债权债务的承担、交接等诸多问题,尤为重要。尤其是债务的承担问题,目标公司可能有既有负债,也可能有"潜在债务",这些债务有的出让方知道或应当知道,有的不知道或不可预计。对于既有负债,受让人需要全面了解既有债务的数额,是否设定了担保,债权人有无限制权利要求等。对上述问题的考察,能使受让人在谈判中获得主动,并影响到交易的价格和受让后风险负担的大小。对于"潜在债务",笔者理解,一般包括以下两种情形:一种是隐瞒债务,即出让方故意隐瞒真相,没有真实、全面、及时地向受让方披露既有负债或对外担保的,属于违反信息披露义务的行为,违反了出让方有关公司债务的陈述与保证义务。当发生债务被追索时,将严重影响受让方的股份转让合同的利益和预期的收益。另一种是隐性债务,即无法预计的负债。如果在股权转让协议预定的期限内发生,该类责任或风险首先应当由目标公司承担,出让方和受让方之间的风险负担则通常根据协议约定处理。

因此,一般情况下,出让方和受让方均会通过协议约定出让方应详尽地披露目标公司债务包括潜在债务,并要求出让方承诺保证对披露以外的将来可能出现的造成公司负担的债务承担赔偿责任,或者在股权转让款中留部分款项在一年或者更长时间内用于直接抵减,其目的是敦促出让方如实履行详尽的披露义务。

总之,在股权转让协议中,受让方最关心的应该是目标公司的负债问题。在实践中,股份出让方的债务以资产担保之债居多,同时还存在未决的诉讼、仲裁纠纷、知识产权侵权、产品质量侵权责任,以及可能或即将发生的公司与高级管理人员和技术骨干之间的劳资纠纷等。对于上述既有负债或潜在债务,股权出让方有的是知道的或应当知道的,有的是不知道或无法预计何时发生的。针对这些问题的解决,有关债务承担问题应列入风险负担条款予以约定,从而达到受让方与出让方划清责任,在正式交割前的所有负债,不管是故意还是过失,均由出让方承担。但是要注意到,股权的转移并不影响到债权人追索的对象,受让方在成为目标公司股东后,仍然需要清偿该债务,再根据股权转让协议向出让方追偿。

十四、股份有限公司的发起人在公司成立后一年内与他人签订股权转让协议,约定公司成立一年后办理股权过户手续。公司董事、监事、高级管理人员与他人在股票上市前签订股权转让协议,约定股票上市交易之日起一年后再办理过户手续。如何认定上述股权转让协议的效力

笔者认为,判断股权转让协议是否有效,主要看该协议是否存在《合同法》第五十

二条规定的情形。如果双方之间的协议并不违反法律、行政法规的禁止性规定,应属有效。我国法律允许当事人之间设立附期限的民事法律行为。股票转让合同双方签订附期限的合同,约定一年后再办理相应股权变动手续,该约定并不违反合同法和公司法的相关禁止性规定。发起人、董事、监事、高级管理人员等完全有权在法定的禁止转让期内对期满后的股权交易作出安排,因此,上述股权转让协议应属有效。

十五、如何认定冒名签字转让股权协议的效力

现代商法强调对交易安全和效率的保护,具体表现在对商事交易条件通常采用强制主义、公示主义、外观主义、严格责任主义等原则。外观主义是指交易行为的效果以交易主体的外观为准,依外观主义,法律行为完成后,处于对交易安全的保护,原则上不得撤销,尤其是交易行为,对当事人之间的信用关系必须给予足够的尊重和保护。而表面证据有限又是外观主义的必然要求,因此只要公司章程和工商登记有明确记载,那么就可以充分确认股东的资格,至于冒名签字转让他人股权的股东。所应承受的应当是其他方面的民事责任。善意接受股权转让的相对人在这里应得以相应的保护。如果此时否定受让人的股东资格,就可能引起许多已经确定的法律关系的变化和其他不利于公司经营管理的不稳定因索,进而影响整个市场交易的安个和社会的稳定。

十六、如何认定名义股东未经实际出资人同意对外转让股权的效力

因隐名投资中存在名义投资人(名义股东)的机会主义行为,名义投资人可能会利用其参与公司的便利擅自处分隐名投资人(实际出资人)的权益,而第三人基于章程、股东名册、工商登记材料等外在公示以及显名股东行使着股权的事实,而相信显名股东即公司股东并与之进行交易行为。在隐名投资中,保护真正的权利人和保护善意的第三人是一对矛盾。例如,当善意第三人从显名股东处受让股权,取得质权或对显名股东的股权扣押时,若强调保护实际出资的隐名股东的权利,则善意第三人的利益就会受到严重损害。这就需要确定处理此种利益冲突时的价值取向。笔者认为,在市场经济的大环境下,交易的复杂性和快捷性使得交易当事人在交易之前,不可能花费大量时间和精力去详细调查公司的真实股东状况,交易双方都只能根据具有社会公示作用的证明材料作出交易安全的判断,因此,保护交易的安全应该是放在首要位置的。《民法》在发展过程中逐步确立的物权公示公信原则、表见代理制度、善意取得制度、无权处分制度,商法采纳商事交易的公示主义和外观主义,这些都体现了对交易安全和善意第三人的保护,保护交易的安全已成为现代民商法的整体发展趋势。因此在确定隐名投资人与第三人之间的法律关系时,亦应当以保护善意第三人为价值取向。

总之,笔者认为,如果显名股东未经实际出资人允许擅自将股权转让给他人,则其行为属于无权处分,其转让行为在效力上即存在瑕疵,若经实际出资人追认则为有效。但是,若第三人善意受让,即第三人对股权非名义投资人所有不知情而与显名股东实施了股权转让行为,此时实际出资人能否主张显名股东与第三人之间的股权转让无效?我们认为,在隐名投资关系中,因投资主体的二元性形式主体与实质主体相分离(而实质与形式相分离,往往又是隐名投资人自身原因造成的,是其恣意创设出显名股东为公司股东的外观特征的结果),股权与其真正权利人(实际出资人)在外在形式上相分离,而与非权利人(显名股东)在外在形式上相符,客观上使得第三人相信显名股东具有股东资格,是股权的民事主体而与之实施转让股权的行为。故如第三人受让股权属善意,则实际出资人不得主张股权转让无效,但可向名义投资人主张侵权,请求损害赔偿。当然,若第三人在受让股权时就已知道显名股东名下的股权非其所有,则其不符合善意的特征,其与显名股东之间的股权转让行为只有经过真正的权利人——实际出资人的追认方可有效。对此问题,《公司法解释(三)》第二十六条也进行了规范,即"名义股东将登记于其名下的股权转让、质押或者以其他方式处分,实际出资人以其对于股权享有实际权利为由,请求认定处分股权行为无效的,人民法院可以参照物权法第一百零六条的规定处理。名义股东处分股权造成实际出资人损失,实际出资人请求名义股东承担赔偿责任的,人民法院应予支持。",应当说,司法解释对此问题的规范在保护公示公信力利益的同时也兼顾了对实质利益的保护,平衡了商事法的效率追求和民事法的正义诉求。①

十七、司法实践中如何认定实际出资人转让股权的效力

第三人明知实际出资人的存在,并从实际出资人处受让股权时,如果名义股东以工商登记为由提出反对,应当进入确权程序。也就是说,实际出资人必须要先向公司申请确认股东资格,得到公司的确认后,股权转让方能进行。在确权的过程中,公司及其股东应当禁止名义股东转让股权。如果公司反对确认实际出资人的股东资格,其可以向法院诉请确认。一旦认定实际出资人为股东的判决确定后,股权转让行为即可发生效力,名义股东不得再主张股权转让无效。

第三人明知实际出资人的存在,并从实际出资人处受让股权时,如果名义股东并没有提出反对时,则可以认定该转让有效。此时,在实际出资人和第三人之间转让的不是

① 奚晓明主编:《最高人民法院关于公司法解释(三)、清算纪要理解与适用》,人民法院出版社2011年版,第394页。

股权，因为此时股权仍然归名义股东享有，其转让的仅仅是实际出资人的隐名投资地位，相当于一种债权债务的转移。其在实际出资人和第三人之间的转让不会引起两者之外其他法律关系的变化，因为如果名义出资人同意则继续由其行使股权而由新的受让人享受股权投资收益；当新的受让人欲取代名义股东显名化时需要经过公司其他股东过半数同意，[①]这并不会给公司的人合性带来任何破坏。[②]

十八、如何认定股权转让后原股东再次处分股权的效力

《公司法》第三十三条第三款规定股东姓名或名称未在公司登记机关登记的，不得对抗第三人。当股权转让协议生效且受让股东支付了转让款时，尽管股权已经由原股东转移至受让股东，受让股东为实质权利所有者。但是由于没有办理公司登记机关的变更登记，根据商法之外观主义原则以及公示主义原则，第三人凭借对登记机关登记内容的信赖，一般可以合理地相信登记的股东（即原股东）就是真实的股权人，可以接受该股东对股权的处分，未登记的受让股东不能主张该处分行为无效。此种处理模式与上述问题"名义股东未经实际出资人同意对外转让股权的效力"的法理和救济途径相同。即原股东将股权转让后，由于未办理公司登记机关的变更登记而处分仍登记于其名下股权时，应参照《物权法》第一百零六条规定的善意取得制度处理。也就是说，公司登记材料的内容构成了第三人的一般信赖，为保护第三人之信赖利益，第三人可以以登记的内容来主张其不知道股权归属于受让方并进而终局地取得该股权；但受让方可以举证证明第三人知道或者应当知道该股权属于受让方自己。一旦证明，该第三人就不构成善意取得，处分股权行为的效力就应当被否定，其也就不能终局地取得该股权。

在原股东擅自处分登记在其名下股权的情形中，当善意第三人通过善意取得制度终局地取得该股权时，受让股东的投资权益将不复存在。原股东违反股权转让协议再次处分股权的行为构成了对受让股东股权的侵犯，受让股东可以要求作出处分行为的原股东承担损害赔偿责任。这里还要注意，如果转让股东仅仅是与第三人签订了股权转让协议，甚至第三人亦支付了股权转让款，但第三人也未被变更登记为公司股东的，受让人如起诉要求确认其为公司股东的，人民法院应予支持，公司应当依法为其办理变更登记。对于没有任何过错的第三人，则可以通过违约责任追究转让股东的民事责任。

---

① 关于实际出资人的显名化在《公司法解释（三）》第二十五条已有较为详细的解释，即"实际出资人未经公司其他股东半数以上同意，请求公司变更股东、签发出资证明书、记载股东名册、记载公司章程并办理公司登记机关登记的，人民法院不予支持。"

② 奚晓明主编：《最高人民法院关于公司法解释（三）、清算纪要理解与适用》，人民法院出版社2011年版，第394—395页。

《公司法解释(三)》第二十八条对股权转让后原股东再次处分股权的效力和救济途径有更明确的规范,即“股权转让后尚未向公司登记机关办理变更登记,原股东将仍登记于其名下的股权转让、质押或者以其他方式处分,受让股东以其对于股权享有实际权利为由,请求认定处分股权行为无效的,人民法院可以参照物权法第一百零六条的规定处理。原股东处分股权造成受让股东损失,受让股东请求原股东承担赔偿责任、对于未及时办理变更登记有过错的董事、高级管理人员或者实际控制人承担相应责任的,人民法院应予支持;受让股东对于未及时办理变更登记也有过错的,可以适当减轻上述董事、高级管理人员或者实际控制人的责任。”

十九、如何认定股权未发生变动受让人即再转让股权的效力

原股权受让人在未实际取得股权的情况下,即将其未来会获取的股权对外进行再次转让,此时确定其具备何种法律主体身份,需要以其持有的权利状态为依据。原股权受让人在未实际取得股权的情况下,对于股权其并不具备现实的物权,但同时其已经与原出让股东就股权转让达成了合意,基于这一合同关系,原股权受让人具有获得股权的期待利益。在原股权受让人同意原出让股东再次转让时,应视为其放弃了此种期待利益,故原出让股东得行使其现实意义上的物权,而当原股权受让人自行再次对外转让股权时,其并未放弃上述期待利益,故其可将此种期待利益作为转让的标的。可见,原股权受让人此时具备的主体身份是期待利益的出让人,其转让的客体是基于期待利益而产生的权益,并非现实意义上的股权。有观点认为,原股权受让人未实际获得股权时,其对外再次转让的行为系合同法上的无权处分,行为效力取决于相对权利人的意思表示,笔者认为,此说有相应合理的因素,但稍显不够准确。对于此类股权转让行为的效力问题,应从以下几个角度分析:

从物权变动的角度而言,此种行为模式实质是物权尚未发生转移时,受让物权的民事主体将物再次对外进行转让,在现实经济生活中,此类行为屡见不鲜,若将转让的标的物转换成其他一般商品,对此种转让行为的效力仅应由物权是否最终转移而确定,即当物权最终转移至第三人或转化为相应债权时其合同为有效合同,当物权未能转移至第三人或相应债权未能产生时,因标的物的自始履行不能而归于无效,股权虽有其特殊性,但股权的转让同样系一物权性的变动,其效力并不应与其他物权变动有所区别;且此种行为并未违反法律强制性规定,《公司法》等特别法亦未明确不得进行此类股权转让行为,故依照《合同法》有关无效合同认定的规定,此类股权转让不应依相关当事人的意思表示而被认定为无效的民事法律行为。

从股权的特殊性而言,应当看到,股权的确不同于一般的物权,其中兼有财产权和

人身权的性质，且在我国的《公司法》框架下，此种财产权和人身权不可分离，因此公司法规定股权转让需征得公司其他股东的同意。而依照《公司法》的上述规定，亦应当认为，原股权受让人的再次转让行为亦需要得到其他相对权利人，即原出让股东和公司其他股东的同意。但原股权受让人在未征得原出让股东和公司其他股东同意的情况下，即再次转让股权，其行为性质不能据此被认定为无权处分。因为公司其他股东同意与否，本身就不是股权转让合同生效的要件，公司其他股东的意思表示只能影响股权转让合同能否得以履行，对合同效力并不产生影响；且此时转让的标的物并非股权，而系针对特定股权的期待利益，此种期待利益系原股权受让人自身的权益，故其合同效力并不取决于相对权利人的同意与否。

因此，原股权受让人在尚未取得股权时再次对外转让股权，如果没有其他的法定无效情节，且最终股权完成了转移或转化为相应债权，则其行为应认定为有效，但此类转让行为欲得到实际履行，则需以完成相应的登记手续为必要前提。

二十、如何认定违反主管部门批准程序订立的国有企业股权转让合同的效力

国有企业股权转让的批准程序，主要包括两种情形：第一种情形是国有资产管理部门转让企业国有产权致使国家不再拥有控股地位的，应当报同级人民政府批准；第二种情形是国有企业的重要子企业的产权转让事项，应当报同级国有资产监督管理机构会签财政部门后批准。其中，涉及政府社会公共管理审批事项的，需预先报经政府有关部门审批。虽然《企业国有产权转让管理暂行办法》第三十三条第一款第二项中作出没有履行批准程序私自转让企业国有产权的，可以请求法院确认转让行为无效的规定，但法院不应依此认定合同无效，而应当理解为国有股权转让合同欠缺形式要件，根据《合同法》第四十四条第二款及其司法解释的规定，认定合同未生效。至于违反内部决策程序或者超越权限、私自转让国有股权的情形，虽然《企业国有产权转让管理暂行办法》第三十三条规定可以请求法院确认无效。但由于这些“内部决策程序”和“权限”规定具有内部性，从保护交易安全以及转让信赖利益角度考虑，不宜作为认定合同无效的依据，而应根据《合同法》第五十条的规定处理。①

由于《企业国有产权转让管理暂行办法》属于对外公示的部门规章，国有股权转让不仅涉及国家股东的切身利益，而且涉及所在企业及其职工的命运，国有股权的受让方应当要求转让方出具标的企业内部决策的相关书面决议。如果受让方拒绝或者怠于审查标的企业内部决策的相关书面决议，应当推定其在主观上存在过错，因而不能享受善

① 古锡麟、李洪堂：《股权转让若干审判实务问题研究》，载《法律适用》2007 年第 3 期。

意第三人的保护；如果受让方对于标的企业内部决策的相关书面决议进行了真实性与合法性的审查，并未发现内部决策的相关书面决议的瑕疵，则受让方可以享受善意第三人的保护，即使内部决策的相关书面决议嗣后被撤销，也不影响国有股权转让合同的效力。[①]

二十一、如何认定应当纳入评估范围的资产未履行评估程序的国有股权转让合同的效力

《企业国有产权转让管理暂行办法》第十三条第一款规定，在清产核资和审计的基础上，转让方应当委托具有相关资质的资产评估机构依照国家有关规定进行资产评估。评估报告经核准或者备案后，作为确定企业国有产权转让价格的参考依据。这就存在一个值得探讨的问题，即未对国有股权的价值进行评估的股份转让协议效力。对此，有不同的观点。第一种观点认为，对于应当进行资产评估的情形没有进行评估的交易行为应认定无效。第二种观点认为，一旦交易行为发生，只要交易相对人善意无过错，交易行为即应当属于有效。第三种观点认为，违反规定没有评估的，除了合同相对人非善意当事人以外，仅应当导致合同价格条款无效，如果相对人愿意接受经过评估后的价格，合同效力仍然应当得到维护。如果评估后的价格不能得到相对人认可的，方可考虑宣告整个合同无效。但由于国资管理部门和国有资产的持有人负有依照程序进行评估的职责，因此合同无效所导致的损失应当由其承担。

笔者认为，根据《合同法》第五十二条第二项之规定，恶意串通，损害国家、集体或者第三人利益的合同无效。如果国有股权的受让方与转让方为损害国家利益而串通，恶意勾结，故意规避评估程序，则其签订的国有资产转让合同当然无效。问题是，如果不能证明转让双方存在着恶意串通，应如何认定合同效力呢？对此，应当区分不同情况作出不同的处理。(1)倘若国有企业的经营者或者其业务主管部门擅自超越国家股东及其代理人赋予的权限，不仅对应当纳入评估范围的资产未履行评估程序，而且未报请国有资产监督管理机构或者国有股权转让相关批准机构批准，则此种行为属于彻头彻尾的无权处分行为。根据《合同法》第五十一条之规定，无处分权的人处分他人财产，经权利人追认或者无处分权的人订立合同后取得处分权的，该合同有效。换言之，倘若国有股权转让合同未报请国有资产监督管理机构或者国有股权转让相关批准机构批准，则合同尚未生效，自然不能履行。这与最高人民法院2003年颁布的《关于审理与企业改制相关的民事纠纷案件的若干规定》第十七条的规定也是合拍的。(2)倘若国有

① 刘俊海：《新公司法的制度创新：立法争点与解释难点》，法律出版社2006年版，第325页。

股权转让合同已经报请国有资产监督管理机构或者国有股权转让相关批准机构批准，但由于阴差阳错未对应当纳入评估范围的资产履行评估程序。对此较为可行的思路是适用《合同法》第五十四条有关显失公平合同效力的规定。倘若在国有股权转让合同签订时存在着显失公平的情况，受让方支付的转让价款显著低于国有股权的真实价值，国有资产监督管理机构或者国有股权转让相关批准机构当然可以请求人民法院增加合同价款，也可以请求人民法院撤销合同。但请求变更或者撤销合同的当事人应当举证证明该合同在签订之时就存在着明显的利益失衡。从反向思维看问题，倘若受让方在未履行评估程序的情况下，支付巨额财产购买了财产价值十分低廉的国有企业产权，受让方也可根据《合同法》第五十四条寻求司法救济。(3)倘若国有资产监督管理机构或者国有股权转让相关批准机构不能证明转让合同在签订之时具备显失公平的要件，或者怠于在除斥期间请求人民法院变更或者撤销合同，不宜以应当纳人评估范围的资产未履行评估程序而认定为无效，或者行使变更或者撤销合同的请求权。当然，对于未履行评估程序存在过错的转让方、转让标的企业负有直接责任的主管人员和其他直接责任人员，应当根据国资委相关规定承担相应的法律责任，包括行政责任、民事赔偿责任和刑事责任。总之，国务院相关行政法规对国资交易在一定情况下必须进行评估是强制性规定，这项强制性规范的目的并非为了阻止国资交易，而是防止国资交易中出现低价出售造成国有资产流失的现象发生。因此，在国资交易中违反该规定没有评估的，除了合同相对人非善意当事人以外，仅应当导致合同价格条款无效，如果相对人愿意接受经过评估后的价格，合同效力仍然应当得到维护。如果评估后的价格不能得到相对人认可的，方可考虑宣告整个合同无效。①

二十二、如何认定未经审批机构批准的外商投资企业股权转让协议的效力

从性质上看，行政审批为公法上的行政行为，而非私法上的民事行为，对此自无疑问。然而，行政审批的公法属性并不意味着行政审批对私法关系的形成毫无影响。问题是，行政审批究竟是何种性质的具体行政行为呢？它对于私法关系的形成究竟会产生何种影响呢？司法实务中如何把握行政审批的效力是个十分关键的问题。以外商投资企业的股权转让为例，尽管我国的合同效力制度早已通过《民法通则》和《合同法》发展为有效、无效、可撤销、效力待定并存的模式。但是，受合同效力二分法模式的影响，且由于《民法通则》与《合同法》所确立的合同可撤销与合同效力待定均被类型化，都不

① 刘俊海：《新公司法的制度创新：立法争点与解释难点》，法律出版社 2006 年版，第 327—328 页。

包括未办理批准手续的合同的原因，实践中仍有不少法官在审理涉及行政审批的合同案件时，将未经审批的合同认定为无效。这一做法甚至可以从现行法上找到依据。《中外合资经营企业法实施条例》（国务院根据2001年7月22日《国务院关于修改〈中外合资经营企业法实施条例〉的决定》）第二十条即对中外合资经营企业的股权转让程序做出如下规定："合营一方向第三者转让其全部或者部分股权的，须经合营他方同意，并报审批机构批准，向登记管理机构办理变更登记手续。……违反上述规定的，其转让无效。"此外，《外商投资企业投资者股权变更的若干规定》第三条也规定："企业投资者股权变更应遵守中国有关法律、法规，并按照本规定经审批机关批准和登记机关变更登记。未经审批机关批准的股权变更无效。"正是根据上述规定，一些法院在处理未经审批的股权转让合同时，认定双方订立的合同无效。这种处理问题的思路无疑深受早期合同效力二分法的影响，其合理性值得怀疑。因为一旦合同被认定无效，则合同自订立时起就没有法律约束力，当事人自然没有报批的义务，而只要当事人不去报批，合同就永远不能生效。如此一来，负有报批义务的当事人就完全可以待价而沽，视行情而做出是否报批的决定。就其结果而言，这种处理模式使得不诚信的当事人因其不诚信行为而获得了利益，既不符合法律精神，也不符合建立诚信社会的要求。问题出在哪里呢？笔者看来，实践中之所以仍然存在将未办理批准的合同认定为无效，是因为没有正确认识行政审批对于合同效力的影响，以至没有将合同未生效与合同无效进行实质性区分。

正是由于对外资股权转让设定的审批手续的存在，而实践中确实也存在未经审批机关批准或未提交审批手续的股权转让合同，对此类合同的效力问题需要加以解决。如何在审理案件中既不僭越行政权又尊重当事人意思自治，既有效抑制违约当事人利用行政审批逃避民事责任又能够与外资行政管理合理衔接，成为涉外商事审判一大难题。司法实践中有一种做法是认定此类转让协议无效。笔者认为，此种认定不妥。我国《合同法》第四十四条第二款的规定，法律、行政法规规定应当办理批准、登记手续生效的，依照其规定。关于此条款，最高人民法院于1999年颁布实施的《关于适用〈中华人民共和国合同法〉若干问题的解释（一）》做了进一步的规定：依照《合同法》第四十四条第二款的规定，法律、行政法规规定合同应当办理批准手续，或者办理批准、登记等手续才生效，在一审法庭辩论终结前当事人仍未办理批准手续的，或者仍未办理批准、登记等手续的，人民法院应当认定该合同未生效；法律、行政法规规定合同应当办理登记手续，但未规定登记后生效的，当事人未办理登记手续不影响合同的效力，合同标的物所有权及其他物权不能转移。《合同法》第七十七条第二款、第八十七条、第九十六条第二款所列合同变更、转让、解除等情形，依照前款规定处理。2005年12月26日最高人民法院印发的《第二次全国涉外商事海事审判工作会议纪要》第八十八条规定:"外商投资企业的股权转让合同,应当报经审查批准机关审查批准,在一审法庭辩论终结前当事人未能办理批准手续的,人民法院应当认定该合同未生效。"此种规定的法律意义体现在两个方面:第一,表现国家对某些合同的特别关注,体现了国家干预原则;第二,属延缓合同生效的消极要件,合同一般自依法成立时生效,但某些合同则须具备一定条件才生效,这些条件就是合同生效的消极要件,上述规定中法律、行政法规规定应当办理批准、登记等手续才生效就是合同生效的消极要件。[①] 最高人民法院于2009年颁布实施的《关于适用合同法若干问题的解释(二)》第八条规定,有义务对合同办理行政审批手续的一方当事人不按照法律规定或合同约定报批的,人民法院可以根据相对人的请求判决相对人自己办理有关手续。该规定实际上赋予了此类合同中约定的报批义务的可履行性,同时亦明确了合同无效与合同未生效的区别点。

尽管最高人民法院试图通过会议纪要等形式统一有关裁判尺度,但囿于立法滞后,在法理及实务操作上均未能寻找到合理且有效的突破点,因而实施效果不甚理想。正是在此背景下,最高人民法院于2010年5月17日通过的《最高人民法院关于审理外商投资企业纠纷案件若干问题的规定(一)》(下文中简称法释〔2010〕9号)再次将行政审批对合同效力的影响作为重点问题予以规制,试图在现行法的框架下尽可能公平合理地解决涉外股权转让等相关纠纷。法释〔2010〕9号第一条规定,当事人在外商投资企业设立、变更等过程中订立的合同,依法律、行政法规的规定应当经外商投资企业审批机关批准后才生效的,自批准之日起生效;未经批准的,人民法院应当认定该合同未生效。当事人请求确认该合同无效的,人民法院不予支持。前款所述合同因未经批准而被认定未生效的,不影响合同中当事人履行报批义务条款及因该报批义务而设定的相关条款的效力。至此,应当说,司法实务中对未经审批机构批准的外商投资企业的股权转让协议的效力认定有了一个明确的态度。即一个已经合法成立的合同,即使因欠缺审批这一生效要件,亦对当事人具有形式约束力,任何一方当事人不能擅自撤销或解除,尤其是合同中关于促成合同生效的报批义务条款具有可履行性。理由在于,如果认定未经审批的合同关于报批义务的条款不具有可履行性,就会陷入悖论:合同未经审批,当事人就不应履行报批义务,而不去报批,合同即无生效的可能。如此,只能使不诚信的当事人逃避合同责任,对于培育公平、诚信的外资市场实为不利。也正是出于这种考虑,法释〔2010〕9号还明确规定需经行政审批的合同,具有报批义务的当事人不履行报批义务,相对人请求其履行报批义务或自行报批的,人民法院应予支持。

① 冀怀敏、孙水全:《对合同法解释一第9条之理解》,载《人民司法》2000年第9期。

二十三、外商投资企业股权转让中如果负有报批义务的当事人在合同成立后没有积极履行报批义务，对方当事人可以寻求何种司法救济

既然报批义务在合同成立后生效前即已存在，那么，如果负有报批义务的当事人在合同成立后没有积极履行报批义务，对方当事人可以寻求何种司法救济呢？这一问题亦是长期困扰司法实践的疑难问题，法释〔2010〕9号对这一问题的解决提供了良好思路。

在转让人不履行股权转让报批义务致使股权转让不能实现的情况下，受让人选择请求转让人继续履行合同，进行股权变更，法院如果直接判令变更股权，存在法律上的障碍。这是因为股权变更是否符合外资管理的规定，是否符合我国产业政策，需行政主管机关做出判断，人民法院不能超越行政权而对此做出判断。既然人民法院不能直接判令当事人继续履行合同以变更股权，是否可以判令转让方办理报批手续呢？由于我国行政主管部门规定，股权变更的报批人是相应的外商投资企业而非其股东，因此转让人自身难以单独完成报批，只能请求标的企业去报批。而根据合同相对性原理，受让人又只能根据股权转让合同向转让人请求其完成报批手续。如此一来，如果标的企业不予报批，则转让人似无过错可言，就可以轻易地规避有关民事责任。为防止转让方借口无法办理报批手续而逃避民事责任，笔者认为，虽然外商投资企业不是股权转让合同义务当事人，但由于转让方是标的企业的股东，标的企业基于其股东的申请，应有协助办理报批手续的义务，且考虑到该义务已由法律法规明确规定，法院自可依据当事人的请求或依职权将标的企业作为第三人通知参加诉讼，判令其与转让人共同在指定期限内履行报批义务。关于这一点，实践中早已存在较为成熟的做法，因而也得到了司法解释的认可，即法释〔2010〕9号第六条第一款明确规定："外商投资企业股权转让合同成立后，转让方和外商投资企业不履行报批义务，受让方以转让方为被告、以外商投资企业为第三人提起诉讼，请求转让方与外商投资企业在一定期限内共同履行报批义务的，人民法院应予支持。"

接下来的问题是，如果负有报批义务的当事人不履行报批义务，该义务是否具有强制执行性呢？有观点认为，虽然法院可以做出判决，但报批义务人不执行，法院无法强制执行。如此一来，判决岂不成为一纸空文？笔者认为，为避免法院判决陷入无法执行的尴尬境地，必须有相应的司法补救措施跟进。当义务人怠于履行或不履行报批义务时，可以转化为间接履行或履行替代。所谓间接履行是通过他人的履行来代替义务人的履行，转而由义务人承担他人履行的费用。关于通过间接履行或履行替代来解决相关判决的执行问题，《最高人民法院关于适用〈中华人民共和国合同法〉若干问题的解释》第八条已有明确规定："依照法律、行政法规的规定经批准或者登记才能生效的合

同成立后,有义务办理申请批准或者申请登记等手续的一方当事人未按照法律规定或者合同约定办理申请批准或者未申请登记的,属于合同法第四十二条第(三)项规定的'其他违背诚实信用原则的行为',人民法院可以根据案件的具体情况和相对人的请求,判决相对人自己办理有关手续。"可见,间接履行或者履行替代不仅在理论上具有可行性,也已得到相关司法解释的确认。

由于间接履行需要审批机关的配合,加上在现行审批制度下,报批的主体是企业,且需要备齐所有文件,包括董事会决议、章程的修改等事项,因此,在一方当事人怠于报批的情况下,审批部门在审批时应作相应的变通。若仍拘泥于常规的报批条件,无异于放任当事人的不诚信行为,无助于保护当事人的合法权益,也不利于建立良好的秩序。因此,笔者认为,在技术上为避免当事人之诉累,可考虑在同一判决中判令转让人及标的企业履行报批义务的同时,加判相应的履行替代措施。

二十四、司法实践中如何把握未经审批的外商投资企业股权转让合同纠纷的处理规则

在实践中,外商投资企业股权转让合同签订后,转让方往往在股权价值升高的情况下,不履行报批义务,致使合同不生效。为此,法释〔2010〕9 号第五条至第七条为受让方提供了多种救济途径:第一,如果受让方起诉时径行选择解除合同、赔偿损失的,人民法院予以支持。损失范围一般应为业已实际发生的损失。有观点认为,合同都未生效,自然不存在解除合同,但笔者不以为然。合同只要成立,就具有形式拘束力,任一当事人不得擅自撤销、变更或解除。就此而言,合同解除仅与合同成立相关,而与合同是否生效并无必然联系。另一方面,已经成立的合同具有形式拘束力,除非基于当事人事后的约定,或者出现约定的解除事由,或者具备法定的解除情形,否则,不得解除合同。因此,即使是未生效的合同,也存在解除合同的可能和需要。关于这一点,《最高人民法院关于审理涉及国有土地使用权合同纠纷案件适用法律问题的解释》(法释〔2005〕5 号)即已表明立场,该司法解释第四条明确规定:"土地使用权出让合同的出让方因未办理土地使用权出让批准手续而不能交付土地,受让方请求解除合同的,应予支持。"第二,对受让方关于由转让方及外商投资企业实际履行报批义务的请求,人民法院予以支持。第三,转让方拒不履行人民法院关于由其履行报批义务的判决,受让方请求解除合同、赔偿损失的,人民法院予以支持。值得注意的是,在当事人拒不办理报批手续而导致合同被解除时,并不能免除转让人的违约赔偿责任,且赔偿的范围,应包括已发生的损失及可得利益损失。就股权转让而言,赔偿损失的范围不局限于信赖利益,而且包括股权差价损失、股权收益及其他合理损失。之所以规定扩大赔偿范围,意在使转让方

因不履行报批义务所获得及可能获得的利益归属于受让方，进而达到促成转让方自觉履行报批义务的效果。第四，转让方、外商投资企业或者受让方根据法院判决向审批机关履行报批手续，但未获批准，受让方请求返还股权转让款的，人民法院予以支持，其要求赔偿损失时，人民法院应当根据转让方对合同未获批准而无效的后果是否存在过错以及过错的大小认定转让方是否应当承担赔偿责任及具体的赔偿数额。

当然，实践中亦同时存在受让方对股权待价而沽试图毁约情形，为此，法释〔2010〕9号第八条、第九条规定：一是如果外商投资企业股权转让合同约定受让方支付全部或者部分转让款之后再履行报批义务，在受让方不支付转让款的情况下，转让方在符合单方解除合同的条件下可以请求解除股权转让合同，并要求受让方赔偿相应的损失。二是在转让方选择要求受让方支付转让款情形时，人民法院应中止审理案件，给当事人合理的期限去办理报批手续，在审批机关的审批结果出来后恢复审理。股权转让合同被批准的，人民法院即支持转让方关于受让方支付转让款的诉讼请求。这样处理是为了避免法院一旦判决支持了转让方要求受让方支付股权转让款的诉讼请求后，股权转让合同不能获得批准而给转让方和受让方带来新的纠纷。

实践中还有一种特殊情况，外商投资企业股权转让合同签订后，受让方即根据控股股东安排开始实际参与外商投资企业的经营管理，有的甚至已经从外商投资企业获取了相应的收益，之后由于各种原因，股权转让合同未能获得审批机关的批准。在这种情况下，根据法释〔2010〕9号第十条的规定，由于股权转让合同不能获得批准，应当认定为无效的合同。人民法院即应当根据无效合同所引起法律后果的规定处理转让方与受让方之间的权利义务关系，包括恢复原状、根据过错原则赔偿损失等。其中转让方请求受让方退出外商投资企业的经营管理是一种笼统的表述，实践中可能具体表现为受让方控制着外商投资企业的公章、财务账册等多种多样的形式，人民法院在具体案件中还要根据转让方的具体诉讼请求做出相应的裁判。

二十五、公司章程对被继承股权的分割做出限制是否有效

我国《继承法》规定，继承从被继承人死亡时开始。如果同一股权存在多个继承人时，各继承人可以根据遗嘱、协议或是法院的裁判分割股权。公司章程可以对继承人继承股权加以限制，同样的，公司章程也可以对被继承股权的分割做出限制。首先要明确的是，数个继承人共同对股权进行继承时，遗产未分割前，各继承人对遗产的法律关系是什么？对此，我国《继承法》并没有做出明确的规定，通说认为，"各继承人对遗产的关系为共同共有关系，其中任何一个继承人均不得单独取得财产的所有权，而只能为全

体继承人所共有。”[①]这一理论同样也应当适用于股权未分割而由数个继承人共同继承的情形，继承人共同共有股权，并一同来享有并行使被继承的股权。该股权仍然是一个完整的股权，该股权所体现的股东资格也只能有一个。

虽然股权共有可以选出代表人行使股权，但是根据我国有限责任公司股权概念，隐含着一个股权对应一个股东的原则。在这一原则下，数人共有股权的情况对股东权利的保护可能会是一个不利因素。还有一种情况就是当数个继承人中有的继承人不希望成为股东，想要退出公司时，就必须破除数个继承人共同共有股权状态，即对股权进行分割。但是，其他股东乃至公司整体的经营管理可能会因股权分割而导致利益受损。第一，基于人合性的特征，股东彼此存在着信任和依赖关系，这种信任和依赖关系的存在需要一定的条件，即股东的人数应当是有限制的，这样股东相互间才能有相互熟悉和了解的可能。继承人作为新股东的加入在客观上增加了股东人数，对其他股东来说则可能由于对新股东的陌生而产生信任危机，这必然不利于公司的经营和发展。第二，股权分割后不论继承人是进入公司还是退出公司，都会导致公司内部股权结构的变化，进而有可能会引发原有股东间均衡关系的失衡。以资本多数决为例，在某有限责任公司中，股东 A、B、C 各持有 9%、48%、43% 的股权，由于公司对股权继承没有特别限制，股东 A 死亡后，继承人 D、E、F 都将成为公司的股东，且各拥有 3% 的股权。很显然，在股东 A 死亡之前，其所持的 9% 的股权经常会成为股东 B 和 C 争取的目标，而在股权分割以后，形势发生了变化，股东 B 只需争取到新股东 D、E、F 中任意一人即可，而股东 C 要想达到简单多数则必须将新股东 D、E、F 全部争取过来才能达到自己的目的；以股东多数决为例，在上述案例中，原股东 A 不能阻止其他股东向外转让股权，但是 D、E、F 联合起来就可以达到这一目的。虽然公司其他股东所占股权比例于股权分割前后不变，但股东人数的变化对其他股东造成的影响不尽相同。

在各国的立法实践中，股权分割的模式有两种，一种模式是股权继承与股权分割同时进行，即股权分割是股权继承的必然结果。继承开始后，同一股权的数个继承人即可对股权进行分割并按分割后各自所拥有的份额分别行使各自的权利；另一种模式是股权继承的效力仅限于权利的整体移转，不包括股权在各个继承人之间的分割。从被继承人股东死亡之时开始，股权即移转于全体继承人，股权继承的程序便宣告结束。此时继承人之间形成对股权的共有。在对外关系上股权的共有人是一个集合，即视为单一主体。各共有人之间对股权的分割仅仅在共有人范围内发生效力。简而言之，就是区

① 马俊驹、余延满：《民法原论》，法律出版社 2005 年版，第 978 页。

分“权利继受”和“共有股权分割”两个不同的阶段。[①] 德国《有限责任公司法》对股权继承采取放任政策，没有做太多规定，但根据该法，股权必须整体移转，即被继承人所持股份只能作为一个整体移转给继承人，全体继承人是作为一个整体继受该股权而不是分别继受该股权的一部分。即如果公司章程没有相反的规定，股权只允许自由继承，不允许自由分割，继承的股权应由数个共同权利人不可分割的享有，即由他们共同行使股权。

综上所述，正是由于股权分割具有种种弊端，股东在公司章程中最好能够事先对继承人分割股权做出一定的限制。比如规定股权不能分割而只能完整地移转给继承人中的任何一个人；或是规定股权的分割需要获得其他股东的同意；或是规定股权分割时只能按一定比例分割成若干股权；等等。公司章程如果事先做出这些规定符合公司和其他股东的利益，也没有侵害继承人的利益，应当确认其效力。

二十六、如何正确认识未成年人的股权继承问题

根据《继承法》的规则，未成年人也可以作为继承人。但是有的学者指出，未成年人作为股东来参与公司的重大经营决策和选任管理者等活动，显然是不合适的。[②] 那么，如何来正确认识未成年人的股权继承问题呢？对于行为能力欠缺者是否具备股东资格的问题，目前世界各国普遍存在两种学说：一种是否定说，例如，我国台湾地区的有关公司的规定第 128 条规定，无行为能力或者限制行为能力人不得成为股份公司的发起人，美国某些州的公司法也明确规定发起人应当为成年人；另一种是肯定说，例如韩国、法国和德国的公司法规定，即便是未成年人也应当具有股东资格，可以继承股权。[③]

我国现行《公司法》对此虽然没有直接做出规定，但是也没有作禁止性的规定，而是规定合法的继承人可以继承股东资格。因此，笔者认为只要未成年人作为继承人的主体身份是按照继承法的规则加以确立的，那么便可以继承股东资格。《民法》上的法定代理人制度就是为行为能力欠缺的人从事民事活动而设立的，换言之，未成年人的法定代理人有权代表其参与公司的重大经营决策和行使监督管理权利等活动，从而也切实有效地维护未成年人合法的股东权益。

二十七、股权继承中其他股东有何救济途径

现行的《公司法》规定了自然人股东死亡后，其合法继承人可以继承股东资格。但

---

① 匡敦校：《有限责任公司股权继承的法理分析与制度完善》，载《金融与经济》2008 年第 2 期。

② 王义松：《私人有限责任公司视野中的股东理论与实证分析》，中国检察出版社 2006 年版，第 13 页。

③ 同上书，第 14 页。

是，该规定比较原则和粗糙，原则上否定了有限公司人合性对法定继承人取得股东资格的限制，况且有限公司人合性的部分丧失对公司经营可能带来的负面影响仍值得重视，所以在制度上建立其他股东的救济途径仍属必要。王保树先生曾建议："继承发生时，除非股东持反对意见，死亡股东的继承人当然成为公司股东。"应该说，其出发点也在于调和有限责任公司的人合性与商事主体的意思自治之间的矛盾与冲突，但其中的所谓"股东持反对意见"这一限制条件的界定缺乏足够的确定性。在实践中，由于发生股东资格的继承，公司的人合性可能不同程度地被破坏。在某些情况下，新的股东可能掌握了公司经营的权利并可能严重破坏原有股东之间的相互信任与合作，也有可能因新股东的到来而导致公司僵局。在此情况下，应当考虑是否赋予其他股东退出或解散公司的法定权利。甚至可以考虑进一步引入更好地平衡股东权和继承权的制度：过半数同意方可继承，即在股东死亡后，继承人要求成为股东的，应当经过持有半数以上股份的股东同意，如果没有过半数同意，公司有权强制收购被继承人名下的股份。该股份继承的规则可以和股权转让的规则获得内在的逻辑统一，也在一定程度上保护了公司的人合性。[①] 以上种种，股东最好应当充分利用《公司法》第七十六条"公司章程另有规定的除外"意思自治条款的功能，一开始就充分考虑，在公司章程中事先对相应的问题作出规定。此种事先规定和预防的做法，既符合公司和其他股东的利益，也没有侵害继承人的利益，两全其美。

二十八、尚未实际缴足出资的股权可否出质

对于股东出资，我国2005年修订的《公司法》不再强制出资人在设立公司时必须实际缴足认缴出资额，只要求其缴纳认缴额的一部分，其余部分只需在两年（投资公司放宽至五年）内缴足即可。这一鼓励性制度也为股权出质带来了一个难题——尚未实际缴足出资的股权可否出质？

在《公司法》允许的两年宽限期内，公司已经登记成立，出资人亦相应转变为公司股东，通过参加股东会管理公司，即已拥有实际的股东权利。故此时股东即使未缴足出资亦为合格股东，享有股权，亦可出质其股权。那么，宽限期满后仍未缴足出资又该如何呢？依据我国《公司法》的规定，[②]股东不按期足额缴纳出资，除应当向公司足额缴纳外，还应当向已足额缴纳出资的股东承担违约责任。此外，非货币出资的实际价额显著低于公司章程所定价额的，该出资的股东承担补足其差额责任，其他发起人承担连带责

① 陶海荣：《公司的股权继承和收益分割》，载《人民司法·案例》2007年第18期。

② 参见《公司法》第二十八条、第三十一条、第九十四条。

任。《公司法》并未因股权出资不到位而否认出资人股东身份，而是强调补足出资，使得股东"名副其实"，公司资本亦得以充实，从而保障交易安全和经济秩序稳定。可见，我国公司立法基于交易安全优先的宏观考量，未简单以否认股东身份方式处理出资问题，而是积极促进公司的资本补足。虽然2010年12月6日通过的《公司法解释(三)》规定了股东未履行或未完全履行出资义务的责任以及公司章程或股东会决议对未尽出资义务股东的股东权利可以限制，[①]但另一方面却更加明确了瑕疵出资并不否认股东资格；对存在出资瑕疵的股权，股东并不当然丧失转让的权利，股权也不由此失去可转让性。[②] 举重以明轻，尚未实际缴足出资的股权当然可以出质。此外，从未完全出资股权的流通性看，在司法实践中，未缴足出资的股权的转让是没有任何障碍的，只是其交易价格会考虑未实缴部分。因此，未实际缴足出资的股权出质没有流通障碍，是可以成为出质标的。如果因不完全出资而否认股东身份，剥夺其股权，而出资人利用"股权"侵害债权人利益，债权人不能通过股权质权制度保护其债权，那公司法必将为人所诟病。而现行股权质权制度设计恰好避免了这一情况，并对公司和相对人利益均有保障，进而亦可保证经济秩序的稳定。

二十九、公司可否接受本公司股权出质

股票虽可流通转让，然公司作为债权人时，不得将本公司发行在外的股票收为质物，此为各国一般之规定。我国《公司法》第一百四十三条第四款也规定，公司不得接受本公司的股票作为质押权的标的。由此可见我国法律是禁止股东或者投资者将自己所持有的股权质押给本公司的。理论界对此赞成者居多，主要理由在于禁止接受本公司的股票作为出质标的的立法目的是防止违反公司资本充实、资本维持原则。资本维持原则是《公司法》的一条基本原则。而且公司不接受本公司股票作质押权标的，也是为了避免出现两难境地。若债务未能按约履行，满足质押实现的条件时，公司作为质权人就要对本公司的股权优先受偿，就会出现用自己的财产偿还自己债的情形。实际上，便是发生了公司回购股权。而按照《公司法》规定，公司回购股权的情形一般只有四种：减少注册资本；与持有本公司股份的其他公司合并；将股份奖励给本公司职工；异议股东的股份回购情形。所以，这种情形下的股权回购不为法律所允许。

笔者认为，面对理论的发展和现实的需要，我国《公司法》仍采严格禁止主义的做

① 参见《最高人民法院关于适用〈中华人民共和国公司法〉若干问题的规定(三)》第十三条、第十七条。

② 奚晓明主编：《最高人民法院关于公司法解释(三)、清算纪要理解与适用》，人民法院出版社2011年版，第265页。

法值得检讨。从理论上讲,接受本公司股权质押并不必然导致公司资本减少。因为股权出质不同于股权转让,质权是一种信用担保,有些时候需要质权实现保障债权的清偿,而在有些时候债务人按时履约,则质权就不必实现,从本质上而言质权只是一种质物变价可能性。股权质权亦是如此,出质的股权并不必然转让。即使股权需要转让实现质权,实现方式包括拍卖、变卖、折价等多种方式,也不必然导致接受本公司股权质押的公司资本的减少。从实践中看,在股权质权制度的形成过程中,商业贷款尤其是资本市场主体向商业银行的贷款是促成股权质权的重要力量。一般情况下,证券投资者的财富大部分融于所握有的证券之中,现金流不足时常发生,为抓住投资机会,投资者不得不将其"唯一"财产——证券出质给银行。商业银行的利益保护和投资人投资机会的需要之间的矛盾就促成了证券权利质权制度的发展,股权质权制度即随之而生。而大型商业银行多为商事企业,且投资利益丰厚,证券投资人持有银行股权极为常见,故在实践中常会发生商业银行接受自己股权设质借款于投资者。由于这种质押所设标的额只占银行的股权总额的很小比例,不会影响银行及其债权人的利益。投资人的借贷目的往往在于资金周转,具有投资价值的股权成为质权实现的标的是投资者不愿看到的结果。因此,现实中大量存在银行接受证券投资者持有的本银行股权设质的情况,并没有影响银行利益和市场交易安全。近年来,随着有控制的关联交易的大量进行,且公司接受自己股票作为质物并不意味着实行质权后公司即可拥有自己公司的股票,很多国家已经修改了禁止接受自己股权设质的规定。① 相比较各国立法对于以自己股票设质的规定渐有缓和趋势的做法,我国《公司法》对此问题的规定显得缺乏灵活性。适当的做法应是在一定情况下允许接受自己公司股份的设质,以数额或目的范围加以限制,并可借鉴《德国股份公司法》第71b条规定,明确规定公司接受自已股份设质者不得对设质股份享有除拍卖、变卖等之外的权利以避免脱法行为。②

---

① 公司作为质权人能否接受本公司股东的出质,把自己的股份收为质押的标的,世界各国主要分为两种立法模式:一种是规定公司可以取得自己的股份,这种模式以美国为代表的许可主义;另一种是采取原则禁止,例外主义许可的限定模式,如德、法、日等国。美国成文法通常授予公司取得自己股份的权利,章程也可以作出规定,甚至成文法及章程均无规定时,也有默示该公司有收买自己股份的权利。参见费安玲主编:《比较担保法——以德国、法国、瑞士、意大利、英国和中国担保法为研究对象》,中国政法大学出版社2004年版,第377页。德国《股份公司法》第71e条规定,信贷机构接受自己股份作为质物的总额与用于收购其他公司股份的金额的总和不得超过总资本的10%,且作为质物的股票必须足额缴清票面价值,否则质押无效。参见卞耀武主编:《当代外国公司法》,法律出版社1995年版,第138页。《日本商法典》第210条规定,公司在一定情形下可以接受自己公司股份设质的数额不得超过已发行股份总数的1/20。参见胡开忠:《权利质权制度研究》,中国政法大学出版社2004年版,第250页。

② 钟青:《股权质权研究》,载梁慧星主编:《民商法论丛》(总第20卷),金桥文化出版(香港)有限公司2001年版,第37页。

法条索引

《中华人民共和国公司法》

第一百三十八条　股东持有的股份可以依法转让。

第一百三十九条　股东转让其股份，应当在依法设立的证券交易场所进行或者按照国务院规定的其他方式进行。

第一百四十条　记名股票，由股东以背书方式或者法律、行政法规规定的其他方式转让；转让后由公司将受让人的姓名或者名称及住所记载于股东名册。

股东大会召开前二十日内或者公司决定分配股利的基准日前五日内，不得进行前款规定的股东名册的变更登记。但是，法律对上市公司股东名册变更登记另有规定的，从其规定。

第七十四条　依照本法第七十二条、第七十三条转让股权后，公司应当注销原股东的出资证明书，向新股东签发出资证明书，并相应修改公司章程和股东名册中有关股东及其出资额的记载。对公司章程的该项修改不需再由股东会表决。

第二十八章

股份回购热点问题裁判标准与规范

本章导读

放宽公司回购股份事由已成为境外公司法的一种普遍立法趋势,因为该项制度具有提升公司经营绩效和稳定证券市场的重要功能。然而,我国《公司法》对股份回购制度的积极功能并未重视,相反,对股份回购的潜在危害加以了放大,严格禁止公司回购股份。我国《公司法》的该种保守规定将严重影响我国《公司法》的制度竞争优势和公司的竞争力。因此,全面分析公司回购股份的利弊得失,并及时完善公司回购股份制度,成为提升企业活力和稳定证券市场的迫切需求。

理论研究

一、股份回购的潜在危害

公司回购股份可能危害公司债权人。目前,我国上市公司大都以现金进行股份回购,并且数额较大,在很大程度上还需利用债务融资来筹集回购资金。股份回购后,很可能会使公司出现现金流量严重不足,资产负债率明显上升,流动资产和营运资产明显减少等导致公司业绩下降的问题,[①]继而造成公司资产总量的减少,不利于公司债权人利益的保护。公司股东掌握公司的控制权和剩余索取权,作为对价,在公司财产的分配

---

① 刘增建:《完善上市公司股份回购之探析》,载《现代经济信息》2010 年第 5 期。

上，股东要劣后于公司债权人，因此，各国《公司法》都规定公司营运过程中无盈不分，公司解散时要优先清偿债权人。公司回购股份虽然并未导致公司发行股份总数的变化，但是作为对价支付的公司资产却从公司流向了股东，此点与分配股利并无本质区别，如若不加限制，公司可以通过回购股份优先分配资产于公司股东，即使如此会造成公司资不抵债，此实乃对公平原则的公然背离和对效率原则的最大伤害。正因为如此，允许公司回购股份的各国《公司法》无不对公司回购股份的财源加以限制。

公司回购股份可能违反股东平等原则，[①]具体表现为：(1)在股份回购中，大股东可能会利用自己的优势地位，操纵股东大会或董事会，做出符合其利益的股权回购计划，将股份回购的机会仅仅赋予给自己，或以不合理的高价回购股份，以获取不当利益。这样就剥夺了中小股东股份回购的机会，或造成了对中小股东的价格歧视，破坏股东平等的原则。[②] (2)公司的诸多股东在获得公司信息方面是不对等的，公司的控股股东、参与公司管理的股东掌握着更多的公司内部信息，因而更为清楚公司的资产状况、运营前景、价格走势等，所以在决定是否出售股份时，他们比公司的众多中小股东更能做出符合自身经济利益的决定。在公司面临巨大的利好前景时，他们可能大量回购公司股份以赶出小股东，独享公司的发展成果；而在公司运营前景欠佳、乃至可能有盈转亏时，他们又可能大量出售公司股份以将风险转嫁给其他中小股东。(3)公司回购股份可以通过多种手段实现，常见的有公开要约收购、公开市场买回和私下协议收购。私下协议收购的场合，公司可能以较高的价格回购公司控制者及其关系人所持公司股份，而以较低的价格回购公司中小股东所持公司股份。

公司回购股份可能危害公司支配权的正当行使。其情形如下：(1)公司支配权变更之妨碍。由于公司持有的自己股份不具有表决权，公司回购自己股份可能致使股东会中获取多数决所需的股份数量大大降低，如此一来可能使原本无法取得多数派的公司控制者利用公司资金大量买回公司股份，从而维持公司控制者的控制地位。(2)支配权之收买。公司控制者或经营者的反对派持有人量股份足以维持其控制地位时，公司控制者或经营者可能与反对派股东协议以公司资金高价买回其所持股份，以解除威胁而维持自己的控制或经营地位。(3)支配权之固定化。公司控制者或经营者以买回股份为手段组织公司经营权变更，或以高价向反对派股东买回股份，其目的在于维持其支配地位。固然其有利于公司经营政策的连续，但是却形成公司支配权的固定化，而使

① 王敏：《探讨股份回购制度的法律问题及完善》，载《法制与经济》2010 年第 10 期。

② 刘惠明、严骥：《股份回购的弊端及防范制度研究——以日本法为借鉴》，载《深圳大学学报(人文社会科学版)》2011 年第 4 期。

公司支配者在缺乏外在压力下怠于履行职责。①

公司回购股份可能危害证券市场的公平性。股份回购可以向社会公众传达控制着看好公司乃至公司股价被低估的信号、可以将公司资金返还于股东、可以影响公司的控制权、影响证券市场上的证券流通量和交易量,因此公司回购股份的行为,往往引起公司股价的变动,这就为公司关系人的虚假陈述、内幕交易和操纵证券市场提供了方便之机。比如公司内幕信息知情人可以在公司宣布回购计划之前大量买进公司股份,然后在公司宣布回购计划后出售上述股份以谋取不菲之差价;公司前景堪忧时,控股股东或管理层先操纵公司提出股份回购计划、拉抬股价,然后借机出售。

二、我国的股份回购制度

我国1993年《公司法》第一百四十九条规定:"公司不得收购本公司的股票,但为减少公司资本而注销股份或者与持有本公司股票的其他公司合并时除外"。即公司回购股份仅限于两种事由——减资与合并。1994年的《到境外上市公司章程必备条款》第二十四条规定:"公司在下列情况下,可以经公司章程规定的程序通过,报国家有关主管机构批准,购回其发行在外的股份:(一)为减少公司资本而注销股份;(二)与持有本公司股票的其他公司合并;(三)法律、行政法规许可的其他情况。"虽然增加了股份回购的一个弹性条款——"法律、行政法规许可的其他情况",从实际情况来看,当时的法律法规并没有许可其他情况。2005年《公司法》第一百四十三条规定:"公司不得收购本公司股份。但是,有下列情形之一的除外:(一)减少公司注册资本;(二)与持有本公司股份的其他公司合并;(三)将股份奖励给本公司职工;(四)股东因对股东大会作出的公司合并、分立决议持异议,要求公司收购其股份的。"与1993年《公司法》相比,增加了两项回购事宜——奖励职工与异议股东请求回购。

关于公司回购股份的财源,2005年《公司法》第一百四十三条对公司用于奖励职工的股份回购进行了财源限制,"用于收购的资金应当从公司的税后利润中支出。"此外,对于公司因其他事由取得本公司股份的财源,并无规定。

关于公司回购股份的程序,2005年《公司法》没有进行具体规定。《上市公司章程指引》予以了进一步明确,第二十四条规定"公司收购本公司股份,可以选择下列方式之一进行:(一)证券交易所集中竞价交易方式;(二)要约方式;(三)中国证监会认可的其他方式。"2006年证监会发布的《上市公司回购社会公众股份管理办法(试行)》第九条规定:"上市公司回购股份可以采取以下方式之一进行:(一)证券交易所集中竞价交

① 林丽香:《企业取回自己股份之法律问题》,载《台北大学法学论丛》第48期。

易方式;(二)要约方式;(三)中国证监会认可的其他方式。"可见,我国境内上市公司回购方式主要有三种:集中竞价、要约回购及其他,此处的其他主要指的是协议回购。从实践看,我国的上市公司股份回购基本上都是采取了协议回购的方式,而且基本上都是定向回购国有股。

实务探讨

一、如何认定公司超出数量限制回购股份的效力

《公司法》第一百四十三条规定公司为奖励职工而收购的本公司股份,不得超过本公司已发行股份总额的百分之五,如果公司回购股份的数量超出限制,其行为效力如何。对此,不能机械适用《合同法》第五十二条第五项规定,因为强制性规定可以分为取缔规定及效力规定,违反前者,对当事人可以公法责任,但法律行为仍然有效,违反后者,法律行为无效。公司只要未违反回购股份的财源限制,即对公司债权人并无妨碍;只要未违反回购程序,对公司股东和公平证券市场亦无危害。因此,将公司回购股份的数量限制理解为效力规范,有失公正。相反,数量限制应当理解为取缔规范而非效力规范,公司如果违反,仅对公司课以公法上之处罚。

二、公司能否接受本公司股份作为质押权标的

股票虽可流通转让,然公司作为债权人时,不得将本公司发行在外的股票收为质物,此为各国一般之规定。我国公司法第一百四十三条第四款也规定,公司不得接受本公司的股票作为质押权的标的。由此可见我国法律是禁止股东或者投资者将自己所持有的股权质押给本公司的。理论界对此赞成者居多,主要理由在于禁止接受本公司的股票作为出质标的的立法目的是防止违反公司资本充实、资本维持原则。资本维持原则是《公司法》上的一条基本原则。而且公司不接受本公司股票作质押权标的,也是为了避免出现两难境地。若债务未能按约履行,满足质押实现的条件时,公司作为质权人就要对本公司的股权优先受偿,就会出现用自己的财产偿还自己债的情形。实际上,便是发生了公司回购股权。而按照《公司法》规定,公司回购股权的情形一般只有四种:减少注册资本;与持有本公司股份的其他公司合并;将股份奖励给本公司职工;异议股东的股份回购情形。所以,这种情形下的股权回购不为法律所允许。

三、如何准确理解我国《公司法》对有限责任公司回购公司股权和股份有限公司回购公司股份以不同立法模式进行规范的真谛

2005年我国《公司法》经修改新增了第七十五条和第一百四十三条两个法律条文分别对有限责任公司回购公司股权和股份有限公司回购公司股份作出了相应规定。其中，第七十五条规定的股权回购请求权在学界又被称为异议股东评估权[①]，主要是针对有限责任公司之封闭性特征，为避免大股东、控股股东或者实际控制人对中小股东的经营锁定，借鉴英美公司法的实践成果而设立的一项制度。而对于股份有限公司来说，股份回购请求权则是作为允许股份回购的一种特殊情形来进行规定的。受大陆法系公司法之资本三原则的传统思想影响，公司不得回购自己的股份，这是一般原则。同时受资本缓和趋势的影响，法律上又规定允许公司进行股份回购的几种特殊情形，股份回购请求权就是其中的一种，我国《公司法》第一百四十三条第一款第四项"股东因对股东大会作出的公司合并、分立决议持异议，要求公司收购其股份的"就属于这种立法处理。由此可见，对于有限责任公司来说，股权回购请求权是以一条完整的法条这种形式来进行立法规定的，而对于股份有限公司来说，股份回购请求权则是规定在股份回购制度当中。换句话说，根据我国《公司法》的规定，有限责任公司的股权回购只能来自于相应的请求权，而股份有限公司的股份回购并不必然来自于相应的请求权。

通过立法对比，我们也可以比较明显地看出，法律对于有限责任公司股东行使股份回购请求权的条件规定得十分宽泛，对于股份有限公司股东则要求得较为苛刻。之所以如此规定，主要是考虑到两种不同组织形式的公司特性上的差异。有限责任公司具有较强的封闭性与人合性，这些特性决定了其股东无法通过公开市场自由转让其股权，常常是很难找到合适的买主，被迫低价转让其持有的股份。而股份有限公司所具有的高度资合性以及其发行股票本身的高度可流转性，决定了股份有限公司的股份转让较为自由，也更为容易通过公开的市场找到合适的买家；尤其是公开上市公司的异议股东更是可以随时通过证券市场卖出股份。两者相比较，有限责任公司的股东更需要借助法律赋予股份回购请求权来维护其合法权益，而股份有限公司的股东只是在极其个别的情况下（公司合并、分立时）才需要行使股份回购的请求权。我们认为，虽然有限公司和股份公司在组织形式、公司特性上存在明显的差异，但是关于两种组织的不同规定，在某种程度上还是有异曲同工之妙的，有些规定甚至可以变通使用。因此，对于股

① 也有的学者称之为异议股东股权收买请求权，参见王保树、崔勤之：《中国公司法原理》，社会科学文献出版社2006年版，第76页。还有的学者称之为异议股东股份价值评估权，参见张民安：《公司法的现代化》，中山大学出版社2006年版，第376页。

份有限公司的异议股东除公司合并、分立之外，还应包括公司营业转让、公司章程对股东有重大不利影响的修订、股票交换等足以导致公司结构发生根本性重大变化的事项也应该拥有股份回购请求权。

需要指出的是，司法实践中相对常见的是针对有限责任公司而引发的股权回购请求权纠纷。从基本法律关系结构来看，毫无疑问，法律关系的主体一方总是异议股东，而且肯定是中小股东，而另一方总是公司，其中又以有限责任公司居多，盖因有限责任公司相对于股份有限公司尤其是公众持股公司对人合性的要求更为强烈。法律关系的客体集中体现为异议股东所持有的股权（份），而法律关系的内容核心则在于请求权。值得一提的是，股权（份）回购请求权从权利性质来说并非民法上的请求权①，民法上的请求权是派生性权利，其产生方式要么作为基础性权利效力而产生要么则作为基础性权利的救济权而产生，股权（份）回购请求权并无相对应的民法上的基础性权利依据，而只能是来源于《公司法》对股东权的特别规定，因此股权（份）回购请求权的权利性质是《公司法》上的请求权，不能援引《民法》关于请求权的一般规定，也就自然不能援引民法上关于抗辩权即能够阻止请求权效力的权利的一般性规定。

四、上市公司回购股份的价格如何确定

上市公司回购股份的价格，在国外资本市场上一般为市场价格或高于市场价格，公开市场买回的价格是市价，要约收购价格通常高于市价；在我国既往实践中则是区分流通股与非流通股而规定不同的价格，对流通股多以时价或略高于时价的价格回购，对于非流通股则以每股净资产为基础进行回购。该种区分在当时历史条件下具有合理性，因为流通股与非流通股虽为同一公司股份，但是流通性不同，内在价值和市场价格自然应当有所差异。目前，我国股权分置改革已经完成，全流通即将来临，公司回购股份应当根据时价确定，至于价格数额，公司自治，但是必须遵守股东平等原则，同种股份支付相同的价格。

五、公司持有本公司股份能否享有股东权利

《公司法》第一百零四条规定：股东出席股东大会会议，所持每一股份有一个表决权。但是，公司持有的本公司股份没有表决权。可见，公司持有的本公司股份不享有表

① 民事权利依其作用可划分为支配权、请求权、形成权和抗辩权。请求权是能够请求他人实施一定给付的权利。请求权有如下特征：权利利益须通过义务人的给付方能实现；权利作用体现为请求，而是支配；权利效力的非排他性；权利效力的平等性。参见张俊浩主编：《民法学原理》，中国政法大学出版社1997年版，第76—77页。

决权。不过,对于公司持有的本公司股份是否享有其他权利,《公司法》并无明文规定,理论界意见不一。有的认为公司持有的自己股份可以享有股东会议出席权、公司账册及股东会会议记录查询权等共益权和新股认购权之外的其他自益权。有的认为公司不得享有新股认购权和盈余请求权。其实,权利的本质是利益的载体,公司无须自己请求自己交付一定利益。如果公司持有的自己股份不享有任何股东权利,并不影响公司的资产总量和资产结构,无论对公司股东抑或债权人而言,均无不利影响。相反,如果公司持有的自己股份享有股东权利,或者影响公司支配权的正当行使,或者增加不必要的运营成本。因此,公司持有的自己股份不得享有股东权利。

六、有限公司在何种情形下可以收购股东股权

《公司法》第一百四十三条规定股份公司可以在四种情形下收购本公司股份:减资、与持有本公司股份的其他公司合并、奖励职工和收购异议股东股份。不过,《公司法》对有限公司可以收购股东股权的情形未作系统规定。对此,应具体分析。根据《公司法》第七十五条规定,公司可以收购异议股东股权。根据《公司法》第一百七十八条规定的减资程序,公司自然也可为减资而收购股东股权。此外,《公司法》对公司合并持鼓励态度,当公司与持有本公司股权的其他公司合并时,被合并的其他公司所有的资产都归公司享有,其他公司拥有的本公司股权自然也成为本公司所有,因此与持有本公司股份的其他公司合并亦成为公司法许可有限公司收购股东股权的默示事由。至于为奖励本公司职工,从《公司法》条款中无法加以推定,因此应当适用《公司法》第三十六条,予以禁止。

法条索引

《中华人民共和国公司法》

第一百四十三条 公司不得收购本公司股份。但是,有下列情形之一的除外:

(一)减少公司注册资本;

(二)与持有本公司股份的其他公司合并;

(三)将股份奖励给本公司职工;

(四)股东因对股东大会作出的公司合并、分立决议持异议,要求公司收购其股份的。

公司因前款第(一)项至第(三)项的原因收购本公司股份的,应当经股东大会决

议。公司依照前款规定收购本公司股份后，属于第（一）项情形的，应当自收购之日起十日内注销；属于第（二）项、第（四）项情形的，应当在六个月内转让或者注销。

公司依照第一款第（三）项规定收购的本公司股份，不得超过本公司已发行股份总额的百分之五；用于收购的资金应当从公司的税后利润中支出；所收购的股份应当在一年内转让给职工。

公司不得接受本公司的股票作为质押权的标的。

第二十九章

公司回购股份财源热点问题裁判标准与规范①

本章导读

本世纪以来，随着国有经济改革的深入和资本市场的发展，国内对公司回购股份的研究日益增多，但是该种研究主要围绕公司回购股份的事由和程序进行，而对公司回购股份财源研究较少。既有研究都发生在2005年《公司法》修订以前，而且本身并不全面，也未被2005年《公司法》采纳。2005年《公司法》实施以来，很少再有学者关注公司回购股份的财源限制问题。事实上，2005年《公司法》的相关规定存在重大瑕疵，可能妨碍公司债权人利益的实现和正常经济秩序的维护。因此，应当借鉴境外发达国家和地区的成熟立法例，并在比较的基础上，选择合适的路径完善我国《公司法》的相关规定。

理论研究

一、限制公司回购股份财源基础的新探讨

公司回购股份可以给公司带来种种好处，如优化资本结构、调整公司股价、促进组织再造等，但是，公司回购股份在推动股东利益最大化的同时存在侵害债权人的危险，

---

① 本部分内容经作者同意参考了孙秋芳的《公司回购股份财源限制研究》一文（未发表）。另，我国《公司法》将股东对有限公司出资形成的权利称为“股权”，而将股东对股份公司的出资称为“股份”，由于二者并无本质区别，为行文方便，本文借鉴境外立法例，统称为股份。

因此必须对其予以财源限制。具体而言，限制公司回购股份财源的基础有三：(1)公司负载债权人利益并且债权人优先于股东分配公司资产；(2)公司回购股份将减损公司资产，可能侵害债权人的优先分配权；(3)公司债权人欠缺有力的自我保护手段。

公司负载债权人利益并且债权人优先于股东分配公司资产。公司作为一种营利性组织，其基本的经济和社会功能在于通过限制投资风险实现投资收益最大化。从本质上说，公司就是一种股权式的投资收益形式，是股东赚钱的工具。正因为如此，《公司法》规定了有限责任制度和一系列股东权利制度以保障股东投资收益的实现。然而，公司由股东出资组成和终极控制并不代表公司仅仅负载股东的利益，恰恰相反，公司还负载公司债权人利益，因为公司债权人与股东一样向公司投入了巨大的经济资源。没有股东就没有公司的成立，而没有债权人就没有公司的生存。以世人熟知的经营金融业务的公司而言，客户存入公司的储蓄资金构成公司生存的生命线，没有客户投入的资源，该种公司必将崩溃。即使对于普通的商业公司，公司债权人投入公司的资源也往往在公司融资中占有很大比例，乃至远远超过公司的股本数额。股东因为对公司投入了股本而有权分配公司资产，公司债权人同样对公司投入了巨大的经济资源，有权参与公司资产分配。[①] 鉴于股东享受有限责任的庇护，公司债权人的分配请求权还应当优先于股东的分配请求权。有限责任制度作为公司法人制度和公司法的基石，虽然通过刺激投资而推动了整个社会的经济发展，但是并没有从根本上消除商业活动的风险，而只是将这种风险强制转移给了公司债权人。公平正义永远是法律的基本诉求，作为强制公司债权人承担公司经营风险的对价，公司法认可公司债权人优先于股东接受公司资产的分配。“在考虑如何在股东与公司的债权人之间分配公司经营失败的风险时，答案将显而易见，为了避免和缓解股东对有限责任这一风险转嫁机制的滥用，债权的优先保护正当而且不可避免。”[②]当然，债权人的优先分配权不是无限的，而是仅限于公司清偿债务所必须的财产范围内。

公司回购股份将减损公司资产，可能侵害债权人的优先分配权。公司回购股份，无论是场内回购还是场下回购，都必须向出售股份的股东支付相应的对价，从而减损公司资产。对此，有观点认为，公司回购股份虽然向股东支付了对价，但是却获得了相应的股份，而股份具有经济价值，因此公司的资产总额并未变化。该种观点实为误

---

① 当然，两者参与公司资产分配的方式不同，公司债权人借助契约享有固定的债权请求权，股东则是借助股权享有非固定的剩余索取权。在这一点上，利益相关者理论和公司社会责任理论显然走得过远。

② 刘贵祥：《论债权保护在公司法制中的优先性》，对外经济贸易大学2006年博士学位论文，第22页。

解。公司回购的股份要么注销、要么库藏。注销的情形下，公司回购的股份将分文不值，即使在库藏的情形下，由于公司持有的自己股份指向的对象是公司自身而非外在的第三人，因此并未给公司带来收益，不能弥补公司支付的回购对价，存在侵害公司债权人的危险。

公司债权人欠缺有力的自我保护手段。股东作为公司的设立者和剩余索取权人，享有《公司法》赋予的参与重大决策和选择管理者、提起派生诉讼等一系列控制公司的权利。与股东可以控制公司不同，公司债权人则仅被看作是契约法上的一种请求权人，除了依据与公司的契约主张契约上规定的权利以外，对公司事务不得享有更多的权利。① 尽管公司债权人可以通过契约的形式来设立担保、限制资产分配乃至参与公司管理，但是该种契约保护存在以下缺陷，无法为债权人提供周延的保护：(1)公司除自愿的债权人外，还存在非自愿债权人，如基于侵权、无因管理、不当得利、以及物上请求权等而对公司享有请求权的债权人，对于这些非自愿债权人而言，其没有与公司订立契约的机会，也就不可能通过契约来保护自己。(2)即使对于自愿的公司债权人，其很多时候与公司处于不对等地位，缺乏与公司协商的能力，比如购买期房的普通消费者者显然不具备与公司订立有利自己契约的能力。(3)即使公司债权人可以通过与公司协商订立保护自己的契约，由于契约具有相对性，不能约束第三人，无法防范股东和董事操纵公司优先向股东分配资产。②

综上，公司回购股份在推动股东利益最大化的同时存在侵害公司债权人正当利益的风险，如果不加以法律的约束，将背离法律的公平正义，也将严重阻碍市场经济的发展，毕竟交易与投资一样都是市场经济发展的基本力量。正因为如此，发达国家或地区的《公司法》对公司回购股份的事由加以必要的限制，以实现公司股东和债权人的利益平衡。

二、我国现行《公司法》对公司回购股份财源限制的规定及其不足

我国 2005 年《公司法》规定了有限责任公司可以回购股权的三种情形和股份公司可以回购股份的四种情形。《公司法》第七十三条规定：有下列情形之一的，对股东会该项决议投反对票的股东可以请求公司按照合理的价格收购其股权：(一)公司

---

① 张民安：《公司法的现代化》，中山大学出版社 2006 年版，第 509 页。

② 对于操纵公司向股东优先分配资产的股东，公司债权人可以借助法人人格否认获得一定救济。但是，毕竟法人人格否认制度的适用需要一定条件，是否被法官采纳具有不确定性，并且事后的追偿往往具有落空的风险。此外，公司法人人格否认制度尚无法约束公司董事侵害公司债权人的不当行为。

连续五年不向股东分配利润，而公司该五年连续盈利，并且符合本法规定的分配利润条件的；（二）公司合并、分立、转让主要财产的；（三）公司章程规定的营业期限届满或者章程规定的其他解散事由出现，股东会会议通过决议修改章程使公司存续的[①]。第一百四十三条规定股份公司有下列情形之一的，可以收购本公司股份：（一）减少公司注册资本；（二）与持有本公司股份的其他公司合并；（三）将股份奖励给本公司职工；（四）股东因对股东大会作出的公司合并、分立决议持异议，要求公司收购其股份的。

2005 年《公司法》在放宽公司回购股份事由的同时，却仅对公司用于奖励职工的股份回购进行了财源限制，“用于收购的资金应当从公司的税后利润中支出。”至于其他情形的回购应该从公司的何项财源支出则没有规定。[②]《公司法》的现行规定有失公允：（一）没有限制公司收购异议股东股份的财源。《公司法》该种规定原因可能有二：（1）公司回购异议股东股份往往需要的财源较小，不大可能危害公司债权人；（2）公司的少数异议股东的保护应当加强。其实，上述理由并不成立。首先，虽然请求公司回购股份的股东通常是少数股东，但是公司少数股东的“少数”是相对的，在有限责任公司中少数股东持有公司 40% 多的股权都有可能，在股份公司中也可能出现众多分散的小股东均对股东大会决议持有异议的情形。其次，公司回购股份时并不必然处于稳健的财务状态，相反，公司的合并、分立或转让主要资产的决议可能是在公司财务危机阶段做出。因此，公司回购少数异议股东股份同样可能造成公司不能及时清偿债务，而公司债权人优先于股东分配公司资产乃是公司法的基本原理，是股东享受有限责任的基本对价，无论股东是大股东抑或小股东。（二）没有考虑到公司资产中的公司债务先于公司债权到期的可能。将公司回购股份的财源限制为公司税后利润并不能为公司债权人提供有效保障，因为该种限制只能保证公司回购股份不会导致公司资产小于负债，但是并不能保障公司可以有效清偿即将到期的债务，毕竟公司的资产并非单纯体现为现金，而是往往包含大量公司对第三人的债权，而公司的债权很可能后于公司债务到期。（三）没有规定公司资产的计算是以定期的会计报告抑或公允的市价为基础。公司的生产经营是个持续的状态，公司资产的状态和数额也在随时变化之中。即使公司定期报告反映的公司资产状况足以清偿公司债务，但是这种反映只能是对公司资产历史状

① 该条规定的本意是赋予公司少数异议股东股权回购请求权而非公司回购股权的权利，但是在对公司债权人的影响上与公司主动回购并无区别。

② 《到境外上市公司章程必备条款》中的第二十八至三十一条对海外上市公司进行回购时的财源支出进行了详细的规定，基本上要求从公司的“可分配利润账面余额或为购回旧股而发行的新股所得”中减除，但是该规定只适用于到境外上市公司。

态的反映,在现实中公司股份的回购可能导致公司不能有效清偿债务。当然,也存在相反的可能,定期报告反映公司资产状况不佳,但是公司现时的资产状况完全许可公司回购一定股份。

实务探讨

一、公司回购股份可否动用公司资本

2005年《公司法》规定股份公司为奖励职工回购股份的,用于收购的资金应当从公司的税后利润中支出,此时公司不得动用资本,当属无疑。对于公司为减少注册资本而回购股份的,虽然《公司法》没有直接明示公司可以动用资本,但是从该项回购事由的本质出发,公司可以动用公司资本回购股份,并且严格的减资程序足以保护公司债权人。有争议的是公司因与持有本公司股份的其他公司合并或者应异议股东请求而收购本公司股份的,可否动用公司资本。由于公司与持有本公司股份的其他公司合并不致发生公司资产流向股东的经济效果,对公司债权人的优先受偿权并无妨碍,因此公司动用资本回购对方公司持有的本公司股份,并无不可。对于公司收购异议股东股份,由于有限责任制度的基本要求是公司股东后于公司债权人分配公司资产,而公司未经减资程序减少注册资本很可能侵害公司债权人的优先受偿权,因此为公司法所禁止。

二、如何理解股份公司为奖励职工回购股份而用于资金支出的税后利润

2005年《公司法》规定股份公司为奖励职工回购股份的,用于收购的资金应当从公司的税后利润中支出,对于税后利润的计算方法,应当根据公司会计制度确定。在公司会计上,公司的税后利润有当年税后利润和累计税后利润之分,所谓累计税后利润是指公司当年税后利润与公司历年未分配利润(即留存收益)之和。对于公司历年未分配利润,我国台湾地区规定不得用于向股东进行分配更不得用于回购公司股份,但是大多数国家都许可公司将其计算在公司可分配盈余范围内向股东分配或回购股份。在我国,根据财政部的会计准则,公司可以将历年未分配利润分配公司股东。由于限制公司回购股份财源与分配财源的目的和实质完全相同,因此,我国《公司法》第一百四十三条规定的税后利润应当为公司当年税后利润与历年未分配利润之和。

三、公司超出财源限制回购股份应当如何处理

尽管《公司法》明确规定了公司回购股份的财源限制,但是在实践中公司回购股

份时很可能突破该种限制，对如何处理公司的该种违法行为，《公司法》并无明确规定。就公法效果而言，由于现行《公司法》和《刑法》以及其他法律并未规定对公司超出财源限制回购股份的处罚，基于处罚法定原则，公司以及相关主体不承担行政责任和刑事责任。就私法效果而言，公司的该种行为违背了法律的强制性规定，应当认定为无效，公司和接受公司股份回购的股东应当相互返还股份和资金。实践中，公司返还股东股份通常比较容易，但是股东返还公司资金可能困难较多，特别是对于上市公司股东而言，但这是执行问题而非判决问题，不能因为执行存在困难而认可公司违法行为的效力。对于经过执行程序，股东确实无法返还的资金，参与违法决议的董事对公司和债权人负有赔偿责任（经证明在表决时曾表明异议并记载于会议记录的董事可以免除责任）。

法条索引

《中华人民共和国公司法》

第七十五条 有下列情形之一的，对股东会该项决议投反对票的股东可以请求公司按照合理的价格收购其股权：

（一）公司连续五年不向股东分配利润，而公司该五年连续盈利，并且符合本法规定的分配利润条件的；

（二）公司合并、分立、转让主要财产的；

（三）公司章程规定的营业期限届满或者章程规定的其他解散事由出现，股东会会议通过决议修改章程使公司存续的。

自股东会会议决议通过之日起六十日内，股东与公司不能达成股权收购协议的，股东可以自股东会会议决议通过之日起九十日内向人民法院提起诉讼。

第一百四十三条 公司不得收购本公司股份。但是，有下列情形之一的除外：

（一）减少公司注册资本；

（二）与持有本公司股份的其他公司合并；

（三）将股份奖励给本公司职工；

（四）股东因对股东大会作出的公司合并、分立决议持异议，要求公司收购其股份的。

公司因前款第（一）项至第（三）项的原因收购本公司股份的，应当经股东大会决议。公司依照前款规定收购本公司股份后，属于第（一）项情形的，应当自收购之日起十日内注销;属于第(二)项、第(四)项情形的,应当在六个月内转让或者注销。

公司依照第一款第(三)项规定收购的本公司股份,不得超过本公司已发行股份总额的百分之五;用于收购的资金应当从公司的税后利润中支出;所收购的股份应当在一年内转让给职工。

公司不得接受本公司的股票作为质押权的标的。

第六编 06

公司董事、监事、高级管理人员的资格和义务热点问题裁判标准与规范

第三十章

公司董事热点问题裁判标准与规范

本章导读

所有与经营相分离是现代公司运行的基本原则,该项原则减少了股东掠夺公司的机会,提高了公司管理人员的专业能力,因此有利于公司利益的最大化。然而,该项原则同时带来了代理成本问题,加大了管理人员侵害公司利益的风险。在公司管理人员中,公司董事居于核心地位,一方面他负责决策公司重大事项,另一方面负责监督公司经理诚实履行职责,因此各国《公司法》普遍规定了董事对公司的注意义务和忠实义务,并设置了董事的法律责任,以督促董事勤勉、诚实地推动公司利益最大化。我国2005年《公司法》对董事义务和责任的规定比1993年《公司法》有明显进步,但是仍然存在一些不足。为了更好地维护公司利益和经济秩序,应当进一步完善公司法的有关规定,并通过灵活的司法将《公司法》的规定落在实处。

理论研究

一、董事对公司的义务

公司董事作为公司的受托人,掌管公司事务,行使对公司事务的决策权和监督权,并从公司领取报酬,理当负有为公司利益最大化服务的法律义务。对于董事的该种义务,各国的具体规定有所不同,但是大多包括两个方面:注意义务和忠实义务。

1. 董事对公司的注意义务

董事的注意义务，在大陆法系国家多被称为“董事的善管义务”，在英美法系被称为“注意义务”(duty of care)、注意、技能和勤勉义务(duty of care、skill and diligence)，是指公司董事应当对公司事务予以合理的注意，谨慎、勤勉地推动公司利益最大化。注意义务要求董事应当经常参加公司董事会会议，对公司事务保持必要的了解，并在管理公司事务时保持必要的谨慎，而不能对公司事务保持一种懈怠或疏忽的态度。董事对公司负有注意义务，为各国公司法普遍规定，并无争议，关键是董事注意义务的标准，即如何判断董事已经对公司事务予以了合理注意。

我国 1993 年《公司法》对公司董事的注意义务规定比较粗疏，仅在相关条款规定董事执行公司职务时违反法律、行政法规或者公司章程的规定，给公司造成损害的，应当承担赔偿责任。2005 年《公司法》明文规定公司董事对公司负有勤勉义务并予以相应的制度保障，如公司决议瑕疵诉讼、股东代表诉讼等，但是仍然规定得十分笼统，没有明确董事注意义务的内容和标准，导致实践中争议很大，最常见的是公司董事没有违反法律、行政法规和公司章程的具体规定但是消极不作为的行为是否构成对勤勉义务的违反。其实，董事义务的内涵正是要求公司董事克服懈怠和疏忽，积极而谨慎地参与公司事务管理以推动公司利益最大化，无论是董事的消极不作为还是疏忽的作为都构成对注意义务的违反。认定董事行为是否构成疏忽的行为从而违反注意义务时，可参照适用国外的商业判断原则，以防止过分干预公司董事的经营管理权，毕竟与缓慢的司法程序相比，公司董事决策时往往面临时间紧迫的要求，并且在复杂多变的商业环境中公司董事很难获得全面的决策信息，更何况注意义务的本质要求董事积极而谨慎的管理公司事务而不是要求董事保证决策的成功。至于董事注意义务的认定标准，应当参照适用英国公司法上的主观标准与客观标准相结合的混合标准，因为单纯的主观标准容易放任庸碌的董事借口自己能力低下、健康欠佳、事务繁忙等托辞而逃避对公司的义务和责任，这显然与公司委托董事处理公司事务、推动公司利益最大化相矛盾；单纯的客观标准容易放松对具有较高专业知识和能力的公司董事的要求，而董事的该种专业知识和能力往往正是公司选任董事时所看重的。

2. 董事对公司的忠实义务

董事对公司的忠实义务是指董事管理公司事务时，应以公司利益最大化为目标，当个人利益与公司利益相冲突时，应当将公司利益置于优先位置，而不得牺牲公司利益谋取个人利益。董事的注意义务要求董事积极作为而不得疏忽、懈怠，董事的忠实义务则要求董事履行一定的不作为义务而不得积极侵害公司利益。董事作为公司的受托人，应当忠实维护公司利益而不得以权谋私，这既是经济效率的要求，也是公平原则的体现。各国公司法规定的董事的忠实义务不尽相同,概括而言,主要包括禁止自我交易、不得篡夺公司机会、竞业禁止及其他忠实义务。

董事自我交易禁止业务。[①] 自我交易,又称利益冲突交易(conflict of interest),是指公司董事直接或间接与公司进行的雇佣合同以外的买卖、担保、贷款等商业活动。公司董事作为公司的受托人,负责管理公司事务,如果许可董事与公司进行自我交易,一方面由于董事掌握公司信息导致公司在谈判中出于不利地位,另一方面董事可能滥用控制权操纵公司接受不利的交易条件,因此各国公司法普遍禁止公司董事进行自我交易。

我国1993年《公司法》和2005年《公司法》均规定了董事不得进行自我交易,并且都采纳了相对禁止主义。2005年《公司法》规定董事不得违反公司章程的规定或者未经股东会、股东大会同意,与本公司订立合同或者进行交易。该种立法总体上符合董事自我交易的原理,但是仍存在以下瑕疵:(1)对于自我交易的构成较为粗疏,没有包括董事的关联人如配偶、子女、关系企业等与公司进行交易的情形,也没有包括董事与公司的子公司、控制企业进行交易的情形。(2)对于自我交易限定过于严格,规定董事仅得根据公司章程的规定或者经股东会、股东大会同意方可与公司进行交易。如前所述,董事与公司的交易也具有积极的一面,这也正是2005年《公司法》采纳相对禁止态度的原因所在。然而,公司事务纷繁复杂并且变化莫测,要求公司章程事前全部做出规定并不可行,而公司的股东(大)会召开程序复杂、时间漫长、成本高昂,也不能对公司急需的自我交易及时作出反应。(3)没有规定董事的披露义务,从而可能导致公司无法做出正确的决策。建议参照美国公司法的相关规定予以完善。

竞业禁止。竞业禁止是指公司董事未经公司同意,不得为自己或他人直接或间接从事与公司相竞争的营业活动。公司董事掌握着公司的生产技术、客户资源、经营策略等商业秘密并知晓公司的商业机会,如果董事从事与公司竞争的营业,由于其所得收益远远大于为公司服务所得收益,因此在经济利益的驱动下很容易侵犯公司的商业秘密和商业机会。虽然公司可以在事后以董事侵犯商业秘密和商业机会为由寻求法律救济,但是往往很难提出相应证据因而败诉,更何况董事自己从事与公司竞争性的营业,很容易导致董事怠于履行对公司的注意义务而将精力关注于自己的事业。因此,禁止董事从事与公司竞争的营业对于维护公司利益是十分必要的,各国公司法多规定公司董事负有竞业禁止的忠实义务。不过,绝对禁止公司董事从事竞争性营业也不可取。首先,对很多公司董事来说,其在公司的董事职位是兼职,其在担任公司董事之外还有自己的利益诉求,严格禁止其从事公司的竞争性营业可能反而降低其担任董事的积极

---

① 李宁:《论对董事忠实义务法律规制的缺失及完善》,载《福建工程学院学报》2010年第5期。

性;其次,对于关联公司特别是母子公司而言,公司董事的交叉任职可以实现战略协调,提高公司效益。因此,现代公司法多已抛弃早期的绝对禁止主义,而改采相对禁止主义,确切地说是限制主义。如日本《公司法》规定公司董事经股东大会(未设董事会公司)或董事会(设董事会公司)批准,可以为自己或者第三人进行属于股份公司事业部类的交易;我国台湾地区规定股份公司董事履行向公司的披露义务后经股东大会同意,可以为自己或他人从事属于公司营业范围的行为。我国1993年《公司法》采绝对禁止主义,2005年《公司法》规定公司董事不得未经股东会或者股东大会同意,利用职务便利为自己或者他人谋取属于公司的商业机会,自营或者为他人经营与所任职公司同类的业务,采纳的也是限制主义。

不得篡夺公司机会。公司董事既可能通过不公正的自我交易和利用公司资源从事竞争性行业掠夺公司,也可能篡夺公司的商业机会来以权谋私,而在现代经济条件下,有利的商业机会往往意味着巨大的期待利益,因此忠实义务还要求董事不得篡夺公司机会。公司机会理论源于美国,并为大陆法系的一些国家所承认,但是有的大陆法系国家认为董事篡夺公司机会包含在董事的竞业禁止义务范围内,而不构成一项独立的忠实义务。其实,竞业禁止义务和不得篡夺公司机会义务并不是包容关系,而是一种交叉关系:董事从事与公司竞争的营业并不一定侵害公司的商业机会,而可能只是利用公司的有形资源;董事侵占公司机会也并不一定属于从事竞争性营业,因为公司的商业机会并不仅限于生产、销售方面,还可能是投资、借贷等其他方面,更何况董事利用公司机会也可以通过单笔交易的非营业方式进行。正因为如此,我国2005年《公司法》将其作为公司董事的一项独立忠实义务。

其他忠实义务。除上文说明的忠实义务外,公司董事还负有对公司的其他忠实的义务,只是由于其他忠实义务通常并非公司董事(和高管)特有的义务,因此理论界探讨较少。董事的其他忠实义务主要有:不得挪用公司资金;不得将公司资金以其个人名义或者以其他个人名义开立账户存储;不得违反公司章程的规定,未经股东会、股东大会或者董事会同意,将公司资金借贷给他人或者以公司财产为他人提供担保;不得接受他人与公司交易的佣金归为己有;不得擅自披露公司秘密等。

二、董事对公司的责任

为了确保董事公正的履行受托职责,《公司法》规定了董事的注意义务和忠实义务,但是并非任何董事都能自觉遵守公司法的上述规定,相反,公司董事在惰性或利益驱动下违反对公司的注意义务和忠实义务的情形构成经济生活的常态。此时,应当通过法律责任的追究弥补公司利益受到的损害。公司董事承担民事责任的形式包括交易无效或可撤销、停止侵害、损害赔偿和没收违法所得等。董事责任体系与一般民事责任体系既有相同,也有差异,最大的特殊性表现在董事违反注意义务责任的限制以及违反忠实义务责任的构成要件和法律后果。

董事违反注意义务的法律责任。我国 2005 年《公司法》规定董事对公司负有勤勉和忠实的义务,并且规定董事执行公司职务时违反法律、行政法规或者公司章程的规定,给公司造成损失的,应当承担赔偿责任,对于公司可否减轻或免除董事的赔偿责任未予规定。在现行公司法体系下,应当理解为公司不得减轻或免除董事违反义务的法律责任,无论其违反对象是勤勉义务还是忠实义务,理由如下:从形式上看,该种责任是违反法定义务的法定责任,而《公司法》并未赋予公司减轻或免除董事责任的权利;从价值判断出发,我国现行市场条件下,公司董事违反注意义务和忠实义务的现象非常普遍,董事侵害公司利益的行为屡屡发生,对于公司董事履行职责而言,不是激励过少,而是责任缺位。因此,公司不得借助任何形式减轻或免除董事对公司的赔偿责任,否则,股东有权提起代表诉讼。

董事违反忠实义务的民事责任。我国 2005 年《公司法》规定董事违反忠实义务所得收入归公司所有。至于公司归入权与损害赔偿请求权的关系,德国股份法规定公司可以选择行使,我国台湾地区以归入权代替了损害赔偿请求权,我国 2005 年《公司法》未作规定。由于公司法赋予了公司归入权,而民法赋予了公司损害赔偿请求权,二者的构成要件并不相同,并非特别与普通的关系,因此在我国公司法体系下公司可以同时行使归入权和损害赔偿请求权。证监会发布的《上市公司章程指引》第九十七条第二款也是采纳的该种精神。①

三、董事对公司债权人的民事责任

董事对公司债权人民事责任是维护交易安全的需要。公司虽然是股东投资的产物,但是其并不仅负载股东利益,公司债权人同样向公司投入了大量的资金、商品、技术和劳务等经济资源,其合法利益同样应当得到法律的保护。公司债权人的利益一般通过合同法和担保法等法律实现,但是上述法律只是赋予了债权人对公司财产的法律权利,对于公司内部人士非法处分公司资产从而架空债权人权利的行为却无能为力。如果放任公司内部人士的上述非法行为,将严重危害交易安全,影响市场的资源配置功能。因此,对于公司内部人士不当处分公司资产的行为,必须提供合同法和担保法等法

① 该款内容为"董事违反本条规定所得的收入,应当归公司所有;给公司造成损失的,应当承担赔偿责任。"

律以外的规制。虽然《公司法》规定了公司法人人格否认制度,但是该项制度只能防阻股东对公司债权人的掠夺,对董事侵害公司债权人利益的非法行为并不适用,而在经济现实中,公司董事利用管理公司事务的机会,非法处分公司资产乃至掏空公司的行为屡屡发生,导致公司债权人求偿无门。因此,有必要课以公司董事对第三人的民事责任以通过事先阻吓、事后补偿的方式保障公司债权人的正当利益,维护正常的交易安全。

董事对公司债权人民事责任是维护公司利益的需要。董事作为公司的受托人,理当兢兢业业、忠实而勤勉推动公司利益最大化,这也正是公司法课以董事注意义务和忠实义务的目的所在。然而,董事作为自利的经济人,不可避免地存在逃避义务,滥用职权以损公肥私的冲动。对于董事滥用职权危害公司利益的行为,中小股东往往无能为力,而公司大股东虽然具有较强的控制力,但是同时大股东本身又存在与董事恶意串通损害公司利益的可能。因此,单靠股东的监督尚不足以有力的维护公司利益。公司债权人一方面需要公司资产实现债权,具有防阻董事掠夺公司的动机,另一方面其经常与公司发生交易,又具有及时发现董事掠夺公司行为的可能,因此,责令董事对公司债权人承担民事责任也是维护公司利益的需要。

董事对第三人承担民事责任的基础在于董事的侵权行为,而且由于董事的双重身份导致董事的个人行为与公司行为并存,因此从侵权法一般原理出发,董事的违法行为给公司债权人造成损害的,董事与公司负连带赔偿责任。此外,为了防止董事责任的漫无边际,保障董事工作的积极性,《公司法》应当对该种侵权责任构成要件做出特殊规定,即将其构成要件限定为董事的故意或重大过失而排除一般过失。

实务探讨

一、董事是否仅限于公司股东方可担任

对于董事是否必须是公司股东,主要有三种立法例:第一,肯定式,法律明文规定董事必须具有股东身份,如英国、法国;第二,法律不要求董事必须是公司股东,而且不允许公司禁止非股东担任董事,如日本;第三,折中式,原则上不要求董事必须是股东,但允许公司章程规定董事必须持有资格股,如德国和美国。[①] 规定董事必须具有股东身份的理由为强化董事与公司之间的经济联系从而强化董事对公司的责任感;不允许公司禁止非股东担任董事的理由在于确保公司能够选任符合公司需要的有用人才。对

① 周友苏:《新公司法论》,法律出版社2006年版,第382页。

此，我国《公司法》未作规定。从法不禁止即许可的原理出发，公司可以选任股东之外的人担任公司董事，当然公司也可以通过章程自治，另行做出规定。不过，对于上市公司独立董事的任职资格，为了保证其独立性，法律有明确规定，公司不得将其局限于公司股东。

二、董事是否可以由法人担任

对于法人可否担任公司董事，也主要有三种立法例。美国、德国等国家公司法规定董事必须是自然人，法人不可担任董事；英国、比利时及我国台湾地区的相关规定认为法人可以担任董事，但是必须指定一名具有民事行为能力的自然人作为其常任代表；而法国根据公司的不同情况分别做出规定，在采用双层委员会的公司中，法人不能担任董事。在单层委员会的公司中，法人可以出任董事。[①] 对此，我国《公司法》未作规定，从《公司法》第一百四十七条关于董事任职资格的规定全部是针对自然人而言，应当理解为我国公司的董事仅得由自然人担任，证监会发布的《上市公司章程指引》第九十五条对此亦有明确规定。该中规定符合法的价值判断，甚为可取，因为法人担任公司董事虽然强化了董事的专业能力和责任能力，但是也造成公司的商业秘密容易泄露，并且实际行使董事权利的自然人容易因法人内部因素被更换从而威胁公司经营政策的连续。

三、董事、监事、高级管理人员承担民事责任适用何种归责原则

公司董事、监事和高管人员在违反法律、法规或公司章程规定，违反对公司忠实和勤勉义务，并给公司造成损失的情况下，应承担民事赔偿责任。该归责原则究竟适用无过错责任原则还是过错责任原则，《公司法》未作明确规定。我们倾向于适用过错责任原则。理由在于从《公司法》制定的其他条文来分析，比如《公司法》第一百一十三条第三款，董事只有在有证据证明其参与公司决策存在过错并给公司造成严重损失时，才承担民事赔偿责任。同时，从《公司法》立法本意而言，考虑董事、监事和高管人员的主观过错程度，适用过错责任原则，将有利于阻止董事等特殊人员的不当行为，并为善意董事、监事和高管人员的正常商业经营行为提供激励机制，所以适用过错责任原则更适宜。

四、竞业禁止纠纷中公司或企业的诉讼地位是怎样的

在审判实践中，竞业禁止纠纷可能存在违约责任与侵权责任的竞合，我国法律赋予

---

① 范健、王建文：《公司法》，法律出版社 2006 年版，第 334 页。

当事人起诉诉由的选择权，当违约与侵权竞合时，受损害一方无权同时要求对方承担两种责任，他只能有权自行选择要求对方承担对自己有利的两种责任中的一种。若受损一方提起的是违约之诉，可根据违约诉讼判决结果是否与竞业企业之间存在利害关系，决定是否将竞业企业列为无独立请求权的第三人或有独立请求权的第三人；若受损一方提起侵权之诉，应将竞业企业列为共同被告。

五、竞业禁止纠纷是否属于劳动争议纠纷是否必须经过劳动争议仲裁前置程序

此问题换句话说，竞业禁止纠纷是一般劳动合同纠纷，还是知识产权类纠纷？事实上，竞业禁止协议具有双重性质，既可作为劳动合同的一部分，又可独立于劳动合同作为保护商业秘密的措施条款而存在。如竞业禁止条款规定在劳动合同中，原用人单位仅以竞业禁止为由追究劳动者的违约责任，要求支付违约金的，可以作为劳动争议案件处理。如原用人单位以不正当竞争为由起诉劳动者和新用人单位时，尤其是侵犯原用人单位商业秘密的，此时违反竞业禁止条款已经成为侵犯他人权利的手段，该争议已转化为普通的民事纠纷，不再受劳动争议仲裁前置程序的约束，在当事人未申请劳动仲裁即向法院提起诉讼的情况下，只要其起诉符合《民事诉讼法》第一百零八条规定的情形，人民法院就可以直接受理。

六、如何准确把握董事的竞业禁止义务

竞业禁止是指禁止董事实施与其所在公司营业有竞争性质的行为。我国《公司法》第一百四十九条第五款规定，“董事、高级管理人员不得有下列行为：……（五）未经股东会或者股东大会同意，利用职务便利为自己或者他人谋取属于公司的商业机会，自营或者为他人经营与所任职公司同类的业务；……董事、高级管理人员违反前款规定所得的收入应当归公司所有。”根据该条的规定，我们须准确把握以下几点：

（1）“自营或者为他人经营”的含义。“自营或者为他人经营”是指“以自己或者第三者计算的竞争行为”。因此，该种经营是以何人名义进行可以不问。这里所说的为自己或者第三者计算，是指由于该竞争营业而产生的权利义务以及从竞争营业中产生的损益归于自己或者第三者而言。因此，不但董事以自己的名义或者作为第三人的代理人或代表所进行的名义与利益相一致的竞业行为应属禁止之列，而且利益与名义相背场合所进行的竞业行为也属应禁止之列。换言之，虽以他人名义所为的竞业行为，但利益主体为董事自己的隐蔽性竞业行为也属禁止之列。

（2）“与所任职公司同类的业务”的界定。所谓“同类的业务”，可以是完全相同的

商品或者服务，也可以是同种或者类似的商品或者服务。因此，这里所说的“同类的业务”不仅包括了范围本身，而且也包括了与执行公司营业范围之目的事务密切相关的业务。然而，即使在公司章程所载的公司经营范围的目的事业中，被禁止的竞业营业局限于目前公司实际上进行的营业，目前公司没有进行的营业并不被列于被禁止的竞争营业之内。另外，即使公司章程有明确记载的营业，但公司完全不准备进行的营业以及完全废止的营业并不列入“公司的业务”。因此，在上述场合，即使经营相同的业务，不属于被禁止的竞争营业。

（3）关于董事竞业禁止的时间。竞业的时间既可以发生于公司营业阶段，也可以发生于公司准备营业阶段或试营业阶段，还可以发生于公司暂时中止营业阶段。而且，董事应负禁止竞业义务的时间，并非终止于董事解任或辞任之时。只是因为：第一，委任合同的效力虽终于董事的卸任，董事对原公司财产的控制力也终于董事的卸任。但董事对无形财（资）产（信息、客户）的控制力并不因其卸任就立即失去对它们的控制力和利用力。第二，从法理上讲，上述利用对原公司无形资产滞后控制力的行为，是违反民法中诚实信用原则中的后合同义务的。依据“诚实信用”原则，当事人在合同终止后，应当根据交易习惯履行通知、协助、保密等义务。可见，从诚实信用原则的后合同义务考察，董事的禁止竞业义务也不随着委任合同的终止而终止。第三，国外的成文法虽对董事禁止竞业的时间界限没有作出明确规定，但从一些判例法来看，董事卸任后，仍不得利用其曾任职公司的有关无形资产为自己谋利益。英国法院就认为，董事虽然辞任，但他如果利用了任职时的公司创利信息，仍视为从事与公司相竞争的活动。判令董事将所得利润交公司所有。董事禁止竞业义务的时间国家法律应原则规定之；国家法律尚未规定之前，公司章程则应载明。当然，董事履行这种后合同义务的时间，因公司类别的不同而有别，既不能过短也不能过长。

（4）董事竞业禁止的方式。董事竞业的方式。既有从事生产和销售活动，又有从事兼职担任与公司有竞争关系的公司的董事长、执行董事或者董事的。因此，各国公司法为维护公司利益，除禁止董事从事有竞争性的生产和销售活动外，还禁止董事兼任与有竞争关系的公司之董事。如《德国股份公司法》规定，董事会成员未经监事会许可，不得担任其他商业公司董事会成员或者业务领导。虽然英美法等国家公司法规定董事可以担任其他公司的董事。但以不损害本公司利益为限。我国《公司法》规定禁止董事竞业义务的第一百四十九条第五款，并无关于禁止董事兼任的明文规定。我们认为，如果董事的兼职行为，并没有损害本公司利益，是可以兼任的。但我国《公司法》第七十条规定：“国有独资公司的董事长、副董事长、董事、高级管理人员，未经国有资产监督管理机构同意，不得在其他有限责任公司、股份有限公司或者其他经济组织兼职”，这可以看作是对于国有公司董事的严格规定。

从我国《公司法》关于竞业禁止义务的规定可以看出，董事违反竞业禁止义务的行为本身并非当然无效。这是由于董事的行为往往涉及众多的善意第三人，一概认定董事违反竞业禁止的行为无效，势必危害交易安全。如果董事违反竞业禁止义务的行为本身并不失效，董事应当将从事竞业行为的所定收人归人公司。我国关于董事竞业禁止义务的规定是非常严格的，只要是董事从事了竞业活动，不管公司是否予以批准，都须向公司承担义务违反的职责。日本《商法典》第264条第1项和第2项规定，"董事为自己或第三人进行属于公司营业种类的交易，应向董事会说明其交易的重要事实，并取得其认可；从事前项交易的董事，应立即将其交易的重要事项向董事会报告。"根据德国《股份公司法》第88条第1项之规定，董事得在经监事会同意后从事竞业活动。我国台湾地区关于董事竞业的规定认为，"董事为自己或他人为属于公司营业范围内之行为，应对股东会说明其行为之重要内容并取得其许可。"这三种立法例在批准董事从事竞业活动的公司机关各不相同，但是都有条件地放宽了董事的竞业禁止义务。

董事在从事竞业活动之前，必须向董事会申请批准。为此，董事必须同时向董事会披露关于其竞业活动的重要事实，披露程度应以董事会能据此判断其竞业活动是否损害公司的利益为标准。董事会的批准方式可以是就具体的交易进行个案批准，也可以是就董事的竞业活动予以概括性批准。

七、董事自我交易有何法律后果

董事违法进行自我交易的，构成对公司忠实义务的违反，根据2005年《公司法》规定，董事所得的收入应当归公司所有，而且根据民法规则，公司享有损害赔偿请求权。对于公司自我交易是否有效，应当适用《合同法》判断。《合同法》第五十二条第五项规定违反法律、行政法规强制性规定的合同无效，但是董事的自我交易可能只是违反了程序规定而交易结果对公司并无不公甚至可能对公司有利，比如提供了公司急需的原料或贷款等，因此机械适用《合同法》上述规定并不符合法的价值判断。对此，应当从实质上而非形式上理解《合同法》第五十二条第五项规定：法律的强制性规定分为取缔规定与效力规定，违反取缔规定者，当事人应当接受惩罚，但法律行为仍然有效；违反效力规定者，法律行为无效。至于何为效力规定，应综合法规的意旨，权衡相冲突的利益（法益的种类、交易安全，其所禁止者究系针对双方当事人抑或一方当事人等）加以认定。① 该种认识得到我国理论界和实务界的广泛认同，如王保树先生指出，"违反公司

① 王泽鉴：《民法总论》，中国政法大学出版社2002年版，第281页。

法强制性规范并不当然使违反行为无效。是否使违反行为无效，应取决于强制性规范的具体性质与立法目的。”①最高人民法院副院长奚晓明先生在全国民商事审判工作会议上发言强调，“强制性规定又包括管理性规范和效力性规范。管理性规范是指法律及行政法规未明确规定违反此类规范将导致合同无效的规范。此类规范旨在管理和处罚违反规定的行为，但并不否认该行为在民商法上的效力。”②从公司法规制自我交易系为了防止董事借机损害公司利益的立法目的出发，《公司法》第一百四十九条第四项对董事自我交易的规定应理解为取缔规范，董事违反的并不当然导致合同无效，只是所得的收入归公司所有。当然，董事违法进行的自我交易不适用《合同法》第五十二条第五项规定并不意味其必然有效，如果交易内容显失公平，公司有权根据《合同法》第五十四条请求法院或者仲裁机构予以撤销。

八、司法实践中如何认定竞业禁止契约条款的效力

根据现有法律规范及司法实务的一般见解，竞业禁止协议是否违反诚实信用原则或生存权保障原则，是确认其是否有效的基本标准。具体认定其效力时，应当具备以下几个要件。

1. 用人单位有值得保护的合法利益

大部分国家包括我国，都将商业秘密等值得保护的利益作为离职职工竞业禁止协议的必备要件。没有商业秘密，没有某种值得保护的利益的存在，对他人的就业权进行限制没有根据，这种竞业禁止将会因违反公共政策而归于无效。用人单位的合法利益，是指用人单位在劳动合同终止时所拥有的对其经营有影响的各种合法信息、财产和权利，包括商业秘密、企业商誉、员工团队的稳定以及客户资源等。一般来说，在签订竞业禁止协议的双方当事人中，受保护的利益是用人单位的合法利益，而被牺牲的利益就是劳动者的自由择业权、生存权等权利。

2. 合理限定义务主体的范围

目前，多数学者以及司法实践都认为，竞业禁止义务主体应当是董事、经理等身处领导、决策岗位的高级经营管理人员，秘书、财会人员等处于关键岗位的经营管理人员，高级技术人员、研究开发人员等处于关键岗位的技术员工，以及其他可以接触到商业秘密的人员；而不应适用于一般的、没有特别技能和技术且职位较低的、接触不到用人单位的商业秘密等合法利益的人员。如何认定“其他可以接触到商业秘密的人员”是司

① 王保树：《从法条的公司法到实践的公司法》，载《法学研究》2006 年第 6 期。

② 奚晓明：《当前民商事审判工作应注意的几个法律适用问题》，载《法律适用》2007 年第 7 期。

法实践中的难点问题。有时候一些没有特别技能、职位较低,但可能接触到商业秘密的人员,也应当纳人竞业禁止义务主体的范畴中来。

3. 合理限定义务主体承担竞业义务的内容

(1)合理限制劳动者的择业领域。择业领域的限制是竞业禁止协议的核心内容。实践中用人单位往往将劳动者的择业领域限定在相同或相似的行业,即“竞业企业”。对此,我国《反不正当竞争法》及其他相关法律均没有明确规定,理论上也没有统一的观点。竞业企业的确定,不能仅以营业范围为标准,还应当以该企业保护的商业秘密是否对另一家企业具有商业价值作为判断的尺度。(2)合理确定对劳动者的限制期限。劳动者承担不竞业义务的期限,取决于原用人单位值得保护的合法利益的具体内容,而不应该超过合法利益的有效时间。例如,对于医药、化工、生物等发展周期较长的行业,限制的期限可以考虑适当长些;对于电脑、通信等电子行业,由于产品升级、更新换代的周期短,限制的期限可以考虑适当短些。(3)合理限制劳动者择业的地域范围。把经营范围作为衡量地域限制的标准是保护企业的合法利益所必须的,实践中也是一个被普遍采用的标准,即限制劳动力在原用人单位的经营范围内承担竞业禁止义务。(4)合理界定竞业禁止协议的构成要件,就法律规定的层面来说,目前并无明文规定竞业禁止协议的具体条款,故补偿条款并不是法定条款而是双方当事人约定的条款。在判定竞业禁止协议的效力时,应当具体情况具体分析,并结合商业秘密不可逆转的特点,劳动者的离职原因,支付补偿费的数额以及支付方式等因素,综合判定竞业禁止协议的效力。补偿数额是否合理,由法官根据具体案件酌情判定是否有效。①

九、竞业禁止纠纷中影响损害赔偿的因素有哪些

(1)合法利益的价值。用人单位值得保护的合法利益大、价值高,则赔偿数额也高。这个合法利益的价值应当包括三部分:开发成本、现实的价值、将来可能产生的价值。要注意区分某项合法利益所处的生产周期,因为某项产品或某项商业秘密从面市到被淘汰具有一定的周期,不同类型的产品或商业秘密的周期也不一样。

(2)权利人遭受的损失。被控侵权人违反不竞业义务是对权利人竞争优势的损害以及基于这种优势所带来的经济利益的损害。遭受的损失大,获得赔偿的数额也会随之增加。损失包括直接损失和间接损失两部分,直接损失是因侵权行为所直接造成现有财产的减损,间接损失是指权利人可得利益的减少。

(3)被控侵权人的获利。通常是被控侵权人在侵权期间实施侵权行为所获得的全

① 王庆丰:《竞业禁止纠纷审判问题初探》,载《法律适用》2008 年第 9 期。

部利润。可以参照最高人民法院《关于审理专利纠纷案件适用法律问题的若干规定》第二十条的规定。

(4)被控侵权人的主观过错。被控侵权人明知用人单位持有一些重要的、具有竞争优势的信息,仍然违反法定或约定义务,在计算赔偿数额时应当适当考虑增加数额。恶意跳槽而侵犯用人单位的合法权益的,也应从严把握。

(5)违反竞业义务的期间。违反不竞业义务的时间长,获得赔偿的数额就高;反之,获得赔偿的数额就低些。

(6)被控侵权人的地位。一般职员由于受身份所限,很难接触到这些重要信息。而董事、经理等高管人员违反竞业禁止义务,则造成的损害后果就要严重得多。

(7)违约金或许可使用费。如有约定竞业禁止违约金的,可以作为计算赔偿数额的参考因素。权利人将其商业秘密许可给他人使用的,许可使用费可以作为赔偿损失的参考因素。具体可参照《专利法》第六十条和最高人民法院《关于审理专利纠纷案件适用法律问题的若干规定》第二十一条的规定。

(8)因调查被控侵权行为所支出的合理费用。是指因被控侵权行为使权利人多支出的合理费用,如权利人因制止被控侵权行为自行调查、取证的费用,委托公证机关调查、取证所支出的公证费用、保全费以及因委托律师代理诉讼而支出的律师费等。

十、没有参加董事会决议的董事是否承担赔偿责任

2005年《公司法》第一百一十三条规定"董事应当对董事会的决议承担责任。董事会的决议违反法律、行政法规或者公司章程、股东大会决议,致使公司遭受严重损失的,参与决议的董事对公司负赔偿责任。但经证明在表决时曾表明异议并记载于会议记录的,该董事可以免除责任。"对董事会违法决议投赞成票的董事对公司负赔偿责任,对董事会违法决议投反对票的董事可以免除责任,没有参加董事会会议的董事是否对公司承担赔偿责任?由于《公司法》和公司章程并未规定董事必须参加公司所有会议,而且对于违法董事会决议的形成,未出席的董事并无过错,因此没有参加董事会会议的董事对董事会的违法决议不负赔偿责任。然而,如果董事持续不参加董事会会议,构成对公司勤勉义务的违反,应当承担违反勤勉义务的赔偿责任。[①]

十一、董事之间是否互相承担连带赔偿责任

董事以在董事会上行使表决权的方式集体行使对公司的管理权,对于违法的董事

① 证监会发布的《上市公司章程指引》第九十九条规定,"董事连续两次未能亲自出席,也不委托其他董事出席董事会会议,视为不能履行职责,董事会应当建议股东大会予以撤换。"

会决议给公司造成的损害,投赞成票的董事具有共同过错,构成共同侵权,应当承担连带赔偿责任,对此,并无争议。然而,对于无过错的董事是否与有过错的董事承担连带赔偿责任,我国理论界争议较为激烈。笔者认为无过错的董事不承担连带责任[①]。首先,2005 年《公司法》第一百一十三条明文规定“经证明在表决时曾表明异议并记载于会议记录的,该董事可以免除责任”,因此无过错的董事可以免除责任。至于有的学者认为该条规定只是意味无过错董事可以向有过错董事进行追偿,并不免除无过错董事对公司的赔偿责任,实为对《公司法》的误解。其实,《公司法》的董事责任指的就是董事对公司的赔偿责任,所谓“免除责任”当然是免除董事对公司的赔偿责任,而不是指董事的内部追偿问题,因为董事的内部追偿只是责任的分担问题而不是董事责任是否免除问题,更何况追偿权的无法实现也是经济生活的常态。其次,董事的赔偿责任构成违约责任的情形下,无过错董事没有违反公司章程或聘任合同,无违约行为,当然就无违约责任。董事的赔偿责任构成侵权责任的情形下,除法律另有规定外,侵权责任是过错责任,无过错董事既无过错自无侵权责任。再次,从《公司法》价值看,连带责任意味着董事不但对自己行为负责,而且要对他无法控制的其他董事的行为负责,导致董事责任过于沉重,既打击董事的工作积极性也严重违反法律的公平正义。也正因为如此,虽然境外立法例普遍规定了董事之间的连带责任,但都以董事具有过错为前提,比如德国《股份法》第 93 条第 2 款规定“违背其义务的董事会成员,作为连带债务人对公司负有赔偿由此而发生的损害的义务”;日本《公司法典》第 430 条规定“在高级管理人员等(日本公司法的高级管理人员包括董事)承担对股份公司或第三人造成的损害赔偿责任的场合,其他高级管理人员也承担该损害赔偿责任时,这些人员为连带债务人”。

十二、司法实践中如何把握董事或者高级管理人员违反勤勉义务的判断标准

现代经济活动的复杂性,难以判断董事在经营决策时是否尽到了合理谨慎的注意义务。同时,董事的勤勉义务具有主观性,所谓“合理”、“谨慎”的界限并不明确。经营活动具有风险性,决定了不能把所有经营的不利后果,都归结于董事、高管人员未尽勤勉义务,否则对董事显失公平,也不利于董事积极性的发挥。如何判断董事、高管人员是否履行了勤勉义务,各国立法和法院判例对此有不同的要求。大陆法系要求董事应

① 这里的无过错的董事特指在董事会表决时对违法的董事会决议曾表明异议并记载会议记录的董事。其实,从民商法体系看,《公司法》的该种规定并不恰当,因为董事的异议是否记载会议记录是证明责任问题,应当根据《诉讼法》的程序规则确定,如果董事能够证明其对董事会的违法决议确实提出了异议,即使董事会会议记录没有记载,无过错董事同样不承担赔偿责任。顺便指出,《公司法》第一百一十三条的“免除”一词也并不恰当,因为无过错董事根本就不承担法律责任,无须免除。

以善良管理人的注意履行其职责，对其内容和判断标准未作规定。英美法系则将注意义务包含一于受托义务之中，对其内容和判断标准在公司法和判例法中予以规定。董事履行其职责时应当：(1)须以善意为之；(2)在处理公司事务时负有在类似的情形、处于类似地位的具有一般性谨慎的人在处理自己事务时的注意；(3)有理由相信是为了公司的最大利益的方式履行其职责。虽然有上述标准，但是注意义务仍是一种比较抽象的义务，"谨慎"、"合理"的界限因人而异，因具体情况而异，具有相当的不确定性。

我国传统的企业立法并未规定厂长或者经理的勤勉义务，《全民所有制工业企业法》第六十三条规定了企业领导和直接责任人员因工作过失、玩忽职守给企业和国家造成损失的，应当承担行政责任和刑事责任；《全民所有制工业企业转换经营机制条例》第四十八条规定了企业领导和直接责任人员对于经营管理不善的行为，应当承担法律责任。但是，何为"经营管理不善"缺乏衡量的法律标准，致使绝大多数经营者在企业亏损甚至破产时都能逃避法律制裁。

我国《公司法》第一百四十八条虽然规定了董事、监事、高管人员的勤勉义务，但是对于勤勉义务的判断标准未作具体规定，仅在《公司法》第一百五十条规定："董事、监事、高级管理人员执行公司职务时违反法律、行政法规或者公司章程的规定，给公司造成损失的，应当承担赔偿责任。"《公司法》第一百一十三条第三款规定："董事应当对董事会的决议承担责任。董事会的决议违反法律、行政法规或者公司章程、股东大会决议，致使公司遭受严重损失的，参与决议的董事对公司负赔偿责任。"上述规定是对勤勉义务的基本要求。

对于董事的勤勉义务，主要是确定勤勉的标准。如果标准规定得过宽，虚化了勤勉义务，不利于督促董事提高经营能力，甚至会放纵有过错的董事，最终不利于公司和股东利益的保护；如果标准规定得过严，要求董事在经营公司过程中做到万无一失，任何经营行为都给公司带来盈利是不可能的。因此，应当承认董事经营中的合理风险，确立经营判断规则。否则，许多经营管理人才将会对董事职务心存余悸，这对公司和股东利益的保护同样不利。我国可以借鉴英美法系国家判例确定的勤勉义务的三个标准。①

1. 善意

董事、高管人员的行为必须是善意的。善意是对行为人诚信状态的一种心理或者道德评价，是一种主观标准。要针对行为人对客观事物的认知能力，需要分析行为人对自己行为及其后果的认知、理解、判断和控制等情况。如果行为人对其行为及其后果尽到了适当的注意义务，即可满足善意的要求；如果行为人明知其行为将会对公司或者他

---

① 奚晓明、金剑锋：《公司诉讼的理论与实务问题研究》，人民法院出版社2008年版，第469页。

人产生不利后果而故意放任或者因为疏忽没有引起足够的重视而使得后果发生,则就不能满足善意的要求。

2. 注意

董事、高管人员应当像处于类似位置的普通的谨慎人那样在类似的情况下尽到应尽的注意,即理性人标准。根据这一标准,只有董事、高管人员履行了一个普通的谨慎人在同样情况下处理同类事情所应尽的勤勉、注意和技能,才能免责。这种勤勉、注意和技能要求,是以具有合理的知识和能力的普通人为基础的。如果董事、高管人员人具有或者应当具有有关方面的知识和能力,而没有运用这种知识和能力,则不能认为他满足了勤勉义务的要求。我们认为,原则上董事、监事和高管人员只要尽到一个普通人在同样情形下可以注意到的事项即可。但是对于具有专业能力的董事、监事和高管人员在处理、决策本专业事项时,如具有会计师资格的监事在检查公司财务时则应当要求其尽特别注意义务。即一个专业人员可以注意到的事项,该监事必须注意到。否则,就是怠于行使职权,应当追究其相应的法律责任。

3. 合理的相信其行为符合公司的最佳利益

董事、高管人员在进行商业决策时,应当合理的相信其行为符合公司的最佳利益。董事勤勉义务的判断标准,即要求董事以一个合理的谨慎的人在相似情形下所应表现的谨慎、注意和技能来履行其义务。董事违反勤勉义务的一个最低标准是,在管理公司事务进行经营时,不得违反法律法规的强制性和禁止性规定。董事行使职权的主要方式就是参加董事会会议并参与决议。因此,关于董事勤勉义务的要求主要体现在董事会会议方面。根据勤勉义务的要求,董事应当亲自出席董事会会议,熟悉公司的财务会计报表和律师提供的法律意见,及时了解公司业务经营管理状况;应当在法律法规、公司章程规定的公司目的范围之内和其应有的权限之内作出决议;对董事会决议的事项有异议时,应当将其异议记入董事会会议记录;董事应当对董事会的决议承担责任;发现董事会聘任的经营管理人员不能胜任时,应当及时建议董事会将其解聘;接受监事会对其履行职责的合法监督和合理建议;当其不能履行勤勉义务时,应当及时提出辞职等。

总之,董事对公司负有勤勉义务,原告对被告违反勤勉义务承担证明责任,可从以下几方面举证:(1)经营判断另有所图,并非为了公司的利益;(2)在经营判断的过程中,没有合理地进行信息收集和调查分析;(3)站在一个通常谨慎的董事的立场上,经营判断的内容在当时的情况下存在明显的不合理。

法条索引

《中华人民共和国公司法》

第一百四十八条 董事、监事、高级管理人员应当遵守法律、行政法规和公司章程，对公司负有忠实义务和勤勉义务。

董事、监事、高级管理人员不得利用职权收受贿赂或者其他非法收入，不得侵占公司的财产。

第三十一章

股东代表诉讼热点问题裁判标准与规范

本章导读

公司董事、监事、高级管理人员等内部人士控制公司运营，决定公司的民事活动和诉讼活动。这些内部人士虽然身负对公司和全体股东的受托责任，但是作为自利的经济人，也存在以权谋私的冲动，既可能直接侵害公司利益，也可能放纵第三人对公司的侵害。此时，要求这些内部人士履行受托责任，向法院提起诉讼，无疑与虎谋皮，并不具有可能性。因此，突破法律逻辑，赋予公司股东在特定情形下代表公司向法院提起诉讼尤为必要。我国2005年《公司法》第一百五十二条借鉴境外立法例，专门规定了该种股东代表诉讼制度。然而，由于该项制度在我国处于起步阶段，许多问题尚未明确，如诉讼后果、当事人地位、举证责任、诉讼费用担保等，因此有必要全面探讨股东代表诉讼制度，以充分发挥该项制度优化公司治理的重要作用。

理论研究

一、股东代表诉讼的当事人

1. 股东代表诉讼的原告

股东代表诉讼具有保护公司利益和中小股东利益积极价值的同时，也具有一定的负面作用，因此各国公司法多对股东的诉讼行为又加以一定限制，该种限制最为常见的即是限制股东的原告资格。具体限制方法，各国有所不同，主要有持股期限限制、善意规则和持股比例限制。

持股时间限制。我国2005年《公司法》主要借鉴了大陆法系的规定，要求股份有限公司股东提起代表诉讼时必须连续180日以上持有公司股份，而对于有限责任公司股东则未设持股时间要求。

主观善意限制。该种限制主要为英美法系公司法所规定。由于股东提起诉讼是否善意很难断定，因此大陆法系除日本公司法外鲜有类似规定。在我国，考虑到我国的股东代表诉讼并不存在类似美国的泛滥问题，相反，股东代表诉讼发生很少，内部人掏空公司问题严重，出于鼓励股东代表诉讼目的，2005年《公司法》没有规定主管善意规则。

持股比例限制。英美法系公司法多不限定股东代表诉讼适格原告的持股比例，而大陆法系多对此予以限制，其目的为确保股东与公司利益存在实质一致性，防止股东借代表诉讼损害公司利益。我国2005年《公司法》第一百五十二条规定股份有限公司股东提起代表诉讼必须单独或者合计持有公司百分之一以上股份以上，而对于有限责任公司未设限制。

2. 股东代表诉讼的被告

我国《公司法》修订过程中，对股东代表诉讼的被告范围最初规定狭窄，《公司法（修订草案）》第七十条仅规定股东可以对董事、监事、高级管理人员的不当行为提起代表诉讼。为了更好地保护股东权益，最终通过的现行《公司法》大幅拓宽了被告范围，将公司董事、监事、高级管理人员、第三人均纳入被告范围。现行《公司法》的该种规定甚值赞同，因为公司在内部人控制下，不但可能对内部人侵害公司利益的行为予以姑息，还可能对侵害公司利益的第三人的行为予以放纵，尤其是在外部第三人与公司内部人存在关联关系的情形下，既然有侵害，自然应当有救济。

3. 公司在股东代表诉讼中的地位

我国股东代表诉讼中的公司地位，《公司法》没有明文规定，学者之间颇有争议，笔者认为公司应为有独立请求权的第三人。首先，既然《公司法》无特殊规定，自然应当遵守民事诉讼法的一般规定。我国《民事诉讼法》并无“名义被告”一方当事人，因此公司不可能像在英美公司法中的股东代表诉讼一样成为名义被告。公司同样不是股东代表诉讼中的原告，因为提起诉讼的当事人是公司股东。因此，公司只能是第三人。至于是无独立请求权的第三人还是有独立请求权的第三人，鉴于公司具有独立的利益，并非只能支持原告或者支持被告，而是可以提出独立的诉讼请求以及公司有权就争议事项独立起诉股东代表诉讼中的被告，因此可为有独立请求权的第三人。需要注意的是，在民事诉讼中，有独立请求权的第三人如果不以起诉方式参加诉讼，如有必要，人民法院同样可以通知其以无独立请求权第三人身份参加诉讼，只不过此时，其不能再提出独立的诉讼请求。此点常为我国公司法学者所忽视。因此,如果公司不以起诉的方式主张权利,则人民法院可以通知公司以无独立请求权第三人身份参加诉讼以协助调查和承受诉讼结果。

二、股东代表诉讼的程序

股东代表诉讼制度虽然具有保障公司整体利益和少数股东利益的重要作用,但其毕竟是对公司独立人格的一种突破,这种突破只有在公司内部运行机制失灵情况下方具有正当性,否则可能影响公司的正常运转,大幅增加公司的运营成本,因此,各国公司法在赋予股东代表诉讼权利同时,多规定了股东提起代表诉讼的前置程序,要求针对侵害公司利益的行为,公司股东只能先请求公司机关采取起诉等救济措施,只有公司拒绝或漠视股东请求时,股东才能代表公司向法院起诉。当然,前置程序也不是绝对的,各国通常规定一定例外。

我国 2005 年《公司法》规定公司股东应先请求公司提出诉讼,公司机关收到股东书面请求后拒绝提起诉讼,或者自收到请求之日起 30 日内未提起诉讼,或者情况紧急、不立即提起诉讼将会使公司利益受到难以弥补的损害的,股东可以提起代表诉讼。至于如何认定情况紧急情形,《公司法》没有规定,委任司法根据个案灵活认定,一般认为包括有关财产即将被转移或者有关权利的行使期间或者诉讼时效即将超过等情形。

股东代表诉讼程序中另外一个值得探讨的问题是诉讼中的和解。对于股东代表诉讼中的当事人和解,境外公司法通常规定不同于一般民事诉讼中的特殊程序,比如美国《公司法》多规定和解协议必须经法院批准而且需要向其他股东进行通知,并举行听证会;①《日本公司法》规定股东代表诉讼的当事人和解必须以法院通知公司而公司未提出异议为前提,但是特定诉因的代表诉讼不得和解。上述规定主要目的是防止当事人相互传统损害公司利益。我国有学者提出应借鉴境外该种规定以保护公司利益。最高人民法院 2006 年发布的《关于适用〈中华人民共和国公司法〉若干问题的规定(二)》(征求意见稿)也规定股东代表诉讼中当事人和解必须经公司股东(大)会决议通过。其实,股东代表诉讼中的和解作为一个程序问题,必须放到整个民事诉讼体系下理解。在我国,民事诉讼当事人和解可能导致两种后果:一是原告撤诉;二是申请法院出具调解书。当事人和解后原告撤诉的,对公司并无危害,因为根据我国民事诉讼法规定公司或者其他适格股东仍然可以再次起诉追求相关主体的民事责任;至于在被告是公司内

---

① 李领臣、赵勇:《论股东代表诉讼的和解——以对公司和其他股东之效力为中心》,载《云南大学学报法学版》2010 年第 2 期。

部人员时,可能牺牲公司利益与原告股东达成妥协,公司完全可以通过内部监督机制予以防阻,此点与内部人代表公司参与的其他诉讼并无区别,因此国家强制干预缺乏必要性与正当性。当事人和解后申请法院出具调解书的,则另当别论,因为调解书作为裁判文书,具有拘束力,而且根据一时不再理原则,公司或者其他适格股东不得再次起诉追求相关主体的民事责任,因此存在代表诉讼的被告与原告股东传统损害公司利益的可能,此时,调解书的出具应当以公司没有异议为前提。

三、股东代表诉讼的法律后果

原告胜诉时的法律后果。原告股东提起代表诉讼虽然是以自己的名义,但是为了公司利益,而且被告不当行为侵害的是公司利益,因此原告胜诉的法律后果应当归属公司享有,此亦为各国公司法之通例。不过,如果诉讼成果归公司享有,而诉讼成本由原告股东负担,无疑对原告股东而言有失公平,并且严重挫伤股东提起代表诉讼的积极性,因此各国公司法规定诉讼成果归属公司的同时,多对原告股东进行一定的补偿。具体补偿条件和补偿费用各国或地区规定有所不同。美国《示范公司法》规定股东代表诉讼使公司获得实质利益时,公司应当支付原告合理的费用,包括律师费用;日本《公司法法典》规定胜诉股东可以请求公司支付该股东承担的诉讼费用和律师报酬;我国台湾地区有关公司的规定认为股东代表诉讼的被告应当赔偿胜诉股东因股东所有损害。对此,我国《公司法》并无明文规定,最高人民法院2006年发布的《关于适用〈中华人民共和国公司法〉若干问题的规定(二)》(征求意见稿)第三十二条规定"原告提起的股东代表诉讼,其诉讼请求成立的,人民法院应当判令被告直接向公司承担赔偿责任,并可依据原告股东的请求,判令公司对于原告支出的合理诉讼费用予以补偿"。该种规定符合股东代表诉讼原理,且与我国既有法律规定不相冲突,甚为合理。此外,鉴于被告是公司内部人时,即使原告胜诉,被告仍然可以继续支配公司财产,继续侵害公司中小股东利益,美国有的州的判例法承认胜诉的原告股东可以在特定情形下分享胜诉利益。美国法学会制定的《公司治理准则》第7.18条第5项也授权法院依据公平原则,根据个案中的具体情况,在将必要金额留给公司债权人的前提下,将其判决金额的全部或者一部分按照股东持股比例分配给股东个人。该种做法无疑走得过远,因为公司内部人侵害股东利益特别是中小股东利益的风险在公司中是个普遍的状态,如果仅仅因为该种风险的存在而干预公司财产分配,将严重影响公司的自治能力和运行效率,是故,并不可取。

原告败诉时的法律后果。股东代表诉讼制度既可以成为公司利益的利剑,也可能沦为股东谋取不正当利益的不法手段,因此,为了防止股东代表诉讼制度的滥用,各国公司法多规定败诉的原告在一定条件下应当承担法律责任。不过,具体的责任前提和责任对象有所不同。美国《示范公司法》规定败诉的原告提起诉讼缺乏合理的理由或者出于不正当目的时,法院可以命令原告支付被告因诉讼而发生的合理费用(包括律师费用)。日本《公司法典》规定败诉的原告股东起诉出于恶意的,股东对公司承担损害赔偿责任。我国台湾地区有关公司的规定认为代表诉讼的原告股东败诉的,如果股东起诉所依据的事实显属虚构,股东对被诉的董事承担损害赔偿责任。对此,我国2005年《公司法》并无明文规定,而且鉴于我国的股东代表诉讼出于起步阶段,运用的不是过滥而是过少,因此,不宜判令股东承担该种责任。

实务探讨

一、股东代表诉讼与股东直接诉讼有何区别

股东代表诉讼与股东直接诉讼既有共性,又有差异。两者的共性包括:发生原因都是股东经济利益受到侵害;原告都是公司股东;都是维护股东利益的手段等。两者的差异包括:(1)诉因不完全相同。虽然股东代表诉讼与直接诉讼都源于股东经济利益受到侵害,但是代表诉讼的诉因是公司的权利和利益受到侵害,该种侵害间接侵害了股东的经济利益,但并未侵犯股东的法定权利,而股东直接诉讼的诉因是股东的个人权利受到了侵害。(2)当事人不同。就原告而言,股东代表诉讼中只有符合法定条件的股东方可成为适格原告,而股东直接诉讼中任何股东均可成为适格原告。就被告而言,股东代表诉讼的被告是公司董事、监事、高级管理人员以及外部第三人,但并不包括公司,而股东直接诉讼的既包括公司董事、监事、高级管理人员,也包括公司,但很少是外部第三人。(3)程序规则不同。股东直接诉讼按照民事诉讼的一般规则进行,而股东代表诉讼往往要遵守公司法的特别规则。(4)诉讼利益归属不同。股东直接诉讼的胜诉利益归属原告股东,而股东代表诉讼的胜诉利益归属公司。

二、究竟何种案件应当提起股东代表诉讼,何种案件应当提起股东直接诉讼

我国《公司法》对股东直接诉讼作出了规定。《公司法》第一百五十三条规定,董事、高级管理人员违反法律、行政法规或者公司章程的规定,损害股东利益的,股东可以向人民法院提起诉讼。该条就是关于股东直接诉讼的法律依据。《公司法》第二十条规定,公司股东应当遵守法律、行政法规和公司章程,依法行使股东权利,不得滥用股东权利损害其他股东的利益。公司股东滥用股东权利给其他股东造成损失的,应当依法

承担赔偿责任。这里虽然没有明确规定股东可以提起诉讼,但该条规定显然已经为股东提起损害赔偿之诉提供了足够的诉讼理由。导致直接诉讼的发生既可能发生在股东会议层面上,也可能发生在董事会议层面上。在股东会议层而上,由控制股东控制的股东会议所作出的决议可能构成对个别或者少数股东的欺压。譬如。股东会议决议剥夺种类股份的某些权利。在这种情况下,受到欺压的股东可以提起直接诉讼,在董事会议层面上,董事会议的决议同样可能侵害个别或者少数股东的权利,如董事会长期不宣布分配股利,但是对参与管理的股东却以高额薪酬的方式代替股利分配。又如,股东根据《证券法》提起的违反披露义务的诉讼是直接诉讼,因为所主张的损害赔偿属于个人利益,而不是公司利益。究竟何种案件应当提起派生诉讼,何种案件应当提起直接诉讼呢?这个问题很重要,因为选择不同的诉讼其法律程序和法律效果是不一样的。对于该问题,笔者认为,一般而言,如果涉及错误行为是对公司的侵害,应当选择派生诉讼;而涉及对股东个人利益的侵害则应当选择直接诉讼。具体来讲:

1. 适用直接诉讼的主要情形

(1)涉及股东知情权方面的案件。如股东有权查阅公司账簿和公司记录,如果公司没有合理理由拒绝股东行使该种权利,股东可以提起直接诉讼请求法院命令公司接受股东的查阅。(2)涉及股东表决权方面的案件。如股东会议或者董事会议限制或者剥夺了个别或者某些或者某类股东的表决权。(3)涉及股东优先认购权方面的案件。公司在发行新股时,一般而言,公司的原有股东享有认购新股的优先权。股东会议或者董事会议限制或者剥夺了个别或者某些或者某类股东的优先认购权,受到侵害的股东可以提起直接诉讼。(4)涉及股利分配的案件。如果公司采取“不分配股利”政策,并构成对少数股东的欺压,少数股东可以提请法院命令公司改变分配政策。(5)涉及股份回购方面的案件。如果公司在向股东回购时实施了不公平的回购政策,股东可以直接提起诉讼。如公司向某一股东以特别优惠的价格回购其股份,而拒绝回购其他股东的股份或者以低价回购其他股东的股份。再如,公司在采取以股份回购作为反收购防御措施时,将特定股东的股份排除在外等。(6)涉及公司并购、解散和清算方面的案件。在公司并购、解散和清算中,如果出现欺压少数股东或者任何其他不公平现象时,股东可以提起诉讼。(7)涉及证券方面的案件。如公司在其证券的发行和交易过程中,所披露信息虚假、误导或者有重大遗漏。因受骗而购买或者出售证券的股东有权要求公司及其他连带责任人员承担赔偿责任,这类案件最为常见。

2. 适用派生诉讼的主要情形

派生诉讼主要适用于对注意和忠实之受信义务的违反,包括如下情形:

(1)涉及公司管理层重大过失的案件。如公司在项目投资上的重大失误;在存在竞争收购的情况下,公司选择了较低价格出售公司股份;或者公司管理者的其他重大过失情形。应当注意的是,由于公司管理者受到商业判断规则的保护,因而,原则上须以管理者有重大过失才能构成对注意义务的违反。(2)涉及浪费公司资产的案件。如公司进行不合理的巨额捐赠却与公司利益没有明显关系,将构成公司资产的浪费。(3)涉及自我交易的案件。如公司董事将自己的土地出售给公司,公司董事向公司贷款或者从公司贷款等。在现代法律框架内,上述行为并不为法律所禁止,但是交易本身必须符合公平标准,否则,将构成对忠实义务的违反。(4)涉及关联交易的案件。利用关联交易损害公司利益的,构成对忠实义务的违反,从事关联交易的行为人应当承担违信责任。(5)涉及管理报酬的案件。如果公司管理报酬过高或者公司给管理者提供边际利润,而接受报酬的人实际上没有对公司做出相应的贡献,同样构成前述对公司资产的"劫掠"和"浪费"。所不同的是,在(2)之情况下,是种对注意义务的违反;而这里则是将其作为违反忠实义务的案件处理。(6)涉及利用公司机会的案件。公司机会属于公司财产,公司管理者利用其地位和职位将公司机会据为己有,构成对公司财产的侵害。在上述情况中,无论是对注意义务的违反或者是对忠实义务的违反,均可能导致对公司利益的损害,股东可以基于对公司利益的维护而提起派生诉讼。理论上讲,对公司利益的侵害不仅仅限于公司管理者对受信义务的违反,任何第三人对公司的侵权行为同样可能导致对公司利益的侵害,因而,任何第三人对公司的侵害行为均可能导致派生诉讼的发生,但从立法本意和司法实践来看,派生诉讼主要针对的是公司管理者违反受信义务的情形。

3. 诉讼的重合

在实践中,有些诉讼可能同时具备两种性质,即产生派生诉讼的同一行为或者事实也可能成为主张直接诉讼的诉由。如在自我交易情形下,既可能对公司造成损害,也可能对股东利益造成损害。如果自我交易构成不公平交易,则是对公司利益的损害;如果该种交易没有披露,购买公司股票的人则可能遭受个人损害。在这种情况下,根据具体事实,原告可以选择或者提起股东直接诉讼,或者提起股东派生诉讼,或者同时提起两种诉讼。[①]

三、如何理解《公司法》第一百五十二条股东代表诉讼原告持股时间"连续180日以上"的规定

依据《公司法》第一百五十条规定向人民法院提起诉讼的原告股东,包括两类:一

① 施天涛:《公司法论》(第二版),法律出版社2006年版,第436—438页。

是有限责任公司的股东；二是股份有限公司的股东，但其应连续180日以上单独或者合计持有公司1%以上股份。对于有限责任公司的股东，《公司法》没有进行限制，实践中对其"原告"资格进行审查并无困难。但股份有限公司中的股东则不同，法律对其进行必要的限制，旨在避免实务中可能发生的滥诉行为。然而，对"连续180日以上"持股的规定，实践中从何日开始起算，又如何计算，一点存有不同的理解。为了确保原告股东利益与公司利益具有真实的一致性，减少那些仅以诉讼为目的（或其他不正当目的）而购买公司股票的行为，各国公司法均规定了原告股东提起代表诉讼应具备的持股时间。不过，基于不同的社会现实与法律传统，各国规定宽严不一，其中最严格的是要求股东在诉争行为发生时、提起诉讼时和整个诉讼程序进行期间三个时段同时持股。

从《公司法》第一百五十二条第一款的规定看，对是否要求"行为发生时持股"没有明确规定。既然法律没有做出限制，应理解为"没有行为发生时持股的限制"，即法律不要求原告（股东）一定要在"董事侵权行为发生时就持有公司的股份"。相比较而言，放宽了对原告资格的要求。为此，曾有学者提出异议，认为这样放宽限制条件，会给那些以不当目的进行恶意诉讼的人提供可乘之机，进而对公司（特别是上市公司）的正常经营活劝产生人为的影响和干扰。一些国家公司法的司法实践也证明，的确存在这样恶意诉讼的事例。然而，考虑到2005年《公司法》适用的时间还不长，股东大多还没有提起代表诉讼的法律意识，实践中的相关判例亦不多见，在此情况下，如对原告股东的持股条件再加以严格限制，则不利于该项规则的适用及完善。况且，司法资源是有限的，而侵权行为的情况比较复杂，如果规定"行为发生时持股"将会大大增加司法审查的成本，不利于公司整体利益的维护。出于上述考虑，《公司法司法解释（一）》第四条规定，180日以上连续持股期间，应为股东向人民法院提起诉讼时，已期满的持股时间。意味着放弃了"行为发生时持股"的要求，只要股东持股时间至其起诉时满180日，且符合持股数量要求的，人民法院对其提起的诉讼就应立案受理。①

四、如何理解《公司法》第一百五十二条股东代表诉讼原告持股数量的要求

2005年的《公司法》集中体现了加强中小股东利益保护的意旨，这条红线一直贯穿于公司法的始终，而其最典型的表现莫过于通过代表诉讼的构建为中小股东的利益提供了司法的最终救济。在《公司法》第一百五十条规定的情形中，董事、监事、高管人员违法行为的侵害对象本来是公司，但股东利益与公司利益息息相关，如果不允许其代位主张损害赔偿，将会间接地对股东利益造成损害。基于此，法律赋予了原告股东代位求

① 奚晓明主编：《最高人民法院关于公司法司法解释（一）、（二）理解与适用》，人民法院出版社2008年版，第60—61页。

偿的权利。然而,权利存在于将要实现其作用的范围内,超越这一范围,权利享有人就超出或滥用了权利,权利易被滥用的这种倾向使得公司法有必要对代表诉讼的原告资格加以限制。这种限制的用意在于:尽管代表诉讼能够最大限度地保护中小股东的利益,但它毕竟是对债权相对性的重大突破,因而有必要要求代表诉讼的原告能够充分地代表公司,即他与公司的利益关联必须达到一定的程度。这种利益关联将通过持股时间和持股数量表现出来。如果说对持股时间的要求是为了确定原告股东与公司利益关联的持续性,那么对持股数量的要求则更多地是为了确定原告股东与公司利益关联的程度。

各国公司法对提起代表诉讼的股份有限公司股东所持有的股份数量要求不等。我国 2005 年《公司法》第一百五十二条规定的“持股数量”是指原告须单独或者合计持有公司 1% 以上股份。其目的是为了减少股东滥诉行为的发生。上述规定在实践中具体应用时可能出现以下几种情形:第一,某一股东“单独”持股的情况。显然其必须持有 1% 以上的股份,且持有时间满 180 日,这样才符合提起诉讼的法定条件。第二,两个以上股东合计持股数量超过公司总股份数 1% 的,且每位股东的持股时间均满了 180 日。第三,两个以上股东的持股数量符合条件要求,但存在其中部分股东的持股时间还未满 180 日的情况。而去除持股时间不足的股东,剩余股东的持股数量又达不到公司股份的 1% 以上。对此,《公司法解释(一)》第四条规定,合计持有公司百分之一以上股份,是指两个以上股东持股份额的合计。因此,上述三种情形中,显然第一、第二种情形符合本条司法解释的规定,而第三种情形则不符合该规定。因此,对于类似情况下提起的代表诉讼,人民法院应不予受理。①

五、股东可否依据《公司法》第一百五十二条申请仲裁

《公司法》第一百五十二条仅规定股东可提起代表诉讼,但是在公司与责任主体存在仲裁协议情形下,股东代位申请仲裁的权利,同样不容置疑。仲裁和诉讼都是解决争议的手段,除法定不能仲裁的事项,可诉讼案件同样可通过仲裁解决。出于简洁立法的考虑,我国绝大多数法律都只规定了当事人起诉的权利,而未规定当事人申请仲裁的权利,但不等于否认当事人就可裁事项申请仲裁的权利。虽然股东代位公司申请仲裁突破了公司协议相对性原理,但是股东代表诉讼制度本身就是公司法上的特殊制度,是民事诉讼法和仲裁法的特别法,因此既优先于民事诉讼法也优先于仲裁法适用。

---

① 奚晓明主编:《最高人民法院关于公司法司法解释(一)、(二)理解与适用》,人民法院出版社 2008 年版,第 61—62 页。

六、如何确定股东代表诉讼案件的管辖

对于股东代表诉讼案件的管辖，有的境外立法例比如日本《公司法》规定由公司住所地法院管辖，有的学者主张我国应借鉴该种做法，最高人民法院2006年发布的《关于适用〈中华人民共和国公司法〉若干问题的规定（二）》（征求意见稿）第二十九条第一款也规定“股东代表诉讼，由公司住所地法院管辖”。该种做法并不可取。股东代表诉讼本质上是股东代位公司提起，原则上应当遵守公司提起诉讼的法律规则。如果公司起诉公司董事、监事、高级管理人员或外部第三人，自当遵守民事诉讼法的一般规则；股东代位公司提起的诉讼，同样应当遵守民事诉讼法的一般规则。规定股东代表诉讼实行公司住所地法院专属管辖，显然违反民事诉讼法规定。此外，该种规定亦无必要，因为无论原告提起的是侵权之诉抑或违约之诉，根据民事诉讼法规定都可能由公司住所地法院管辖，股东代表诉讼实行公司住所地法院专属管辖没有起到方便当事人的作用，反而缩小了原告的选择范围。因此，股东代表诉讼案件的管辖，应当根据民事诉讼法的规定确定。

七、股东代表诉讼案件的受理费如何收取

《诉讼费用缴纳办法》将普通民事案件分为财产案件和非财产案件，实行不同的案件受理费标准，财产案件根据诉讼请求的金额或者价额按照比例分段累计交纳，非财产案件原则上按件缴纳。股东代表诉讼维护的是公司经济利益，应为财产案件，但是如果根据《诉讼费用缴纳办法》规定根据诉讼请求的金额或者价额按照比例分段累计交纳，将严重影响该项制度的发挥。任何诉讼都有败诉的风险，股东代表诉讼自不例外，根据败诉方负担诉讼费用的规则，当原告股东败诉时，将不得不承担案件受理费，这将造成原告股东的巨大风险与负担，胜诉的成果归公司享有，败诉时却要承担数额巨大的案件受理费，无疑将严重压抑股东提起代表诉讼的积极性；即使股东最后胜诉，由于公司案件往往争议数额巨大，诉讼费用动辄数十万乃至上百万，股东很可能无力预缴诉讼费用而被法院按撤诉处理，也将严重影响股东代表诉讼制度的运作。这一点，日本《公司法》提供了很好的借鉴。日本自1948年导入代表诉讼制度之后至1993年长达四十余年的时间内，该制度都未能得到很好的运用，其中一个重要原因就是高额的案件受理费使广大股东望而却步。1993年日本修改商法典时，对派生诉讼的收费规定做了修改，不再视股东派生诉讼案件为财产请求权案件而视其为非财产请求权的案件。[①] 其后的

① 林馨：《日本股东代表诉讼制度评析》，载《日本研究》1999年第2期。

日本公司法一直沿用该种规定。可见，为了充分发挥股东代表诉讼的积极价值，对该种按件的受理费，应当视为非财产案件，按件收取。

八、股东代表诉讼中的原告应否提供诉讼费用担保

为了防止股东滥诉，境外立法例多规定股东代表诉讼的被告或公司在法定条件下可以要求原告股东提供诉讼费用担保。我国2005年《公司法》未作该种规定，最高人民法院2006年发布的《关于适用〈中华人民共和国公司法〉若干问题的规定（二）》（征求意见稿）采纳学者的建议，规定"股东以公司董事、监事或者高级管理人员为被告提起股东代表诉讼时，董事、监事或高级管理人员在答辩期间内提供证据证明原告可能存在恶意诉讼情形，并申请原告提供诉讼费用担保的，人民法院应当准许，担保费用应当相当于被告参加诉讼费用可能发生的合理费用。"该种意见是对公司法的误读，并不可取。从历史解释角度看，在公司法修订过程中，2005年6月20日全国人大法工委提出的《公司法修订草案部分条款初步修改方案》中曾针对原草案增加规定"原告依照前两款规定提起诉讼，被告有证据证明可能存在恶意诉讼情形的，可以申请人民法院责令原告提供相应的担保。"①但是，最终通过的《公司法》并未采纳该种意见，仍然沿用原草案的做法，没有规定股东的诉讼费用担保。从体系解释角度看，2005年《公司法》第二十二条第三款明文规定公司决议撤销之诉的原告应当提供担保，而第一百五十二条并没有规定股东代表诉讼担保，立法者意图是不要求股东提供担保。从目的解释角度看，我国经济出于转轨阶段，公司内部人控制问题严重，内部人掏空公司的现象普遍，而股东代表诉讼是公司法刚刚引入的制度，并不存在滥诉现象，因此应当予以鼓励而不是抑制。

九、如何确定股东提起代表诉讼的诉讼时效期间

关于股东提起代表诉讼的诉讼时效期间，应否规定一个统一标准，颇值研究。笔者认为，应当区分诉讼原因和诉讼请求的不同性质，分别适用《民法通则》、《行政诉讼法》即特别法规定的诉讼时效期间，而不应叠床架屋，另搞一套。具体说来，如果股东所在公司的权益受到其他民事主体违约行为或者侵权行为的侵害，股东提起代表诉讼时应当区分不同情况分别适用《民法通则》第七章规定的普通诉讼时效期间（2年）、短期诉讼时效期间（1年）和长期诉讼时效期间（20年）；如果股东所在公司受到行政机构具体行政行为的侵害，股东应当在知道作出具体行政行为之日起3个月内提起代表诉讼；如

① 刘俊海：《新公司的制度创新：立法争点与解释难点》，法律出版社2006年版，第256页。

果民事特别法尤其是商法和行政特别法对诉讼时效期间另有规定，则应遵守该特别诉讼时效期间。例如，《海商法》第十三章区分不同情况分别规定了1年或者2年的诉讼时效期间。根据特别法优于普通法的原则，在股东代表诉讼中特别法规定的诉讼时效期间优于《民法通则》和《行政诉讼法》规定的诉讼时效期间而适用。

股东提起代表诉讼的时效期间，原则上自股东知道或者应当知道公司权利被侵害之日起计算，但特别法另有规定的除外。其体说来，当董事、监事、经理、代理人、合同当事人违反对公司所负义务或者侵害公司利益时，应当自股东知道或者应当知道义务违反行为或者侵权行为发生时起算；当公司的请求权附条件或者附期限时，应当自条件成就或者期限届至时起算；当公司的请求权有履行期限时，应当自期限届满时起算；当公司的请求权没有履行期限时，应当自公司可以行使权利时起算；当行政机构的具体行政行为侵害公司利益时，应当自股东知道或者应当知道具体行政行为作出之时起算。

为充分保护股东的代表诉讼提起权，股东在诉讼时效期间的最后6个月内，因不可抗力或者其他障碍不能行使请求权的，诉讼时效中止；从中止时效的原因消除之日起，诉讼时效期间继续计算；若继续计算的时效期间不满6个月时，应当延长到6个月。在诉讼时效期间内，如果公司提起了诉讼，或者有股东代表公司提起了代表诉讼，公司或其股东已将公司纠纷提交仲裁，公司或其股东已要求对方履行债务或者承担责任，对方已同意履行义务，则发生诉讼时效中断。从中断时起，诉讼时效期间重新计算。但是，公司或其股东撤回起诉、仲裁请求或者起诉被裁定驳回的，诉讼时效不发生中断。①

十、股东代表诉讼中的举证责任应当如何分配和承担

民事诉讼中关于举证责任的基本规则是“谁主张，谁举证”，在股东代表诉讼中奉行该项规则可能背离该项制度的基本价值，因为提起代表诉讼的原告股东往往是公司的中小股东，并不参与公司经营管理，并不清楚公司相关信息，更无法提供公司相关资料，要求原告承担举证责任将扩大原告股东的败诉风险，影响代表诉讼制度的发挥。不过，简单地实行举证责任倒置规则，亦不可取，因为股东代表诉讼的被告不但可能是公司内部人，还可能是外部第三人，而外部第三人未必比原告股东有更强的举证能力。因此，根据公平原则和诚实信用言责，并考虑当事人举证能力，股东代表诉讼中，如果被告是公司内部人，应当由被告承担举证责任；如果被告是外部第三人，原则上仍然实行“谁主张，谁举证”的规则，但是法院可以根据《最高人民法院关于民事诉讼证据的若干规定》第七条予以适当调整。

① 刘俊海：《新公司的制度创新：立法争点与解释难点》，法律出版社2006年版，第274页。

十一、股东代表诉讼的原告股东在诉讼期间丧失股东资格或不满足持股数量要求时该如何处理

代表诉讼是股东代表公司向侵权人主张权利，其诉权来源于公司，股东推进诉讼的全部目标是恢复公司利益。然而，股东毕竟是两造中的一方，当股东在诉讼中丧失股东资格或不满足持股比例要求时，公司的利益就与他无关，法院应裁定驳回起诉。但随之而来的另一个问题是继受股东地位的人可否继受代表诉讼的原告资格。答案根据公司类型的不同而有所区别。在股份有限公司中，股东只有连续持股180日以上才具有代表诉讼的原告资格。而继受股东的持股时间应从受让股份之时开始计算，那么，在代表诉讼进行过程中继受股东地位的人当然不具有原告资格。而在有限责任公司中，只要是股东都具有代表诉讼原告资格，受让公司股份的人因受让行为而具有了股东身份，也就当然的具备了代表诉讼的原告资格。

十二、公司可否申请撤销股东提起的代表诉讼

为了限制股东滥用代表诉讼制度，以特拉华州为代表的美国少数州规定公司可以申请撤销股东提起的代表诉讼，是否准许由法院决定。上述做法无疑大大限缩了股东代表诉讼的适用空间。不过，我国《公司法》和《诉讼法》未作此等规定。鉴于股东代表诉讼本身是对公司内部治理机制失灵的补充以及我国的成文法体系和股东代表诉讼处于起诉阶段、应予鼓励而非抑制，在我国，公司无权申请撤销股东提起的代表诉讼。特别是在小股东提起股东代表诉讼之后，控制股东更不能通过股东大会作出撤销股东代表诉讼的决议。倘若允许股东大会作出撤诉决议，势必从根本上窒息股东代表诉讼。比如，某小股东持股40%，大股东持股60%，小股东当选为董事长。小股东以法定代表人的名义对公司的债务人（扣划公司款项时存在过错的某商业银行）提起诉讼，而大股东反对小股东对债务人提起诉讼。在这种情况下，小股东无论是以小股东名义提起的股东代表诉讼，还是以公司法定代表人身份提起的公司诉讼，都应当受到尊重，大股东不得操纵股东会作出阻止小股东为捍卫公司利益而提起诉讼。即使股东会作出了撤诉决议，倘若小股东有证据证明该项决议损害了公司利益，小股东依然可以向人民法院提起股东会决议无效确认之诉。

十三、股东提起代表诉讼后，公司可否就同一事项再次起诉

《公司法》明确了股东提起代表诉讼的权利，但是并未明确公司就同一事项可否再次起诉，对此，应当根据《公司法》原理和《民事诉讼法》一般规定确定。《公司法》赋予股东提起代表诉讼的权利是为了弥补公司治理机制的缺陷，而并非否认公司诉讼的权

利,因此股东提起代表诉讼后,公司可以就同一事项再次起诉,但是为了保障法院判决的一致性,此时公司只能以有独立请求权第三人身份向已经受理股东代表诉讼的法院起诉。该种理解既能防止原告股东因举证能力不足而败诉或者与被告共谋诉讼而损害公司利益,也能保障人民法院判决的一致性。不过,公司就同一事项再次起诉,只能在股东代表诉讼判决做出前,如果法院已经做出股东代表诉讼的判决,则受该判决既判力制约,公司不得再次起诉。

十四、公司其他股东在代表诉讼中的地位如何确定

公司股东众多,符合提起代位诉讼的股东往往不止一人,某个股东提起代位诉讼后,其他股东的诉讼地位,《公司法》和《民事诉讼法》没有规定,对此,可以参考最高人民法院2006年发布的《关于适用〈中华人民共和国公司法〉若干问题的规定(二)》(征求意见稿)第二十九条第二款规定:公司其他股东以与原告股东相同的事实和理由申请参加诉讼,符合《公司法》起诉条件的,应当准许;其增加诉讼请求的,可以合并审理。

十五、股东可否对其成为公司成员之前的侵权行为提起派生诉讼

股东是否可以对其成为公司成员之前的侵权行为提起派生诉讼,在司法实践中存在不同观点。一种观点认为,应当允许股东对其成为公司成员之前的侵权行为提起派生诉讼。因为股东是为公司提起诉讼的,不应受其个人取得股票的时间限制。也有一种观点认为,应当采用"当时股份持有原则",限定原告的股东资格。对于股东起诉时具备股东资格,但是对其成为公司股东之前的侵害行为或者非法决议,该股东不能提起股东派生诉讼,只能对其成为公司股东之后的侵权行为或者非法决议提起诉讼。如果侵权行为是持续行为,在侵权行为发生时不是公司的股东,但在该侵权行为持续期间,获得股东身份的,可以提起股东派生诉讼。在提起诉讼之后的整个审理过程中,股东必须持有公司股份,因为享有股权是股东据以行使公司诉权的基础,而股东的享有又以持有股份为前提。如果原告股东在诉讼过程中丧失了股东的资格,继受股东地位的人不能继受派生诉讼中的原告地位,派生诉讼应当终止,除了几种例外情形,如自然人股东死亡后其合法继承人提起股东诉讼等。[①] 笔者认为第二种观点更为合理。

十六、股东代表诉讼中的被告能否对原告股东提起反诉

《民事诉讼法》第五十二条规定被告有权提起反诉,第一百二十六条还规定被告提

① 奚晓明、金剑峰:《公司诉讼的理论与实务问题研究》,人民法院出版社2008年版,第302页。

出反诉时,可以合并审理。那么,股东代表诉讼中的被告能否对原告股东提起反诉,以吞并、抵消或者削弱原告股东的本诉请求?

我们认为,反诉的重要特征在于反诉对象的特定性,即反诉只能由本诉被告对本诉原告提出,从而把本诉原告推向被告席,把本诉被告置于原告席。虽然反诉具有相当的独立性,但反诉中蕴涵的利益冲突仍在本诉的原告与被告之间展开。如果允许股东代表诉讼中的被告对原告股东提起反诉,则反诉中的利益冲突是在本诉被告与原告股东之间展开的,而本诉中的利益冲突实质上是在本诉被告与原告股东所在公司之间展开的。因此,严格说来,股东代表诉讼中被告对原告股东提起的诉讼请求不能构成对股东代表诉讼的反诉,不能合并审理,只能另案提起。

至于股东代表诉讼中被告对原告股东所在公司提出的诉讼请求,能否视为股东代表诉讼的反诉?回答也是否定的。因为,在这种情形下,即使被告的诉讼请求和理由与本诉具有相当的关联性,该诉讼请求的被告并非代表诉讼中的原告股东,故与反诉特征不符;而且,即使不考虑该特征的要求,也很难保障原告股东能够忠诚、有力地抵御被告对公司提起的诉讼请求。因此,股东代表诉讼中的被告对原告股东所在公司提起诉讼时,应当另行起诉,由公司另行委托代理人参加诉讼,而不宜作为代表诉讼的反诉与代表诉讼一并审理。

十七、股东代表诉讼中对原告股东的持股时间和持股数量有争议时如何处理

《公司法》第一百五十二条和《公司法解释(一)》第四条从持股时间和持股数量两方面规定了代表诉讼的原告资格,这就意味着人民法院在决定是否受理时也必须从这两个方面审查起诉人是否为适格原告。但由于这种审查只是形式审查而非实质审查,因此,公司或者其他股东在审理进行过程中仍有可能对原告股东的持股时间和持股数量提出异议。这一异议本质上属于股权确认的问题,但它又与代表诉讼紧密关联,原告股东持股时间和持股数量的确认是股东代表诉讼赖以存在的前提。因此,出于诉讼经济和举证方便的考虑,可以考虑赋予代表诉讼受理法院对该争议的管辖权,或者作为与案件相关的事实加以认定或者作为一个独立的诉而与代表诉讼合并审理。

十八、在董事、监事、高管人员这些公司内部人之外的第三人侵害有限公司利益时,股东依照《公司法》第一百五十二条的规定提起代表诉讼,应当履行何种前置程序

从《公司法》第一百五十二条第一款前段“董事、高级管理人员有本法第一百五十条规定的情形的”和后段“监事有本法第一百五十条规定的情形的”的表述可以看出该

款是追究第一百五十条下责任的机制，而第一百五十条规定的是董事、监事、高管人员执行职务违反相关规定应当对公司承担赔偿责任，所以结合起来分析，就是：第一百五十条中董事、高管对公司的责任，如果未被履行，股东可以请求监事会（或监事）代表公司提起诉讼；第一百五十条中监事对公司的责任，如果未被履行，股东可以请求董事会（或执行董事）代表公司提起诉讼。上述情况下，如果监事会或董事会不提起诉讼。依照第一百五十二条第二款，有限公司股东可以以自己的名义直接向法院起诉。

从第一百五十二条第一、二款规定的逻辑看，当有限公司利益受到董事、监事、高管人员侵害时，首先，应由公司向侵害人直接行使请求权，要求该侵害人对公司承担责任。由于这是通过一般侵权法的机制来维护公司利益，其不属于公司法的保护机制，所以公司法无须列明。其次，在公司未主动提起诉讼时，公司股东可以请求公司提起诉讼，这实际上仍然是敦促公司直接行使诉权，法律希望尽量通过公司直接诉讼的方式进行审理。但公司毕竟是拟制的主体，而股东的请求必须向实在的对象作出，公司法将公司机关作为这一对象的"人选"：当监事执行职务侵害公司权利时，公司法规定股东应向公司经营机关董事会请求其代表公司提起诉一讼，这不仅可以发挥董事会作为经营机关的效率性优势，而且还可以防止作为侵害人的监事与监事会间的利害关系影响监事会作出独立判断。[①] 而当董事、高管人员执行职务侵害公司权利时，为防止作为侵害人的董事等与董事会间的利害关系影响董事会作出独立判断，公司法规定股东应向公司监督机关监事会请求其代表公司提起诉讼。股东向公司机关提出请求的程序被认为是股东提起代表诉讼的前置程序。股东依法无论向哪一机关提出请求，都是为了实现公司的直接诉讼。最后，只有在股东向公司机关请求无果、法律所期望的公司直接诉讼无望时，股东才可以直接以自己名义向董事、监事、高管人员这些侵害人提起诉讼，代替公司主张利益补偿（情况紧急的除外）。这是第一百五十二条前二款展现给我们的受董事、监事、高管人员侵害时公司利益的救济程序，这一程序实现了竭尽公司内部救济与股东（公司）利益保护之间的平衡。

当公司利益受到第三人（他人）侵害时，其救济程序体现在《公司法》第一百五十二条第三款。但是该款没有明确规定应当如何救济，只是规定股东可以依照同条第一、二款的规定向法院提起诉讼。这里"如何依照"值得探讨，尤其是在股东请求公司提起诉讼时，应当履行何种前置程序。依照同条第一、二款的规定，第三人侵害公司利益，公司不主动提起诉讼时，股东仍然应当请求公司机关直接提起诉讼。而根据该两款的规定。

① 《公司法》第一百五十条规定的责任是执行取务时的侵害行为。第一百五十二条前两款也是对这种行为的责任进行追究。监事在执行职务时的侵害行为很多都与监事会具有一定的关系，所以在这种情况下监事会一般不愿提起诉讼。在董事与董事会间也是如此。

作为经营机关的董事会和作为监督机关的监事会都可以作为被请求的机关,在第三人侵害的场合应当向哪一机关提出请求法律没有明确规定,对此有进一步解释的必要。笔者认为,第三人侵害公司利益时。该第三人与公司董事会间的关系一般不如董事与董事会间的关系那样容易使机关丧失独立的判断,从公司诉讼的效率化和程序便捷的角度考虑,由般东向董事会提出请求比较合理。即只要股东向董事会提出了起诉的请求,董事会不提起诉讼时,股东就完成了前置程序,就可以直接对第三人提起诉讼。这样可以避免股东承担过重负担,因为在第一百五十二条前两款的规定中,股东只需根据侵害人的身份就可以准确地确定相应的请求机关,股东在选择请求机关上所付的成本较少。同样第三款也应当遵循相同的标准,应当方便股东选择恰当的机关。毕竟,对第三人与公司机关间关系进行判断不是股东所能胜任的。

十九、在有限公司股东提起的代表诉讼中,如果双方当事人达成调解协议,准备以调解方式结束诉讼,是否需要经过公司及其他股东的同意

我国《民事诉讼法》第八十八条规定"调解达成协议,必须双方自愿,不得强迫。调解协议的内容不得违反法律规定"。调解协议性质上属于合同,按照合同法原理,当事人双方间的合同不得损害第三人的利益,如果调解协议损害了他人的利益,当然就违反了法律的规定,应当无效。

在通常的民事诉讼中,法院主持调解时。只要双方当时人达成协议,而协议内容不违反法律时,一般无须经由诉讼外主体的同意,法院就可以依照当事人的协议内容制作调解书,经送达后就发生法律效力。这是民事诉讼法处分原则的内容,也是诉讼当事人行使处分权的表现。但是在股东代表诉讼中,提起诉讼的股东在与对方达成的调解协议中处分的不是股东自己的利益,而是公司的利益,这样的调解协议就有可能损害公司的利益,比如股东由于道德风险被对方当事人所"俘获",不以公司利益为重,在协议中随意作出妥协和让步,使公司利益受损;甚至侵害人与公司部分股东串通,让部分股东提起诉讼,然后在诉讼中通过调解达成协议,取得民事调解书,并以此阻断公司或其他股东行使诉权。在调解协议损害了公司利益时,该协议应当无效,法院不能确认其效力,更不能制作调解书。所以,在股东代表诉讼程序中的调解,法院必须对调解协议的内容进行审查,只有该协议不损害公司利益时才能对这些调解协议予以确认。

对是否损害公司利益的问题,法院在审查中应交由公司来判断,即调解协议应当经过公司同意,法院才能确认。但此"公司之同意"应当由谁来作出,是公司股东会还是公司董事会?回答这一问题必然又要涉及"股东会中心主义"和"董事会中心主义"问题之争。笔者在此无意展开这一话题,只是认为所谓的"'中心主义"在不同的立法模式下有不同的回答,我国《公司法》在有限公司中授权公司章程对股东会和董事会的权力进行“超额”规定,这也意味着我国公司中“以何为中心”很大程度上由公司章程决定,但实践中的公司很少有在章程中对其作出比较系统和成型的规定的,所以现实中的公司实践无法提供理论逻辑所需的基本资源,这也就决定了我们对前述问题无法给出确定的回答,而只能采取比较务实的立场来处理眼前的问题。笔者认为,考虑到有限公司股东与公司关系紧密、股东对公司利益也比较关注,而且公司原本可以通过直接诉讼追究侵害人的责任,但是公司由于种种原因没有行使此诉权,这不能排除公司有故意放弃权利、损害股东利益的可能,为了让公司的意思能够得到充分的体现、最大限度维护有限公司股东的利益,调解协议除了由董事会代表公司表示同意外,还应当由公司中除提起代表诉讼的股东之外的其他股东表示同意,在公司和股东全体均同意且调解协议没有其他违法事由时,法院才能对调解协议进行确认,也才能相应地制作民事调解书。实际上,在国外法例上,也有法院在股东代表诉讼和解中征求公司和其他股东意见,保证他们行使知情权和异议权的规定。①

二十、股东代表诉讼中,公司和其他股东能否提起再审之诉

当事人申请再审,是指民事诉讼的当事人对已经发生法律效力的判决、裁定、调解书,认为有错误,向原审人民法院或者上一级人民法院申请再行审理的行为。我国《民事诉讼法》第一百七十八条规定:“当事人对已经发生法律效力的判决、裁定,认为有错误的,可以向上一级人民法院申请再审,但不停止判决、裁定的执行。”再审程序是民事诉讼程序制度中的一项补救制度,是一种特殊的复审程序,也是民事诉讼程序制度不可缺少的重要组成部分。在我国的民事诉讼中,人民法院行使国家审判权依法作出的判决和裁定,一经发生法律效力,任何机关、团体、单位和个人都无权变更或撤销,以维护法律的严肃性和权威性,确保当事人之间权利义务关系的稳定性。但是,生效判决的稳定性必须建立在判决合法、正确的基础上。在司法实践中,各种民事案件错综复杂,目前我国社会处于急剧变革之中,民事法律尚处于完善的过程中,加之地方保护主义等其他因素的影响,客观上说,即使经过一审、二审而作出的已经发生法律效力的终审判决,也有可能存在裁判错误。按照“以事实为依据,以法律为准绳”的原则,如果已经发生法律效力的裁决确实存在错误,应当依法予以纠正。所以,从一定的意义上讲,设立再审程序的目的就是为了纠正错误的判决,以保证判决、裁定的正确性。

---

① 奚晓明总主编:《最高人民法院商事审判裁判规范与案例指导》(2010 年卷),法律出版社 2010 年版,第 413—414 页。

将我国《民事诉讼法》有关再审的规定适用于股东代位诉讼，原告股东、被告认为生效判决认定事实、适用法律有错误的，可以依法申请再审。对此，应当没有什么疑问。但是，公司和其他股东能否申请再审，情况就比较复杂。日本《商法典》第268条第3项的规定，在股东代位诉讼中，如果原告与被告合谋侵害公司利益，公司和其他股东可以提起再审之诉。我国《民事诉讼法》如何规定公司和其他股东申请再审的权利，还需要深入研究。股东代位诉讼涉及的当事人范围比较广泛，在有些情况下公司和其他股东没有参加诉讼，但案件的处理结果与其有直接或间接的利害关系，案件的胜诉或败诉与他们的切身利益密切相关。如果不赋予公司和其他股东提起再审权，已发生既判力的判决可能使公司和其他股东的合法权益受到损害。据此而论，法律应当赋予公司和其他股东提起再审之诉的权利。但是，在另一方面，股东提起代位诉讼的前提是，公司怠于或者拒绝起诉，而其他股东得知原告股东提起代位诉讼后亦未参加诉讼，这些都表明，就公司权益受到的特定侵害而言，原告股东是最关心公司利益的人。因此，对于法院作出的生效判决是否需要申请再审，申请再审是否符合公司利益，最好还是应当由原告股东作出决定。公司和其他股东既然未参加诉讼，就应当认为原告股东的决定是符合公司利益的。因此，在通常情况下，为维护公司利益，法律赋予原告股东申请再审权就足够了。只有在特殊情况下，才有必要赋予公司和其他股东申请再审的权利。根据股东代位诉讼的利益和后果主要由公司承担的特点，我们认为，在下述两种情况下，应当允许公司和其他股东申请再审：(1)原告股东与被告串谋损害公司利益，或者原告在诉讼中实施了不利于公司和其他股东的诉讼行为的。在这些情况下，原告股东可能不会申请再审，如果不赋予公司和其他股东申请再审的权利，原告的违法行为或不正当行为就会通过生效判决的既判力，给公司和其他股东的利益造成损害。从维护公司和其他股东合法权益，抑制原告股东不法侵害行为的角度出发，应当允许公司和其他股东申请再审。(2)法院判决由公司承担实体义务的。如前所述，股东代位诉讼的后果最终可能由公司实际承担，例如，原告股东善意诉讼的，如果法院判决原告股东败诉，诉讼费用通常要由公司承担。在这种情况下，公司并未参加诉讼，但却被判决承担实体义务，如果不允许公司和其他股东申请再审，对公司和其他股东就显得不太公平。如前所述，法院判决并未要求公司承担实体义务的，是否申请再审，应当尊重原告股东的意见，不必再赋予公司和其他股东单独提出申请再审的权利。

二十一、股东代表诉讼中，股东能否作为申请人向法院提起执行申请

股东代表诉讼判决以后，如果被判决承担责任的义务人逾期不履行义务，法院可以应权利人的申请依法强制执行。根据我国《民事诉讼法》和相关规定的精神，申请人必

须是法律文书确定的权利人或者权利继承人、权利承受人。对于股东代表诉讼制度而言，公司作为判决确定的权利人，通常具有申请人民法院强制执行的权利，但是公司被从事违法行为的控股股东、实际控制人、董事控制时，有可能无法有效的提出执行申请。为了保障判决的顺利执行、维护公司的合法权益，法院应当允许股东作为申请人向其提起执行申请。如果公司已经提出了强制执行申请，则股东没有再提起执行申请的必要。

法条索引

《中华人民共和国公司法》

第一百五十二条　董事、高级管理人员有本法第一百五十条规定的情形的，有限责任公司的股东、股份有限公司连续一百八十日以上单独或者合计持有公司百分之一以上股份的股东，可以书面请求监事会或者不设监事会的有限责任公司的监事向人民法院提起诉讼；监事有本法第一百五十条规定的情形的，前述股东可以书面请求董事会或者不设董事会的有限责任公司的执行董事向人民法院提起诉讼。

监事会、不设监事会的有限责任公司的监事，或者董事会、执行董事收到前款规定的股东书面请求后拒绝提起诉讼，或者自收到请求之日起三十日内未提起诉讼，或者情况紧急、不立即提起诉讼将会使公司利益受到难以弥补的损害的，前款规定的股东有权为了公司的利益以自己的名义直接向人民法院提起诉讼。

他人侵犯公司合法权益，给公司造成损失的，本条第一款规定的股东可以依照前两款的规定向人民法院提起诉讼。

第七编 07

公司债券热点问题裁判标准与规范

第三十二章

公司债券热点问题裁判标准与规范

本章导读

公司债券作为代表债权的一种有价证券，对于拓宽公司的融资路径和投资者的投资渠道以及丰富证券市场的交易品种具有重要意义。但是与境外资本市场相比，我国的债券市场发展极为缓慢，其中一个重要原因即是1993年《公司法》将公司债券发行主体限于狭窄的范围，并且在实践中审批部门仅仅重视大型国有公司的债券发行申请。2005年《证券法》放宽了公司债券的发行主体。随着审批部门观念的变化，我国的债券市场开始进入快速发展阶段，每年都有数十家上市公司通过成功地发行债券。可以预见，随着我国资本市场的完善，我国公司债券市场将有更为巨大的发展空间。

理论研究

一、公司债券的发行

1. 公司债券的发行主体

2005年修订《公司法》时，一方面将公司债券的发行条件放入《证券法》，另一方面在《证券法》中放宽了公司债券发行主体。根据2005年《证券法》第十六条规定，股份有限公司和有限责任公司只要符合法定条件均可发行公司债券，而不再区分有限责任公司的国有或民营性质。

2. 公司债券的发行条件

根据《证券法》规定，公司公开发行公司债券，应当符合下列条件：(1)股份有限公司的净资产不低于人民币三千万元，有限责任公司的净资产不低于人民币六千万元；(2)累计债券余额不超过公司净资产的百分之四十；(3)最近三年平均可分配利润足以支付公司债券一年的利息；(4)筹集的资金投向符合国家产业政策；(5)债券的利率不超过国务院限定的利率水平；(6)国务院规定的其他条件。公开发行公司债券筹集的资金，必须用于核准的用途，不得用于弥补亏损和非生产性支出。此外，有下列情形之一的，不得再次公开发行公司债券：前一次公开发行的公司债券尚未募足；对已公开发行的公司债券或者其他债务有违约或者延迟支付本息的事实，仍处于继续状态；违反法律规定，改变公开发行公司债券所募资金的用途。根据国务院制定的《企业债券条例》，公司债券的发行还必须满足下列条件：公司财务会计制度符合国家规定；具有偿债能力；经济效益良好，发行企业债券前连续三年盈利；债券的利率不得高于银行相同期限居民储蓄定期存款利率的百分之四十；所筹资金不得用于房地产买卖、股票买和期货交易等与本企业生产经营无关的风险性投资。上市公司发行可转换公司债券，不但涉及债券认购人与持有人的利益，还涉及公司原股东利益和资本市场秩序，因此应接受更严格的规制，除应当符合上述条件外，还应当符合公开发行股票的条件，即：具备健全且运行良好的组织机构；具有持续盈利能力，财务状况良好；最近三年财务会计文件无虚假记载，无其他重大违法行为；经国务院批准的国务院证券监督管理机构规定的其他条件。证监会发布的《上市公司证券发行管理办法》进一步规定，发行可转换公司债券的上市公司最近三个会计年度加权平均净资产收益率平均不低于百分之六；扣除非经常性损益后的净利润与扣除前的净利润相比，以低者作为加权平均净资产收益率的计算依据。公开发行可转换公司债券，应当委托具有资格的资信评级机构进行信用评级和跟踪评级。此外，上市公司发行可转换公司债券还必须符合法定的担保条件，详见前文。

3. 公司债券的发行程序

公司决议。尽管有的境外公司法比如美国公司法规定发行公司债券由公司董事会决议，但是该种做法并不符合我国的市场结构和法律体系，我国2005年《公司法》沿用1993年《公司法》的规定，将发行公司债券的决议权利赋予了公司股东(大)会而非董事会，董事会仅享有提出议案的权利，但是其议案必须经股东(大)会批准。对于董事会和股东会的决议内容和决议程序，《公司法》未作强制性规定，但是对于上市公司发行可转换公司债券，证监会做了详细规定。

申报与核准。发行公司债券的决议经公司股东(大)会通过后，公司应当向国务院授权的部门或者国务院证券监督管理机构报送下列文件:公司营业执照;公司章程;公司债券募集办法;资产评估报告和验资报告;国务院授权的部门或者国务院证券监督管理机构规定的其他文件。发行公司债券用于固定资产投资,按照国家有关规定需要经有关部门审批的,还应当报送有关部门的审批文件。上市公司发行可转换公司债由证监会审核;普通公司债券的发行由国务院发展与改革委员会(简称发改委)审核,并且分为额度申报与发行申报两个过程。证监会或发改委应当自受理债券发行申请文件之日起三个月内,依照法定条件和法定程序作出予以核准或者不予核准的决定,发行人根据要求补充、修改发行申请文件的时间不计算在内;不予核准的,应当说明理由。普通公司债券发行申请经发改委核准通过并经中国人民银行和中国证监会会签后,由发改委下达批复文件,其中,中国人民银行主要是核准利率,中国证监会对证券类公司承销商进行资格认定与兑付的风险评估。

公告和发行。公司债券发行申请经核准,发行人应当依照法律、行政法规的规定,在公开发行前,公告公开发行募集文件,并将该文件置备于指定场所供公众查阅。公司不得在公告公开发行募集文件前发行证券。上市公司发行可转换公司债,上市公司应自中国证监会核准发行之日起六个月内发行;超过六个月未发行的,核准文件失效,须重新经中国证监会核准后方可发行。上市公司发行可转换公司债前发生重大事项的,应暂缓发行,并及时报告中国证监会。该事项对本次发行条件构成重大影响的,发行证券的申请应重新经过中国证监会核准。公司发行债券,应当由证券公司承销。向不特定对象公开发行的证券票面总值超过人民币五千万元的,应当由承销团承销。至于具体的承销方式由发行人与主承销商协商确定,在实践中主要有四种类型:全部网上定价发行;网上定价发行与网下向机构投资者配售;部分向原社会公众股东优先配售,剩余部分网上发行;部分向原社会公众股东优先配售,剩余部分采用网上定价发行与网下向机构投资者配售的方式。

二、公司债券的转让

公司债券作为一种有价证券,具有可转让性,并且正是由于该种可转让性促进了公司债券的盛行和繁荣。对于债券持有人而言,债券的转让为其提供了一个快捷的推出渠道,可以保持其资产的流动性,在需要资金时,通过出售所持债券、及时变现;并且在债券价格上涨时还可以通过出售债券获得资本利得。对于潜在的投资者而言,可以通过受让公司债券实现对目标公司的投资从而获得投资收益。对于公司而言,通过债券交易的价格发现机制,可以评估企业的经营状况并督促管理者积极改善公司经营管理;此外,公司还可以在资金充足时购回发行在外的债券以减轻公司的利息负担。对于资本市场而言,公司债券作为不同于股票的有价证券,满足了不同投资者的爱好,增加了证券市场的流动性和活跃程度。

《公司法》明确规定公司债券可以转让,转让价格由转让人与受让人约定。记名公司债券,由债券持有人以背书方式或者法律、行政法规规定的其他方式转让;转让后由公司将受让人的姓名或者名称及住所记载于公司债券存根簿。无记名公司债券的转让,由债券持有人将该债券交付给受让人后即发生转让的效力。公司债券在证券交易所上市交易的,按照证券交易所的交易规则转让。申请公司债券上市交易,应当向证券交易所提出申请,必须符合下列条件:经有权部门批准并发行;债券的期限为一年以上;债券的实际发行额不少于人民币五千万元;债券须经资信评级机构评级,且债券的信用级别良好;申请债券上市时仍符合法定的公司债券发行条件;交易所认可的其他条件。申请在深圳证券交易所上市的公司债券的信用等级不低于 a 级;债券有担保人担保,担保条件符合法律、法规规定;资信为 aaa 且债券发行时主管机关同意豁免担保的企业债券除外。公司债券上市交易后,公司有下列情形之一的,由证券交易所决定暂停其公司债券上市交易:公司有重大违法行为;公司情况发生重大变化不符合公司债券上市条件;公司债券所募集资金不按照核准的用途使用;未按照公司债券募集办法履行义务;公司最近两年连续亏损。公司有上述第(1)项、第(4)项所列情形之一经查实后果严重的,或者有上述第(2)项、第(3)项、第(5)项所列情形之一,在限期内未能消除的或者公司解散、被宣告破产的以及债券到期前一周,由证券交易所决定终止其公司债券上市交易。

三、公司债券的偿还与转换

公司债券代表持有人对公司的债权,而债权的一个重要特征就是有期限性,这也是公司债券作为有价证券与公司股票的一个重要区别。公司发行债券时必须在债券募集办法中规定债券的还本付息日期。当公司债券的还本期到来时,公司必须足额偿还持有人债券的票面金额(可转换公司债券,限于未行使转换权的债券持有人)。

公司债券除因到期外,还可能因赎回或回售二由公司偿还。所谓赎回,是指发行公司在债券募集办法中规定公司有权根据事前约定的条件和价格购回持有人持有的公司债券,债券持有人必须接受而不得拒绝。赎回制度赋予了公司偿还债券的形成权,有利于维护公司利益。赎回主要出现于以下两种情形:(1)公司现金流发生变化,不再需要通过债券融资,此时公司赎回发行在外的债券可以减轻利息负担;(2)在发行可转换公司债券后,公司股价大幅上升,如果由债券持有人行使转换权,公司将遭受巨额不利益,因此公司购回发行在外的债券以防止债券持有人行使转换权。所谓回售,是指发行公司在债券募集办法中规定债券持有人有权根据事前约定的条件和价格向公司出售持有的公司债券,公司必须接受而不得拒绝。与赎回制度保护公司利益不同,回售制度重在保护持有人利益。回售主要出现于以下两种情形:(1)公司经营状况恶化或出现重大情事变更,很有可能影响公司的偿债能力;(2)在认购可转换公司债券后,公司股价大幅大跌,债券持有人行使转换权将遭受经济损失,但是可转换公司债券公司债券的利率水平通常又很低,因此债券持有人可向公司回售债券以收回投资。根据证监会规定,发行可转换债券的上市公司改变公告的募集资金用途的,必须赋予债券持有人一次回售的权利。

对于可转换公司债券而言,持有人除接受发行公司偿还本金外,还可以选择行使转换权。债券持有人是否行使转换权,主要取决于转股价格(又称行权价格)与转换期到来时公司股票市场价格的比较。如果转股价格高于转换期内的股票市场价格,持有人将持有的公司债券转换为公司股票,将遭受损失,因此投资者往往选择放弃行使转换权而是由公司偿还本金。如果转股价格低于转换期内的股票市场价格,持有人将持有的公司债券转换为公司股票,将获得有利的差价,因此投资者往往选择行使转换权。上市公司必须在公司债券募集说明书中约定转股价格以及调整的原则及方式。转股价格应不低于募集说明书公告日前二十个交易日该公司股票交易均价和前一交易日的均价。募集说明书约定转股价格向下修正条款的,应当同时约定:(1)转股价格修正方案须提交公司股东大会表决,且须经出席会议的股东所持表决权的三分之二以上同意。股东大会进行表决时,持有公司可转换债券的股东应当回避;(2)修正后的转股价格不低于前项规定的股东大会召开日前二十个交易日该公司股票交易均价和前一交易日的均价。上市公司发行可转换公司债券后,因配股、增发、送股、派息、分立及其他原因引起上市公司股份变动的,应当同时调整转股价格。可转换公司债券自发行结束之日起六个月后方可转换为公司股票,转股期限由公司根据可转换公司债券的存续期限及公司财务状况确定。债券持有人对转换股票或者不转换股票有选择权,并于转股的次日成为发行公司的股东。

实务探讨

一、公司债与普通公司债有何区别

公司债有广义和狭义之分,广义的公司债泛指公司负担的一切债务,包括公司债券债务与普通公司债务;狭义的公司债仅指公司对公司债券持有人负担的债务。狭义的公司债与和普通公司债务的共同之处是两者都是债权债务法律关系。两者的不同之处主要表现在以下几个方面:(1)产生原因不同。狭义的公司债(以下简称公司债)是基于公司债券的发行,这是产生公司债的唯一原因,是合同之债的一种特殊情形;普通公司债务的产生则是源于多种原因,可能是合同之债,也可能是侵权之债、不当得利之债、无因管理之债等。(2)债权债务表现形式不同。公司债以公司债券为表现形式,是一种证券化的公司债务,有相应的发行市场和转让市场,转让便利,易于流通。普通公司债务不以有价证券表彰,是非证券化的债务,难以流通,也不会有相应的发行市场和转让市场。(3)债权人之间的关系和地位不同。公司债是公司所负担的集团债务,同一次发行的公司债券持有人能享有的权利是相同的,即公司债券持有人地位是平等的;普通公司债的形成原因是多元的,既是普通公司债的债权人人数众多,也可能因债权的数量不同或受偿的优先次序不同等原因,而不能构成一个集团。(4)受管辖的法律规范不尽相同。普通公司债务主要由合同法调整。公司通过发行公司债券来向不特定的社会公众举债,需要经过复杂的债券发行程序、法律上的规制更为严格,双方的关系除受《合同法》调整外,还受《公司法》、《证券法》调整。[①]

二、公司债券与股票之间有何联系与区别

公司债券与股票既有相同之处,又有本质上的差异。二者相同之处表现为都是公司筹集资金的手段,都是有价证券,均可以转让,并可以依法上市,其所代表的公司债和公司资本,都属于公司资产的范围。二者的差异主要包括:(1)代表的财产权利不同。公司债券体现公司与债券持有人之间的债权债务关系,股票体现公司与股票持有人之间股权关系。(2)当事人的权利义务不同。股票持有人享有对公司的股权,有权参与公司的经营管理;公司债券持有人只有请求公司按照约定还本付息的权利,无权参与公司管理。(3)风险和收益不同。股票持有人在向公司交付了作为股本的出资后,无权请求公司返还公司,获得投资收益主要靠公司的利润分配和转让股票的资本利得,严重依赖于公司的盈利状况,并且即使在公司盈利的情形下,公司也可能不向股东分配利润;公司债券持有人则有权在债券到期时请求公司还本付息,无论公司盈利还是亏损。概括而言,债券的收益和对应的风险通常低于股票,但是也并非绝对,在公司盈利能力差的时候,公司债券的收益反而可能高于公司股票。(4)发行主体不同。根据我国《公司法》的规定,股票只能由股份有限公司发行;公司债券既可以由股份有限公司发行,也可以由有限责任公司发行。(5)发行条件不同。公司发行债券必须符合《公司法》、

① 赵旭东主编:《公司法学》(第二版),高等教育出版社 2006 年版,第 420 页。

《证券法》以及监管部门做出的严格规定，否则不得发行；对股票而言，除公开发行或上市公司非公开发行外，法律未作规定，任何股份公司均可发行。(6)核准机关不同。公司发行债券由国务院授权的部门核准，根据现行规定，除可转换公司债券外，公司债券的发行由国务院发展与改革委员会审核；公司公开发行股票或上市公司非公开发行新股，由中国证监会核准。

三、公司债券与公司借款有何区别

公司债券与公司借款也有区别。虽然两者都是公司的对外借款，但区别在于：(1)公司债券的发行实行公开原则，而公司的借款一般不需要实行公开原则，只有上市公司的重大借款，依法需要公告。(2)公司债券发行对象为不特定对象或累计超过两百人的特定对象。公司借款不得采取公开发行的方式向不特定对象进行宣传、吸纳，即使向特定对象借款也不得累计超过两百人，否则均属于公开发行债券的行为。(3)公司借款适用《民法通则》、《合同法》及其司法解释；而公司债券发行，除适用上述法律外，还适用《公司法》、《证券法》和《企业债券管理条例》等管理性规范。

四、非法集资行为如何判定及处理

司法实践中，出现了许多因公司对外多方借款无力清偿导致诉讼的案件。在处理时，应当综合考虑全部借款行为，结合《公司法》、《证券法》的有关规定，审慎处理。如某有限责任公司，为扩大规模，经所在地的有关政府部门同意批准，向其职工进行集资。根据其集资办法的规定，只有其公司职工有权缴纳集资款，借款期限5年，年利率10%。2000年期间，共计有340名员工向该有限责任公司缴纳了集资款，共计人民币2000万元。因到期后，有限责任公司无法按时偿还本息，导致大量职工上访。该地方政府部门指示法院依法处理上述案件。法院却表示上述案件不属法院民事案件受理范围，不予受理。

对此我们认为，该案件的处理涉及两个问题：一是上述借款行为是否属非法集资行为，二是非法集资行为涉案后的处理方式。首先，根据我国《证券法》的有关规定，采取公开方式发行证券的行为必须依法向国务院证券监督管理机构或者国务院授权的部门，办理有关核准手续，否则即属于违法行为。所以，采取公开发行的方式和向国务院证券监督管理机构申请并核准是公开发行证券的两个必要条件。对何谓公开发行，《证券法》第十条第二款作出了明确规定，即凡是发行对象超过两百人的，必然属于公开发行；如少于两百人的，则须进一步判断对象是否特定，如对象不特定的，则亦属公开发行。对于非公开发行的，即我们所称的私募发行，适用《民法通则》、《合同法》有关借款的规定处理。而对于公开发行的,则必须结合《公司法》和《证券法》进一步判断其是否属于合法发行。未经国务院证券监督管理机构或者国务院授权的部门核准的,即属于违法发行。上述案例中,某有限责任公司虽然是向其内部职工这一特定对象募集资金,但由于累计人数超过两百人,所以属于《证券法》所指的公开发行。而该公司的发行行为,仅得到当地政府的批准,未得到国务院证券监督管理机构或者国务院授权的部门核准,依据《证券法》规定属违法行为。其次,是对于违法发行或非法集资行为的处理问题。该公司的发行行为属违法行为,应当承担行政责任乃至刑事责任。《证券法》第一百八十八条规定了依法履行监督管理职责的机构可对违反上述规定公司作出责令停止发行、返还资金与利息和罚款,对直接责任人员给予警告和罚款。如数额巨大、后果严重或有其他严重情节的,应根据《刑法》第一百七十九条规定追究刑事责任。对缴纳集资款的职工是否有权提起民事诉讼的问题,我们认为,根据《民法》的一般原理,因公司的发行行为违反国家禁止性规范而属无效,职工无权向公司之间主张借款之债,而只能行使合同无效产生的返还请求权和赔偿请求权。但鉴于当地政府曾批准该发行活动,该类案件不宜再作为民事案件由法院受理,而应当依据"谁批准谁负责"的原则,由当地政府妥善解决。法院在作出不予受理决定时,应当向国务院证券监督管理机构发出司法建议书,建议其依法查处。[①]

五、公司债券持有人如何介入公司治理

公司债券持有人往往十分分散,由此导致公司债券法律关系双方主体利益的实现可能受到阻碍。对公司而言,公司的某些行为需要与作为其债权人的债券持有人协商乃至取得其同意,比如公司因重大情事变更需要变更募集说明书的约定,或者公司合并、分立、减少注册资本等。对债券持有人而言,债券持有的分散性导致发行公司侵害债券持有人利益时,债券持有人很难寻得有效保护,毕竟与公司债券持有人可能获得的利益相比,其无论是发现公司信息、与公司进行协商以及发动对公司诉讼的成本都显得过于高昂,而且单个公司债券持有人力量薄弱,很难形成与公司抗衡的力量。因此,创造一种可以代表全体债券持有人的行动机制对于当事人双方都显得十分必要。对此,在大多数大陆法系国家,表现为可转换公司债券持有人会议制度;在大多数英美法系国家,表现为公司债券信托制度;在部分其他国家和地区,则兼采上述两种制度于一体;还有一些国家,通过建立公司债券持有人代表制度来保护公司债券持有人利益。

为规范公司债券的发行行为,保护投资者的合法权益和社会公共利益,证监会于

① 张海棠主编:《公司法适用与审判实务》,中国法制出版社 2009 年版,第 327 页。

2007年8月14日公布《公司债券发行试点办法》,该办法首次出现了债券持有人会议制度和债券受托人制度。该办法第二十三条规定"公司应当为债券持有人聘请债券受托管理人,并订立债券受托管理协议"。第二十六条规定:"公司应当与债券受托管理人制定债券持有人会议规则,约定债券持有人通过债券持有人会议行使权利的范围、程序和其他重要事项。"可见,在同时存在债券持有人会议和债券受托人的情况下,聘请债券受托人是公司发行债券的强制性要求,这种规定与台湾地区的相关规定相似,表明我国债券持有人介入公司治理的机制是一种强制混合制度。这种强制混合制度对债券持有人介入公司治理行使监督管理权是十分有利的,也符合我国的实际情况。首先,债券持有人会议是形成债券持有人一致意思和共同利益的载体,在我国债券持有人分布多而广的情况下是必不可少的;其次,债券受托人制度在我国具有可行性,不仅《信托法》的施行为其提供了很好的法律保障,而且商业银行、金融公司、证券公司等金融机构的大量存在也为该制度的运行提供了现实条件。因此,我国立法确认强制混合制度是值得肯定的。

虽然确立的强制混合制度符合我国的实际情况,但从目前的立法和实践来看,对强制混合制度的规定还存在许多问题,导致债券持有人据此介入公司治理仍有困难,主要体现在以下三方面:第一,关于债券持有人会议的运作,办法只规定了召集会议的几种情形,没有对会议的召集程序做出明确规定,包括会议的组成、召集、决议事项、参与方式等,从而导致实际运作过程中会议的召开不够规范,债券持有人很难真正介入公司治理。第二,关于债券受托人制度,办法详细规定了受托人的职责,却没有对受托人的资格条件和法律责任做出具体完整的规定,使该制度在实践中的操作性不够强,也不能较好的约束受托人的行为,导致债券持有人的利益可能遭受受托人的侵害。第三,办法虽对两种制度做出了规定,却没有突出两者的联系,更没有创建债券持有人会议和受托人互相配合的机制,导致两种制度的运作比较分离,不能体现出混合制度具有的优势,同时易造成实践中债券持有人对介入公司治理无所适从的问题。故我们认为,规定债券持有人会议的运作程序,明确债券受托人的资格和责任以及建立两种制度相互配合的机制势在必行,从而更加完善我国债券持有人介入公司的治理机制。

六、影响可转换公司债券价值的因素

可转换公司债券实质就是一种由普通债权和股票期权两个工具组成的复合融资工具,投资者购买可转换公司债券等于同时购买了一个普通债券和一个对公司股票的看涨期权。正是由于该看涨期权的存在,使得可转换公司债券价值远较一般公司债券复杂。一般而言,影响可转换公司债券价值的因素主要有以下几点:(1)票面利率。票面利率越高，可转换公司债券的债权价值就越高；反之，票面利率越低，可转换公司债券的债权价值就越低。(2)转股价格。转股价格越高，期权价值越低，可转换公司债券的价值也就越低；反之，转股价格越低，期权价值越高，可转换公司债券的价值也就越高。(3)股票波动率。股票波动率是影响期权价值的一个重要因素。股票波动率越大，期权的价值越高，可转换公司债券的价值越高；反之，股票波动率越低，期权的价值越低，可转换公司债券的价值越低。(4)转股期限。转股期限越长，转股权价值越大，可转换公司债券的价值就越高；反之，转股期限越短，转股权价值越小，可转换公司债券的价值就越低。(5)回售条款。通常情况下，回售期限越长、转换比率越高、回售价格越大，回售的期权价值就越大；相反，回售期限越短、转换比率越低、回售价格越小，回售的期权价值就越小。(6)赎回条款。通常情况下，回售期限越长、转换比率越低、回售价格越小，回售的期权价值就越大；相反，回售期限越短、转换比率越高、回售价格越大，回售的期权价值就越小。①

七、持券人可否向包销公司债券的证券公司主张权利

我国《证券法》规定，发行公司债券应当由证券公司承销，发行公司不得自行对外销售。而承销的方式分为证券代销和证券包销两种方式。这样购买公司债券的持券人就不直接与发行公司发生关系。在发生纠纷时，持券人可否直接起诉证券公司，特别是采取包销方式的证券公司，司法实践中有不同的意见。

公司债券是发行人到期履行还本付息义务的一种证券。但我国《证券法》规定，公开发行的债券必须由证券公司对外销售。证券公司销售债券可以采取证券代销或证券包销方式。对于证券代销合同，认识还是较为统一的，即证券公司只是发行人的受托人，证券公司并不对证券的发行失败和债券还本付息承担义务。但对于证券包销，司法实践与理论界的认识出现了明显不一。比如有的学者就认为，"发行人与承销商即可能是买卖关系，也可能先是代理关系而后转为买卖关系"。② 有的法院也采用了这一思路，认为证券公司与发行人之间的证券包销，产生了债券的买卖关系，按买卖合同法律关系，证券公司取得债券的所有权，也就应当负担兑付到期债券的义务；发行人也因为证券包销合同，不再负担证券的兑付义务。我们认为，这种思路的错误在于，"证券买卖"不等同于一般商品的买卖，其转移的只是实物证券，但证券兑付义务不因此发生移转；证券包销合同只涉及证券的销售法律关系，与证券的兑付法律关系无关，债券发行

① 中国证券业协会编：《证券发行与承销》，中国财政经济出版社2006年版，第228页。

② 马家其等：《证券法原理、规则、案例》，清华大学出版社2007年版，第66页。

人负有到期兑付的义务,承销人不承担兑付风险。即使到期后,发行人破产或无力支付的,承销人不负有代为清偿的义务,相反包销的证券公司可以作为持券人向发行人主张权利。

八、公司债券是否可以提前偿还

公司债的偿还期限与公司债的期限有关,因为一般都是到期偿还。关于公司债的期限,我国《公司法》并没有做出明确的规定。不过,《可转换公司债券管理暂行办法》中规定可转换公司债券的期限是3—5年。

公司债券应当到期偿还,公司不得违反公司债持有人的意思随时偿还,公司债持有人也不能要求随时偿还。发行公司提前偿还时,包括提前偿还同一次发行的全部公司债券和提前偿还同一次发行的部分公司债券,都会使公司债持有人丧失部分利息所得,发行公司提前偿还发行在外的债券并不符合合同的规定,发行公司提前偿还公司债券,须在发行合同中予以特别约定。没有相关的约定,发行公司就没有提前偿还公司债券的权利,债券持有人也没有接受发行公司提前偿还的义务。所以,提前偿还是有条件的。

九、未登记在公司债券存根簿的债券交易是否发生转让效果

此问题涉及实物记名债券的转让生效时间如何判断的问题。有的学者认为,债券交付即转让生效,但不登记的不对抗公司。我们认为,上述观点是错误的,实物债券交付即发生权利变动,公司债券存根簿的登记与债券的权利变动没有关系。理由如下:(1)《物权法》没有对债券权利质押提出任何债券存根簿登记的要求。《物权法》区分不同的物权种类,规定了两元主义的物权变动模式。对权利质押,《物权法》规定,债券自权利凭证交付质权人时设立,没有权利凭证的,自有关部门办理登记时设立。也就是说,《物权法》是根据债券的形式来区分变动要素的。对于实物债券,债权合意(质押合同)和交付债券同时存在的即足以发生质押权产生的物权变动效果;而对凭证式债券、记账式债券,债权合意(质押合同)和登记结算机构办理抵押登记也即产生抵押权。《物权法》没有提出任何关于公司债券存根簿的登记要求,也就是说公司债券存根簿的登记不是债券质押权产生的要件,也不是对抗要件。《物权法》虽然没有直接对债券的权利变动作出规定,但可以类推适用债券权利质押的有关规定。(2)《公司法》有关公司债券存根簿登记的规定只是对发行人提出的义务,不涉及债券权利变动的效力。《公司法》第一百六十一条所规定的公司债券存根簿登记,并未涉及债券变动的效力问题或对抗性问题。有的学者对此解读为对抗要件是一种误读或扩张解释,这种解释缺

乏任何法条依据也与其他证券、票据的权利变动存在体系上的矛盾。比如,《票据法》上的票据一般都是以背书转让为变动方式,如果类推适用上述学者的观点,就会得出虽经背书转让但未在票据存根联上登记的,不得对抗第三人的结论。该结论是违反票据法有关促进票据流通的基本原则的。同样在《证券法》、《公司法》上,促进证券的流通也是立法的一个重要价值取向。证券的实物交付或结算中心的交易登记足以发生权利变动的公示作用,足以维护动态与静态的交易安全,完全没有必要进一步设立存根簿登记对抗要件。(3)依对抗要件设置的法理,债券也无设立登记对抗制度的必要。纵观各国的《物权法》立法与判例,设置对抗要件的只有两种情况:一是物权变动模式采债权意思主义时,大多会设立一定的对抗要件。因为债权意思主义仅以债权意思为物权变动的要件,即买卖合同成立生效后,无论出卖人是否将标的物移转占有给买受人,都发生物权变动。这种物权变动模式由于缺乏"公示",常使交易者无法通过观察标的物的现实占有状态去正确判断其所有权归属,极易发生交易失败。所以,设定一定的对抗要件,以保障第三人的利益。二是当动产标的物的价值较大时,为维护交易安全设置登记对抗要件。如采取债权形式主义的国家,对于飞机、船舶等较大价值的动产,都规定移转占有上述动产为物权变动的要素,但不登记的不得对抗第三人。

我国物权变动采取两元模式,大部分物权的变动采债权形式主义,但也有部分类型的物权变动采债权意思主义,所以在《物权法》中确实出现了多处登记为对抗要件的规定。但债券的变动不符合上述两种设置对抗要件的情形,所以无需设置对抗要件。理由有二:首先,我国的债券的变动模式采取的是债权形式主义,即债权合意和公示行为一致后,发生债券的权利变动。其公示方法是背书、过户登记或实物债券的交付。上述公示方法具有直观、快捷、有效的权利归属判断效果,判断结果与实际权利归属悖离的可能性极小,所以无需再另行设置对抗要件。其次,债券的价值也不足以大到需要设置存根簿登记以维护静态安全而去削弱流通性。设立债券制度的一个重要目的是便于资本流通,设置登记对抗要件将极大削弱债券的流通性。

综上所述,我们认为债券交易时,实物债券的交付、背书或凭证式债券、记账式债券在登记结算机构办理过户登记后,即发生权利变动。发行人是否将记名债券的变动情况在存根簿登记与债券变动的效力无关。①

① 张海棠主编:《公司法适用与审判实务》,中国法制出版社2009年版,第342页。

法条索引

《中华人民共和国公司法》

第一百五十四条　本法所称公司债券，是指公司依照法定程序发行、约定在一定期限还本付息的有价证券。

公司发行公司债券应当符合《中华人民共和国证券法》规定的发行条件。

第一百五十六条　公司以实物券方式发行公司债券的，必须在债券上载明公司名称、债券票面金额、利率、偿还期限等事项，并由法定代表人签名，公司盖章。

第一百五十七条　公司债券，可以为记名债券，也可以为无记名债券。

第一百六十条　公司债券可以转让，转让价格由转让人与受让人约定。

公司债券在证券交易所上市交易的，按照证券交易所的交易规则转让。

第八编 08

公司财务、会计热点问题裁判标准与规范

第三十三章

公司财务、会计热点问题裁判标准与规范

本章导读

公司财务、会计涉及公司资金的筹集、运用和分配，对公司和相关利益主体意义重大，因此《公司法》特设专章对其进行规范，《证券法》也从信息披露的角度对发行人和上市公司的财务、会计进行了详细规范。然而在实践中，围绕公司财务、会计的问题屡屡发生，特别是公司提供虚假财务会计报告和公司控制者不当操纵公司利润分配问题，解决这些问题需要对相关的制度进行系统的分析从而提出可行的路径。由于公司财务、会计制度的专业性很强，我国法律界人士对公司财务、会计的了解相对较少，本书特设此专题对公司财务、会计进行初步而系统的介绍和分析。鉴于我国《公司法》在第十二章的第二百零八条专门规定了中介机构在公司财务、会计中的民事责任，相关内容在本书后文设专题详述，此处暂时省略。

理论研究

一、公司财务会计报告的构成

随着公司所有权和经营权的分离以及资本市场的发展，公司会计逐步演变为两大分支：一是服务于公司内部管理信息和决策需要的管理会计；二是服务于股东、债权人等外部信息使用者信息和决策需要的财务会计。公司的管理会计多由公司根据自身需要灵活设置，而对公司的财务会计，法律设置了较多规范，特别是反映会计终端结果的

财务会计报告,即通常而言的财务报告。

财务报告是指公司对外提供的反映公司某一特定日期的财务状况和某一会计期间的经营成果、现金流量等会计信息的文件。财务报告包括财务报表和其他应当在财务报表中披露的相关信息和资料。其中,财务报表由报表本身及其附注两部分构成,附注是财务报表的有机组成部分,而报表本身至少应当包括资产负债表、利润表、现金流量表以及所有者权益(股东权益)变动表。不对外筹集资金、经营规模较小的公司可以不不编制现金流量表。

资产负债表是指反映企业在某一特定日期财务状况的会计报表。在我国,资产负债表采用账户式结构,报表分为左右两方,左方列示资产各项目,反映全部资产的分布及形态;右方列示负债和所有者权益各项目,反映全部负债和所有者权益的内容及构成情况。资产负债表左右双方平衡,资产总计等于负债和所有者权益总计,即资产 = 负债 + 所有者权益。此外,为了方便使用者通过比较不同时点资产负债表的数据,企业还需要提供比较资产负债表,资产负债表的各项目分为年初余额与期末余额两栏分别填写。

利润表是反映企业在一定会计期间经营成果的会计报表。利润表必须充分反映企业经营业绩的主要来源和构成,有助于使用者判断净利润的质量即风险,有助于使用者预测净利润的持续性,从而做出正确的决策。利润表结构有单步式和多步式两种,我国企业采用的利润表基本上是多步式的,即通过对当期的收入、费用、支出项目按性质加以归类,按利润形成的主要环节列示一些中间性指标,分步计算当期利润。利润表主要反映以下几方面的内容:营业收入、营业利润、利润总额、净利润及每股收益。此外,为了使用者通过比较不同期间利润实现情况,企业还需要提供比较利润表,利润表各项目分为本期金额与上期金额两栏分别填写。

现金流量表是反映企业在一定会计期间现金和现金等价物流入和流出的报表。现金流量表按照收付实现制原则进行编制,将权责发生制下的盈利信息调整为收付实现制下的现金流量信息,便于信息使用者了解企业净利润的质量。从内容上看,现金流量表被划分为经营活动、投资活动和筹资活动三个部分,每类活动又分为各具体项目,从不同角度反映企业业务活动的现金流入与现金流入,弥补了资产负债表和利润表提供信息的不足。通过现金流量表,报表使用者可以了解现金流量的影响因素,评价企业的支付能力、偿债能力和周转能力,预测企业未来现金流量。

企业所有者权益变动表是反映构成所有者权益各组成部分当期增减变动情况的会计报表。所有者权益变动表应当全面反映一定时期所有者权益变动的情况,不仅包括所有者权益总量的增减变动,还包括所有者权益增减变动的重要结构性信息,特别是要反映直接计入所有者权益的利得和损失,让报表使用者准确理解所有者权益变动的根源。在所有者权益变动表中,企业至少应当单独列出反映下列信息的项目:(1)净利润;(2)直接计入所有者权益的利得和损失项目及总额;(3)会计政策变更和差错产生的累计影响金额;(4)所有者投入资本和向所有者分配利润等;(5)提取的盈余公积;(6)实收资本和股本、资本公积、盈余公积、未分配利润的期初和期末余额及其调节情况。在结构上,所有者权益变动表以矩阵的形式列示。一方面,列示导致所有者权益变动的交易或事项,从所有者权益变动来源对一定时期内所有者权益变动情况进行全面反映;另一方面,按照所有者权益各组成部分及其总额列示交易或事项对所有者权益的影响。此外,企业还需要提供比较所有者权益变动表,就各项目分别填写本年金额和上年金额。

附注是对资产负债表、利润表、现金流量表和所有者权益变动表等报表中列示项目的文字描述或明细资料,以及对未能在这些报表中列示项目的说明等。附注至少应包括以下内容:(1)不符合基本会计假设的说明;(2)重要会计政策和会计估计及其变更情况、变更原因及其对财务状况和经营成果的影响;(3)或有事项和资产负债表日后事项的说明;(4)联方关系及其交易的说明;(5)重要资产转让及其出售情况;(6)企业合并、分立;(7)重大投资、融资活动;(8)会计报表中重要项目的明细资料;(9)有助于理解和分析会计报表需要说明的其他事项。

二、公司利润的分配

股东投资公司的目的在于获得投资收益,而公司的利润分配正是股东获得投资收益的基本形式,对股东权益影响巨大,事关股东根本利益。

1. 公司分配利润的程序

尽管有的境外公司法如美国《公司法》规定公司利润分配方案由公司董事会决定,我国《公司法》采纳了股东会中心主义,公司董事会负责制定公司的利润分配方案,但是必须经由公司股东会审议方可生效。至于股东会通过利润分配方案后的具体实施时间,法律未作规定。对此,证监会发布的《上市公司章程指引》第一百五十四条规定上市公司股东大会对利润分配方案作出决议后,公司董事会须在股东大会召开后 2 个月内完成股利(或股份)的派发事项。

公司利润的分配必须符合下列程序:如果公司以前年度亏损的,首先用本年利润弥补以前年度亏损;然后提取利润的百分之十列入公司法定公积金。公司法定公积金累计额为公司注册资本的百分之五十以上的,可以不再提取;提取法定公积金后,经股东会或者股东大会决议,还可以从税后利润中提取任意公积金;公司弥补亏损和提取公积金后所余税后利润,有限责任公司除全体股东另有约定外,依照股东实缴的出资比例分配，股份有限公司除公司章程另有规定外，按照股东持有的股份比例分配，但是公司持有的本公司股份不得参与分配。

公司违反上述顺序，在公司弥补亏损和提取法定公积金之前向股东分配利润的，股东必须将违反规定分配的利润退还公司。

对于公司利润的分配方法，《公司法》规定有限责任公司依照股东实缴的出资比例分配，全体股东另有约定除外；股份有限公司按照股东持有的股份比例分配，公司章程另有规定除外。必须注意，有限责任公司不按照法定标准分配股利，必须经全体股东达成一致协议。有限公司是否可以通过章程规定其他标准，值得讨论。对此，应当区分公司原始章程与变更后的章程确定。公司的原始章程需要经全体股东一致同意方可形成，任何持有异议的股东均可以拒绝参与公司章程，因此公司章程体现了全体股东的一致约定，公司章程如果规定不按照股东的实缴出资比例分配股利，实质上就是全体股东另有约定。公司章程的变更只需经持有公司三分之二以上表决权股东同意即可实现，未必反映全体股东意志，因此，除非公司全体股东都会公司章程修正案投票赞成，公司章程无权剥夺股东既有的法定权利和期待利益。对于股份公司规定法定标准之外的股利分配办法，只需公司章程另行规定而无须全体股东一致同意。《公司法》之所以许可股份公司章程做出除外规定，是考虑到通常股份公司股东较多，全体股东很难形成一致意见，为了维护公司和股东的意思自治，只能由公司章程另行规定。《公司法》的该种规定有失公允，因为股份公司通过修改章程改变原先的股利分配方案，剥夺了公司已经明示赋予股东的权利，而且该种权利事关股东根本利益，这一点股份公司与有限公司并无区别。当然，基于股份公司特别是上市的股份公司股东众多和分散，赋予公司章程另行规定股利分配办法也确实具有一定合理性，但是至少应当同时赋予利益受损股东救济途径，比如股份回购请求权。

2. 公司利润分配方式

公司利润分配可以通过多种方式实现，常见的有现金股利、财产股利、负债股利、股票股利以及股份回购。

现金股利，即公司分配利润时向股东派发现金。对于公司而言，现金股利减少了公司可以支配的资源，削弱了公司的现金流，因此可能影响公司未来盈利能力。但是，只要公司将现金股利的额度控制在公司财务允许范围内，该种缺陷即可以有效避免的。对于股东而言，现金股利方式直接将现金发放到股东手中，杜绝了公司控制者掠夺该部分资源的可能，实现了“落袋为安”，因为在股票股利形式下，股东接受的股利继续留在公司，而公司的控制权掌握在个别人手中，公司控制者可能借机掠夺中小股东。因此，现金股利最为中小股东欢迎，但可能受到公司控制股东的排斥。在我国，该种现象尤其明显，很多上市公司不派发现金，即使派发现金的上市公司也只是派发很低的比例。除了减少被掠夺风险外，现金股利还有助于监督公司控制者，因为发放现金股利会迫使公司更频繁地寻求外部筹资，而公司寻求新的外部筹资时，会受到投资人的专门检查，从而促使公司控制者诚信、勤勉。

股票股利，即公司以本公司股票代替现金作为股利向股东分配，又称送股。由于没有资产流出公司，公司资产并不减少，因此股票股利不影响公司的净值，也不影响所有者权益，只是在所有者权益范围内发生相关科目之间的调整，减少未分配利润余额，增加股本余额。这对于现金流匮乏的公司和正处于资本扩张的公司有利，这也是成长型公司多采用股票股利的原因所在。此外，股票股利一方面增加了流通在外的股票数量，另一方面降低了公司股价，使公司股价可以被更多的投资者接受，因而有助于增加其交易量，改善公司股份的流动性。股票股利与现金股利相比，费用相对较高，因为涉及公司股本和章程的变更。但是，由于该种方式保证了经济资源留在公司继续接受公司控制者的支配，因而成为我国证券市场中最常见的股利分配方式。

财产股利指当公司虽有盈余、但无现金可供分配时，以现金以外的资产作为股利向股东发放。作为股利的财产通常是以公司所持有的其他公司的股票、债券等有价证券，或本公司的产品、服务、商品存货、及本公司拥有的流动资产、其他财产等向股东分配。该种分配方式由于存在财产价值的确定以及分割方面的困难以及分配程序繁琐、成本高昂，因此在实践中很少被上市公司采用。

负债股利，指公司用指向本公司的债券或票据作为股利向股东发放。简单地说，负债股利就是公司向股东打欠条。负债股利最终支付形式仍然是现金，只是起到了推迟或顺延公司支付现金股利的功能。负债股利方式通常只在公司已经承诺发放股利但是其后现金流困难情形下采用，实践中较少发生。

股票回购，即公司向股东购回已发行的公司股份。股票回购被很多学者认为是变相的股利分配。其实，股票回购虽然与股利分配一样导致公司资产流向股东，但是与股利分配存在很大区别。首先，公司回购的股份可能来源于全体股东，也可能只来源于部分股东，与股利分配的对象是全体股东明显不同。其次，公司回购股份的价格可能偏离公司股票的合理价值，在公司回购完成后存在大幅上涨或下跌的可能，因此股东是否向公司出售股份存在很大的风险，这与股利分配明显不同。只有在公司以合理的价格从全体股东手中按比例回购股份时，股票回购才与股利分配具有一致性。当然，对于公司和公司债权人而言，股票回购与股利分配一样导致公司资产流向股东，因而应接受同样的财源限制。

实务探讨

一、公司是否需要提取公益金

我国法律法规长期以来都规定，企业除应当提取法定公积金外，还必须提取法定公益金。1993年《公司法》第一百七十七条就规定公司应当提取法定公益金。在修改《公司法》时，一些全国人大代表、全国政协委员、专家、企业和财政部建议，根据社会福利制度和企业财务会计制度的变化，应删去对公司提取公益金的强制性要求。财政部提出，公司提取公益金主要是用于购建职工住房，住房分配制度改革以后，按照财政部的有关规定，企业已经不得再为职工住房筹集资金，公益金失去了原有的用途，实践中出现了大笔公益金长期挂账闲置、无法使用的问题。[①] 2005年《公司法》修改时，废止了上述规定。因此，自2006年1月1日起，公司无需再提取法定公益金。但是，公司股东会或股东大会决定提取任意公益金的，不违反任何法律规定。

二、有限公司超出人数上限时如何进行盈余分配

我国《公司法》基于有限公司人合性的考量，对有限公司股东人数有上限限制。《公司法》第二十四条规定："有限责任公司由五十个以下股东出资设立。"在公司经营的过程中，由于股份转让或者隐名股东的问题，可能会发生股东人数超过50个的现象。这种情况究竟应该如何处理盈余分配问题，值得探讨。

我们主张从法律解释的角度，先分析一下《公司法》第二十四条的性质。换言之，《公司法》第二十四条属于效力性规范抑或管理性规范。"所谓效力性规范，指法律及行政法规明确规定违反了这些禁止性规定将导致行为无效或者不成立的规范；或者是法律及行政法规虽然没有明确规定违反这些禁止性规范后将导致合同无效或者不成立，但是违反了这些禁止性规范将损害国家利益和社会公共利益的规范。所谓管理性规范或曰取缔性规范，指法律及行政法规没有明确规定违反此类规范将导致行为的无效或者不成立，而且违反此类规范后如果使也并不损害国家或者社会公共利益，而只是损害当事人的利益的规范。"从法律规范定性的角度来讲，我们认为《公司法》第二十四

① 参见曹康泰：《关于中华人民共和国公司法（修订草案）的说明》，载安建主编：《中华人民共和国公司法释义》，法律出版社2005年版，第349页。

条不属于效力性规范。即使超出人数上限，也可以确认其股东身份。[①] 另外，我们可以采用体系解释的方法，通过对比《公司法》第七十九条的规定，正确理解《公司法》第二十四条的内涵。《公司法》第七十九条对股份公司的发起人人数做出了规定。该条规定："设立股份有限公司，应当有二人以上二百人以下为发起人……"对比两个条文，第二十四条对于人数限制用的是"由"，而且没有用"应当"加以限定；第七十九条用的是"有"，而且用"应当"二字加以限定。所以，我们可以据此探寻立法者的立法原意。之所以把有限责任公司的股东限制在五十个人之内，其目的在于保障有限公司的人合性。股东人数越多，公司的资本往往也就越雄厚，对于债权人来说，也往往就越有保障。所以，即使股东人数超过了 50 人的上限，也并不能据此否认他们的股东资格。

总之，我们认为，仅仅突破《公司法》第二十四条的股东人数上限，并无其他不法情形，我们不能据以否认其股东身份，否认其盈余分配主张。

三、如何认定公司与股东内部约定"定期分红"的效力

由于有限责任公司规模较小，经营比较灵活；实践中还出现以"内部约定"定期分红的盈余分配方式。对此约定的效力如何？我们认为，《公司法》是一部利益平衡的法律，其保护的利益主体并不仅限于股东。这种"内部约定"和资本维持原则存在一定的紧张与冲突。换言之，如果全体股东按照约定领取的盈余没有超过该年度公司盈利的总额，亦即依"内部约定"领取盈余，不违背资本维持原则，也不会损及公司债权人的权益；对于该约定，应当认定为有效。如果该年度并无盈余或者盈余的数额少于全体股东按照"内部约定"领取的盈余总额，这就不是一个盈余分配的问题，而转变成一个非法分配盈余的问题，实质上将造成公司财产减少，是一种违法行为。

四、在公司未作出分配利润的决议之前，股东可否直接向法院起诉请求分配利润

对此，我们认为，第一，缺乏必要性。按照大陆法系的传统观点，一般认为原告有请求法院为之判决的必要。如日本学者兼子一教授所认为的，诉之利益是诉权的要件，判断一个请求是否具有正当的利益，必须看原告对请求具有要求判决的现实必要性。[②]

---

① 这一点可从相关司法解释获得佐证，《最高人民法院关于适用〈中华人民共和国合同法〉若干问题的解释（二）》第十四条规定："合同法第五十二条第（五）项规定的'强制性规定'，是指效力性强制性规定。"另外，最高人民法院印发《关于当前形势下审理民商事合同纠纷案件若干问题的指导意见》[法发（2009）40 号]第 15 条也规定："……违反效力性强制规定的，人民法院应当认定合同无效；违反管理性强制规定的，人民法院应当根据具体情形认定其效力。"

② 廖永安：《论诉的利益》，载《法学家》2005 年第 6 期。

在公司作出决议后未实际支付利润,或者股东对决议持有异议的,股东有必要提起诉讼,股东享有请求公司实际给付利润的权利和请求撤销决议的权利,法院应受理这类案件,并根据具体案情对实体权利争议作出判决。但在公司未作出决议的情况下,是否分配利润仍属于公司自行决定的范畴,股东若认为权益受损,可通过转让股权、要求公司回购其股份等方式获得相当的收益,股东并非没有其他救济途径。对公司未作出分配利润决议,股东无法如期获取投资收益的损失,尚不具备请求法院采取司法介入的方式予以保护的必要。第二,不符合效率原则。有学者认为,法官在判断原告是否具有诉的利益时,必然要考虑将该纠纷纳入司法程序处理是否是适当的或最佳的选择。只有在确信原告具有足够的正当理由利用诉讼制度,并不会因此使被告遭受讼累时,才可能判定原告具有诉的利益而对其争议作出实体上的裁决。① 我们同意这个观点。只有在能够有效地、最恰当地解决纠纷时,司法才有介入的必要。小股东未必能了解公司的真实盈利状况,即使通过起诉的方式得到一定的利润,也未必是该股东应得的完整的利润收益。而且,公司具有人合性,股东起诉公司一般会造成股东和股东之间、股东和公司之间的关系恶化,对该股东来讲,起诉不是最佳的选择。第三,不能终局性地解决股东和公司之间利益的失衡状况。股东起诉公司后,由于股东和公司关系的恶化,股东可能因此而失去了另外的商业机会,股东和公司之间的矛盾不会因为司法的介入而化解。而且,在股东起诉请求分配利润指向的时间段,公司可能是盈利的,但法院作出判决时,公司可能发生了亏损,股东获得判决支持的利润额可能得不到实际支付。第四,有的观点认为应先赋予股东诉权,到实体审查阶段再决定应驳回还是支持诉讼请求,对股东实体权利的审查不应前移到程序性审查阶段。我们认为,不可割裂程序审查和实体审查的关系。如前所述,股东在公司没有决议分配利润的情况下就直接起诉,法院采取司法介入不是最佳的选择,那么,如果只赋予原告孤立的程序内涵和价值,而无法给予实体价值和实现实体目的,那么原告的起诉就算被受理,也没有实际意义。

五、公司可否进行建设股息的分配

为了维护公司债权人的正当利益、保障公司的清偿能力,各国《公司法》普遍规定公司分配对象仅限于公司盈余,即通常所说的无盈不分。然而,有的境外公司法我国台湾地区关于公司的规定认为该项原则特殊例外,该种例外主要体现为建设股息的分配。

建设股息,又成为建业股息,是指经营铁路、港口、水电、机场等业务的股份公司,由于建设周期长,不可能在短期内开展业务并获得盈利。为了筹集到所需资金,在公司章

---

① 常怡、黄娟:《司法裁判供给中的利益衡量:一种诉的利益观》,载《中国法学》2003 年第 4 期。

程中明确规定并获得批准后，公司可以将一部分股本还给股东作为股息。按照无盈不分的原则，公司无盈利不得分配，但是如果固守这一原则，可能导致此类建设事业无人投资，因为其投入巨大，公司盈利通常需要一个较长的期间，为了鼓励投资，法律设定该项例外原则。也可以这样认为，建设股息是对公司未来盈利的预分，是一种负债分配。为了平衡债权人利益，建设股息的分配应当遵守如下要件：(1)由于公司业务性质的需要，公司须在设立登记后经过较长时间的准备才能开业，这是建设股息分配的前提条件。(2)须由公司章程明文规定，并且须为公司原始章程，因为设立此种制度的目的在于使经营筹备较长事业的公司容易成立。如果公司已经成立再经过修改公司章程规定建设股息则不为法律所许可。(3)须经主管机关批准。(4)须在营业开始前进行分配，营业开始后不得分配。①

建设股息的分配看似合理，其实存在经济上的悖论。如果公司的资本足够满足公司正常运营和清偿债权的需要，投资者完全可以只向公司投入较少的资本，完全没有必要先向公司投入资本然后再从公司领取该部分资金，徒增繁琐的程序和无谓的费用。如果公司资本为满足公司正常运营或情场债权所必须，置公司和债权人的正当需要不顾，允许股东从公司领取资金，更是于理不同。也正因为如此，境外法域中只有极少的立法例规定了建设股息。建设股息制度并不足取，我国《公司法》对此未予规定亦无借鉴之必要。

六、公司可否进行中间分配

有的境外《公司法》规定了中间分配制度，即在营业年度的期中分配一次利润。中间分配制度可以缩短股东的投资回报期，同时也可以通过每年进行两次分配的形式来减少企业的负担，日本、英国和韩国等国家均在法律中规定了中间分配的方式。由于中间分配形式可能影响到公司的资本充实，因此，这些国家又都对此规定了较为严格的条件。如日本《商法典》第 293 条之 5 规定，实行中间分配必须符合下列条件：(1)实行中间分配的公司必须是营业年度为 1 年，且已经在章程中对中间分配作出规定的公司；(2)中间分配以每一营业年度 1 次为限；(3)实行中间分配由董事会做出决定；(4)利润分配内容为金钱，不采用除金钱以外的其他方式；(5)中间分配的财产来源限于最后资产，负债表上净资产额依法作了相应款项扣除后的余额，若无余额则不能进行中间分配。如果违反限制进行中间分配，则董事向公司承担连带赔偿其差额的责任，若分配的

① 施天涛：《公司法论》，法律出版社 2006 年版，第 212 页。

数额低于其差额，则董事承担赔偿其分配额的责任。①

我国《公司法》没有对中间分配形式作出规定，有的学者认为既然《公司法》没有禁止性规定，是否采取中间分配方式可由公司根据自身情况决定。但是，该种观点违反我国会计制度和《公司法》的规定，并不足取。从会计制度看，我国规定公司的年度财务报告必须体现公司财务状况、经营成果和现金流量，其各项数据的确认和计量系以年末数据为准，如果公司进行中间分配，将导致公司年度会计报告上体现的公司利润失真。从《公司法》规定看，《公司法》规定公司在分配利润前，必须先弥补亏损和提取法定盈余公积，公司只能分配税后利润。如果公司进行中间分配，可能变相违反上述规定。举例而言，假设A公司留存收益为零，上半年度税前利润100万，公司在缴纳所得税和提取法定盈余公积后将剩余利润全部分配给股东，公司下半年度经营状况恶化，亏损200万，该年度公司实现的税前利润实际为-100万。虽然公司下半年度不会在进行利润分配，但是由于中间分配的存在，A公司实际上在年度亏损的情形下，向股东进行了分配，侵害了公司债权人正当利益，也危害了国家的税收利益。②

七、公司盈余分配纠纷中股东如何举证证明其未接受分配或未接受充足分配

股东举证证明其未接受分配或未接受充足分配，这是股东主张其收益分配权的基础，依据“谁主张，谁举证”的民事诉讼的基本举证规则，由原告举证。但事实上，在有关公司的信息、单据、资料等方面，毫无疑问，小股东较之公司会处于劣势，在小股东举证困难或者对公司资讯信息掌握不清出现争议时，应将举证责任转为公司承担。

对公司来说，要对抗原告股东的主张进行举证，应证明的事实可分为三种：第一种为公司事实上没有盈利，没有可供分配的利润或资产。应提交的证据是足以证明公司真实经营状况的财务报告或相关文件。依据当事人不能自我证明的原则，这种情况下公司为自己提供的财务文件的证明力是有限的。但公司已发生的纳税记录由于经过税务机关的审核而应成为较为有力的证据。第二种为公司确有盈利或资产收益，但出于正当的商业目的认为暂时不对股东分配或转为投资或其他用途对公司更为有利。这种情况下公司要提交的证据应论证其将资产使用的合理性，证据的指向应证明的是公司的董事会或控制股东没有违背忠实勤勉义务，是出于有利于公司的商业目的而决策的。这种情况下，面对公司提交的投资可行性报告，法院是难以判断的。并且实践中被告公

① 周友苏：《新公司法论》，法律出版社2006年版，第458页。

② 我国《企业所得税法》第十八条规定，企业纳税年度发生的亏损，准予向以后年度结转，用以后年度的所得弥补，但结转年限最长不得超过五年。在本案例中，公司通过转节本年度亏损的方式，在中间分配时逃避了相关的企业所得税。

司与关联公司或商业组织，甚至个人虚构合同或夸大缩小交易金额也很容易，对这种证据的辨别，超出了法院的职能，不应使之成为诉讼的争议点。第三种为原告股东个人的原因而不应接受分配。如公司的对抗理由为原告股东对公司负有赔偿责任，并且数额上大于其应受分配的红利。

八、公司盈余分配纠纷中可用于分配利润的举证责任

股东对公司利润和资产收益主张分配的纠纷可以按照公司有无作出收益分配的决议分为两类。第一类纠纷是公司已经作出了分配的决议，而没有执行，有股东起诉要求分配。股东的收益权已经在诉讼中转化为对公司的债权。这类纠纷中诉讼双方对公司有收益可分没有争议，不存在举证责任分担的问题。第二类纠纷中公司没有作出分配的决议，而股东主张分配。公司事实上拥有可供分配的利润是原告主张权利的必要条件。但这一条件交由原告举证显然对不掌握公司财务记录的小股东是极其不利的。但如果将这一举证责任规定由公司负担，那公司为自身出具的财务证明又有多大的证明力呢？“不能自我证明”也是基本的证据规则。可见，对于公司是否有可供分配的利润或资产，既不能由原告也不能由被告证明，而应由第三方专业的审计机构出具财务审计报告确定。也就是说，既要满足其公允性，又要保障效率，不能一再反复、拖而不决。在案例中，有公司委托会计师事务所审计，原告股东接受的，法院也认可其报告。有的案例中由法院委托会计师事务所进行审计。

综上我们认为，如果公司自行委托第三方会计机构出具的财务证明，也属于自我证明的范畴，原则上不具有证据的作用。如果公司和原告股东协商同意后委托的会计机构出具的财务证明，应认可其证据效力。如果公司不配合诉讼的话，则应由法院委托会计机构对公司财务状况进行审计。这种情况下，就涉及法院如何选取确定会计机构的问题，如果将这一做法制度化，这将是法院的权利也是法院的义务，但选取的时限、程序、机构的资格、审计费用的负担、选取责任的承担等多方面目前都没有规范性的文件作为法院的依据，都需要立法确定。

九、上市公司如何派发股利

对于上市公司股利的具体派发办法，《公司法》和《证券法》均未规定，证监会和上交所以及登记结算公司对此做了具体规定。根据证监会 2001 年发布的《中国证券登记结算有限责任公司深圳分公司上市公司权益分派及配股登记业务运作指引》规定，深圳证券交易所上市公司公众股的现金股利由本公司派发，本公司按照征收个人所得税后的不同派息比例，分别向机构投资者和个人投资者派发现金股利；职工股的现金股利

通过本公司或由上市公司直接派发;国有股、法人股、高级管理人员持股的现金股利通过上市公司直接派发。与深交所上市公司不同,上交所上市公司股利的派发由上海证券交易所和中国证券登记结算有限责任公司上海分公司发布的《关于调整和规范权益分派方法的通知》调整,该《通知》规定上交所上市公司权益分派业务包括送股和公积金转增股本业务及现金红利派发业务由中国证券登记结算有限责任公司上海分公司负责办理,而没有像深交所上市公司一样区分公众股、国有股、法人股、高级管理人员持股。

十、公司违法分配有何法律后果

《公司法》第一百六十七条规定了公司利润的使用顺序,并且《公司法》第二十二条第一款规定公司股东会或者股东大会、董事会的决议内容违反法律、行政法规的无效。因此,违反违法分配的股东(大)会和董事会决议无效。此外,根据第一百六十七条规定,股东会、股东大会或者董事会违反法律规定,在公司弥补亏损和提取法定公积金之前向股东分配利润的,股东必须将违反规定分配的利润退还公司。根据《民法通则》,这种返还在性质上属于不当得利返还。无论股东接受股利分配是善意抑或恶意,接受违法分配的股东均应返还。至于有权请求股东返还股利分配的主体,公司当然享有该种权利,如果公司怠于请求股东返还,公司债权人可以根据《合同法》第七十三条行使代位权。当然,在实践中,公司和债权人的请求存在落空的风险,此时公司有权根据《公司法》第一百五十条规定请求参与违法决议的公司董事承担赔偿责任。至于公司债权人,则可以以债权受到损害为由提起侵权之诉,请求公司董事承担赔偿责任。

十一、盈余分配请求权与盈余分配给付请求权有何区别

由于现代公司所有权与经营权的分离,股东投资之后往往聘用专业管理人员以弥补自己在经营管理方面的不足。所以,对于涉及盈余分配以及弥补亏损等事宜,往往交由董事会负责,先由董事会制定出盈余分配的方案,然后交由股东会表决,在股东会表决通过以后,股东个人对于公司享有的盈余分配权也就由抽象转化为具体的可以直接请求公司予以给付的权利。通常情况下,我们必须考虑到盈余分配权的权利层次;单个股东不能凭借自己的股东身份,在股东会没有做出盈余分配决议的情况下,直接请求公司分配红利。这也正是股东作为最终所有者与传统民法上所有者的不同之处。

在认识到盈余分配权权利层次的基础之上,我们可以将股东的盈余分配权划分为盈余分配请求权与盈余分配给付请求权两个层面。两者之间的区别是显而易见的,主要有以下几个方面。第一,从权利属性上看,盈余分配请求权属于期待权,而盈余分配

给付请求权则属于既得权。盈余分配请求权(也称盈余分派请求权、抽象盈余分配权),系股东权之一种,当公司有盈余时,属于期待权。而盈余分配给付请求权(也称盈余分派给付请求权、具体盈余分配权),“系对已经股东会承认之确定盈余分派金额之具体的请求权,属于单纯(独立于股东权)之债权。”①从权利属性上来说,属于既得权。第二,从二者相对于股权的独立性角度看,盈余分配请求权,不得与股份分离而独立存在,当股份转让时,应一并移转于股份受让人。“盈余分派给付请求权则自股东盈余分派请求权分支而生,系对已经股东会承认之确认盈余分派金之具体请求权,属于单纯之债权,得与股份分离而独立存在。”②在股东会决议分配盈余之后,股东可以将盈余分配给付请求权独立转让,此与债法上普通的债权转让在本质上并无区别,只是需要按照《合同法》的规定通知债务人(即公司)即可。第三,从权利所受到的限制上看,盈余分配请求权属于股权的内容,与股权有无休戚相关,受制于股东身份本身;而盈余分配给付请求权由于在本质上属于债权,因而受诉讼时效的限制。

十二、公司无可分配利润而通过决议把分配给股东的利润份额以借据的形式载明,其是否由盈余分配关系转化为债权债务关系

我们认为,公司无可供分配利润,而通过决议把分配给股东的利润份额以借据的形式载明,其因违反资本维持原则的强行规范而不能转化为合法的债权债务关系。主要理由如下:(1)公司的意思自治不得违反法律和行政法规,损害公司债权人的利益。为了保证公司正常运转,维护公司债权人利益,《公司法》在坚持公司意思自治原则时,对公司和股东的行为进行了强行性规范。首先,公司必须以符合《公司法》规定的依法经过会计师事务所审计的财务会计报告作为利润分配的依据,不能仅凭公司股东意思表示一致就分配公司资产。其次,公司作出分配利润决议时,必须坚持资本维持原则,保护公司债权人的利益。公司分配的利润必须是在弥补了上年度亏损、扣除税款、提取法定公积金,或提取任意公积金之后的利润。而根据本案查明的事实,第一钢结构公司并无利润可供充实资本。因此,依据《公司法》第二十二条之规定,本案股东会的决议内容违反法律、行政法规的规定,应属无效。(2)公司股东行使股东权不得损害公司或其他股东、公司债权人的利益。股东行使股东权应当遵守法律、行政法规和公司章程,依法行使股东权利,不得滥用股东权利损害公司的利益。在公司无可供分配利润时,股东要求分配,其实质是分配公司资本,非法向股东返还出资或股东抽回出资,如此则会导致公司资本减少,影响到公司的正常运行,而公司债权人基于对公司的信赖而发生了与

① 王仁宏主编:《商法裁判百选》,中国政法大学出版社2002年版,第80页。

② 同上。

其资本实力相应的交易量，现在公司资本发生不利于债权人的变化，一旦其遭遇商业风险，必然影响到债权人的利益实现。(3)公司向股东出具的借据无合法性基础，应属无效。公司无可供分配利润而通过决议把分配给股东的利润份额以借据的形式载明，看似形成普通的债权债务关系，其实不然。依据《合同法》第五十二条之规定，该借款合同违反了公司资本维持原则，损害了公司和公司债权人的利益，违法了法律和行政法规的强制性规定，应属无效。

法条索引

《中华人民共和国公司法》

第一百六十四条 公司应当依照法律、行政法规和国务院财政部门的规定建立本公司的财务、会计制度。

第九编 09

公司财务、公司合并、分立、增资、减资热点问题裁判标准与规范

第三十四章

公司合并热点问题裁判标准与规范

本章导读

公司合并可以实现资源的整合，有助于提高公司核心竞争力，因而为各国法律所鼓励。但是，由于公司合并导致公司股权结构、资产结构、资产数额、资产状态、经营范围以及经营管理等发生重大变化，而该种变化未必对合并公司的股东和债权人有利，因此各国法律在鼓励公司合并的同时，通过具体的公司法制度保障公司股东和债权人的正当利益。我国2005年《公司法》规定的公司股东和债权人保护制度初步成形，但是仍然有待于进一步完善。

理论研究

一、公司合并界定

公司合并是指两个以上公司订立合并协议，根据法定程序并为一个公司的法律行为。公司合并具有下列特征：公司合并发生在两个以上公司之间，而非公司与其他公司股东之间；公司合并导致参与合并的公司的法律人格合二为一；公司合并无须经过清算程序。

公司合并依据不同标准可以进行不同分类。依合并公司的人格变化的不同，可分为吸收合并与新设合并。吸收合并是指一个公司吸收其他公司，吸收公司存续而被吸收公司解散的合并方式。新设合并是指两个以上公司并为一个新公司，原公司都予以解散的合并方式。依合并支付的对价形式不同,可分为现金合并、股票合并、综合证券合并。现金合并是指合并公司向被合并公司的股东支付一定数量的现金从而与该公司合并的行为,股票合并是指向被合并公司的股东支付存续公司或新设公司的股票而进行的合并;综合证券合并是指以现金、股票、认购权证、可转换债券、期权等多种形式证券的组合为对价进行的合并行为。依合并公司所处行业的相互关系划分,可分横向合并、纵向合并与混合合并。横向合并是指生产同类产品公司之间的合并;纵向合并是指生产从事同一产品生产的不同阶段生产、销售的企业间的合并;混合合并是指产品无任何关联的公司之间的合并。

公司合并通常依下列程序进行:董事会制定合并方案—股东(大)会通过合并方案—公司签订合并协议—编制资产负债表和财产清单—通知和公告债权人—办理公司变更或设立登记。对于特定行业或特定性质的公司,法律、行政法规规定公司合并必须报经批准的,还必须报请主管机关批准。

公司合并作为一种法律行为,将导致下列法律后果:(1)合并公司法律人格的变化。具体而言,公司合并可导致公司消灭、公司变更和公司设立三种结果。其一是公司消灭。在吸收合并的场合,被吸收合并的公司法人资格归于消灭;在吸收合并的场合,参与吸收合并的公司的法人资格均归于消灭。其二是公司变更。在吸收合并时,存续公司的股东、资本等都发生了变化,需要修改公司章程并办理变更登记。其三是公司设立。新设合并中,两个以上公司合并设立一个新的公司为新设合并,合并各方解散。[①](2)公司债权债务的概括转移。公司作为债权债务的承担主体,公司人格的合并必然导致公司债权债务的概括转移。对此,我国《合同法》第九十条规定:“当事人订立合同后合并的,由合并后的法人或者其他组织行使合同权利,履行合同义务。”2005 年《公司法》第一百七十五条规定:“公司合并时,合并各方的债权、债务,应当由合并后存续的公司或者新设的公司承继。”(3)解散公司股东身份的变化。股东作为公司的投资者,公司人格的变化必然导致公司股东身份的变化。股东身份的具体变化因公司合并方法不同而不同:采取购买股权方法的,消亡公司股东因获得对方支付的股权某买价款而丧失其股东身份;采取股权置换方法的,解散公司股东因股权置换而成为合并各方以外的其他公司的股东;采取吸收股权方法的,消亡公司股东变更为存续公司股东;采取债务承担方法的,消亡公司股东因原公司资产和债务基本相等而丧失股东身份。(4)原有公司的高层管理人员、各种专门人员以及其他员工都被调整安排,具体方案由合并协议

---

① 唐英:《公司合并的法律界定》,载《特区经济》2010 年 4 月。

或者新公司的股东大会决定。[1]

二、公司合并程序中的股东保护

公司合并导致公司的股权结构、资产结构、经营范围以及经营管理等发生重大变化，往往给股东利益产生重大影响，因此如何强化对公司股东的保护，成为各国公司法关注的重点。公司股东中的大股东由于能够控制公司管理层以及操纵股东大会，一般可以进行自我保护，事实上，公司合并往往正是公司大股东推动的结果。然而，公司的少数股东由于并不参与公司经营管理，很难对公司合并涉及的资产负债表、财产清单、合并合同以及合并的经济效益等专业性问题作出准确的分析与判断，并且少数股东表决权有限，因此公司董事和大股东可能在合并程序中滥用其控制地位侵害少数股东利益。故，各国公司法都通过制度设计加强对公司股东特别是少数股东权利的维护，比如特别决议制度、股东知情权制度、异议股东股份回购请求权制度、公司合并无效诉讼制度等。

1. 特别决议制度

公司合并如果是新设合并，将导致公司人格消亡，即使是吸收合并也会对公司的债权债务、资产构成、组织结构、人力资源等产生重大影响，因此各国公司法多规定重大事项须由公司股东大会以特别决议通过，以体现尽可能多的股东的意志和利益。对此，我国2005年《公司法》规定有限责任公司股东大会的合并决议必须经代表三分之二以上表决权的股东通过，股份有限公司的合并决议必须经出席会议的股东所持表决权的三分之二以上通过。

2. 股东知情权制度

股东对公司合并、合并协议条款是否支持依赖于对相关信息的分析和判断，因此各国公司法多通过制度设计保障股东的知情权，如规定公司的合并协议必须包含特定的事项、公司要以适当的方式通知股东、股东有权请求公司交付相关信息材料、股东有权请求董事会作出解释等。

3. 异议股东股份回购请求权

如前所述，为了保护公司股东利益，各国公司法普遍规定了合并的特别决议制度和股东知情权制度，但是仅如此尚不足以为公司少数股东提供公正的保护，因为即使股东知晓足够的合并信息，只要合并决议不是全体股东一致通过，必然有公司股东的反对意见未被采纳。公司合并决议不同于普通公司事项，其将导致公司的重大变化，强制少数

---

[1] 周友苏：《新公司法论》，法律出版社2006年版，第468页。

股东留在一个违反其重大预期的公司对其并不公平，更何况合并程序中还存在大股东借机掠夺中小股东的重大问题，因此，各国公司法普遍规定了异议股东股份回购请求权以赋予少数股东公平的退出机制。[①] 我国1993年《公司法》未有相关规定，2005年《公司法》总结经验并借鉴境外立法例，引入了该项制度。需要注意的是，2005《公司法》规定有限责任公司股东的股权回购请求权以股东在股东会上投反对票为前提，但是股份有限公司股东的股份回购请求权并无该项限制，此为我国《公司法》的创新型规定，符合股份公司股东分散的特点和保护少数股东的制度价值，甚值赞同。此外，境外公司法多规定在简易合并与小规模合并中，异议股东的股份回购请求权受到限制，因为对于简易合并的双方公司以及小规模合并中的巨型公司而言，公司并未因合并行为而发生重大变化，股东利益也未受到重大影响，异议股东股份回购请求权的前提基础并不存在。上述规定符合异议股东股份回购请求权的基本法理并且有利于提高公司合并效率，值得借鉴。

三、公司合并程序中的债权人保护

公司资产作为公司债务的总担保，其数额、结构和状态对公司债权人的债权影响巨大。通常而言，公司合并能够增加公司资产总额，但也不尽然，因为参与合并的对方公司可能早已资不抵债，更何况合并还将严重影响公司的资产结构和资产状态，比如导致变现能力较差的存货在资产结构中的比重增加、招致更多享有优先权的债权人等，因此公司合并未必对公司债权人有利，甚至可能对公司债权人的债权产生危害。此外，公司合并导致原先公司人格的消灭，也消灭了原先的债务主体。因此，各国公司法普遍规定了合并程序中的公司债权人保护制度。

债务概括转移制度。新设合并中，参与合并的公司消灭；吸收合并中，被吸收的公司消灭，但是由于公司的该种消灭并未经过清算程序，公司债权人的债权尚未实现，并且合并后的公司继受了消灭公司的全部资产，因此，应当由合并后的公司承受消灭公司的全部债务。对此，我国2005年《公司法》第一百七十五条规定“公司合并时，合并各方的债权、债务，应当由合并后存续的公司或者新设的公司承继。”《合同法》第九十条规定“当事人订立合同后合并的，由合并后的法人或者其他组织行使合同权利，履行合同义务。”需要注意的是，该种义务的概括转移是法定转移，既不以债权人同意为必要，也不以债权人申报债权或提出异议为条件。虽然我国《合同法》规定当事人将义务转移给第三人或将权利义务概括转移给第三人，应经相对人同意，但是公司交易不同于单

① 关于异议股东股份回购请求权的具体论述，请参见本书前文。

笔合同，期限较长，当事人众多，为了提高效率，2005《公司法》特别规定公司合并导致的债务转移不以公司债权人同意为必要。此外，公司合并未经清算而转移了公司全部资产，合并后的公司当然继受原先公司的全部债务，无论公司债权人是否申报或提出异议，因为公司合并仅导致债务主体的变更，并不影响公司债权人债权的内容和效力。我国最高人民法院的有关司法解释规定公司债权人向合并后的公司主张债权以其在合并程序中申报债权为前提，诚为对《公司法》的误解。

对债权人的告知制度。公司债权人往往并不参与公司管理，也并非每天都与公司进行交易，因此对公司的合并事项可能无法及时知悉，而知晓公司合并事项是公司债权人行使请求权的前提，所以各国公司法普遍规定公司合并时应当告知公司债权人。对此，我国2005年《公司法》第一百七十四条规定公司应当自作出合并决议之日起十日内通知债权人，并于三十日内在报纸上公告。告知的效力主要体现在两个方面。首先，对债权人来说，债权人在收到告知后，未在规定期限行使对公司合并的异议权的，则丧失该异议权，不得要求公司清偿债务或提供保证。

债权人异议权制度。公司合并的债务概括转移制度保证了公司债权人可以向合并后的公司主张债权，不过，如前所述，公司合并往往给公司的资产总额、资产结构和资产状态带来巨大变化，而该种变化很可能对公司债权人造成不利影响，妨碍其债权的实现，因此，应当赋予公司债权人对公司的合并的异议权。对此，我国1993年《公司法》第一百八十四条规定债权人自接到通知书之日起三十日内，未接到通知书的自第一次公告之日起九十日内，有权要求公司清偿债务或者提供相应的担保。不清偿债务或者不提供相应的担保的，公司不得合并。修订后的2005年《公司法》第一百七十四条规定“债权人自接到通知书之日起三十日内，未接到通知书的自公告之日起四十五日内，可以要求公司清偿债务或者提供相应的担保。”境外公司法也普遍赋予债权人异议权，但是多以合并可能危害债权人为前提。我国有学者认为债权人对公司合并存有异议，对于已到期的债权，可要求合并公司予以清偿，对于未到期的债权只可要求提供担保，不得主张立即清偿，因为这将损害债务人的期限利益。只有在公司合并各方不能提供担保的情况下，债权人才可主张立即清偿。[①] 该种理解有违《公司法》本意，因为2005年《公司法》并未区分到期债权和未到期债权，要求公司清偿债务或者提供担保是公司债权人的选择权，而并不以债权是否到期而区别对待，事实上，对于到期债权，公司债权人根据《合同法》当然有权要求公司清偿，与公司是否合并无关，也无须《公司法》另行规定。我国2005年《公司法》的该种规定有利于公司债权人，因为公司债权人作为外

① 袁学庆：《公司合并中债权人利益保护法律问题研究》，浙江大学2011年硕士学位论文。

部人,无法及时获得公司合并的准确、全面的信息,无法证明公司合并是否危害公司债权,要求公司债权人承担该种证明责任过于苛刻。但是,《公司法》的该种规定确实对公司过于苛刻,乃至很可能导致公司合并无法正常进行,比较公正的方式是将提前清偿或者提供担保的权利赋予公司而非债权人。此外,2005 年《公司法》取消了公司不满足公司债权人的异议权不得合并的规定,债权人的异议权不再具有阻止公司合并的效力,该种修改符合《公司法》的效率要求,但是也确实可能对公司债权人造成危害,因为合并后的公司并不一定具有清偿债务或提供担保的能力,因此建议仿效《德国股份法》,规定如果将来债权人不能得到及时、充分的清偿,对此具有过错的合并公司各方的股东、董事或监事对公司债权人承担连带赔偿责任,同时完善公司合并无效制度。

四、公司合并的无效与可撤销

任何法律行为都要接受法律的价值判断,因此并非必然有效,而是存在被宣告无效或者撤销的可能,公司合并作为一项法律行为,亦不例外。因此,有的境外公司法如日本公司法明文规定了公司合并的无效和可撤销制度。对此,我国《公司法》没有明文规定,但是这并不代表我国就不存在公司的无效和可撤销制度,因为《公司法》是个系统的体系,一项没有得到明文规定的制度可能蕴涵在另外的相关制度中,更何况公司行为不但接受《公司法》规范,还要接受《民法通则》、《合同法》等部门法规范。事实上,从整个法律体系看,我国存在公司合并的无效与可撤销制度。具体而言,公司合并可能因下列原因被宣告无效或予以撤销:(1)公司合并协议无效或被撤销。我国《民法通则》和《合同法》规定了民事合同的无效与可撤销事由,公司合并协议同样适用相关规定,比如合并双方串通欺诈公司债权人、合并违反《反垄断法》的强制规定、合并协议显失公平等,合并协议的无效或被撤销必然导致以之为基础的公司合并行为无效或被撤销。(2)公司合并决议被宣告无效或撤销。2005 年《公司法》第二十二条规定了公司决议的无效与可撤销制度,如果公司决议存在法定情形,可能被宣告无效或者撤销,以之为基础的公司合并行为也将被宣告无效或者予以撤销。公司合并被宣告无效或者撤销后,公司应当恢复分立状态,但是鉴于公司行为的复杂性、广泛性和长期性,强制要求公司所有行为恢复到合并前状态将导致高昂的成本并严重危害交易安全,因此公司合并的无效或撤销判决不宜具有溯及力,即并不影响公司合并后发生的法律关系。即使如此,在公司合并较长时间后,宣告公司合并无效或予以撤销仍将严重危害交易安全和浪费社会资源,因为公司作为营利主体,其交易具有对象广泛、行为频繁和内容复杂的特点,因此境外公司法多规定请求宣告公司无效的除斥期间。该种规定甚值赞同,毕竟《公司法》的使命在于推动社会财富增值,对于严重浪费社会资源的行为应予抵制,而合并无效或可撤销制度所欲保护的公共利益或当事人利益很多时候也可以通过其他制度实现，比如强制违反《反垄断法》的公司分立，揭开法人资格被滥用的公司的面纱，命令公司董事、监事和高管承担连带责任等。建议《公司法》或者最高人民法院以后出台的司法解释作出类似规定。

实务探讨

一、公司合并与公司并购有何区别

经济学上常用公司并购（Merger & Acquisition）的概念，公司并购与公司合并既有联系又有区别。公司并购是指一切涉及公司控制权转移与合并的行为，它包括资产收购（营业转让）、股权收购和公司合并等方式，其中所谓“并”（Merger），即公司合并，主要指吸收合并，所谓“购”（Acquisition），即购买股权或资产。①

二、公司合并与公司收购有何区别

合并与收购有许多相同之处。首先，二者都是通过产权流动实现企业之间重新组合的途径；其次，都是通过取得对他公司控制权来实现企业对外扩张的手段；再次，都不需经过清算而实现企业财产关系的转移。公司合并与收购还具有密切联系，收购往往被用作合并的手段，产生合并的后果。企业往往交替使用合并、收购两种手段。合并与收购毕竟是两种不同的法律行为，因而存在很多重大区别：第一，主体不同。合并是公司间的行为，主体是参加合并的各公司。收购是公司（收购公司）与目标公司股东之间的交易行为，主体是收购公司与目标公司股东。第二，效力不同。合并的后果（效力）是公司实体的变化、被并公司解散、法律人格丧失（换公司）。收购的后果（效力）是目标公司控股股东的变化，目标公司依然存续。第三，性质不同。合并中必须由双方达成合并协议，是双方平等协商、自愿合作的结果。收购则不尽然，既有协议收购，也有要约收购（敌意收购）。第四，程序和法律适用不同。合并应遵守 2005 年《公司法》规定的法定程序；收购则主要遵守《证券法》规定的有关程序。②

三、公司合并与资产收购有何差异

公司合并不同于公司的资产收购，资产收购是一个公司购买另一个公司的部分或

① 赵旭东主编：《公司法学》（第二版），高等教育出版社 2006 年版，第 470 页。

② 陈丽洁：《企业合并的若干法律问题》，载《中国经贸导刊》1999 年第 13 期。

全部资产,收购公司与被收购公司在资产收购行为完成之后仍然存续。公司合并与资产收购的差异在于:第一,资产转移不同。在公司合并中,资产转移是概括转移,所转移的是解散公司的全部财产,而非部分资产;而在资产收购中,所转让的既可以是全部财产,也可以是部分财产。第二,债务承担不同。在公司合并中,被合并的公司的全部债务转移至存续公司或新设公司;而在资产收购中,除合同中明确约定收购方承受被收购方的债务外,收购方不承担被收购方的债务。第三,股东地位不同。在公司合并中,存续公司为承继解散公司的资产而支付的对价如现金或存续公司的股份,直接分配给解散公司的股东,解散公司的股东因此获得现金或成为存续公司的股东;而在资产收购中,收购方为资产转让而支付的对价属于出售公司,而与出售公司的股东无直接关系。第四,法律后果不同。公司合并必然导致合并一方或双方公司的解散,被解散的公司的全部权利和义务由存续公司或新设公司承受;而资产收购则不必然导致一方公司或双方公司的解散。第五,法律性质不同。公司合并的本质是公司人格的合并;而资产收购的性质是资产买卖行为,不影响公司的人格。

四、公司合并与股权收购有何差异

公司合并也不同于公司的股权收购,公司的股权收购是指一个公司收买另一个公司的股权,以取得控股权,收购公司和被收购公司在股权收购行为完成之后仍然存续。公司合并与股权收购的差异在于:第一,主体不同。公司合并的主体是公司;而在股权收购中,一方主体是收购公司,而另一方主体则是目标公司的股东。第二,内容不同。在公司合并中、存续公司或新设公司承受解散公司的全部权利和义务;而在股权收购中,目标公司的股东将其对目标公司的股份转让给收购方。第三,法律后果不同。公司合并必然导致合并一方或双方公司的解散,被解散的公司的全部权利和义务由存续公司或新设公司承受;而股权收购则不必然导致一方公司或双方公司的解散。第四,法律性质不同。公司合并的本质是公司人格的合并;而股权收购的本质是股权的买卖行为,不影响公司的人格。

总之,股权收购和资产收购在本质上都是买卖行为,而非公司合并的本质——公司人格的合并。

五、公司合并与企业兼并有何联系与区别

企业兼并与公司合并是两个既有联系也有区别的概念。企业是依法成立并具备一定组织形式,以营利为目的的独立从事生产经营和服务性活动,具备独立主体地位的经济组织。企业不但包括公司制企业,也包括独资企业和合伙企业等。可见,企业概念更

加宽泛，由此企业兼并之内涵与外延也大于公司合并。当然，企业兼并也更多具有市场乃至经济学上的价值，传统公司法理论多是公司合并的概念，少有企业兼并之说。虽然从严格意义上企业兼并不同于公司合并，但两者有重叠交叉之处，甚至有时互用。企业兼并可以包容公司合并，如同企业可以将公司包容其中一样。企业兼并以被吸收合并的企业的法人资格宣告消灭、吸收合并企业成为存续企业的合并形式为特征，此点与公司合并中的吸收合并极为类似，故也有观点认为，企业兼并被视为企业兼并的组成部分，其仅属于企业合并中的吸收合并。另外，企业兼并与公司合并在承继因兼并或合并而消灭的各家公司项下的全部权利义务（包括资产和负债）方面亦有一定的互通性。

兼并双方之间达成的包括债务处理在内的兼并协议是双方当事人就企业兼并中的事项经过协商达成一致而签订的明确双方当事人权利义务关系的协议，它是全面反映企业兼并活动过程及双方当事人意思表示的唯一法定形式，本质上是一种合同。合并往往也是以订立合并协议为基础。原则上无论兼并还是合并在私法领域有着一个显著的法律特征是意思自治原则，即企业的兼并或合并必须遵循市场经济的规则，不能由政府来操纵，企业自主决定其存在的法律形式。但是，中国的这种企业之间的兼并或合并，更多的是出自政府的行为，这与企业合并的法律特征意思自治原则相悖。在现实中，很多企业的兼并并非出自主观的愿望，而是被迫的。因为中国的企业特别是国有企业一直承担着社会的各项功能，它必然受到政府的强烈干涉，效益好时政府找企业，效益差时企业找政府，官商混合的经济给中国的改革带来了前所未有的困难。效益差的企业被兼并给效益好的企业，未必能改变其效益差的现状，反倒可能增加好企业的负担。不少地方政府对企业兼并的命令式行为主要出自解决就业、保持社会安定等因素考虑，但这种行为对经济的损害却是不可低估的，很可能导致企业改革的困惑愈发加深。总之，笔者认为，无论是企业兼并还是公司合并，两者皆不能简单以协议行为处理。二者往往从一开始就不仅仅是兼并与合并各方之间的事，也涉及与他们相关的多方主体的法律关系。如内部涉及主管部门乃至公司股东的批准与认可，对外涉及各方主体债权债务人的协商与处理等，仕何将兼并与合并仅按协议行为处理，或按《合同法》而不按《公司法》与《企业法》处理的话，均可能会带来被动，或引发更多矛盾与纠纷。

六、公司变更与公司形态转换有何区别？公司形态转换前公司债务是否应由转换后公司承担

公司变更是指公司设立登记的事项包括名称、住所、法定代表人、注册资本、企业类型（组织形式）、经营范围、营业期限、有限责任公司股东或者股份有限公司发起人的姓

名或者名称的变化。[①] 公司形态转换，也称公司组织形式变更，公司形式变更、公司组织变更、公司类型变更或公司转型，是指在保持公司法人人格持续性的前提下，将公司从一种形态变为另一种形态的行为。可见，公司形态转换是公司变更的一种形式，公司变更的概念比公司形态转换的概念要宽泛得多。

公司形态转换引发最大的问题就是转换前公司债务是否应由转换后公司承担，转换后公司能否以公司形态已转换作为公司对外抗辩承继债务的法律理由？对此，笔者认为就司法实务而言，公司形态转换原则上不应改变公司债权债务主体的承继关系。具体来讲有以下几个层面需要把握：第一，变更后公司应概括承受变更前公司的权利与义务。究其原因是形式转换只是改变了公司的法律形态，而非新设立公司，原公司法律人格的存续不受转换的影响，因此，原来属于转换前公司的权利和义务，当然应由转换后的公司继续享有或负担。第二，变更过程中公司内部股东关于公司权利义务分摊的任何约定原则上对外不具有抗辩效力。公司内部股东关于公司权利义务分摊的约定属于内部股东之间的约定，这种约定只在内部股东之间发生法律效力，旨在发生纠纷时，用以正确处理内部股东之间的权利义务关系，是内部股东之间进行追偿的法律依据，此种内部约定当然不能用以处理公司对外产生债务的负担，对外不具有法律约束力。否则因公司自身原因而进行的形态转换，却将风险留给善意相对人，本身就是权利义务不对等的一种表现，更不符合商事交易安全规则，不利于社会发展。第三，变更过程中，如果公司内部权利义务继承约定已经征得第三人同意的，则此内部约定对第三人有效。第三人同意公司变更过程中公司内部权利义务继承约定的行为，是行使自己权利的表现，法律应当尊重当事人的意愿，这也是商事交易中私法自治原则的充分体现。

七、司法实践中如何把握公司合并引发的债务承继问题

因公司合并引发的债务承继纠纷，是公司合并纠纷乃至于公司诉讼中较为常见的一类。在通常情况下，尤其是在强强联合的情况下，公司合并对债权人来说都是大好事。因为两家债务人公司的优质资产加在一起更有利于债权人的及时足额受偿。但是，在强弱联合的情况下，强公司的债权人则未必欢迎公司合并。因为，此种合并有可能将强公司彻底拖垮。债权人的优质债务人公司有可能一夜之间由上亿元的净资产变成净资产为零、为负的劣质债务人。这种深刻的教训在现实生活中也经常发生。在弱弱联合的情况下，也有可能发生债权人利益受到贬损的情况。正因为公司合并潜伏着对债权人利益的损害，故现实中因公司合并引发的纠纷比较常见，而解决此类纠纷的关

① 赵旭东主编：《公司法学》（第二版），高等教育出版社 2006 年版，第 482 页。

键点在于对公司合并引发的债务承继原则的把握,什么情形下合并后的公司才应对合并前的公司债务承担法律责任。

我们认为,公司合并属于公司经营中的重大变动事项,会发生公司消灭和股东身份变化的法律效力。在吸收合并中,被合并公司的全部资产并入合并公司,被合并公司债权人赖以保障其利益的全部资产发生了转移,可能影响被合并公司债权人的利益;在新设合并中,合并各方公司的全部资产并入新设公司,合并各方公司债权人赖以保证其利益的全部资产都发生了转移,这就使得合并各方债权人的利益都可能受到影响。从公司合并的一般效果看,视乎公司合并会导致公司资产的增加,也就相应提高了公司的偿债能力,但是从现实情况来看,公司合并强强联合的情形不是没有,而是居于少数。可见公司合并会产生公司组织体的变化,并且在转移资产的同时,将概括转移原公司所有负债,所以公司债权人并不会因为合并而使其债权更加有保障,虽然法律规定债权具有股权的特性,但是考虑到公司合并中资产减少的可能性,尤其是在与一个资产负债率极高的公司合并的情形下,对原有公司债权人具有极大的危害。因此,对公司合并中债权人利益的保护势必成为《公司法》规制的重要内容。对此,各国公司法往往都有公司合并致使权利义务概括转移的规定。正确理解和把握权利义务的概括转移是解决公司合并引发的债务承继问题的关键。第一,因合并而消灭的各家公司项下的全部权利义务(包括资产和负债)一概由存续公司或新设公司继受。消灭公司的财产也要依法(包括《物权法》、《知识产权法》等)办理权利移转手续。这种继受不仅在存续公司或新设公司与被合并公司之间生效,而且对第三者也产生法律效力。我国2005年《公司法》第一百七十五条规定,公司合并时,合并各方的债权、债务,应当由合并后存续的公司或者新设的公司承继。我国《合同法》第九十条也规定:"当事人订立合同后合并的,由合并后的法人或者其他组织行使合同权利,履行合同义务"。据此,合并后公司继受合并前公司的债权时,无需通知债务人公司即可生效;合并后公司继受合并前公司的债务时,亦不以债权人的同意为生效要件。权利义务的概括继受不仅包括实体法上的权利义务,也包括程序法上的权利义务。就消灭公司尚未完结的诉讼、仲裁(包括商事仲裁与劳动仲裁)及其他争讼程序而言,均由存续公司或新设公司承受消灭公司的当事人地位。第二,根据私法自治原则,如果合并时,各合并公司与其债权债务人协商处理过相关债权债务的话,则依相关约定进行处理。第三,对于遗漏的债权债务,对外而言依然是先由合并后的公司主体承担。对合并公司内部而言,如果有对遗漏债权债务等有内部约定的承担责任范围,则应当按照内部约定处理,承担责任的公司主体当然可以按照约定向有关责任主体行使相关追偿权。

八、债权人对公司合并有异议，债务人不能清偿且不能提供担保或债权人不接受债务人提供的担保的，公司合并行为是否有效

对此问题，实践中存在两种不同观点：一种观点认为，合并行为有效。理由是：1993年《公司法》有强制性规定，即债权人有权要求公司清偿或者提供相应担保，以及不清偿债务或者不提供相应担保，公司不得分立。2005年《公司法》保留了1993年《公司法》关于合并中债权人可以要求清偿债务或者提供相应担保的要求，但却删除了不清偿债务或者不提供相应担保，公司不得合并的硬性规定。现在删去了原来的强制性规定，体现了立法机关对合并行为支持的立场，也照顾了合并公司的债权人的利益。另一种观点认为，即使删去了原有的强制性规定，也不能理解为特定债权人在合并公司不能清偿债务或者不提供相应的担保的情况下，公司合并行为有效。

我们认为，债权人的异议没有解决，合并协议的效力不受影响仍然有效。理由是：第一，合并公司的债权人不是合并协议的签约主体，根据合同相对性原则，债权人的异议不能否认合并协议的效力。第二，根据《合同法》规定，违反法律强制性规定的合同无效。现行《公司法》已经取消了关于债权人异议没有解决不得合并的强制性规定，因此，合并协议并没有因违反法律的强制性规定而无效。第三，如果债权人利益因合并协议未经债权人同意而转让受到了损害，债权人可以根据不同的情况依法主张权利：如合并协议没有履行之前，债权人可以提起要求原债务人立即清偿债务及提供担保请求，并可以请求采取财产保全措施；如果合并行为已经实际发生，则债权人可以根据2005年《公司法》对其保护的规定，向合并后的公司主张权利，也可以请求相关责任人承担相应的侵权责任。

九、仲裁条款是否因公司合并而失去效力

仲裁条款是当事人协商一致将纠纷提交仲裁解决的合意，是合同当事人关于合同争议处理的程序条款，也是合同当事人的程序法律义务与负担。仲裁条款是一项争议解决条款，在商事合同无效、变更、解除或者终止等情形下，如何认定其中仲裁条款的效力是仲裁理论和实践中一个非常重要的问题。仲裁条款的独立性理论就是为解决该问题而在仲裁实践中发展起来的一种仲裁理论。仲裁条款的独立性，又称仲裁条款的分割性、仲裁条款自治性，是20世纪80年代以后发展起来的关于仲裁协议有效性的理论。[①] 该理论认为：含有仲裁条款的主合同与仲裁条款应被看作是两个单独的协议，主合同关系到当事人在商事交易方面的（权利）义务，仲裁条款作为从合同则关系到当事

① 杨良宜：《国际商务仲裁》，中国政法大学出版社1997年版，第129页。

人之间的另一项(权利)义务,即通过仲裁解决因履行商事交易而产生的争议。因此仲裁条款具有保障当事人通过寻求某种救济而实现当事人商事权利的特殊性质,它具有相对独立性,其有效性不受主合同有效性的影响。主合同的效力,例如主合同无效、失效、变更或终止等,不影响仲裁协议的效力,仲裁协议独立存在。

公司合并后,对合并各方的法律地位、法律人格的重大变更各国公司法均作了规定。为了维护利害关系人的利益和公司的稳定,公司结构性变更的法律效力应当贯彻“概括承受的原则”。合并导致消灭公司可以不经清算而解散,其财产以合并合同确定的日期和状态概括转移给存续公司,消灭公司的股东可在合并的同时,根据合同规定的条件取得存续公司的股东地位。当合并生效时,除非在合并之前就已经被转移或者消灭,合并前公司的全部资产和责任都将由合并后存续的公司所有和承担。“双方不再需要准备特别的证书或清单也不需要验明他们准备承担的债务。”[①]换言之,权利义务的转移依法律规定而产生,只要合并生效,被合并公司的权利和义务就直接一并移转给存续公司或新设公司,并且权利义务的形式和内容与在其原公司中时一致。我国2005年《公司法》第一百七十五条规定,公司合并时,合并各方的债权、债务,应当由合并后存续的公司或者新设的公司承继。我国《合同法》第九十条也规定:“当事人订立合同后合并的,由合并后的法人或者其他组织行使合同权利,履行合同义务”。据此,合并后公司继受合并前公司的债权时,无需通知债务人公司即可生效;合并后公司继受合并前公司的债务时,亦不以债权人的同意为生效要件。讲公司合并的概括继承,更多的着眼点在各方对内资产与人员的合并,合并各方对外发生的债权与债务的承继。其实,权利义务的概括继受不仅包括实体法上的权利义务,如合并一方产品可能发生的对外质量责任;也包括程序法上的权利义务,就消灭公司尚未完结的诉讼、仲裁(包括商事仲裁与劳动仲裁)及其他争讼程序而言,均由存续公司或新设公司承受消灭公司的当事人地位。

综上所述,根据我国《合同法》第五十七条“合同无效、被撤销或者终止的,不影响合同中独立存在的有关解决争议方法的条款的效力”的规定,仲裁条款是具有独立性的,它不因合同的无效而无效,也不因合同被撤销而失效,仲裁委员会仍然可以依照合同中的仲裁条款所确定的仲裁事项行使仲裁权。因此,合同主体的变化,并不必然影响合同中仲裁条款的独立有效性。

十、股东实际出资未到位下的减资法律是否允许

某有限责任公司注册资本为100万元,甲股东认缴出资60万元,乙股东认缴出资

---

① 〔美〕罗伯特·C. 克拉克:《公司法则》,胡平等译,工商出版社1999年版,第327页。

40万元。但甲乙两公司仅出资10万元,其余出资均没有实际到位,在此情形下,公司同意减资90万元,是否可以?我们认为,根据2005年《公司法》第一百七十八条“公司需要减少注册资本时,必须编制资产负债表及财产清单。公司应当自作出减少注册资本决议之日起十日内通知债权人,并于三十日内在报纸上公告。债权人自接到通知书之日起三十日内,未接到通知书的自公告之日起四十五日内,有权要求公司清偿债务或者提供相应的担保。公司减资后的注册资本不得低于法定的最低限额。”的规定,公司减资应当按照法定程序进行,并且公司减资后的注册资本不得低于法定的最低限额。上述案例中,该有限责任公司减资后的注册资本为10万元,符合2005年《公司法》有关有限责任公司最低注册资本3万元的要求。至于甲、乙股东出资不足的情节,并不影响减资行为的效力。但是,即使是实质性减资的,股东在出资不足的情况下,也不能抽回资金。同时,对于公司减资行为前的债务,如果债权人要求其清偿,甲、乙股东应当在其认缴的出资额范围内承担责任。

十一、公司合并、分立、增资、减资,应办理工商变更登记而没有办理的,是否影响上述行为的效力

公司合并、分立、增资、减资,是否办理工商变更登记并不影响上述行为的效力。理由如下:第一,公司合并、分立、增资、减资,均是公司与公司之间或公司股东之间对公司治理结构、资本结构等方面通过协议的方式所作出的重大调整。上述协议的签订,是缔约当事人之间就合同的主要条款达成的合意,是当事人意思表示一致的结果,与法律的规定、国家公权力的介入或者第三人的行为没有任何关系。第二,所谓合同的生效,是指已经成立的合同在当事人之间产生一定的法律效力,它是国家权力对当事人意思自治的干预,表明了国家对当事人行为的评判和取舍,以保证当事人实现其预期的合同目的。按照《合同法》第四十四条的规定,依法成立的合同,自合同成立时生效。法律、行政法规规定应当办理批准、登记等手续的,依照其规定。因此,上述行为的生效是否以办理工商登记为条件,应当看法律有没有规定公司合并、分立、增资、减资必须以办理工商登记为生效要件。我国现行立法并未规定公司合并、分立、增资、减资,必须在办理工商登记后才能生效,当事人没有办理工商变更登记的并不影响上述协议的生效。第三,从工商登记的性质来看,工商登记属于行政管理行为,是对当事人已经发生的公司合并、分立、增资、减资事实加以确认,工商登记其效果仅限于对既存事实的一种宣示,这种登记属于对抗要件,不登记不能对抗第三人,如当事人怠于变更登记事项,并不足以影响法律行为本身引起的有关事项的变化。第四,如果当事人没有正当理由怠于或者拒绝办理变更登记,相对人可以要求义务人继续履行合同,办理变更登记。如果由此给相对人造成损失，相关人还应当承担相应的责任。这样，因没有办理工商登记给相对人造成损害的，相对人的利益并不因此而丧失救济途径。

十二、在我国，公司合并的利害关系人可否提起公司合并无效之诉

具有比较成熟的公司法制的国家的法律都规定了公司合并无效制度，但是，我国《公司法》没有规定这一制度。那么，在我国，公司合并的利害关系人可否提起公司合并无效之诉？

我们认为，虽然我国《公司法》没有直接规定公司合并无效制度，但是，由于公司合并是参与合并的公司基于合并合同而进行的法律行为，如果合并行为存在违反法律和行政法规的强制性规定的事由，利害关系人可以提起请求确认合并合同无效之诉，其法律效果相当于其他国家公司法所规定的公司合并无效之诉制度。当然，在此类诉讼中，还应注意以下问题：

（1）合并无效的原因。公司合并只要违反了法律和行政法规的强制性规定，都可以作为合并无效的原因，其中违反 2005 年《公司法》第三十八条和第一百条规定，未经股东（大）会决议进行的合并是导致合并无效的常见原因。

（2）无效原因的补正。虽然公司合并存在无效原因，但为保护交易安全，稳定社会关系，在法院判决合并无效之前，应给予当事人以补正的机会。若当事人在法院判决前，补正有关无效原因，合并应确认有效。2002 年 12 月 3 日通过的《最高人民法院关于审理与企业改制相关的民事纠纷案件若干问题的规定》第三十条对此作出了明确的规定："企业兼并协议自当事人签字盖章之日起生效。需经政府主管部门批准的，兼并协议自批准之日起生效；未经批准的，企业兼并协议不生效。但当事人在一审法庭辩论终结前补办报批手续的，人民法院应当确认该兼并协议有效。"

（3）合并无效的法律后果。一是恢复到合并前的法律状态。在吸收合并中，消灭公司应从存续公司中分离，存续公司进行变更；在新设合并中，新设公司解散，恢复被消灭的公司。二是无效判决的溯及力的限制。合并无效的判决只对将来有效，不影响此前存续公司或新设公司以合并有效为前提而产生的法律关系，如与第三人签订的买卖合同等。如果合并无效判决溯及既往，自合并始无效，则会影响交易安全，导致法律关系混乱，损害第三人利益。①

十三、公司合并时未到期的债权能否要求清偿

我国有学者认为"对于已到期的债权可要求合并公司予以清偿，对于未到期的债

---

① 赵旭东主编：《公司法学》（第二版），高等教育出版社 2006 年版，第 477 页。

权可要求提供担保，不可主张立即清偿，因为这将损害债务人的期限利益。只有在公司合并各方不能提供担保的情况下，债权人才可主张立即清偿。”①该种理解有违2005年《公司法》的本意，因为《公司法》并未区分到期债权和未到期债权，要求公司清偿债务或者提供担保是公司债权人的选择权，而并不以债权是否到期而区别对待，事实上，对于到期债权，公司债权人根据《合同法》当然有权要求公司清偿，与公司是否合并无关，也无须《公司法》另行规定。2005年《公司法》在此处对于债权要求清偿的规定就此种意义上来说应该包含到期债权与未到期债权两种，未到期的债权在公司合并中既可以要求合并公司担保，也可以要求其清偿。虽然合并公司的期限利益值得保护，但是面对债权人的债权利益，其利益应当让位于债权人的保护，正如同在公司破产时，未到期的债权视为到期。

我国《公司法》对这一问题未区分到期债权和未到期债权的规定有利于公司债权人，因为公司债权人作为外部人，无法及时获得公司合并的准确、全面的信息，无法证明公司合并是否危害公司债权，要求公司债权人承担该合并危害其债权的证明责任过于苛刻。但是，《公司法》的该种规定确实对公司责任规定得过于严格，乃至很可能导致公司合并无法正常进行，比较公正的方式是将提前清偿或者提供担保的权利赋予公司而非债权人。2005年《公司法》取消了公司不满足公司债权人的异议权不得合并的规定，债权人的异议权不再具有阻止公司合并的效力，这种修改符合《公司法》的效率要求。

十四、债权人向合并后的公司主张债权是否以其在合并程序中申报债权为前提

在公司合并中为了充分保护债权人的利益，实行债务概括转移制度。新设合并中，参与合并的公司消灭；吸收合并中，被吸收的公司消灭，由于公司的该种消灭并未经过清算程序，公司债权人的债权尚未实现，并且合并后的公司继受了消灭公司的全部资产，因此，应当由合并后的公司承受消灭公司的全部债务。我国台湾地区有关企业并购的规定认为，“因合并而消灭之公司，其权利义务应由合并后存续或新设之公司概括承受；消灭公司继续中之诉讼、非讼、商务仲裁及其他程序，由存续公司或新设公司承受消灭公司之当事人地位。”我国2005年《公司法》第一百七十五条规定“公司合并时，合并各方的债权、债务，应当由合并后存续的公司或者新设的公司承继。”《合同法》第九十条规定“当事人订立合同后合并的，由合并后的法人或者其他组织行使合同权利，履行

① 王欣新、张秀春：《公司合并中债权人利益的保护》，http://www.ccelaws.com/int/artpage/2/art-403.hmt。

合同义务。”需要注意的是，该种义务的概括转移是法定转移，既不以债权人同意为必要，也不以债权人申报债权或提出异议为条件。虽然我国《合同法》规定当事人将义务转移给第三人或将权利义务概括转移给第三人，应经相对人同意，但是公司交易不同于单笔合同，期限较长，当事人众多，为了提高效率，2005 年《公司法》特别规定公司合并导致的债务转移不以公司债权人同意为必要。公司合并未经清算而转移了公司全部资产，合并后的公司当然继受原先公司的全部债务，无论公司债权人是否申报或提出异议，因为公司合并仅导致债务主体的变更，并不影响公司债权人债权的内容和效力。我国最高人民法院的有关司法解释规定公司债权人向合并后的公司主张债权以其在合并程序中申报债权为前提，诚为对《公司法》的误解。

法条索引

《中华人民共和国公司法》

第一百七十三条　公司合并可以采取吸收合并或者新设合并。

一个公司吸收其他公司为吸收合并，被吸收的公司解散。两个以上公司合并设立一个新的公司为新设合并，合并各方解散。

第一百七十四条　公司合并，应当由合并各方签订合并协议，并编制资产负债表及财产清单。公司应当自作出合并决议之日起十日内通知债权人，并于三十日内在报纸上公告。债权人自接到通知书之日起三十日内，未接到通知书的自公告之日起四十五日内，可以要求公司清偿债务或者提供相应的担保。

第三十五章

公司分立热点问题裁判标准与规范

本章导读

公司分立作为公司实践中的重要运作方式之一,具有提高公司经营专业化水平、降低内部管理成本等效率价值,是公司组织再造的重要手段。分立的结果会使公司在人格、财产、权利义务等许多方面发生深刻变化,给公司经营与发展造成重大影响,导致作为利害关系人的小股东、债权人的利益有被侵害的危险。因此,如何对小股东和债权人的利益进行合理保护与救济是公司分立中不容忽视的基本问题。尤其是在我国当前公司实践中,在企业改制的过程中存在着大量的不规范公司分立,对利害关系人利益造成了严重损害。而从我国的立法实践来看,2005 年《公司法》只对公司分立的程序、分立时财产分割与债务承担及债权人利益保护作了粗略规定,对公司分立中小股东权益的保护问题则语焉不详。这样的法律空白不利于对股东权益和债权人利益的保护。因此本章深刻分析和研究了国外公司分立立法和相关具体制度,并在对国外立法参考与借鉴的基础上提出完善我国立法的建议。

理论研究

一、公司分立的法律效果

在存续分立的情形下,虽然派生出了一个或者若干个新的公司,但存续公司的法人资格依然存在,只是其内容却发生了相应的变更,主要体现为股东人数、资产总额、业务范围等的减少，而且存续公司的章程也必须加以相应修改。因此，公司的派生分立导致了存续公司的变更。另外，公司合并时，法人格要合一，合并之前的公司的法人格在合并后仍然维持其同一性。但公司分立时不存在这种人格的承继现象。存续分立时，因分立公司的存续，而分立以前的公司的法人格在分立后的公司里仍维持其同一性，但因分立而设立的新设公司或者吸收分立合并的对方公司，不承继分立公司的法人格。在新设分立中，被分立的公司无须经过清算程序，一旦分立，其法人资格自然终止。而公司分立前的债务按所达成的分立协议或合同协议由分立后的公司承担。而且无论采取新设或派生分立的形式，都将导致新公司的设立。分立过程中，被分立公司的解散或新公司的设立也导致了董事、监事的选任及章程的变更。

在公司分立中，由于公司主体数量的扩张，必然伴随着资产、人员等一系列资源的流动，将会发生以下法律效果。

1. 股东的收容及股份的归属

公司的分立并不是单纯的财产分立，还有股东的分离和重新加入。公司的分立并不意味着股东资格的消灭，对股东而言，进行分立的公司的股东仍可以以自己所持有的股份行使股东权利，按照分立协议所定的比例，换取分立后的公司的出资或股份。存续分立的股东可以从原来的公司分离出来，加入新设立的公司，或者继续留在存续公司之中；新设分立的公司股东可以分别加入新设立的公司中，甚至根据分立计划，可以将分立公司的股东，按比例平均分立至新设的数个公司。

2. 债权债务的承继

在公司合并中，合并各方的权利义务概括地转移给合并后新设或存续的一个公司承受。在公司分立中，原公司的权利义务分由两个或两个以上的公司承受。具体而言，因分立而解散的公司的债权，由分立后新设或存续的公司按所达成的协议享有；因分立而解散的公司的债务，则按所达成的协议由分立后存续或新设的公司承担。

分立后的各方，应该无条件地按照分立协议的约定，接受自己的债权、债务，否则债权人可以向法院起诉，通过诉讼程序行使自己的权利。如果公司借分立而逃避债务，债权人有权就其分立或分立协议中债务分担条款向法院提起诉讼，由法院判决该分立无效，或者责令分立各方对原公司的债务负连带清偿责任。

3. 营业及财产的转移

法律规定，公司分立时须进行登记方发生分立的效力，所以应将因分立而进行的财产或营业的转移视为法律规定而进行的转移。即分立公司的财产，无须进行特别的转移行为或公示方式，在进行分立登记时自然转移。韩国《商法》第530条第8款规定，新设公司或者取得公司，从被分立公司处取得营业权时，可以将该取得价额计算到资产负债表中的资产部分。

二、公司分立中债权人利益保护

传统公司法理念可以概括为以公司营利为本,以股东利益为重。由于在观念和制度上将公司人格独立和股东有限责任制度绝对化,甚至通过增加债权人的风险,减弱债权人的优势地位来相应降低投资人的风险,其主要弊端在于缺乏对公司债权人的保护。公司社会责任的提出引发了公司债权人保护制度的发展。所谓公司的社会责任,是指公司不能仅仅以最大限度地为股东的营利或赚钱作为自己的唯一存在的目的,而应当最大限度地增进股东利益之外的其他所有社会利益,这种社会利益包括雇员利益、消费者利益、债权人利益、中小竞争者利益、当地社区利益、环境利益、社会弱者利益及整个社会公共利益等内容。公司债权人利益的保护是强化公司社会责任的主要内容之一,在当今可谓"公司经济"的社会里,公司债权人保护制度的确立,可以解决公司经济力量壮大所带来的许多社会问题,有利于社会和经济秩序的稳定。因此,保护公司债权人利益是现代公司法的基本理念之一,现代各国公司法都将其列为公司的目的之一。对于公司债权人的保护始于公司设立之际,贯穿于公司营运之中,终于公司清算结束之时。因而,关于公司债权人保护的具体制度可以相应的分为三个阶段来体现,即公司设立阶段、公司营运阶段和公司清算结束阶段。笔者认为,公司分立在公司营运阶段中,对其债权人保护的法律理由主要是因为分立使债务公司人格发生变更,资产债务发生转移。

公司分立中债权人的保护应当注意以下几个方面:

1. 公司分立债权人的告知程序和信息公开制度

当公司欲进行分立时,必须按照法律的规定,将与分立有关的信息资料依据一定的方式及时间向社会公开,或者告知特定的对象。信息公开制度的内容一般包括:公开的资料及事实、公开的时间期限、公开的地域范围、公开的方式、公开的次数和公开的对象等。信息公开制度是各国公司法中关于公司分立的普遍性强制制度。例如欧盟《第六号公司法指令》第一章第4条、日本《公司法典》第757条之7第1款、韩国《商法》第530条之7等均作了明确规定。我国2005年《公司法》第一百七十六条也规定"公司应当自作出分立决议之日起十日内通知债权人(关于公司分立的事实),并于三十日内在报纸上公告"。

公司分立信息公开的目的在于通过保障债权人对公司分立的知情权而实现对其利益的保护。信息公开分为事前公开和事后公开,事前公开的范围很广,除分立协议向债权人通知或公告外,一般还应有分立报告书或配发新股比例书、清偿债务能力说明书、分立公司之资产负债表及主要财产目录等,以为债权人做出是否提出异议的判断或者是否要求行使请求担保或清偿提供依据。事后公开是指公司完成分立后,应将公司分立的过程、分立基准日、资产负债总额、继承公司或新设公司所承受之权利义务等相关事项做成书面报告,置于公司,供债权人等相关利害关系人阅览,作为他们判断是否提起公司分立无效之诉或者要求承担连带责任的资料。笔者认为,信息公告制度的意义在于防止分立公司利用信息不对称之客观条件损害债权人权益。

一般而言,法律会将信息公告和披露的义务加于欲分立之公司,因为公司是分立行为的主体,它对自己的信息以及与分立有关的信息了解最为充分,同时,公司的债权人范围广,并且常常数量众多,如果要每一个债权人都自己去了解相关的信息,其成本会比让分立公司提供要大得多,并且效果亦不如让分立公司向社会所有的债权人公布那样大。

2. 异议阻却制度

异议阻却制度,即当有关分立信息公告或者披露以后,债权人提出异议,表示不同意公司分立,此时,如果分立公司不能提供担保或者将债务进行清偿,将导致公司分立无效之诉的提起。

依据债权数额的大小,可以将债权人分为大额债权人与小额债权人,根据债权人保护的法理基础,应对大额债权人和小额债权人的保护一视同仁。但同时要严格界定提出异议权的条件或公司分立异议的构成要件,以此降低可能产生的异议权行使的过分泛滥。

3. 担保清偿制度

担保清偿制度是指依据法律规定,债权人可以要求欲行分立的公司为其债权提供担保或者进行清偿,若债务公司不能或者不愿意提供担保或者清偿,则债权人可以在公司分立后提起分立无效之诉。一般而言,各国公司法中是将异议阻却制度与担保清偿制度进行融合,发挥各自优点之作用。在异议阻却的场合,债权人只是不同意公司进行分立,而并不提出担保或者清偿的要求,如果债务人能够并且愿意提供担保或者清偿,则债权人之阻却权消灭,如果债务人不能够或者虽然能够却不愿意提供担保或者清偿而进行了分立,那么债权人即获得无效诉讼之权利。例如,当债权人认为债务公司的分立可能形成垄断或者合谋而影响自己的合法债权利益时,提出不同意其分立之异议,并要求提供担保或者清偿,如果分立公司不能提供担保或者清偿而进行强行分立,那么债权人即获得提起无效诉讼之权利。担保清偿制度的意义之一在于,分立公司放弃了在未届履行期限之前可以拒绝履行债务的权利,即公司放弃了期限利益,而债权人提前实现了债权;意义之二在于,使未有担保之债权人获得担保权,因而使得债权在实现时有优先权;意义之三在于,通过清偿请求权的行使,使担心自己债权安全而不愿意享受债务人提供担保物权之债权人获得法律强制保证的清偿利益。

4. 连带责任制度

连带责任制度,即规定分立后存续的公司以及分立后新产生的公司或者吸收公司就原公司的债务在全部或者部分范围内承担连带偿还责任。由于公司分立直接涉及到公司责任财产范围的减少,亦直接威胁到债权实现的预期利益。因此,规定连带责任是对债权的事后有效救济手段,是对债权相对性在特定条件下的突破,防止公司利用分立制度损害债权人的利益。

关于连带责任制度,国外立法大致上体现为两种思路,一种以英国及我国台湾地区有关公司的规定为代表,他们将继承公司承担所谓的连带责任限制在一定的财产以及时间范围内。例如英国《公司法》规定:“新设公司以其由分立公司承继下来的净资产的价额为限,对分立公司的债务承担连带责任。”我国台湾地区有关公司的规定:“分立后受让营业之既存公司或新设公司,应就分立前公司所负债务于其受让营业之出资范围负连带清偿责任,但债权人之连带清偿责任请求权,自分割基准日起二年内不行使而消灭。”另一立法例则以法国和韩国商法为代表,规定以继承公司对债务承担连带责任为常态,以分立相关公司根据自行约定的债务范围或以与分立所涉及的营业有关的债务为对象各自承担责任为例外。如韩国《商法》第 530 条之 9 第 1 款规定:“因分立或者分立合并而被设立的公司或者存续公司,关于分立或者分立合并之前的公司债务承担连带责任。”但是第 2 款随后规定:“不受第一款规定的限制,被分立的公司依第 530 条之 3 第 2 款之规定的决议,因分立或者分立合并而设立公司时,可以使被设立的公司只承担公司债务中的相当于所出资的财产部分的债务,在此情形下,若被分立的公司存续,只承担因分立或者分立合并而被设立的公司不承担的债务。”法国《公司法》第 385 条规定:“分立所生出资的受让公司替代被分立的公司,成为被分立公司的公司债债权人和非公司债债权人的连带债务人。”我国 2005 年《公司法》采用了法国和韩国的立法例,对公司分离后的债务由分立后的公司承担连带责任,但是允许当事人在分立前以书面协议排除该连带责任。

可见,允许债权人与分立公司进行事先的约定以对分立后的债务承担作出安排,并且此种安排优先。只有当未进行安排时,可以依照法律的直接强制性规定享受连带债权利益。

三、公司分立中股东利益保护

公司分立实践中,对小股东权益最大的侵害来自大股东。由于大股东所持股份比例大，相对于广大小股东来说，他们处于强势地位，因此大股东很可能利用其控制力在公司分立中通过各种手段“掠夺”小股东。如在公司分立过程中，大股东以低于市场的价格将公司部分营业让与第三者，从中牟利；在分立后新公司对原公司配售新股时，通常把业绩好的股份分配给大股东，或把新公司效益不好的股份配售给小股东；小股东要求公司以公平价格购买所持有的公司股票时，大股东和中介公司勾结，使评估价格不能正确反映小股东持有的股票价值等。

此外，在公司分立信息的获得上，小股东完全处于被动局面。由于小股东相对于大股东、执行股东等而言是公司的外部人，不可能及时获得公司的机密信息，其信息只能从资本市场上或公司的财务会计报表和公司公告中获得，而公司分立的操作细节往往操纵在大股东手中，大股东为了自身利益，不愿或不能把公司分立的机密信息披露出去，甚至在其中弄虚作假，小股东的权益必然会遭受损失。这就要求法律在制度设计上充分考虑股东的权利，保障小股东的利益。笔者认为，我国 2005 年《公司法》对公司分立的程序、分立时财产分割与债务承担及债权人利益保护的规定过于粗略，对公司分立场合小股东权益的保护问题也语焉不详。

对于我国 2005 年《公司法》对公司分立的立法不足，可以对比法国和美国公司法关于公司分立的规定。《法国公司法典》第二编第 254 条详细规定了公司分立方案所应包括的事项，如公司分立的理由、目的及条件；预定接受转移资产与负债的吸收公司或新公司的资产与负债细目及其估价；分立或合并的溢价的预计数额；对享有专门权利的股东与持股人之外的证券持有人给予的权利，相应场合所给予的各种特殊利益等。这些规定使公司分立的一些细节明朗化，有利于保护处于相对弱势地位的小股东的利益。而欧盟对于公司分立赋予了少数股东股份回购请求权，使得异议股东可以退出公司。但此种回购请求权并不是体现在所有类型分立中，仅限于非按比例型分立的情形，“对在接收公司将其股份分配给被分立公司的股东时，如果不是按照此类股东于被分立公司享有的股东权比例进行的，成员国可以规定被分立公司的小股东有权请求接收公司购买自己持有的股份。在这种情况下，小股东有权获得与其所持股份的价值相对应的对价。如果就对价问题产生了争议，必须提交给法院确定对价的具体金额”。[①]

美国《示范公司法修订本》第十三章“不同意见者的权利”第 13.02 条(a)规定：“对下列公司行为，股东有权对公司行为持不同意见并取得对其股票的公正价格的支付……”该章第二分章详细地规定了行使不同意见者权利的程序。[②] 美国公司法的这

① 时建中主编：《公司法原理精解、案例与运用》，中国法制出版社 2006 年版，第 420 页。
② 同上书，第 421 页。

一规定又为股东提供了另一保护自己权益的手段——异议估价权。实际上股东的异议估价权和股份回购请求权是紧密相连的。股东在提出股份回购请求时,通常情况下已经包含了请求公司以合理市值评估其所持有股票价值并以现金支付的要求。

我国2005年《公司法》在公司分立中小股东保护方面尽管规定了异议股东回购请求权,但是由于其本身对异议股东回购请求权规定得不甚详细,并且没有其他的具体有较强操作性的制度来保证中小股东的利益,使得2005年《公司法》对公司分立中小股东的保护显得立法供应不足。

1. 特别决议制度

对于公司分立的决策,各国公司法都比较慎重,这表现在各国公司法都要求对于公司分立的决议要以特别决议的形式作出。该制度主要包含以下几个方面内容:

(1)股东会决议要件。

股东会决议要件究应如何设计才足以保护股东理论上,应依该分立类型对股东影响之程度而异其决议要件。日本《商法》第405条至第408条规定,对日本公司的解散及合并、分立,均准用日本商法第343条公司变更章程决议程序为之,即股东会仅需持有已发行股份总数的半数以上的股东出席股东大会,并由出席大会的股东中三分之二以上的多数表决权通过后作出决议。显见日本商法对公司分立等重大事项变更,均采过半数多数决为之。

我国关于公司分立股东会决议之要件,则与日本的规定较为相似,采取须经股东会特别决议的方式。考量到公司分立是与公司合并相同,皆属涉及公司存续与否之组织行为,对于股东权益有重大之影响,因此我国《公司法》要求该些事项决议以特别决议的形式作出。《公司法》第一百条适用第三十八条有限责任公司股东会职权的规定,而股东会的议事方式和表决程序,并未在《公司法》第一百条适用之列,既然股份有限公司适用有限责任公司股东会职权,自应一并适用股东会的议事方式和表决程序。依《公司法》第四十四条第二款:股东会会议作出修改公司章程、增加或者减少注册资本的决议,以及公司合并、分立、解散或者变更公司形式的决议,必须经代表三分之二以上表决权的股东通过。由此得知,我国《公司法》关于公司分立的股东大会,并没有加以区别分立类型之不同而适用不同的决议方式,而是采齐头式的平等,至于是否有必要引进多样化的分立类型并采用不同的决议方式,值得立法者日后修法时予以全面考量。有疑问的是,就承继公司而言,其是否也须经股东会的特别决议?《公司法》并未对此详细规定,因公司分立的结果,对双方当事公司的股东权益皆有重大之影响,所以应赋予承继公司股东可以就此议案表达同意与否的机会,也必须以股东会特别决议的方式为之,以示慎重。

(2)限制利害关系股东表决权的行使。

我国《公司法》第一百零四条规定,股份有限公司股东每股有一表决权。在未限制大股东表决权的情况下,大股东往往将其所持有之多数表决权亦即控股权,表现为对公司法定意思决定机关股东会之支配权,且此时多数情况下大股东往往是公司的经营或管理阶层。因此,为更有利地保护少数股东,预防公司利益受损,实有必要仿效我国2005年《公司法》第一百二十五条的立法精神,当某一股东于股东会讨论的决议事项有特别的利害关系时,禁止其参与表决及代理其他股东行使表决权。此为所谓的限制利害关系股东表决权的行使,可起到事先防堵大股东在公司分立决议股东会上滥用表决权的可能性,毕竟多数股东之最大利益,是否等于公司之最大利益,不无疑义。

2. 股东知情权

股东知情权,是指法律赋予股东通过查阅公司的财务会计报告、账簿等有关公司经营决策、管理的相关资料以及询问与上述有关的问题,实现了解公司的营运状况和公司高级管理人员的活动的权利。现代公司制度中,股东权是公司权力体系的核心内容,然而由于公司制奉行所有权与经营权分离原则,大多数股东并不直接参与公司的经营管理,公司的日常经营和决策掌握在董事会和经理层手中,股东常常处于信息不对称的弱势地位,导致股东权无法真正实现,因而大多数国家的公司法中都确认了股东知情权。

股东知情权可分为财务会计报告查阅权、账簿查阅权和检查人选任权,此三种权利内容虽然不同,但都是为了保障股东能够及时、准确地获取公司的经营管理信息。然而,该项权利也存在滥用的可能,例如股东为了与公司进行同业竞争或为了牟取其他不正当利益而利用该权利获取公司的商业情报。因此,对于该权利的行使,应给予适当的限制,如要求遵循诚实信用原则、善意公平和合理的行使知情权等。我国2005年《公司法》第三十四条以列举的方式规定了股东享有知情权,“查阅、复制公司章程、股东会会议记录、董事会会议决议、监事会会议决议和财务会计报告。”笔者认为,如果说第三十四条是概括性规定股东的知情权的话,那么2005年《公司法》在公司分立的条款里也应具体地规定在公司分立的时候股东享有查阅分立计划书、财务报告、公司营业纪录、公司债权债务状况等关系股东利益的事项,但我国公司分立规定却没有这样的条款,形成了法律空白,不利于对股东权益的保护。

3. 异议股东的股份回购请求权

异议股东股份回购请求权,又称中小股东异议估价权、少数股东收买请求权,是指在股东大会就合并、分立、转让主要财产等公司重大事项进行表决前和表决时,如果股东明确表示了反对意见,而该事项获得决议通过,则该股东有权要求公司以公平价格收买其所持有的公司股份。该制度的法理在于,基于公平之考虑,法律不能强迫少数异议股东继续留在较其加入时已发生重大改变的公司实体中。该制度能够较好地协调好各方面的利益,一方面,2005 年《公司法》仅要求获得半数或三分之二多数通过即可进行重大决策,如进行合并、分立、解散、变更章程等;另一方面,赋予反对决议的少数股东以股份回购请求权,使不愿意接受公司重大变化的股东能够在获得合理的补偿后退出公司,从而保护中小股东的利益。该制度是保护少数股东最有力、也是最后一道救济程序,对调整资本多数决形成的股东利益失衡大有益处,各国公司法都规定了异议股东股份回购请求权制度。

4. 不作为请求权及损害赔偿请求权

股东有权请求公司重视其股东权,并放弃一切违反法律和公司章程而损害股东权利的行为。股东权利是一项绝对权,公司超越其权限而侵害股东权利的行为在公司法上始终是非法的。如果股东认为公司决定的一项重要的经营政策造成股东权益受损或对股东权益有损害的危险时,可以提起诉讼,而不作为请求权在实际操作中又是通过股东诉讼这一中介形式来实现的。在股东诉讼过程中,不作为请求权又可以具体量化为损害赔偿请求权。

笔者认为,在公司章程及公司结构变化时,尤其在股份转移时,公司机关的职责标准并不适用,而是应依据公司及股东的结构,确定适当的谨慎义务。必须考虑大股东作为所有权人和管理人的双重身份,另行确定谨慎义务的标准,这样在实务中给大股东课以了更高的注意义务。如上所述,在有足够证据表明在公司分立中损害股东或董事侵害股东权利时,股东可以行使不作为请求权及损害赔偿请求权。

实务探讨

一、公司分立与营业转让如何界定

所谓营业转让,是指移转作为组织统一体的营业财产。营业转让的效力,就让与人和受让人之间而言,主要表现为营业让与人的营业移转义务;就让与人的债权人而言,营业上的债务也因此而转移给受让人,债权人可以对营业的受让人主张债权。从《合同法》的角度言之,营业转让是债权债务一并转让的法律事实。

公司分立与营业转让的共同之处在于,原公司都要将一部分资产分离出去。但两者的区别是显而易见的,主要表现在:第一,资产分离的后果不同。在营业转让中,转让公司将一部分资产转让分离出去后,可以获得相应的对价,所以转让方的资产总额不变,在公司资产负债表上,资产总量并不减少,只是资产形态发生变化;而公司分立的后果将导致原公司注册资本的减少及相应的股份减少。第二,对股东地位的影响不同。营业转让不会影响股东地位,影响的只是买卖双方公司的资产形态;而公司分立直接影响股东的地位,在存续分立中,原公司的股东对原公司的股权将减少,相应地获得分立出来的公司的股权,在消灭分立中,原公司的股东对原公司的股权因原公司的消灭而消灭,相应地获得分立出来的公司的股权。第三,法律性质不同。公司分立是组织法上的问题,其本质是公司的人格的变化;而营业转让的本质是买卖合同。因此营业转让适用《民法通则》、《合同法》的一般原则;而公司分立则适用《公司法》。

二、公司分立与公司设立子公司有何区别

公司分立虽然是公司营业组织的分割,也是母公司的一种营业出资行为,但公司设立子公司不应被看作公司分立的一种形态。这是因为,如果将其认定为公司分立,其就要适用法律为公司规定的分立程序,即要编制资产负债表及财产清单,并要在作出决议之日起十日内通知债权人,并于三十日内在报纸上公告。我国 2005 年《公司法》第一百七十七条还规定了公司分立前的债务除与债权人达成书面协议外由分立后的公司承担连带责任。从保护债权人的角度来看,设立子公司,母公司享有对子公司的股权,母公司的债权人可以通过执行该股权来维护自己的权益,此时就不必在设立子公司程序上予以限制,否则对母公司而言太过苛刻,另外也造成法律对公司决策自由进行过多的干预和限制,进而影响到公司设立子公司的效率。因此 2005 年《公司法》对公司设立子公司和公司分立采取了不同的制度设计,两者遵守不同的法律程序。

三、公司分立与公司转投资有何区别

公司转投资是公司以现金、实物、无形资产或者购买股票、债券等有价证券的方式向其他单位投资。转投资并不必然导致公司资产变现困难,公司通过转投资获得的股权仍然是公司资产的组成部分,仍然构成对债权人的担保。转投资实际上是资产置换,是资产间的形态变换。资产具有实物形态和价值形态两种形态,实物形态是以生产资料的物质实体为存在形态;价值形态则是它的价值表现,即以货币、股票、债券等形式表示的凝结在生产资料中的劳动量;价值形态又可分为货币形态和证券形态或虚拟形态。从理论上讲,两种形态应该是一致的,因为实物形态是价值形态的物质载体,价值形态是实物形态的货币表现,从实践中看,两者又常不能保持一致。但总体看来,两种形态的资产增值、保值的机遇与风险是同时存在的。一方面,作为实物形态的资产在经营生产、创造价值的物质流过程中,既面临着生产、经营、销售和市场的风险,也存在实物资产损耗、闲置等带来的价值减少;另一方面,作为货币、股票、债券的资产在价值流过程

中,同样面临着证券市场的风险。

就公司分立和公司转投资比较而言,两者有如下区别:一是股东构成不同。公司分立属于公司组织法的问题,强调的是公司组织的变更。公司分立后,分立公司与新设公司或承继公司之间发生股东构成的重叠,即新设立公司的部分或全部股东是原公司的部分或全部股东;而在转投资中,转投资公司获得新设公司或接受投资公司的全部或部分股权,即投资公司成为被投资公司的部分或全部股东。二是公司资产数量变化不同。公司分立必然导致公司资产数量减少;公司转投资不发生公司资产数量变化,只是公司资产的形态发生变化。以现金、实物、无形资产作为转投资的,其资产的实物形态变为股权形态。三是公司之间的相互关系不同。公司分立后,分立前的公司与分立后的公司之间属于并列平行关系,彼此分立的公司之间互相独立,且相互并不持股,相互之间不存在控制和被控制关系;而公司转投资则是纵向关系,相互之间存在控制和被控制关系。四是决议程序不同。公司分立涉及公司债权债务人利益的保护程序,应当由公司的股东作出特别决议,一般需要2/3以上代表通过;而公司转投资一般纯属于公司可自行决策行为,公司股东会作出普通决议即可,一般只需经过1/2以上代表通过。五是债务承继不同。在公司分立中,分立公司与新设公司承担连带责任;在公司转投资中,投资公司与被投资公司之间并不存在债务承继问题。被投资公司显然一般不对投资公司投资前后的债务负责,更不会连带负责。但当投资公司无法清偿自身债务时,债权人可以申请执行转投资收益,即用被投资公司到期应分得的股息、红利偿还,也可以通过受让转让公司的股份或转让转投资公司的出资获得债权保护。此体现法人财产独立原则。

四、未到期的债权在公司分立时能否要求担保清偿

关于担保清偿制度的主要问题是权利的享受是否要以履行期限届满为条件。对履行期限已经届满的债务,要考虑的是:首先,是否要赋予债权人请求担保或者清偿权;其次,由谁决定担保或者清偿。笔者认为,由于公司分立对公司的未来影响巨大,对债务人的责任财产范围的变动亦会带来难以预测的变化,并且债权人的利益范围是已经特定的,不会因为责任财产的增加而使债权收益增加。相反,债务人却有冒险追求利益最大化的动机,因为债务的范围是比较确定的,而利用责任财产获得额外的收益则是可能的,因此债务人有分立公司追求利益的冲动。所以为保护债权人特定责任财产安全,应该赋予债权人请求担保或者清偿的权利。至于债权人是否行使,则在于他自己的理性判断。关于最后公司是提供担保还是清偿债务,其决定权当然应该属于公司所有。原因在于,债权人的利益范围是特定的,债权人的目的是实现债权或者使其债权具有优先

性，其权利亦在于此。而担保或者清偿对债务人来说，可能具有不同的影响，公司会选择对其影响最小的方式来满足债权人的要求，这样的结果对双方都是有利的。

对于履行期限未届满的债务，是否应该允许债权人享有提前届满利益呢？如果不允许其享有，那么就会出现这样的情况：其他债权人实现了债权，导致债务人责任财产减少，加之异议股东可能会行使股份回购请求权而使责任财产进一步缩减，这样就会使未届满之债权受到多重威胁，明显地对此类债权人不利。因此，笔者认为，应该允许该债权人享有提前利益，与期限届满之债权人同等待遇。至于是否行使则应由其本人决定，而最后选择担保还是清偿亦应由分立公司自己决定。我国 1993 年《公司法》第一百八十五条即属于异议阻却制度和担保清偿制度的融合，但是 2005 年《公司法》取消了异议阻却制度，当然，担保清偿制度仍然存在。

五、不享有分立异议权的债权情形

根据债权发生的时间，可以将债权人分为公司分立公告之前成立的债权人与分立公告成立之后的债权人。一般认为，分立公告登出后产生的债权，不享有提出异议的权利。因分立公司已履行其告知义务，债权人已知或应知债务人的分立，仍与其发生债务，视为自愿承担相应风险。对其他债权人，如公司内部职工对公司享有的劳动债权、税务债权以及其他相似的国家债权则不宜享有异议权。的确，职工的劳动债权是应予充分保护的，但对此种债权的清偿及对职工的安置，一般均属于分立合同的重要条款，通常已在分立中予以解决，加之其在清偿顺序中处于优先地位，故不宜再给其提出异议的权利；税务债权以及其他相似的国家债权亦不宜享有异议权，这些基于行政关系产生的债权，通常也是须在分立中加以解决的问题，且其清偿顺序优先，已有较充分的保护。

债权人的异议申诉要在法律规定的时间内提出。债权人在规定期限内未提出异议的，视为承认分立，债权人丧失清偿、担保请求权，但并不影响债权效力。

六、非货币债权人是否享有公司分立异议权

我国 2005 年《公司法》规定对分立存有异议的债权人可向公司请求提供清偿或相应的担保，因此对货币债权成为行使异议权的对象没有任何异议。但是对非货币债权是否也成为异议的对象的问题意见却不一致。即所有债权由于不履行其债务可变更为损害赔偿请求权，所以存在除债权请求人以外都可以成为债权人异议权的对象的见解和对行使异议权的债权人的保护措施限定为清偿、提供担保及财产的信托，所以货币债权被限于可计算其金额的债权的见解。后者的见解对于非货币性债权者而言，从债务的性质上不可能及时清偿债务，而在不履行债务的情况下应负担的损害赔偿额的计算

也将混乱，所以很难判断需要何种程度的担保。另外，例如对劳动合同上的债权，已发生具体的报酬债权或退职金债权的情况下，其债权人一般被认为成为债权人保护程序的对象。但是，认为未来劳动合同上的债权、继续性供给合同上的未来债权、非金钱债权的债权人是不包括的。像继续性供给合同，双方均未履行的情况下，有主张提出对其双方未履行的部分债权人向合并公司要求提供担保是不公平的。

笔者认为没有区别货币债权人和非货币债权人的理由。但是对非货币债权，在现实中很难预测分立当时是否可履行其债务，而且向分立当事公司事前要求提供以不履行债务为前提的提供担保是因为公司通过分立艰难地行使企业组织改造，所以认为将成为债权人异议对象的债权解释为限定为货币债权才是合理的。

七、第三人可否对公司分立无效的判决提出异议

一般认为，由于公司分立直接影响公司股东以及公司债权人的利益，公司股东和债权人当然可以成为公司分立无效诉讼的启动者。再者，公司的管理者包括董事、监事、清算人、破产管理人等由于直接管理公司相关事务，因此也可以提起公司分立无效之诉。但是，对于公司外第三人是否可以提起公司分立无效之诉则存在一定的争议。

欧盟《公司法指令》作出了肯定的回答，其第 19 条指出，如果某成员国法律许可第三人对公司分立无效的判决提出异议，第三人只能在该判决公告后 6 个月之内提出。该立法例允许第三人对公司分立无效的判决提出异议，是因为不排除有些提起公司分立无效之诉的人利用公司分立无效判决损害第三人利益的可能性，给第三人提供这一救济途径体现了对第三人利益的保护。该立法例又规定了“6 个月”的期限，说明必须要保持公司分立无效判决生效以后所建立的法律关系的稳定性。所以，该立法例实现了保护第三人利益原则与尊重既存状态原则的完美结合。

八、公司分立时如何保护股票期权的持有者

这种问题对公司经理或职工持有的股票期权持有者也同样发生。一般股票期权的目的在于无资金负担地雇用专门经营者或高级技术人员，为了使他们与企业的利害关系一致而具有主人公意识并加强其成功动机。考虑到通过赋予股票期权的方法明确所属的事业业绩与股价的关系从而鼓励经营管理层及职工的创造力，也可激励对营业活动的主观能动性，公司分立时如何调整股票期权对经营者及职工将成为重要的问题。

公司分立中股票期权的问题可用两种方案解决。

第一，代替分立后自分立公司转移至新设公司或承继公司的经营管理层及职工丧失分立公司的股票期权，可对其赋予新设公司或承继公司股票期权的调整偿还的方法。

此时成为选择权对象的新设公司或承继公司的股份数及行使价格应规定为反映分立前分立公司股份价格，留在分立公司的职工维持与以往相同的有关分立公司股票期权的权利，而作为选择权对象的分立公司股份数量及行使价格会因分立受到影响，所以应充分考虑这些而作相应地调整。

第二，与经营管理层及职工归属于哪个公司无关，可向分立公司或新设公司或承继公司选择性地赋予股票期权的调整偿还的方法。此时职工在公司分立的同时将被赋予对应于分立公司股票期权（选择条件）的新设公司及承继公司的股票期权，但是成为选择权对象的新设公司或承继公司的股份数量及行使价格应调整至同分立前分立公司赋予的股票期时相同的价值。

笔者认为分立公司和新设公司或承继公司完全不同的独立法人格，对经营管理层及职工的股票期权也应充分考虑与其他股东的利害关系，因此认为依据因分立归属于哪个公司而赋予各自公司的股票期权的第一个调整偿还方案是恰当的。总之对持有股票期权的经营管理层及职工有必要同股东类似地进行保护。

法条索引

《中华人民共和国公司法》

第一百七十六条　公司分立，其财产作相应的分割。

公司分立，应当编制资产负债表及财产清单。公司应当自作出分立决议之日起十日内通知债权人，并于三十日内在报纸上公告。

第一百七十七条　公司分立前的债务由分立后的公司承担连带责任。但是，公司在分立前与债权人就债务清偿达成的书面协议另有约定的除外。

第三十六章

公司增资热点问题裁判标准与规范

本章导读

2005年《公司法》虽然确立了资本确定、维持、不变三原则，但公司资本并不因此而绝对不变。实际上，随公司经营活动的开展、业务范围和市场状况的变化，客观上也要求公司资本相应地增加或减少。同时，公司成立后，其实有资产和净资产即处于经常地变动之中，为使公司资本反映公司净资产的情况，也要求公司资本作出相应的调整。为此，公司法也需要对公司资本的增加和减少作出系统的法律规定。但是我国现行《公司法》对于公司增减资只是作出了粗线条的规定，使得法律对于公司增资中小股东的保护显得不当，本章正是在这个前提下探讨公司增资中的股东优先认股权的排除以及大股东恶意增资中小股东的保护情况，来完善公司增资制度，使得这一制度能够得到更有效、更合理的适用。

理论研究

一、公司增资的程序

增资是对注册资本的变更，必然涉及公司章程的变更，因此，增资必须严格按照法定程序进行。我国2005年《公司法》第一百七十九条规定，“有限责任公司增加注册资本时，股东认缴新增资本的出资，依照本法设立有限责任公司缴纳出资的有关规定执行。股份有限公司为增加注册资本发行新股时，股东认购新股，依照本法设立股份有限

公司缴纳股款的有关规定执行”。依据上述规定可以得知公司增资的主要程序是:

(1)公司决议。依2005年《公司法》第四十七条、第一百零九条以及第四十四条、第一百零四条,公司增资方案由公司董事会制订,提交股东会决议。公司增资由于会导致股权结构的调整,是直接影响股东权益并可能引发严重利益冲突的重大事项,不同股东的处境和要求不同,其在增资中的立场和态度也会完全不同,因此在法律程序上,公司增资必须经过股东(大)会决议,变更公司章程,并须履行相应的变更登记程序。有限责任公司须经由股东大会代表2/3以上表决权股东同意;股份有限公司不仅需要出席股东大会的股东所持表决权的2/3以上通过,以募集方式增资的,还应提交国务院证券管理部门批准。

(2)缴纳股款。依《公司登记管理条例》第31条相关规定,公司增资的,有限公司股东认缴新增资本的出资和股份公司的股东认购新股,应当分别依照2005年《公司法》设立有限公司缴纳出资和设立股份公司缴纳股款的有关规定执行。

(3)变更登记。公司增加注册资本的,应当自股款缴足之日起三十日内申请变更登记,并提交下列文件、证件:①公司法定代表人签署的《公司变更登记申请书》;②同意增加注册资本的服东会决议,股东会决议中主要应载明增资者、增资方式、增资的股权额、增资后的最新股本结构和修改公司章程及其他有变动的事项等;③章程修正案(主要列示章程变动情况对照表)或新章程;④由全体股东出具的《确认书》;⑤有新股东出资,应提交新股东的法人资格证明或自然人的身份证明;⑥会计师事务所出具的新增资本的验资证明,其中以实物、工业产权、非专利技术或者土地使用权等非货币作价出资的,应当由合法的评估机构评估;国有资产评估结果应经国有资产管理部门确认;以非货币出资的,还应当先办理过户手续,并提交过户证明;⑦《公司股东(发起人)名录(A:法人)》和《公司股东(发起人)名录(B:自然人)》;⑧公司营业执照正副本原件及由工商局档案室提供加盖工商局档案专用章的公司章程复印件。①

(4)特别程序。如2005年《公司法》第一百三十五条规定,股份公司公开发行新股,须经证监会核准。

违反上述增资条件和程序的,理论上可以导致增资行为的无效或被撤销。

二、公司增资中股东新股认购优先权的排除

按照2005年《公司法》第三十五条的规定,公司新增资本时,股东有权优先按照实缴的出资比例认缴出资来认购新股,可见股东的新股认购权是其成员权不可分割的组

① 项先权主编:《最新公司法理论与律师实务》,知识产权出版社2007年版,第281页。

成部分,公司原股东有权获得与其原持股比例相对应的新股份,借此能够有效防止特定股东因增资而丧失其对公司的支配力和影响力。然而,这种新股认购权并不是绝对的和不可变更的,在特定情形下,股东新股认购权是可以排除的。但是对于新股认购权这种重要的股权权能的排除不是随意的,必须具备严格的法定形式要件和实质要件。

1. 股东新股认购权排除的形式要件

通常而言,认股权排除的形式要件主要包括以下几个方面:其一,认股权排除决议应包含于增资决议当中。股东新股认购权只能在公司增资决议中排除,而不能在增资决议之外以单独决议方式排除股东新股认购权,换言之,排除股东新股认购权的决议不能成为一个独立的决议,而只能作为公司增资决议不可分割的组成部分。因此,增资决议无效将会导致新股认购权排除决议的无效。其二,认股权排除决议的作出应达到法定的资本多数。根据德国股份法的规定,新股认购权排除决议须经决议时代表股本总额 3/4 以上多数通过,当然,公司章程也可以在此之外规定一个更高的资本多数或其他特别要件以充分反映股东的意志,防止大股东借资本多数决否认中小股东的新股认购权。其三,在增资决议中应明确表明排除新股认购权,新股认购权的排除事宜必须在公司公报上明确地按规定程序予以公告,同时,还应在股东大会议事日程中注明。当然,如果根据一般解释原则,从增资决议的内容中能够推断出新股认购权的排除,也视为在增资决议中包含有新股认购权排除的内容。其四,公司董事会必须就认股权被部分或全部排除的事由和原因向股东大会提交书面报告。公司股东尤其是少数股东必须在股东大会作出决议之前能够知晓认股权排除的实质理由,以便其能够形成合理的建议并据此作出决定。就此而言,董事会的书面报告应具备法定内容,特别是在报告中应对建议的发行价格说明理由。

2. 股东新股认购权排除的实质要件

股东通过行使其新股认购权,能够避免因公司增资而丧失对公司的影响力,维持其在公司中的法律地位,使其财产免予被稀释。股东认股权的排除则意味着对股东权利的严重侵害,它会减少股东基于其所持股份而在公司中享有的分红利益和清算利益,因为,该两种利益是以股东在公司中的持股比例为基础的,认股权的排除使公司股东的持股比例大为降低,损害了其比例性利益。同时,因公司资本扩充所带来的机遇仅属于有权认购公司新股份的权利人,因此,排除股东参与公司资本的扩充也就意味着将相关股东部分地排挤出公司,进而剥夺了股东可能获得的利益。考虑到排除股东新股认购权对股东利益所带来的种种不利影响,除应具备相应的形式要件外,新股认购权的排除在多大程度上和多大范围内满足实质要件的要求才是法律上准许的。

有关股东新股认购权的排除在德国的司法判例中经历了一个发展演变的过程。早期的德国法院判例认为，公司原股东的认股权是否排除应由股东大会进行衡量、判断并作出决定，但股东大会的判断应基于善良风俗、基于股份法上的股东平等原则以及诚实信用的一般原则作出。进而，在 Hibernia 一案的判决中，帝国法院的出发点是，由公司多数股东对某一行为是否符合公司利益作出判断和决定也是在立法上获得认可的一项基本原则。然而，随着时间的推移，德国法院判例也开始对此产生疑问，即股东大会是否在缺乏合理根据的前提下，仍然有权依其自由衡量和判断干预股东权利。在其后的一个判例中，帝国法院提出了如下的观点，即鉴于股东权遭受侵害的事实，应进一步考虑是否其他的替代措施也能够达到与股东认股权排除相同的目的和效果。进而，联邦最高法院确认，认股权排除在满足以下要求的情况下才是被许可的，即认股权排除的措施从实质上看是正当的、合理的，而非随意和专断的。与德国法院判例的上述观点相对应，在学界的文献资料中，有代表性的观点是，只有有重大理由认为认股权的排除是基于公司利益，且认股权排除是必要的、适当的，认股权的排除才是被许可的。而联邦最高法院也在 Kali und Salz 判例中最终确认了学界的上述观点，从中可以得出如下认股权排除的实质要件的结论。①

其一，公司的特殊利益。即公司增资是基于公司特殊利益的存在，为实现公司利益所采取的措施，可以理解为经过仔细、谨慎的权衡和斟酌的、有利于促进公司目的的实现的任何措施，是为公司利益所采取的有益的措施。公司利益是一种客观的利益，体现为全体股东的整体利益，它既非单个股东的利益，也非多数股东或董事会成员的利益。

其二，适当性和必要性。这一要件要求认股权排除决议是合适的和必要的。具体而言，认股权排除决议是实现公司利益所采取的最佳手段，而且所追求的公司利益的目标通过其他方式，特别是通过附有法定认股权的增资是无法实现的。

其三，利益对比的均衡性。这一要件要求认股权的排除给公司所带来的利益应大于单个股东所受损失的总和，换言之，股东所受损失与公司取得的利益相比并非很大。该要件的要求并不能保证是一种平等的、公正的解决方案，因此，如果随着认股权排除出现对多数股东的显著优惠，进而出现股东不平等的情形，则必须在认股权排除的同时寻找对少数股东的补偿和救济对策。

3. 我国 2005 年《公司法》中的新股认购排除

严格来说在我国的 2005 年《公司法》中并没有关于股东的新股认购排除制度，但是如果公司自行决议限制现有股东的新股认购权，则此项限制也可以成立，但是必须对

---

① 王彦明:《公司增资中股东新股认购权排除制度研究——以德国股份法为研究视角》,载《吉林大学社会科学学报》2008 年 3 月。

此种新股认购权的限制本身加以严格限制，不然就有可能成为公司大股东侵害中小股东的手段。这种限制必须首先规定在公司的章程中，此公司将来作出的此种限制必须能够在公司的章程中找到确定的依据。其次对于这种限制也应当尽可能以绝对多数的股东决议通过，如德国法的3/4，毕竟这是对股东一项重要权利的限制，直接影响到了股东股权。再次，此种对股东新股认购权的排除也必须在增资协议中得到再次明确的确认，不能以公司章程中有规定而否认在增资协议中重新确认的必要性，应当给予公司股东，特别是中小股东再次思考或者说是反悔的机会，而不能以公司章程的概括授权直接剥夺其再次表决的权利。

三、公司增资中股东利益冲突与中小股东保护

公司增资，会导致现有股东股权稀释和股权结构的调整，是直接影响现有股东利益并可能引发股东之间严重利益冲突的公司重大事项。不同股东的处境和要求不同，其在增资中的立场也会不同。外部增资、不同比增资，还可能引起公司控制权的易手。对于同比增资、追加性增资，投资能力强的股东会支持，但投资能力弱的股东则可能反对。对于外部增资，还涉及现有股东对公司资产权益的界定。实践中，各种股东纷争已不鲜见。为此，法律有必要协调股东利益冲突，尤其注意保护少数股东的利益。在我国，相应的法律原则与措施包括：

1. 绝对多数决

公司增资是任何公司经营管理和企业治理中的重要事务，它不仅会给公司原有股东的权益带来巨大的变动，而且会影响增资后公司的所有者权益等公司资本项，并且也会给公司的债权人带来巨大的影响，因而公司增资被2005年《公司法》赋予与公司章程修改、公司形式变更等同等的重要性而要求公司以特别决议通过。依据2005年《公司法》第四十四条和第一百零四条的规定，公司的增资决议必须通过2/3多数决的股东表决通过，以避免公司过于轻易地通过增资决议而给小股东带来的损害。并且依据2005年《公司法》第四十七条和第一百零九条规定，公司增资前董事会必须首先制定公司增资方案，在现实中，董事会往往被要求向股东会、股东大会提交公司增资的可行性论证和公司增资具体方案。

2. 增资是权利而非义务

增资是股东的权利而非义务。由于每个股东自身的财产能力和情况不同，不能强求股东向公司追加出资，股东原来对公司的出资是自愿的，后来增资时的出资也应是自愿的。不能以股东会通过的增资决议对全体股东具有约束力为由，认为股东负有按原有出资比例追加出资的义务，这是对中小股东的一种反向歧视，是排挤中小股东的手段

之一。

3. 优先认股权与原股东之间的权益界定

有限责任公司的优先购买权分为股东对外转让股份时的优先购买权和股东增资扩股时原股东的优先购买权。原股东的增资扩股时的优先购买权是指在公司增资扩股时，原股东在同等条件下可以优先于分公司股东享有购买公司股份的权利。前者在我国 2005 年《公司法》第七十二条有着较为详细的规定；后者在 2005 年《公司法》第三十五条中有所规定。2005 年《公司法》第三十五条规定，有限公司新增资本时，股东有权优先按照实缴的出资比例认缴出资，除非全体股东另有约定不按出资比例的除外。这一规定旨在保持有限公司的封闭性和维系股东间的人身信任关系，维护股东之间的既有权益格局以及维护有限公司的稳定，故不适用于股份公司，且 2005 年《公司法》中并没有关于股份有限公司新股认购优先权的规定。这一规定虽属任意性规定，但只要有一个股东坚持，都会得到强制性适用。

4. 新、老股东的权益界定

增资时，如果公司处于盈利状态，可能拥有大量的盈余公积金、资本公积金、未分配利润，净资产远高于公司资本；如处于亏损状态，净资产可能远低于资本，甚至事实上资不抵债。在这些情况下，合理的增资方案应全面评估公司资产，确定股东权益的真实价值，在此基础上确定新股东的出资金额与股权比例。不能由新股东侵占本属于原股东享有的权益，也不能由新股东承担本应由原股东承担的亏损。但这只是一个基本原则，如果新老股东在诚信基础上达成自愿协议，从协议。

实务探讨

一、公司是否能够强制股东增资

公司法对于公司增资并没有规定一定的法定条件，将公司增资的自由权几乎全部赋予了公司，由公司自己根据实际情况决定是否增资。依据 2005 年《公司法》的规定，由董事会制定相应的公司增资方案，然后报公司股东会、股东大会批准，可见有关公司增资事项，公司赋予了公司相当的自治权。但是由于现代公司的表决制度遵从资本多数决原则，公司内部无论是董事会还是股东会的权力往往掌控在大股东或者实际控制人手中。一方面大股东拥有强大的经济实力，他们可以轻易追加出资，而小股东则有时则往往不具备追加出资的经济实力，中小股东的股权面临着进一步被稀释的危险，中小股东可能更进一步成为大股东或者实际控制人资本游戏中的装饰和点缀；另一方面，可能有些大股东希望通过公司增资吸收中小股东的更多投资来扩充公司资本，增强公司实力，则此时中小股东被强行绑上了继续增资的轨道，要么退出游戏，要么掏钱增资，这对于那些想继续持股而又不愿继续增资的中小股东来说无疑面临着困难的局面。

这里应当明确的是增资是股东的权利而非义务。由于每个股东自身的财产能力和情况不同，不能强求股东向公司追加出资，股东原来对公司的出资是自愿的，后来增资时的出资也应是自愿的。不能以股东会通过的增资决议对全体股东具有约束力为由，认为股东负有按原有出资比例追加出资的义务。股东会通过的增资协议对全体股东没有强制约束力，不能强制要求股东按照增资协议的金额向公司缴纳出资，如果这样，在一定的条件下可以否认该股东会决议的效力。

二、司法能否介入有限责任公司的增资扩股协议

一般而言，对于有限责任公司而言，2005 年《公司法》赋予其较大的自治性，并不过多干预有限责任公司内部决议。但是公司增资极有可能给中小股东的利益带来损害，在特殊情况下，司法应该介入有限责任公司增资扩股协议。

1. 司法对有限责任公司增资扩股决议内容以合法性审查为原则

股东会决议作为公司的意思表示，其本质是透过会议形式由多数股东所决定的意思决定，因此，只有股东会决议程序和内容均合法有效才能发生法律效力；如果决议程序或者内容上有瑕疵，就不能认为是正当的公司意思表示，司法可以基于部分股东的请求予以介入。然而，在司法介入的过程中，法院毕竟不熟悉公司的运作，随意介入意味着司法对公司正常商业经营的干预，不仅影响公司的正常经营，也干扰了公司自治。因此，司法介入公司股东会决议须秉持审慎原则。①

司法介入股东会决议须充分体现对公司机关分化以及公司独立人格的尊重，尤其是尊重股东会为公司最高意思机关的地位，承认股东会是股东得以对公司控制的合法途径。因此，司法程序对股东会议的介入是适度的，以合法性审查原则为原则。亦即，法院只能就股东会召集和决议发放等会议程序以及决议内容的合法性进行审查，对股东会程序和内容的合理性或妥当性一般不予审查。

2. 少数情况下，司法亦可基于“禁止资本多数决的滥用”对有限责任公司增资扩股决议的内容进行妥当性审查

司法对有限责任公司增资扩股决议的内容不进行实质性审查，意味着尊重公司意思自治，赋予公司股东会自由决定是否增资及如何增资的自由，但这一自由实际赋予了

① 范黎红：《大股东滥用资本多数决进行增资扩股的司法介入》，载《法学》2009 年第 3 期。

公司的控制股东。因而，面临着控股股东追去自身利益而损耗或者限制公司或其他股东利益的风险。这就有必要规范股东的资本多数决行为。亦即，控股股东在行使表决权时，负有对小股东的诚信义务，不得滥用资本多数决，恶意侵害小股东的合法权益。

事实上，司法对有限责任公司增资扩股决议的内容进行妥当性审查，在我国2005年《公司法》上亦可找到依据。2005年《公司法》第二十条第一款规定，公司股东应当遵守法律、行政法规和公司章程，依法行使股东权利，不得滥用股东权利损害公司或者其他股东的利益；不得滥用公司法人独立地位和股东有限责任损害公司债权人利益。第二款规定，公司股东滥用股东权利给公司或者其他股东造成损失的，应当承担赔偿责任。2005年《公司法》第二十条上述条款对公司股东不得滥用股东权利的原则性规定。

尽管根据2005年《公司法》第二十条的规定，在某种情形下，法院可以依据“禁止资本多数决的滥用”原则对有限责任公司增资扩股决议的内容进行妥当妥当性审查。但是“禁止资本多数决的滥用”原则的适用存在严格的前提，并非控股股东实施所有的对小股东不理的行为都能够被认为是滥用权利的行为。为此，必须结合案情，在尊重商业判断原则的基础上进行自由裁量。

三、大股东恶意增资扩股侵害小股东权益，是否符合《公司法》第二十条第一、二款有关“滥用股东权”规定的严格前提

禁止资本多数决的滥用，是为了平衡资本多数决原则与小股东权益保护之需要。因此，适用2005年《公司法》“滥用股东权”规定的一个隐藏的前提是：小股东权益因控股股东的行为受到侵害。此外，并非控股股东实施的所有的对中小股东不利的行为都能够被认为是滥用权利行为，还需要结合具体情况予以认定。

1. 小股东权益因增资扩股决议受到损害

2005年《公司法》对有限责任公司增资行为的规范主要体现在股东优先购买权的规定上，公司增资时的优先购买权是股东股权的重要组成部分，是保证股东维持其原有地位，保障其原有权利，确保公司的人合性和稳定性的重要制度，如果违反了该制度，侵犯了股东的优先购买权则会给股东的利益造成重大的损害。

2. 从“权利滥用理论”的法理出发，大股东恶意利用多数决增资扩股的行为构成“滥用股东权”

禁止资本多数决滥用的基本法理，存在着多种理论。[①] 笔者认为，无论是诚信义务理论还是权利滥用理论，作为资本多数决滥用的法理基础都存在一定的合理性。诚信

① 刘俊海：《股份公司股东权的保护》，法律出版社2004年版，第511—521页。

义务理论更多的是从股东间关系平衡的角度出发，显示的是股东的积极义务；权利滥用理论则着眼于规范股东权的行使，强调股东的消极义务。

四、滥用资本多数决进行增资时大股东能否援引商业判断原则进行抗辩

其按股权比例行使资本表决权促使公司通过增资扩股决议，即使未进行评估而按注册资本价格引入第三方，也是从公司利益出发，存在正当的商业目的。那么，司法对大股东的这一主张是否予以支持呢？商业判断准则能否成为大股东逃避其诚信，行使表决权义务的避风港呢？这就需要平衡禁止资本多数决滥用与商业判断准则的关系。

公司增资行为能够使公司及时应对市场需要，筹集足额资金，以引进技术、开拓市场，维持和扩大公司生产经营规模，实现其资金调度利益。然而，欠缺公平性的公司增资方案可能侵犯股东依据股份平等原则享有的比例性利益。当大股东援引商业判断准则进行抗辩时，意味着强调公司资金调度利益优位于股东比例性利益。对此，如何处理二者之间的冲突呢？笔者认为，一般情况下，应认可公司的资金调动利益优位于股东比例性利益，赋予公司治理机构自由决定是否增资及如何增资的自由，尊重公司意思自治，亦即认可商业目的作为“避风港”的存在。但是，在以商业目的为由正当减损股东的比例性利益时，尚需满足严格的形式要件和实质要件。形式要件体现为，排除股东比例性利益应由股东会以特别多数决议通过。实质要件体现为，为公司筹集资金或追求其他正当目的所必需，舍此别无他途，可以排除股东比例性利益。亦即，大股东必须举证证明该增资扩股决议具有正当的商业目的，且是实现该商业目的的唯一途径，并不存在对小股东的恣意性歧视。

五、大股东恶意增资时小股东有何救济途径

有限责任公司大股东纯粹为了追求自己的利益，行使表决权时违反诚信义务，形成内容不公正的决议，侵害了公司或者少数股东利益的，构成权利滥用，其所作决议为滥用多数决的决议。因大股东恶意增资扩股而权利受损害的小股东，存在两种救济途径。

1. 申请确认股东会决议无效

滥用资本多数决原则而作出的股东会决议，其效力如何，在学说上存在不同的见解：一种观点认为，股东会决议并无具体违法，因为多数股东牺牲公司或者少数股东的利益，以追求自己或第三人利益所为实质上不当的决议，不论股份公司的具体规定或精神为何，都不认为有违反的地方，所以应认为有效。另一种观点则认为，如认定股东大会决议的作成是因为多数股东滥用多数决的结果时，应认为该决议无效。因为这时可以认为该决议的内容违反了公序良俗原则而无效。还有一种观点认为，滥用多数决所

为的决议内容的违法性，不宜以同一方式处理，应依具体情况决定可撤销决议或无效决议。笔者认为，滥用资本多数决作出的决议违背了公司法最基本的关于保护中小股东的核心精神，是对公司法律制度最根本的违背，有可能危害整个公司制度，因而应当认定其无效。

2. 申请损害赔偿

就能否给予小股东损害赔偿，有观点认为，基于给予损害赔偿的金额高于小股东的注册资本金，存在抽回出资之嫌，因而不能给予损害赔偿，小股东只能申请确认股东会决议无效。笔者认为，小股东可以申请损害赔偿。理由在于：2005 年《公司法》第二十条第二款明确规定，公司股东滥用股东权利给公司或者其他股东造成损失的，应当依法承当赔偿责任。尽管小股东受到的财产利益损害金额高于其投入的注册资本金，但予以赔偿并不意味着小股东变现抽回出资。事实上，小股东在增资之前，基于公司运营状况良好且存在大量未分配利润，小股东所持股权含有的财产利益已经远远超过投入的注册资本金额，赔偿的是持有股权价值缩水的部分，而非允许小股东抽回出资。

法条索引

《中华人民共和国公司法》

第三十五条　股东按照实缴的出资比例分取红利；公司新增资本时，股东有权优先按照实缴的出资比例认缴出资。但是，全体股东约定不按照出资比例分取红利或者不按照出资比例优先认缴出资的除外。

第四十四条　股东会的议事方式和表决程序，除本法有规定的外，由公司章程规定。

股东会会议作出修改公司章程、增加或者减少注册资本的决议，以及公司合并、分立、解散或者变更公司形式的决议，必须经代表三分之二以上表决权的股东通过。

第三十七章

公司减资热点问题裁判标准与规范

本章导读

公司作为市场经济中最活跃的因素，其资本制度对于债权人的利益保护往往会产生巨大的影响。而在公司资本制度中，公司资本的变化，对公司债权人造成的利益损害又往往是最为直接和明显的。因此，在我国的公司立法上，一方面需要对公司和公司股东的利益进行合理保护，以保证其在维持资本有效利用的基础上进行合理的公司减资；另一方面，基于公司债权人利益保护的薄弱性，更需要在具体的权利设置和程序设计上进一步加以完善，以期通过制度的修正来确保双方利益的衡平。

理论研究

一、公司减资的条件和程序

资本的减少，直接涉及股东的股权利益，同时因其可能在实质上减少公司的资产，缩小公司对外偿付的责任财产范围，因而可能会直接影响到公司债权人的利益，因此对于公司减资法律规定了比增资更为严格的法定程序。根据我国 2005 年《公司法》第四十四条、第一百零四条和第一百七十八条和其他有关规定，公司减资的条件和程序如下：

(1)股东会和股东大会作出减资决议，并相应地对章程进行修改。有限责任公司作出减资决议，必须经代表 2/3 以上表决权的股东通过。同时，公司减资后的注册资本不得低于法定的最低限额。股份有限公司必须经由出席会议的股东所持表决权的三分之二以上通过。

(2)公司必须编制资产负债表及财产清单。

(3)通知债权人和对外公告。公司应当自作出减资决议之日起十日内,通知债权人,并于三十日内在报纸上公告。

(4)债务清偿或担保。债权人自接到通知书之日起三十日内,未接到通知书的自公告之日起四十五日内,有权要求公司清偿债务或者提供相应的担保。

(5)办理公司减资登记手续。资本是公司注册登记的主要事项之一,公司成立之时,其资本总额已登记注册,减少资本引起主要登记事项的变更,因而须办理减资登记手续,并自登记之日起,减资生效。

二、公司减资中的股东利益保护

由于各个股东在公司的地位和利益各不相同,无论是实质减资还是形式减资都会引发公司股东内部的利益冲突,在公司不依据股东持股比例减资尤其是在销除股份的情况下,更是如此。因而应当根据不同的股东类型具体分析实质减资和形式减资对其产生的效力。

首先,公司的股东分为优先股股东与普通股股东。优先股股东是指与普通股股东相比,在分取股利或剩余财产方面享有优先权的股份的股东。一般而言,优先股的股东要么在平时的股利分配中,要么在公司清算时有优先于普通股的股东的优先权,如果在公司实质减资中并将减资所得平等地分配给各个股东时,其实就是对在公司清算时拥有优先权的优先股股东的权利的一种侵害。因为公司的减资所得平等地分配给各个股东后,即意味着公司资产的减少,以后当公司清算时如果公司的剩余资产不够清偿优先股股东的要求时,就会对优先股的股东产生侵害,当然,这种侵害也是在公司缺乏偿债能力的基础上才发生的;公司的形式减资大多发生在严重亏损等情况下,此时公司减资最直接的后果就是可能的股利分配,因为在公司亏损的情况下股东是不能分配股利的,一旦公司减资后公司就有可能可以分配股利,可这时对优先股的股东并无不利,因为此时优先股的股东照样可以凭借他的优先权分得股利,但是在公司清算时对剩余财产的分配上可能会对优先股的股东不利,因为此时虽然优先股的股东照样有着比普通股的股东的优先权,但是正如前面所谈到的,公司的形式减资后就有可能可以分配股利,这样公司就可以减少应保留于公司的财产,就有可能使得公司的责任财产降低从而对优先权的股东造成消极的影响。

在减资方面,要强调对众股东的一体保护,也就要注重对于不同类别股东的分别保护，以充分体现股东间的实质平等。因此，笔者认为，当公司要作出是否减资以及如何减资的决定时，除了要有股东大会决议外，还必须应该有优先权股东大会以特别多数决通过的决议，从而真正地做到对所有股东实行一体保护。由于我国2005年《公司法》只规定了普通股股东而没有规定优先股股东，因而在确定有关公司减资的内部决议时，可以通过多数决体现的集体意志来达到对股东利益的平衡保护。

其次，公司的普通股股东可以进一步细分为控股股东和非控股股东。控股股东与非控股股东相比，在公司中占有优势，“公司减资往往偏向于控股股东的利益作出，少数股东的权益就会受到不同程度的侵害”。[①] 当股份数的减少或者股金的返还在股东之间不平等地形成时，当然要伴随中小股东的经济损失，有时可以被当成驱逐中小股东的方法来运用。这一点，尤其是在以股份并合的方法减资时，更为明显。由于非控股股东持股比例往往较小，基本上是处于弱势地位，经常会出现控股股东滥用权利的情况，为实现公司减资中股东权实质上的平等，各国公司法除规定公司减资决议须经股东(大)会特别决议外，还充分考虑到保护中小股东利益，强调股东(大)会决议时大股东对中小股东的诚信义务，并在立法中确定股东平等待遇原则。这一原则是公司法支柱之一，公司无论是在设立、运营以及终止过程中，皆不能有违该原则之精神。一方面，该原则要求公司减资须经股东会特别决议同意，并以股东会特别决议同意为减资的生效要件，以此要求公司减资体现程序性公正；另一方面，一些国家通过公司法规定对未遵守股东平等原则的董事长或董事科以罚金，或者提交法院对其公正性进行审查，来要求公司减资体现实质性公正。例如，法国《商事公司法》第62条规定了有限责任公司减资的原则，减少资本，股东大会可按修改章程所要求的条件审议批准，在任何情况下，减少资本不得侵犯股东平等待遇原则。该法第2条规定了股份有限公司减资应遵循的原则，减少资本由特别股东大会批准或作出决定，特别股东大会可授予董事会或经理室以完成减少资本的一切权利，在任何情况下，减少资本不得损害股东的平等地位。如果董事长或董事未遵守股东平等待遇原则，将被处以罚金。德国《股份法》第222条第(2)款规定：“如果有多种股份，那么股东大会决议只有在得到股东同意后才有效。”英国1948年《公司法》第66条规定，公司通过的任何缩减资本的决议，都应提交法院，由法院对其公正性进行审查。我国2005年《公司法》规定公司减资决议为股东(大)会的职权，并且规定减少注册资本的决议必须经代表2/3以上表决权的股东通过，因而单就这个比例而言，我国2005年《公司法》的规定符合国际潮流，能够在此范围内最大限度保

① 刘大力、周辉：《利益平衡视角下的公司减奖》，载 http://www.lawyers.com/au/info/ce-bzb4b1296c4c/da95c75e5c225e765，访问时间2012年4月27日。

护股东的利益。

在现代商事领域，出于对效率以及公平的平衡，资本多数决成为主要的决策方式。在公司领域更是如此，资本多数决基本上成为各国公司法首选的公司决策和表决办法。但是资本多数决的设计虽是为了尽可能保护中小股东的利益，但是在现代公司的资本结构中，大股东和控股股东往往能够轻而易举地达到该2/3的限额。在大股东和控股股东利用资本多数决形成了不利于中小股东的公司减资决议时，中小股东的利益就面临着直接的威胁。笔者认为，2005年《公司法》在此种情况下赋予了中小股东股份回购请求权，根据2005年《公司法》第一百四十三条，公司可以在公司减资时收购自己公司的股份，但是根据2005年《公司法》第七十五条的规定却没有包含此种情况下的股东的回购请求权，虽然公司股份回购制度与股东的股份回购请求权是两个不同制度，适用于不同的情形，有不同的制度价值，但是笔者认为，这两种制度应该可以如公司、分立的情形一样，在两种制度中得到对接。

三、公司减资中的债权人利益保护

公司减资由于有可能减少公司的注册资本，则有可能减少公司的责任资本，使得公司的偿债能力降低，这对于债权人的利益影响甚巨。在公司实质减资的情形下，净资产从公司流出，公司的信用或者说公司的偿债能力面临降低的危险，这样公司的实质减资最直接的受害者可能就是公司的债权人了——实质减资事实上是将股东的出资予以退还，从而使公司的责任财产减少，这就“等于股东优先于债权人回收所投入的资本”。[①]因而在公司减资中，对于债权人的利益保护显得极其重要。对于债权人利益应如何救济，主要表现在以下几个方面：

1. 减资的适用限制

关于减资的适用限制，一些国家或地区直接规定公司减少资本不得损害债权人利益，任何损害债权人利益的减资皆属违法。例如，美国《特拉华州普通公司法》第244条第4款b项规定：“任何致使公司剩余资产不足以支付公司债务的公司减资不得进行或不能生效。”加拿大《商事公司法》第38条规定：“如果有合理的理由相信，(1)公司不能或在资本减少后不能支付；(2)公司资产可实现的价值将因此而低于债务总合，那么公司不得减资。”我国台湾地区也规定，公司如不为通知及公告，或对于在指定期限内提出异议的债权人不为清偿或不提供相应的担保者，其减资的效力不受影响，但公司不得以其减资对抗债权人，债权人仍能在公司原有资本范围内向公司主张债权。显然，这

① 赵旭东等：《公司资本制度改革研究》，法律出版社2004年版，第243页。

是将保护债权人程序的履行,视为对抗要件,而非减资的生效要件。笔者认为应当将债权人利益的保护视为公司减资的实质性要件,这样才能在清偿能力方面使得债权人获得保障,如果视为对抗要件,尽管债权人仍能在公司原有的资本范围内向公司主张债权,但是很有可能此时债权人的债权不能得到切实的保证。

2. 债权人的减资异议停止请求权

债权人的减资异议停止请求权,是指公司减资时违反相关法律规定,不履行债权人保护程序,使债权人可能遭受损害时,债权人请求公司停止减资的权利,该请求权发生于减资尚未开始或已开始尚未完成阶段,具有事前防范功能。债权人既可以采取诉讼外方式,亦可以采取诉讼方式来行使这种请求权。一般而言,债权人首先采用诉讼外方式,即口头或书面请求公司停止不适当的减资活动,如果公司拒不停止,则债权人只好采用第二种方式——诉讼方式。为保障公司减资债权人异议制度的实施,一些国家在立法上还规定了一些保障措施,例如法国法规定,在债权人提出异议期间内以及如有异议,在法院对该异议一审裁决前,公司均不得减资,如公司减资程序已经开始,则应中止,直至建立了足够的担保或对债务进行了清偿。

3. 债权人的减资无效诉权。

所谓减资无效诉权,是指债权人由于特定事由而享有的请求法院判决公司减资行为无效的权利。这是一种事后救济措施,发生在减资行为完成并且生效之后。在法院判决之前,减资有效;在法院判决确定减资无效时,减资无效。因而,减资无效诉权"就其性质而言,当解为形成权"。[①] 为了维护资本交易的安全性,一些国家规定减资无效诉权应在一定的时间内行使,如日本《商法》规定,债权人减资无效诉权行使的除斥期间为6个月,自减少注册资本的变更登记日起算,逾期不行使,债权人将丧失其权利。为避免债权人滥用此种权利,危害公司运营秩序和安全,法律一般还规定原告债权人有提供担保的义务。原告如果败诉,在其恶意或重大过失的情况下,对公司应承担连带责任。

4. 总结各国关于债权人保护的主要立法方式

通过比较上述各国对公司减资中债权人利益保护的规定,可以看出,在公司减资中对债权人的保护主要立法规定以及其区别表现在以下两个方面:

(1)债权人保护程序的启动。有两种立法态度:一部分国家规定只要发生公司减

① 如日本《商法》第380条规定,债权人的除斥期间为6个月,自减少资本的变更登记之日起算,逾期不行使,债权人将丧失其权利。

资，都要启动债权人保护程序；而以法国为代表的另一部分国家则区别对待实质上减资和形式上减资两种情况，只有在实质上减资情况下，方启动债权人保护程序。

(2)债权人异议的效力

债权人在异议期限内提出异议，而公司未能清偿债务或提供相应的担保，是否意味着公司减资程序的终结，或者债权人因不知道减资程序、性质或其对本身权利的影响，在减资完成后提出的异议是否可以使减资归于无效，各国和地区的公司法对此规定并不一致。我国《香港公司条例》规定，如果债权人因不知道资本缩减程序或其性质及其对本身的权利的影响而没有列入债权人名单，且如果公司后来不能支付，法院可以确认该项减资生效，但注册日的股东有责任共同支付债务。我国台湾地区学者则认为，保护债权人程序之履行，非减资的生效要件，而仅系对抗要件，即公司不为通知或公告，或对于在法定期限内提出异议之债权人不为清偿或提供相当之担保者，并不影响减资效力，但公司不得以其减资对抗债权人，债权人仍可在公司原有资本范围内对公司主张权利。在日本和韩国，公司未履行债权人保护程序，则可能导致减资无效或被撤销。

实务探讨

一、公司可以采用的减资方法有哪些

从各国公司立法的有关规定来看，公司减资的方式不外乎有减少股份总数、降低每股金额、减少股份总数的同时又降低每股金额、退还股东实缴资本和免除股东未付资本等若干种。一般来说，公司可以自由选择具体的减资方式。但在特定情况出现时，公司只能以某种特定的方式减资。例如，当公司经营严重亏损，资产已不能满足经营的需要时，公司就不能进行实质上减资，而只能进行形式上减资，此时，就不能采用退还股东实缴资本和免除股东未付资本方式。同时，公司不论采用何种减资方式，均应满足股东平等原则的要求，不得强迫股东进行不等比例的减资，更不能通过减资剥夺特定股东的股权。

1. 减少股份总数

减少股份总数是指每股金额并不减少，只是通过减少公司股份总数以减少公司资本，具体可分为股份合并、股份注销和股份回购。(1)股份合并，即将多个股份合并起来发行少于该股份数的股份，例如将每10股合并为8股，那么持50股的股东的股份应减至40股；(2)股份注销，即在公司存续期间，绝对消灭一部分已发行的股份，各国都允许在依法减资时注销公司的股份；(3)股份回购，即上市公司利用融资或盈余所得的

积累资金,以一定的价格购回公司已发行在外的普通股,进行注销,是公司减少股份总数的主要方式。

减少股份总数通常适用于公司经营严重亏损的情形,股份总数的减少,实质上只是公司亏损的相应注销,并不实质影响公司的偿债能力,因而不会实质损及公司债权人的利益,属于形式上减资,减少股份原则上皆应满足股东平等待遇的要求,即应按原有股东持股比例同等地减少股东的持股数目。

2. 降低每股金额

降低每股金额是指通过降低现有股份面值从而降低公司资本总额,与减少股份总数相同,通常也适用于注销公司亏损的情形,属于形式上减资。例如公司共有 1000 万股,每股面值原为 8 元,则原注册资本为 8000 万元,现每股面值从 8 元降至 5 元,股份总数不变,则注册资本减少至 5000 万元。减少股份金额,通常亦适用于注销公司亏损的情形,而公司债权人对于此类因亏损而进行的减少股份金额从而减少资本的行为,原则上亦无异议的权利。

3. 减少股份总数的同时又降低每股金额

减少股份总数的同时又降低每股金额这种方式是前述两种方式的结合,因较为复杂,实践中很少采用。

4. 退还股东实缴资本

退还股东实缴资本是指公司以实物、现金等资产退还股东已实际缴纳的资本,从而减少公司资本。一般适用于公司自有资产丰厚,盈利资金足以满足债权人的要求,偿债能力有余的情形。退还股东实缴资本作为公司减资的方式,不仅在形式上涉及股东出资责任正当履行与否的法律问题,而且实质上是将公司资产分配给股东,从而减少了公司净资产,减轻或免除了股东的出资责任,因此,各国很少有不加约束予以许可的,而是要么严加禁止,如德国《股份法》第 230 条的规定;要么赋予债权人异议权,以确保债权人利益不因此受到损害,如英国的规定。

5. 免除股东未缴资本

免除股东未缴资本是指通过免除股东已认购但尚未缴纳的出资从而减少公司资本。这种减资方式直接部分或全部免除股东的出资责任,大多数国家的公司法皆严禁以此种方式达到公司减资的目的。如美国特拉华州普通《公司法》第 244 条第 4 款规定,任何减资皆不得导致股东未付股款责任的免除。

但是,也有国家有条件的允许采用这一方式来减资,如英国规定,只要公司不仅为债权人提供了正当行使异议权的机会,而且满足了债权人异议之请求,或者确已为债权人之债权作出了法院认可或批准的偿付安排,就可以采取这一减资方式。

我国2005年《公司法》对公司减资的方式没有作出规定,在其他法律、法规、司法解释中也未有规定,属于立法上的空白,可以适当参照上述方法进行减资。

二、形式减资时能否启动债权人保护程序

实质减资之际,净资产从公司流出,必然导致净资产的减损。相应之连锁反应则是公司信用或偿债能力的减弱,公司债权人的债权受到不能实现之虞,应当严格减资的债权人保护程序。形式减资之际,仅仅是资本额减少,而不发生净资产的流动。① 显然,实质性减资击破了债权人优先获得清偿的定律,实际上使公司股东优先于债权人获得保护。形式性减资,不产生公司资产的向外流动,而旨在实现公司资产与公司资本的真实回归。这一减资模式往往发生在亏损企业之上,其目的在于使公司章程的注册资本与公司净资产水准相接近。

在公司形式减资的情形下,一方面,由于不产生公司资产的流动,仅仅是一个"纸面交易",是一个公司资产负债表两端科目的等比例消除,并不导致公司净资产减少,所以并不会使公司的清偿能力降低。"如果公司净资产不变且财务回归真实状况,那么认为形式减资会引发公司信用或偿债能力减弱的观点,是经不起推敲的。"②;另一方面,如果公司的实有资本远少于注册资本,那么在这种情形下,公司不减资不但会损害债权人的利益,而且还会给整个社会经济秩序带来混乱。因此,当公司具有形式减资的必要时,即公司亏损达到法定额度时,法律就应当强令要求该公司减资。故从某种意义上来说,无论是实质减资还是形式减资均可能直接影响到公司债权人的债权实现,只是在实质减资的情形下是危害债权的实现,而在形式减资的情形下则是可能有利于债权的实现。

我国2005年《公司法》目前没有区分形式上减资和实质上减资,无论何种减资形式均要求履行同样的债权人保护程序。形式上减资事实上没有导致公司净资产的减少,不会影响公司的偿债能力,如果法律同样要求履行债权人保护程序,则不但会给公司减资造成不必要的成本,而且可能使公司因畏惧繁琐的程序而怠于履行法定减资义务,从而使不实的注册资本误导债权人,给债权人带来损害。因此,笔者认为,应借鉴德国公司法的规定,区分形式上减资和实质上减资,对形式上减资的程序予以简化,豁免部分债权人保护程序,对债权人仅赋予知情权,不赋予异议权。

---

① 何美欢主编:《公众公司及其股权证券》(中期),北京大学出版社2000年版,第113页。

② 傅穹:《公司减资规则论》,载《法学评论》2004年第3期。

三、司法实践中当公司减资时应如何完善债权人保护制度

我国2005年《公司法》对公司减资中债权人的利益进行保护的规定集中在第一百八十七条,该条规定“公司需要减少注册资本时,必须编制资产负债表及财产清单。公司应当自做出减少注册资本决议之日起十日内通知债权人,并于三十日内在报纸上公告。债权人自接到通知书之日起三十日内,未接到通知书的自公告之日起四十五日内,有权要求公司清偿债务或者提供相应的担保。公司减资后的注册资本不得低于法定的最低限额。”通过对比可以发现,我国2005年《公司法》关于债权人保护的规定内容过于简单,且可操作性差,不利于切实保障债权安全。笔者建议从以下几个方面完善该程序:

(1)根据不同减资类型制定不同规则。我国2005年《公司法》对于公司的减资的类别不加以区分,只是都规定了一种严格的程序,这样必然会牺牲公司的利益和效率。从前面所述也可以看出,有些国家的减资规则,实际上针对不同的减资类别采取不同的规则,如德国《股份法》将减资分为普通减资、简易减资、回赎减资和减资的列示四小节等而分别制定不同的程序和制度。[①] 对于这些不同的分类适用不同的规则,可在一定程度上避免过高的减资成本。

(2)明确界定应予特殊保护的债权人的范围。我国2005年《公司法》对于应予特殊保护的债权人的范围未加限定。从国外立法例看,多数国家的公司法都对需要保护的债权范围作出了限制,如德国《股份法》第225条将应受保护债权人的范围界定为“其债权在决议的登记公告前已经设定的债权人”。笔者认为,我国《公司法》也应明确界定应予特殊保护的债权人的范围,可以参照德国公司法的表述,将应保护的债权人的范围界定为“其债权在决议的登记公告前已经设定的债权人”。

(3)完善通知及公告程序。我国现有规定只要求公司自作出减资决议之日起十日内通知债权人并于三十日内在报纸上公告,但对于需要直接通知的情形和公告的内容、公告发布的载体未加规定。实践中有些公司在减资时,对已知的债权人也采取公告形式进行通知,且公告发布在当地的县市级报刊上。由于报纸发行的局限性,客观上造成了减资的通知、公告流于形式,未达到真正的通知效果,使得债权人无法及时主张权利。

四、公司减资时清偿债务或者提供担保的选择权归属

对于清偿债务或者提供担保的选择权由公司享有还是由债权人享有,我国2005年

① 杜景林、卢堪译:《德国股份法·德国有限责任公司法·德国公司改组法·德国参与决定法》,中国政法大学出版社2000年版,第101—107页。

《公司法》规定债权人有权要求清偿债务或提供担保，将清偿债务或提供担保的选择权赋予了债权人。

然而，从债的关系看，对未到期债务，公司并不负有立即清偿义务，在公司减资的情况下，为避免公司减资有害债权人权利的实现，对债权人未到期债权设定相应的保护是必须的，但这种保护应仅限于确保债权人权利不会因公司减资而受到损害，而不应致使债权人享有超越其原债权本身的利益包括提前清偿的期限利益。除保证债务偿还外，亦不应对公司附加其他限制，或剥夺公司其他正当利益。充分的担保即构成了对债权人权利的有效保护。在公司提供充分担保的情况下，债权人没有理由要求公司提前清偿债务。2005 年《公司法》将清偿债务或提供担保的选择权赋予债权人实在是有点不妥。"如果过度的给予一方群体的特殊关注或许从整个社会的交易效率、或公司灵活运作机能或股东利益的保障看来，则未必是一种效率的安排。"①

笔者以为，对于清偿债务或者提供担保的选择权问题，应区分为两种情况，第一种是公司提出清偿的，期限届满的债权人应予接受清偿；期限尚未届满的债权人，可以接受清偿，债权人不接受清偿时，公司有权向有关部门提存，此时，债权人无权提出担保要求；第二种情况，公司未明确愿意清偿时，对于到期债权，基于权利的期限利益以及民事权利自由处分原则，选择权应赋予债权人，债权人要求清偿的，公司必须进行清偿而无权提出担保；对于未到期债权，选择权应赋予公司，公司提出担保的，在担保符合法定要求时，债权人无权要求公司立即清偿。

五、存在到期债权未清偿时能否启动实质减资

公司实质减资时，应当启动债权人保护程序，债权人享有减资异议权，并可以就债权要求公司提供担保或者清偿。

债务范围是仅限于未到期债务，还是包括已到期债务。公司不能清偿到期债务，按《民事诉讼法》第一百九十九条的规定，债权人可申请法院宣告公司破产。从保护债权人角度出发，在公司对已到期债务都无力清偿的情况下，根本不可能再去实质减资。已清偿所有到期债务是公司实质减资程序启动的前提，如果公司尚有到期债务没有清偿，董事会根本就不应将实质减资议案提交股东（大）会审议。因此，此处的债务应指未到期债务。

---

① 傅穹：《重思公司资本制原理》，法律出版社 2004 年版，第 78 页。

六、债权人保护程序是否是减资的生效要件

公司以其全部资产对公司债权人承担责任，公司债权人利益的实现与否在于公司资产的变化情况。在公司实质减资中，公司资产实质减少将会对公司债权人的利益产生较大的影响，因而各国公司法都规定，公司实质减资必须启动公司债权人保护程序，赋予债权人减资异议权。但是对于此种债权人保护程序以及异议权的效力，却存在不同的观点。有的观点认为，由于公司实质减资对公司债权人利益影响巨大，因此债权人保护程序的履行是公司减资的生效要件，如不履行，将导致公司减资的无效；有的观点认为债权人保护程序只是为了保护债权人利益，不应将其作为生效要件，公司减资中的其他制度也能配合保护债权人的利益。

关于实质上减资情况下债权人异议的效力，我国现行公司法未予以界定。笔者认为，应采我国香港和台湾地区之规定，将保护债权人程序之履行，不视为减资的生效要件，而仅视为对抗要件，即公司不为通知或公告，或对于在法定期限内提出异议之债权人不为清偿或提供相当之担保者，并不影响减资效力，但公司不得以其减资对抗债权人，债权人仍可在公司原有资本范围内对公司主张权利，如公司不能为清偿，减资涉及的股东在公司减资的总额度内应对此负连带清偿责任。将保护债权人程序之履行仅作为对抗要件，可以避免公司在为减资付出了大量的时间和精力，履行了其他各项程序后，仅仅因为个别债权人的异议而将减资归于无效，这是依据效率优先的价值取向应作出的选择。当然效率优先并不能以不顾债权人的利益为代价，因此，我们可以通过设定股东的连带清偿责任使债权人的权利得到与公司减资前同等的保障。

七、必须减资有哪些情形

必须减资的情形，是指法律明确规定，当某种情形出现或某个条件具备时，公司必须采取特定方式减资。我国2005年《公司法》中并没有这一规定，实践中导致公司债权人、股东的利益严重损害。当公司亏损达到一定程度时，须强制公司减资，经由减资后资本的公示，使潜在债权人了解公司的资产状况和经营能力，避免严重脱离净资产额的注册资本引起的误导。

笔者认为，我国可借鉴世界各国的立法经验，将必须减资的情形规定为以下三种：(1)当净资产显著低于注册资本时，公司必须减资。如果公司因高风险经营遭受巨额损失，强制减资有可能导致减资后的注册资本额不符合法定最低限额，面临解散的危险。也就是说，强制减资一定程度阻却了公司从事高风险投资的赌博心理。(2)当公

司累计亏损额达股本总额的一定比例(如1/3)时,必须减资。该规定对那些经营不善、资产不良、连续亏损公司仍在市场上招摇过市的状况予以遏制,对于公司的管理层、决策层也是一大震动,促其反思经营管理的活动,慎重决策,及时纠正决策的失误。(3)非自愿减资时必须采取法定减资方式。即公司因亏损而减资时必须采取特定的减资方式,一般认为,此时公司须采取形式减资。即不允许任何公司实际资产通过减资的方式而流出。

法条索引

《中华人民共和国公司法》

第一百七十八条　公司需要减少注册资本时,必须编制资产负债表及财产清单。

公司应当自做出减少注册资本决议之日起十日内通知债权人,并于三十日内在报纸上公告。债权人自接到通知书之日起三十日内,未接到通知书的自公告之日起四十五日内,有权要求公司清偿债务或者提供相应的担保。

公司减资后的注册资本不得低于法定的最低限额。

第十编 10

公司解散和清算热点问题裁判标准与规范

第三十八章

公司解散热点问题裁判标准与规范

本章导读

公司解散作为引起公司消灭的法律事实，由于最终导致公司主体资格的消失，因而对于公司参与方意义重大。不过，我国传统理论中对公司终止的有关研究，多“重清算”而“轻解散”。为了更好地完善我国的公司解散制度，保护公司参与方的正当利益，本书对此设专题研究。

理论研究

一、公司解散界定

公司解散，是指已经成立的公司基于法律直接规定或认可的事由之发生而人格归于消灭之法律事实。

公司解散具有下列特征：(1)公司解散的主体是已经成立的公司，设立中的公司和分公司并不发生解散情形。公司发起人如欲在公司成立之前停止设立行为，固然需要清偿债权债务、了结既存之法律关系，但是并不适用公司法有关解散之相关规定，公司设立的分公司亦是如此。同时，已经成立的公司仅从程序角度而言，包括通过违法行为设立依法可以予以撤销的公司。(2)解散导致公司的法人资格最终归于消灭，公司法人和与其有关的法律关系不复存在。然而公司解散后并不是立即丧失法人资格，而仅是行为能力受到一定限制，公司仍然有资格从事与清算有关的各种事务。(3)公司解散与公司清算密切相关。公司解散后其法人资格归于消灭,同时其又并无类似自然人继承人的承受人(合并、分立情形除外),因此其必须在人格消灭之前清理债权债务、分配剩余财产、了结各种既存之法律关系,因此公司解散后通常要进行清算。至于公司因合并、分立而解散的情形,因为其权利、义务仍然有人继续承受,无害于公共利益和交易安全,因此无需清算。此亦为世界各国立法之通例。(4)公司解散必须严格遵守法定的程序,由于公司解散导致公司人格归于消灭,与公司股东、债权人、职工、消费者利益有重大利害关系,乃至可能影响社区经济、国计民生,因此法律规定了公司解散的严格程序,公司解散时必须遵守,如股东会决议解散时要经过特定多数通过(股票分类的情况下,需经过类别股东大会分别通过)、重要的国有独资公司解散要报本级人民政府批准等。(5)公司解散基于法律规定的特定事由而发生,它可能是法律的直接规定,如司法解散,也可以是法律认可的公司章程规定的各种事由或股东会的决议。

二、公司解散的效力

公司解散后不得开展与清算无关的经营活动,此固然是公司解散效力的重要体现,然而公司解散效力尚不至于此,具体而言,公司解散的效力包括:(1)公司仍然存续,但是公司的行为能力受到限制,不得开展与清算无关的经营活动。(2)公司要进行清算,通知、公告债权人、清理财产、清偿债务、受领债权等。(3)变更公司财产管理人,公司董事会丧失对公司的管理权。此为确保公司各利益相关者在清算中得到公平对待所必要,至于清算组成员的产生依我国公司法有限责任公司的清算组由股东组成,股份有限公司的清算组由董事或者股东大会确定的人员组成。此外,我国台湾地区有关公司的规定认为公司的意思机关(如股东会)与监察机关(如监察人)及不执行业务股东的监察权仍然存在。我国2005年《公司法》目前对此并无直接规定,但是从第一百八十九条规定“清算组的清算报告应当报股东(大)会确认”来看,股东会继续行使职权诚无疑问,这有利于公司股东监督清算组公正、高效履行职务,并在必要时更换清算组成员乃至追究其法律责任。至于监事会,公司清算期间仍然存在,因为一般情况下股东会成员众多,并且行使职权必须通过开会的方式,不如监事会的监督更为直接、有力,更何况监事会中有相当数量职工监事存在,可防止清算中损害职工利益情形之发生。

三、公司解散的程序

公司解散后其法人资格并不是立即归于消灭,公司解散后至法人资格最终消灭前,与公司相关的各个利益主体都希望在公司解散中实现自己利益的最大化,股东可能不通知债权人从而自己得到更多的剩余财产分配,公司债务人可能希望借此机会混水摸鱼、逃避对公司的债务,清算人可能中饱私囊、将公司财产据为己有等,因此为了保证各个利益主体的正当利益、维护公司解散后的后续工作顺利进行,法律规定了公司解散的严格程序。

作出解散决定。这种决定依解散原因的不同,可以是股东(大)会的解散决议,也可以是行政机关吊销公司营业执照、责令公司关闭或者撤销公司的行政决定,也可以是法院的判决。无论是哪种情况,均必须遵守法定的原因和程序。

成立清算组。公司除因合并、分立而解散的以外应当在解散事由出现之日起十五日内成立清算组,开始清算。有限责任公司的清算组由股东组成,股份有限公司的清算组由董事或者股东大会确定的人员组成。逾期不成立清算组进行清算的,债权人可以申请人民法院指定有关人员组成清算组进行清算。清算组应当自成立之日起十日内将清算组成员、清算组负责人名单向公司登记机关备案。人民法院应当受理该申请,并及时组织清算组进行清算。公司被法院宣告破产,虽然在理论上也属于公司解散事由,但是我国 2005 年《公司法》将之排除在外,因此公司被宣告破产后不是成立清算组,而是由法院指定管理人,并且其程序也依破产法规定进行。外资企业的清算机构根据我国现行法律应为清算委员会,自清算开始之日起十五日内成立,外商独资企业的清算委员会应当由外资企业的法定代表人、债权人代表以及有关主管机关的代表组成,并聘请中国的注册会计师、律师等参加。

进行清算。包括清理公司资产、编制资产负债表和财产清单;通知、公告债权人;处理与清算有关的公司未了结的业务;清缴所欠税款以及清算过程中产生的税款;清理债权、债务;处理公司清偿债务后的剩余财产;对需要通过司法程序解决的问题起诉和应诉。

办理注销登记和公告。公司清算结束后,清算组应当制作清算报告,报股东会、股东大会或者人民法院确认,自公司清算结束之日起三十日内向原公司登记机关申请注销登记。经公司登记机关注销登记,公司终止。需要注意的是 2005 年《公司法》规定公司办理注销登记后应当公告公司终止,但是《公司登记管理条例》并未有此规定,而是明确规定公司登记机关注销登记,公司终止,既然公司已经终止,自然也无须再进行公告。

四、公司解散的原因和种类

公司解散,依其原因不同,可以分为不同种类。常见的分类主要有两分法和三分法。前者将公司解散分为自愿解散与强制解散(强制解散又分为行政解散与司法解散,下同),周友苏先生编著的《公司法学》即采此分类;后者将公司解散分为自愿解散、法定解散与强制解散,施天涛先生编著的《公司法学》采此分类。我国台湾地区的学者多采用三分法。

所谓法定解散,乃公司基于法律规定事由之发生而解散。常见的法定解散事由有:公司所营事业已经成就或不能成就、股东不足法定最低人数之要求、与其他公司合并、分立、破产、公司章程存在重大瑕疵。笔者认为,公司所营事业已经成就或者不能成就并不必然要解散,只要公司股东并无解散之意思,法律实无强行干预之必要,盖在现代法治社会法律对私权之干预应当仅限于维护社会公共利益或为权益受侵害者提供公正之救济,股东自愿维持事业已经成就或不能成就之公司,无害于公共利益,也无损于第三人利益,相反它仍然能够为社会提供产品、提供工作岗位、提供税收,故法律不应予以干预。公司合并或分立,如系出于公司自己意思,当归入自愿解散,如系出于行政决定或法院判决(比如出于反垄断而强制公司分立)应当归入强制解散。公司破产,我国现行《公司法》并未将之列为解散事由,但是从法律逻辑上应将之归入。公司解散的本质是导致公司人格的消灭,在这点上,破产与其他解散事由毫无二致,因此世界各国公司法普遍将之列为公司解散事由,我国的《到境外上市公司章程必备条款》和 1997 年的《上市公司章程指引》也曾明确将破产列为解散事由①。我国 2005 年《公司法》未将破产归入公司解散事由,可能是因为破产适用破产法规定的程序而不适用一般的清算程序,但是这并不妨碍在学理上将之归入公司解散事由。公司破产乃基于法院之宣告,应当归入强制解散。此外,国外立法例亦有规定其他法定解散事由的,如股东大会无法运行或持续不活动,公司无法退还股东的退股款,公司章程存在重大瑕疵等。由于我国 2005 年《公司法》对法定解散并无涉及,本书不再详论。

值得讨论的是股东不足法定最低人数的情形。有学者认为,“我国公司法承认一人有限责任公司,故不存在这一问题。对于股份有限公司,我国公司法既不承认一人股份有限公司,但是也没有将股份公司股东人数发生变动不足 2 人时作为公司的解散事由。所以,在我国,股份有限公司股东人数发生变动并不构成解散公司的法定事由”②。对此,本书不敢苟同。以有限责任公司而言,如果其在设立时是两个股东以上,其后股东人数降至一人,如果并不强制其解散,那么公司法苦心孤诣的为一人公司规定一系列特殊规则意义又何在;至于一人有限责任公司法律尚且不同意其与一般公司遵守同样的规则而存在,对于法律规制更为严格的股份公司,如何法律又会在没有特殊规则情况

---

① 前者由国家经济体制改革委员会国务院证券委员会 1994 年 8 月颁布,现在依然有效,后者由中国证监会在 1997 年颁布,但是已经失效,证监会 2006 年颁布的新的《上市公司章程指引》采用了现行《公司法》的规定。

② 施天涛:《公司法论》,法律出版社 2006 年版,第 575 页。

下默许一人公司的存在，理解法律不可断章取义，而应做体系解释和目的解释。其实，即使认为股东不足法定人数不构成公司解散事由在此情形下，公司可以通过变更为一人有限责任公司的方式继续存在。可是，如果此时公司自己不变更形式或不足一人有限责任公司法定条件呢？可见，其论述欠缺逻辑性。固然，此时公司可以变更为一人有限责任公司，但这是下文论述的公司解散的防止问题，本身并不否认其构成公司解散事由。公司股东人数不足法定人数时，应予解散。然而此种解散并非出于公司自身意思，亦非出于行政机关或法院决定，故应归入法定解散事由。

自愿解散，又称任意解散，是指公司基于自己的意思而解散公司。公司具有自己独立的人格，当然可以自主决定自己的生死存亡，除涉及社会公共利益的情形外（如金融公司的解散）法律自然应当认可。各国公司法常见的自愿解散事由主要有公司章程规定的情形发生、股东会决议解散、基于自主意思进行的公司合并、分立导致的解散。我国 2005 年《公司法》对此也明文予以确认。

强制解散又分为行政解散与司法解散。行政解散，一般是指在公司违反法律、法规的情况下，被行政机关依法撤销或吊销营业执照而解散。[①] 我国存在着行政机关强行解散公司的大量法律规则，1993 年《公司法》也明确规定“公司违反法律、行政法规被依法责令关闭，应当解散，由有关主管机关组织股东、有关机关及有关专业人员成立清算组、进行清算。”然而实践中围绕公司的行政解散出现了大量的问题，突出表现在公司营业执照被吊销、公司被撤销以及注销公司的问题上。有鉴于此，修订后的 2005 年《公司法》明确将“依法被吊销营业执照、责令关闭或者撤销”列为公司解散事由。司法解散，指特定情形下法院依当事人的申请而裁判解散公司。我国 1993 年《公司法》并未规定司法解散，在实践中导致了一系列问题，也招致了强烈的批评，“我国公司法并未规定公司的司法解散，造成公司的小股东在权益遭受侵害时处于‘手脚被捆绑，无法抵御凌辱’的可怜境况的局面，问题日趋严重。”[②]因此，尽管《公司法》修改草案最初并未规定司法解散，但是最终修订通过的 2005 年《公司法》引入了该项制度。

① 汤兵生：《公司解散诉讼的现实困境与司法对策》，载《东方法学》2011 年第 4 期。

② 甘培忠：《公司司法解散：公司法中说不出的痛》，载《中国律师》2002 年第 9 期。

实务探讨

一、如何认定公司终止的时间

解散事由发生后,公司法人资格仍然存续,诚无异议,然而公司法人资格何时终止却值得探讨。事实上,即使在法学理论发达的德国这个问题依然在被争议,尚无定论,法律亦未作出明文规定。德国法学界最近的主流观点是应该以注销时间作为公司在法律上的消亡时间,理由是在商务处的登记有赋予企业法人资格的效力。但是德国的司法判例更倾向于公司没有资产这一时刻,如果认为注销是一个决定性的时刻,就必须承认可能在公司注销后暂时出现一个具有部分权利能力的组织,如果注销后,公司依然拥有资产,还必须进行清算。最近有学者提出应该同时满足两个构成要件,即只有在注销登记并且分配了所有的剩余财产后,才可以以为公司已经终止。① 我国学者有的赞成注销登记说,有的赞同清算完毕说。1993 年《公司法》对此未作明文规定,其他规范性文件中存在较多矛盾之处。2005 年《公司法》也只是规定"公司清算结束后,清算组应当制作清算报告,报股东会、股东大会或者人民法院确认,并报送公司登记机关,申请注销公司登记,公告公司终止",对这个问题仍未明确。国务院 2005 年修订的《公司登记管理条例》第四十五条对此予以了明确,该条规定"经公司登记机关注销登记,公司终止"。本书赞同该条规定,盖"公司作为有独立法人资格的实体,且存续必须经公司登记行政主管机关的登记,并核发营业执照作为其设立程序终结的标志,这缘于公司法人资格的取得必须以行政行为的确认为基础,公司法人资格的消失同样也必须经过行政行为的确认,这一确认只能将其归结于公司法人资格的注销登记"②。当然,在实践中,的确会发生公司虽然已经被注销但是剩余财产未被分配完毕的情形,此时,相关财产应当认定为股东共有;至于公司债权人未在清算程序得到受偿,虽然各国公司法普遍规定一定条件下仍然可以向相关股东主张权利,但这是债权人与股东之间的关系,并未否认公司人格已经消灭。

二、如何认定公司解散后订立与清算无关的合同的效力

对于公司在解散后订立的与清算无关的合同效力问题,很多学者主张依交易相对方是否善意而定,即如果交易相对方不知公司已经解散的,该种合同有效,反之,则合同

---

① 〔德〕托马斯·莱塞尔、吕迪格·法伊尔:《德国资合公司法》,高旭军、单晓光敏等译,法律出版社 2005 年版,第 342 页。

② 李燕:《对我国公司终止的有关法律规定的反思》,载《政法论坛》2004 年 3 月。

无效。笔者认为此种交易关系一律无效。首先，从法理上说公司此时的行为能力受到了限制，其所签订的超越其行为能力的合同又不可能得到追认。其次，我国2005年《公司法》明文规定"清算期间，公司存续，但不得开展与清算无关的经营活动。"清算中的公司与第三人订立的与清算无关的合同，违背了法律的强制性规定，依据我国2005年《合同法》第五十二条规定应当认定为无效。可能有人认为此时应当适用《合同法》第五十条规定"法人或者其他组织的法定代表人、负责人超越权限订立的合同除相对人知道或者应当知道其超越权限的以外，该代表性为有效。"实则，此时无该条之适用余地，《合同法》第五十二条针对的情形是法人有相应的行为能力、法律并不禁止其从事某种行为，只不过是法人对代表人施加的一种自我约束，而清算中的公司签订的与清算无关的合同则是超越了法人自身的行为能力、违反了法律的强制性规定。当然，实践中确实经常出现善意第三人误以为已经解散的公司是正常经营的公司从而与其签订与清算无关的合同，此时法律认定该种合同无效并不是拒绝对该善意第三人提供救济，该善意第三人可以依我国《合同法》第五十八条请求公司承担缔约过失责任。

三、自愿解散中异议股东可否请求收购其他股东的股份从而维持公司

自愿解散中异议股东可否请求收购其他股东的股份从而维持公司有人认为应支持股东该种请求，毕竟公司的存续比解散更有利于整个社会经济。该种观点有待商榷。公司作为一个营利法人，在其产生和存续过程中起关键作用的是资本，公司本质上是资本的结合，[①]因此，投入资本更多的股东享有更大的权力天经地义，毕竟公司的存在，大股东起了主要作用，公司运营的风险也主要是由大股东承担。虽然法律出于公正的需要，在大股东和小股东之间拟制了信托关系，但是并不意味着大股东应该为了小股东利益而放弃自己利益，信义义务要求的只是大股东不能侵蚀小股东利益，大股东拥有更多的发言权构成了法律拟制的信托关系的前提，也是作为大股东和小股东契约的公司章程的重要条款。除非大股东自愿放弃，法律不能剥夺大股东股份中的表决权。也许有人认为既然小股东愿意支付适当的对价，则不会损害大股东利益，因此应准许其收购大股东股份的请求以维持公司。问题是这种对价是否充分。如果这种对价是充分的，则小股东完全可以另外设立一个公司，又何必一定要限制大股东的权利；如果这种对价是不充分的，这种限制更是不公正的。当然，大股东在公司解散程序中可能滥用控制权，

① 当然，其他因素如人力资源对于公司的生存亦功不可没，但是这并不能否认资本对公司的基础性作用，因为没有资本，公司就不可能产生，又谈何运营，因此各国公司法对公司设立的基本和主要的要求即是资本的要求，毕竟在市场经济条件下，货币而不是其他因素是一般等价物。

比如以低廉的价格收购公司的主要设备,但这是如何保持清算公正性问题,而不涉及大股东支配下的解散公司决议的正当性问题。

四、公司被行政主管机关吊销企业营业执照,是否还具有民事主体资格其民事责任应如何承担

对于公司营业执照被吊销的后果,理论界曾有不同观点:有的认为其消灭的只是公司的营业能力并不消灭公司的法人资格,有的认为其同时消灭了公司的营业资格和法人资格。2005年《公司法》修订前,工商机关、最高人民法院和一些高级人民法院对此亦有不同规定。对此,2005年《公司法》予以明确:公司被吊销营业执照导致公司解散,公司进入清算程序,但是公司法人资格仍然存续。

清楚地理解这个问题,必须追本溯源界定企业法人资格、营业资格和营业执照的本质。企业具有法人资格意味着企业可以独立于其成员和其他社会组织而存在,这种独立体现在企业可以独立的活动并独立的承担责任,这种活动可以是营业活动,也可以是非营业活动,比如侵权行为、诉讼活动乃至行政行为。营业资格则意味着企业可以开展商业活动、进行商事交易,只要该种活动不为法律所禁止或限制。企业具有营业资格并不一定必然具有法人资格,但是原则上企业获得企业法人资格,则同时获得了营业资格。上述原则主要有以下两种例外:(1)国家特许经营的行业,比如经营金融业务,仅具有法人资格是不够的,企业还必须具有主管机关颁发的金融业务经营许可证,烟草、医药、卫生等行业同样如此。(2)由于企业自身的违法行为,使其存在具有了严重社会危害性,因而国家主管机关暂时停止或永久取消其营业资格。清晰界定了企业法人资格与营业资格的关系后,理解企业法人营业执照的性质与作用也便水到渠成。企业与第三人进行交易时,第三人通常都希望获得该企业的基本情况已决定是否交易和如何交易,但是如果每次交易都要求第三人到主管机关查询登记,则严重损害了交易效率。因此无论是诚信的企业自身,还是企业的交易相对人,都希望有快捷的方式证明企业的基本情况,于是营业执照应运而生。也正是因为如此,企业营业执照要载明企业的性质、经营范围、注册资本、法定代表人、是否年检等,并且按规定必须置于公司住所或营业场所的显著位置。可见,营业执照是企业营业资格的证明,其主要作用是为向社会进行公示,而营业执照被吊销也仅是该企业被永久停止营业资格的证明。从逻辑上说,终止公司营业资格的是行政主管机关的责令永久停业决定,而不是吊销营业执照本身。不过,法律的价值不在于逻辑,而在于其功效。考虑到我国目前的立法实践,可以理解为行政机关吊销公司的法人营业执照意味着终止了其营业资格,但是并不终止其法人资格,后者的终止以公司登记主管机关的注销登记为准。

目前司法实践中，存在较多的情形是公司在被行政机关吊销营业执照后，并不宣布解散继而对公司进行清算，而依然对外从事民商事交易活动。对于此种状态的公司是否还具有民事实体法主体资格和诉讼主体资格，一直存在争议。我们认为，首先，行政主管机关吊销公司的营业执照属于行政处罚行为，其取消的仅是公司的经营资格，而并不必然直接产生永久消灭公司法律主体资格的法律后果；其次，公司在被吊销营业执照后，公司可能存在债务尚未偿付、债权尚未受领、拖欠的税款尚未缴清、职工工资尚未支付等情况，为解决上述事宜公司必须进行清算，清算完毕办理公司注销手续后，公司法律人格方可终止，否则势必影响交易安全，侵害公司债权人的利益。再次，即使公司被行政主管机关吊销营业执照，由于公司可能尚余部分资产，仍可独立承担相应的民事责任，公司对外经营产生的民事责任仍应当由公司承担。如果公司被吊销营业执照后，公司组成人员下落不明，无法通知参加诉讼债权人可以将公司的开办单位或股东列为被告起诉，但是开办单位或股东承担的仅仅是清算责任，除非公司股东在公司成立过程中或成立之后，存在虚假出资、抽逃出资等出资不实行为，债权人可以追加公司股东为共同被告，要求公司股东在出资不实范围内对其债权承担连带清偿责任。

五、公司章程规定的营业期限届满或者其他解散事由出现时可否通过修改公司章程而使公司存续

在成立公司之初，公司股东可以在公司章程中约定未来可解散公司的事由，对公司的未来发展做出合理预期及安排。但是在公司实际经营过程中，由于公司经营状况不断变化或者市场出现了新情况等，公司股东对公司是否存续的意愿也发生了变化，此时虽然出现了公司章程规定的解散事由，但公司股东却并不希望解散公司，对此可否通过修改公司章程而使公司存续？我国2005年《公司法》第一百八十二条规定："公司有本法第一百八十一条第(一)项情形的，可以通过修改公司章程而存续。依照前款规定修改公司章程，有限责任公司须经持有三分之二以上表决权的股东通过，股份有限公司须经出席股东大会会议的股东所持表决权的三分之二以上通过。"可见，我国《公司法》规定公司股东可以通过合意对章程的规定进行变更，这体现了2005年《公司法》对公司契约性质的充分尊重，也使得公司股东不必在解散公司后再重新经历设立公司的繁杂手续，便于公司维持沿用以前的字号、营业文件，便于公司的继续经营和与公司客户联系，同时也体现了商法中的企业维持理念和公司法的效率价值，有利于交易的安全和稳定。由于公司的存续经营，属于公司的重大事项，所以修改公司章程时，需要股东会绝大多数同意，即有限责任公司须经持有三分之二以上表决权的股东通过，股份有限公司须经出席股东大会会议的股东所持表决权的三分之二以上通过。

六、公司的解散能否被撤销

公司解散的撤销是指因一定原因将已经解散的公司再次恢复到解散前的状态,维持与解散前公司的统一性而继续存在。公司可以继续存在的解散事由主要有:因公司章程规定的存立期限届满、股东会决议解散、破产程序中作出的强制何解或破产废止决定等。公司解散撤销制度的意义在于:在某些解散事由出现后,如果不存在必然阻止公司存立的事由,只要公司成员愿意公司继续存在,则尊重成员的意志,允许公司继续。这更符合公司维持理念,[①]较之于强制公司进行清算再由公司成员设立新的公司更为经济、效率。应当说明的是,公司解散的撤销应当在剩余财产尚未分配之前进行,因为如果将公司剩余财产对股东进行分配,则此时公司由于缺乏必要的资本而实质上很难继续存续,强制其存续已无实际意义,且公司解散撤销制度所蕴含的效率价值并不能得到维护。公司解散撤销的法律后果是,公司恢复解散之前的状态而存在,但它并不溯及而排除公司解散的效果,也不影响解散后清算人所谓的清算事务的效力。

很多国家和地区都有此项制度。日本《商法典》第406条规定,公司在营业期限届满时,或发生其他章程规定事由时,或通过股东大会的决议解散时,根据股东大会的特别决议可以继续运营公司。美国公司法对此规定,公司自愿解散后,在解散生效后120天内可以撤销解散,撤销解散的批准方式和程序与解散一样,只有在批准解散文件上有特别授权时,才允许董事会单独决定撤销解散。具体的办法是向州务卿送交一份撤销解散文件及原解散文件,撤销文件归档时,撤销即生效,公司解散生效日即为撤销解散生效日,这是为了使公司的业务经营具有连续性。在公司被行政机关命令解散后,在解散生效后的二年内,当公司解散的根据消除时,公司可以向州务长官申请恢复。德国《股份公司法》第274条规定,股份公司基于下列原因解散的:(1)公司经营期限届满或股东大会决议解散;(2)因破产而解散,公司中请取消破产程序;(3)破产强制和解协议生效,因章程缺陷而解散,但股东会已作出了消除缺陷的修改章程的决议,如果公司剩余财产尚未被分配给股东,则股东大会可以作出使被解散的公司继续存在的特别决议;但需有占股份四分之三以上股东同意。决议应申报商业登记簿登记注册后方可生效。

我国台湾地区有关公司的规定将该制度称之为"公司解散之防止",具体表现为以下规定:(1)公司设立登记后六个月尚未开始营业或开始营业后自行停止营业六个月以上者,主管机关得依职权或利害关系人之申请,命令解散之;但前者如已办妥延展登记,后者如已办妥停业登记,主管机关即不得命令解散公司。(2)公司因章程所定解散

---

① 刘敏:《公司解散制度研究》,载《中国民商审判》,法律出版社2007年版,第147页。

事由须解散时，在无限公司或两合公司，得经全体或一部分股东之同意（不同意之股东，视为退股），在有限责任公司得经全体股东之同意，变更章程，在股份有限公司得经股东会议变更章程后，继续经营，无须解散。（3）公司因所营事业已成就或不能成就而解散时，在无限公司或两合公司，得经全体或一部分股东之同意（不同意之股东，视为退股），在有限责任公司得经全体股东之同意，变更章程，继续经营，无须解散。股份有限公司未设类似规定，宜类推适用前项规定，得经股东会之特别决议，继续经营。如该所营事业已载明于章程，则须向主管机关申请为变更之登记。（4）无限公司或两合公司，其股东经变动而不足本法所定之最低人数而须解散时，得加入新股东，变更章程，继续经营。在股份有限公司当有记名股票而非法人或政府之股东不满二人而须解散时，得增加有记名股东继续经营。[①]

我国现行《公司法》只针对由于公司章程规定的营业期限届满或章程规定的其他解散事由出现而导致的解散情形，规定可以修改公司章程使公司存续，并无公司解散的撤销规定，考虑到这一制度所彰显的效率价值，应当吸收与借鉴国外相关立法，这对完善我国《公司法》具有重要意义。

公司解散也是股东的意思表示所致，本应解散的公司还要继续存在，这可能会不符合部分股东的期许，因此他们应当有权提出让公司回购其股份。2005 年《公司法》第七十五条规定了该种情况下投反对票的股东有权向公司提出按照合理的价格收购其股权，期限为决议形成后六十日，如不能达成收购的协议，则该股东可以股东会决议通过后的九十日内向法院起诉。

法条索引

《中华人民共和国公司法》

第一百八十一条　公司因下列原因解散：

（一）公司章程规定的营业期限届满或者公司章程规定的其他解散事由出现；

（二）股东会或者股东大会决议解散；

（三）因公司合并或者分立需要解散；

（四）依法被吊销营业执照、责令关闭或者被撤销；

（五）人民法院依照本法第一百八十三条的规定予以解散。

① 柯芳枝：《公司法论》，中国政法大学出版社 2004 年版，第 63 页。

第三十九章

公司司法解散热点问题裁判标准与规范

本章导读

公司作为股东投资的工具,其存在的价值在于通过风险的限定、资本的联合和专业的管理实现股东投资收益最大化并进而推动整个社会财富的增长。公司该种价值的实现依赖于公司高效的运转。然而,股东利益诉求的多元性和公司的资本多数决原则决定了公司的运营不可能永远一帆风顺。当公司陷入僵局时,无疑应解散公司以使股东能够收回投资并解放被束缚的生产要素。为此,我国 2005 年《公司法》引入了公司司法解散制度。2008 年 5 月最高人民法院发布了《公司法解释(二)》,进一步对公司司法解散进行了系统规定。深入探究公司司法解散制度的制定背景和具体内涵以更好地指导公司法实务,正是本专题研究意义所在。

理论研究

一、公司司法解散事由

关于公司司法解散事由,境外各国规定宽严不一,归纳起来主要包括四种情形:(1)公司僵局;(2)股东压迫;(3)危害社会公共利益;(4)危害债权人债权。

上述四种情形的后两种情形在我国通过行政解散和破产法实现,第二种情形“股东压迫”在我国公司法中未有明显体现,我国公司法上的司法解散制度主要针对公司将据而设。2005 年《公司法》第一百八十三条规定:“公司经营管理发生严重困难，继续存续会使股东利益受到重大损失，通过其他途径不能解决的，持有公司全部股东表决权百分之十以上的股东，可以请求人民法院解散公司。”据此，我国的公司解散诉讼必须符合下列条件：(1)事由条件。公司经营管理发生严重困难，继续存续会使股东利益受到重大损失。(2)程序条件。通过其他途径不能解决的。(3)主体条件。原告必须是公司股东，而且必须持有公司全部股东表决权百分之十以上。上述三个条件中的事由条件最为弹性，在实践中引起的争议最大，为此最高人民法院发布的《公司法解释(二)》设专条规范，该司法解释第一条规定：“单独或者合计持有公司全部股东表决权百分之十以上的股东，以下列事由之一提起解散公司诉讼，并符合公司法第一百八十三条规定的，人民法院应予受理：(一)公司持续两年以上无法召开股东会或者股东大会，公司经营管理发生严重困难的；(二)股东表决时无法达到法定或者公司章程规定的比例，持续两年以上不能做出有效的股东会或者股东大会决议，公司经营管理发生严重困难的；(三)公司董事长期冲突，且无法通过股东会或者股东大会解决，公司经营管理发生严重困难的；(四)经营管理发生其他严重困难，公司继续存续会使股东利益受到重大损失的情形。股东以知情权、利润分配请求权等权益受到损害，或者公司亏损、财产不足以偿还全部债务，以及公司被吊销企业法人营业执照未进行清算等为由，提起解散公司诉讼的，人民法院不予受理。”

二、公司司法解散的当事人[①]

根据我国公司法和最高人民法院的司法解释，在我国有权提起公司解散之诉的适格主体仅限于公司股东，其他主体如公司自身、公司债权人、检察机关等无权请求解散公司。此外，并非所有的公司股东都是适格主体，该股东必须持有公司百分之十以上股东表决权。需要注意的是，境外公司法多同时规定股东的持股时间限制，我国公司法未设此等限制。

关于公司司法解散的当事人，在理论界和实务界争议最大地是诉讼被告如何确定。有的认为应以公司为被告，因为虽然起诉股东是直接与其他股东发生利益冲突，但其他股东的压制行为都是以公司名义作出的，且起诉股东胜诉，须承担法律后果的仍然是公司。有的认为应以其他股东为被告，理由是该股东通过操纵公司侵犯了原告股东的利益。还有的认为公司解散不仅涉及公司内部股东之间、董事之间的矛盾，也关系公司实

① 由于我国公司法仅规定了判决解散而没有规定命令解散，因此此处以及后文的司法解散皆是从狭义角度阐述，仅指公司的判决解散。

体的存亡，人民法院在审理公司解散诉讼案件时，应将公司和相对方股东作为共同被告列出。① 认为解散公司诉讼事关其他股东，所以其他股东应为共同被告理由并不成立。虽然股东之间共存于一个公司之中，但是股权法律关系实质上是股东基于其地位而公司之间形成的法律关系，股东与公司之间的股权法律关系并不包括股东之间的法律关系，法律关系源于社会关系但并不等同社会关系，具有抽象性，股东提起解散之诉目的是请求法院解除股东与公司之间的股权法律关系②。最高人民法院发布的《公司法解释（二）》第四条明确规定："股东提起解散公司诉讼应当以公司为被告。原告以其他股东为被告一并提起诉讼的，人民法院应当告知原告将其他股东变更为第三人；原告坚持不予变更的，人民法院应当驳回原告对其他股东的起诉。"

公司其他股东虽非公司解散之诉的适格被告，但公司是否解散直接关涉其经济利益，即公司解散之诉案件的处理结果与公司其他股东存在法律上的利害关系，因此应当允许公司其他股东参与诉讼。对此，最高人民法院发布的《公司法解释（二）》第四条第三款规定，"原告提起解散公司诉讼应当告知其他股东，或者由人民法院通知其参加诉讼。其他股东或者有关利害关系人申请以共同原告或者第三人身份参加诉讼的，人民法院应予准许"。

三、公司司法解散的效力

法院判决驳回原告诉讼请求的，公司予以维持。根据一事不再理原则，原告股东不得再以同样的事实和理由再次向人民法院起诉。此外，根据最高人民法院发布的《公司法解释（二）》第六条第二款规定，法院判决驳回解散公司诉讼请求后，除原告股东外，其他股东又以同一事实和理由提起解散公司诉讼的，人民法院同样不予受理。该项规定为《民事诉讼法》第三十五条有关人数不确定的普通共同诉讼的法院判决效力的规定在公司法中的特殊体现。不过，在院判决驳回原告的解散公司请求不是基于案件不符合 2005 年《公司法》第一百八十三条规定而是基于原告证据不足情形下，并不存在司法解释本条规定适用空间，其他股东仍然有权以同一事实和理由提起诉讼。

法院判决支持原告诉讼请求的，公司解散。此时，值得探讨的是法院可否一并裁定公司进入强制清算程序。对此，有学者认为，"对公司解散后的法律后果应该一并作出裁决，因为公司解散后应该进入清算程序，但是由于公司僵局形成的人合性危机，指望

① 孔繁娜：《论我国公司司法解散诉讼的当事人资格认定》，载《河北广播电视大学学报》2010 年第 3 期。

② 奚晓明主编：《最高人民法院关于公司法司法解释（一）、（二）理解与适用》，人民法院出版社 2008 年版，第 438 页。

公司解散后的股东良好合作完成公司的清算注销程序，显然也是不大可能的，应在公司解散判决的同时一并作出特别清算的裁决，既有利于当事人又有利于社会”①。该种认识看似符合公司法的效率追求，其实违反诉讼法基本原理和公司法规定。从诉讼法原理看，公司解散之诉系变更之诉，并不存在任何执行问题，法院无权也无须负责公司的清算。从2005年《公司法》规定看，第一百八十四条明文规定公司被法院判决解散后应当自行清算，只有公司逾期不成立清算组进行清算的，债权人方可以申请人民法院指定有关人员组成清算组进行清算。为了澄清认识误区，最高人民法院发布的《公司法解释（二）》第六条第二款规定“股东提起解散公司诉讼，同时又申请人民法院对公司进行清算的，人民法院对其提出的清算申请不予受理。人民法院可以告知原告，在人民法院判决解散公司后，依据公司法第一百八十四条和本规定第七条的规定，自行组织清算或者另行申请人民法院对公司进行清算。”

实务探讨

一、法院在受理解散公司诉讼中如何审查原告的资格

根据《公司法解释（二）》第一条的规定，我们认为，在受理解散公司诉讼中原告资格的审查需注意：第一，“单独或合计持有公司全部股东表决权百分之十以上”是指股东向人民法院“起诉时”所持有的表决权比例，受理过程中，法院只要审查“起诉时”原告所持有的表决权比例状况，只要原告在起诉时“单独或合计持有公司全部股东表决权百分之十以上”，即视为符合原告条件，对于起诉前的原告持有该比例股份的持续时间没有限制；第二，法院只对原告股东所持股份事实进行形式审查，只要股东能够依工商登记、股东名册等资料证明其所持股份情况即可，在受理案件时不必对原告股东缴资是否真实、出资是否存在瑕疵等实质情况进行积极审查；第三，法院受理了股东请求解散公司诉讼之后，在案件审理的过程中，如果原告股东的持股比例发生了变化，比如原告丧失股东资格或实际享有的表决权达不到公司全部股东表决权百分之十的，人民法院应裁定驳回起诉。

二、股东请求解散公司诉讼能否适用简易程序

《民事诉讼法》规定的民事一审程序包括普通程序和简易程序，其中简易程序适

---

① 黄长营、谭素青：《公司僵局司法强制解散程序初探》，载《河北法学》2007年6月。

用于基层人民法院和它派出的法庭审理的事实清楚、权利义务关系明确、争议不大的简单的民事案件。对于解散公司案件是否可以适用简易程序，最高人民法院发布的《公司法解释（二）》未予明确，不过，解散公司的案件往往是公司内部的矛盾或者经营管理困境到达一定程度之后，股东在用尽其他救济手段之后的无奈之举，这是一种以终止公司法人资格为目标的诉讼案件。该诉往往关系到公司、股东、债权债务人等多方主体的利益，法律关系一般较为复杂，法院当按照普通案件的审理要求，依法开庭审理，充分听取各方的意见，给各方以充足的辩论和解释空间，在充分了解情况、科学鉴别证据的基础上，依法作出准确地判断。故本诉应适用普通诉讼程序，不能适用民事简易程序。

三、解散公司诉讼中是否可以采取保全措施？法院能否采取诉前财产保全和依职权实施诉中保全

为了保障案件的顺利进行，《民事诉讼法》规定了诉讼保全措施，包括财产保全和证据保全，其中前者系为保障案件裁判的顺利执行，后者系为了保障案件审判的顺利进行。解散公司诉讼同样存在证据灭失或以后难以取得的情形，因此证据保全得以适用。不过，公司解散之诉系为了变更股东和公司之间出资与被出资的关系，系为变更之诉而非给付之诉，并不存在判决执行问题，从法律逻辑上不应适用为了保障将来判决顺利执行而创设的财产保全措施。但是，股东提起解散公司的诉讼系基于股东之间或董事之间的僵局等不友好关系，矛盾已经非常深刻，自行清算的概率非常低，司法解散之后的自行清算已成奢望[①]，最终大多数情况还会启动强制清算程序，还是由法院来主持公司的清算工作。因此最高人民法院发布的《公司法解释（二）》对解散公司诉讼的财产保全进行了例外许可，该解释第三条规定"股东提起解散公司诉讼时，向人民法院申请财产保全或者证据保全的，在股东提供担保且不影响公司正常经营的情形下，人民法院可予以保全"。

我国的《民事诉讼法》规定的财产保全包括诉前保全和诉中保全，其中诉中保全包括依申请的诉中保全和法院依职权的诉中保全。《公司法解释（二）》第三条规定指的是股东请求解散公司之诉中依申请的诉中保全，该诉讼属于变更之诉，财产保全主要是为了便于下一步清算程序的顺利实施，该诉中的财产保全本身属于本条司法解释的特殊例外规定。故在立法没有明确允许的情况下，在股东请求解散公司的诉讼中不应该采取诉前财产保全，法院也不宜依职权实施财产保全。

---

① 刘敏：《关于股东请求解散公司之诉若干问题的思考》，载《法律适用》2006 年 10 月。

四、股东请求解散公司诉讼中的被告和其他股东的诉讼地位如何界定？原告在起诉中将其他股东作为共同被告时，人民法院如何处理

根据《公司法解释（二）》第四条的规定，在股东请求解散公司诉讼的案件审理中，“公司”是唯一的适格被告，原告之外的公司其他股东可以以第三人或者共同原告（共同主张解散公司时）的身份参与到该诉讼中，不能将其他股东列为共同被告。

关于原告在起诉中将其他股东作为共同被告时，人民法院的处理。在受理股东请求解散公司的诉讼案件中，应注意“适格被告”与“起诉书被告”的区别，如果原告股东在起诉过程中，将公司和其他股东作为共同被告提起解散公司诉讼时，依《民事诉讼法》第一百零八条有关起诉条件的规定，原告的起诉只要有“明确”的被告即可，所以人民法院应该“受理”这样的诉讼。但在审理的过程中，应要求原告变更当事人—将其他股东变为该诉的第三人，如果原告不同意变更，则应该驳回对其他股东的起诉。①

五、调解是否解散公司诉讼中的必经程序

在保障公司正常运营前提下，公司维持比公司解散更符合社会整体经济利益。在强制股权收购制度尚未被2005年《公司法》明确规定情形下，我国很多学者希望借助我国《诉讼法》中的调解制度实现公司维持的目标。最高人民法院制定《公司法解释（二）》过程中采纳了该种建议，该解释送审稿第七条第一款规定，“人民法院审理解散公司诉讼，应当组织当事人进行调解”。不过，考虑到《民事诉讼法》并未规定调解为判决的前置程序而且有的案件确实不宜调解，因此最终通过的《公司法解释（二）》第五条规定“人民法院审理解散公司诉讼案件，应当注重调解。”根据该项规定，调解不是解散公司诉讼的法定必经程序，但是人民法院仍然应当尽量做好调解工作以实现公司维持目的。

六、未参与公司解散诉讼的股东对人民法院作出的判决是否具有上诉权

对此，我们认为，由于未参与诉讼的股东不是解散公司诉讼案件的当事人，因此，其不具有对该判决的上诉权利。如果未参与诉讼的股东认为公司的解散与否与其有利害关系，尤其认为其对原告股东和公司争议的诉讼标的有独立的请求权或者与原告股东有共同诉请的，其当时应当通过申请参加诉讼的方式，依法行使其作为公司股东的权利。

① 奚晓明主编：《最高人民法院关于公司法司法解释（一）、（二）理解与适用》，人民法院出版社2008年版，第163页。

七、如何确定解散公司诉讼案件的级别管辖

关于解散公司诉讼案件的级别管辖曾在理论界和实务界引起激烈争议。有的认为对该类案件的级别管辖,应当依照核准登记的行政管理机关的级别确定。[①] 有的认为公司解散诉讼不同于一般的民事案件,它是国家运用司法权强制解散公司,是国家公权力对私权利的直接干预,一旦解散并经清算,公司的法人资格即消亡,公司一旦解散清算牵扯众多的社会关系,无疑会造成一定的社会影响,处理不好甚至可能引发社会冲突。因此,司法解散之诉属于有重大影响的案件,应当由中级人民法院作为一审法院进行审理[②]。有的主张根据公司注册资本大小决定解散公司案件的管辖,公司注册资本达到一定数额以上的,由中级人民法院管辖。[③] 最高人民法院发布的《公司法解释(二)》采纳了上述第一种观点,该解释第二十四条第二款规定解散公司诉讼案件的级别管辖依据核准公司登记的登记机关的级别确定。

八、解散公司诉讼案件的受理费如何确定

《诉讼费用交纳办法》对财产案件和非财产案件的受理费规定了不同的收取标准。解散公司诉讼案件虽然无给付内容,但性质上仍系当事人对财产关系的争议,应为财产案件。不过,毕竟原告的诉讼请求是解除其与公司之间出资与出资的关系,而非请求公司为一定给付,而股东对公司的出资即为公司的注册资本,是以,该种案件诉讼请求的价额应为公司的注册资本而非公司的财产总额。所以,解散公司诉讼案件的受理费按公司注册资本,参照《诉讼费用交纳办法》第十三条财产案件收费标准分段累计收取。[④]

九、原告股东对公司僵局的形成负有责任是否影响原告的诉讼主体资格

2005 年《公司法》第一百八十三条规定,公司司法解散请求权的主体为持有公司全部股东表决权百分之十以上的股东。《公司法》并没有规定原告股东对公司僵局的形成如果负有责任则会影响其诉讼主体资格。虽然其并不能影响诉讼主体资格,但人民法院可以考虑将其在审理案件中作为是否支持其诉讼请求、判决解散公司的衡量因素。公司答辩时如果提出非常有力的证据证明,公司僵局系原告股东故意出于维护其独立

---

① 乔欣:《公司纠纷的司法救济》,法律出版社 2007 年版,第 234、232 页。

② 刘宗根、蔡江英:《对公司司法解散清算制度的法律思考》,载《法律适用》2007 年第 2 期。

③ 刘敏:《关于股东请求解散公司之诉若干问题的思考》,载《法律适用》2006 年 10 月。

④ 奚晓明主编:《最高人民法院关于公司法司法解释(一)、(二)理解与适用》,人民法院出版社 2008 年版,第 444 页。

于公司利益的个人利益所致，人民法院可以考虑不予支持原告司法解散公司的诉讼请求。比如，公司其他股东提出的公司经营方针、投资计划切实可行，而且公司已经有了一定的经营基础，但个别小股东因为公司拟进行的投资计划与自己投资的其他公司构成竞争而恶意否决公司的投资计划而导致公司僵局。当然，人民法院在进行审理时，应特别把握司法介入公司僵局的界限。因为公司僵局在很多情况下是由于股东之间、董事之间对公司的重大经营决定存在争执而无法排解所生，至于冲突股东之间是哪一方的决策对公司有利、对全体股东有利，作为局外人的法官可能很难判断，过度干涉会造成司法资源的浪费。①

十、公司诉讼中如何认定董事僵局

董事僵局是我国司法解释所明确列举的可以适用股东解散公司之诉的情形。司法解释规定，在公司僵局情况下适用解散公司之诉的条件是公司董事长期冲突，且无法通过股东会或者股东大会解决，公司经营管理发生严重困难的。在理解时应注意：(1)公司董事长期冲突。主要表现为董事之间可能存在着不可调和的矛盾。这种矛盾可能源于其自身利益的需要，也可能是由于他们所代表的股东利益的矛盾所造成。(2)无法通过股东会或股东大会解决。这里所谓的通过股东会或者股东大会解决主要指以下方式：或者是重新选出新的可以合作的董事，或者相关的事项不再由董事会作出决议，而是直接交由股东会进行决议。(3)公司董事冲突，且无法通过股东会或者股东大会解决，必须要达到公司经营管理发生严重困难的程度。这里的严重困难，应主要表现为董事会无法召开或者召开后无法通过决议。具体包括以下几种不同的情形：(1)由于程序上的要求，各方均无法按照法律或公司章程规定，合法有效地召集董事会；(2)公司多数董事之间形成对应，各方均无法达到法定的召开董事会的人数，无法形成决议；(3)利益分歧的董事势均力敌，导致开会时赞成票与反对票相同，无法达成有效的决议。在实践中，应结合以上诸方面对董事僵局进行审慎判断。②

十一、债权人或其他利害关系人是否可以提起解散公司之诉

债权人或其他利害关系人是否可以提起解散公司之诉？有学者认为，公司债权人有权向法院起诉，要求法院颁布命令解散公司，无论其债权是有担保的债权或无担保的债权，无论其债权数额是大还是小。我们认为，司法解散不同于行政解散或任意解散，

① 彭力保：《司法解散公司诉讼对公司僵局之适用》，载《人民司法·应用》2008年第21期。
② 李东侠：《股东解散公司诉讼适用范围的界定》，载《人民司法·应用》2008年第17期。

后两者或者从维护公共利益的角度或者出于股东会意愿而影响公司的存亡，而司法解散制度多被认为是保护股东（或社员）利益的制度，解散判决是以公司的存续能否再为股东设立公司的目的作出贡献为根据的，因此请求权人仅限于股东（或社员），其他利害关系人不能申请司法解散。如果授予债权人以解散公司请求权，实务中往往难以避免债权人滥用该项制度以损害公司利益。此外，即使债权人因公司行为受到损害，其也可以通过民事诉讼如主张合同债权，要求侵权损害赔偿等获得补偿；而对于公司存在违反行政法规行为的（如制售假冒伪劣商品等），还可以申请相应行政机关对公司给予吊销其营业执照、责令停业或关闭等，因而没有必要赋予债权人向法院请求解散公司的权利。

十二、对于控股股东压制小股东、严重损坏小股东利益的，小股东是否有权提起解散公司之诉

对于控股股东压制小股东的行为是否属于公司司法解散的事由，我国公司法未予明确。有学者指出，公司在经营管理上虽未处于瘫痪状态，但大股东通过对股东会及董事会或执行董事的控制直接控制公司日常事务的经营，导致公司继续存续会使股东利益受到重大损失。当少数股东被压制，其参与分配股利的权利长期得不到实现，尤其当这种压制逼迫少数股东不得不以偏低的价格向其他股东转让其股权时，申请法院裁决公司解散即成为少数股东退出公司并得到公平补偿的唯一救济方式。《公司法解释（二）》第一条第一款第（4）项规定，经营管理发生其他严重困难，公司继续存续会使股东利益受到重大损失的情形属于公司解散的事由。该裁判解散事由的兜底条款为受压制的少数股东提供了一条救济渠道。值得注意地是，《公司法解释（二）》第一条第二款规定，对于股东以知情权、利润分配请求权等权益受到损害等为由，提起解散公司诉讼的，人民法院不予受理。该款规定限制了公司解散之诉的适用范围。在具体的公司解散之诉案件中，也不得不思考司法是否或者多大程度上介入公司内部治理的问题。公司的控制股东与小股东或者非控制股东之间的利益冲突是封闭公司的主要问题。司法克制过度可能会放纵大股东侵害小股东权益的行为。因此，我们认为，对于控股股东压制小股东、严重损坏小股东利益的，小股东有权提起解散公司之诉。

审判实践中有观点认为，即使小股东的合法权益受到控制股东的严重压制，法院如判决一个盈利状况良好的公司解散，影响就业及经济发展，明显不符合市场经济发展的基本要求，且小股东也完全可以依法通过诉讼途径寻求相应救济，因此不宜判决公司解散。我们不同意这种观点，理由在于：首先，仅公司盈利状况良好并不能成为不解散的理由。控股股东违反诚信义务将会导致小股东的期望落空，则公司的契约基础就被动

摇了,应允许小股东退出公司,这是法的自由、公平价值的应有之义。正如单纯 GDP 数量的增长不是经济发展的唯一目的,以人为本,实现人的自由发展才是最终目的。消灭公司的主体资格,使作为小股东的投资者退出公司,同样是以人为本即使从经济层面来看,当存在控股股东严重压制小股东时,允许小股东退出公司也不会损害经济增长。由于有限责任公司的股份不存在公开交易市场,股东的公司解散请求权是小股东用以维护权益的最后一种手段,如果小股东在遭受压迫时能获得司法救济,投资流动性得到保障,则解散公司并不会阻碍经济发展,反而会刺激投资者的投资热情。其次,社会责任理论的适用需要慎重。公司社会责任的根本内容在于公司的行为要对社会有益,不能对社会造成危害。当然,公司解散可能会造成员工失业,也可能会造成税收的流失,这是解散公司的必然结果。但是,这不是公司社会责任的应有之义,更不能成为阻止公司解散的理由。道理很简单,例如,根据企业破产法,不能以让公司承担社会责任为由阻止某一公司的破产。事实上,需要承担社会责任的往往是拥有巨大资产的上市公司,而对于规模很小的公司,如果要让其承担社会责任,岂不是使其承担不能承受之重?① 公司解散的司法实践中,除公司制的医院、学校等特殊主体外,不应使中小公司担负过多的社会功能。最后,股东其他维权诉讼存在局限性。股东权是个权利束,若小股东为行使知情权等股东权而提起诉讼,会使股东间关系更趋于恶化,小股东此后行使其他股东权时可能更困难。此外,即使少数股东通过派生诉讼使公司得到董事或控股股东的赔偿,由于有限责任公司的所有权与经营权基本上是合一的,控股股东仍可能会侵占此种赔偿利益,因而派生诉讼的效果被弱化了。司法审慎介入公司解散纠纷的理念本身没错,但要防止矫枉过正。如果审慎介入异化为不介入,那么审慎解散的司法实践就与司法解散制度的立法目的相违背了。

十三、如何充分发挥公司章程作用尽可能预防和避免出现公司僵局

目前大多数中小公司股东,缺乏对公司僵局的充分预见,大部分公司设立时,对于公司章程不重视,常常是复制法律条文或按工商登记机关提供的公司章程格式制定,千篇一律,而这些章程样本中基本没有关于公司僵局的内容。公司章程是公司的“宪法”,有“僵局”危机意识的股东在设立公司订立公司章程之时,或双方尚处于关系友好状态期间,对将来可能出现的公司僵局情形及其解决方案在公司章程中作出约定,无疑是将会起到很好的预防作用,同时也是最为经济的办法。2005 年《公司法》给了公司章程更大的自治空间,根据 2005 年《公司法》中体现的“约定优于法定”的精神,股东可以

---

① 梁上上:《公司僵局案的法律困境与路径选择》,载《浙江社会科学》2006 年第 2 期.

通过发挥公司章程中"授权性条款"的作用为预防公司僵局、破解公司僵局、确保公司正常运营提供有效的途径。

我们根据2005年《公司法》授权公司章程自治的相关条款，就如何制订"公司僵局"预防性条款提出几点建议：

1. 在章程中对公司治理机构进行合理设置

比如，可以在章程中规定一方担任董事长的，则另一方委派的董事可以占多数；双方的董事人数相等时可以以公司的名义聘请中介机构出面委派独立董事；又比如，一方担任执行董事的，则另一方担任总经理，并明确执行董事无权聘任或解聘总经理等。这样股东之间可以通过分享公司的控制权，来避免僵局的发生。

2. 在章程中对股东表决权进行科学设计

(1)可以规定利害股东、董事表决回避制度(主要是依据2005年《公司法》第十六条规定)。如果股东或董事与股东会或董事会讨论的决议事项有特别利害关系的，比如关联交易，为股东、董事提供担保等，该股东或董事及其代理人不得行使表决权，股东也不得代理其他股东行使表决权，在章程中加以明确、具体规定，以免损害公司和其他股东利益。(2)限制控股股东所享有表决权的最高数额，防止控股股东利用资本多数表决制度，侵害少数股东的合法权益。(3)可以规定特定事项由特定类别的股东行使表决权(所依据的是2005年《公司法》第四十四条"股东会议事方式和表决程序，除本法有规定的外，由公司章程规定")。

3. 在章程中设定具体的"权利制衡"措施(依据2005年《公司法》第四十九条)

比如，赋予董事长在出现表决僵局时以最终的决定权；又比如，规定董事会成员与股东会成员不得完全重合，在董事会出现表决僵局时将该事项提交股东会表决；再如，规定大股东应履行诚信义务，不得不正当侵害公司和其他少数股东利益，不得在合法形式的外表下进行实质违法行为，保障少数股东知情权和会议召集权。

4. 在章程中设定股东退出条款(2005年《公司法》第七十二条)

可在章程中约定，当公司股东或董事之间发生分歧或纠纷，出现公司僵局时，由控制股东以合理的价格(协商或中介机构评估)购买相对方的股份，从而让弱势股东退出公司，以达到解决僵局之目的。

5. 在章程中对公司的解散进行合理规定(2005年《公司法》第一百八十一条)

对于预防"公司僵局"，通过在公司章程中制订相应的自治条款无疑将会起到一定的作用，但是，辩证法告诉我们，单纯地依赖于章程事先的预防也是不现实的。当公司僵局出现时，如果股东不按章程执行，即使公司章程设立了相应的解决僵局的条款，也将发挥不了实际作用，此时须启动司法救济程序，解散公司仍不失为打破公司僵局最彻底的方法。《公司法解释(二)》的出台也为打破公司僵局进一步提供了有利的法律途径。我们相信,随着公司投资者的法治意识不断增强,章程作为公司"宪法"的作用将会越来越大!①

法条索引

《中华人民共和国公司法》

第一百八十三条　公司经营管理发生严重困难,继续存续会使股东利益受到重大损失,通过其他途径不能解决的,持有公司全部股东表决权百分之十以上的股东,可以请求人民法院解散公司。

《最高人民法院关于适用〈中华人民共和国公司法〉若干问题的规定(二)》

第一条　单独或者合计持有公司全部股东表决权百分之十以上的股东,以下列事由之一提起解散公司诉讼,并符合公司法第一百八十三条规定的,人民法院应予受理:

(一)公司持续两年以上无法召开股东会或者股东大会,公司经营管理发生严重困难的;

(二)股东表决时无法达到法定或者公司章程规定的比例,持续两年以上不能做出有效的股东会或者股东大会决议,公司经营管理发生严重困难的;

(三)公司董事长期冲突,且无法通过股东会或者股东大会解决,公司经营管理发生严重困难的;

(四)经营管理发生其他严重困难,公司继续存续会使股东利益受到重大损失的情形。

股东以知情权、利润分配请求权等权益受到损害,或者公司亏损、财产不足以偿还全部债务,以及公司被吊销企业法人营业执照未进行清算等为由,提起解散公司诉讼的,人民法院不予受理。

① 张玲燕:《利用章程自治预防"公司僵局"》,载《法治快报》2010年3月18日第5版。

第四十章

公司清算热点问题裁判标准与规范

本章导读

公司清算制度是公司法律制度中的重要组成部分。作为公司法人格存续的最后阶段，能否使得清算活动有序安全、公平、有效的进行，对于股东、债权人和利益相关者利益的实现具有重要意义。我国《公司法》始终存在“重设立、轻终止”的立法传统，对于公司清算制度规定较为粗疏。为了更好的发挥清算制度价值，最高人民法院2008年5月发布了《公司法解释(二)》，对公司解散和清算制度进行了系统规定。结合公司法原理，全面梳理公司清算制度，对于更好地理解和适用《公司法解释(二)》大有裨益。

理论研究

一、公司清算制度界定

公司清算是指公司解散后，清算人处分公司财产，终结其法律关系，从而消灭公司法人资格的法律程序。[①] 公司与自然人虽皆有法律人格，但是在人格终止事项上存在根本区别：自然人人格终止后，自然人的继承人继承自然人的权利义务；自然人人格的终止具有不可控制性，公司终止后并无自然人一样的权利义务承受人(因合并、分立而解散除外)。因此为了保障公司各参与方的正当利益，有必要规定一种强制程序以公

---

① 郭翌：《论公司清算制度的完善》，载《中州学刊》2009年第5期。

正处分公司财产；而公司作为法律拟制的人，其人格的终止可以通过法律制度进行控制，于是清算制度应运而生。

公司清算根据不同的标准可以进行同的分类。(1)根据清算事由可以分为破产清算和非破产清算。破产清算是指公司不能清偿到期债务时依照破产法进行的清算。非破产清算，是指公司因破产之外的事由而解散后依照公司法进行的清算。广义的解散清算包括破产清算和非破产清算，狭义的解散清算仅指非破产清算。(2)根据清算程序可以分为任意清算与法定清算。任意清算，是指依照公司章程或股东会决议进行、而无须遵守法律规定程序的清算。该类清算适用于投资者承担无限责任的公司，如无限公司、两合公司等。在现代法律制度下，该种清算并不多见。我国并不认可无限公司和两合公司，亦无任意清算。法定清算，是指严格依照法定程序进行的清算。(3)普通清算与特别清算。普通清算，是指依照法律规定的一般程序进行的正常清算。特别清算是指在普通清算遇到障碍，清算不能进行，或者公司债务有可能超过资产造成资不抵债时，转而由有关公权力机关、法院介入而进行的清算。[①] 特别清算为日本和我国台湾地区有关公司的规定特有的制度。[②] 有学者认为我国2005年《公司法》上的强制清算可归属为特别清算，其实，该项制度的主要特点不在于清算人由法院指定，事实上在日本公司上普通清算中的清算人也可以由法院制定。特别清算的主要特征在于对破产规则的引进，正如学者所言“特别清算是介于普通清算和破产清算之间的一种中间制度，是结合了普通清算与破产清算双重特点的混合产物”。[③] (4)自行清算与强制清算。自行清算，是指公司主动启动、清算人由公司选任、清算活动由公司自主进行的清算。强制清算，是指基于法院命令而启动、清算人由法院指定、清算活动接受法院监督的清算。我国2005年《公司法》采纳的即是此种分类。

公司清算大致按照以下程序进行：选任清算人—清理公司财产—编制清算方案—提请股东(大)会或法院确认—执行清算方案—制作清算报告并报股东会、股东大会或者人民法院确认—申请注销公司登记，公告公司终止。

二、公司清算义务人

1. 清算义务人概念的界定

2008年最高人民法院发布的《公司法解释(二)》并未直接采纳清算义务人概念，但是在奚晓明副院长主编的《最高人民法院关于公司法司法解释(一)、(二)理解与适

① 李洪观：《公司清算法律制度研究》，吉林财经大学2010年硕士学位论文。

② 《韩国公司法》曾经引入特别清算制度后又废除。

③ 施天涛：《公司法论》，法律出版社2006年版，第583页。

用》一书中大量采纳了清算义务人概念,将有限责任公司的股东、股份有限公司的董事和控股股东统称为公司清算义务人。

清算义务人与清算人是两个截然不同的概念,两者主要存在以下区别:(1)义务内容不同。清算义务人的义务是在公司解散后,选任或自己担任清算人、启动清算程序;清算人的义务是在清算程序过程中执行清算事务。(2)主体范围不同。清算义务人包括有限责任公司的股东、股份有限公司的董事和控股股东;清算人包括有限责任公司的股东、股份有限公司的董事或股东大会确定的人员。

2. 清算义务人的主体范围

清算义务人主体范围,即哪些主体负有义务启动公司清算程序。对于有限责任公司而言,该种义务主体为公司股东。有限责任公司往往人数较少,并且具有封闭性,股东通常知悉公司状况包括公司解散事由的发生,课以有限责任公司股东启动清算程序的义务有利于保障清算程序的及时启动。此外,我国2005年《公司法》规定有限责任公司的清算组成员由公司股东组成,因此任何公司股东启动清算程序均无障碍,课以有限责任公司股东启动清算程序的义务对其并无不公。对于股份有限公司而言,该种义务主体为公司董事和控股股东。公司董事对公司的经营状况最为了解,也最有能力判断公司何时应该解散,避免公司名存实亡的情形发生。因此,由董事负责公司清算,应该是最具有现实性的。例如,《德国民法典》第48条、《日本民法典》第74条、《俄罗斯民法典》第71条都规定了董事会成员对公司清算不及时和不合理承担无限连带责任。故公司的董事应当界定为清算义务人。① 股份有限公司与有限公司的重要区别即是股份有限公司股东往往人数众多以及股份有限有限公司具有开放性,因此股份有限公司的中小股东往往并不参与公司的经营管理,其可能并不知晓公司的解散事由的发生,即使其已经知晓,亦无能力启动清算程序,相反,股份有限公司的中小股东往往与公司债权人一样是公司怠于启动清算程序的受害者,而公司控股股东不但能够知晓公司解散事由的发生,并且有能力召开股东大会选任清算人以启动清算程序,因此,股份有限公司的控股股东而非全体股东为公司清算义务人。

清算义务主体范围中,最有争议的当属公司实际控制人是否为公司清算义务人。赞成者认为实际控制人与控股股东一样从公司获得大量收益,并且完全有能力控制公司是否启动清算程序,因此应为清算义务主体。反对者认为从公司法规定的清算人产生程序看,公司实际控制人并无选任或自己担任清算人的义务,因此亦无启动清算程序的义务,不应成为清算义务人。最高人民法院发布的《公司法解释(二)》最终采纳了反

① 李建伟:《公司清算义务人基本问题研究》,载《北方法学》2010年第2期。

对说,认为公司实际控制人不是公司清算义务人,但是同时规定因实际控制人的原因导致清算义务人没有履行义务的,实际控制人应当承担相应民事责任,因为公司实际控制人虽非清算义务人但是完全可以构成侵权法上的共同侵权人。

3. 清算义务人的义务和责任

清算义务人的义务是选任或自己担任公司清算人、启动公司清算程序。清算义务人违反该种义务,应当承当相应的民事责任。对此,最高人民法院发布的《公司法解释(二)》规定了四种情形下的清算义务人的民事责任:(1)清算义务人怠于履行清算义务的;(2)恶意处置公司财产;(3)以虚假的清算报告骗取公司登记机关办理法人注销登记;(4)公司未经清算即办理注销登记的。不过,对于清算义务人怠于履行清算义务的民事责任,依清算义务人怠于履行义务的后果不同而有所区别:导致公司财产贬值、流失、毁损或者灭失的,应当负责启动清算程序并在造成损失范围内对公司债务承担赔偿责任;导致公司主要财产、账册、重要文件等灭失,无法进行清算,对公司债务承担连带清偿责任。

三、公司清算人

1. 清算人概念

清算人是指在清算程序中负责清算事务并代表公司进行活动的人。我国《合伙企业法》、《个人独资企业法》和《信托法》使用了"清算人"概念;2005 年《公司法》使用了"清算组成员"概念。在清算人概念上,我国公司法学界普遍认为大陆法系国家所称之"清算人"是与我国 2005 年《公司法》规定的"清算组"相对应的概念。[①] 该种认识有待商榷,其实际上混淆了清算人与清算组的关系。我国的清算组实际上相当于境外公司法中的清算人的整体组织,如日本公司法上的清算人会,而并非等同于清算人个体,境外公司法上的清算人实际上相当于我国《公司法》上的清算组成员。我国 2005 年《公司法》之所以突出清算组的概念而并未如境外公司法突出清算人概念,源于立法侧重点不同。我国 2005 年《公司法》对清算机构采用"组"的概念,从一个侧面反映出其侧重点在于清算机构的团体性,而不是以组成人员为重心。公司清算往往涉及较为复杂的法律关系,一名清算人可能无法独立完成清算事务,需要多名清算人共同组成一个组织来处理必要的清算事务。[②] 至于我国 2005 年《公司法》规定所有的公司在清算程序中必须设立清算组,鉴于公司清算程序的终极性以及清算目的不单是为了满足股东利

① 邢亮:《公司清算人制度初探》,载《法制与社会》2011 年第 12 期。
② 王军武:《公司清算人制度理论与实务研究》,载《贵州警官职业学院学报》2009 年第 3 期。

益还包括满足公司利益相关者利益,因此为了保证清算工作的公平和高效,该种强制性规定具有合理性与正当性。不过,对于一人有限责任公司而言,该种规定确实并不恰当,因为《公司法》规定有限责任公司清算组由股东组成,而一人有限责任公司只有一个股东。

2. 清算人地位

清算人地位实质就是清算人与公司之间的关系。对此,大陆法系公司法多认为清算人与清算前公司董事具有同一法律地位,系公司受托人。比如德国《股份公司法》第268条规定清算人在其事务范围内,具有董事会的权利和义务,而关于董事与公司之间的关系德国学说一致认为系委任关系。我国台湾地区的相关规定认为,"清算人于执行清算事务之范围内,除本节有规定外,其权利义务与董事同",而关于董事地位,则规定公司与董事间之关系,除另有规定外,依民法关于委任之规定。"英美法系关于清算人地位存在代理说与受托人说两种学说,该种认识源于英美法系对公司董事地位即存在代理说与受托人说两种不同学说,在清算人与清算前公司董事具有同一法律地位的认识上,英美法系与大陆法系并无不同。

我国2005年《公司法》对清算人(清算组成员)的法律地位未予明确,学界始终存在不同意见。首先是委托关系说。该说认为,公司清算人与公司股东之间以及公司清算人和债权人之间,都可以视为一种基于信赖基础之上的委托关系,公司清算人应对公司股东及债权人负有忠实、诚信义务,其为受任人被委任的标的是公司财产的管理与分配。[①] 其次是代理说。该说认为,公司清算人对清算中的公司法人具公司代理人的身份。公司清算人作为公司的代理人,其在职权范围内代表解散的公司从事的行为由解散的公司负责,公司清算人不负个人责任。但公司清算人以个人名义或超越其职权范围所进行的行为,应承担个人责任。[②] 还有的学者认为清算人是法定临时执行机构,对内组织清算,对外代表企业[③]。本书赞同法定临时机构说,因为委任说与代理说皆存在以下缺陷:(1)公司受任人由股东大会选任,但是在强制清算中,清算人系由法院制定;代理人系由被代理人委任(法定代理除外),而在强制清算中,清算人系由法院制定。(2)无论是公司代表机关抑或公司代理人皆只代表公司利益,对公司负责,而公司清算人不仅要代表公司利益,还要代表包括债权人在内的利益相关者的利益。公司董事只

① 李洪观:《公司清算法律制度研究》,吉林财经大学2010年硕士学位论文,转引自冯果:《公司法要论》,武汉大学出版社2003年版,第243页。

② 李洪观:《公司清算法律制度研究》,吉林财经大学2010年硕士学位论文,转引自张民安:《英美董事法律地位研究》,法律出版社2000年版,第510页。

③ 史际春等:《企业和公司法》,中国人民大学出版社2001年版,第84页。

对公司负有忠实义务和勤勉义务,公司董事的行为给公司债权人等利益相关者造成损害的,受损害人只能先请求公司赔偿损害,只有公司无力赔偿时,受损害人才能以侵权行为法上损害赔偿请求权为基础就余额请求公司董事赔偿;清算人不但对公司负有忠实义务和勤勉义务,而且对公司债权人等利益相关者负有忠实义务和勤勉义务,清算人的行为给公司债权人等利益相关者造成损害的,受损害人可以直接请求清算人赔偿,无须遵守请求公司赔偿的前置程序,因为公司清算后即告终止,债权人等利益相关者请求公司承担赔偿责任已无可能。正因为如此,美国各州公司法普遍规定清算中的公司不仅代表股东利益,而且代表公司职工、债权人利益,因此清算人的受托人义务既要符合股东利益亦要符合职工、债权人利益,从而使债权人利益内涵于清算人对公司的信托义务;我国2005年《公司法》第一百九十条第三款也规定清算组成员因故意或者重大过失给债权人造成损失的,应当承担赔偿责任。无论机关说抑或代理说皆无法说明公司债权人等利益相关者可以直接请求清算人承担赔偿责任的法理依据,而法定临时机构说则可以同时课以清算人对公司和利益相关者的忠实、勤勉义务从而解决上述问题。

3. 清算人权利义务

清算人作为公司清算事务的执行者,享有执行清算事务的权利。对此,各国或地区规定大致相同。《德国商法典》第一百四十九条规定清算人在清算事务上的执行权主要包括终结现存事务、收取债权、清偿债权人。我国台湾地区对于清算人的职务的相关规定主要包括以下四项:(1)了结现务;(2)收取债权,清偿债务;(3)分派盈余或亏损;(4)分派剩余财产。我国2005年《公司法》并未直接规定清算人(清算组成员)的权利,但是规定了清算组的权利,根据2005年《公司法》第一百八十五条规定,清算组享有下列职权:清理公司财产,分别编制资产负债表和财产清单;通知、公告债权人;处理与清算有关的公司未了结的业务;清缴所欠税款以及清算过程中产生的税款;清理债权、债务;处理公司清偿债务后的剩余财产;代表公司参与民事诉讼活动。

对于清算人权利,境外公司法还普遍规定了代表权。如《德国商法典》第149条规定"清算人在其事务范围之内,在诉讼上和诉讼外代表公司"。《日本公司法典》第483条规定"清算人,代表股份公司。但,另外规定代表清算人及其他代表清算股份公司时,不在此限。"不过,在我国公司法体系下,清算人并不享有该项权利。我国2005年《公司法》采纳法定唯一的公司代表人制度,公司代表人只能由一人担任而不可由多人同时代表公司。此外,虽然我国2005年《公司法》第十三条将公司法定代表人仅限于公司董事长、执行董事或者公司经理,但是在清算程序中,清算组接替公司董事会行使相关权利,公司董事的权利让渡给公司清算组成员,因此董事长或执行董事不能继续担任公司法定代表人;同时,公司经营活动已经停止,公司经理权利同样让渡给公司清算组成员，公司经理同样不能再担任公司法定代表人。然而，公司只要存续，就必然要进行各种活动，必然需要有人代表公司。由于公司清算事务由清算组负责，因此公司代表人应由清算组负责人担任，此既符合公司法原理，亦能保障清算工作的顺利进行，但是清算组负责人产生之前，可以仍然由原法定代表人代表公司进行活动。对此，最高人民法院发布的《公司法解释(二)》第十条第二款规定“公司成立清算组的，由清算组负责人代表公司参加诉讼；尚未成立清算组的，由原法定代表人代表公司参加诉讼。”该种规定虽然仅针对公司诉讼活动，但是根据公司法一般原理，对于公司进行的诉讼外各项活动，无疑同样适用。

公司清算组执行清算事务的权利，同时也是清算组的义务，这也正是2005年《公司法》第一百八十三条使用“职权”而非“权利”的意蕴所在。清算组的权利和义务需要通过清算组成员的具体活动实现，清算组成员执行清算事务时必须遵守对公司和利益相关者的忠实义务和勤勉义务。对此，我国2005年《公司法》第一百九十条规定“清算组成员应当忠于职守，依法履行清算义务。清算组成员不得利用职权收受贿赂或者其他非法收入，不得侵占公司财产。”

4. 清算人责任

如上所述，清算人(清算组成员)对公司和利益相关者负有忠实义务和勤勉义务，清算人违反该种义务时自然应当承担相应的民事责任。对此，我国2005年《公司法》第一百九十条第三款规定“清算组成员因故意或者重大过失给公司或者债权人造成损失的，应当承担赔偿责任。”该种责任既非违约责任，亦非侵权责任，而系一种法定责任，因此清算组成员不得以债权侵权责任的成立以行为人故意为要件进行抗辩。对于清算组成员的该种法定责任，我国2005年《公司法》规定以清算组成员的故意或重大过失为要件，之所以不要求清算组成员对轻微过错导致的损失承担赔偿责任，是因为清算组成员很多时候并未通过清算获得个人利益，故不应课以过重责任。需要注意的是，公司债权人因清算组成员的违法而遭受损失的，公司债权人可以直接请求清算组成员承担赔偿责任；但是公司股东因清算组成员的违法行为而遭受损失的，股东只能根据2005年《公司法》第一百五十二条第三款规定对清算组成员提起代表诉讼，而不能对清算组成员提起直接诉讼。这是因为清算组成员对公司和利益相关者负有忠实义务和勤勉义务，但是并不直接对公司股东负有义务，股东只能通过公司间接主张权利。此时，可能面临一个困境，即公司注销登记后，公司已经不复存在，公司股东如果因清算组成员的违法行为遭受损失的，如何行使请求权。对此，《公司法解释(二)》第二十三条第三款规定“公司已经清算完毕注销，上述股东参照公司法第一百五十二条第三款的规定，直接以清算组成员为被告、其他股东为第三人向人民法院提起诉讼的，人民法院应予受理。”

实务探讨

一、强制清算的启动事由有哪些

公司清算有自行清算与强制清算之分。我国2005年《公司法》第一百八十四条：公司在解散后逾期不成立清算组进行清算的，债权人可以申请人民法院指定有关人员组成清算组进行清算。该项规定对于克服清算义务人怠于履行清算义务、保护公司债权人利益具有重要作用，但是规定的强制清算事由过于狭窄，因为公司控制者侵害公司其他参与方利益的手段不仅有怠于清算的方式，还可以通过拖延清算、违法清算等方式。因此，为了保障清算程序的公正、更好地实现公司参与方在清算程序中的利益平衡，最高人民法院发布的《公司法解释(二)》第七条第二款规定的强制清算的启动事由除公司解散逾期不成立清算组进行清算外，还包括公司虽然成立清算组但故意拖延清算和违法清算可能严重损害债权人或者股东利益。

(1)公司解散逾期不成立清算组进行清算的。根据2005年《公司法》一百八十四条及《公司法解释(二)》第七条第一款规定，公司除因合并或者分立而解散外，应当在解散事由出现之日起十五日内成立清算组，开始清算。它们均对清算组应当成立的开始时间及期限进行了明确的规定。因公司解散后自行清算出现障碍，公司未能自行清算(这也包括公司清算义务人等主观上不清算)，客观上即表现为公司解散后逾期仍不成立清算组的，强制清算的申请人即可以提请人民法院指定清算组进行清算。

(2)虽然成立清算组但故意拖延清算的。在公司解散情形下，由于清算工作往往不能给投资人带来积极利益，因此，有时虽然公司依据法律规定自行组织并成立了清算组开始清算，但是，相关主体却在清算中故意拖延清算而不能及时有效地完成清算，这实际上也是对有相关利益主体的利益的一种侵害。基于公平正义的考量，应当赋予受害人提请人民法院指定清算组进行强制清算的权利。

(3)违法清算可能严重损害债权人或者股东利益的。公司强制清算制度构建的目的即是为了通过建立正义的程序以公平地清偿公司债务、分配公司财产，从而维护债权人和所有股东的合法权益，实现各方利益主体的平衡保护。当公司自行组织清算，但在清算过程中清算组执行清算事务违反法律规定，可能严重损害债权人或者股东的利益时，应当允许债权人或者公司股东申请人民法院指定清算组进行清算。

二、如何把握和认定公司强制清算事由之逾期不成立清算组进行清算中的"逾期"

解散事由出现之日起十五日内,不成立清算组的,视为逾期。因此,解散事由出现是该十五日期间的起算点,由于解散情形不同,该起算点的认定标准亦不同。第一,公司章程规定的营业期限届满的,解散之日为公司营业合同届满之日;第二,公司章程规定的其他解散事由出现的,解散之日为该事由成立之日;第三,股东会或者股东大会决议解散的,股东会(大会)作出该解散公司决议的时间为公司解散之日;但国有独资公司的解散之日应为国有资产监督管理机构作出解散决定之日;重要的国有独资公司的解散之日为解散决定经国有资产监督管理机构审核后,报本级人民政府批准之日;第四,依法被吊销营业执照、责令关闭或者被撤销的,工商行政管理部门吊销营业执照、或有关部门正式决定关闭、撤销之日为公司解散之日;第五,人民法院依法判令解散公司的,该解散判决生效之日为公司解散之日。

三、未到期债权的债权人是否有权提起强制清算申请

在破产程序中,为了避免债权人滥用破产申请权,债权人向法院申请债务人破产,其债权必须为到期债权。对于已经解散的公司来说,对其进行强制清算的目的在于启动其应当进行的、不可回避的清算程序,尽快了结债权人与被解散公司之间的法律关系,实现债权人的债权。因此,未到期债权的债权人可以作为强制清算的申请人。当公司进入强制清算程序后,该债权在申报阶段仍未到期的,应视为已到期,未到期的利息应当减去。

四、股东的强制清算申请权是否受持股比例的限制

2005 年《公司法》及《公司法解释(二)》对此没有明确规定。《企业破产法》在规定债务人出资人申请债务人重整时,对出资人的出资比例进行了限制。根据《企业破产法》第七十条第二款规定,债权人申请对债务人进行破产清算的,在人民法院受理破产申请后、宣告债务人破产前,债务人或者出资额占债务人注册资本十分之一以上的出资人,可以向人民法院申请重整。之所以要对出资人申请作出资本额的限制,是为了避免过于轻率的申请。同理,公司解散诉讼的提起也有持股比例的限制。但是这里规定的"出资额占债务人注册资本十分之一以上的出资人",可以是单个出资人,也可以是多个出资人。持股额的限制,是对股东破产重整和解散诉讼的申请权自由行使的一种限制,但对于强制清算则不应当如此考虑,公司解散后必然要进行清算,有限责任公司的

股东是清算义务人，股份有限公司的控股股东也是清算义务人之一，没有履行义务，必然要承担责任。现行法律并没有规定对一定持股比例之下或一定持股时间以内的股东可以不履行清算义务，当然应该赋予任何股东提起强制清算的权利，特别是小股东，因为大股东具有控制权，其完全可以也应该发起自行清算。小股东出于保护自己利益，在大股东或者公司董事不履行清算义务、清算组怠于清算或违法清算时，其申请强制清算也是应该允许的。因此，股东的申请权不应当受持股比例的限制。①

五、有限责任公司董事是否为清算义务人

股份有限公司董事参与公司运行、熟悉公司事务，因此2005年《公司法》课以了其启动公司清算程序的义务。其实，该种理由对于有限责任公司董事同样成立，因此，从《公司法》原理看，有限责任公司董事同样应为清算义务人。不过，由于我国2005年《公司法》规定有限责任公司清算组由股东组成，而并未赋予有限责任公司董事当然成为公司清算组成员的权利，因此在我国《公司法》体系下，有限责任公司董事并非公司清算义务人。

六、公司注销登记后，股东发现未经清算的公司财产，可否主张权利

为了保护包括股东在内的公司参与方的正当利益，2005年《公司法》规定公司只有在清算完毕后始得注销，然而，由于各种主客观原因，该项制度并不一定能在实践中得到完全贯彻，公司注销登记后仍然存在未经清算的财产并不鲜见。由于合法清算后的公司剩余财产，由股东依法进行分配后归股东所有，因此，股东在公司注销后，发现公司对外尚有债权或其他财产权益的，可以以自己的名义依法提起诉讼，主张权利。②

七、清算组成员对外承担责任时是否全体都要承担连带责任

2005年《公司法》第一百九十条第二款规定"清算组成员因故意或者重大过失给公司或者债权人造成损失的，应当承担赔偿责任。"然而，该款规定并未明确清算组成员对外承担连带责任抑或单独责任，最高人民法院发布的《公司法解释（二）》第二十三条对此亦未明确。笔者认为，清算组成员承担赔偿责任必须具有主观上的故意或重大过失，然而清算组成员往往并非一人而是数人，无过错的清算组成员是否应当对其他清算

---

① 奚晓明主编：《最高人民法院关于公司法解释（三）、清算纪要理解与适用》，人民法院出版社2011年版，第468—469页。

② 吴庆宝主编：《最高人民法院专家法官阐释民商裁判疑难问题》，人民法院出版社2007年版，第155页。

组成员的过错行为承担连带赔偿责任？对此，应当根据清算组成员过错行为违反的义务性质而确定，如果清算组成员的过错行为违反的是法律课以清算组成员个体的义务，比如不得侵占公司财产的义务，则仅有过错的清算组成员承担赔偿责任，其他无过错的清算组成员不承担赔偿责任。如果清算组成员的过错行为违反的是法律课以清算组整体的义务，比如适当公告的义务，则所有的清算组成员应当承担连带责任，无论其是否具有过错，因为清算组整体的义务和责任自然应当由所有清算组成员承担，清算组成员之间的内部因素不得对抗外部第三人。当然，无过错的清算组成员承担赔偿责任后可以向有过错的清算组成员进行追偿。

八、有限公司股东违法清算或未尽清算义务应承担何种责任

我国 2005 年《公司法》第一百九十条第三款规定，清算组成员因故意或者重大过失给公司或者债权人造成损失的，应当承担赔偿责任。在有限公司，清算组由股东组成。有限公司清算中，股东因故意或者重大过失给债权人造成损失的，应当承担赔偿责任。关于此种赔偿责任的性质，理论上有争议，审判实务中判决也不一致。第一、债权侵权理论。依据民事侵权法理论，行为人因过错行为给他人造成损失的，应予赔偿。股东的清算义务是法定义务，没有履行或者不适当履行法定义务就是过错，这种过错行为与债权人不能实现债权有法律上的因果关系，因此股东应对其不作为或者不适当的侵权行为给债权人造成的实际损失承担赔偿责任。审判实务中，适用该理论判决股东承担责任的，严格限制在股东未尽清算之责给债权人造成的实际损失的范围内。第二、公司人格否认理论。我国 2005 年《公司法》虽有法人人格否认的明确规定，但在司法实践中公司解散股东不尽清算义务是否使用公司人格否认制度，理论上有争议，实践上认识不一致，判决也相差甚大，需要司法解释作出具体规定。[①] 笔者认为运用公司人格否认理论更为合理：(1)股东在法定期限或经批准的期限内不履行法定的清算义务，应视为股东接受了公司的全部财产，造成了公司与股东财产的混同；(2)股东怠于清算，可以看作是股东利用公司有限责任来损害公司债权人利益，危及了社会公正和交易秩序，因此，适用人格否认理论能从制度上督促股东自觉履行清算义务；(3)运用该理论，对债权人举证的责任减轻，更有利于保护债权人的利益。

九、法院对清算方案、清算报告该如何确认

2005 年《公司法》第一百八十七条规定，清算组在清理公司财产、编制资产负债表

① 罗登亮、黄丽娟：《论我国有限公司清算制度的完善》，载《人民司法·应用》2008 年第 5 期。

和财产清单后，应当制定清算方案，并报股东会、股东大会或者人民法院确认。第一百八十九条规定，公司清算结束后，清算组应当制作清算报告，报股东会、股东大会或者人民法院确认，并报送公司登记机关，申请注销公司登记，公告公司终止。如何确认，在实践中存在争议。有的法院认为，此种确认仅为形式审查，仅审查清算报告清算方案是否依照会计准则和相关法律、法规规定执行，是否存在不当或非法行为，清算方案和清算报告是否规范、要素是否具备、相关资料是否齐全等，在认定行为、手续及资料符合要求时，即可对清算方案和清算报告予以确认。也有的法院认为，法院应当进行实质审查，对公司的资产及负债全面重新清查核实，保证清算方案和清算报告的真实性，以有效维护股东和债权人的合法权益。前者注重效率，后者注重公平。① 笔者认为在实践中可以分不同情况来考虑。在有限公司由股东组成的清算组情况下，或者由法院选任的中介机构组成清算组情况下，可以采用形式审查，如果在审查中发现重大问题，可以决定进行实质审查。如果清算当事人对清算方案、清算报告有重大争议，法院可以决定进行实质审查。

十、公司遗留债权债务应当如何处理

按照理想的清算制度设计，公司注销前所有未结的债权债务应纳入清算程序进行清理。然而，当前公司制度运作普遍不规范，公司法人意识和股东责任意识缺乏，市场机制的内部约束和工商行政管理的外部监督严重缺位，公司遗留债权债务于实务中事实广泛存在，主要表现为以下几种情形：(1)公司债权人因特殊原因未能在清算期间申报债权；(2)清算组怠于主张公司债权；(3)公司清算注销后新发现可追回的财产。一般认为，公司经过清算注销程序后，公司所有债权债务关系消灭。但是这些传统观念已经突破，一方面，出于实质公平和情理考虑，审判实践中对于公司清算注销后遗留债权债务的，往往按照有利于保护原本受益人的原则，尽量提供补充救济的法律途径，避免不当得利的出现。另一方面，立法也逐渐体现了对传统观念的修正。如《破产法》、《公司法解释(二)》等，都表达了公司清算注销后的遗留债务并不自然归于消灭的理念。

公司遗留债权债务的处理，因公司清算的具体形式为普通清算还是破产清算而有所区别。对于公司遗留债务的处理：(1)普通清算的公司遗留债务处理。普通清算中，公司资产足以清偿公司债务，除非公司资产正好清偿公司债务的特殊情况出现，否则将发生原公司股东分配公司剩余资产的法律事实。在此种情况下，如果公司债权人愿意参与到公司清算程序当中，那么公司债权人将获得依照清算程序受偿的权利，并受清算

① 古锡麟、李洪堂：《公司强制清算的若干问题》，载《人民司法·应用》2008年第5期。

程序的约束,也就不存在公司遗留债务的问题。而如公司债权人不愿意参与到公司清算程序当中,那么公司债权人将丧失依照清算程序受偿的权利,清算程序约束也不得彻底消灭原公司债权人的基本民事权利。只要存有原公司剩余资产的继受主体,那么原公司债权人基于其与原公司的基础法律关系所享有的基本民事权利仍应当受《公司法》之外的其他法律保护。(2)破产清算的公司遗留债务处理。在破产清算中,如果不存在清算瑕疵,那么原公司债权人将丧失依破产法而获得的参与分配请求权,并且将由于原公司破产注销后不存在继受主体而导致原公司遗留债务的实际消灭,也即不会出现公司遗留债务问题。只有在负有清算义务的原公司股东或清算组存有清算瑕疵而导致原公司债权人没有加入清算程序的情形下,才存在公司遗留债务的特殊侵权损害请求权。此时的法律关系为特殊侵权法律关系,主体明确,责任范围即根据负有清算瑕疵责任的清算组成员或原公司股东的过错大小,按照正常参与破产清算后的分配率来确定向遗留债务之原公司债权人的受偿范围。

公司遗留债权处理:(1)普通清算之公司遗留债权处理。普通清算中,一般情况下原公司资产应有剩余,那么公司遗留债权的法律关系主体不应包括原公司债权人,而是原公司股东和原公司债务人。(2)破产清算之公司遗留债权处理。在破产清算中,由于公司资产不足以清偿债务,因而并不存在原公司股东主张剩余资产所有权的问题。倘若存有公司遗留债权,则一般情况下破产清算之公司遗留之债权的法律关系主体是原公司债权人和原公司债务人。此时,原公司债权人可以依照《企业破产法》第一百二十三条的规定主张权利。[①]

十一、股东请求解散公司同时申请法院对公司进行清算,法院能否从减少当事人诉累出发合并审理这两个诉请

股东请求解散公司诉讼与股东申请法院强制清算是两种不同性质的案件,不能合并审理,必须进行分离——即对于股东提起解散公司之诉时,同时提起清算申请的,人民法院对其提出的清算申请应当不予受理。主要理由在于:第一,在案件性质上,两者所属诉的种类不同。股东请求解散公司诉讼属于诉讼案件中的变更之诉,公司清算案件属于非讼案件,股东提起司法解散之诉的目的是公司将要永久性停止存在并消灭法人资格和市场经营主体资格,属于终止或消灭公司组织的法律关系的诉讼,其实质是为了变更(消灭)与公司之间投资与被投资的法律关系,故此类诉讼性质上应当属于变更之诉[②];申请法院强制清算公司案件只是让法院组织相关力量对本该清算的公司按照

① 张尚谦:《公司遗留债权债务法律问题探讨》,载《人民司法·应用》2008 年第 19 期。

② 刘敏:《关于股东请求解散公司之诉若干问题的思考》,载《法律适用》2006 年第 10 期。

法定的程序对公司进行清产核资，本该清算的公司不涉及其他的民事权益争议，该案件仅仅是使这一法律关系得以确认，属于法律上的非讼案件。第二，在审判操作上，两者的审理程序不同。股东请求解散公司之诉按照普通的民事诉讼进行，即原告起诉之后，有管辖权的法院依法受理，然后进入规范的审判程序；而申请法院强制清算公司的案件程序包括当事人（债权人或股东）提出申请、法院依法受理并组成清算组，然后进入实质性清算程序。可以看出，两者在程序上是截然不同的，是不能合并审理的。

《公司法解释二》第二条对此问题进行了明确规范，即，第一，坚持两案分离的原则，不能对两案进行合并审理。第二，实行部分受理。两诉同时提起虽然不合乎法律规定，但不能一并拒绝受理，如果请求解散公司之诉符合相关法律规定，可以依法受理，但对于同时提起的清算公司申请不予受理。因为人民法院对是否判决解散公司作出生效判决前，公司是否解散尚无定论，且即使判决解散后，公司是否能够自行清算亦无定论，在此不定因素下，人民法院尚无法就是否受理股东提起的强制清算申请作出裁决。第三，法院可以告知原告相关的处理方式。人民法院拒绝受理清算申请时，可以告知原告，在人民法院判决解散公司后，可依据2005年《公司法》第一百八十四条等规定自行组织清算，公司不能自行组织清算时再另行向人民法院提起强制清算的申请。因为法院判决公司解散也仅仅是使得公司出现了法定的解散事由，对于出现了法定解散事由的公司应当先由公司的股东、董事及相关人员进行自行清算，这是公司自治的一种体现，如果公司能够自行清算，法院是不应该介入的。只有在公司不依法进行清算时，法院在相关的债权人和股东的申请之下，才可以介入公司的内部事务——指定清算组进行强制清算。

十二、申请人民法院强制清算的主体是否只局限于公司债权人

对于公司强制清算申请的主体，2005年《公司法》第一百八十四条仅规定债权人可以申请，而对于其他主体包括公司的股东是否可以提出申请没有作出规定。然而，考虑到在司法实践中，因公司的股东之间矛盾深刻导致公司僵局等情形而司法强制解散公司时，同样也存在着由于股东之间矛盾深刻或者公司为控制股东所操控而在解散之后公司无法自行清算等情形，这将对公司其他股东的利益造成严重损害，同样需要相应的法律救济手段。此时股东提起公司清算的愿望要远远地甚于债权人。为了更好地解决公司法案件纠纷、满足实践需要，《公司法解释二》规定将提出公司强制清算申请的权利主体扩大到了公司股东。但是，司法解释毕竟是作为2005年《公司法》的解释而出台，其规定不能违背《公司法》的相关规范，而且必须要与《公司法》的规范衔接适应。因此，《公司法解释二》第七条规定，“债权人未提起清算申请，公司股东申请人民法院

指定清算组对公司进行清算的,人民法院应予受理。”即司法解释将“债权人未提起清算申请”作为公司股东提起强制清算申请的前提条件,只有在公司债权人没有申请人民法院指定有关人员组成清算组进行清算时,公司股东才可以申请人民法院指定清算。

十三、清算组成员是否必须具备专业知识和技能,以及具备一定的职业资格

参考各国立法,通常在公司解散清算中对于清算人具有专业知识和技能这一条件不作强制性规定,尤其是在普通清算中更无此强制性要求。当公司解散自行清算时,公司的财产能够满足债权人的要求,公司清算组的组成一般对债权人利益的实现没有实质性的影响,而公司解散本身最直接或者更多涉及的是公司股东的利益,因此,此时法律应当尊重当事人的意思,而无需对此种情况下的清算组成员作出专门的专业知识要求的立法规定,公司完全有权自主决定由公司的出资者、经营管理人员或者聘请具有专业知识和技能的人员进行清算;而当清算组由法院选任而专门处理清算事务时,为了保证清算工作的顺利进行,对于清算组成员可以要求具有一定的专业知识,但是,这也应当只是一种引导趋势而无需强制性规定。国外立法规定的特别清算制度中,因为其启动事由主要是普通清算出现严重障碍或者负债超过资产有不实的嫌疑,故为了保障清算的顺利、高效进行,并充分保障债权人等利害关系人利益的公平实现,需要有具备整理财产的能力,熟悉会计事务,通晓法律知识、熟悉商业交易规则等条件的会计师、律师,或者其他通晓精算、经营、法律、经贸知识的专业知识和技能的清算人处理清算事务,但这种需要亦非强行性要求。但是,职业化清算人的发展已成为世界清算立法的一种趋势。①

十四、清算人任职人数是否以多人为必要

对于清算人的人数,大多数国家没有作出限定性的规定。清算人的数量应当根据公司规模的大小和清算事务工作量的多少来确定。清算人任职数量的确定原则是以最低清算成本完成清算目的为需要。清算人不以多人为必要,即公司解散清算的清算人可以是一个清算人,也可以是数个清算人。随着现代社会公司参加的法律关系日趋增多和复杂,体现在清算中,因一名清算人进行清算事务时困难明显增加,往往力不从心,有与他人合作共同执行清算事务的需要,故各国立法并不排除多个清算人的出现。如日本《商法典》第128条规定,清算人有数人时,有关清算的行为,以其过半数决定。从我国现行2005年《公司法》第一百八十四条的规定看,公司清算事务的进行需以清算

① 刘敏:《公司解散清算法律制度研究》,中国人民大学2007年民商法专业博士毕业论文,第70页。

组的方式进行,对此有很多学者认为我国清算组的规定排除了由一人担任清算人的可能性。但是,笔者认为,在 2005 年《公司法》修订后规定一人有限责任公司的情况下,我国清算组并不排除一人组成的可能性。因为一人有限责任公司的清算组只能由股东一人组成。

虽然清算人不以多人为必要,但根据《清算纪要》规定,我国清算人(清算组成员)应限定为单数,便于清算议事时的表决。

十五、清算组在公司清算期间以公司名义还是以自己名义进行清算活动

公司因出现某种法定事由而解散时,并不因解散事由的出现而立刻导致法人资格的消灭。从公司解散事由出现到公司的法人资格消灭需要一个过程,这一过程即为公司的解散清算。在清算过程中,公司的法律人格继续存续,但公司的权利能力和行为能力仅限于清算的目的范围内,除为清算的目的,公司不得经营业务。有关清算中的公司是否享有民事主体资格问题,我国 2005 年《公司法》第一百八十七条已明确规定,清算期间,公司存续。既然清算期间公司的主体资格仍然存在,那么涉及该清算中公司的民事诉讼当然应当以公司作为诉讼主体。《公司法解释(二)》正是根据《公司法》的立法精神,在 2005 年《公司法》第一百八十七条规定的基础上,进一步明确规定,公司依法清算结束并办理注销登一记前,有关公司的民事诉讼,应当以公司的名义进行。这一条文的规定非常明确地澄清了清算中公司的诉讼主体地位问题,从而有利于解决司法实践中清算中公司诉讼地位模糊、不清、适用法律混乱的问题。

此外,清算组本身作为一个组织机构,在我国现行法律框架下,可能由一人构成也可能由多人组成,而且在大多数情况下是由多人组成的。当清算组只有一人时,该人即自然代表清算组、代表公司而为相应的行为,此无所争议。但是,当清算组由多人组成时究竟由谁代表公司? 2005 年《公司法》并未规定。为了解决这一实际问题,《公司法解释(二)》在 2005 年《公司法》的基础上,进一步明确规定应当由清算组负责人代表公司参加诉讼活动。另外,对于在实践中公司解散之后清算完毕前尚未成立清算组的,规定仍由原法定代表人代表公司参加公司诉讼活动。原法定代表人代表清算中的公司参加诉讼是为解决司法实践中的实务问题而进行的一种变通规定。司法解释的这一规定是基于以下考量:(1)公司清算组的组建需要一个过程,公司自解散后至清算组组建前既可能参与正在进行的诉讼,又可能面临新的诉讼,此时必须有人代表公司参加诉讼;(2)公司解散后可能怠于清算,根本就未组织清算组,其他权利人亦未向法院申请指定清算组,此时由清算组代表公司参加诉讼根本不具有现实可行性。上述两种情形下,由公司原法定代表人代表公司参加诉讼显然是最为可行的选择。当然,该规定并不表明

在公司清算过程中,公司可以以原法定代表人仍能够代表公司为由而拒绝成立清算组。①

十六、债权人对清算组公告的媒体级别有异议时能否获得司法救济

公告的媒体级别应由清算组根据相关规定来选择,但当债权人对该媒体级别有异议时,仍可以向人民法院提起诉讼,是否获得人民法院的支持取决于债权人是否存在实际损失。如果公告媒体级别的错误导致了债权人未获清偿的实际损失,根据《公司法解释(二)》第十一条规定,“公司清算时,清算组应当按照公司法第一百八十六条的规定,将公司解散清算事宜书面通知全体已知债权人,并根据公司规模和营业地域范围在全国或者公司注册登记地省级有影响的报纸上进行公告。清算组未按照前款规定履行通知和公告义务,导致债权人未及时申报债权而未获清偿,债权人主张清算组成员对因此造成的损失承担赔偿责任的,人民法院应依法予以支持。”可见,无论是在清算程序进行过程中还是在清算程序结束后,债权人都可以主张清算组成员对因此造成的损失承担赔偿责任。如果债权人不能举证证明其实际损失,人民法院对其诉讼请求将不予支持。

十七、清算组通知和公告内容不详尽是否构成清算组未依法履行通知和公告义务

公司法虽然没有明确规定通知和公告债权人的具体内容,但从立法意旨分析,其至少应包括公司处于解散清算状态的申明和债权申报的相关内容。前者是为了告知潜在的交易对象,后者是为了督促债权人及时有效地申报债权。因此,通知和公告中一般应包括债权申报的期限、地点、方法和需要提交的证明材料等内容,而对债权申报的这些重要事项的缺失应被认定为清算组未依法履行通知或者公告义务。

十八、公司清算时,债权人能否对清算组核定的其他债权人的债权提出异议

《公司法解释(二)》第十二条规定,“公司清算时,债权人对清算组核定的债权有异议的,可以要求清算组重新核定。清算组不予重新核定,或者债权人对重新核定的债权仍有异议,债权人以公司为被告向人民法院提起诉讼请求确认的,人民法院应予受理。”可见,该条没有明确说明公司清算时债权人能否对清算组核定的其他债权人的债权提出异议。笔者认为,上述司法解释规定在条文表述中也未强调异议对象只能是自

① 奚晓明主编:《最高人民法院关于公司法司法解释(一)、(二)理解与适用》,人民法院出版社2008年版,第232页。

身债权,根据“法无禁止即自由”的原则,债权人应该是既可以对自身的债权又可以对他人的债权提出异议。债权人对清算组核定的自身债权提出异议是对其权利的直接保护。因为清算组核定的债权性质、数额是清算分配的唯一依据,若核定内容与实情不符,将直接影响到债权人的受偿程度。而债权人对清算组核定的他人债权提出异议却是对其权利的间接保护。因为公司处于清算状态后,其责任财产是一定的,清算组对他人债权性质的误核和对债权数额的多核都有可能侵害到提出异议的债权人的权益。因此,应当赋予债权人对他人债权提出异议的权利。

十九、受理清算案件的法院可否根据案件的具体情况考虑对异议债权诉讼进行合并审理

异议债权诉讼是债权人对清算组核定的债权有异议时向人民法院提起的诉讼。它以异议债权重新核定程序为法定前置程序,既有可能发生在自行清算中又有可能发生在强制清算中。在自行清算中,异议债权诉讼的受理法院应该根据民事诉讼法的相关规定确定;而在强制清算中,受理清算案件的法院可以根据案件的具体情况,考虑对异议债权诉讼进行合并管辖。《企业破产法》第二十一条规定,人民法院受理破产申请后,有关债务人的民事诉讼,只能向受理破产申请的人民法院提起。这是因为破产案件和以债务人公司为被告的民事诉讼存在某种牵连关系,破产案件的被申请人和该类民事诉讼的被告同为债务人公司。此时,合并管辖既有利于案件事实的查明,又便于当事人举证。基于同样的原理,在强制清算中,清算中的公司同样是异议债权诉讼的被告,因此,受理强制清算案件的法院可以根据案件的具体情况考虑对异议债权诉讼进行合并管辖。

二十、公司清算中股东是否如债权人对债权确认及清算方案享有异议权一样提起异议之诉

由于债权人对债权确认及清算方案享有异议权,故在清算程序中债权人的异议权处于最为优先的法律地位。但是,股东也应当享有相应的异议权,股东对清算行为的异议之诉必然涉及到对股东内部侵权行为的制约问题。在股东自行清算时,如果清算报告、清算行为的确认协议及注销决议等有关法律文件存在效力瑕疵时,有异议的股东有权援引 2005 年《公司法》第二十二条关于“公司股东会或者股东大会、董事会的决议内容违反法律、行政法规的无效”的规定涉诉。这是股东对清算行为提起效力异议之诉最直接的法律根据。应当说,股东提起清算行为、注销行为效力异议之诉的法律价值并不在于“恢复”公司本身的主体资格。笔者认为,此类诉讼的价值在于当前一清算行为

及注销行为被确认为无效后，涉诉股东可以获得“重启”清算程序的权利。尤其是在违规清算导致赔偿责任时，确认有关清算行为或注销行为无效更具有司法价值。根据有关司法解释，执行未经确认的清算方案给公司或者债权人造成损失，公司、股东或者债权人主张清算组成员承担赔偿责任的，人民法院应依法予以支持。即便是在被诉股东拒绝重新清算的情形下，有关股东仍可以根据有关确认之诉的判决结论享有对公司启动“司法清算”的申请权。在新的清算程序中，公司控制人负有保障全部股东知情权的义务。

二十一、公司清算股东异议之诉中是否适用时效抗辩制度

当股东对清算行为的法律效力提出异议之诉后，公司控制人一般会以异议股东所提出的确认之诉超过“诉讼时效”为由而进行抗辩，其所援引的法律依据是2005年《公司法》第二十二条关于股东会决议撤销权制度的规定，即“股东会或者股东大会、董事会的会议召集程序、表决方式违反法律、行政法规或者公司章程，或者决议内容违反公司章程的，股东可以自决议作出之日起六十日内，请求人民法院撤销”。笔者认为，此时的确认之诉不应当适用时效抗辩制度。尤其是在公司进入清算程序后，原有的公司治理结构已经被清算组织所取代，故不能机械地套用股东会决议撤销权制度中的六十日的起诉期间。实际上，在清算行为及注销行为效力的异议之诉中，是否能够涉及对上述期间制度的适用还取决于原告方的诉讼策略。如果原告方机械地套用撤销权制度，则只能适用该六十日的起诉期间；但异议股东如果选择的是无效确认之诉，则无论是“起诉期间”制度或是“诉讼时效”制度均没有被适用的法律空间。

二十二、公司清算时，债权人对其享有担保物权的债权是否需要申报

享有担保物权的债权是一类特殊的债权，它以特定财产作为履行债务的担保，无论债务人是否负担其他债务，也无论其是否已将担保财产让与他人，债权人对此担保财产均享有优先受偿权，保证担保债权的实现。不过，享有担保物权的债权仍须申报，这是因为：第一，2005年《公司法》仅规定，债权人应当自接到通知书之日起三十日内，未接到通知书的自公告之日起四十五日内，向清算组申报其债权。没有规定例外情形。因此，原则上全体债权人都应当依法申报债权。无论已知债权人还是未知债权人，也无论享有财产担保的债权人还是普通债权人。第二，解散清算的前提是公司资产能够清偿公司债务，因此原则上全体债权人都能足额受偿，只是受偿标的不同而已。有财产担保的债权人首先就债务人的特定财产受偿，而无财产担保的债权人就其他责任财产和担保财产的剩余价值受偿。因此，申报并不影响担保债权人权利的实现。实践中，在担保

债权人申报债权后，清算组可以在清算方案中对其受偿标的加以明确。需要注意的是：尽管享有担保物权的债权仍须申报，但不申报并不表示此类债权绝对地丧失了受偿的机会。事实上，享有担保物权的债权不申报会使该类债权不能按清算程序受偿，意即未申报该类债权的债权人不能再通过清算分配的方式维护其权益，但仍可以通过其他方式实现债权。

二十三、公司清算时，职工工资、社会保险和税款等费用是否需要申报

我国2005年《公司法》将职工工资、社会保险和税款等费用与普通公司债务并列，不视为普通公司债务的范围，而规定了比普通公司债务优先的清偿顺序。2005年《公司法》第一百八十七条规定，公司财产在分别支付清算费用、职工的工资、社会保险费用和法定补偿金，缴纳所欠税款，清偿公司债务后的剩余财产，有限责任公司按照股东的出资比例分配，股份有限公司按照股东持有的股份比例分配。既然如此，这些费用的受偿程序应该与普通公司债务有所区别。同时，《企业破产法》第四十八条也规定，债务人所欠职工的工资和医疗、伤残补助、抚恤费用，所欠的应当划入职工个人账户的基本养老保险、基本医疗保险费用，以及法律、行政法规规定应当支付给职工的补偿金，不必申报，由管理人调查后列出清单并予以公示。职工对清单记载有异议的，可以要求管理人更正；管理人不予更正的，职工可以向人民法院提起诉讼。虽然公司法对此未作明确规定，但基于解散清算与破产清算是公司终止的两种基本方式，他们都将产生消灭公司法律人格的后果，因此对于职工工资、社会保险和税款等费用都应当列入清偿范围而无须申报。但为了保护职工等特殊权利人的利益，当他们对清算组核定的债权有异议时，应当允许其按照《公司法解释（二）》第十二条的规定要求重新核定，清算组不予重新核定，或者其对重新核定的债权仍有异议的，这些权利人可以公司为被告向人民法院提起诉讼请求确认。

二十四、公司清算债权补充申报程序中为审查和确认债权的费用由谁负担

《公司法解释（二）》第十三条规定，“债权人在规定的期限内未申报债权，在公司清算程序终结前补充申报的，清算组应予登记。公司清算程序终结，是指清算报告经股东会、股东大会或者人民法院确认完毕。”本条司法解释规定了逾期未申报债权的债权人进行补充申报的权利，该司法解释第十四条根据债权人有无重大过错进一步规定了补充申报债权的受偿范围，但却未说明在补充申报程序中产生的费用由谁负担。我国《企业破产法》第五十六条规定，为审查和确认补充申报债权的费用，由补充申报人承担。破产法之所以规定补充申报债权的费用由补充申报人承担，主要是因为破产清算

中法院介入的程度高,程序保障性强,补充申报一般都是由于债权人的过错所致。而解散清算中,当事人有更多的自主性,因此补充申报费用的负担应依据补充申报人是否存在过错而有所区别。当补充申报人对逾期未申报债权负有过错时,由其承担申报费用;否则由清算公司承担。①

二十五、公司清算中,债权人补充申报债权的清偿范围如何确定

我国2005年《公司法》对公司清算中逾期未申报债权的后果未作规定。逾期未申报既可能是由于债权人的过错造成的,又可能是由于清算组的故意、重大过失或不可抗力导致的。如果对逾期未申报债权的后果不加区分的一概否定,将对债权人的利益保护极为不利。针对这种情况,《公司法解释(二)》考虑到债权人补充申报的时间不同,对补充申报债权的清偿范围,作了以下三个层次的规定。第一,尚未分配财产的处理。对补充申报的债权,首先在公司尚未分配的财产中依法受偿。如果债权人在财产分配开始后,财产分配结束前,向公司清算组申报债权主张清偿的,公司仍应予以清偿。但是,对补充申报债权的清偿不能影响其他已经申报并分配财产的债权人的利益。第二,股东已经分配财产的处理。当所剩余未分配财产不足以清偿补充申报的债权而公司股东已经获得了剩余财产的分配时(前提是公司清算程序尚未终结),债权人可以请求在公司股东分配所得财产中受偿,实际上,此前股东所得的剩余财产即可为法律上的不当得利,可以不当得利返还之诉实现债权人的利益。但债权人对未在规定期限内申报债权有重大过错的,如清算组依法通知其申报债权,而其因为自己的原因没有及时申报债权的,补充申报后即使公司尚未分配财产不足以全额清偿其债权,债权人也无权要求在公司股东已经分配所得的财产中受偿。民法上将过错区分为故意、重大过失与一般过失。该条规定的重大过错与轻微过错相对,其范围涵盖了故意和重大过失。之所以使用"重大过错"而非"过错",是为了缩小不能就股东已分配财产主张权利的债权人范围,债权人对未在规定时限内申报债权有重大过错的,只丧失向公司股东要求以其在剩余财产分配中已经取得的财产予以清偿的权利,仍然拥有补充申报债权的权利,可以在公司尚未分配的财产中得到清偿。这样规定,主要是在存在重大过错的债权人和股东之间寻求一种利益上的平衡,即在补充申报债权人存在重大过错的情形下,基于正常清算顺序已经完成的剩余财产分配应为有效,不得因为债权的补充申报而否定原已进行行为的效力。只有当补充申报债权人未及时申报债权不是由于自己的故意或者重大过

---

① 奚晓明主编:《最高人民法院关于公司法司法解释(一)、(二)理解与适用》,人民法院出版社2008年版,第270页。

失造成时，才通过适当否定股东剩余财产分配部分的效力，以保护补充申报债权人利益。第三，其他债权人已经分配财产的处理。如果所剩未分配财产和股东分配所得财产仍不足以清偿其债务的，即公司事实上已经出现了破产原因，此时，债权人无权要求以已经分配给其他债权人的财产获得清偿，也不得向人民法院提出破产清算申请。①

二十六、如何认定公司清算组通知和公告中对逾期未申报债权另作不同规定的效力

这一问题的探讨与《公司法解释（二）》第十四条的性质密切相关，如果该条司法解释是任意性条款，则当事人可以通过意定的方式对逾期未申报的债权作出安排；而如果该条司法解释是强制性条款，则关于逾期未申报债权效力的不同规定将因为违反强行法而被认定为无效。笔者认为，逾期未申报债权的法律后果关系到清算组与外部债权人的法律关系，对债权人的利益影响巨大，应被定性为强行性法律规范。因此，清算组通知和公告中对逾期未申报债权作出的不同规定应被认定为无效。

二十七、如果清算方案已报经股东（大）会或人民法院确认，但执行过程中仍给公司或债权人造成了损失，此时公司股东或者债权人有何救济途径

实践中，由于清算方案涉及了公司清算过程中公司现有财产的处理和实体权利的安排，清算组在制定方案时参照了大量数据资料，股东（大）会和人民法院作为清算方案的确认机关不可能对每一项证据及数据资料的真实性、合法性进行全面细致的审查，因此其所行使的是形式审查的权力，清算方案在执行之前报有关机关确认，仅是清算方案得以生效的形式要件，而清算组就清算方案作出决议才是清算方案有效的实质要件。依据《公司法解释（二）》第二十三条的规定，清算组成员从事清算事务时，违反法律、行政法规或者公司章程给公司或者债权人造成损失，公司或者债权人主张其承担赔偿责任的，人民法院应依法予以支持。可见，如果清算组成员因重大过失或者故意造成清算方案存在瑕疵，导致有瑕疵的方案在执行过程中给公司或者债权人带来了损失，即使该方案已经经过有关机关的确认，公司、股东（可提起代表诉讼）和债权人仍可以通过诉讼来实现自身权利的救济，清算组成员应当承担赔偿责任。此时，提起诉讼所针对的责任主体并不是股东（大）会或者人民法院等确认机关，而是清算组成员这些清算方案的制定者。

① 奚晓明主编：《最高人民法院关于公司法司法解释（一）、（二）理解与适用》，人民法院出版社2008年版，第277—278页。

二十八、人民法院指定的清算组在清理公司财产、编制资产负债表和财产清单时，发现公司财产不足清偿债务的，是否应当立即依法向人民法院申请宣告破产

我国2005年《公司法》第一百八十八条规定："清算组在清理公司财产、编制资产负债表和财产清单后，发现公司财产不足以清偿债务的，应当依法向人民法院申请宣告破产。"可见，原则上清算组在清理公司财产、编制资产负债表和财产清单后，发现公司财产不足以清偿债务的，应当依法向人民法院申请宣告破产。但不容否认的是，追求效率是公司清算的一个重要价值目标，严格而不失快捷地使已经出现解散事由的公司退出市场，一方面，可以将其给各方利益和社会利益造成的损失降低到最小；另一方面，在现代市场经济条件下，对于竞争中不再具有活力的公司，从经济学的角度看，也需要通过合法的途径尽快消灭既成法律关系，打破旧的公司形式，将原公司名下集合的各种生产要素和其他有效的社会资源解放出来，通过资本市场的优化组合，重归生产要素市场，使有限的社会资源得以充分利用，从而提高整个社会的经济效率。因此，如果公司清算中出现破产原因时，债权人能够基于意思自治自行协商通过债务清偿方案，则无必要当然进入破产清算程序。如果当然进入破产程序，对于公司的债权人而言，由于破产程序的费时、费力、费钱，其所获得的利益不一定高于公司清算中及时协商所获得的利益。因此，在公司强制清算中设置协商机制解决债务清偿问题是非常必要的。这个制度设置的根本目的在于清算效率的追求，即以较小的投入获得较大的产出，通过协商方式确定债务的清偿以尽快了结清算程序，节约经济成本，同时实现破产程序下解决的公平受偿问题。日本、韩国以及我国台湾地区有关公司的规定中均有类似的制度。基于上述认识，《公司法解释（二）》就进入司法程序的强制清算中的协商作出了规定，[①]因自行清算自始并未进入司法程序，因此未作规定。

根据司法解释的规定，首先，协商制作有关债务清偿方案的前提是清算组在清理公司财产、编制资产负债表和财产清单时，发现公司财产不足清偿债务。此处公司财产既包括固定资产，也包括流动资产；既包括有形财产，也包括知识产权等无形资产。法律为公司清算设置了严格的清算程序。在成立清算组，通知、公告债权人并进行债权登记后，清算组要全面清理公司的全部财产，还需要编制资产负债表和财产清单。其次，债

① 《公司法解释（二）》第十七条规定："人民法院指定的清算组在清理公司财产、编制资产负债表和财产清单时，发现公司财产不足清偿债务的，可以与债权人协商制作有关债务清偿方案。债务清偿方案经全体债权人确认且不损害其他利害关系人利益的，人民法院可依清算组的申请裁定予以认可。清算组依据该清偿方案清偿债务后，应当向人民法院申请裁定终结清算程序。债权人对债务清偿方案不予确认或者人民法院不予认可的，清算组应当依法向人民法院申请宣告破产。"

务清偿方案需经全体债权人确认。此处的全体债权人是指与公司存在债权债务关系的一切债权人,不仅包括普通债权人,还包括享有财产担保的债权人,不仅包括需要申报的债权人,还包括无需申报的债权人,如职工、税务机关等。本条司法解释引入协定机制的实质意义在于:与因执行债务清偿方案而可能使得其债权减损的这部分债权人协商①,债务清偿方案尤其需要经过这部分债权人的确认。第三,经确认的债务清偿方案应当以不损害其他利害关系人为前提。此处的其他利害关系人是指与公司不存在债权债务关系,不在上文所指的债权人范围之内,但是债务清偿方案的执行与其存在法律上利害关系的人,如担保物所有权人、共有人、保证人、与公司存在知识产权关系的人,等等。第四,债务清偿方案需经人民法院认可后始具有法律效力,即引入人民法院的审查程序。此规定意在通过设定严格的程序,以避免经过协定方式而可能造成的债权人或者其他利害关系人合法利益受损的情形。人民法院应当对债务清偿方案是否是清算组与全体债权人协商制定,是否有利害关系人提出异议,当事人意思表示是否真实,公司财产是否确实不足以清偿债务等进行审查。只有在该债务清偿方案确属公司存在资不抵债情形,清算组与全体债权人自愿商定并不损害其他利害关系人利益,人民法院才可以作出认可该方案的裁定。最后,如果债权人不能协商一致形成债务清偿方案,或者人民法院经审查不予认可已确定的清偿方案,则应当及时转人破产清算程序,通过公平受偿了结公司债权债务关系。我国2005年《公司法》第一百八十八条和第一百九十一条就规定了公司财产不足清偿债务时,清算组应当依法申请公司破产。公司经人民法院裁定宣告破产后,清算组应当将清算事务移交给人民法院,由人民法院按照企业破产法的有关规定指定破产管理人进行破产清算。转入破产清算程序后,应遵循《民事诉讼法》和《企业破产法》的有关规定。

二十九、如何理解和适用《公司法解释(二)》规定的有限责任公司的股东、股份有限公司的董事和控股股东因怠于履行义务,导致公司主要财产、帐册、重要文件等灭失,无法进行清算,债权人主张其对公司债务承担连带清偿责任的,人民法院应依法予以支持

第一,有限责任公司的股东、股份有限公司的董事和控股股东"怠于履行义务"包括怠于履行依法及时启动清算程序进行清算的义务,也包括怠于履行妥善保管公司财

① 可能减损的债权人主要是指,公司现有财产按照债权的性质按序清偿时,前列序位的债权可以实现(如职工债权等可以实现),而后列序位的债权不够清偿(如分到普通债权人的时候,剩余的财产已不够),则不够清偿的该序位债权人及以后序位的债权人属于"可能减损的债权人"。

产、账册、重要文件等义务。

第二,该条款的落脚点在于"无法进行清算",即由于有限责任公司的股东、股份有限公司的董事和控股股东怠于履行及时启动清算程序进行清算的义务,以及怠于履行妥善保管公司财产、账册、重要文件等义务,导致公司清算所必需的公司财产、账册、重要文件等灭失而无法清算,在此情况下,有限责任公司的股东、股份有限公司的董事和控股股东要对公司的债务承担连带清偿责任。如果仅仅是有限责任公司的股东、股份有限公司的董事和控股股东未在法定的十五日期限内组成清算组开始清算,但并未达到"无法清算"的程度的,应适用该司法解释第十八条第一款的规定,即由上述清算义务人在造成法人财产减少的范围内对公司债务承担补充赔偿责任。这里要注意,在公司出现解散事由后,有限责任公司的股东、般份有限公司的董事和控股股东该依法清算不依法进行清算时,对其民事责任的追究,司法解释第十八条第一款的适用为一般性原则,第二款的适用为特例,即只有在有限责任公司的股东、股份有限公司的董事和控股股东怠于履行义务导致公司事实上已经无法清算的情况下,其对公司债务承担的是无限责任,而一般不作为的情况下,公司的清算义务人对公司债务承担的是补充赔偿责任。在根据该司法解释第十八条第一款确定有限责任公司的股东,股份有限公司的董事和控股股东不作为给债权人造成的损失范围时,应当适用因果关系推定和举证责任倒置两个原则来确定。即公司出现非破产原因的解散事由时,原则上推定只要公司依法进行清算,债权人在清算程序中理应得到全额的清偿,但是,由于清算义务人没有及时启动清算程序清偿债务,债权人在经强制执行债务人财产不能获得清偿的部分,应当首先推定为债务人的清算义务人未及时启动清算程序所造成的公司责任财产的减少部分,这时,除非债务人的清算义务人能够举证证明该部分法人财产的减少不是其不作为造成的,而是天灾人祸等其他原因造成,或者在出现解散事由时公司已经出现破产原因等,否则债务人的清算义务人即应对公司不能清偿债权人的部分予以清偿。

第三,"无法清算"情形下对有限责任公司的股东、股份有限公司的董事和控股股东无限责任的追究,不以启动清算程序为前提。只要债权人能够举证证明由于有限责任公司的股东、股份有限公司的董事和控股股东怠于履行义务,导致公司主要财产、账册、重要文件等灭失,无法进行清算的,人民法院即应对其要求有关清算义务人承担连带责任的诉讼请求予以支持。这里主要是举证问题。如果债权人无法自行举证证明债务人"无法清算"的,可以先行向人民法院申请对债务人进行破产清算或者强制清算。人民法院依法受理债权人的破产清算申请或者强制清算申请后,由于债务人"人去楼空"无人提交,或者债务人的有关人员拒不向人民法院提交或者提交不真实的财产状况说明、债务清册、债权清册、有关财务会计报告以及职工工资的支付情况和社会保险费用的缴纳情况,人民法院以无法清算或者无法依法全面清算为由裁定终结破产清算程序或者强制清算程序的,债权人可以依据人民法院作出的终结裁定另行向人民法院提起诉讼,请求判决有限责任公司的股东、股份有限公司的董事和控股股东等清算义务人对公司债务承担无限责任,人民法院可以根据破产清算和强制清算中作出的无法清算和无法依法全面清算的裁定,径行判决上述清算义务人对公司债务承担清偿责任,而无需债权人再行举证证明,即人民法院作出的无法清算和无法依法全面清算的终结裁定具有当然的证据效力。①

三十、清算义务人不履行或怠于履行清算义务,其他股东是否可以请求损害赔偿

根据《公司法解释(二)》第十八条对清算义务人未尽清算义务应当对公司债务承担相应民事责任的规定,已足以保护公司债权人的利益。然而,当因清算义务人不履行或者怠于履行清算义务,造成公司财产损失,没有损害债权人利益(公司对外没有债务)或者债权人没有提起损害赔偿时,清算义务人以外的公司其他股东的利益如何保护,是实践中需要解决的问题。公司股东是公司的开办者或投资者,对公司解散后的剩余财产享有分配权,这是股东的固有权利。公司股东由于人数众多,持有的股权份额不同,不可能全部参与公司的经营与管理,众多中小股东由于不能参与公司经营管理,不能对公司重大事务参与决策,其利益往往会受到公司董事和控股股东的侵害。在公司解散后,由于清算义务人未尽清算义务,造成公司财产损失的,会直接侵害到其他股东的利益,此时,清算义务人以外的其他股东,应当有权要求清算义务人对公司财产损失进行赔偿。

三十一、公司登记机关主动注销公司登记是否能够免除清算义务人责任

实际经济生活中,公司未经清算而办理注销登记的情形除由于清算义务人的不当行为外,还可能是由于公司登记机关主动注销了公司登记。虽然根据基本法理和我国相关的法律制度,公司登记机关无权直接注销公司登记,②然而登记机关主动注销公司

① 宋晓明主编:《最高人民法院商事审判裁判规范与案例指导》(2010 年卷),法律出版社 2010 年版,第 302—303 页。

② 我国行政处罚法规定部门规章和地方政府规章只能设定警告或者一定数量罚款的行政处罚,地方性法规只能设定除限制人身自由、吊销企业营业执照以外的行政处罚。可见注销公司登记必须有法律或行政法规为依据,而我国法律根本就没有任何赋予行政机关主动注销公司登记的规定,我国行政法规中也只有《企业法人登记管理条例》规定了一种行政机关主动注销公司登记的情形,而作为其特别法的《公司登记管理条例》根本没有赋予行政机关主动注销公司登记的权力。行政法定是行政行为最基本的准则,我国公司登记机关主动注销公司,于法无据。我国行政处罚法亦明确规定没有法定依据或者不遵守法定程序的,行政处罚无效。

登记的情况在实践中是存在的,突出表现在工商登记机关把注销登记作为一种处罚措施,强行将违法的公司予以注销登记。笔者认为,该种情形下,清算义务人仍然负有对公司财产进行清算的义务。首先,法律规定清算义务人清算义务的目的是对公司财产进行公平处理以满足各方当事人的合法利益,公司未经清算而被注销登记时,公司的各项财产仍然存在,各方当事人的合法利益亦未获得满足,所以清算义务人的清算义务并未消灭;其次,登记机关主动注销公司登记是对公司的处罚而不是对清算义务人义务的免除。否则,清算义务人基于其在公司中的特殊地位,一方面可以继续对公司财产进行占有、使用、收益和处分等,另一方面却可以拒绝承担对其他当事人的法律义务,显然有违法律的公平正义。因此,公司登记机关主动注销未经清算的公司时,公司清算义务人的清算义务仍然存在,如果其怠于履行清算义务而给公司债权人造成损失,公司债权人有权请求其承担相应赔偿责任。

综上,公司登记机关主动注销未经清算的公司的,虽然可以从规范登记机关行政行为等途径解决,但并不能以此否定清算义务人应清算而未清算的法律责任。①

三十二、如果债权人同时将所有清算义务人列为共同被告主张权利,人民法院应如何处理

公司清算义务人有两人或者两人以上时,在很多时候,从外部看来,无法确定到底是哪个或哪些清算义务人对债权人的损害负有过错,债权人无法也无须选择向有过错的清算义务人主张权利,可以同时将所有清算义务人列为共同被告主张权利。此时,被告一方为多人,其诉讼标的是共同的,为必要的共同诉讼。鉴于各清算义务人的法律位阶是一样的,人民法院从有利于债权人利益实现的角度,应当判决各被诉清算义务人承担连带责任,内部责任分担不得对抗外部债权人,同时应注意,人民法院无需依职权追加原告未诉的其他清算义务人。

三十三、清算组成员基于股东大会决议而实施违法行为是否承担民事责任

清算组成员实施违法行为既可能是为了牟取私利,亦有可能是为了执行股东大会的决议,比如根据股东大会决议放弃公司债权、拒绝清偿公司债务、不按股东出资比例或股份比例进行分配、不进行适当公告等。如果清算组成员的不当行为是基于股东大会决议而作出,则清算组成员是否承担民事责任系有争议。如果股东大会决议内容违反法律、行政法规的强制性规定,比如要求清算组不按法定比例分配剩余财产或者仅在

① 奚晓明主编:《最高人民法院关于公司法司法解释(一)、(二)理解与适用》,人民法院出版社 2008 年版,第 385—386 页。

地方小报上公告公司解散清算事项，则根据2005年《公司法》第二十二条第一款规定该种决议无效，而且是当然无效、绝对无效、自始无效，清算组成员亦不能以无效的股东大会决议为依据而请求免责。如果股东大会决议内容只是违反公司章程，比如公司章程规定清算事项应当书面通知所有股东或者章程赋予某个股东优先购买公司特定财产的权利而股东大会决议与上述规定冲突，则只要清算组成员行为时股东大会决议尚未被依法撤销，清算组成员对公司就不承担个人责任，因为根据2005年《公司法》第二十二条该种决议只是可撤销，在其被依法撤销前，其仍然是有效的，清算组成员依其行事并不违反对公司的忠实义务和勤勉义务。不过，清算组成员不单仅对公司负有忠实义务和勤勉义务，由于清算中公司的特殊目的，清算组成员的清算工作直接会影响到债权人的利益，其对债权人的利益依法实现同样负有义务。故，清算组成员不能以其行为系根据股东大会决议作出而对抗公司债权人，比如公司股东大会决议放弃对关联公司的债权或者担保，则公司债权人可以以清算组成员的故意行为给自己造成损失为由，请求承担赔偿责任。①

三十四、解散和清算公司案件中，公司登记的住所地与实际的主要营业机构所在地不一致时如何确定管辖法院

我国2005年《公司法》第十条规定公司以其主要办事机构所在地为住所。此外，《公司登记管理条例》规定公司必须将其住所在公司登记机关进行登记；公司的住所应当在公司登记机关辖区内；公司住所变更的，应当申请变更登记。然而，在实际经济生活中，公司可能迁移主要办事机构后却并未向公司登记机关申请变更登记。这种现象的发生原因是多方面的，可能是由于公司的懈怠或疏忽，亦可能是公司为了达到逃避债务等非法目的。无论其原因为何，皆导致公司的登记住所地与实际的主要营业机构所在地发生冲突。此时，便面临如何确定公司的住所地问题。对此，应当以公司登记机关登记的住所地为准。首先，公司的住所具有特定的法律意义，是公司决定登记管辖、税收管辖和司法管辖的依据；是公司营业所发生债权债务的接受地和履行地；是公司在诉讼中送达司法文书的场所。因此，公司的住所必须确定，这也正是2005年《公司法》规定公司的住所必须进行工商登记的原因所在。其次，登记机关登记的公司住所地具有公示力和公信力，解散公司诉讼中，股东虽然是公司的成员，但是股东并非任何时候皆了解公司的内部事务，特别是公司僵局的出现本身即说明原告股东已经无法有效参与公司的经营管理；公司清算案件，公司债权人更是无法了解公司的主要办事机构究竟所

① 奚晓明主编：《最高人民法院关于公司法司法解释（一）、（二）理解与适用》，人民法院出版社2008年版，第429页。

在何地。最后,以登记机关登记的公司住所地为准符合法律的价值判断。公司变更住所后应当申请变更登记,但是却故意或过失未予申请,公司的此种过错的后果如果由作为原告或申请人的股东或债权人承担,有失公平;更何况如果以公司的实际主要办事机构所在地为准,可能导致被告(或被申请人)挑选法院现象的产生,因为公司可以根据自己的意愿变更主要办事机构。故,解散公司诉讼案件和公司清算案件的公司的登记住所与实际的主要营业机构所在地不一致时,应由公司登记住所地法院管辖。①

三十五、人民法院审理公司强制清算案件中可否指定管辖或管辖转移

《公司法解释(二)》对强制清算案件的地域管辖进行了规定。《清算纪要》对《公司法解释(二)》进行了补充,在地域管辖上保持了完全的一致。但在级别管辖上,《清算纪要》进一步作出了在上下级法院之间依据《民事诉讼法》进行指定管辖与管辖转移的规定。《清算纪要》规定,对于公司强制清算案件的管辖应当分别从地域管辖和级别管辖两个角度确定。地域管辖法院应为公司住所地的人民法院,即公司主要办事机构所在地法院;公司主要办事机构所在地不明确、存在争议的,由公司注册登记地人民法院管辖。级别管辖应当按照公司登记机关的级别予以确定,即基层人民法院管辖县、县级市或者区的公司登记机关核准登记公司的公司强制清算案件;中级人民法院管辖地区、地级市以上的公司登记机关核准登记公司的公司强制清算案件。存在特殊原因的,也可参照适用《企业破产法》第四条②、《民事诉讼法》第三十七条③和第三十九条④的规定,确定公司强制清算案件的审理法院。关于公司强制清算案件的级别管辖上的指定管辖与管辖转移,在审判实务中主要基于便利当事人参与、便利法院审理、防止地方不当干预、强化受理强制清算法院的协调能力的考虑,也兼顾了强制清算案衍生诉讼管辖问题的妥当性。

三十六、公司解散后已经成立清算组,但因拖延清算或者违法清算,债权人或股东向人民法院申请强制清算的,已经成立的清算组处于什么地位

有观点认为,虽然根据2005年《公司法》第一百八十五条第(7)项的规定,清算组

① 奚晓明主编:《最高人民法院关于公司法司法解释(一)、(二)理解与适用》,人民法院出版社2008年版,第443页。

② 破产案件审理程序,本法没有规定的,适用民事诉讼法的有关规定。

③ 有管辖权的人民法院由于特殊原因,不能行使管辖权的,由上级人民法院指定管辖。

④ 上级人民法院有权审理下级人民法院管辖的第一审民事案件,也可以把本院管辖的第一审民事案件交下级人民法院审理。下级人民法院对其所管辖的第一审民事案件,认为需要由上级人民法院审理的,可以报请上级人民法院审理。

的职责之一即在清算期间代表公司参与民事诉讼活动，但是在已经成立清算组，清算组怠于清算或者违法清算情况下，债权人或者股东向人民法院申请公司强制清算时，不宜由清算组代表公司参加诉讼活动。对此，笔者认为，虽然债权人或者股东因清算组怠于清算或者违法清算而向人民法院申请公司强制清算，但是此时清算组是否拖延清算或者违法清算还没有经过法院的认定。而且也不排除债权人或者股东恶意申请的情形，如果仅仅因为债权人或者股东的一面之词而否定了自行清算中清算组的法律地位是不妥当的。而申请人提出强制清算申请的目的都是启动公司强制清算程序，公司强制清算的效力及于公司，由公司承受并接受退出市场的结果。因此，对于成立了清算组而拖延清算或者违法清算损害他人合法权益的，被申请人应当是公司，但由清算组负责人代表公司。①

三十七、公司强制清算案件的案号如何管理

案号问题表面上看似简单，但实践中确有一些问题亟待规范。有的法院原先是按照一般的民商事案确立案号，如此，一是无法体现公司强制清算案件非讼的特点，导致法院在适用诉讼程序中错误适用一般民事案件的诉讼程序，如当事人以起诉方式提起公司强制清算申请，法院以判决方式判决公司清算，当事人又依据法院判决向执行机关申请强制执行等。二是在法院内部绩效考核时无法准确确定审理法官的工作量和审结率、未审结率等。由于公司强制清算案件是对公司存续阶段形成的所有法律关系的概括性了结，人民法院审理公司强制清算案件需要付出更多的劳动，按照普通案件确立案号统计工作量不利于这类案件的审理。因此，根据《清算纪要》的规定，将公司强制清算案件的案号确定为“清”字号。另外，考虑到申请人向法院提交强制清算申请后至法院裁定受理强制清算申请前，法院要进行大量的质证审查工作，因此，又将“清”字号案件区分阶段确立为“清（预）”字和“清（算）”字两种，这样一是在案件进展阶段上即受理还是没有受理作了区分，二是在程序逻辑上进行了明确，以此保障法院受理前听证程序的顺利进行，三是在统计工作量上也更为客观准确。

三十八、人民法院在对强制清算申请的审查和受理环节应当注意哪些问题

公司强制清算案件与一般民商事案件不同，在是否受理的审查中涉及很多内容，在这一点上类似于企业破产案件的受理。因此，《清算纪要》一方面明确了申请人向法院申请强制清算时应当提交的有关材料，包括清算申请书，申请人对被申请人享有债权或

① 奚晓明主编：《最高人民法院关于公司法解释（三）、清算纪要理解与适用》，人民法院出版社2011年版，第455页。

者股权,被申请人已经发生解散事由的有关证据,以及公司故意拖延清算,或者存在其他违法清算行为可能严重损害其利益的相关证据材料,另一方面,又对法院应当仅仅围绕申请人提交的上述证据材料进行听证审查予以明确,目的在于依法裁定是否受理公司强制清算申请。对于申请人具备了《公司法》及《公司法解释(二)》所规定的债权人或者股东资格,公司确实已经发生了解散事由,以及公司应当自行清算而没有自行清算或者违法清算的,人民法院应当及时作出受理强制清算申请的裁定。反之则应裁定不予受理。这里要特别强调两点,一是被申请人就申请人对其是否享有债权或者股权,或者对被申请人是否发生解散事由存在异议的,原则上应当另案解决,解决后再行决定是否受理强制清算申请,对于已有生效法律文书或者明确解散事由的除外。二是申请人以其为公司实际出资人为由申请强制清算,但不能提供公司股东名册记载其为股东等证据材料的,不具备申请强制清算的主体资格,人民法院应当告知其另行诉讼或者通过其他途径确认其股东身份后再行申请强制清算。当事人坚持申请的,人民法院应当裁定不予受理。

三十九、被申请人解散后不依法清算,故意逃废债务,导致法院因被申请人主要财产、账册、重要文件等灭失或者人员下落不明而无法清算等问题时应如何应对

上述这种非诚信现象在现实社会中还是比较普遍存在的,对此,《公司法解释(二)》第十八条和第二十条,以及法释〔2008〕10号《关于债权人对人员下落不明或者财产状况不清的债务人申请破产清算案件如何处理的批复》已经作出了相应规定,《清算纪要》中对此问题又作了进一步的明确和补充。在审理这类案件时,应当注意以下几个方面:

第一,对于债权人申请债务人破产清算或者强制清算的案件,人民法院不能因为被申请人的主要财产、账册、重要文件等灭失或者被申请人人员下落不明无法进行清算为由不予受理。申请破产清算的,人民法院也不能以债权人无法举证证明债务人出现了不能清偿到期债务并且资产不足以清偿全部债务,或者不能清偿到期债务并且明显缺乏清偿能力的破产原因为由,不受理债权人的申请。

第二,人民法院依法受理破产清算申请或者强制清算申请后,应当依据《企业破产法》和《公司法》的有关规定,要求被申请人的法定代表人、企业的财务管理人员和其他经营管理人员,以及有限责任公司的股东、股份有限公司的董事、控股股东,以及公司的实际控制人等有关人员提交企业真实的财产状况说明、债务清册、债权清册、财务会计报告以及职工工资的支付情况和社会保险费用的缴纳情况。经过人民法院的释明以及采取拘留、罚款等强制措施后,被申请人的有关人员仍然不提交上述有关材料或者提交的材料明显不真实、不全面，导致根本无法清算或者无法全面清算的，对于尚有部分财产、账册、重要文件等可以进行部分清偿的，人民法院应当就现有财产进行公平清偿，然后以无法全面依法清算为由终结清算程序；对于没有任何财产、账册、重要文件，被申请人人员下落不明的，人民法院应当以无法清算为由终结清算程序。

第三，因无法清算或者无法依法全面清算而终结清算程序，与依照《企业破产法》的规定依法清算，债务人确无财产可供分配而终结破产清算程序，其法律后果是截然不同的。因依法清算，债务人确无财产可供分配时终结破产清算程序的结果，是剩余债务不再清偿；债务人仅以其破产财产为限承担责任，债务人破产清算程序终结后，除自破产程序终结之日起 2 年内发现有依法应当追回的财产或者债务人有应当供分配的其他财产的，可以追加分配外，对于债务人未能依破产程序清偿的债务，原则上不再清偿。而因债务人的清算义务人怠于履行义务，导致债务人主要财产、账册、重要文件等灭失无法清算而终结清算程序的，虽然债务人的法人资格因清算程序终结而终止，但其既有的民事责任并不当然消灭，而是应当由清算义务人承担偿还责任。《清算纪要》明确要求，人民法院以无法清算或者无法全面清算为由裁定终结强制清算程序的，应当根据申请人的不同在终结裁定中分别载明，债权人可以另行依据《公司法解释（二）》第十八条的规定，要求被申请人的股东、董事、实际控制人等清算义务人对其债务承担偿还责任；股东可以向控股股东等实际控制公司的主体主张有关权利。这里，债权人因债务人的清算义务人怠于履行义务导致无法清算或者无法全面清算时向债务人的清算义务人主张权利的范畴是明确的，因此，债务人的清算义务人的责任范畴也是确定的。但是，因控股股东等实际控制公司的主体的原因导致无法清算或者无法全面清算，股东因无法获得应有的剩余财产分配而向控股股东等实际控制公司的主体主张有关权利时，其权利范畴的界定是个问题。对此，我们考虑可以通过举证责任倒置来解决中小股东利益的保护问题，即在控股股东控制公司的前提下该清算而不清算，或者不依法提交有关财产状况说明、债务清册、债权清册、财务会计报告以及职工工资的支付情况和社会保险费用的缴纳情况，导致无法清算或者无法全面清算，其他股东起诉请求控股股东等实际控制公司的主体返还出资并承担损失的，除非控股股东等实际控制公司的主体能够充分证明公司已经资不抵债、没有剩余财产进行分配或者不能返还出资，或者虽然公司有剩余财产可供分配但数额低于权利人主张的数额，人民法院应当依法支持其诉讼请求。

四十、强制清算和破产清算程序有何联系和区别

在分类上，公司清算分为解散清算和破产清算，强制清算属于解散清算的一种，是在自行清算不能的情况下启动的一个司法清算程序。公司出现解散事由时，如果公司

财产足以偿还全部债务,公司应当通过解散清算(包括自行清算和强制清算)清理所有的债权债务关系,全额清偿完毕所有债务并且分配完毕剩余财产后终止法人资格。如果公司不能清偿到期债务并且财产不足以偿还全部债务,或者明显缺乏清偿能力的,公司应当通过破产清算程序,公平清偿债务后终止法人资格。强制清算程序是以全额清偿债务为前提的,破产清算是因不能全额清偿债务而按照一定的先后顺序清偿债务,对同一顺序的债务在破产财产不够清偿时按照比例进行清偿,也就是《破产法》上的公平受偿。由于强制清算程序启动的前提是公司财产尚足以偿还全部债务,因此,强制清算程序的启动不具有冻结清算中公司财产的效力,对于强制清算中公司的给付之诉和强制执行等原则上不具有停止功能。而破产清算因其启动的前提是公司财产不足以偿还全部债务,因此,破产清算程序一旦启动,一是所有针对破产企业的给付之诉不得再行提起,对于申报债权过程中所产生的争议只能提起破产债权的确认诉讼,二是所有针对破产企业的保全措施应当解除,执行程序应当中止,所有债权债务关系一并归入破产清算程序中一揽子解决,以保障全体债权人的公平受偿。实践中,由于启动强制清算时公司财产是否足以偿还全部债务更多是从账面体现出来的,而在清算变现企业财产、追收债权、转让股权等过程中,账面财产和实际变现财产可能会出现差额,甚至差距甚大,这种情况下就可能会出现进入强制清算程序后,公司财产变现后事实上无法全额偿还全部债务的情形,这种情况下就面临着强制清算向破产清算的转化。在强制清算程序与破产清算程序的衔接中应当注意以下几个问题:第一,公司强制清算中,清算组在清理公司财产、编制资产负债表和财产清单时,发现公司财产不足清偿债务的,应当首先依据《公司法解释(二)》第十七条的规定,与债权人协商制定有关债务清偿方案并清偿债务,以避免进入费时、费力、费钱的破产清算程序,提高公司清算效率,充分保护债权人利益。第二,如果债权人不能协商一致达成债务清偿方案,清算组应当依据2005年《公司法》第一百八十八条和《企业破产法》第七条第三款的规定及时向人民法院申请宣告破产。第三,如前所述,由于公司强制清算的前提是财产足以偿还全部债务,因此,强制清算程序的启动并无冻结公司财产的效力,强制执行行为和个别清偿行为在申报债权后是可以进行的。如果有关债权人认为公司事实上已经出现破产原因或者存在不能清偿全部债务的重大嫌疑时,为阻却个别清偿和个别执行,防止最终公司财产无法清偿所有债权人的债权而有损其利益的,可以依据《企业破产法》第二条和第七条的规定向人民法院另行提起破产申请,人民法院对此申请应当依法进行审查。权利人的破产申请符合《企业破产法》规定的,人民法院应当依法裁定予以受理。人民法院裁定受理破产申请后,应当裁定终结强制清算程序。第四,强制清算转入破产清算后,要注意做好两个程序的清算机构、清算费用、清算事务等的衔接。对于强制清算的清算组中的中介机构或者个人成员，除存在与本案有利害关系等不宜担任管理人或者管理人成员的情形外，人民法院可根据《企业破产法》及其司法解释的规定，指定该中介机构或者个人作为破产案件的管理人，或者吸收该中介机构作为新成立的清算组管理人的成员，以便通过清算成员的衔接实现清算事务的衔接。上述中介机构或者个人不宜担任破产清算中的管理人或者管理人的成员的，原强制清算中的清算组应当及时将清算事务及有关材料等移交给管理人。公司强制清算中已经完成的清算事项，如无违反《企业破产法》或者有关司法解释的情形的，在破产清算程序中应承认其效力。同时作为强制清算的清算组成员和破产清算管理人或者管理人成员的中介机构和个人，在公司强制清算和破产清算中取得的报酬总额，不应超过按照企业破产计付的管理人或者管理人成员的报酬。人民法院收取强制清算申请费后，转入破产清算程序后不再另行计收破产案件申请费。收取的强制清算案件申请费超过30万元的，超过部分不再收取；已经收取的，应予退还。①

四十一、债权人或者股东提出强制清算申请时是否有权申请启动听证程序

《清算纪要》规定，审理强制清算案件的审判庭审查决定是否受理强制清算申请时，一般应当召开听证会。此条规定了审判机关可以依职权启动清算程序，但对于债权人或者股东提出强制清算申请时是否有权申请启动听证程序，并没有予以规定。听证程序的设立就是为了保证双方当事人平等使用攻防武器，各自拥有主张和抗辩的机会，使得强制清算申请的审查程序更加公平、公开、公正。因此，实践中应当赋予当事人申请启动听证程序的权利。《清算纪要》规定，对于事实清楚、法律关系明确、证据确实充分的案件，经书面通知被申请人，其对书面审查方式无异议的，也可决定不召开听证会，而采用书面方式进行审查。明确赋予了被申请人对于书面审查享有异议的权利，但是被申请人的异议权是否属于否决权，从而直接产生启动听证审查的效力，还是应由法院先行审查被申请人的异议再决定是否由书面审查转为听证审查，《清算纪要》并不明确。考虑到引入听证程序可能会造成法律及适用上的冲突，增加司法成本、阻碍司法效率，为防止听证适用的扩大化，所以实践中应由审判机关对被申请人的异议进行审查，再决定是否转为听证审查，以防止被申请人滥用异议权，恶意拖延强制清算的启动时间。但在司法实践中，被申请人异议被驳回的情况下，应当赋予被申请人救济的途径，否则该条文就形同虚设。听证虽然被引入强制清算申请审查的实践，但在实际操作中对于合议庭的组成、听证内容和程序设定、听证期限等都缺乏相应的规定，对于哪些案

① 宋晓明、张勇健、刘敏：《〈关于审理公司强制清算案件工作座谈会纪要〉的理解与适用》，载《人民司法·应用》2010年第1期。

件属于事实清楚、法律关系明确、证据确实充分的范畴,《清算纪要》也未明确。由人民法院自由裁量,缺乏相应的监督和责任追究机制,极易使听证程序流于形式。

四十二、隐名股东能否申请公司强制清算

隐名股东和显名股东之间一般都存在一个合同关系,有学者将该协议称之为代持股协议,隐名股东和显名股东之间存在委托合同关系,可以运用2005年《合同法》关于委托合同的相关规则解决隐名股东身份问题。只要合同建立在双方合意和善意的基础上,就会对双方当事人产生约束力。所以,如果在当事人没有异议的情况下,应当可以认定其股东身份。但是隐名股东申请人以其为公司实际出资人为由申请强制清算,但不能提供公司股东名册记载其为股东等证据材料的,人民法院是否应当受理其强制清算申请?笔者认为,隐名出资人提出的股权确认之诉请或者股权变更诉请是否应当得到支持的问题虽然在《公司法解释(三)》中已有定论,但隐名出资人是否享有股权仍需要通过诉讼程序予以确认或者变更,应当在提出强制清算申请之前明确,故被申请人对其股权提出异议时,应当适用《清算纪要》中"被申请人就申请人对其是否享有债权或者股权,或者对被申请人是否发生解散事由提出异议的,人民法院对申请人提出的强制清算申请应不予受理。申请人可就有关争议单独提起诉讼或者仲裁予以确认后,另行向人民法院提起强制清算申请。但对上述异议事项已有生效法律文书予以确认,以及发生被吊销企业法人营业执照、责令关闭或者被撤销等解散事由有明确、充分证据的除外。"的规定。即人民法院应当告知其另行诉讼或者通过其他途径确认其股东身份后再行申请强制清算,其坚持申请的,人民法院应当裁定不予受理。

四十三、强制清算申请人对启动事由应当达到怎样的证明标准

对此问题,《公司法解释(二)》规定了三种可以启动强制清算程序的适用条件,实践中将由人民法院审核后裁定是否受理。对于逾期不成立清算组这一条件比较容易判断,只要被申请人在解散事由出现后法定期间内未成立清算组即可认定,而对于故意拖延清算和严重危害权益,申请人需要证明到何种程度则值得探讨。究竟是需要证据确实充分,还是仅要求有证据证明,抑或构成合理怀疑即可?笔者认为,申请强制清算的主体一般对公司内部事务缺乏过问甚至是基本的知情权,对其证明标准的要求不宜过高,但也要防止当事人随意或恶意利用强制清算程序。人民法院在审查启动事由时可以采取有一定说服力的标准,对当事人理由充分、逻辑清晰甚至有证据能够印证的,应当认为事由成立。

四十四、账册缺失、股东下落不明时是否应当受理强制清算申请

账册缺失、股东下落不明时是否应当受理？实践中，有些公司未经清算就自行解散，等债权人上门时已是“人去楼空”，股东下落不明，被申请人的主要财产、账册和重要文件等灭失或严重毁损。在这种情况下，法院是否受理债权人的强制清算申请？有些人认为，这些情况导致清算无法正常进行，因此不予受理。也有人认为这种情况下被申请人往往已经资不抵债，应直接按照破产程序执行。笔者认为，强制清算程序设置的目的是给弱势的债权人或股东一条救济的途径，同时也起到清理市场的作用，由此，如果对账册缺失、股东下落不明的情况不予受理，无论如何也不符合立法的初衷。人民法院受理这类案件后可委托中介机构进行清算，经中介机构出具报告认为不能清算的，可作出清算不能的裁定，申请人可转而追究公司股东的责任；如果中介机构的报告认为公司现有财产已构成资不抵债，则由清算程序转为破产程序。《清算纪要》也规定，债权人申请强制清算，被申请人的主要财产、账册、重要文件等灭失，或者被申请人人员下落不明，导致无法清算的，人民法院不得以此为由不予受理。

四十五、强制清算组成员如何选任

清算组成员的选任是人民法院在强制清算程序中非常关键的一步：人民法院根据被申请人的现实状况合理选任清算组成员，并通过这种选任达到推动清算顺利进行的目的。强制清算程序中清算组成员的选任比较特殊，它介于破产清算与自行清算之间，既不是由法院直接任命破产管理人，也不是完交由股东自己清算。司法解释规定，清算组成员既可以是公司股东、董、监事或高管，也可以是依法设立的中介机构或中介机构中有相应从业资格的人员。

第一，清算组成员应当怎样选任才算合理？清算组的选任主要应当考虑是否便于清算的顺利进行和迅速完结，同时，适当兼顾公司股东的意思自治（债务清偿后公司剩余财产的分配应当尊重股东意愿）。有人认为，公司的董事、监事、高级管理人员、控制股东和实际控制人主动申请作为清算组成进行清算的，人民法院应当允许。① 笔者认为，清算组人员结构应当参考强制清算程序启动的事由视被申请人的现状而定。在公司内部股东矛盾激化、公司出现僵局的情况下，人民法院只能指定中介机构或专业人员进行清算；如果公司债权债务关系相对简单，公司股东或高级管理人员能够而且表示愿

① 广东省高级人民法院民二庭课题组：《关于公司强制清算问题的调研报告》，载《商事审判研究》（2007、2008 年卷），第 72 页。

意依法负责清算，债权人和其他股东也没有异议的情况下，人民法院可优先考虑指定上述人员单独组成清算组；其他情况下，人民法院可以根据际需要，综合考虑指定中介机构或专业人员和公司股东、高管等共同组成算组。

第二，混合结构的清算组如何决策？除由中介机构或专业人员 1 人组成算组之外，其他清算组成员的人数应当由 3 人或 3 人以上的单数组成。因为，作为清算期间代表公司行使各类职权的组织机构，对外应当有其唯一而独立的团体意思。清算组作出决议的方式可以参照董事会的规定，意思的形成须通过全体清算组成员的表决。在由中介机构或专业人员和公司股东等共同组成的混合结构的清算组中，中介机构或专业人员的人数应当超过在股东、高管中选任的人数，在决策和开展工作时以前者为主导，后者为辅助。因为需要进入强制清算程序的清算一般都曾有过或正在发生公司清算不力、不能清算的情形，既然人民法院选择了混合结构的清算组模式，就已经表示了对清算能否顺利开展的担心，而中介机构或专业人员的中立性和专业性恰恰能最大限度地排除这种担心。股东或高管在混合结构的清算组中的辅助作用主要体现在他们对公司过去的日常经营事务较为熟悉，在债权认定、资产审核及剩余财产分配中更方便询问和引导，这也是出于清算效率和尊重当事人意愿的考虑。

四十六、强制清算中未通知已知债权人且其亦未申报之情形如何处置？不确定债权申报后又应如何处置

债权的申报、审核与确认是制定清算方案和分配剩余财产的前提。因为强制清算程序的前提是公司资产足以清偿债务，因此，债权的申报确认比破产程序中的相关规定要简单。但我们认为，清算中的债权申报更应体现对债权人权利的保护。清算程序中并未设置债权人的利益诉求机构——债权人会议，清算组成员中也一般将公司股东列入其中，如果法律规定债权的申报确认程序存在漏洞，很可能将这一原本的讨债程序沦为债务人的逃债程序。《公司法解释(二)》中所补充的债权异议核定和未申报债权的补救，很好地保护了债权人的利益，填补恶劣债务人可能会钻的法律漏洞。另外，我们对以下问题提出一些设想：

第一，未通知已知债权人且其亦未申报之情形如何处置？清算组应当及时告知债权人申报债权，对于已知的、明确的债权人，公司一般因曾与其有过业务往来而留有联系方式，清算组应以书面形式予以通知；对于不确定的债权人，应以公告方式催告债权申报，以免因遗漏而妨碍债权的行使。《公司法解释(二)》规定了债权人在公司清算程序终结前补充申报的，清算组应予登记；补充申报的债权可以在公司尚未分配财产中依法清偿。但是，对于清算组未通知已知债权人且其亦未申报之情形该如何处置？我们

认为，对于已知债权人债权保护应更明确、实际。法律绝无鼓励、纵容或允许债务人以清算程序逃避、解脱债务。既然清算组已经明知某人为债权人，自应将其债权计入将要清偿的债权中，这与债权人是否按期申报并无关联，即便清算行将结束而又联系不到债权人的，也可通过提存方式保障债权人的权利。我国台湾地区的相关规定认为，清算人于就任后，应即以3次以上之公告，催告债权人于3个月内申报其债权，并应声明逾期不申报者，不列入清算之内。但为清算人所明知者，不在此限。《德国股份法》第272条也规定：知名的债权人不申报的，应将负担的金额为其提存。由此，对于已知债权人的债权，清算组应作充分安排，如果最终因未提存或未预留而导致债权无法实现，则可从公司尚未分配的财产甚至股东所得的剩余财产中获偿，若仍无法实现权利，清算组应当承担法律责任。

第二，不确定债权申报后如何处置？不确定债权又称悬疑债权，它一直是法律处理中的难点。通常而言，悬疑债权分为争议债权和或然债权，前者司法解释已经规定了核定程序，并最终可付诸诉讼。或然债权是指尚未变成现实的债权，其是否成立及数额多少尚不确定。或然债权以担保债权为代表，主要发生在公司为担保人的情况，如清算前已有生效法律文书确定主债务成立，但是否存在担保责任尚不确定。由于悬疑债权常在清算中被有意或无意地排斥或忽略，而在公司清算或注销后又被债权人提出，对它的处置经常陷入两难的困境，这其实是法律在交易安全和效率这两种价值间取舍的问题：保护公司债权人利益应包括保护悬疑债权人的利益。如果公司解散后的债权可因悬疑而被忽略甚至消灭，则无疑会助长公司利用种种手段制造债权的不确定因素来逃避债务，交易安全将遭到破坏。而由于悬疑债权确定化过程漫长甚至遥遥无期，清算久拖不决必将影响效率，所以，在实现悬疑债权以保障交易安全与追求效率之间必须兼顾和协调。我们认为，首先，悬疑债权纳入清算范围的首要条件是申报，否则应排斥在清算范围之外，这是出于效率的考量。其次，已申报的不确定债权在实体上应经清算组或法院确认后纳入清算债权范围。各国立法对此有不同态度：如美国《标准公司法》将争议债权和或然债权都排斥在清算债权之外，需要当事人通过法律规定的其他程序就公司未分配的资产范围内或向分得公司资产的某个股东提出解决。而德国《股份法》第272条规定，如果某项债务目前还不能予以校正或存在争议，那么只有在向债权人提供担保时，才可分配财产。日本《商法典》第430条第1款规定，为了加速债务的清偿，未届清偿期的债务也可以清偿，清算人除非在清偿完公司债务之后，不得向股东分配财产。其第131条规定，留下清偿有争议的债务所需财产后，可将剩余财产进行分配。笔者认为，德国和日本的做法既可避免财产分配久拖不决，同时又可避免债权人的债权受到侵害，比较可取，即可以规定在公司剩余财产分配以前，要预留不确定债权的份额或向债权人提供相应的担保。

四十七、清算期间是否允许非清算组成员的股东就公司的债权提起股东派生诉讼

《公司法解释(二)》第二十三条规定:清算组成员从事清算事务时,违反法律、法规或者公司章程给公司造成损失的,股东可以依据2005年《公司法》第一百五十二条第三款的规定提起股东代表诉讼。该条规定赋予了股东向清算组成员提起股东派生诉讼的权利,但是对于清算过程中清算组怠于向债务人行使债权时,股东可否直接提起代位诉讼,法律没有作出明确规定。实践中有两种观点。一种观点认为:在公司清算过程中,公司实质上为清算组所控制,清算组取代董事会成为公司的意思机关,完全可能出现类似公司正常存续下,董事、高管控制公司时,怠于以公司名义向债务人行使债权的情形。如果规定股东仅能在损失造成以后向清算组成员提起赔偿诉讼,等于剥夺了股东本能获得清偿的良机。因此,清算程序中应当允许非清算组成员的股东在清算组不行使或怠于行使债权时直接提起股东代表诉讼。也有一些人表示反对,他们认为:强制清算程序启动的很大一部分原因是股东间争议激烈无法达成一致意见,如果允许非清算组成员的股东在清算过程中直接提起代位诉讼,很可能干预清算组的独立行为,造成清算进度举步维艰,清算过程久拖不决,违背了效率原则;而且,股东可以通过向清算组成员提起诉讼挽回损失,没有必要赋予其提起代位诉讼的权利。笔者认为,强制清算中股东代表诉讼这一救济途径是必要的。在强制清算过程中,人民法院并非处处监督、时时干预。这一救济途径有利于对清算组的行为进行最好的监督,充分保障股东的合法权益。强制清算进行到最后,股东具有对公司剩余财产的分配权,因此只有股东,对清算组估价、处置、保管和清理公司财产的行为抱有最密切的关注和最谨慎的小心。而大多由中介结构和专业人员组成的清算组虽能保持中立,但终究对所处置之财产难有如同处分自己财产一样的关切。至于某些学者对清算效率表示的担心,笔者认为可以通过以下方法解决:第一,强化股东代表诉讼的前置程序。一般股东代表诉讼都需要在公司监事会或监事、董事会或董事怠于或拒绝提起诉讼的情况下才能启动,在此也同样适用。股东需要先向清算组提出向债务人提起诉讼或行使权利的要求,清算组应当在一定期间内答复股东。第二,清算中的股东代表诉讼应由受理清算的合议庭统一审理,以方便合议庭成员快速进入状态,及时挽回损失。

四十八、公司清算案件与公司的其他诉讼、执行案件如何协调

公司清算,必然伴随着诸多的财产争议需要处理,因此,也会存在许多财产争议与

纠纷案件。如何协调处理强制清算程序与债务人财产诉讼和仲裁程序是法律必须要解决的问题。在破产程序中,存在着吸收合并审判主义和分别审判主义两种立法例,前者是将债务人财产诉讼程序吸收于破产程序,在破产程序中一并予以处理,我国修订前的《企业破产法》采用这种体例,它虽然没有明确规定将债务人财产纠纷处理程序吸收于破产程序,但是在具体操作上,我国以往司法实践实质上排除了普通民事诉讼审判程序在债务人财产纠纷案件的适用,由破产法官直接作出裁定。吸收合并审判主义,具有缩短债务人财产纠纷的审理周期、减少诉讼成本以及方便受理破产案件的人民法院统一协调处理纠纷的优点,但对当事人实体权利缺乏应有的尊重。我国《企业破产法》强调对债权人司法救济权益的保护而采用了国际上通行的分别审判主义,对于已经开始而尚未终结的有关债务人的民事诉讼或者仲裁应当先行中止,待管理人接管债务人的财产后,该诉讼或者仲裁继续进行,并不需要移送或终结。对于强制清算中的案件协调,法律还没有明确规定。笔者认为,清算程序开始后,涉及公司财产的诉讼应当向受理清算案件的法院提出,因此,债权异议诉讼也应由该法院管辖,合并管辖有利于案件事实的查明和效率的提高。而清算程序开始前已经进行的诉讼,可由受理案件的法院继续审理。

对基于生效法律文书而强制执行的案件,为了统一协调处理债务人的财产,《企业破产法》规定,人民法院受理破产申请后,有关债务人财产的保全措施应当解除,执行程序应当中止。强制清算程序中对财产的处理没有破产程序那么敏感,很重要的一点是清算的前提是公司资产能够清偿债务,在这种情况下,个别执行对债务清偿影响不算太大。因此,人民法院受理强制算案件后,有关法院基于生效法律文书执行公司财产的,应当先行暂缓,待清算组查清公司资产及负债状况后,受理清算案件的法院可通知相关法院中止执行或恢复执行。受理清算案件的法院认为个别执行可能足以影响清算程序顺利进行的,应立即通知相关法院中止执行,相关法院应当中止执行。①

四十九、如何认识债权人主张清算义务人承担清偿责任的诉讼时效

债权人主张清算义务人承担清偿责任的法理基础是法人人格否认制度,适用该项制度请求权是侵权赔偿请求权,所以债权人的诉讼时效应当是其知道或者应当知道权利被侵害之日起的 2 年。如果债权人选择申请强制清算,经人民法院审理后以无法清算或无法完全清算为由终结清算程序的,债权人应当在终结裁定送达后的 2 年内向有

① 奚晓明主编:《商事审判指导》第 1 辑,人民法院出版社 2010 年版,第 90—91 页。

关清算义务人提起诉讼。债权人没有在2年内提起诉讼的,人民法院不予支持。如果债权人选择直接提起侵权赔偿之诉,被告可以就诉讼时效利益提出抗辩。

五十、就强制清算公司的权利义务,清算组能否代表强制清算公司与相对人达成请求仲裁的协议

对于强制清算申请受理之前,双方当事人就权利义务争议约定的仲裁条款,如无无效情形,应当成为当事人选择仲裁方式解决争端的依据。但对于事先并无仲裁条款,清算组在强制清算申请受理之后,能否代表清算中公司与相对人达成仲裁协议,实践中不无疑问。一般而言,作为相互独立的两种纠纷解决方式,仲裁与诉讼在法律上的地位是平等的,并不存在优劣之分。但仲裁方式存在程序简单且一裁终局的特性,程序保障救济功能弱于诉讼方式。因此,从保障当事人权益的角度出发,应当对清算组选择仲裁方式解决争端作出限制。《清算纪要》规定"当事人双方就产生争议约定有明确有效的仲裁条款的,应当按照约定通过仲裁方式解决"。由于仲裁条款在《仲裁法》中特指合同中订立的仲裁条款,不包括争议发生后达成的请求仲裁的协议。所以《清算纪要》只表述"仲裁条款",而未表述"仲裁协议",规范意图在于排除事后仲裁协议的适用余地。综上,就强制清算公司的权利义务争议,在强制清算申请受理后,清算组原则上不能代表强制清算公司与相对人达成请求仲裁的协议,应当通过诉讼方式解决。①

法条索引

《中国人民共和国公司法》

第一百八十四条 公司因本法第一百八十一条第(一)项、第(二)项、第(四)项、第(五)项规定而解散的,应当在解散事由出现之日起十五日内成立清算组,开始清算。有限责任公司的清算组由股东组成,股份有限公司的清算组由董事或者股东大会确定的人员组成。逾期不成立清算组进行清算的,债权人可以申请人民法院指定有关人员组成清算组进行清算。人民法院应当受理该申请,并及时组织清算组进行清算。

---

① 奚晓明主编:《最高人民法院关于公司法解释(三)、清算纪要理解与适用》,人民法院出版社2011年版,第583—584页。

《最高人民法院关于适用〈中华人民共和国公司法〉若干问题的规定(二)》

第十八条　有限责任公司的股东、股份有限公司的董事和控股股东未在法定期限内成立清算组开始清算,导致公司财产贬值、流失、毁损或者灭失,债权人主张其在造成损失范围内对公司债务承担赔偿责任的,人民法院应依法予以支持。

有限责任公司的股东、股份有限公司的董事和控股股东因怠于履行义务,导致公司主要财产、帐册、重要文件等灭失,无法进行清算,债权人主张其对公司债务承担连带清偿责任的,人民法院应依法予以支持。

上述情形系实际控制人原因造成,债权人主张实际控制人对公司债务承担相应民事责任的,人民法院应依法予以支持。

第十一编

11

外国公司分支机构热点问题裁判标准与规范

第四十一章

外国公司分支机构热点问题裁判标准与规范

本章导读

在经济全球化的浪潮下，走出国门、进行跨国投资成为公司追逐最大利润的有力手段。公司进行跨国投资的方式多种多样，如设立合资公司、独资公司和分支机构等。公司的跨国投资活动在给东道国带来资本、技术和管理经验的同时，也在逐利的冲动下对东道国的经济带来一定风险。因此，各国法律在通过各种手段吸引国外公司投资的同时，多通过一定的制度设计防范其弊害。我国基于跨国公司在境内不同的投资形式制定了不同的投资规范，其中外国公司在境内设立分支机构，成为2005年《公司法》的调整对象。

理论研究

一、外国公司分支机构的设立

外国公司分支机构的设立，是指外国公司依照内国法律规定的条件和程序向有关主管机构提出申请、经批准获得生产经营资格的行为。外国公司在内国设立分支机构从事生产经营活动的行为将对内国的经济秩序和社会生活产生一定影响，因此各国法律通常禁止外国公司在内国任意设立分支机构，而是规定相应的条件和程序对其予以规范。只有满足了内国法律规定的条件和程序并获的内国主管机关的认可后，外国公司方可在内国通过分支机构进行生产经营活动。对此，我国2005年《公司法》第十一章进行了专门规范。

外国公司分支机构的设立程序。外国公司在中国境内设立分支机构，必须向中国主管机关提出申请，并提交其公司章程、所属国的公司登记证书等有关文件，经批准后，向公司登记机关依法办理登记，领取营业执照。根据有关规定，外国公司向中国主管部门申请设立分支机构，除须提交公司章程的副本或影印本、所属国的公司登记证书外，一般还应提交下列文件：由该外国公司所在国出具的合法开业证书的副本或影印本、由同该外国公司有业务往来的金融机构出具的信用证明书；该外国公司法定代表人的资格证明书；该外国公司委托分支机构代表人或代理人的授权书、分支机构负责人的简历和身份证明；股东会或董事会对于请求批准的议事记录；该外国公司最近几年经注册会计师审计或验证的财务会计报告；该外国公司在中国的营业计划书。上述文件如是以外文表示的，均应附上中文译本，并经公证机关予以公证。[①]

外国公司分支机构的设立条件。2005 年《公司法》第一百九十四条规定外国公司在中国境内设立分支机构，必须在中国境内指定负责该分支机构的代表人或者代理人，并向该分支机构拨付与其所从事的经营活动相适应的资金。《公司法》的这一规定，包含了几层意思：(1)外国公司分支机构的设立必须具有相应的资金。分支机构作为生产经营组织，应当有相应原始资金作为基础，由此作为对外生产经营担保的财产，否则，分支机构就空有其名，极有可能损害债权人利益，并且还可能助长投机、诈骗的风气，破坏我国的社会主义市场经济环境。(2)分支机构具有的资金是由其所属的外国公司拨付的，即分支机构的资金非自己独立拥有或以自己的名义借贷而来，而是来源于外国公司的拨付，属于外资的范畴。(3)外国公司拨付的资金量，必须与分支机构所从事的生产经营活动相适应。[②] 此外，根据 2005 年《公司法》第一百九十五条规定，外国公司的分支机构应当在其名称中标明该外国公司的国籍及责任形式。这里需要注意的是，我国《公司法》规定的公司种类较为简单，仅包括有限责任公司和股份有限公司，而境外公司法规定的公司种类还包括其他形态，如大陆法系规定的无限公司、两合公司、无限两合公司，英国公司法上的特许公司、法定公司以及担保有限公司。对于在我国设立分支机构的外国公司是否仅限于有限责任公司和股份有限公司，2005 年《公司法》没有明文限定，而 1993 年《公司法》第二百零三条明文规定外国公司属于外国法人，从 2005 年《公司法》删除 1993 年《公司法》上述规定的立法意图看，在我国设立分支机构的外国公司种类似乎不必局限于有限责任公司和股份有限公司。

---

① 赵旭东主编：《公司法学》(第二版)，高等教育出版社 2006 年版，第 526 页。

② 周友苏：《新公司法论》，法律出版社 2006 年版，第 729 页。

二、外国公司分支机构的权利和义务

外国公司分支机构被获准设立，意味该分支机构获得了内国授予的相应生产经营资格，享有法律规定的权利义务。对此，境外公司法多明文规定获准设立的外国公司分支机构享有与本国公司相同的权利义务。如美国《示范公司法》第15.05条规定获得授权证书的外国公司享有与本州公司同样的权利和特权(the same but no greater)，并且除法律另有规定外，承担与本州公司同样的义务、限制、惩罚和责任。日本《公司法典》第823条规定除法律另有规定外，外国公司适用法律时，视为日本的同类公司或最类似公司。我国台湾地区的相关规定认为外国公司经认许后，其法律上权利义务及主管机关之管辖，除另有规定外，与境内公司相同。我国2005年《公司法》未作上述明文规定，但是第一百九十七条规定“经批准设立的外国公司分支机构，在中国境内从事业务活动，必须遵守中国的法律，不得损害中国的社会公共利益，其合法权益受中国法律保护。”由于我国公司从事业务活动，同样必须遵守法律和社会公共利益，合法权益受到法律保护，因此我国《公司法》实际上也确立了外国公司分支机构与国内公司同等的权利义务，这也是WTO国民待遇原则的要求。当然，各国通常基于主权安全和公共利益的考虑，禁止外国公司进入特定行业，我国也不例外，但是这种限制是对外国公司分支机构设立条件的限制而非对其权利义务的限制。

三、外国公司分支机构的解散和清算

虽然永久存续是公司区别与其他经济组织的重要特征，但是所谓“永久存续”实际上仅仅是一种法律上的可能性，实际经济生活中，任何公司都可能因为各种原因而解散和清算，外国公司分支机构亦不例外。由于外国公司分支机构并不具有法人独立地位，因此其解散原因和清算程序与国内公司的解散原因和清算程序既有相同之处，又有其独有的特征。

外国公司分支机构通常因下列原因而解散：(1)被所属的外国公司予以撤销。外国公司在内国设立分支机构的目的是通过从事一定生产经营活动获得投资收益，当市场环境或公司自身发生变化，分支机构的生产经营不再符合公司整体利益时，外国公司通常会撤销其分支机构，该分支机构相应解散。(2)所属的外国公司解散。公司的设立和解散皆为经济生活的常态，外国公司亦然，其可能因为各种原因而被解散，如股东会决议自愿解散、被主管机关行政解散或被司法机关判决(或命令)解散等。由于外国公司分支机构隶属于外国公司，并不具有法人独立地位，因此当其所属的外国公司解散时，该分支机构相应解散。(3)分支机构的经营期间届满。在批准外国公司分支机构设立时,各国主管机关通常根据本国法律规定外国公司分支机构的经营期限。如果外国公司分支机构营业执照期限届满而其又未申请延期或申请延期未获得批准,该分支机构必须解散。(4)因设立活动或生产经营活动违法,被主管机关命令解散,如撤销、吊销营业执照、责令关闭等。外国公司分支机构作为生产经营组织,与内国公司一样必须遵守国家法律,如工商、环境、卫生、税收等法律,如果其设立活动或生产经营活动中存在违法行为,而且该种违法行为达到一定严重程度,其有可能被主管机关依法予以强制解散。虽然我国2005年《公司法》针对外国公司分支机构行政解散的法律条文只有第二百一十三条,即对外国公司擅自在境内设立分支机构的,可以由公司登记机关责令关闭,但是有关公司、企业的其他行政解散的规定同样适用于外国公司分支机构,如虚假登记、自行停业连续六个月以上、严重污染环境、偷逃税收等。

外国公司分支机构解散后,应当依法进行清算以公平地处理其财产、了结各种法律关系,维护利害关系人利益和社会经济秩序。对于外国公司分支机构的清算,各国公司法多规定准用内国公司的清算程序。对此,我国2005年《公司法》仅在第一百九十八条针对外国公司撤销其分支机构的情形规定准用公司清算程序,而对公司因其他原因解散的清算散程序未作规定,应为立法疏漏。从法律解释学角度看,外国公司分支机构解散后准用2005年《公司法》第十章规定的清算程序进行清算,并无疑义。具体而言,外国公司分支机构解散后应当按照下列程序进行清算:(1)成立清算组。外国公司应当在分支机构解散事由出现之日起十五日内成立清算组。逾期不成立清算组进行清算的,债权人可以申请人民法院指定有关人员组成清算组进行清算。(2)通知和公告债权人。清算组应当自成立之日起十日内通知债权人,并于六十日内在报纸上公告。债权人应当自接到通知书之日起三十日内,未接到通知书的自公告之日起四十五日内,向清算组申报其债权。(3)清算组清理公司财产、编制资产负债表和财产清单。(4)清算组制定清算方案。在自行清算中,清算方案经外国公司批准或同意;在强制清算中,清算方案应当经人民法院确认。(5)执行清算方案,分配公司资产。(6)制作清算报告,报外国公司或者人民法院确认。(7)申请注销公司登记,公告终止。不过,由于外国公司分支机构隶属于外国公司,本身并不具备法人独立地位,因此,虽然其清算程序准用国内公司的清算程序,但是清算程序结束并不免除外国公司的清偿责任,如果分支机构尚有未清偿债务的,外国公司应当继续清偿。

实务探讨

一、外国公司分支机构与外商独资企业有何区别

外商独资企业是指依照我国法律在我国境内设立的全部资本由外国投资者设立的企业。外商独资企业与外国公司分支机构主要有以下区别:(1)外商独资企业是依照中国法律在我国境内设立的,具有中国国籍,属于中国企业;外国公司分支机构本身是外国公司的组成部分,具有外国国籍,属于外国企业。(2)外商独资企业具有独立的法律地位,能够以自己的名义对外进行活动,其中绝大部分为有限责任公司形式,具有中国法人资格,实行独立核算,能够以自己的财产独立承担法律责任;外国公司分支机构不具有独立的法律地位。(3)外商独资企业的组织机构也较为复杂,一般以董事会来管理企业;外国公司分支机构不具有独立的公司法人的内部组织机构。①

二、我国公司法称中国的公司为"企业法人",是否要求外国公司也必须是"企业法人"

当然不是。我国2005年《公司法》第一百九十二条规定,本法所称外国公司是指依照外国法律在中国境外设立的公司。关于外国公司的规定并未采用2005年《公司法》第三条第一款规定的"公司是企业法人"的表述方式。这表明,只要求外国公司依照所属国法律登记设立,而不要求它以具有"企业法人"资格为条件。在境外公司立法上,并非所有国家(地区)的公司都是企业法人。有的国家(地区)允许采用公司形式的范围很广泛,但其中有的公司并非是中国2005年《公司法》上所规定的公司种类。② 虽然中国《公司法》仅规定了有限责任公司和股份有限公司两种形式,即中国公司只允许存在有限责任公司和股份有限公司两种形式,但被允许在中国设立分支机构的外国公司并不限于这两种公司形式。境外各种责任形式的公司都被允许在中国境内设立分支机构,包括股份公司、有限公司、无限公司、两合公司等类型的公司。

三、外国公司分支机构是否能以"其他组织"的身份作为民事诉讼主体

我国《民事诉讼法》第四十九条规定:"公民、法人和其他组织可以作为民事诉讼的

① 赵旭东主编:《公司法学》(第二版),高等教育出版社2006年版,第520页。

② 张海棠主编:《公司法适用与审判实务》,中国法制出版社2009年版,第409页。

当事人。”根据《最高人民法院关于适用〈中华人民共和国民事诉讼法〉若干问题的意见》第四十条的规定，“其他组织”是指合法成立、有一定的组织机构和财产，但又不具备法人资格的组织，其中包括法人依法设立并领取营业执照的分支机构。鉴于现行法中并没有明文规定上述规定中的“法人”必须是中国法人，因此，外国公司设立的分支机构也应当属于“其他组织”，即外国公司分支机构可以作为民事诉讼的当事人。在民事诉讼中，可以将外国公司分支机构单独作为原、被告，也可以将外国公司与外国公司分支机构作为共同原、被告，当然也可以将外国公司单独作为原、被告。无论是哪种方式，其结果都是由设立外国公司分支机构的外国公司承担民事责任。

四、外国公司分支机构可否成为涉外民事诉讼的送达对象

对于外国公司分支机构可否成为涉外民事诉讼的送达对象，依据诉讼主体不同而有所区别。必须明确的是外国公司分支机构虽然不具备独立的法律地位，但是其具备民事诉讼主体资格，因为民事诉讼主体并不仅限于自然人或法人，不以独立的民事主体为限。我国《民事诉讼法》第四十九条规定公民、法人和其他组织可以作为民事诉讼的当事人。对于“其他组织”的界定，《最高人民法院关于适用〈中华人民共和国民事诉讼法〉若干问题的意见》第四十条规定包括法人依法设立并领取营业执照的分支机构。因此，外国公司法人依法在我国设立的分支机构具备民事诉讼主体资格，可以作为民事诉讼当事人，自然也就可以成为民事诉讼送达对象。当然，《民事诉讼法》的相关规定在性质上是赋权型规范，外国公司法人也可以直接参与其分支机构有关的民事诉讼送。对于不具备法人资格的外国公司而言，即使其在境内设立的分支机构经过核准登记并领取了营业执照，其分支机构仍然不具备民事诉讼主体资格，该外国公司必须亲自参与相关民事诉讼。此外，发生争议的民事关系可能并非由外国公司分支机构引起，而是由外国公司自身引起。对于后三种情形，外国公司参与的民事诉讼构成涉外民事诉讼。根据《最高人民法院关于涉外民事或商事案件司法文书送达问题若干规定》第五条规定，受送达人在中华人民共和国领域内有分支机构或者业务代办人的，经该受送达人授权，人民法院可以向其分支机构或者业务代办人送达。可见，此时，外国公司分支机构可否成为涉外民事诉讼的送达对象取决于其是否经过外国公司授权。

法条索引

《中华人民共和国公司法》

第一百九十三条　外国公司在中国境内设立分支机构，必须向中国主管机关提出申请，并提交其公司章程、所属国的公司登记证书等有关文件，经批准后，向公司登记机关依法办理登记，领取营业执照。

外国公司分支机构的审批办法由国务院另行规定。

第一百九十六条　外国公司在中国境内设立的分支机构不具有中国法人资格。

外国公司对其分支机构在中国境内进行经营活动承担民事责任。

第十二编 12

公司法中法律责任热点问题裁判标准与规范

第四十二章

审计机构民事责任热点问题裁判标准与规范

本章导读

为了保障交易安全和交易秩序，资产评估、验资和验证活动成为现代市场经济的重要组成部分。然而，资产评估、验资和验证机构（本书统称为审计机构）并非总能忠实地履行其约定和法定义务。审计机构违反该种义务的，应当承担相应的民事责任，该种民事责任可以分为两个部分：一是对其服务客户的民事责任，二是对第三人的民事责任。由于审计机构对其服务客户的民事责任为典型的合同责任，实践中也争议不大，而审计机构对第三者的民事责任却引发了理论界和实务界的激烈争议。因此，本章论述的审计机构民事责任仅指审计机构对第三人的民事责任。

理论研究

一、审计机构民事责任构成要件分析

审计机构民事责任为侵权责任，自然应当符合侵权责任的构成要件。根据民法理论通说，一般侵权行为构成要件为违法行为、过错、损害事实和因果联系。对于审计机构违法行为和第三人损害的认定，各界意见比较一致，而对于审计机构过错和因果联系的认定，争论比较激烈。①

---

① 需要说明的是，笔者认为侵权责任的构成要件包括行为、过错、损害和因果联系，行为违法性是认定过错与否的主要标准而非独立要件，不过，本章的论述采纳通说。

对于审计机构过错认定的争论集中体现为独立审计准则是否构成认定审计机构过错与否的唯一标准，换言之，审计机构可否以已经遵守了独立审计准则的要求作为抗辩理由。对此，存在两种截然相反的观点。

肯定说的观点主要包括：(1)独立审计准则是用来规范注册会计师执行审计业务，获取审计证据，形成审计结论，出具审计报告的专业标准。在对注册会计师具体的审计行为进行评价时，独立审计准则就是会计专业团体所公认的一般标准，因而也就成为注册会计师注意义务的基础。注册会计师在提供专业服务的过程中，如果遵循了独立审计准则，出具了审计报告，一般就应当认定为给予了应有的职业关注，或者说是尽了注意义务。如果要求注册会计师承担超出独立审计准则及其他执业规范体系之外的其他注意义务，则属于特殊的技术和能力，除非特别声明或另有约定，有违民商法专家注意义务的一般理论。(2)在我国，虽然会计准则由中国注册会计师协会制定，但其源于《注册会计师法》第三十五条的授权，并且经过了财政部的批准，财政部行使批准权时，会从维护社会公众利益的角度，对专业团体拟订的准则草案施加某种影响。注册会计师执业准则的制订，经过了一个严格的立法程序，具有调整专业团体与社会上不特定的第三人之间审计法律关系的效力。① 因此，如果严格遵守审计准则，但仍然未能揭示被审计事项中的个别错弊，这就属于审计的固有风险，注册会计师没有责任。②

否定说的观点主要包括：(1)审计准则在性质上属于行业协会为维持自身行业的职业形象而制定的自律规范，属于组织体的内部规则，与证明文件的外部使用人无涉，外部使用人不是其会员，不受其内部的专业标准的调整。(2)注册会计师协会制订独立审计准则后，虽然要经过国务院财政部门的批准，但财政部门与注册会计师行业有着千丝万缕的联系，因此，经过国务院财政部门批准后的独立审计准则，是否具有公平性与公正性是值得怀疑的。(3)审计准则规定的注意义务范围与注册会计师应尽的注意义务范围之间存在一定的差距，在该义务差距范围内出具的虚假证明文件注册会计师是有过错的，注册会计师对此应承担民事责任。(4)中国现行的审计准则与中国社会客观需要的公认审计准则存在很大的差距，因此，当前中国现有的审计准则不能成为注册会计师注意义务的法定标准。③

从法律既有规定和法的一般原理出发，肯定说更为可取，独立审计准则应当作为审

① 颜延：《从注册会计师的注意义务看独立审计准则的法律地位》，载《会计研究》2003 年第 6 期。

② 王晓洁、田爱琴：《对独立审计准则法律地位的认识》，载《财会月刊》2010 年第 1 期。

③ 刘正峰：《独立审计准则的法律地位研究》，载《中国法学》2002 年第 4 期；彭真明：《论注册会计师不实财务报告的民事责任》，载《法律科学》2006 年第 5 期。

查注册会计师是否具有过错的判断标准。首先,《注册会计师法》第三十五条规定:“中国注册会计师协会依法拟订注册会计师执业准则、规则,报国务院财政部门批准后施行。”因此,独立审计准的法律性质为授权立法制定的法律而非自律性规范,因为行业规范根本不需要法律的授权,并且如果认定独立审计准则为行业规范,则无法说明《注册会计师法》第三十五条规定的价值和意义,只能认定其为画蛇添足,显然违反法律制定和解释的一般原理。其次,认定财政部门与注册会计师行业有着千丝万缕的联系,因而否认独立审计准则法律地位的观点更是欠缺内在逻辑,部门规章都与其规范对象存在密切关联,难道部门规章就不是法律?更何况法律制定程序是否公正根本不是决定法律是否有效的因素。其实,否定说忽略了法律授权计师协会依法拟订注册会计师执业准则、规则的立法原因和目的,《注册会计师法》之所以作出该种规定,是为了保障该种标准的专业性和时效性,以最大限度维护社会公共利益。再次,认定审计准则规定的注意义务范围与注册会计师应尽的注意义务范围存在差异违反法律基本原理和《注册会计师法》规定。义务法定是现代法律的基本原则,任何人都无须承担法律之外的“义务”。《注册会计师法》第二十一条规定:“注册会计师执行审计业务,必须按照执业准则、规则确定的工作程序出具报告。”可见,注册会计师的审计标准就是执业准则、规则确定的工作程序,注册会计师只要遵守了该种准则,也就尽到了法律义务。最后,认定审计准则与中国社会客观需要的公认审计准则存在差距因而否认审计准则作为判断标准的观点亦不成立。一定的滞后性是法律天生的缺陷,任何法律只要未被修改或废除即为有效,不能因为审计准则的滞后性而否认其法定标准的地位。否定说主张以合理谨慎标准代替审计准则规定,并认为合理谨慎标准为类似的人在类似情况下应实施的行为,其实,审计准则正是对注册会计师行为标准的普遍规定。因此,认定注册会计师的审计行为是否具有过错应当以审计准则为准;当然,对于审计准则中的原则性规定,法院可以根据合理谨慎标准进行理解和补充。正因为如此,最高人民在2007年发布的《关于审理涉及会计师事务所在审计业务活动中民事侵权赔偿案件的若干规定》(以下简称《规定》)将执业准则纳入了法律程序范畴,规定注册会计师的审计行为违反审计准则程序的,构成故意或过失;会计师事务所在证明自己没有过错时,可以向人民法院提交与该案件相关的执业准则、规则以及审计工作底稿等;但是,对审计准则的遵守并不能成为绝对抗辩理由,注册会计师还必须保持必要的职业谨慎。

对审计机构违法行为与第三人损害因果联系的争论主要是第三人的范围问题,对此存在直接因果关系说和间接因果关系说。直接因果关系说认为,只有第三人直接使用审计报告即取得验资报告且信赖其内容而与对方进行交易并受到损失,才能认定因果关系存在。间接因果关系说认为,“直接使用”审计机构审计报告的情形在现实中非常少见，相反，经济生活中对审计报告的使用大多为“间接使用”，比如使用反映审计报告内容的工商登记和企业营业执照。审计机构民事责任的基础在于审计机构的不实审计报告向第三人传递了错误信息、影响了欲与公司进行交易第三人的正确判断，使其与公司进行了违背其真实意思的错误交易，并因而遭受了经济损失。因此，间接因果关系说似乎更为可取，至于直接因果关系说考虑的限制审计机构民事责任问题似乎超越了法律的范畴，毕竟侵权赔偿的目的在于弥补受害人的损害，行为人的赔偿能力和利益保护并非侵权法的制度价值，更何况审计机构完全可以通过严格遵守审计准则来减少法律风险。

从美国的判例来看，对利益关系第三人的范围总体处于逐步扩展的过程中，迄今为止，逐步确定为“已预知的报告使用人和可合理预见的报告使用人”。已预知第三人指注册会计师在提供报告之前已经被告知或已经明确知道的使用者，如发行公司告知注册会计师报告将提供给债权人做贷款审核依据，则债权人就是已预知第三人，再如报告用于招股说明书中，则所有潜在投资者、证券管理部门都是已预知第三人；可合理预见则指注册会计师虽未被明确告知，但可以根据合理判断知道，如公司的供应商、税务部门等。“可合理预见第三方”包括过去的和现在的所有债权人、股东以及潜在的无限的投资者。法院认为：“注册会计师的职责已经从管理当局的看门人扩展到要对管理当局的股东、债权人或其他方面公布的财务报表的适当性和公允性进行评价。”法院裁决，对于公众来说，他们没有理由将会计师与其他产品和服务的供应商相区别，同时也没有理由拒绝财务表第三人恢复因使用疏忽谎报而产生的损失。他们从公司接受财务报告是为了其适当的经营目的，也假设财务报告的接受者依赖财务报告亦是服从于那些经营目的的。注册会计师将审计报告呈交给委托人时，对委托人将把这些报告散发给哪些人，注册会计师完全不能控制，注册会计师能“预见”的就是报告能为任何人使用。①

我国《注册会计师法》第四十二条规定“会计师事务所违反本法规定，给委托人、其他利害关系人造成损失的，应当依法承担赔偿责任”，并未明确其他利害关系人的范围。最高人民法院早期的司法解释也未作进一步说明。2002 年最高人民法院发布的《关于金融机构为企业出具不实或者虚假验资报告资金证明如何承担民事责任问题的通知》将有权对审计机构提出侵权赔偿诉讼的第三人限定为使用不实报告或证明的第三人。2005 年《公司法》规定的审计机构民事责任对象为公司债权人，而未包括其他第

① 于守华：《论我国注册会计师的法律责任》，对外经济贸易大学 2006 年国际法专业博士学位毕业论文，第 141 页。

三人，并且未作“直接使用”限制。最高人民法院发布的2007年《规定》第2条规定“因合理信赖或者使用会计师事务所出具的不实报告，与被审计单位进行交易或者从事与被审计单位的股票、债券等有关的交易活动而遭受损失的自然人、法人或者其他组织，应认定为注册会计师法规定的利害关系人。”该司法解释规定的第三人范围为合理信赖或者使用会计师事务所出具的不实报告的第三人而为限于使用不实报告的第三人，采纳了间接因果联系说。此外，需要注意的是，该司法解释规定的第三人范围不仅限于公司债权人，而是泛指与公司进行交易活动的第三人，比2005年《公司法》第二百零八条第二款规定的“公司债权人”更为广泛。司法解释的该种规定甚为可取，因为现代市场经济条件下财产权的范围早已突破了物权与债权的二分法，股权、知识产权等新的财产权形态成为经济生活中的常态，因此与公司进行交易的第三人绝不仅限于公司债权人。

二、审计机构承担的民事责任

审计机构因过错出具不实审计报告给第三人造成损失的，构成对第三人的侵权行为，应当承担相应的民事责任。在我国，《注册会计师法》第四十二条规定会计师事务所违反规定，给委托人、其他利害关系人造成损失的，应当依法承担赔偿责任，并未确定该种赔偿责任的具体形态。2005年《证券法》第一百八十三条规定了包括审计机构在内的证券服务机构的连带赔偿责任；2005年《公司法》第二百零八条第三款规定审计机构的赔偿责任为补充责任。最高人民法院制定2007年《规定》过程中，对会计师事务所的赔偿责任是连带责任还是补充责任发生争议，经过讨论认为2005年《公司法》和《证券法》分别就会计师事务所法定审计这一相同事项规定了不同的法律责任类型，属于法律漏洞，需要通过法律解释进行补充，根据会计师事务所过错的不同而确定其不同的责任方式：会计师事务所故意出具不实报告给利害关系人造成损失的，审计机构与被审计单位承担连带责任；会计师事务所因过失出具不实报告给利害关系人造成损失的，根据其过失大小确定其赔偿责任。此外，该《规定》还扬弃了法释〔1998〕13号批复和法〔2002〕21号通知精神，规定会计师事务所的按份责任为补充责任，只有对被审计单位、出资人的财产依法强制执行后仍不足以赔偿损失的，由会计师事务所在其不实审计金额范围内承担相应的赔偿责任。

实务探讨

一、基于虚假验资行为，验资机构和公司对于债权人的清偿顺序应如何确定

由于公司和债权人之间的债权债务关系是基础法律关系，应先由被验资的公司承担责任。但在实践中往往是公司不能清偿债务，才引发验资机构的赔偿责任。因此，当公司财产不足清偿或资不抵债时，才由验资机构在虚假验资范围内承担赔偿责任。值得注意的是，造成公司注册资金虚假或不实的根本原因在于出资人未出资或者出资不实。所以根据公司法资本确定原则和资本维持原则，当公司无力对外清偿债务时，应先由出资人在注册资金不实的范围内承担补缴责任，而验资机构出具虚假验资报告所应承担的民事赔偿责任，应在公司及股东之后，所以，验资机构承担的是补充赔偿责任。因此，如果债权人未向公司及股东主张权利而直接要求验资机构承担责任，验资机构有权拒绝债权人要求其承担民事责任的请求。但如果出资人（股东）、公司与验资人之间存在恶意串通侵害债权人权益的情况，验资人的责任则已经超出了法定验资机构承担补充责任的范畴，而应对债权人承担连带责任。

二、审计机构与被审计单位担保人之间的责任顺位如何确定

最高人民法院2007年发布的《关于审理涉及会计师事务所在审计业务活动中民事侵权赔偿案件的若干规定》第10条规定存在过失的会计师事务所的责任顺位后于被审计单位及其虚假出资、不实出资或者抽逃出资的出资人，但是对于审计机构与被审计单位担保人之间的关系未予明确。对此，应作具体分析：如果被审计单位担保人不符合《规定》第2条赔偿请求权人的规定，从该《规定》限制审计机构民事责任的精神出发，审计机构的赔偿责任后于被审计单位担保人的担保责任；如果被审计单位担保人符合《规定》第2条赔偿请求权人的规定，赋予审计机构较后的责任顺位，并无实际意义，从便利权利人和提高效率角度出发，审计机构不得主张其赔偿责任后于被审计单位担保人的担保责任。

三、审计机构承担赔偿责任后能否追究具体实施审计活动的审计人员的赔偿责任

2005年《公司法》第二百零八条第三款规定“承担资产评估、验资或者验证的机构

因其出具的评估结果、验资或者验证证明不实，给公司债权人造成损失的，除能够证明自己没有过错的外，在其评估或者证明不实的金额范围内承担赔偿责任。”该条款规定的承担资产评估、验资或者验证的机构（统称为审计机构）民事责任的赔偿主体为审计机构，而未规定有关人员的个人责任，但是权利人仍然可以根据其他法律追究相关人员的个人责任，比如根据《合伙企业法》的规定追究采纳合伙形式的审计机构的普通合伙人的赔偿责任。至于是否可以追究具体实施审计活动的审计人员的赔偿责任，根据最高人民法院《关于适用〈中华人民共和国民事诉讼法〉若干问题的解释》第四十二条规定、《关于审理人身损害赔偿案件适用法律若干问题的解释》第八条规定和《侵权责任法》第三十四条规定的精神，应为不可。但当事人之间另有约定的应当遵照约定。

四、债权人索赔所依据的合同无效时是否可以免除审计机构的民事责任

最高人民法院 2002 年发布的《关于金融机构为企业出具不实或者虚假验资报告资金证明如何承担民事责任问题的通知》（以下简称《通知》）第四条规定债权人索赔所依据的合同无效的，免除验资金融机构的赔偿责任，并且该《通知》第五条规定注册会计师事务所不实或虚假验资民事责任案件的审理和执行中出现类似问题的，参照该《通知》办理。该项规定受到很多学者的批评，认为与公司进行无效交易的债权人同样可能存在对不实审计报告的信赖，排除其赔偿请求权并不适当。2005 年《公司法》第二百零八条第三款并未区分公司债权人索赔依据的债权是否有效，而是统一规定为公司债权人。最高人民法院 2007 年发布的《关于审理涉及会计师事务所在审计业务活动中民事侵权赔偿案件的若干规定》第二条规定“因合理信赖或者使用会计师事务所出具的不实报告，与被审计单位进行交易或者从事与被审计单位的股票、债券等有关的交易活动而遭受损失的自然人、法人或者其他组织，应认定为注册会计师法规定的利害关系人。”从该条规定可以看出，第三人是否享有对审计机构的赔偿请求权取决于其是否合理信赖或者使用审计机构的不实审计报告并因此遭受损害，至于公司债权人索赔依据的债权是否有效不再是考虑因素。

五、如何理解把握《关于审理涉及会计师事务所在审计业务活动中民事侵权赔偿案件的若干规定》中界定利害关系人之一的要素“合理信赖”

在理解利害关系人的界定中，由于法官可能会在判定利害关系人是否属于“合理信赖”时产生困惑，因此有必要对“合理信赖”进行适当的阐释，所谓“合理信赖”，通常是指出具审计报告的会计师事务所应当始终与被审计单位之间保持独立性。其不仅与

被审计单位之间存在委托关系，而且对社会公众担负着一定的社会责任，承担着社会公众对其赋予的应有的信赖，在此预期下，与被审计单位进行交易的利害关系人无过失地对于该审计报告所持的信赖。应当说，“合理信赖”是一个授权概念，它赋予法官一定自由裁量权。把握此概念时，应当与司法解释第八条关于“利害关系人明知会计师事务所出具的报告为不实报告而仍然使用的，人民法院应当酌情减轻会计师事务所的赔偿责任”的规定结合予以考量。一般而言，如果有会计师事务所能够举证证明利害关系人明知会计师事务所出具的报告为不实报告而仍然使用的，即能够证明利害关系人在使用报告时存在故意和重大过失的，则该利害关系人即不属于“合理信赖”审计报告，由此决定会计师事务所是否可以不承担责任或者影响到利害关系人能否获得应有的赔偿。①

六、如何理解把握《关于审理涉及会计师事务所在审计业务活动中民事侵权赔偿案件的若干规定》中界定利害关系人之一的要素“使用不实报告”

我们认为，对“使用不实报告”的界定，不能单纯理解为相关当事人直接使用验资报告进行经济活动，即“使用”不仅包括在交易中直接出示该报告的情况，而且应该包括使用因该报告而产生的营业执照、年检报告的情况。因为直接使用验资报告的情形只在公司注册和年检的时候才存在，在实际交易中要求验看该报告的情况是基本不存在的，仅将“使用”限定于在交易中使用，将导致金融机构基本不会承担责任，从而不利于债权人权益的保护。并且如果公司凭此虚假验资报告取得工商执照，工商部门核发的营业执照本身对外具有公示效力，相关当事人根据工商执照了解该企业的注册资金情况，据此相信该企业有实际履约偿债能力而与该公司发生经济往来，这应当属于合理信赖虚假验资报告的情况。当然，也不能“机械”地仅仅凭“使用”公司的营业执照和年检报告就认定“使用”了验资报告，而是要从当事人经济往来的性质、交易大小、次数和惯例等因素综合判断交易相对人是否根据验资报告产生了对公司的交易信赖，才能确定验资机构是否应当承担赔偿责任。

七、审计机构过错的认定是否应通过专门的鉴定机构进行

对审计机构过错的认定是否应通过专门的鉴定机构进行，在我国理论界争论比较激烈。在最高人民法院制定《关于审理涉及会计师事务所在审计业务活动中民事侵权赔偿案件的若干规定》过程中，该问题再次引发争议。肯定观点认为：在过错推定原则

① 奚晓明主编：《关于会计师事务所审计侵权赔偿责任司法解释理解与适用》，人民法院出版社2007年版，第71—72页。

和举证责任倒置模式下，由于审计业务具有较强的专业性，利害关系人和法官都是外行，事务所难以直接在法庭上证明自己无过错，亟需一个权威的鉴定结论支持其主张，因此有必要成立一个专门的注册会计师执业技术和过错鉴定委员会，人民法院应当以专家鉴定的结论作为认定事务所过错和民事责任的基础。反对观点认为：成立专门的注册会计师执业责任鉴定委员会，涉及很多制度配套方面的问题，诸如人员的选择、是否设立过错的鉴定程序、如何设定鉴定人的责任，如果当事人不服鉴定委员会的鉴定结论时将采取什么救济措施等，非常复杂，单纯凭这个机制就足以制定一个单独的规定或办法，故不宜成立专门的会计师责任鉴定委员会。经过讨论，最高人民法院认为尽管专门的鉴定委员会机制有利于人民法院正确、及时审理案件，但目前还不宜采用，理由在于：其一，鉴定委员会机制复杂，不是一个司法解释所能决定和完成的，而且容易类似形成医疗事故鉴定制度中所出现的问题，操作起来困难较大。其二，现行鉴定机制下众多机构都有鉴定权，容易产生多次鉴定，增加诉讼成本，浪费鉴定资源；不同的鉴定结论的证明效力难以确定，鉴定程序、鉴定标准模糊不一，经常出现同一案件、同一问题出现多份差别很大甚至相互矛盾的鉴定结论。而如何解决这个问题，目前尚无较好的办法。其三，一旦实行事务所执业责任鉴定委员会制度，则可能在实际操作中出现鉴定委员责任制度缺位问题，无论是医疗鉴定还是司法鉴定抑或是会计师责任鉴定，都是由鉴定人来进行专业鉴定。但是实践证明，司法鉴定的鉴定过程缺乏必要的监督，因而容易出现道德风险和权力滥用的问题，导致鉴定结论效力下降。其四，事务所执业过错认定的疑难，源于审计业务的高度专业性，可以通过最高人民法院发布的《关于民事诉讼证据的若干规定》第61条规定的专家辅助人制度解决。因此，最终通过的《关于审理涉及会计师事务所在审计业务活动中民事侵权赔偿案件的若干规定》没有规定审计机构过错的鉴定机制。①

八、当事人可否对审计报告提起确认之诉

审计报告是会计师事务所对公司情况进行审计出具的报告书。当事人可否对其提起确认之诉？我们认为，首先，从诉讼标的来看，诉讼标的是民事诉讼当事人的诉讼行为和法院的审判活动共同指向的对象。诉讼标的，通说认为是当事人之间的实体法律关系，我国立法也规定，人民法院受理公民之间、法人之间、其他组织之间以及他们相互之间因财产关系和人身关系提起的民事诉讼。审计报告作为会计师事务所的行为及结

① 王闯、周伦军：《〈关于审理涉及会计师事务所在审计业务活动中民事侵权赔偿案件的若干规定〉的理解与适用》，载《人民司法·应用》2007年第17期。

果，会对当事人之间的权利义务产生影响，在法律属性上是法律行为而非法律关系本身，所以当事人不得对其提起诉讼；其次，当事人对审计报告不具有诉的利益。因为审计报告没有直接涉及其权益，充其量是可能危及权益的一个事实或行为，对其权益而言，审计报告既不具有现实性，也不具有直接性，当然也就没有寻求司法救济的必要性；再次，就审计报告的性质而言，它是民事诉讼证据的一种表现形式，不具有可诉性。[①] 因而，审计报告本身不具有可诉性。

法条索引

《中华人民共和国公司法》

第二百零八条（第三款） 承担资产评估、验资或者验证的机构因其出具的评估结果、验资或者验证证明不实，给公司债权人造成损失的，除能够证明自己没有过错的外，在其评估或者证明不实的金额范围内承担赔偿责任。

① 刘仁海、唐雨虹：《公司财务审计报告不具有可诉性》，载《人民司法·案例》2008 年第 14 期。

第十三编 13

公司法附则热点问题裁判标准与规范

第四十三章

公司实际控制人热点问题裁判标准与规范

本章导读

自1932年美国学者伯利与米恩斯出版《现代公司与私有财产》一书以来，公司控制权问题成为公司法研究的热点，历经七十多年的争论而持久不衰。我国学者自20世纪末也开始关注这一话题，但是由于起步较晚，法律的反应较为迟缓，由此导致公司控制人侵害公司股东利益特别是中小股东利益和扰乱经济秩序的问题日益严重，2004年德隆系弊案的爆发将该问题的严重性更为明显地凸显在公众面前。2005年《公司法》对此作了及时回应，一方面通过制度完善以制约公司控股股东正当行使控制权，另一方面引入了实际控制人制度，以约束公司股东之外的公司控制人。2005年《公司法》对实际控制人概念的引入是一个重大的进步，是我国《公司法》对世界公司法的重大贡献。然而，格林柯尔系弊案的爆发提醒我们约束公司实际控制人正当行使控制权，仍然任重而道远。

理论研究

一、实际控制人认定的标准

由于在实践中屡次出现公司股东之外的实际控制人掏空上市公司和破坏证券市场秩序的行为，特别是以唐万新兄弟为实际控制人的"德隆事件"事件的发生，导致"实际控制人"问题在《公司法》修改过程中引起各方的极大关注，最终修订通过的2005年

《公司法》和《证券法》引入了独立于“控股股东”的“实际控制人”概念，并且2005年《公司法》明确规定“实际控制人，是指虽不是公司的股东，但通过投资关系、协议或者其他安排，能够实际支配公司行为的人。”我国《公司法》和《证券法》的该种规定不但及时回应了社会现实的强烈需求，而且相比境外公司法将公司控制人纳入控制企业或控股股东的做法，更为科学，是对公司立法的一个重大贡献。首先，公司控制人可能是公司、企业，也可能是自然人，而且在家族控制盛行的亚洲国家中，自然人控制公司的情形比较普遍，称公司控制人为控制公司（企业）无法涵盖自然人控制公司的情形，造成体系和法律的疏漏。其次，控制人控制公司的手段多种多样，可以是股权控制，也可以是合同（协议）控制、经营者控制、影响力控制以及法定状态下的临时控制，将通过股权控制公司的人或者通过手段但是持有公司股份的人成为控股股东或控制股东尚且恰当，但是将通过其他手段控制公司而未持有公司任何股份的人称为控股股东或控制股东，未免过于牵强，有违生活常识和一般法理。

2006年中国证监会发布的《上市公司收购管理办法》第八十四条进一步揭示了“控制”的定义和标准，该条规定：有下列情形之一的，为拥有上市公司控制权：（1）投资者为上市公司持股50%以上的控股股东；（2）投资者可以实际支配上市公司股份表决权超过30%；（3）投资者通过实际支配上市公司股份表决权能够决定公司董事会半数以上成员；（4）投资者依其可实际支配的上市公司股份表决权足以对公司股东大会的决议产生重大影响；（5）中国证监会认定的其他情形。上海证券交易所和深圳证券交易所发布的《股票上市规则》对构成实际控制人的“控制”作了较为详细的定义，前者第18.01条规定，控制是指能够决定一个企业的财务和经营政策，并可据以从该企业的经营活动中获取利益的状态。具有下列情形之一的构成控制：（1）股东名册中显示持有公司股份数量最多，但是有相反证据的除外；（2）能够直接或者间接行使一个公司的表决权多于该公司股东名册中持股数量最多的股东能够行使的表决权；（3）通过行使表决权能够决定一个公司董事会半数以上成员当选；（4）中国证监会和本所认定的其他情形。深圳证券交易所发布的《股票上市规则》对“控制”的认定标准与此基本相同。

二、规范实际控制人的新路径

“一个被授予权力的人，总是面临着滥用权力的诱惑，面临着逾越正义和道德界限的诱惑。”[①]2004年崩溃的德隆系控股、参股企业200家左右，包括五家上市公司和十八

① 〔美〕E. 博登海默著：《法理学：法律哲学与法律方法》，邓正来译，中国政法大学出版社1999年版，第358页。

家金融机构，德隆的崩溃不但造成其控制的五家上市公司的崩盘，给众多投资者留下无尽的伤痛，而且还给社会留下高达570亿元的负债，其中金融领域负债340亿元，实业负债230亿元，这些巨额负债最终只能由公司债权人和社会公众默默承受。[①] 2005年格林柯尔系弊案的败露再次向人们提示不受约束的公司控制权将给投资者、债权人以及整个社会的经济秩序带来巨大的危害。因此，约束公司控制权正当行使，促使投资者在通过控制公司实现自身利益最大化时不以公司和公众正当利益为代价，成为公司法无法回避的重要任务。我国2005年《公司法》和《证券法》引入了实际控制人概念，并且将之独立于公司控股股东进行专门规范，是我国《公司法》和《证券法》的一项重大进步，对于完善我国公司证券市场，意义深远。

2005年《公司法》对实际控制人的规范主要体现在第十六条和第二十一条。《公司法》第十六条规定公司为公司实际控制人提供担保的，必须经股东会或者股东大会决议。受上述实际控制人支配的股东，不得参加前款规定事项的表决。该项表决由出席会议的其他股东所持表决权的过半数通过。《公司法》第二十一条规定公司实际控制人不得利用其关联关系损害公司利益，违反上述规定，给公司造成损失的，应当承担赔偿责任。《公司法》第十六条规定针对实际控制人利用关联担保掏空上市公司的行为有的放矢，而第二十一条规定则是概括性规定以防挂一漏万。适用《公司法》第二十一条时必须注意不能将关联关系局限于关联交易，关联关系的范围比关联交易范围远为广泛，还包括挪用公司资金、侵占公司商业机会等。

实际控制人控制权的正当行使，既事关公司和股东利益，也关涉公司债权人利益、社会公众利益和公共经济秩序。《公司法》相关规范的制度价值在于防止实际控制人掠夺公司并间接保护公司股东和公司债权人；保护社会公众利益和公共经济秩序的任务则主要由《证券法》承担。如《证券法》第二十六条规定发行人违法发行证券的，发行人的实际控制人有过错的，应当与发行人承担连带责任；第六十九条规定发行人、上市公司的信息披露资料有虚假记载、误导性陈述或者重大遗漏，致使投资者在证券交易中遭受损失的，发行人、上市公司实际控制人有过错的，承担连带赔偿责任；第七十六条规定发行人的实际控制人进行内幕交易行为给投资者造成损失的，应当承担赔偿责任；等等。适用上述规范时，应当注意实际控制人的赔偿责任是过错责任，并且实际控制人的过错原则上由对方承担举证责任，不能动辄加重实际控制人的法律责任，因为控制行为本身并不具有社会危害性，甚至对公司经济效益的提高和社会经济的发展具有重大促进作用。其次，实际控制人不承担证明自己无过错的举证责任并非绝对的，根据案件的

① 凌华薇、曹海丽、周帆：《枭雄唐万新》，载《财经》总第150期。

具体情况，可以根据《最高人民法院关于民事诉讼证据的若干规定》第七条规定责令实际控制人承担举证责任。

实务探讨

一、如何理解实际控制人与控股股东的关系

首先，必须厘清控制与控股的区别。控股和控制虽然只一字之差，但两者区别比较明显，不能混淆。对于控股而言，控股可以分为以获取控制权为目的的控股和不以获取控制权为目的的控股。换言之，投资者在达到控股的情况下可以不去控制该被控股的公司而让该公司独立经营。当然，该种情形在实践中比较罕见。对于控制而言，控制可以分为基于控股所形成的控制和不基于控股所形成的控制。在没有达到控股的情况下，一个公司也可以通过其他方式来实现对另一个公司的控制。可见，只有在以获取控制权为目的的控股和基于控股所形成的控制的情况下，控股和控制这两个概念才会重合，可以通用。①

其次，2005 年《公司法》规定"控股股东，是指其出资额占有限责任公司资本总额百分之五十以上或者其持有的股份占股份有限公司股本总额百分之五十以上的股东；出资额或者持有股份的比例虽然不足百分之五十，但依其出资额或者持有的股份所享有的表决权已足以对股东会、股东大会的决议产生重大影响的股东"；"实际控制人，是指虽不是公司的股东，但通过投资关系、协议或者其他安排，能够实际支配公司行为的人。"从上述规定可以看出，我国《公司法》对控股股东的定义采取了狭义方法，将控股股东控制公司的基础定位于其出资额或者持有的股份，同时又将实际控制人限定于公司股东之外的主体。首先，实际控制人与控股股东最大的不同在于，其控制权的基础建立在控制权与所有权分离的基础之上。与之相反，控股股东对公司的控制权恰恰是建立在其股份所有权的基础之上的，虽然随着公司规模的扩大，控股股东所持有的股份有越来越小的趋势，甚至往往不足公司股份的 20%，但是，它仍然体现了控制权的基础是

---

① 秦莉：《权力的博弈与制衡》，中国政法大学 2005 年商法学博士学位毕业论文。

所有权这一传统，特别的，在实践中还存在着不以获取控制权为目的的控股股东。[①] 其次，基础的不同，也就造就了实际控制人和控股股东控制公司的目的不同。由于控股股东的所有者的地位，公司股票的保值增值对其同样有利，造成其难以在根本上背离所有者的权益，因此，控股股东与公众投资者的矛盾往往表现为大股东与中小股东的矛盾，是存在于所有者内部利益分配的矛盾，解决之道亦在主要在于股东大会表决机制之内的互相制衡。实际控制人则基本上不再具有公司所有者的身份，其控制公司的目的在于掌握公司的经济权力，因此其实际控制人与投资者的矛盾反映的是控制者与所有者的矛盾，其解决之道主要是建立健全的控制权市场，使实际控制权的争夺有利于促进股东的权益。最后，控股股东虽然同样掌握这对公司的控制权，但他仍然在传统公司制度的范围之内，利用传统的管理体制实施对公司的控制，而实际控制人则超越了传统公司制度的限制，他利用各种权力要素实现对公司的控制，在更大的规模上进行着经济活动的组织。

最后，从理论上讲，我国《公司法》的规定有所疏漏，因为从字面上理解，对于持有公司少量股份但是通过其他手段比如控制合同控制公司的股东，既不符合控股股东要件，也不构成实际控制人。解决该问题的立法途径有二：一是将“控股股东”的表述改为“控制股东”，股东只要可以控制公司，无论其控制基础是股份抑或其他手段，皆构成“控制股东”。二是完善实际控制人的定义，将“虽不是公司的股东”改为“虽不是公司的控股股东”，以实现体系的周延。相对而言，第二种途径与公司法既有规定和理论更为接近，更为可取。在《公司法》修改之前，法院应充分发挥司法的能动性，对于公司实际控制人的认定不以非股东身份为要件，毕竟文义解释只是法律解释方法的一种，除此之外，法律解释方法还包括目的解释和扩张解释等。

二、如何区别实际控制人与事实董事和影子董事

“实际控制人”是一个功能性的概念，是一个从结果、从行为外观推导出的公司控制权的实际行使主体。这一概念有些类似于法国法上的“事实董事”或英国法上的“影子董事”。前者是指不具备董事身份但实际上行使着董事职责的人，而“所谓‘影子董事’是指虽然没有在公司担当董事职位，但公司董事习惯于按其指示和指导行为的人，

---

① 1989 年欧共体的《兼并条例》规定，取得控股权者如果没有用来影响公司的决策和业务经营，且持股期限少于一年，则不构成对被控股公司的控制。由此可见，控股股东并不一定就有公司的控制权。参见董安生：《关联企业与关联交易的法律控制》，2005 年 9 月 16 日发表于“中国民商法律网”，http://www.civillaw.com.cn/weizhang/default2.asp? id = 22211，访问时间 2012 年 4 月 16 日。

但董事仅依其职业上的身份提供意见的人行事,并不使此人被看作公司的影子董事。”比如董事在决策前咨询律师、会计师的意见,并不使后者成为公司的影子董事。不过,这两个概念都是建立在一个广义的董事内涵基础之上的,即将所有实际行使着应属于董事行使的职责的人都纳入到董事的概念里来。我国 2005 年《公司法》弃而转用“实际控制人”概念,也许是为了维护“董事”这一概念的纯粹性,避免将功能意义上的董事和登记意义上的董事混为一谈,这对于澄清社会公众的认识也是有一定积极意义的,尤其是在我国《公司法》理念尚未深入人心之时更是如此。另一方面,实际控制人的外延比“事实董事”和“影子董事”更广,可以涵盖后两者,并且包容其他一些难以用董事的功能去比附的主体,比如一些只行使最终决策权甚至只是享有否决权的终极性控制者,并不参与公司日常经营管理,则很难用董事的概念去类比。而且,实际控制人着眼于“控制”,体现了问题的本质,也更符合我国公司法律体系的语言习惯,具有更强的法律色彩,体现出了法律用语的规范性和严谨性。①

三、实际控制人可否成为公司法人人格否认的责任主体

2005 年《公司法》第二十条第三款规定“公司股东滥用公司法人独立地位和股东有限责任,逃避债务,严重损害公司债权人利益的,应当对公司债务承担连带责任。”该项规定将公司法人人格否认的责任主体限于公司股东,对此,有学者建议该条规定的责任主体作扩张解释,包括公司实际控制人在内②。该种扩张解释有违法理,因为公司股东是公司有限责任制度的受庇护对象,也是可能滥用有限责任的法律主体。公司股东之外的第三人包括实际控制人并非公司有限责任制度的受益主体,也不构成滥用该项制度的责任主体。此外,该种主张与其说是解释,不如说是造法,直接违反了 2005 年《公司法》第二十条第三款的明文规定,不足为取。公司实际控制人滥用控制权的行为,如果损害了公司债权人的正当利益,公司债权人可以借助撤销权诉讼、侵权行为诉讼等手段实现,但是无权主张否认公司法人人格。最高人民法院发布的《关于适用 < 中华人民共和国公司法 > 若干问题的规定(二)》第 18、20、21 条规定了公司实际控制人怠于履行清算义务或者违法清算时对公司债权人的赔偿责任,但是其责任基础是其行为构成对公司债权人债权的侵权行为,而非公司法人人格否认制度。

四、司法实践中如何把握实际控制人的判断标准

2005 年《公司法》将实际控制权表述为“实际支配公司行为”,但立法没有就此作

① 叶敏、周俊鹏:《公司实际控制人概念辨析》,载《国家检察官学院学报》2007 年 12 月。

② 刘俊海:《新公司法的制度创新:立法争点与解释难点》,法律出版社 2006 年版,第 89 页。

出进一步的解释。审判实践中，可以参照证监会、证券交易所的有关规定来理解“实际支配公司行为”的内涵和外延。

对于实际支配公司行为的判定，相关监管部门的规章均是从规定“什么是控制”着手的。证监会2006年修订的《上市公司收购管理办法》（以下简称《办法》）从上市公司收购人的角度对实际控制权进行了解释。该办法第八十四条规定：有下列情形之一的，为拥有上市公司控制权：（1）投资者为上市公司持股50%以上的控股股东；（2）投资者可以实际支配上市公司的股份表决权超过30%；（3）投资者通过实际支配上市公司股份表决权能够决定公司董事会半数以上的成员选任；（4）投资者依其可实际支配的上市公司股份表决权足以对公司股东大会的决议产生重大影响；（5）证监会认定的其他情形。此外，在上海证券交易所和深圳证券交易所2006年修订的《股票上市规则》中，对于控制均作了大致相同的界定。① 因此，对于实际控制人的判断，现行监管立法采取了以股东大会表决权为基本的判断标准，同时根据实质重于形式的监管原则，以支配性影响力的有无作为兜底的判断原则。

以表决权作为控制力有无的判断标准，是一种实用主义的立法方式。从本质意义上说，表决权属于股东的固有权利，是公司股东在股东大会上就议决事项作出一定意思表示的权利。但在功能意义上，表决权又具有工具主义色彩。现代公司实践的发展使得表决权可以通过表决权信托、表决权征集、股东投票协议等方式与股东分离。就实际控制人而言，表决权的工具性色彩表现得更为明显。因为实际控制人掌控表决权的目的在于将自己的候选人选任为公司的董事，使自己制定的议案成为公司的决议，以实现对于公司的控制。以表决权为基本依据审查判断实际控制人的优点是具有客观性和易证明性，缺点是不能将实践中复杂多样的控制机制全部包括在内。

以支配性的影响力作为实际控制人的判断基准，重点是考察实际控制人是否对于

---

① 上海证券交易所在其2006年修订的《股票上市规则》中，从大股东控制上市公司的角度对控制进行了释义。该规则第18.1条规定：控制：指能够决定一个企业的财务和经营政策，并可据以从该企业的经营活动中获取利益的状态。具有下列情形之一的，构成控制：（1）股东名册中显示持有公司股份数量最多，但是有相反证据的除外；（2）能够直接或者间接行使一个公司的表决权多于该公司股东名册中持股数量最多的股东能够行使的表决权；（3）通过行使表决权能够决定一个公司董事会半数以上成员当选；（4）中国证监会和本所认定的其他情形。深圳证券交易所亦在其2006年修订的《股票上市规则》中，从大股东控制上市公司的角度对控制进行了释义。该规则第18.1条规定：控制：指有权决定一个企业的时务和经营政策，并能据以从该企业的经营活动中获取利益。主要包括如下情形：（1）在一个公司股东名册中持股数量最多的；但是有相反证据的除外；（2）能够行使一个公司的表决权超过该公司股东名册中持股数量最多的股东；（3）通过行使表决权能够决定一个公司董事会半数以上成员当选的；（4）有权决定一个公司的财务和经营政策，并能据以从该公司的经营活动中获取利益；（5）其他情形。

公司机关的组成、议事程序和决策步骤具有决定性的影响力。这种判断标准的优点是涵盖各种控制手段,具有足够的弹性和包容性,缺点是具有较大的不确定性。

总之,对于实际控制人的认定,应当以表决权的审查为基本依据,对基于支配性影响力而进行的实际控制人的认定,在尚未积累相当的审判经验之前,应当慎重把握,必要时可由人民法院商请证券监督管理机构、交易所等监管部门共同研究确定。

五、如何掌握审理涉及实际控制人案件的裁判路径

基于公司控制权均以股权为最终基础的立论基点,对于实际控制人控制的表决权的审查,应当以公司的股权关系结构为基本出发点,通过审查表决权的实际持有和控制情况,层层剥离覆盖在实际控制人的“面纱”,是当前审理此类案件较为可行的做法。(1)通过追溯股权关系,框定公司的中级控制人。追溯认定的做法是通过分析公司的股权结构,层层向上追溯至最终的股东,即终极控制人。在对终极控制人的实际控制能力进行计算并确认的基础上,对实际控制人加以认定。当然在追溯认定时应当注意:首先由于理解方面的偏差等原因,上市公司关于实际控制人的信息披露工作还存在一定的缺陷。在上市公司实际披露中,存在着混淆控股股东与实际控制人、名义控制与实际控制人、单独控制与共同控制的关系;其次,最终控制人与实际控制人之间还存在着一定差别。当公司最终控制人是两人或两人以上时,还需要对最终控制人之间的控制能力进行考察比较,以确定谁有能力事实上控制公司。(2)审查董事会成员的构成,确认控制人的实际控制能力。这一环节的审查重点是弄清楚每一位董事是谁通过法定途径决定的。通过这一环节的审查,可以更为清楚地厘清董事会成员的来源与其主要股东、最终控制人之间的关系。①

六、在涉及实际控制人的案件中,如何合理分配举证责任

谁主张、谁举证是举证责任分配的一般原则,在这一原则之下,主张责任和举证责任是合一的。在公司实际控制人的证明方面,主张者即负有两个方面的证明责任:一是举证证明某人确实为实际控制人;二是承担因举证失败而导致其实体权利丧失的风险。② 然而,谁主张、谁举证原则的合理性有一个前提条件,即该原则的实施不能影响

---

① 周伦军:《上市公司实际控制人案件若干问题研究》,载《人民司法·应用》2008年第11期,第6—8页。

② 这种理解的基础是大陆法系关于举证责任的通说,即“败诉危险负担说”。参见李浩:《民事举证责任研究》,中国政法大学出版社1993年版,第42页;毕玉谦:《民事证据法判例与实务研究》,法律出版社1999年版,第474、482页。

实体法本身的适用效率，也不影响固有立法目的之达成。[①] 在实际控制人的证明方面，由于实际控制人与被控制公司的少数股东、外部债权人之间，存在着严重的信息不对称问题。对于少数股东和公司债权人而言，其只拥有关于公司的公开信息，而关于公司的实际控制人的信息，往往错综复杂，非常隐蔽，所有与实际控制人的控制方式、控制能力相关的证据，均掌握在实际控制人手里。如果机械地执行谁主张、谁举证的原则，实际控制人非常容易利用这种信息不对称的情况逃避应当承担的责任，实体法上关于实际控制人责任规则的设计也将丧失应有的功能。

因此，综合考量当事人之间对于证据占有和取得能力的实际情况，引入举证责任倒置的制度设计就成为必要。从制度价值的合理性角度来看，举证责任倒置机制就是为处于信息劣势地位一方的利益而设计的，不仅必要，在诉讼实践中也是合理的和有效的。由此出发，根据特定案件类型中当事人对证据距离的远近，将公司实际控制人案件中的举证责任分配划分为两种类型：其一，谁主张、谁举证的举证责任分配机制。在主张者为能够掌握公司是否被某人实际控制的相关证据的情况下，应当遵从这一原则。如关联担保效力之争的案件中，公司应当承担证明被担保人为其实际控制人的举证责任。其二，举证责任倒置的分配机制。当主张者为不能够实际掌控公司内部信息的“外部人”时，作为原告的少数股东或外部债权人只负有指认某人为实际控制人的主张责任，而被指认为实际控制人的被告应当承担证明其在事实上不是特定公司的实际控制人的举证责任。虽然在审判实践中对于上述举证责任分配方式存在着不同的看法和争议，但笔者认为，采用上述举证责任分配机制，无论是对于实体法规范目的之达成，还是在诉讼法理论上，都有合理性依据。

关于举证责任分配，还有一点需要注意的是，相关监管立法中关于可以实际支配上市公司股份表决权超过百分之三十、通过实际支配上市公司股份表决权能够决定公司董事会半数以上成员选任、依其可实际支配的上市公司股份表决权足以对公司股东大会的决议产生重大影响等即属实际控制人的情形，系法律上的推定，应当允许当事人提出反证，证明自己并非实际控制人。理由在于，公司的实际控制权往往处于激烈的争夺之中，在实际控制人本身条件完全不变的情况下，随着对公司影响力更大的人的出现，实际控制权的易手是公司实践中的常见现象。[②]

---

① 李浩：《民事举证责任研究》，中国政法大学出版社 1993 年版，第 124—131 页。

② 周伦军：《上市公司实际控制人案件若干问题研究》，载《人民司法·应用》2008 年第 11 期，第 9 页。

七、公司间签订“控制契约”，约定控制公司可以对从属公司之人事、财务或业务经营加以指挥，此种情形是否属于“实际控制人”

我们认为，公司之间签订“营业租赁契约、营业委托契约、共同经营契约”等并不为《公司法》所禁止，因此，解释上应当认为公司通过签订“控制契约”方式支配他公司之人事、财务或业务经营者，属于“实际控制人”。

八、上市公司控股股东不当控制的主要途径有哪些

上市公司控股股东侵权问题是一个世界性的问题，由于制度上的原因和资本的逐利性使得各国上市公司控股股东侵权现象层出不穷，虽然各国上市公司控股股东的侵权表象各有不同，但主要的无外乎占用上市公司资金、利用上市公司违规担保、利用不公平关联交易转移利润、借重组后发行新股实现“圈钱”目的、内幕交易行为以及不合理分配利润等。

1. 占用上市公司资金

占用上市公司资金是上市公司控股股东侵权的一个重要手段。控股股东往往用其控股的优势地位，大量地挪用或者占用从广大股东那里募集来的资金。这种侵权行为在各国尤其发展中国家的上市公司中是一种普遍现象，在我国上市公司中也表现得非常突出。根据沪深交易所 2006 年 9 月发布的《关于上市公司大股东及其附属企业非经营性资金占用的通告》，截至 2006 年 5 月 31 日，沪深两市有 189 家上市公司存在不同程度的控股股东占款问题，合计占款余额为 336. 41 亿元；截至 2006 年 8 月 31 日沪深两市共有 123 家上市公司存在控股股东占用资金问题，占款余额仍高达 294. 05 亿元。

2. 利用上市公司进行违规担保

在实践中，各国上市公司的控股股东往往忽视或者故意违反其国家的有关法律规范，进行违规违法担保，主要表现为：不经过股东大会决议，由控股股东决定为其他企业提供担保；通过控制董事会，以合法形式违规担保；违规为控股股东或为实际控制人提供担保等。笔者认为，这些违规担保行为给上市公司及其中小股东造成的危害也是巨大的。第一，上市公司的违规担保行为往往是控股股东为了满足个人利益而非上市公司利益而进行的担保，这样一来，一旦被担保资金出现问题，上市公司就要承担相应的担保责任，控股股东成功将债务风险转移给上市公司，而自身则可从中渔利。第二，部分无良控股股东甚至直接将被担保资金、资产据为己有，而让上市公司承担连带担保责任。最后，上市公司在承担连带担保责任过程中必然会损害到公司利益，进而威胁到各个股东尤其是中小股东的应得收益，造成对中小股东合法权益的侵害。

3. 利用不公平交易进行利益转移

在我国,控股股东与上市公司之间的不公平关联交易主要表现为:上市公司以高于市场价格的价格向控股股东购买商品或以低于市场价格的价格向控股股东出售产品,借以向控股股东或其控制的关联企业转移公司利润,逐步掏空上市公司;控股股东利用其控股地位,在资金和劳务的提供等问题上制订有利于控股股东却损害上市公司利益的政策,从而实现公司利益"合法"转化为控股股东的利益。

4. 借重组后发行新股实现"圈钱"目的

市场经济竞争的残酷性决定了上市公司的并购与重组不可避免。公司的并购与重组,能够实现资源的优化配置,提高公司的经营能力和抵御市场风险的能力。因此,并购与重组往往成为上市公司资源优化,提高盈利能力的一种选择。但是从各国的实践来看,在上市公司重组过程中,其控股股东往往会借重组后发行新股的机会弄虚作假,以编造虚假资产信息等手段欺骗投资者,哄抬股票价格,从而实现"圈钱"的目的,严重侵犯中小投资者的合法权益。

5. 内幕交易

内幕交易,通常是指交易者利用其所处的特殊地位,取得尚未公开而又有着较大经济价值的内幕信息进行的交易。上市公司的控股股东一般都控制着公司的各种内部信息,如若控股股东利用这种掌握公司内幕信息的便利条件,违规违法获得利益或者规避各种风险与损失,将不仅仅是侵犯小股东的合法权益,更会严重破坏证券市场的秩序。特别是它违反了所有的投资者在机会均等的前提下进行投资的公平原则,而这种机会的均等性正是证券交易法所追求的最重要的目标。

6. 利润分配不合理

在中国当前的证券市场,控股股东几乎完全控制并且决定着上市公司的利润分配政策,同时出于追逐自身利益最大化的本性,他们往往仅从自身需求出发考虑利润分配政策,而完全忽略上市公司和中小股东需求。在控股股东的操纵下,部分上市公司长期不进行公司红利分配,却对其派驻到上市公司的高级管理人员发放极高的年薪与年终奖金,而这些高级管理人员往往与控股股东有着千丝万缕的关系。还有一些上市公司则将公司的大部分利润转为小股东无法支配的资本公积金、公益金等,而控股股东却可以通过其向上市公司派驻的"内部人"以豪华办公设施、员工福利、高薪等形式支配这些本该分配的利润,直接损害了小股东的合法权益。

九、实际控制人能否成为上市公司收购主体

上市公司收购的主体是通过收购一定比例的股票以获得上市公司控制权的特殊投

资者。包括具备履约能力的自然人或法人。根据《收购办法》第五条规定，收购人可以通过取得股份的方式成为一个上市公司的控股股东，可以通过投资关系、协议、其他安排的途径成为一个上市公司的实际控制人，也可以同时采取上述方式和途径取得上市公司控制权。收购人包括投资者及与其一致行动的他人。由此可见，上市公司收购的主体不仅包括持有股份的股东，还包括虽未直接持有股份但通过证券交易所股份转让以外的股权控制关系、协议、安排等合法途径控制由他人持有的上市公司股份的股份控制人，以及通过协议、合作、关联等合法途径扩大对上市公司的控制比例，或者为巩固对上市公司控制地位的"一致行动人"，他们的持股数额应当合并计算。但是要注意的是，上市公司不能收购自己公司的股票，特殊情况下进行的收购本公司股份的行为属于"公司股份的回购"而非本书所指称的上市公司收购行为。另外，法律法规禁止买卖股票的主体或者受限制的主体在一定条件下或在一定时期是不能成为上市公司收购主体的。

法条索引

《中华人民共和国公司法》

第二百一十七条（第三项） 实际控制人，是指虽不是公司的股东，但通过投资关系、协议或者其他安排，能够实际支配公司行为的人。

第四十四章

公司法的时间效力热点问题裁判标准与规范

本章导读

法律不溯及既往是法治社会的一项基本原则，然而该项原则又非绝对适用，对当事人更为有利的法律可以溯及既往。“有利溯及既往”的例外，一方面强化了对社会公众的保护，另一方面增加了法律的不确定性，特别是私法规范适用的争议。在公司法律关系中，尽管最高人民法院发布的《关于适用〈中华人民共和国公司法〉若干问题的规定（一）》对新旧公司法的适用作出了明确规定，但是对如何理解该司法解释的条文，实践中发生了很大的争议。虽然2005年《公司法》已经生效六年多，但是因《公司法》生效前发生的法律事实导致的法律纠纷可能依然存在，毕竟法律关系往往具有持续性。因此，深入分析《公司法》的时间效力，对于维护当事人的合法权益和实现司法公正，仍然具有重要意义。

理论研究

一、法的时间效力概述

法的时间效力，是指法律何时开始生效、何时终止效力，以及法律对于其生效前的事件或行为是否具有溯及力的问题。[①] 法的时间效力设定了法律对于人们行为约束的

---

① 舒国滢主编：《法理学》，中国人民大学出版社2005年版，第182页。

时间期限。在这个时间期限之内，人们的行为或者相关的事件受该法律的调整；在这个时间期限以外，人们的行为或者相关的事件不受该法律的约束。

法律的生效时间主要有以下几种形式：(1)自法律公布之日起生效。如《中华人民共和国农业法》第六十六条规定"本法自公布之日起施行"；我国的《民事诉讼法》、《个人所得税法》、《反分裂国家法》、《汶川地震灾后恢复重建条例》等也都是自公布之日起施行。该种生效方法主要适用于内容较为简单或者情况紧急、需要立即实施的法律，但是，总体上，该种生效方式在现代法律体系中日趋少见。(2)自法律公布后的某一特定日期生效。法律自公布之日起生效的方式虽然有利于迅速将社会生活纳入法律的调整范围，但是并不十分科学，因为一项新的法律的有效实施，通常需要调整与其相冲突的既有法律、制定具体的配套规定、构建相应的实施机关，以及需要社会公众和国家机关对法律的了解和熟悉，而这都需要一个过程，因此，在现代社会中，法律公布后经过一段时间方生效，成为法律生效时间的主流方式。如1997年《刑法》于1997年3月14日公布，但是该法第四百五十二条规定"本法自1997年10月1日起施行。"《物权法》于2007年3月16日公布，但是该法第二百四十七条规定"本法自2007年10月1日起施行。"2005年《公司法》也正是采用的该种生效方法，该法于2005年10月27日公布，但是自2006年1月1日起施行。(3)比照其他相关法律的生效时间确定。该种方法主要适用于配套法律或司法解释，比如1982年2月公布的《中华人民共和国外国企业所得税法施行细则》第五十条规定"本细则以《中华人民共和国外国企业所得税法》的公布施行日期为施行日期。"《中华人民共和国企业所得税法》第十九条规定"本法自1982年1月1日起施行。"因此，《外国企业所得税法施行细则》的生效日期为1982年1月1日。(4)自法律文件到达之日起生效。在通信、交通极为不便的地方，人们知悉法律内容比较困难，如果法律自公布之日施行，可能对该地区人们有失公允，因此有的国家早期的法律规定在特定地区，法律文件到达之日起生效。由于通信和交通的发达，该种方式基本上已经消失，我国现行法律中没有采纳该种生效方式的。

法律的失效时间包括明示失效时间和默示失效时间。法律的明示失效，包括以下几种方式：(1)新法律取代旧法律，同时宣布旧法失效。如我国第十届全国人民代表大会第五次会议在2007年3月16日通过的《中华人民共和国企业所得税》第六十条规定"本法自2008年1月1日起施行。1991年4月9日第七届全国人民代表大会第四次会议通过的《中华人民共和国外商投资企业和外国企业所得税法》和1993年12月13日国务院发布的《中华人民共和国企业所得税暂行条例》同时废止。"(2)由有关机关颁发专门文件废止某项法律。如公安部在2008年5月21日宣布废止《关于运输烟花爆竹的规定》；水利部在2008年3月21日宣布废止《水利综合经营管理规定》、《乡镇供水水价核定原则》等6件规章。(3)法律本身规定的有效期届满。如美国1798年7月14日制定生效的《危害治安法》,规定该法的有效期至1801年3月3日止。有效期间届满,《危害治安法》废止失效,此前涉嫌违反该法被捕的人犯,不论是否已经判刑,均被免责,被判惩金者,亦予发还。联邦德国1949年《基本法》第146条规定,"本《基本法》在德国人民根据自决所通过的宪法开始生效之日起,失去效力。"我国的《1986年国库券条例》规定该法只调整1986年的有关国库券的事项,自1987年1月1日起该法自动失效。该种失效方式主要适用于在过渡时期或紧急时期制定的限时法,比较少见。默示废止主要有两种类型:(1)法律所规定的事项或其实施范围已不存在,致使该法律失去其调整对象,则当然予以废止。如我国于1950年开始施行的《中华人民共和国土地改革法》因土地改革这一阶段性事项完成而自动失效。(2)新法颁布后,旧法并未被明文废止,但是根据"新法优于旧法的原则",旧法自动失效。如1982年12月10日第五届全国人民代表大会第五次会议通过了《中华人民共和国全国人民代表大会组织法》、《中华人民共和国国务院组织法》,原有的《全国人民代表大会组织法》、《国务院组织法》自动失效。2004年7月1日起施行的《行政许可法》第八十三条规定"本法施行前有关行政许可的规定,制定机关应当依照本法规定予以清理;不符合本法规定的,自本法施行之日起停止执行。"法律的默示废止由于未经法律或专门机关宣布,可能引发争议,因此在法治社会中,立法机关应当以明示的方式规定法律的失效。

法律的时间效力还涉及法的溯及力,即法律颁布后对它生效以前的行为和事件是否适用的问题。如果适用该法律就有溯及力,如果不适用则说明该法律没有溯及力。关于法律的溯及力问题,不同的国家,在不同的历史时期采用不同的原则,但是在近现代,法律不溯及既往已经成为法治社会的一项基本法律原则,如美国宪法第一条第九款第三项规定:(国会)不得通过公民权利剥夺法案或追溯既往的法律;①法国《人权宣言》第八条规定:法律只应规定确实需要和显然不可少的刑罚,而且除非根据犯罪行为前已制定、公布和合法施行的法律以外,不得处罚任何人。② 法国《民法典》第2条亦明文规定:法律仅仅适用于将来,没有追溯力。③ 1946年日本《宪法》第39条规定"任何人在其实行的当时为合法的行为或已经被判无罪的行为,均不得追究刑事上的责任。"④法律作为一种行为规范,其价值的发挥是通过指导人们的行为而实现,法律通过对不同的

① 〔美〕杰罗姆·巴伦、托马斯·狄恩斯著:《美国宪法概论》,刘瑞祥译,中国社会科学出版社1995年版,第532页。

② 转引自曲新久等:《刑法学》,中国政法大学出版社2006年版,第10页。

③ 朱力宇:《关于法的溯及力问题和法律不溯既往原则的若干新思考》,载《法治研究》2010年第5期。

④ 何勤华主编:《外国法制史》,法律出版社1999年版,第239页。

行为规定不同的法律后果从而告知人们哪些行为可以为、哪些行为应该为、哪些行为不该为。法律通过上述方式发挥作用,必须是事前明确的,否则,人们无法得知法律的内容,也就无法决定自己的作为或不作为,此时,出于对事后法的畏惧,人们会谨小慎微,不敢有所作为,从而阻碍整个社会的发展,无法实现法律的功利价值。同时,公共权力是全体社会成员为了更好实现自身利益而通过法律让渡给公共机构的,凡是社会成员未予让渡的权利,即属自身保留,对于社会成员的行为而言,法不禁止即许可,如果允许用事后法规制人们的行为则意味即使法律未予禁止的行为人们仍然不得为,否则必须承担不可测的不利后果,显然违背了法律的正义价值。因此,不得用事后法评价人们的行为,法律不得溯及既往。① 当然,任何原则皆有例外,法律不得溯及既往也不是绝对的,如果法律对当事人更为有利则可以溯及既往。禁止法律溯及既往的目的在于保护社会公众利益,如果法的溯及既往可以减轻社会公众的义务、责任或者赋予社会公众更多的权利或利益,自然可以溯及既往,这更有利于法律价值的实现。因此,我国《立法法》既规定了法律不溯及既往的基本原则,也规定了例外溯及的许可,该法第八十四条规定"法律、行政法规、地方性法规、自治条例和单行条例、规章不溯及既往,但为了更好地保护公民、法人和其他组织的权利和利益而作的特别规定除外。"

二、公司法的时间效力

2005 年《公司法》采纳了"自法律公布后的某一特定日期生效"的生效方式。该法第二百一十九条规定"本法自 2006 年 1 月 1 日起施行。"此外,由于在立法技术上 2005 年《公司法》采纳了全面修订 1993 年《公司法》的形式,而没有采取另行制定法律的方式,因此该法没有同时宣布废止 1993 年《公司法》,但是根据"新法优于旧法"的原则,对于 2006 年 1 月 1 日后发生的法律行为或事件,应当适用 2005 年《公司法》,而不能继续适用 1993 年《公司法》。需要注意的是,适用 2005 年抑或 1993 年《公司法》系根据法律行为或事件的发生时间确定,而并非根据公司的成立时间确定。

2005 年《公司法》时间效力中最为重要的问题是溯及力问题。根据法不溯及既往的一般原则以及《立法法》第八十四条规定,2005 年《公司法》不应具有溯及力,即不适用于 2006 年 1 月 1 日前发生的法律行为或事件。对此,最高人民法院发布的《公司法解释(一)》第一条明确规定"公司法实施后,人民法院尚未审结的和新受理的民事案件,其民事行为或事件发生在公司法实施以前的,适用当时的法律法规和司法解释。"

① 奚晓明主编:《最高人民法院关于公司法司法解释(一)、(二)理解与适用》,人民法院出版社 2008 年版,第 31 页。

不过，诚如上文所言，法律不溯及既往原则并非绝对的，根据《立法法》第八十四条“但书”的规定，为了更好地保护公民、法人和其他组织的权利和利益而作的特别规定可以溯及既往。对于该“但书”的理解，始终存在两种不同观点：第一种观点认为其是对立法的规定而非对司法的规定，即为了更好地保护公民、法人和其他组织的权利和利益，新法可以明确作出溯及既往的特别规定，但是在新法没有明确规定时，司法不得将新法溯及既往。第二种观点认为其是对司法的规定，即法官对新旧法进行价值判断后，如果认为新法对当事人更为有利，该种新法规范就是特别规定，可以溯及既往。从文义解释的角度，上述第一种观点更为符合立法本意，但是从目的解释看，上述第二种观点更符合社会现实和法的价值，毕竟随着经济的发展和社会的进步，新法作出比旧法对当事人更为有利的规范是普遍存在的，要求该类规范必须明确规定自身具有溯及力，并不可行。因此，在我国理论界和司法界，上述第二种观点占据主导地位。

根据《立法法》第八十四条“但书”规定和通说，在公司法规范中，如果2005年《公司法》的规定与1993年《公司法》规定相比，对当事人更为有利，则可以溯及既往。关键是如何判断新法的规定比旧法对当事人更为有利。这个问题在公法体系中比较简单，因为公法关系的双方当事人为国家机关和相对人，如果新法减轻了相对人的义务、责任或者赋予了相对人更多的权利或利益，则对当事人更为有利。但是，在私法体系中，这个问题将变得比较复杂，因为私法关系当事人可能不止双方，而是三方或多方，并且各方当事人的利益诉求很可能是相互冲突的。在公司法律关系中，公司法律关系通常包括公司、股东和第三人（如债权人），对其中一方或双方有利的规范，对其他一方或双方可能是一种风险或负担，比如2005年《公司法》第十六条第二款规定公司为股东提供担保必须经股东（大）会决议，对于在新《公司法》生效以前发生的公司未经股东（大）会决议为股东提供担保的行为，适用新法规定认定无效，对公司和股东更为有利，因为它解除了公司的担保义务和财产减损风险，但是对第三人而言，其既有的担保利益却被剥夺。因此，实务界有人提出为了尊重当事人的意思自治以及将原来无效的法律关系认定为有效，《公司法》可以溯及既往的观点过于简单。判断《公司法》是否对当事人更为有利，应当依当事人的利益诉求方向而定：在当事人利益诉求方向一致时，如果当事人之间的法律关系依1993年《公司法》无效而依2005年《公司法》有效，应当适用《公司法》；如果当事人的利益诉求方向相反，则不得适用《公司法》，即使该种适用可以将原来无效的法律关系认定为有效，因为任何当事人的既得权利都受到法律的保护。

实务探讨

一、司法实践中由于新旧公司法规定不一致导致新旧法适用问题的常见类型主要有哪些

(1)《公司法》第十五，十六条规定了公司转投资能力，对此，新旧法规定不一致，应当适用行为发生时的法律，但公司转投资能力问题属于当事人意思自治问题，对公司章程或者股东会议通过的决议违反旧法规定的限制，但符合新法规定的，适用新法。

(2)《公司法》第三十五条规定全体股东可以约定不按照出资比例分取红利或者不按照出资比例优先认缴出资，对此，新旧法规定不一致，适用行为发生时的法律。但如果全体股东约定的内容违反旧法符合新法时，认定其约定的效力，适用新法。

(3)《公司法》第四十三条规定公司章程可以规定股东会议行使表决权的比例问题，对此，新旧规定不一致，适用行为时法律，但公司章程有约定属于意思自治，违反旧法符合新法的，适用新法。

(4)《公司法》第七十二条规定了有限责任公司股权转让程序，对此，新旧法规定不一致，适用行为发生时的法律，但涉及转让合同效力依据旧法无效而依据新法有效时，适用新法，公司章程约定违反旧法但符合新法时，适用新法。

(5)《公司法》第一百零四条规定了有限公司会议决议方式，“减资和变更公司形式”的决议，为三分之二以上通过，属于新旧规定不一致，但旧法规定比例低，新法规定比例高。可能出现旧法认定有效而新法认定无效的情况，应当适用旧法规定。

(6)《公司法》第一百四十二条第一款、第二款规定了发起人和董事、监事、高管转让股权的限制，新旧法规定不一致，旧法比较严，新法放宽，涉及转让合同的效力问题，如依据旧法无效，依据新法有效时，适用新法。

(7)《公司法》第一百七十四条规定了公司的合并程序，公司没有履行债权人保护程序，旧法规定不得合并，新法不作限制，适用旧法认定合并无效，而新法有效时，适用新法。

(8)《公司法》第一百七十六条规定了公司分立程序，新法删除不得分立的规定，适用旧法分立协议无效而适用新法有效时，适用新法。[①]

---

① 奚晓明主编:《最高人民法院关于公司法司法解释(一)、(二)理解与适用》，人民法院出版社2008年版，第35—36页。

二、如何理解《公司法解释(一)》第二条的"参照适用"

《公司法解释(一)》第二条规定"因公司法实施前有关民事行为或者事件发生纠纷起诉到人民法院的,如当时的法律法规和司法解释没有明确规定时,可参照适用公司法的有关规定。"有人认为,根据该条规定,凡原公司法没有规定,而新《公司法》做出规定的,皆应适用新《公司法》。该种观点过于简单,违反了《立法法》第八十四条"法律不溯及既往"的原则,有损法律的公平正义。比如,新《公司法》增加了上市公司关联董事应当回避表决的规定,如果将该条规范溯及既往,则上市公司的关联董事很可能被追究法律责任,这对信赖旧《公司法》规定的董事造成严重损害,因为他不可能遇见未来法律规定的内容,他在法律范围内行事,却被要求承担法律责任,严重违反了法律的公平正义。其实,《公司法解释(一)》第二条的"参照适用"应当作下理解:对于旧《公司法》没有明确规范的法律事实,根据法治的基本要求,法官不得拒绝裁判,然而由于法律没有明确规定,法官只能根据法律的基本原则或者法律适用技术(比如类推适用)作出裁判;新《公司法》对原来依据法律基本原则或者法律适用技术推导出的法律规范作出了明确规定,由于该种规范是原来法律体系的应有之义,法官可以直接参照适用该种规范作出裁判,比如关于股东、董事等利用关联公司侵犯公司利益的规定(新《公司法》第二十一条)、关于股份公司发起人连带责任的规定(新《公司法》第九十四条)、关于股东代表诉讼的规定(新《公司法》第一百五十二条)等。

三、公司司法实务中可"参照适用"现行《公司法》规定的具体内容主要有哪些

2005年《公司法》对1993年《公司法》进行了较大的修改,条文内容大量增加、修改或删除。2005年《公司法》的许多规定,或者是弥补了原有立法空白,或者是对原有制度的突破和创新,增加了许多原有的法律法规和司法解释没有规定的内容。当因2005年《公司法》实施前的有关事件或者行为起诉到人民法院时,如果当时的法律法规和司法解释没有明确规定的,根据《公司法解释(一)》第二条的规定,2005年《公司法》的相关规定可以被"参照"适用。

1993年《公司法》没有规定而2005年《公司法》有所规定的实体性规范主要包括:

(1)总则中,关于股份有限公司变更为有限责任公司的条件及债权债务承继问题的规定(第九条)、关于公司担保能力的规定(第十六条)、关于法人人格否定的规定(第二十条)、关于关联关系侵犯公司利益的规定(第二十二条)、关于会议决议无效和撤销之诉的规定(第二十二条)。

(2)有限责任公司的相关规定中,关于公司股东名册效力的规定(第三十三条第二

款和第三款)、关于有限责任公司股东的知情权(第三十四条第二款)、关于股东会议召集和主持人的规定(第四十一条第二款、第三款)、关于一人有限责任公司的规定(第五十八至第六十四条)、关于股权转让的强制执行的规定(第七十三条)、关于异议股东股份收购请求权的规定(第七十五条)、关于股东资格继承的规定(第七十六条)。

(3)股份有限公司的相关规定中,关于发起人依照发起人协议承担违约责任的规定(第八十四条第三款)、关于股份公司发起人连带责任的规定(第九十四条)、关于股东大会召集权的规定(第一百零二条)、关于股东临时提案权的规定(第一百零三条第二款、第三款)、关于累积投票制的规定(第一百零六条)、关于董事会会议召集的新增内容的规定(第一百一十二条第二款)、关于上市公司买卖资产限制性的规定(第一百二十二条)、关于董事表决回避制度的规定(第一百二十五条)、关于公司公开发行股份前已发行的股份1年内不得转让的规定(一百四十二条第一款)、关于股份回购新增内容的规定(第一百四十三条第一款第三项、第四项)、关于股东代表诉讼的规定(第一百五十二条)、关于股东直接诉讼的规定(第一百五十三条)、关于另有协议除外新增的规定(第一百七十七条)、关于公司解散法定事由的规定(第一百八十一条第四项、第五项)、关于公司存续的规定(第一百八十二条),关于司法解散公司的规定(第一百八十三条)、关于债权申报期间清算组不得清偿的规定(第一百八十六条第三款)、关于清算期间公司存续的规定(第一百八十七条)、关于中介机构责任的规定(第二百零八条第三款)、关于外商投资的股份有限责任公司的规定(第二百一十八条)等。①

法条索引

《中华人民共和国公司法》

第二百一十九条 本法自2006年1月1日起施行。

《最高人民法院关于适用〈中华人民共和国公司法〉若干问题的规定(一)》

第一条 公司法实施后,人民法院尚未审结的和新受理的民事案件,其民事行为或事件发生在公司法实施以前的,适用当时的法律法规和司法解释。

第二条 因公司法实施前有关民事行为或者事件发生纠纷起诉到人民法院的,如当时的法律法规和司法解释没有明确规定时,可参照适用公司法的有关规定。

第五条 人民法院对公司法实施前已经终审的案件依法进行再审时,不适用公司法的规定。

---

① 奚晓明主编:《最高人民法院关于公司法司法解释(一)、(二)理解与适用》,人民法院出版社2008年版,第38页。